著者 近影

후천 천도문명의 새 아침이 밝아왔다

새 시대의 周易

後天大易

金眞赫 著

21세기 대한민국의 운명과
세계 대변혁의 천운을 볼 수 있다면?

한누리
미디어

서시(序詩)

풍월도(風月道)

선천(先天) 기나긴 여름(亨), 가을(利), 겨울(貞)을
山 북쪽 음지(陰地)에 숨어 삼천년을 자라
소나무 잣나무 측백나무 우거지고
참대나무 사철 푸른 東山 밭 일구고
왕대나무 드높은 가지 위에 둥지 틀어
봉황이 알을 까고 열두마리 새끼쳐
대붕(大鵬)으로 자라서 사해(四海)로 날아올라
천도문명(天道文明)의 서기(瑞氣)로 천하를 비추어
오만년 이어갈 빛동산 일구려
삼세(三歲) 굽이돌아 해와 달이 머무는 八木九金 세워
하늘 땅 원했어라 천지교태(天地交泰) 십황극(十皇極)!

태산(泰山)인 듯 고달픈 삶으로 을러메고
허위적 허위적 풍랑받아 헤치며 배저어
고해(苦海) 건너온 뜻 어렴풋 헤아리고
폭풍우 몰아치는 비바람 맞으며 양님이도 함께
뱃전에 선 사공의 등 감싸주었다
봄 동산 밭갈이할 봉황의 꿈이
파릇파릇 떡잎으로 고개 드는 봄철 사슴떼
한가로이 풀잎 뜯는 저 드넓은 평원(世界)으로
개천민족(開川民族) 한 뜻으로 이화세계 이루려

지성으로 한님 섬겨 만민의 거울 되고
그 뜻 대를 전한 오순희님 효자 수표
신시장부 황중통리 우연과 상철
종옥이도 영기도 우리 함께 청산(靑山)가자!
윤희도 부웅이도 강변으로 배저어
홍진형 익삼형은 낚시 드리우고
도화(桃花) 만발한 봄날 풍류도나 즐겨보세

머리말

《周易》은 동양 유교경전 '四書三經' 중에서 가장 으뜸으로 치는 경서로 알려져 왔다. 그런데 이《易經》은 가장 난해한 문장으로 이루어져 있어 孔子조차도 그 말년에 이르러 죽간(竹簡 : 대나무를 쪼개어 그 속살에 글을 써 엮은 책)을 묶은 가죽끈이 세 번이나 닳아서 떨어져 나가도록 읽었다고 하리 만큼 그 글이 어렵고 난해했기 때문이다.

사람은 자기의 미래에 대한 호기심이 많고 한 치라도 미래를 알 수만 있다면 죽을 운명도 바꿀 수 있을 것이므로 미래를 점쳐 보기를 원한다. 그래서 수많은 사람들이 주역점에 미래를 걸고 역을 통달하기 위해 많은 시간과 정력을 쏟아부으며 공부를 해 왔다.

그럼에도 불구하고 약 3천년이 넘는 역사 속에서 단 한 사람도 내가 주역에 통달했노라고 자부하는 사람이 없었다. 그런 이유로는 그들이 한자나 한문을 몰라서가 아니고 음양오행의 원리를 통해 만물 만상의 현상을 이해 못해서가 아니다.

오늘날과 같이 자연과학이 고도로 발달하여 우리는 옛 시대의 선조들이 모르던 수많은 과학지식들과 그 원리를 알고 응용하여 어느 정도는 자연의 원리를 이용하여 자연의 재해로부터 인간 자신을 보호 예방하고 있다. 그럼에도 불구하고 주역이라는 책만 들여다보면 앞이 캄캄하여 알 수 없는 허탈감에 빠지고 만다.

우리는 과연 현대적 고도의 지식을 가지고도 주역이라는 글을 이해할 수 없는 이유가 무엇일까?

그럼에도 거리를 나서면 세 집 건너 '동양철학관'이라는 간판들이 즐비하고 일간지나 주간지 할 것 없이 주역을 통달했다는 도사들의 광고가 온 지면을 도배라도 할 듯 빽빽이 채우고 있다.

희대의 천재들이라고 알려진 정현이나 육상산, 왕필, 정명도, 주희 또는 우리나라의 다산 정약용, 김탄허 스님은 말할 것도 없고, 최수운, 김일부, 강일순 같은 종교적 천재들까지도 "내가 주역을 통달하여 다 안다"고 말한 적이 없는데도 말이다.

　후천시대 '易'이라고 하는 《正易》을 지은 김일부 선생 같은 사람도 70평생을 주역과 씨름하여 얻은 지식을 자기 말로 '한 자락 소식'에 불과했다고 말하고 있음에도, 오늘날 주역의 도통군자들이 구더기떼처럼 많은 이유는 알다가도 모를 일이다.

　아마 오늘날에 와서는 주역 원본을 한글로 번역한 책들이 많이 나와 있다 보니, 한문을 모르는 사람들도 한글로 된 번역서의 뜻풀이를 읽고, '산대(산가지) 운용'하는 방법이나 외워 가지고 괘를 뽑은 다음, 책에 나와 있는 뜻풀이나 읽고서 남의 점을 쳐주는 것으로 도사행세를 너도 나도 할 수 있기 때문일 것이다.

　옛날부터 전해 오는 말이나 내 소시적 경험으로 본다면 7～8세에 서당에 입문해서 천자문, 사자소학, 명심보감으로부터 논어, 맹자, 통감, 대학, 중용, 춘추, 시전, 서전, 예기며 중국의 25사를 통독하고 나서야, 마지막으로 《易經》에 들어가 그 공부에 파묻히다 보면 어언간 5～6십 세를 껑충 뛰어넘었노라고 하는 사람들도 심오한 그 뜻을 알 수 없다 하였거늘. 사마천은 《史記》에 이르기를, '孔子晚而喜易, 韋編三絶'이라 하였으니, 이는 "공자가 만년에 이르러서야 주역을 연구하기를 기뻐하였으며, 그 죽간을 맨 가죽끈이 세 번이나 떨어지도록 탐독하였다"라는 뜻이다.

　'易'은 음과 양의 변화를 근본으로 하여 사물이 나고 자라고 성하고 쇠하는 이치가 만물이 음양오행과 원형이정(元亨利貞) 사계를 통해 현상하고 있음을 인사(人事)에 비추어보고 길흉을 내다보는 원리로써, 처음에는 고조선 배달국의 운사였던 태호복희로부터 '羲易(河圖)'이 나왔고, 夏殷代에 와서 '連山易'과 '귀장역'이 나왔고, 周文王에 의해 《周易》이 쓰여져 공자를 거쳐 내려오면서 완성되었다고 한다.

그러나 희역이나 연산역은 전해지지 않고 오직 주역만이 전해지고 있다. 그런데 필자가 여기서 특별히 말하고자 하는 것이 세 가지가 있다. 그 하나는 문왕이 '易'을 찬술한 목적이 자기가 후손 대대로 역술가들의 협회장이나 해먹기 위해 '점서교본'으로 찬술한 것이 아니라는 것이다.

그 당시 文王은 '殷나라'라고 하는 天子國의(제후국인 '周나라') 제후였는데, 은의 마지막 왕인 紂王이 무도하고 포악한 정치를 하여 충신들을 다 죽이거나 쫓아내고, 간신들과 미인첩 달기의 말만 신임하고 주색잡기에 빠져, 백성들은 무거운 세금과 부역 및 타락한 관리들의 가렴주구로 도탄에 빠져 도저히 나라를 구할 수 없는 지경에 이르게 되자 많은 제후들이 봉기하여 덕이 있는 文王을 추대하고 은의 주왕을 정벌하는 혁명을 일으켜 새로운 제국을 건설하자고 하는 요청이 빗발같이 쏟아졌다.

그리하여 文王은 혁명을 일으키기로 결심하고 첫째, 상제께서 천자에게 부여하는 천도문명 대업을 성사시킬 수 있을지, 또는 그 시기가 언제가 좋을지, 또 文王이 건설할 새로운 제국의 '본 백성'은 어느 민족으로 삼아야 할지, 또 어떻게 준비하고 어떠한 대의명분을 천명해야 할지 등, 수많은 난제들을 앞에 놓고 자기가 계획하는 바와 점괘가 맞아떨어지는지를 노심초사하면서 천운의 흐름을 알기 위해 점을 치려는 문제와 점을 친 내용과 그 결과에 대한 폭넓은 제반사를 기록한 내용이 64괘에 담겨 있는 점사라는 것이다.

둘째, 주역의 내용이 유교, 불교, 도교, 기독교 문명으로 갈라져 세계 사대문명의 원천이 된 고조선 천도의 원형인 동시에, 하늘이 고조선 천도문명을 세계적, 역사적으로 이루어 나가시는 섭리의 공식을 나타내고 있는 글이라는 것이다.

셋째, 주역점사로 쓰여진 문장이 그 당시 고조선과 중국에서 사용되던 고문으로 쓰여졌다는 것이다. 중국에서는 奏나라의 제국통일을 전후로 해서 古文이 今文으로 대치되면서 '古文讀書法'(읽고 쓰는 법)이 사라지고 '今文讀書法'으로 바뀌게 되어 漢나라 때에 이르러서는 古文을 이해하는 세대는 거의 사라지고 今文만을 사용하게 되었다. 그렇게 된 것은 진시황과 이사의 전반적인 정치, 경제, 문화(학문 및 사상)의 통일 정책 때문이다. 이사는 그때에 천자문을 창안하고 정책적으로 국민들에게 보급하여 한자문명권에 속해 있는 모든 사람들이 천자문만 배우면 누구나 똑같이 그 문장의 뜻을 동일하게 이해할 수 있는 今文을 일반 독서법으로 사용하게 하였다.

《易經》이 어렵고 난해한 글이라고 생각해 왔던 것이 바로 이러한 이유에 있었음을 모르고, 금문법으로 쓰이는 한자훈(뜻풀이)으로 고문을 풀이하려다 보니, 점사의 문맥이 하나도 알 수 없도록 막혀 버렸던 것이다.

《周易》은 선진시대에 쓰여진 시경, 서경, 예기 등과 같이 고문법으로 쓰여졌기 때문에 우리가 일반적으로 알고 있는 한문(韓文)의 문법인 금문법으로는 그 문맥이 전혀 연결되지 않을 뿐 아니라, 그 문장의 뜻이 본의와는 전혀 다른 의미의 글이 되고 만다.

문왕이 주역에 사용한 언어가 그러하다는 사실은 주역보다 오래 전에 쓰여진 《고문상서》의 〈요전이나 순전〉 또는 〈우서〉 중 후대의 위작이라고 하는 작품들까지도 고문으로 되어 있어 금문법으로 읽으면 그 뜻을 알 수 없다. 적어도 옛날 사람들의 문화나 풍속이 시대적으로 변천되어 왔으므로, 그 글자들의 뜻도 다소 변해 온 것은 사실이지만, 그러나 금문독서법인 천자문식으로는 고문을 이해할 수 없다. 왜냐하면, 금문은 한자의 훈과 조사의 쓰임과 어순만 배우면 누구나 한문 문장을 읽고 뜻을 알 수 있지만, 고문독서법은 정해진 훈과는 관계없이 옥편에 나타난 한자들이 나타내고 있는 수개 내지 수십 개의 유사하거나 혹은 상이한 '글자의 뜻'(글자의 뜻을 나타내는 단어들)들을 종합적으로 합성 분류하여 문장을 수식하거나 꾸며야 하도록 복잡하게 되어 있다. 고문법이 그러한 이유는 현대와 같은 종이가 없고 죽간이라고 하는 대나무 속피에 글을 쓰다 보니 문장이 지극히 축약되고 절제될 수밖에 없었기 때문이다. 그러니 문장을 해석하면 금문해석보다 문장 호흡이 길다.

그렇다면 주역 문장을 어떻게 풀어야 할 것인가(?)가 문제인데, 그것은 고문법을 연구하여 그 독서법을 알고 문왕의 시대적 배경인 문화와 정치적 상황, 전통, 풍속, 종교, 학문 및 그 시대 학문과 사상 등이 역사적으로 어떻게 형성되어 왔는가를 조명해 보아야 알 수 있게 될 것이다.

필자가 고문을 연구하는 어려운 작업을 하게 된 데는, 文王의 이《易經》속에는 개인들의 점치는 문제가 아니라, BC 1111년경에 하늘의 섭리역사의 시대적 변화 도수인 3000년 후에 일어날 후천세계 대변혁의 천운, 즉 후천시대 천도문명의 대개벽 운세를 한웅천왕께서 〈桓易〉 미에 미리 예언해 놓은 내용을 그대로 전하고 있기 때문이다. 그것도 세계의 중심문명이 장손동이인 '대한민국'에서 일어나 한국을 중심으로 세계질서를 개편해 나가게 될 것이라는 것과 그 새로운 문명의 실체인 고조선 천도의 원형과 천도문명의 세계화로 세계질서의 대변혁이 일어나 세계지배의 축이동이 일어날 것을 알리고 있다.

이 글을 보면 이제는 한글만 알아도 주역의 대예언과 천지변화의 이치를 통해 천운과 천시의 향방을 한눈에 속시원히 알고 미래를 준비할 수 있게 될 것임을 밝혀두는 바이다.

끝으로 요즘과 같은 불경기에도 불구하고 한누리미디어 김재엽 사장님과 사모님께서 흔쾌히 출판을 허락하여 하늘의 뜻을 밝힐 수 있도록 해 주신 데 대하여 심심한 감사를 드리며 천복을 받으시고 무궁한 발전이 있으시기를 기원해마지 않는 바이다.

2003년 11월

한산 초막에서 著者 東人 金 眞 赫 識

새 시대의 周易, 후천시대에 대한 하느님의 대 예언서

차례

第六章 수운의 동학과 일부 정역의 근원

第七章 周易本經

周易上經

周易下經

第一章 易의 世界觀

第一章 易의 世界觀

上帝(天帝, 玉皇上帝, 皇天),
天, 天地, 鬼神, 地祇, 山川丘陵, 祖廟

　《尙書》의 〈泰誓〉上編과 〈武成〉편에 보면 文王의 아들 武王이 殷나라
를 멸망시키고 '上帝께 제사'지냈다는 구절이 세 번 나오고 지신에게도
제사지냈다는 내용이 나온다. 그 후로 周代의 임금들이 祖廟와 山川丘
陵에 제사한 내용들이 史記에 보이는 것으로 보아 하늘, 땅, 조상, 산
천, 구릉과 큰 河水나 水神에게 제사한 것으로 보인다. 그러나 맨 처음
에는 상제와 지신에게만 제사하였다.

　그런데 여기서 유의할 점은 '上帝'는 인격신이고, 이 상제를 '天'이
나 '天地'라고 했을 때 天은 自然을 의미한다. 그러나 '天'이나 '天地'
가 자연일지라도 자연의 현상과 인류역사를 주재한다는 점에서 자연을
'자연의 이법, 이치, 천리, 도'라고 보더라도 그 자연은 큰 틀에서 의지
적 존재인 것이다. 그런 의미에서 산과 강, 구릉은 자연의 일부이고 天

地의 부분들이므로 그 부분들을 지키는 토지신이나 산신, 하신, 수신 같은 존재가 있다고 보았기 때문에 제신에게 제사한 것이다.

그러나 특이한 점은 '天地'와 '鬼神'을 동일한 존재로 보았다는 점이다. '鬼神'이 곧 천지요 자연이라는 말은 천지정신 즉 자연의 의지적 정신을 일컬어 귀신이라고 했다는 뜻이 된다. 주희(주자)는 말하기를, '神'은 '伸'과 통하여 神은 양기가 발양하고 신장하여 만물을 생성하기 위하여 안으로부터 밖으로 뻗어나가는 생명의 힘이고, '鬼'는 '歸'자와 통하는 뜻으로 우주자연의 원심력이 구심력으로 전환되어 물질이 소멸하여 본연의 원기로 환원하는 시들고, 썩고, 오그라들어 변화하는 음의 원기, 즉 만물로 현상하는 생성의 양기와 소멸하여 본래의 원기로 돌아가는 음기를 가리켜 '귀신작용'이라고 하였다.

이와 같이 易의 世界觀은 천지(우주자연)를 태극의 원기인 음양이기의 귀신작용에 의해 有無의 현상세계로 호흡(내쉬고 들이쉼)하는 일원(一元)의 세계로 인식하고 있다. 따라서 太極은 萬有의 生命의 본체요 주재자인 인격적 존재(一神)이다.

上帝(天帝)와 三神一體, 三神

《尙書》〈요전〉과 〈순전〉에 보면, 요임금과 순임금은 上帝(하느님)께서 세상을 다스리신다고 말하고, '상제에게 제사하였다'는 기록이 있다. 또 〈大禹謨〉에는, '皇天이 명하여 임금이 되게 하였다'라는 말이 있고, 역시 상제에게 제사드렸다고 하였다. 이때는 BC 2333년경의 기록이다.

그 당시(요순우탕문무 : 하은주 3代)는 요임금과 순임금만 '帝'(天

子)라고 칭하고, 夏禹, 商湯, 周文王들은 帝라고 하지 않고 '王'이라 불렀다고 사마천은 말하고 있고 《서경》에서도 그렇게 말하고 있다. 다시 말하면 '三皇五帝' 중의 '五帝'에 드는 요까지는 帝王이고, 그 후의 舜이나 하나라, 은나라, 주나라 왕들은 '제'라고 부를 수 없고, '王(天子)이라고 불러야 하는 '제'보다 한 단계 낮은 왕들이라는 것이다. 그러나 그들의 후손들이, 그 조상들을 추존해서 '帝'라는 말을 기록에 썼으나, '帝'는 될 수 없다는 뜻이다.

이러한 시대에 오직 세계에서 유일하게 '皇帝'로 존칭된 임금은 고조선의 桓因임금님들과, 배달국시대의 桓雄임금님들과, 檀君임금님들만 황제라는 칭호를 받았다. '皇帝'는 天帝라고도 하고 上帝라고도 한다. 그리고 첫번의 桓因과, 첫번의 桓雄과, 첫번의 檀君임금님, 세 분을 가리켜 '三神上帝'라고 불렀다.

고조선의 '五帝'는, 青帝, 赤帝, 白帝, 黃帝, 黑帝라 하여 五行의 五德을 오제로 불렀던 것은, 오행의 오덕으로 만물이 생성하고 자라 열매 맺고 감장하여 근원의 원기로 환원하기 때문이다. 이것을 일러 '三神五帝의 德'이라고 하거나 '三皇五帝의 德'이라고 하였다. 이를 보고 夏華族들이 복희, 신농, 헌원, 소호, 고양, 고신, 요를 '五帝'라 하였다. 그러나 이들은 五帝가 아니라 7제이므로 이들 중에서 어떤 이는, 이 사람 저 사람을 빼고 오제라 하고, 어떤 이는 다른 다섯을 골라 오제라 한다. 이러한 어설픈 잘못은 억지로 오제를 꿰어 맞추려 하다 보니 생기는 일이다.

어찌 되었든 하화족들이 고조선문명을 자기네 것으로 만들기 위해 농간을 부려보는 데 지나지 않는다. 그러나 저들도 감히 흉내내지 못하는 것은 '皇帝'라는 칭호이다. 고조선시대에는 세계의 36족이 고조선의 통치를 받았고, 하화족도 그 중의 하나에 불과했다. 이처럼 고조선은 세계 만민을 지배한 세계통일제국이었기 때문에 고조선 임금만이 '皇帝' 또는 '上帝'라고 불리웠던 것이다.

하화족들이 그들의 〈25史〉에서 고조선을 '肅愼'이라고 불렀는데 그

古文의 뜻은, "천도문명으로 만민을 훈계하고 인도하는 나라로, 두렵고 엄숙하게 공경하고 순종해야 할 나라"라는 뜻이다. 처음에는 그렇게 불렸으나 고조선의 국력은 점차 쇠약해지는 반면, 하화족은 날로 그 세력이 확장되어 지나대륙 전체를 석권하게 되면서부터 고조선을 '동이' 또는 '동호(東胡)'라고 함으로써 변방의 미개하고 천박한 오랑캐라는 뜻으로 부르게 되었다.

그러나 사마천《史記》에서 보듯 그들이 그토록 자랑스럽게 여기는 고대의 聖王들이라고 하는 헌원황제나 신농, 소호, 제곡, 전욱, 요, 순, 우, 탕, 문왕들은 모두 東夷族의 한 지파였다. 그들은 한웅시대, 즉 배달시대 말기에 이르러 독자적으로 帝王을 참칭하고 하화족을 중심으로 나라를 세워 배달국의 진짜 '天王'인 치우천왕과 고조선을 배반한 황제 헌원이 탁록의 들에서 치열한 전투를 했다는 사실은 이미 널리 알려진 바이다.

소위 하화족의 성왕들이라고 일컬어지는 요, 순, 우, 탕, 문왕들은 모두 황제헌원의 후손들이라고 사마천은 적고 있다. 중국을 대국으로 숭상하던 고려의 사가 김부식은 우리 한민족도 황제헌원의 후예라고 하며, 우리 민족도 하화족과 형제라는 의미를 부여하기 위해《삼국사기》에 우리나라 김씨들은 황제의 아들인 소호 김천씨의 후손이라고 적고 있지만 우리 민족은 '소전(少典)의 무리'라고 하는 헌원의 후예가 아니다. '소전의 무리'는 동이의 방계혈족이라는 뜻으로, 그들은 배달국시대에 변방을 수비하고 짐승을 기르는 천한 일을 맡아 하는 番國의 무리였다고《한단고기》에 기록하고 있다. 그랬기 때문에 배달시대 말기에 국력이 쇠퇴해진 틈을 타서 제국을 배반하고 왕을 사칭하여 독립하기 시작하였다.

그러므로 요(堯)임금의 나라는 단군왕검이 망해 버린 배달국 유민(九夷)들의 추대를 받고 발해의 평양 아사달에서 고조선 3대째(桓國, 培達國, 朝鮮) 나라를 건국하기 50여년 전에 요임금이 먼저 산동쪽의 도땅(平陽)에서 나라를 건국한 것이다. 이들은 배달국 말기에 한웅천왕을 배반하고 갈라져 나가면서 황제를 참칭한 소전의 일파였던 것이며, 그들이 국민으로 삼은 민족이 소위 융족의 일단인 漢族이다.

이와 같은 민족의 연원과 역사적 배경을 이해하지 못하면 왜 동이의 후예인 文王이 야만이었던 한족(융족)을 선민으로 삼아 은제국(天子國)을 치고 周帝國을 건설한 후 주나라의 정치제도와 문화 전반에 걸친 청사진으로 고조선의 천도문명과 문화를 차용하여 《周易》 사상을 재정립하게 되는지를 이해할 수 없기 때문이다.

夏, 殷, 周 三代의 의미와 周易의 中心思想

이와 같이 고조선(단군조선, 배달국, 한국)은 天帝의 나라, 즉 땅에 건설된 '하늘나라' 였다. 그러므로 조선의 임금님은 하늘나라의 하느님(天帝, 上帝, 皇帝)이었던 것이다. 그리고 세계 만국과 만백성은 고조선의 제후국들이었으며, 천제가 天命으로 東西에 天子들을 세우고 그들을 통하여 천도문명을 실현하기 위해 하늘의 하느님(天帝)이 실제의 인간으로 화신하여 삼시대에 나타나 육체적 인간들을 天道로 교화하여 '참사람' 으로 자기완성을 실현하게 하여 지상천국을 건설하려 한 것이다.

이러한 뜻을 나타낸 고조선 천도문명의 이념이 곧 '弘益人間, 理化世界' 라고 하는 슬로건이니, 이 천국건설의 理念을 유교적으로 말하면 '修身齊家治國平天下' 요, 이를 정치로 말하면 '王道政治' 라고 했던 것이다.

그러나 하늘나라의 '天道' 를 세계의 모든 민족들에게 동일한 형태로 내리신 것이 아니라, 그 나라 백성의 민도에 따라 차등적으로 주셨으므

새 시대의 周易, 후천시대에 대한 하느님의 대 예언서

로, 하화족의 나라인 하은주만 해도 천도의 준비단계의 道에 속하는 禮道 및 봉건적 정치, 경제, 군사, 행정, 농경에 관한 실제의 帝國治道의 術을 내려주셨으니, 그것이 소위 二世檀君上帝이신 부루태자가 '도산회맹'에서 제후들을 소집하고 정치적 훈령을 내리는 자리에서 하나라를 건국한 禹가 舜임금의 대리로 참석했을 때 그에게 내린 〈홍범구주〉(제국경영대법)이다.

나중에 하나라를 무너뜨리고 商나라를 세운 성탕이 이 홍범대법을 물려받아 전했기 때문에 은왕의 황숙이었던 箕子가 周武王에게 그 홍범대법을 전수하는 내용이 《서경》〈홍범편〉에 나오고 사마천의 《사기》에도 나오게 된다. 부루태자를 '창수사자'라 불렀기 때문에 사기에는, "우임금이 창수사자로부터 홍범대법을 받았다"라고 적고 있다.

그런데 하화족들이 '하은주'가 고조선 상제로부터 지배를 받던 일개 제후국에 불과했었다는 사실은 숨기고, 자기네 나라와 민족이 천하의 맹주라고 하는 위신을 높이기 위해, 《사기》의 내용과 《25史》 전반에 걸쳐 고조선 상제와의 관계를 다 삭제하거나 어문을 바꾸어 은폐해 온 내용이 헤아릴 수 없이 많다. 이로 본다면 일본이 교과서의 내용을 바꾸고 역사서들의 내용을 왜곡 날조하는 일도 하화족과 같은 이유에서일 것이다.

그러한 대표적인 예 중에서 《尙書》에 조선의 '天皇'을 '皇天'이라고 하거나, 그냥 '天'이라 하기도 하고 민간에서는 '玉皇上帝'라고 부르게 하여, "지상에 살아 있는 조선上帝"를 보지도 듣지도 말하지도 못하는 '무형의 하느님'으로 그 뜻을 왜곡시켜 버렸다. 그러나 그렇게 고친다고 할지라도 역사 전체를 다 바꾸거나 삭제해 버릴 수는 없으므로 편린들이나마 '禹가 창수사자로부터 홍범구주와 보물 두 점을 받았다'라든가, 《서경》〈태갑상편〉에 "사왕(嗣王 : 탕왕의 아들 태갑 또는 상속자라는 뜻)의 선왕께서는 하늘나라(고조선) 상제의 천명을 좇아 종묘사직을 세워 천지신명을 받들어 제사하고, 하늘(上帝)은, 그분의 덕을 굽어보시고 천명(天命)을 내려 만방을 무마하여 편안케 하였으며, 사왕은 탕임금이 상제로부터 받은 유업인 천도문명을 이루라는 천명을 계승하게 된 것입니다"라고 하였으며, 文王과 武王이 殷나라를 정벌하는 〈周書〉에서도 文王과 武王이 자기의 임금을 치고 역성혁명을 하여 왕위를 찬탈한 일을 정당화하기 위하여 "하나라 禹임금의 후손(마지막 걸왕)이 하늘의 뜻에 위배되어, 제후였던 湯임금이 그의 주인이었던 하나라 천자(걸왕)를 정벌하고 商나라를 건설한 것과 같이 하늘의 뜻을 위배한 殷나라 紂王(天子)을 그의 제후인 文王이 정벌하고 周나라를 세운 것도 조선상제의 天命을 받고 역성혁명을 한 것"이라고 강변하고 있다.

여기서 하, 은, 주 3代의 天子들은, 모두 하늘나라(고조선) 上帝로부터 하느님을 대신하여 세상을 다스려 천도문명을 이루는 사명을 받은 대리하느님으로서 하늘의 뜻(천명)에 위배된 제후나라를 정벌하거나 토벌함으로써 하늘의 심판과 벌을 내리는 천권을 자자손손 계승한다는 뜻이다.

이는 마치 《성경》〈시편〉 2편 6절에서 "여호와께서 내게(아담) 이르시되, 너는 내 (맏)아들이라 오늘날 내가 너를 낳았도다(세웠도다). 내게 구하라, 내가 열방을 유업으로 주리니 네 소유가 땅 끝까지 이르리로다. 네가 철장(震)으로 저희를 깨뜨림이여, 질그릇같이 부수리로다 하시도다"라는 내용과 한치의 다름도 없이 일치하는 내용이다.

이는 하늘나라의 '천도문명'이 한웅천왕 때 메소포타미아 우르제국의 임금들이 하은주 왕들과 같이 상제로부터 동일한 사명을 받고 그 사명이 아브라함과 유대인들에게 전해졌기 때문이다. 하늘은 이처럼 천도문명을 세계적으로 이루시기 위해서 동서양에 두 축을 세워 이루어 오고 있기 때문인데, 서양에서는 그 천도문명이 기독교문명으로 변화되어 끝날 후천시대에는 천도문명의 종주국인 한국에서 동서문명이 만나 원래의 原道로 '原始返本' 하게 되어 있기 때문이다. 그러므로 〈周易의 대예언〉을 통해 '후천의 천도문명'이 다시 한국에서 일어나 세계화 되게 되어 있으며, 한국의 천도문명은 후천의 세계질서를 개편하고 세계의 중심국가가 될 것이라는 예언이다.

주역에서는 '震'(하느님의 적자인 한국 : 대리하느님)이 하도(河圖)에서의 乾天(上帝) 자리를 차지하고, 乾天과 坤地인 아버지와 어머니는 맏아들과 딸인 '震, 兌'에게 밀려나 양 귀퉁이에 자리하고 있다. 이와 같이 실제의 역사에서도 '震方'(조선 : 한국)이 '兌方'에 있는 중국과 미국에 의해 한 귀퉁이로 밀려나 천대를 받고 있고, 그들이 동서 세계의 주인노릇을 해왔다.

그러나 그러한 운세는 하느님이 그들을 세워 인류를 연단해 오신 선천시대(여름에 해당)의 운이고, 후천시대(가을, 참사람의 실체를 열매로 거두는 결실기)에는 다시 조선상제(하느님)의 친아들(震)이 '고조선의 原道'를 가지고 와서 만국의 헛된 사도(邪道)들을 심판하고 후천 5만년의 운세를 가지고 천도문명의 이념(天道)을 온 세계에 펴게 될 때가 바로 서기 2001년부터이다.

선천시대(서기 2000년까지)에 세워진 天子들은 하느님의 맏아들(震)이라는 명분만을 받고, 周文王과 하화족은 천도문명을 이루기 위해 인간의 심전(心田)을 가꾸는 사명을 받은 청지기요 사자들에 불과했는데 오히려 상제를 공경하여 모시고 천명을 받들지 않고 나중에는 고조선을 동호(東胡)라 하여 미개한 야만인 취급을 하여 반도로 내쫓아 버리고 핍박을 가했으므로, 그 벌을 받고 쫓겨날 날이 멀지 않았다. 이는 미국도 마찬가지이다.

文王은 《周易》에서 후천시대가 오면 중국은 다시 하늘나라의 장손민족에게 세계의 주인 자리를 돌려주고 본래의 청지기로서 주인을 섬기고 주인의 뜻을 따라 일하는 시중꾼인 청지기로 돌아가지 않으면 망하게 될 것이라고 예언하고 있다. 이러한 내용이 주역 본문의 고문 풀이에 나타나 있다.

《서경》〈순전〉 고문해석

舜典

曰若稽古帝舜 曰重華 協于帝 濬哲文明 溫恭允塞 玄德升聞 乃命以位, 愼徽五典 五典克從 納于百揆 百揆時敍 賓于四門 四門穆穆 納于大麓 烈風雷雨弗迷, 帝曰格汝舜 詢事考言 乃言底 可積三載 汝涉帝位 舜讓于德 弗嗣, 正月上日 舜終于文祖 在璿璣玉衡 以齊七政 肆類于上帝 禋于六宗 望于山川 徧于群神 輯五瑞 旣月乃日 覲四岳群牧 班瑞于群后 歲二月東巡守 至于岱宗柴 望秩于山川 肆覲東后 協時月正日 同律度量衡 修五禮五玉 三帛二生一死贄 如五器卒乃復.

"옛 순임금의 치적을 상고해 보건대, 그는 마음이 곧고 정직하며 언행이 바르고 문덕이 뛰어나 천제께서 그를 귀중히 여겨 조선땅의 일부를 떼어주고 그 땅을 지키고 감독케 하시니, 그 땅은 번조선의 회대지역이었다. 그는 천제를 지극히 섬겨 복종하고 나라를 화목하게 다스렸다. 그는 지혜롭고 총명하여 심오한 하늘나라 천도를 익혀 깨달았으며, 천도문화(예도와 오행의 도 : 易)를 백성들에게 가르쳐 상제의 은혜가 두루 미치게 하였다. 백성들이 천도를 익혀 상제 하느님을 공손한 마음으로 섬기고 자기를 닦아 순수하고 원만한 인격을 이루고 천도문명이 막힘 없이 통하도록 성심을 기울여 소임을 다하였다.

그가 하늘의 신묘한 도와 덕에 통달하다는 소문이 퍼지자 사방에서 그에게 천도의 가르침을 받고 백성이 되고자 몰려드는 사람들이 많아 그 나라가 번성해진다는 소문이 천제의 조정에까지 알려져 천제를 알현하고 천명을 받아 높은 하늘나라 천자의 지위에 오르게 되었다.

그는 하늘나라로부터 받은 오행의 법도를 익혀 체득하고 그 마음이 사욕에 따라 이리 저리 치우치지 않도록 두려운 마음으로 삼가 자기를 경계하여 중정의 마음(정신)의 밧줄을 단단히 부여잡고 수시로 일어나는 사욕(인심 : 사사로운 마음, 탐욕)을 억눌러 거짓자기(자아)를 멸망시키고 제후들과 백관을 임용함에 있어도 천도와 천덕을 베풀어 백성을 다스리는 계책을 진술케 함으로써 인재를 뽑아 백관의 품계를 정하고 관직을 하사하였다. 그러므로 백관의 소임은 천도문화로 백성을 가르쳐 인도하는 스승이자 감독자가 되게 하여 관리는 백성을 사랑하고 백성은 그들을 스승과 부모처럼 공경하고 순직하게 복종하게 되니, 사방의 제후국들과 나라 전체가 화목하게 잘 다스려졌다."

순임금은 조선상제(艮山木)께서 세운 대감(감독자)이고, 산지기인 동시에 부마(견우)와 같이 받아들여진 것은 그가 상제 하느님을 믿고 섬기는 지조(절개)가 굳고 천도문명 실현의 목표를 향한 정신이 강렬하여 거센 폭우같이 쏟아지는 반대와 역경과 세속적 미혹에도 굴하지 않고 떨쳐 일어설 수 있는 불변하고 전일한 기개가 있었기 때문이다.

상제께서 말씀하시기를 "너 순은 열심히 천도를 닦고 익혀 인간의 사욕을 쳐 이기고 진실한 마음으로 상제 하느님을 믿고 섬겼으므로 하느님이 감동하여 지혜를 내려주셨으니, 하느님의 말씀(천도)을 더욱더 열심히 살펴 궁구하여 천도를 깨달아 인격으로 이루고, 제국백성을 천도문명의 수레에 싣고 고해를 건너감으로써 아름다운 산 제사를 드려 천업의 공을 쌓아 성취할지어다" 하시었다.

순임금은 상제의 은혜에 감사하며 자신은 천업을 이룰 만한 그릇이 못 된다고 사양하였다.

정월 초하룻날 마침내(천자의 임명 : 천명) 조선상제로부터 부루태자를 통하여 천도문명으로 제국을 다스리는 치국의 이륜인 〈홍범구주〉(洪範九疇 : 치산, 치수, 농경, 역법, 관개수리, 호적관리, 군사제도, 조세제도, 군왕심법 등을 망라하는 정치대법)와 함께 상제께서 내리시는 유시(글, 문서)를 받았다(도산회맹에서 부루태자가 순임금의 사공인 禹에게 전하였다 : 禹가 순임금의 대리로 도산의 제후모임에 참석했음).

상제께서 순에게 유시를 통해 말씀하시기를 "너는 먼저 자기 자신을 살펴 천도를 닦아 아름답고 귀중한 옥처럼 여김을 받는 훌륭한 인격을 이룬 다음, 동물성의 멍에에 매여 고통받고 살아가는 백성(인간)의 성품을 천도와 천덕으로 갈고 닦아, 동물성을 벗게 하여 아름답고 고귀한 하늘나라 백성이 되도록 저울대와 같은 공평의도로써 제국을 다스려 상제 하느님의 셋째 지위(북두성의 셋째 별 : 상제, 부제, 천자)에 오를 수 있도록 성심을 다하여 하늘의 뜻인 천도문명 실현과 지상천국 건설의 대업을 받들어 이루도록 하라. 하늘나라의 예도와 천법(제도, 법도)을 본받고 상제의 백성으로서 만민에게 존숭받는 艮山(조선 : 상제)의 짝(兌澤 : 아내, 天子)으로서 택함을 받았으니 태산(岱山 : 중국 오악의 조종, 산동성에 있음)에 소집하는 제후들의 모임에 나와 천제를 알현하고 상서로운 천자의 홀을 받도록 하라" 하시었다.

순임금은 다음해 2월에 태산(동쪽)으로 돌아 동쪽 제후들을 순시하고 천제가 제후들을 소집하는 태산모임에 나아가 '번조선와 제후로서 주인의 땅을 잘 지키고 감독하겠노라' 는 서약의 말씀을 올렸다.(천제의 부제인 치두남으로부터 훈시를 들었다.)

"하늘이 정한 이때에 하늘나라 견우들(천자들)은 상제의 뜻을 받들어 복종하고 화목하게 화합하여 백성들의 마음밭을 갈고 천도문명의 씨를 뿌려 세상을 평정해야 할 때이니, 천도문명 실현의 목표(과녁)를 향하여 순일한 정신으로 나아가야 한다. 사해의 모든 나라가 천도문명 실현을 위해 한 목표로 백성들을 뗏목에 태우고 고해를 건너게 함으로써 거짓자기를 멸하고 환골탈태하여 참사람이 되게 해야 할 것이니, 오행의 도리를 밝게 익혀 황극(천자)의 홀을 받아 백성으로 하여금 참나를 찾아 세워 나의 주인이 되도록 자기 삶을 하늘의 정성스러운 제사에 바치는 상서로운 폐백처럼 소중히 가꾸어 가게 할 것이니 오행도의 말씀은 이와 같이 육체의 흙무덤 같은 삶을 무너뜨리고 뒤집어 천성을 자기성으로 이루는 참된 삶으로 돌아가게 해야 할 것이니라."

※ 제1대 단군상제께서 태산에 제후들을 소집하시고 부루태자를 보내어 순임금의 대리로 참석한 우사공(禹司工)에게 〈홍범구주〉와 보물 두 점을 하사하시고 회대지방을 순이 감독하도록 하게 했다고 《단군세기》에도 기록하고 있다(BC. 2267). 또 〈번한 세가상〉에 요임금의 덕이 날로 쇠해지기 시작하여 세상이 혼란하게 되었으나 요가 순에게 양위하지 않자 천제께서 군사를 파견하여 요를 정벌하고 그 땅과 나라를 순에게 감독하게 하고, 태산회맹에서 순이 번조선 부제(치두남)를 알현하고 천자의 홀을 받아 간 것을 《서경》〈순전〉에 "순임금이 동순하여 東后를 만났다"고 적고 있다.

이때 번조선 부제는 치우의 후예인 치두남을 단군께서 부제로 삼아 험독(왕검성)에 도읍하고 하북성, 하남성, 산동성에 12성을 쌓아 번조선을 다스리고 순의 정치를 감독케 하였다고 기록하고 있다.

《서경》〈홍범편〉에도 "禹司工에게 부루태자가 홍범을 주었다"고 기자가 말하고 있으며, 《맹자》〈이루장구〉에는 순이 제풍에서 태어나 부하에서 살다 명조에서 죽으니 세곳 땅은 동이의 땅이며, 순은 동이인이었다고 하였다.

※ 東자는 세상주인의 나라라는 뜻이 있고, 后자는 '땅(세상)의 신'이란 뜻이 있으니 곧 상제를 의미한다.

《서경》〈대우모〉고문해석

大禹謨

曰若稽古大禹 曰文命 敷于四海 祇承于帝 曰后克艱厥后 臣克艱厥臣 政乃乂黎民敏德 帝曰兪, 允若茲 嘉言罔攸伏 野無遺賢 萬邦咸寧 稽于衆 舍己從人 不虐無告 不廢困窮 惟帝時克, 益曰都 帝德廣運 乃聖乃神 乃武乃文 皇天眷命 奄有四海 爲天下君, 禹曰惠迪吉 從逆凶 惟影響.

"옛날 우임금의 치적을 상고해 보건대, 그는 하늘나라 문명과 문화를 펴 넓히는 것을 목표로 삼아 하느님의 뜻을 이루는 일에 평생의 운명을 건 사람이었다. 그러므로 상제께서 그에게 사해의 땅(지나대륙)을 분할하여 주시고 그 땅의 백성을 감독하게 하셨다. 그는 상제 뜻을 받들어 순임금의 업적을 계승하고, 상제를 공경히 받들고 백성을 소중히 여겨 고난과 역경에서 백성을 구제하고 천도를 가르쳐 인도하는 일에 전력을 다하였다."

그는 말하기를 천자와 제후들이 백성들의 어려움을 알고 자신들의 사욕을 억눌러 이기고 백성을 기르는 일에 전력을 다할 수 있는 임금이 진정한 임금이고, 신하들 역시 자기 자신보다 백성의 어려움을 보살펴 주고 자기 사욕을 끊어 경계하며 뭇 백성들에게 상제 하느님의 은혜와 천자의 덕을 재빠르게 베풀어 백성들의 삶을 공평하고 가지런하게 안정시키는 어진 신하들이 진정한 신하이니, 그리 되면 어질고 착한 인재들이 초야에 묻혀 숨을 리 없고, 백성들을 속여 그물질(수탈)하는 관리가 없을 것이다.

상제께서(번조선 부제) 말씀하시기를 "옳도다! 세상이 어지러운 이 때에 그와 같은 사람들이 나라를 다스리면 백성들이 하느님의 말씀(천도)을 기쁜 마음으로 본받아 받들고 공경할 것이며, 천도를 수행하여 자기를 닦고 연마해야 위태함이 없을 것이니, 백성들의 성품은 꾸밈이 없고 질박하여 어진 백성이 될 것인즉, 나라의 국운은 쇠함이 없고, 화합하고 평안하여 사방에서 백성들이 모여들어 나라가 번성하며, 산물은 많아 풍부하여 태평성세를 이루게 될 것인즉, 도둑들은 남의 집 담을 뚫지 않을 것이요, 모질고 사나운 사람들이 이웃을 해치지 않을 것이며, 억울하여 고소하거나 소송하는 일이 없을 것인즉, 나라의 기강이 해이해지거나 인정이 막혀 통하지 않으므로 나라가 어지러워지는 일이 없을 것이니, 이 어지러운 시대를 극복하기 위해 천도문화를 정치로 펴 다스리는 계책이야말로 더 없는 상책으로 상제께서 내려주신 은혜이다."

익이 말하기를, "아! 상제의 천도문화를 본받아 널리 운용하면 그 정신은 성스럽고 신묘하여 난세를 극복할 수 있는 힘이 있으니, 상제께서 일찍이 순임금에게 친족으로서 은혜를 베풀어 내리신 법이요, 순임금을 총애하시어 사해를 다스려 만백성을 구제하게 하신 천자의 정치이륜(제국을 다스리는 제왕의 법)입니다. 그러나 순임금이 돌아가신 후 제후들과 백성이 천도를 잃어 버려 나라가 어지러워졌고 백성은 도탄에 빠진 이때에 우임금께서 다시 하늘나라의 옛법을 되살려 병든 나라와 백성을 구제하시옵소서."

우임금이 말하되, "임금(천자)이 백성을 사랑하여 천자의 은혜를 베푼다는 것은 곧 상제의 천도문화를 본받아 하늘나라 정치이륜을 실행함으로써 제후들과 백성이 모두 천도를 행하여 육신의 사욕을 끊고 자기를 닦아 상서로운 하늘나라 백성이 되게 하는 것이요, 천도를 배반하고 육신의 사욕을 따라 사는 길은 흉한 것이어서 사회를 병들게 하는 영향을 주어 나라가 망하게 되는 것이다."

※ 위의《서경》본문에서 보는 바와 같이, 순임금과 우임금은 조선상제가 분할해 준 땅의 제후로서 그 땅의 천자(감독자)로 세움을 입고 번조선의 부제로부터 감독과 지시를 받았었다. 〈禹貢〉편에도 동일한 내용이 나타나 있다.

※ 天帝를 舜이 알현한 일을 '사근동후(肆覲東后)'라 한 것은 번한의 副帝였던 치두남을 찾아가 알현했기 때문이다. 치두남은 치우천왕의 후손으로 당시 단군제가 그를 번한의 부제로 삼아 순과 우를 감독케 했으니 부제도 천제의 '后'이다.

번조선의 부제(왕)가 된 기후, 기비, 기준시대

번한세가하

임오년, 연나라 사람 배도가 쳐들어 와서 안골촌을 공격하고 험독골을 노략질하니, 수유사람 기후(箕詡)가 군사 5천을 몰고와 싸움을 도왔다. 무술년(BC. 263)에 번한왕의 후사 수한이 죽었는데 후사가 없으매 기후가 상제의 명(천명)을 받고 군령을 대행하다가 번한성에서 번조선왕이 되었다. 그 후 기후가 죽자 기욱(箕煜)이 번조선왕으로 즉위하고, 기욱이 죽자 신미년(BC. 230)에 기석(箕釋)이 즉위했다. 기석이 죽자 기사년(BC. 172)에 기윤의 아들 기비(箕조)가 즉위하였다.

처음 기비는 종실의 해모수와 몰래 약속하고 진조선의 제위(상제)를 찬탈하려 했으나, 해모수를 보좌하여 천제의 자리에 오르게 하였다. 기비가 죽으니 아들 기준(箕準)이 즉위(BC. 146)하였다.

※ 은나라가 문왕에 의해 패망하고, 기자(箕子)가 그의 봉지로 들어가 은거한 때는 BC. 1111년 경이고, 기후가 번조선왕(상제의 부제)이 된 때는 BC. 263년 경이므로 800여년 차이가 있는 것으로 볼 때, 기후는 은기자의 800년 후대의 후손임을 알 수 있다.

또 22세 단군 색불루 때에 수유 사람 서우여를 번조선의 비왕(부제)으로 삼으셨다고 하는 때는 BC. 1385년으로 백이와 숙제가 고죽국에서 나와 은나라에 왔다 간 때이다.

은나라가 망하고 기자가 서화(기자의 봉지 : 은천자로부터 받은 봉지임) 땅으로 가서 은거한 때는 BC. 1114년으로, 〈수경주(水經注)〉에서 말하기를, "杜預曰, 梁國蒙縣北 有薄伐城 城內有成湯塚 其西 有箕子塚"이라 하였으니, 서화는 옛 箕子의 땅이다. 개봉부 90리에 있다 하였고, 두예가 말하기를 양나라 북쪽에 몽현 박벌성이 있는데, 성안에는 옛 성탕임금의 묘와 기자의 묘가 있다고 하였다.

이처럼 수유사람 서우여와, 수유사람 기후와 기자와는 서로 연대가 확연히 다르다. 따라서 '기자조선설'은 사실이 아니고 날조된 설임을 분명히 밝혀 둔다.

조선(朝鮮)이란 국호의 의미

《단군세기》에 이르기를 "개천 1565년 3월 1일에 이르러 신인왕검이 오가의 우두머리로 추종자 800인을 이끌고 단목의 터에 이르러 삼신께 제사를 올렸는데 왕검은 성인의 어짊과 신령한 덕을 함께 갖추었더라. 그는 하늘의 뜻을 계승하여 높이 받들고 '재세이화, 홍익인간' 하려는 크고 숭고한 뜻을 세우니 구한의 백성들이 모두 마음을 바쳐 따르며 그를 천제의 화신이라 하고, 임금으로 추대하니 그가 단군왕검이시다. 신시의 옛 법을 다시 찾아 세우고 도읍을 아사달에 정하여 국호를 조선이라 하였다. (무진원년 BC. 2336)"

이와 같이 단군왕검이 구한(九夷)의 우두머리인 천제(天帝, 上帝)국을 세우고 스스로 국호를 정하여 '朝鮮'이라 하였다고 했음에도 불구하고, 혹자는 말하기를 옛적 나라는 스스로 국호를 정하지 않았는데 남의 나라들이 그렇게 호칭하였기 때문에 그것이 국호가 되었다거나, 후의 역사가들이 그렇게 지어 부르게 되었다는 무식한 말을 서슴없이 하는 사람들이 있다.

또 어떤 사람들은 朝자는 아침을 뜻하니 좋으나, 鮮자는 생선 선자이고, 날고기 선자라는 의미를 가졌으니, 중국이 우리나라를 생선회 먹듯 집어먹으려고 그렇게 지어 부른 것이니 '조선'이란 국호는 써서는 안 된다고 말하는 사람들도 있다. 그런데 그렇게 말하는 사람들이 모두 일반인들이 아니고 소위 사학을 하고 상고사를 바로잡아야 한다고 주장하면서 몇권의 책들을 써내고 있는 학자들이라는 데 큰 문제가 있다.

※ 朝 - 아침, 처음, 제후들이 천자를 알현하다. 신하가 임금을 뵙다, 조회하다, 은혜를 베푼 이를 찾아뵙다, 조정, 정사, 정사를 집행하다, 왕조.
鮮 - 곱다, 아름답다, 깨끗하다, 뚜렷하다, 떳떳하다, 착하다, 새롭다, 좋다, 날 생선, 새(봉황), 멀리 있는 작은 산(艮山木 : 東山)이란 뜻을 가지고 있다.

朝자는 세계통일제국인 천제의 나라에 세계의 제후들이 조회에 들어 천제를 알현하는 '천제의 조정'을 뜻하고 천하에서 처음으로 세운 桓國을 계승한 나라이니 최초의 세계통일제국임을 나타내고 있다. 그러나 중국이 옥편을 만들면서 고조선의 역사를 지우기 위해 천제를 天자로 바꾸어 기록했을 뿐이다.

鮮자는 '아름답고 깨끗(순수)하고 떳떳한 하늘나라, 백성은 어질고 (仁 : 착함) 그 정신이 뚜렷하다'는 뜻으로 천도문화와 천도문명으로 인성(肉性 : 동물성)을 닦아 천성(天性)을 성격으로 이루고 초월비상한다는 뜻에서 2차원적이고 평면적인 타락한 세상(海 : 바다, 사해)의 물고기(생선)가 변하여 입체적이고 4차원적인 새 즉 대붕(大鵬)이 되어 9만리 장천을 날은다는 뜻이다.

※ 鵬 - 대붕새, 크기가 수천리에 달하며, 한 번 날면 구만리를 날아간다는 붕새, 봉황(鳳凰) - 봉황은 하늘나라 상제인 성령을 의미함.

이와 같이 바다의 생선인 鯤(크기가 수천리에 달하는 물고기)이 새 (대붕)로 변하여 구만리 장천을 날아 오른다는 뜻은 바다(四海)는 타락한 세상(苦海)이고, 세상에서 제일 큰 이(바다에서 제일 큰 고기 : 용)

는 천제요, 그의 천도는 사람이 닦아서 비천한 육신의 동물성을 벗고 환골탈태하여 신선이 되면 구름을 타고 구만리 장천에 올라 소요하게 된다는 천도의 뜻을 장자가 그의 〈소요유(逍遙遊)〉에 고조선 천도의 전설을 담아 전하였는데, 이는 노자나 장자가 모두 순수 동이족이었기 때문이다.

《장자》〈소요유〉에 이르기를 "북명(北冥)의 바다(바이칼호 : 천해, 古桓國을 상징)에 鯤이라는 물고기가 산다. 그 고기의 크기는 몇 천리에 달하는지 알 수가 없다. 그 고기가 변하여 대붕이 되면 이 새의 크기 또한 몇 천리에 이른다. 북명 바다에 큰바람(문명이동의 바람 : 문화의 바람)이 불면 대붕이 구천리 창공으로 솟구쳐 올라 6개월을 날면 9만리를 날아 남명(南冥 : 天海)이라는 곳에 이르러 내려앉는다." 운 — 운 —.

이 이야기는 옛 고조선 문명이 서남쪽(인도, 슈메르, 중근동, 유럽세계)으로 날아 이동하여 6천년이란 세월 속에서 거대한 새와 같은 기독교문명, 회회교문명, 힌두불교문명으로 화하여 마지막날(끝날 : 선천말세)에 다시 그 근원문명지인 한국(고조선의 정통후예)으로 돌아와 소멸하고(원시반본), 후천시대에는 새로운 천도문명(원도)이 한국에서 나타나 후천 오만년의 세계를 주도하여 세계적 천도문명실현을 완성하고 지상천국을 이루게 된다는 만년 전의 예언을 성취한다는 내용이다.

왜 그런가 하면, 선선천시대에 서남쪽으로 나간 천도는 육체적 인간을 문화인으로 길들이는 육체의 예법인 禮道였으나, 후천의 천도는 인간이 천성(神性)을 이루어 영생하는 신선으로 환골탈태하는 완전한 도이기 때문이고, 고조선은 북명(天 1水)에서 출발하여 북만주(東北 艮山木方)을 지나 후천에는 정동방(韓國 : 帝出乎震의 자리)으로 이동해 왔는데, 고조선은 艮山木方으로 최초의 인류문명이 시작되는 곳인 동시에 끝나는 곳이고, 다시 새로운 문명이 시작되는 곳이기 때문이다.

그러므로 고전들에 나타나는 山은 艮山을 뜻하고 하늘나라 상제를 의미한다. 반면에 海나 澤이나 川은, 山(乾天 : 상제, 남편)의 짝인 坤地(아내, 첩, 신하, 종)를 나타내고 있다.

天道文明과 견우직녀의 사명

지금까지 동서양을 막론하고 '文明'과 '文化'에 대한 확실한 정의를 못해 왔다. 다만 독일학자들은 '文明'을 정신적인 것으로, '文化'를 물질적인 것으로 인식한 데 반해 프랑스 학자들은 그와 반대로 해석해 왔다. 그러나 일반적으로 '文化'를 정신적인 것으로, '文明'을 물질적인 것으로 인식함으로써 '物質文明'이라는 말이 통용되고 있다. 그러므로 물질문화라고는 말하지 않는다.

그러나 고조선에서의 '天道文明'은 인류가 하늘의 뜻(참사람 창조와 지상천국실현)을 역사적으로 실현 완성해야 하는 구체적이고 사실적인 도(道)인 동시에 정치이념인 것이었다. 다시 말하면 현생인류는 '사람'이 아니라, '참사람과 참자기'를 이루어야 할 재료로서의 흙과 같은 것일 뿐이다. 흙에 불과한 이 비천한 '육체적 인간'을, 신성적 인간인 참사람으로 변화 초월케 하기 위해 '天道'가 필요한 것이다.

《天道》(易)란 하늘과 땅, 즉 천지자연(하느님)의 성품(人格)과 정신(의지)의 덕(德)에 대한 형상(形象)을 글로 나타낸 경서이다. 이를《天符三經》이라 한다. 이 천부삼경은 '천부경, 삼일신고, 참전계경'이라고 하며, 이 경들의 내용을 요약하면, 삼경 속에 도의 은유(깨달음을 통해 인식할 수밖에 없는 인식대상)로 나타나 있는 天神(三神)의 성품과 정신을 나의 성품(三眞)과 정신으로 훈습화, 습성화, 의식화, 내면화, 인격화해 가는 것을 가리켜 소위 '無爲而化'라고 하였다. 《서경》에서는 이것을 가리켜 '咸有一德'이라고 하거나 '三光五情'이라고 하였다.

이렇게 天道와 天德을 나의 정신과 인격으로 化하게 하는 방법으로 첫째, 하느님을 나를 낳아주신 부모로 알고 공경하는(天地父母), 자연이 곧 나를 낳고 길러주시는 살아있는 부모라는 믿음으로 공경(敬天)함으로써, 하느님의 성품을(中正의 마음) 닮아 나의 성품으로 내면화하기 위해 일편단심(지조 : 주체정신)을 정하고, 자나깨나 그 마음이 끊어지거나 잊혀지는 일이 없는 삼매의 의식상태인 지성(至誠)의 삶 속에서 천도실천을 궁행할 때, 점차 시간이 흐름에 따라 삶의 체험 속에서 깨달음을 얻게 되고 그 깨달음이 있을 때, 사람은 육체적(본능적) 인간의 성품(본능)과 거짓 관념의 허물을 벗어 던지고 '참자기, 참사람'으로 깨어나게 되는 것을 중생(重生)이라고 하거나 환골탈태 또는 환골이신이라고 하는 것이다.

'참사람'은 곧 '仁한 사람'이다. 仁이란 하늘(一), 땅(二), 사람(人)의 정신이 그 인격과 정신 속에 하나로 통일되는 것을 말한다. 이것을 가리켜 '天 地 人 三材合一(合德)'이라고 한다.

'三光五精'이란 三神五帝의 정신과 德을 나타낸 말이다. 三神五帝道의 原理에 대해서는 《한단고기》〈태백일사〉에 보면, 〈三神五帝本記〉에 나와 있다. 三神五帝란 三神인 天神이 조화의 신과 교화의 신과 치화의 신으로 삼시대에 나타나 조화의 덕과 교화의 덕과 치화의 덕을 펴는 것인데, 이 삼신은 한 분의 天神이 세시대에 각기 다른 사명을 가지고 나타나 참사람 창조섭리를 하는 것이므로 그 삼신은 곧 一神이듯 하늘의 도와 덕을 땅(물질)의 도와 덕을 사람의 도와 덕으로, 사람의 인격과 정신 안에서 세가지 천덕을 하나로 통일해야 한다는 뜻이며, 이런 의미를 형상화 한 글자가 '仁'자이다.

'五帝'는 五行의 德과 정신을 의미한다. '五行'이란 '木火土金水'로서 봄의 木氣가 만물의 씨앗을 틔워 생겨나오게 하는 덕과 정신(자연의 생명의지)이 있어 만물의 생성을 주관하고, 여름의 火氣는 씨앗이 터 나온 만물의 어린 싹을 자라게 하는 덕과 정신이 있고, 가을의 金氣는 무한정 자라기만 하면 열매를 맺을 수 없으니 자라던 초목이나 동물을 굳혀 열매 맺게 하는 결실의 덕과 정신이 있고, 겨울의 水氣는 만물을 다시 고요한 원점으로 돌려보내어 휴식하게 하는 감장의 덕과 정신으로, 1년 사계의 생명운동을 하게 함으로써 천지만물의 생명활동의 영속성을 유지하게 한다. 이때 土氣는 만물이 뿌리를 박고 있는 태반의 덕과 정신으로 오행의 기와 운동변화를 주도하는 기반이고 중심이 되는 것이다.

이러한 五行이 사계의 생명활동을 하여 만물이 살게 하는 사계의 덕을 형상화한 원리를 元(봄), 亨(여름), 利(가을), 貞(겨울)이라고 한다. 그러므로 〈文言〉에 이르기를 元은 자연의 정신과 덕(성품)의 형상(모양)이요, 亨은 그 형상을 본받아 널리 사랑의 정신과 마음을 이루게 하기 위해 교육하여 펴는 문명활동이요, 利는 그 문명의 결실을 배태하고 출산하는 것이요, 貞은 천도문명을 세계인류로 확대 실현하여 모든 사람이 다 참사람으로 결실되어 지상천국을 이루게 되는 안식의 때를 이름이다. 그러므로 君子는 이 원형이정 四德을 실천하는 사람 즉 천도문명을 세계에 교화하여 펴고 참사람을 결실하고 지상천국을 이루기 위해 제국을 다스리되, 그 다스림은 강제력인 힘이나, 법과 같은 것으로 하는 통치가 아니라, 자기 자신이 먼저 천도로서 참사람 즉 성인과 성왕이 되어 참사람의 본(本)이 된 다음, 그 본(기준, 표본)의 길을 백성으로 하여금 따라 행하게 함으로써 천도를 이루고 참사람을 완성케 하는 데 정치의 목적을 두고 교육경제 및 사회활동을 오로지 백성으로 하여금 천도의 열매가 되도록 하는 데 모든 정치적 역량을 제공하여 백성을 기르는 것이 곧 '도덕정치' 또는 '王道政治'라고 하는 것이다.

그렇기 때문에 文明이란 역사의지요, 세계정신이요, 하느님의 섭리정신으로서 모든 나라의 왕들은 대대손손 그 정신과 덕, 즉 천도문명을

47

이루기 위해 백성들의 마음밭(心田)을 갈고 닦는 견우(牽牛 : 白牛)가 되고 백마(白馬)가 되어, 지상천국 건설과 참사람 농사를 하기 위해 천도문명을 이루어 나가는 섭리역사의 수레를 끌고 가야 하는 사명자요, 그 사업을 위한 사자들이요, 청지기들이고, 하늘의 일꾼들이다.

그래서 예수는 '씨뿌리는 비유'를 많이 베풀고, 하늘나라는 참사람 농사를 하는 농장이고 하느님도 농사꾼이라고 말하고 있다. 예수도 농사꾼으로, 사람의 마음밭에 참사람의 씨앗인 진리 말씀을 뿌렸는데, 사탄(배반한 청지기)이 밤(무지한 시대)에 와서 가라지씨(이방문화와 사도의 정신)를 덧뿌렸다고 말하고 있다.

견우(왕, 천자)가 하늘나라의 공주인 직녀(織女)에게 장가든다는 말은, 文王卦圖에서 보듯, 震의 맞은편에 少女인 兌가 놓여 있으니, 이 여자는 견우에게 맡겨 농사하라고 유업(대업, 천업)으로 준 땅(坤 : 여자, 처녀, 아내)인 백성들이다. 그러므로 융족을 자기의 본 백성으로 거둬들였다는 말은, 천자(乾, 남편)가 그 백성을 아내로 맞아들여 장가들었다는 뜻이다. 이처럼《周易》도 성경처럼 중요한 부분들을 상징과 비유로 감추어 두었으니, 그렇게 한 목적은 후천시대의 主人인 人皇(震)이 와서 그 비밀을 밝히도록 아무도 알 수 없게 감추어 두었던 것이다.

이렇듯 하은주 3代의 왕들은 하늘나라의 맏아들의 명분을 받은 청지기들이었으나 하늘의 뜻을 이루지 못하고 전제봉건국가를 세워 백성을 공주처럼 사랑하는 아내가 아니라, 왕들과 관료들이 뜯어먹고 말아먹는 '利益이나 밥'으로 삼아 착취하면서도, 말로는 '民本主義(공주)'를 외쳤으나 백성을 '食民'이라고 하여 짜먹었던 것이다.

《서경》의 〈胤征〉 편명에서 보듯 그들은 스스로 하늘나라의 태자요, 맏아들이요 '正胤'(태자, 유업을 계승할 적자)이 되지 못하고 사탄이 되어 버렸으니, 《성경》에서 '天使長'이 하느님을 배반하고 사탄이 된 것과 한치도 다름이 없다. 正胤이란 하느님의 태자로서 하느님 아버지를 대신하여 무도(천도에 위배되는)한 제후왕들을 정벌하여 하늘의 심

後 · 天 · 大 · 易

판을 대행하는 대리하느님이란 뜻이며 '여호와' 라는 히브리말의 뜻도 대리하느님이다.

'三光五精'의 三光은 天皇인 한님(桓因)과 地皇인 한웅과 人皇인 檀君의 文明의 빛을 이르는 말이고, 五精은 三皇의 맏아들이요, 청지기 격으로 세운 다섯 시대의 임금들이 각각 오행의 덕인 木德, 火德, 土德, 金德, 水德으로 元亨利貞의 섭리시대마다 견우의 사명으로 天道文明을 이룬다는 뜻이다.

이처럼 천도문명이란, 자자손손 유업으로 계승해서 이루어 나가야 할 '天業' (천도문명 섭리)이요, 견우들이 역사적으로 완수해야 하는 역사의지요 섭리정신이다. 반면 文化는 그 문명의 정신(이념)으로 살아가는 사회적 전통, 풍속, 도덕, 禮道, 법, 제도, 학문, 예술, 정치, 경제, 사회 및 제반 삶의 형식전반을 이르는 이름이다.

이와 같이 한 제국의 天子가 하늘의 정윤으로 세움을 입던 시대(先天)는 그들이 사명을 다하지 못함으로써 끝이 나고 주나라는 급격히 쇠퇴하기 시작하여, 서주가 망한 후 동주로 도읍을 옮긴 제국은 공실(제국의 주인)로서의 위엄과 권위를 상실하고 제후들이 힘을 겨루어 공실의 주인노릇을 대행하는 패도시대인 춘추시대가 열리게 된다. 하늘의 정윤제도는 하은주 3代로서 끝이나고, 그 후에는 개인으로서의 성인이 나타나 여러 문명권을 이끌어가는 섭리시대가 열리게 되어 官 주도적 문명이 私 주도의 文明으로 바뀌게 되자 관이 장악하고 주도하던 주나라 공실의 모든 학문(도)이 민간에게 흘러나와 민간주도의 백가지학 즉 제가백가시대로 이행하게 된다.

인도에서는 석가가 정윤이 되었고, 중근동에서는 예수가, 아시아에서는 공자가 하늘의 정윤이 되어 장차 하늘의 천도가 나타날 때를 위하여, 예비적 소양인 禮道와 善을 지향하는 道들을 가르쳐 왔다. 다시 말하면 그들 성인들은 견우가 되어 하늘나라의 밭인 인류의 心田을 갈아왔다. 장차 人皇(미륵)이 와서 참사람의 씨를 뿌릴 수 있도록 잡초를 뽑고 돌을 치우고 퇴비를 주어 옥토를 만들어 온 것이다. 그러나 그들이 밭을 갈고 뿌린 씨는 하늘의 참씨가 아니라 논을 거름지게 하기 위해 퇴비 대신 심는 자운영 풀 같은 것이어서 그 풀이 나서 자라고 꽃을 피우지만 열매는 없고 다만 그 풀들이 죽어 논을 거름지게 하는 퇴비의 역할을 할 뿐이었다. 그러나 天道는 無善無惡의 道이다. 지금까지 善과 惡을 분별 대립시켜 놓고 善만을 취하여 투쟁해 나온 선천의 모든 도는 불완전한 道였다.

하늘나라의 原道에 대해서는 필자의 《후천문명의 패러다임》이라는 책에 구체적으로 기술되어 있다. 그리고 《周易》의 文體는 《書經》의 문체와 사상 내용이 비슷한데 그런 이유는 하나라를 세운 禹임금도 순임금의 나라가 무도해졌을 때 혁명을 통해 새로이 건설한 나라여서 文王의 입장과 동일한 同時性을 가지고 있는 모형이고, 은나라를 세운 湯임금도 하나라가 무도해졌을 때 혁명을 통해 상나라를 세운 것이므로 우와 탕과 문왕은 모두 동시성적 동일성을 가지고 있으며 문왕에게 있어서 우왕과 탕왕은 자신들의 모형을 본으로 보인 전형적 인물들인 동시에 문왕은 그들의 방식과 사정을 이해하고 그대로 따르기만 하면 되게 되었던 것이다.

문왕이 西伯으로서 많은 제후들을 이끄는 수장답게 덕치를 하자 간신들이 그를 시기하고 모함하여 은천자(紂王)가 文王을 '유리'라는 곳에 감금한다.

은나라를 세운 湯王도 文王과 동일한 입장에서 하나라 제후들의 수장으로 있을 때 그의 덕치를 시기하는 간신들의 음해로 걸왕에 의해 '하대'에 감금되었다가 풀려나는 똑같은 입장을 선취하고 있다. 그러한 이유로 그러한 입장과 그 사정을 토로해 놓은 글이 〈탕서〉요, 〈우서〉이므로 그 내용과 사상 및 문체가 동일할 수밖에 없다. 그래서 《周易》의 참뜻을 풀어놓은 本文을 보면 서경과 매우 유사하다는 느낌을 받게 될 것이므로 독자들은 《서경(상서)》을 필독해야 주역을 바로 이해하게 될 것이다. 그러나 서경도 古文法으로 읽어야 한다.

고조선 철학과 천도문명

서두에서 언급한 바와 같이 고조선시대를 3시대로 구분하면 지금으로부터 9100여년 전에 한님(桓因)이 천산에서 내려와 바이칼호(天海)변에서 건국한 나라가 고한국(古桓國)이며 세계를 12연방 제후국으로 분할하여 다스린 강역이 남북 5만리요 동서 2만리라 하였으니, 로마제국이 지배한 영토보다 큰 세계통일제국이었으며 그 역년은 3300여년에 이른다고 하였다. 이를 필자는 편의상 고조선 제1기라고 부른다.

다음은 한님의 서자인 한웅천왕이 한님의 천도문명 실현의 뜻(홍익인간, 이화세계)을 받들어 불함산(또는 완달산 : 흑룡강과 백두산 사이의 땅)에 내려와 배달국(倍達國)을 세워 고한국을 대신하여 세계를 다스렸다. 이를 고조선 제2기라 한다.

다음은 한웅시대 말에 한웅천왕의 비왕(부제)으로 있던 왕검께서 구이(九夷)의 제후들로부터 추대를 받고 배달국을 계승하여 세계통일제국을 건설하고 국호를 조선이라 하였으니 이분이 우리의 건국조인 단군왕검이시며 부여시대까지 47대를 전하였다. 이를 고조선 3기로 보아 모두 고조선 3대라고 부른다.

한국을 건국한 한님은 천산에 올라 득도하여 독화지신(獨化之神)이 되신 상제 하느님이시고 배달국을 건국한 제일대 한웅천왕께서도 천산에 올라 득도하여 신인이 되신 상제 하느님이시며 초대 단군인 왕검께서도 그러하시므로 이 세 분을 삼신(三神)이라고 한다. 그러나 이분들은 하늘의 하느님(자연 : 天)이 세 시대에 사람의 화신으로 보내어(지상에 내려와) 나라를 세우고 백성을 홍익인간의 도(인간학)로 교화하여 육신의 동물성을 벗게 하고, 하늘의 신성(神性 : 天性)을 본성으로 바꾸게 하여 신선이 되게 하는(영생체) 참사람 창조농사를 세 시대를 통하여 몸소 보이심으로써 장차 천도문명을 세계적으로 성취하여 땅위에 살아서 신선이 되고 지상천국을 이루는 본을 보이셨다.

하느님이 몸소 지상에 강림하셨으니 그를 上帝(하느님)라 하며, 그의 본백성(장손동이족)을 천도로 길러 신선들이 되게 하셨으니 그 나라를 일러 하늘나라(桓國)라고 하였다. 그 분들이 '인간창조농사'(견우의 농사)와 '지상천국건설'의 뜻을 이루기 위해 천부 3경(천부경, 삼일신고, 참전계경)을 우리에게 남겨주심으로써 우리 한민족이 세계의 주인이 되어 천도문명을 인간 스스로 이루어 나갈 수 있게 하셨다.

제국의 천자(天子)란 조선상제께서 천명으로 임명한 하느님의 아들(天子)의 사명을 맡아 만민의 마음밭(육체의 동물성 : 자아의식 관념)을 천도와 천덕으로 갈고 닦아 양육함으로써 백성으로 하여금 참자기 실현과 참인간 실현을 하게 하는 견우요, 그의 백성은 하늘이 선택한 아내요 하늘의 선민이다.

하늘이 이처럼 견우를 세워 세상을 다스리고 선민을 먼저 하늘나라 백성(참사람 : 신선)으로 기르는 뜻은 그들이 천도를 인격으로 완성하고 이방세계에 천도문명을 전파해 나가도록 하는 하늘의 일꾼을 양성하기 위함이다.

그러므로 천자의 정치목적은 통치라는 개념에 있는 것이 아니라, 천도문명을 이루는 데 있으므로 자신이 먼저 천도와 천덕을 닦아 인격화한 후 천도로 백성들의 마음밭을 갈고 닦아 육체적 인간의 동물성을 벗기고 천도의 씨를 뿌려 신성을 이룬 참사람으로 깨어나게 하는 '참사람 창조 농사' 섭리의 수레를 끌고 가는 말의 역할을 완수해야 하는 것으로 견우는 밭을 가는 소(白牛)요, 천도문명의 수레를 끌고 가는 말(백마)의 사명을 완수하는 것이 정치의 목적이다. 그러므로 이를 가리켜

'왕도정치' 또는 백성을 천도로 기르고 양육하는 것을 정치의 근본목적으로 삼는 '민본주의 정치'라고 한 것이다. 그러나 문왕과 주제국은 역천을 했으므로 민본적 왕도정치를 하지 않고 무력과 강법으로 백성을 찍어 누르는 지배와 통치를 정치목적으로 삼는 전제 봉건주의 정치를 단행했기 때문에 주제국은(서주) 사실상 400여년의 짧은 수명으로 멸망하고, 일개 제후와 다를 바 없이 무력한 동주(東周)시대에 와서는 춘추전국시대의 혼란기로 접어들게 된다.

천도의 근원인 삼신일체 원리(도)

앞장에서 삼신상제의 실체를 설명한 바와 같이 고조선 삼시대에 나타났던 한님, 한웅, 한검은 한 분이신 하늘의 하느님이 세 시대에 각기 다른 사람의 모습으로 오셨지만 그 실체는 한 분이기 때문에 삼신일체라고 한다. 이 삼신이 하나(천부경의 天一)라는 것을 도의 원리로 말하면 '3 · 1'이므로 '삼일신고'라고 하여 경전의 책명으로 삼은 것은 3 · 1이 '삼신일체도'의 원리가 되기 때문이다.

또 다른 말로 하면 '三材合一'이라고도 한다. 이때의 3은 삼신을 의미하고 합일은 셋이 곧 하나라는 의미이다. 또 다른 표현은 천지인(天地人 三材)이다. 여기서 천지인 셋(삼재)은 표의로 보면 하늘, 땅, 사람이지만, 그 내의로 보면 天皇, 地皇, 人皇이다. 하늘의 참사람 창조 섭리역사를 세 시대로 구분하여 선선천, 선천, 후천시대로 볼 때 선선천은 천황시대, 선천은 지황시대, 후천은 인황시대이나 후천을 참사람 창조시대로 보는 것은 인황이 개인(開人)의 사명을 가지고 오기 때문이다.

우리나라가 일제의 압제를 벗어나기 위해 거국적으로 만세운동을 벌인 날이 3·1(3월 1일)이므로 우리는 '삼일정신'을 기려 선열의 뜻(정신)을 본받아야 한다고 말한다.

공자의 사상을 한 마디로 표현한다면 '仁思想'이라고 말한다. 仁이란 하늘(一)과 땅(二)과 사람(人)을 하나로 합성한 회의문자이다. 다시 말하면 '仁한 사람'은 그의 정신(인격) 속에 천지인 삼재를 합일(통일)한 도성의 인격자를 의미하는 말이다.

도(道)란 하느님의 신성(신의 성품 : 덕과 지혜)과 정신이고, 그 생명의 영원성을 머금은 이름이다. 그런데 그 천도를 완성하고 참사람(신성 : 신선, 신인)이 되려면 천지인 삼재를 그 인격(성품 : 본성) 속에 하나로 통일해야 한다는 말이 '삼재합일'이다. 삼재(三材)란 '세가지 정신'이라는 뜻이다. 그렇다면, 天, 地, 人의 본질은 무엇인가? 천은 하느님의 정신(천성)을 지칭하는 말이니 '도'에서 신의 본질을 설명한 셈이고, 지(地)란 물질적 삶의 사회적 현실을 의미한다.

인간의 육체를 비롯해서 천지만물이 모두 물질로 이루어져 있다. 그런데 이 물성(物性)은 동식광물도 물성을 띠고 있겠지만 도는 사람에 대한 이야기이므로 육체의 동물성(육체적 본능)을 의미한다. 육체적 동물성 본성은 주지하는 바와 같이 '衣食住性(섹스)'을 말한다. 따라서 이 육체적 본능(본성)은 육체를 가진 생물 전반의 보편성이다. 그것은 또한 생존본능이기 때문에 곤충에서부터 맹수와 사람에 이르기까지 자신의 생존을 위하여 먹이사슬의 한계(숙명) 안에서만 생존이 가능하므로 자기보다 약자를 먹어야만 살아남는 자연의 법칙인 '양육강식과 적자생존의 법칙'에 절대적으로 지배되고 있다.

서양적 이성이나, 소위 '합리적 이성'을 지배하는 힘은(그들이 중세의 신본주의의 굴레를 벗어 던진 근대에 있어서) 다윈의 진화론이나 멘델의 법칙을 통해, 약육강식과 적자생존이야말로 '생존의 제일법칙'이라고 믿는 신념이다. 인간의 사회관계에 있어서나 국제관계를 통해서 개인주의적 냉혹함과 이기주의의 본질은 바로 그들이 신처럼 믿는 신념인 '양육강식의 법칙' 이야말로 인간의 자연스러움(자연의 이치)이라고 믿기 때문이다. 그들의 합리적 이성은 그러한 신념에 봉사하는 시녀에 불과하다.

따라서 그들에게 있어서 '휴머니즘' 이란 강자들의 휴전상태이거나 약자를 통해서 얻는 충족감이라고 한다면 지나친 냉소일까? '강자에게 약하고 약자에게 강한' 미국식 휴머니즘에 대한 나의 냉소적 평가는 후하다고 해야 할 것이다. 그러한 경향이 비단 미국에만 있는 것은 아니고, 모든 사람이 그와 같은 입장을 취할 수 있다는 보편적 전제는 동서가 마찬가지이다.

그러나 곤충이나 동물들은 배가 고파야 약한 짐승을 잡아먹지, 탐욕으로 무제한 쌓아놓지는 않는데 반해 인간은 무한정 가지려고 하는 탐욕이 '인간의 병' 이고 타락성이다. 권력이든 명예든 돈이든 쾌락이든, 그 욕심의 끝이 없고 만족을 모른다. 여기서 빈부의 차가 생기고, 귀천이 생기고, 미워하고 시기하고 사기치고 도둑질하고 살인하고 전쟁을 하는 온갖 죄악이 발생하는 것이며, 인간을 병들게 하고 사회와 세계를 병들게 하는 요인은 바로 약육강식의 생존법칙이다. 그러므로 만물이 가진 보편적 육체적 본성은 악하지도 선하지도 않은 자연스러움이지만 인간에게 있어서만은 그것에 탐욕이라는 군더더기가 붙어서 병을 유발하기 때문에 죄악이 된다.

인간에게는 '비교인식능력' 이 있어 상대적으로 많이 가진 자와 가기를 비교하는 데서 상대적 빈곤과 불행을 느끼기 때문이다. 인간이 육체적 생존에 있어서 옷 한 벌, 밥 한 그릇, 한 여자, 따뜻한 온돌방의 초가삼간이면 그만인데, 나보다 더 많이 소유한 자를 비교하고, 남의 여자와 내 여자를 비교하기 때문에 오는 병이다. 이것을 불교는 사물에 대하여 '분별과 차별' 을 통해 인식하는 인식주체인 자아가 사물의 실체와 본질을 인식하지 못하고 사물의 피상가치에 집착하는 무지에서(무명) 발생하는 고인(苦因)으로 본다. 이처럼 사물의 겉모습을 보고 분별하고 차

後·天·大·易

별하는 '상대적 비교인식'에서 오는 빈곤감과 박탈감 및 소외의식이 불행을 낳는다는 뜻이다.

이러한 '비교인식' 즉 인간을 병들게 하는(타락하게 하는) 오류는 사물의 실체와 본질을 인식하지 못하고 사물의 피상만을 보고 인식분별 차별하는 오감(그 대표가 눈)의 불완전성 때문이다.

그러므로 오감을 통해 사물의 허상(겉모습)을 보고 가치판단을 하는 주체인 '자아'(관념의 다발)라고 하는 것이 인간인 나의 실체가 아니고, 사물과 세계의 실체와 본질을 직관하는 능력을 가진 '참자기'가 있으나, 자아에게 가려져 있어 나의 주체로 나타날 수 없는 것이 불행한 '육체적 인간상황'이다.

그러므로 '천도'는 이러한 사실을 깨닫게 함으로써 가짜 나인 '자아'(나의 껍질, 허물)를 천도로 삶거나 익혀 벗겨내고 병아리가 알껍질을 벗고 나와야 참닭의 생명으로 탄생하여 살 수 있듯 나방이가 번데기 껍질을 터뜨려 벗고 나와야 나비가 되든 매미가 되든, 그 실체 생명으로 살 수 있듯 인간도 번데기에 불과한 '육체적 자아'의 껍질을 벗어 던져야 참자기, 참사람으로 거듭나 영생하는 참사람으로 초월할 수 있는 것이다.

그러므로 본문의 〈박괘〉에서 '껍질을 벗고 나와야 한다'고 말하고 있다. 이와 같이 땅(地)의 본질은 물성이고 물성은 곧 육체로 말미암아 생겨나게 되는 번데기 껍질(육체적 자아관념)이다. 따라서 '삼재합일'이란 육체의 허상에 불과한 껍질을 벗고 그 속에 숨어 있는 본연의 나요 천성을 갈무리하고 있는 참사람의 실체를 깨어나게 하는 것이 곧 '천지인 삼재합일'이다. 왜냐하면 참나요 참사람은 그 본성 속에 하늘의 성품과 땅(물성)의 성품과 사람의 성품을 하나로 통일하고 태어나는 존재이기 때문이다.

삼성오제 원리와 성인시대

음양(陰陽)의 기란 양기(陽氣)는 자연의 정신적 기운이라면 음기는 물화(物化)의 기운을 말한다. 그러므로 양기를 우주정신(자연의 정신)이라면 음기는 그 기가 운동하고 현상(現象)하여 물질세계를 이루는(物化) 기이다. 그러므로 양성으로 대표되는 남성은 정신적 이상적 경향이 강한데 비해 여성은 현실적이고 물질과 육체에 대한 애착이 남성보다 강하다. 그렇기 때문에 모성본능은 가정과 자식을 보존하는 애착으로 나타난다.

하루살이로부터 항성이라고 부르리만치 영원하게 보이는 태양도 그 수명이 있고 태어나서 자라다 성년을 지나 노쇠하면 늙어 소멸하게 되듯 우주도 하나의 물방울이 생겼다가 없어지고 다시 생기고 없어지는 것과 다를 바 없이 유무가 순환반복하는 것이 우주의 삶이고 태극운동이요, 음양운동이다.

이러한 음양운동을 통해서 물화되었다가 소멸하고 소멸에서 반전하여 다시 생성하는 자연의 생명운동(생명의 숨)을 조절하는 원리가 소위 오행(五行)이다. 오행이란 쉽게 말하면 음양운동의 규칙적인 리듬이다. 사람이 숨을 쉬고 맥박이 움직이는 데도 리듬이 있듯 자연의 생명운동에도 일정한 리듬(박자)이 있는 것이 바로 사계(四季)운동이다.

그러나 이러한 하늘농사(천도문명)와 견우의 사명은 한 해나 한 대로써 끝날 수 있는 것이 아니고 천년만년 이어지면서 역사적으로 계승발전해야 하기 때문에 하늘이 천도문명(참사람농사)을 이루는 섭리의 한 해살이 농사의 한 계절을 대략 3000년으로 문왕이 농사하던 시기는 여름에 해당하며 그것을 선천시대라고 부르는 것이니 문왕 이후 3천년이었다.

이와 같이 한 계절이 대략 3천년이라면 그것을 좁은 의미로 볼 때

'하늘농사의 한해'라고 축소해서 볼 수도 있으니, 이 한해농사에서 오행운동은 오제(五帝 : 오행을 상징)로 불리워지는 제왕들이 나타나 木德과 火德과 土德과 金德과 水德을 대표하여 그 시대 백성을 기르고 양육하는 것을 '五帝時代'라고 하였다. "어느 시대 어느 제국의 제왕이 오행중의 무슨 덕을 숭상했다"고 하는 것은 사마천의 《사기》본기에 상세히 나타나 있다.

　여기서 '三皇'은 앞에서 언급한 천황, 지황, 인황으로 천황은 봄을, 지황은 여름을, 인황은 가을을 대표하고 천황시대는 개천(開天)을, 지황시대는 개지(開地 : 개물)를, 인황시대는 개인(開人)을 하는 시대이다. 이러한 섭리를 역사 속에서 실제의 모형으로 보인 시대가 고조선 3기로 한님은 개천(하늘나라를 최초로 열다 : 개국)을 한웅천왕은 개지(開物), 단군왕검은 개인(참사람 결실)을 했다. 하느님의 섭리역사 전체를 놓고 볼 때 선선천시대는 천황의 개천시대요, 선천시대는 개물시대(지황의)요, 후천시대는 인황의 참사람 완성의 시대이다.

　이러한 의미에서 하느님이 지상에 직접 나타나 천도문명의 섭리적 모형을 보이신 고조선 삼대가 끝나고 견우들이 천업을 계승하여 이루는 본보기 시대가 곧 '하은주 삼대의 삼왕시대'이다.

　이와 같이 하은주 3대는 역사상 특별한 의미가 있다는 사실이 주역의 본문을 통해서나 《서경》의 내용으로도 잘 나타날 뿐 아니라, 《시경》, 《예기》, 《춘추》에서도 그 시대를 일러 '선왕시대'로 '도덕과 예의의 표본시대'로 삼고 있다.

　그러나 그 삼왕시대로써 천도의 맥은 단절됨과 아울러 성왕시대도 끝이 나고 개인적 '성인문명시대'로 이행하게 된다. 세계적으로는 약간의 시대차는 있지만 오제시대를 대표하는 공자, 석가, 예수, 마호멧, 소크라테스가 삼황과 오제의 입장을 취하고 나타나 '하늘의 원도'는 아닐지라도 천도의 예비교육인 예도와 지류를 잡아 만민의 마음 밭을 갈고 문명화해 나아가게 된다.

삼왕의 대칭인 오제의 사명은 세계의 다섯 고등문명권(유교, 불교, 기독교, 회회교, 힌두교)이 대행해 왔다. 천도의 섭리는 이와 같이 큰 눈으로 보면 일견해서 살아서 숨쉬고 있고, 이러한 견우들이 만민을 밭 갈아 천도를 농사하고 섭리역사의 수레를 끌고 왔음을 현실적으로도 부정할 수 없다.

그러나 선천시대의 위와 같은 '삼황오제의 사명을 가진 견우' 들은 선천시대의 수레를 끌다가 그 사명을 마쳤으므로 선천의 문명들은 이제 그 빛을 잃고 역사의 유물로서만 남게 되었고, 그들의 도덕율과 가치관은 말세의 쇠망치요 강풍인 포스트모더니즘에 의해 해체 와해되었다.

서기 2001년은 후천시대의 아침이다. 전체섭리의 도정으로 볼 때 후천은 가을의 계절이니, 만민의 심전을 갈아온 터에 '하늘원도의 씨앗'을 뿌려 결실해야 할 계절이 왔으니 바로 그 일을 하기 위해 '人皇'(상제의 재림)이 나타날 때이다. 이러한 하늘의 섭리를 알고 있는 문왕은 본문의 마지막에 "천도의 비밀문서와 붓과 함께 후천의 인황에게 편지를 보낸다"고 한 것이다.

김일부 선생이 정역을 통해 후천의 한 자락 '소식'을 보았다고 했듯, 소식은 곧 편지이다. 선천시대 세상을 지배해 온 죄악과 불법과 불륜시대 주인이었던 동서의 문왕과 야훼가 대리하나님 자리에서 물러가고, 참하느님이 천지정위를 바로 잡고 나타날 때이다. 그러므로 하늘의 천도(원도)로써 참사람을 창조하는 천업(농사)을 시작하는 때가 바로 이 후천시대이다.

따라서 지금까지 일만년의 역사 속에서 '참사람의 표본'(震 : 眞人)은 아직도 나타나지 못했었다는 뜻이다. 이제 이 시대의 주인인 인황이 '참사람의 표본'으로 한국에 나타나 '참사람 농사와 지상천국건설'의 천도문명을 펼쳐 새로운 세계질서를 주도적으로 재편해 나아가게 될 것이다.

河圖와 洛書의 관계 및 天地正位와 天地交泰

《하도》는 황하에서 용마가 등에 8괘상의 그림을 지고 나온 것을 복희가 보고 8괘를 긋고, 하도의 천운에 맞추어《羲易》을 지었다고《사기》에서 말하고 있다.《洛書》는 禹임금이 치수사업을 할 때 거북이가 등에 낙서도판을 지고 나왔다고 말하고 있다. 그러나 이런 말들은 후인들이 지어낸 말에 불과하다는 것이 중국 학자들에 의해 밝혀진 바 있다.

《河圖》란 하늘나라였던 고조선 3代, 즉 天皇時代인 한국시대와, 地皇時代인 한웅시대와, 人皇時代인 단군조선시대에 천제께서 친히 사람으로 강림하시어 천부(경)로 나타낸 천도문명 섭리운수를 易으로 나타낸 象數도판을 한웅천왕이 桓易을 지어 가르치신 천도이다.

하도의 도형을 보면 乾天(北)이 아래에 위치해 있고, 坤地(母)가 위에 위치하고 있어, 남편(天)과 아내(地)의 위치가 뒤바뀌어 있으므로 남편과 아내가 합궁을 하는 '天地交泰'가 이루어질 수 없게 되어 있어 자식(천도문명)을 배태할 수 없다. 모르는 상식인들이 일견하면, 하늘이 아래에 있고 땅(백성)이 위에 있으니, 당연히 역의 원리로 보아 정위치에 있는 것이 아니냐? 하늘의 기운은 위로 올라가 상승하는 기운인데 반해, 땅은 무거운 기운이라 아래로 내려앉는 것이므로 하늘이 위에 있고 땅은 아래에 있으면 그 기운이 서로 배척하여 만날 수 없으므로 천지교태가 이루어질 수 없다고 할 것이다. 그러므로 '天地正位'가 바로 서려면 하늘은 밑으로 내려오고 땅은 위로 올라가야 한다고 했다. 그러나 그것은 거꾸로 보고 하는 말이다. 그러므로 하도시대인 三皇時代에는 천지교태가 이루어질 수 없게 되어 있으므로 '천도문명의 열매'인 참사람 완성과 지상천국은 이룰 수 없고, 다만 삼황시대를 통해 미래에 벌어질 섭리적 모형만을 보이는 것으로써 고조선 3代의 시대적 사명은 끝을 다하고 청지기의 시대인 하은주 3代가 삼황시대의 모형을 대신하여 나타나게 되는 것이다.

'천지정위'가 거꾸로 섰기 대문에 천지운기가 화합하지 못하고 끊어진 '천지운절수(天地隕絶數)'라고 수운 선생이 말한 바 있다. 이런 시대에는 부모와 자식, 부부의 관계, 임금과 신하, 임금과 백성 등 인간의 상하관계가 단절되고 막혀 통하지 않음으로 해서 서로 미워하고 죽이는 그야말로 춘추전국시대와 같은 힘이 지배하는 逆天의 운세이다. 그러므로 그런 악한 기운을 터주기 위해 성인들은 善을 지향하는 도와 禮를 가르쳐 오게 된 것이다.

文王 괘도는 '洛書'의 괘상을 본받아 천지의 위치를 바꾸어 옆구석으로 밀어붙여 놓음으로써 하늘과 땅이 맞보고 교감할 수 없게 하였으니 이도 역시 천지정위와 천지교태가 일어날 수 없게 만들어 놓았다. 아버지인 천은 장녀와 마주하고 있고 어머니는 소남과 마주하고 있어 천륜이 어지럽게 되어 있으니 人倫도 바로 설 수 없게 된 시운이다. 그래서 천륜과 인륜이 모두 막혀 운절되어 있으니 사회상 역시 신하가 임금을 시해하여 하극상을 일으키고 부모와 자식, 남편과 아내, 스승과 제자, 친구와 친구가 서로를 모해하고 상해하는 운수이므로 '상해지운'이라고 한다.

그러므로 一夫 先生의 '正易괘도'인 후천괘도에서는 천지정위를 바로 세워 천지교태가 일어나게 하고 장남은 장녀와 소남은 소녀와 중남은 중녀와 마주 대하여 서로 살리고 북돋아 주는 '相生相和'의 천륜과 인륜을 바로 세워 놓고 있다고 하였다.

하은주 3代 시운이 그러하고 周代 이후 춘추전국시대가 그렇고 《서경》과 《周易》에서도 역시 천지가 운절되어 있으므로 공자는 그러한 난맥상을 타개하여 천륜과 인륜이 통하게 하기 위해 '正名思想'을 제기한다.

'正名'이란 "임금은 임금답고 신하는 신하답고 부모는 부모답고 자식은 자식답고 스승은 스승답고 제자는 제자다워야 인륜이 바로 서고 정치가 바로 된다"고 했던 것이다. 공장의 정명사상은 《상서(尚書)》가 먼저 선취하고 있다.

《河圖》가 '하늘나라 모형섭리 3代 시운'을 나타내고 있다면, 《洛書》는 '선천시대 땅의 시운'을 나타내고 있으며, 《周易》은 낙서의 모형을 따서 만든 것이 〈文王卦圖〉이다. 이 모든 괘도들의 천지정위가 거꾸로 되어 천지가 운절되어 있으므로 先先天時代에도 '천도문명의 열매'를 배태하지 못하였고, 先天時代(하은주시대로부터 서기 2000년까지)에도 천도문명의 열매인 '참사람의 표본'(人皇)이 나타나지 못하였으며 참사람의 씨앗인 '천도(원도)'도 나타나지 않았다.

〈문왕괘도〉역시 하늘은 아래 오른쪽 귀퉁이에 쫓겨나 있고 땅(坤)은 오른쪽 위의 귀퉁이에 쫓겨나 있어 '天地正位'가 바로 서지 못하고 어긋나 있다. 그러므로 천지가 바로 서 짝을 이루고 있는 모형이 되어야 천지교태, 즉 천지의 날줄과 씨줄이 얽히고 섞켜 천도문명의 비단을 짤 수 있게 되는 것이니 '참견우'와 '참직녀'가 만나서 날줄(인류)과 씨줄(천도, 천륜)을 배합하여 지상천국의 비단을 짤 수 있게 될 것이다.

이러한 뜻을 이해하지 못하는 사람들이 지구의 축이 바로 서야 된다고 어줍잖은 말들을 지어내어 신비한 말로 혹세무민하는 말이 지구축이 바로 서면 공전궤도와 자전궤도가 바뀌게 되어 1년이 360일로 딱 들어맞아 윤달과 윤일이 없어져 천도가 바로 서고 하늘에서 바른 정기가 내려와 사람들이 저절로 착하게 된다고 하는 새대가리 같은 소리를 주절대고 있다.

땀흘려 농사를 지어야 열매를 추수할 수 있는 것이 자연의 이치요 천도의 이치인데, 저절로 된다고 하는 얼토당토 않은 소리를 하고 있으니 딱하기 그지없는 일인데, 그것도 김일부가 처음 말했고 강일순이 그 말을 그대로 받아 그렇게 되도록 천지공사를 했단다.

지구축이 바로 서면 바닷물의 조수간만의 차가 없어져 바닷물의 운동이 정지될 것이므로 물이 썩어서 모든 생물이 다 죽게 될 뿐 아니라 계절의 변화도 없어지게 되고 암수의 월경도 없어져 지구상의 모든 생물과 인간이 사망에 이르게 될 것이다.

임금의 정처가 사는 궁을 일러 交泰殿이라고 한다. 하늘인 임금(지아비, 남편)과 땅인 아내가 만나 합궁하는 처소라는 뜻이다. 그러므로 천지교태가 이루어지는 곳이 교태전이다. 이 모두가 상서(서경)의 사상이자 주역의 사상이다.

수운 최제우 선생의 《동경대전》이나 원불교의 'ㅇ사상'과 일부 선생의 '정역사상' 및 강일순의 '증산사상'이 모두 《周易》의 사상이다. 그리고 이 주역은 '상서'의 연장선상에 있는 사상이며 '상서의 사상'은 고조선의 천도에서 유래된 사상이요, 《희역》의 뿌리도 桓易과 《天符經》이다. 또한 儒家의 모든 경전과 사상 역시 주역과 상서를 거쳐서 고조선 천도에서 흘러 나왔으며, 불교와 기독교의 성경도 역시 고조선 천도에서 흘러나간 지류라고 필자의 《후천문명의 패러다임》에서 구체적으로 상술하였다.

유가의 핵심사상인 三綱五倫과 五常(仁義禮智信)은 고조선의 '三神五帝道'와 덕을 人倫에 적용하여 풀어낸 사상이고 '誠敬信'과 '中庸 사상' 역시 참전계경의 내용에 나타나 있는 사상이다.

불교의 〈白牛와 수레〉에 관한 사상과 노자가 말하는 '道는 물과 같다는 水德사상'은 五行의 德 中에서 '水德'을 말하는 것이요, 헌원황제(黃帝)의 '土德'이나 중국의 역대 황제들이 노란색(黃) 곤룡포를 입고 어느 황제는 '水德'을 숭상하고 어느 황제는 '木德'을, 어느 황제는 '火德'을 숭상하는 등 《사기》에 나타나는 내용들이 모두 고조선의 《三神五帝本記》의 사상에서 유래하고 있다.

이처럼 하늘의 天道는 '참사람 농사와 지상천국 건설'이라는 섭리적 목표를 놓고 '천도문명'을 이루어 나가는 것이므로, 이를 계승하는 것을 '天命'과 '天業'이라 하고 그 천업을 개인적으로 이루고 참사람이 되는 원리를 내용으로 하는 경서가 《三一神誥》요, 생활 속에서 그 도를 행하는 계율과 방법을 적은 경서가 《참전계경》이요, 자연의 하느님인 天神의 성품과 정신의 형상을 나타낸 근본경서가 소위 《天符經》이다. 이와 같은 '天道'를 오늘날의 언어로 표현한다면 한 마디로 '人間學'이다.

　先先天時代인 三皇의 시대는 '天道의 시대'요, 先天時代는 '坤道의 시대'요, 후천시대(2001년 이후)는 '人道의 시대'요, '人皇의 時代'이다. '天地正位'를 역상(易象)에서 보듯 하느님의 지혜는 땅으로 내려오고, 땅(坤 : 백성)의 욕구는 하늘로 올라감으로써 하늘의 지혜와 사람의 승화 욕구가 만나서 천지교태(천도와 천덕의 인간화 : 신성화)가 이루어져 '참사람'이 된 것을 '眞人'이라 하거니와 이 진인은 곧 신선과 같은 존재라고 수운 선생은 말하고 있다. 이처럼 지금까지의 모든 천재들(수운, 일부, 김광화)은 주역에서 한 부분의 소식을 엿본 것이었다. 그러나 인황이 와서 천도(원도)를 밝히면 하늘 비밀의 전모를 누구나 보고 한눈에 알 수 있게 될 것이다.

　그러므로 이제 '人皇의 天道'가 나타나게 되면 先天時代의 모든 잡도(부분적이고 지엽적인 도)들은 소멸되고 모든 선천의 종교들도 다 무산될 운명에 처해 있다. 따라서 先天의 坤道인 物質文明 즉 '힘과 돈을 숭상하는 가치관'은 여지없이 무너지고 세계내에서 최고의 가치는 신도 아니요, 돈이나 물질도 아닌 '참사람'이 세계의 가치중심에 서게 될 것이다. 이처럼 先天은 地道(坤道 : 物道)의 시대였으므로 그를 일컬어 '食神'이라 하였으니 食은 곧 物이요, 物은 돈이니 이를 일컬어 '돈신 또는 物神'이라 하였으며 오직 물질(돈)을 위해 사람의 인격을 팔고, 노동력을 팔고, 목숨을 팔고, 부모자식과 아내를 팔아먹는 등 인신매매가 흥행하는 시대를 연출하여 왔다.

　이제 그러한 악마적 문명이 바뀌어 '참으로 인간적인 너무도 인간적인 문명'이 오지 않는다면 이 세계 내에 神은 존재하지 않는 것이다. 그래서 후천시대를 '천지개벽시대'라고 일컫고 있는 것이다.

사람은 '三世'를 살아야 완성되는 존재로, 복중일세와 육체적(동물적) 일세와 환골탈태하고 참사람이 되는 중생의 일세를 합하여 삼세를 통해 완성되어 신성을 이루고 영생하는 존재가 된다고 하였다.

하늘의 본백성이던 東夷族과 夏華族(戌族)의 選民戰爭

앞절에서 요(堯)와 순(舜)은 모두 동이족(소전동이)이었다고 말한 바 있거니와 은나라의 후예인 공자도 동이인임을 말한 바 있다. 그러나 동이족도 여러 갈래가 있었으니 장손동이의 적자계열은 하늘나라, 즉 고조선의 본백성으로 삼한(辰韓, 馬韓, 弁韓)의 본백성이었다. 그러므로 삼한의 본백성인 장손동이는 일찍부터 고도의 天道文明을 소유하고 있었으며, 그 정치제도는 法에 의한 타율적 다스림이 아니라, 자율적으로 天道와 禮道 및 中正心을 생활화하여 백성의 풍속은 늘 검박(검소, 소박)하였으며 모든 정치적 결정은 향리의 화백들이 모여 만장일치의 결의를 도출함으로써 고장마다 자율적으로 자치하였으니, 오늘날의 지방자치제를 선행한 것이었다. 따라서 삼조선 밖의 타 부족이나 종족들은 혈거생활을 하였는데 삼조선의 백성들은 주춧돌을 놓고 기둥을 세워 초옥을 짓고 살았으며, 누에를 길러 비단을 짜입고 농경을 하며 검소하나마 풍족하게 살았다고 한다.

일찍부터(BC 4000년경) 녹도문을 사용하다 단군 때에 이르러서는 진서라고 하는 전문(篆文, 字)을 사용했는데, 이를 천년 후에 진나라의 이사가 전서를 만들었다고 말하는 것은 너무나 유치한 거짓말이다. 왜냐하면 조선의 전문을 제후나라들이 배워 가서 쓰기 시작하였는데, 은나라나 하나라에서 쓴 갑골문은 상형문자가 아니라 아직 덜 발달된 초기의 전자체였기 때문이다.

그러므로 우리가 쓰고 있는 한자는 '漢文'이 아니라 '韓文'이다. 文字를 발명하기 위해서는 그 민족이 전래적으로 써왔던 '텃말'이 있어야 하고 장구한 문화의 바탕이 있어야 문자를 발명할 수 있다.

하화족들은 갑골문을 사용하면서부터 '六書法'이라고 하여 '상형, 지사, 회의, 형성, 전주, 가차'라 하여 글자가 다른 자라도 음이 비슷하면 전음하여 같은 뜻으로 빌어다 사용하는 관계로, 가령 '다스린다'라고 하는 뜻을 가진 글자가 적어도 100자가 넘을 것이다. 그뿐 아니라 학자와 시대와 책의 내용에 따라 같은 글자라도 그 의미를 붙여 사용하는 사람에 따라 또는 시대에 따라 다르다 보니 옥편을 보면 한자의 뜻이 열 개에서 많은 것은 20~30개가 보통이다. 《周禮》에 이미 이 육서법을 사용하고 있음이 나타나 있다. 갑골문에도 육서법이 사용된 예로 보아 그들이 韓文을 빌어다가 자기네 글로 사용하기 위해 얼마나 노심초사했음을 역력히 알 수 있다.

이와 같이 어떤 사물을 만든 자와, 남이 만들어 놓은 것을 빌어다 쓰는 자의 입장은 판이하게 다르기 때문에 어려울 수밖에 없는 것이다. 그런데 우리 고조선이 국력을 상실하다 보니, 조상과 문화와 글까지도 하화족들이 자기네 것이라고 우겨대기 시작하였고, 우리네 사대주의 정치가들과 학자들이 맞장구를 치면서 황송하고 감사하여 몸둘 바를 모르는듯, 하화족의 문화와 한문을 빌어다가 쓰는 것을 영광스레 여겨오고 있고, 지금도 역시 학자님들의 태도는 여전히 그러하다. 우리는 속히 그런 노예적 비렁뱅이 근성을 타파하고 주체성을 되찾아야만 선진국민이 될 것이다.

'동이족'은 그처럼 위대한 백성이요, 하늘나라 본백성이고 성민인 세계만민의 주인이었다. 그러나 섭리의 시운에 따라 '三皇時代'를 하늘이 스스로 접고, 동과서(중국과 수메르문명)에 대리하느님으로 청지기들을 세워 인간의 동물의 본성을 없애고 천성으로 길들이기 위해 거친 황무지와 같은 인간(야만들)의 心田을 갈고 닦아 옥토를 만든 연후 결실기에 '人皇'을 보내시려고 여름계절(선천시대)을 청지기들에게 맡겨놓은 것이었다.

그러므로 장손동이의 영광은 역사의 뒤안길로 휘돌아 감으로써, 문왕괘도에 있는 하늘(건)과 땅(곤)의 운명처럼 반도의 한쪽 귀퉁이로 물러나 3천 여년 동안 하화족(신하 : 종)에게 눌려 기를 펴지 못하고 살아왔다.

문왕은 반대로 우리 민족이 있어야 될 자리인 '東震'의 자리를 빼앗아 동북아시아 세계를 천둥처럼 호령해 왔다. 한편 서쪽 세계에서는 '수메르문명'을 앗시리아와 바빌로니아 및 페르시아, 이집트, 그리스, 로마가 마치 하은주 3代가 천명을 계승하듯 세계를 지배해 오는 동안, 수메르로부터 '천도문명'을 받아간 아브라함은, 사막의 한 귀퉁이에서 서서히 하늘로 비상하기 위하여 바닷가의 모래알처럼, 밤하늘에 뜬 별무리처럼 많은 자손들을 낳고 길러 민족적 힘으로 웅비할 날을 준비하고 있었던 것이다. 그렇게 엎드려 준비해 온 보람이 있어 드디어 목수의 사생아인 예수가 나타나자 그의 '西震'의 시운은 로마라고 하는 큰 비구름 속으로 빨려 오르더니 엄청난 태풍이 되어 온 세계를 강타하였던 것이다.

그러나 이제는 '東震'이고 '西震'이고 할 것 없이 그들의 사명은 끝났으며 '人皇'이 하늘나라의 장손민족인 한국으로 오는 때이므로, 그들도 다시 그들의 본향인 한민족에게로 돌아오지 않으면 안 되는 운명이기 때문에 '儒道'가 한국으로 들어와 성리학의 꽃을 피웠으나 열매는 없고 서진의 실체인 기독교문명도 본향인 한국으로 돌아와 꽃을 피우지만 열매가 없이 시들어 가고 있다.

이와 같이 동서세계를 2, 3천년씩이나 호령하던 천둥(震)이요, 대리 하나님들(참하느님이 아닌)이 본향인 한민족 동산으로 돌아와 꼬리를 내리고 항복함으로써, 선천의 혼란의 역사와 거짓 하나님들의 향연은 끝을 맺고 드디어 후천의 천도문명시대가 서기 2001년부터 한국을 중심으로 시작되었다.

이러한 천운의 시대적 섭리 변화를 월드컵이라고 하는 세계적 잔치를 통해서 우리 한민족의 위대한 영광을 서막으로 보였다. 그 일은 절대로 인력으로 그렇게 되는 일이 아니었다. 그러나 그것은 다만 미래의 하늘나라 장자백성이요, '人皇'의 본백성의 영광에 대한 상징적 서막을 보인 일에 불과할 뿐 실체가 아니다.

'九族'이란 말이 서경이나 사기에나 주역에도 자주 나온다. 그것은 본래 '九夷'가 세계로 갈려나간 夷族집단의 총칭으로서, 단군임금께서는 九夷의 족장들로부터 추대를 받고 임금이 되셨다. 그러므로 '九族'이란, '九夷'를 일컫는 말인데 하화족들이 東夷族을 시기하다 보니 '九夷'라 하지 않고 그 이름을 모호하게 바꿔 '九族'이라 했던 것이다.

그런 뜻을 모르는 오늘의 학자들은 '九族'의 뜻을 구촌의 친족이라느니 구대의 친족들이라고 해석하고 있다. 그러나 어찌 되었든 '九夷나 九族'이라는 말의 뜻은 '세상의 모든 제후'들을 의미하는 말이라는 사실이다. 그러므로 요와 순도 그렇거니와 우와 탕과 주문왕까지도 '九族과 친하게 지내야 한다'거나 구족과 화합하고 그들의 추천을 받아야 상제로부터 천명을 받을 수 있다는 것을 강력히 시사하고 있는 것은 '추대와 선양'이라고 하는 대의명분 때문이다.

다시 말하면 천하(모든 제후들 : 구족) 만백성이 모두 그가 천명을 받고 혁명(사실은 쿠데타, 하극상)을 완수하여 제국천자가 되는 것을 기꺼이 동의한다는 뜻이 곧 '九族과 친하게 지내야 한다'라는 말로 완곡하게 표현하고 있는 것이기 때문이다. 그러나 문왕이 진실로 천하의 제후들로부터 추대를 받거나 지지를 얻지 못했을 뿐 아니라, 단지 자기를 지지하는 몇몇 서쪽 변방 제후들만을 데리고 쿠데타를 한 것이며 동이족들이 지지한 것이 아니라 융족이나 흉노의 제후들이 주로 참가했던 것이《상서》에도 보인다.

《상서》의 〈태서〉에 보면 "상왕 수(受, 은왕 紂의 다른 이름)에게는 억조(많음)의 夷人들이 있으나 마음이 떨어져 나갔으며 내가 거느리는 신하는 열 사람이라도 한 마음과 한덕으로 뭉쳐져 있다"하였으며, 〈목서〉 첫머리에 "서쪽에서 온 사람들이여— 아! 나의 우방의 군대와 정사를 다스리는 사도, 사마, 사공, 아려, 사씨, 천부장, 백부장 및 용, 촉, 강, 무, 미, 노, 팽, 복나라의 사람들이여! 그대들은 창과 방패를 들고 모를 세우라"라고 하여 이 서토의 제후들은 지금의 섬서성, 감숙성, 사천성, 호북성, 하남성에 살고 있던 변방의 야만에 불과했던 융족과 흉노가 그 주세력을 이루고 있다.

이처럼 동이족은 일찍부터 고도의 문명과 문화를 향유해 온 제국의 본백성이었던 데 반해 변방의 야만인 흉노나 융족들은 수렵채취와 목축 및 강가에서 고기잡이를 하거나 혈거생활과 약탈을 일삼는 족속들이었기 때문에 전투를 하는 데는 문명인들보다 1당 100으로 뛰어났을 것이다.

이들은 평소부터 문명족들로부터 천대와 멸시를 당해 온 것을 분하게 여기던 차에 문왕이 혁명을 하려 한다고 하니까 입에 게거품을 물고 몰려든 목적은 문명국인 은나라의 화려한 여자들과 그들이 지니고 있는 보물들을 탈취하려는 목적과 이참에 분풀이나 해보자는 심사가 주된 이유였을 것은 장님도 알 수 있는 일이었다.

그러나 그보다 중요한 문제는 융족 집단을 주나라의 본백성으로 삼고, 은의 본백성이던 동이족(소전)을 버림으로써 선민을 갈아치웠다는 데 중대한 의미가 있다.

융족은 주로 황하 지류가 많은 강가에서 고기잡이를 하고 사는 것이 주업이었기 때문에 그들을 나중에는 '물한자'를 써서 '漢族'이라고 하였다. 이처럼 세계의 주인이며 '하늘나라의 공주'라고까지 불리웠던(서경에서) 동이족은 나락으로 떨어져 천민이 되었고 야만인 융족은 오히려 공주가 되어 문왕에게 시집오는 천지의 대변화와 하늘땅의 축이 바

꿰는 지각변동의 대사건을 우리는 다만 중국 고사의 재미있는 이야기 정도로 흘려 읽어 왔음을 부끄러워 해야 한다.

上帝는 진실로 실존인물이었을까, 神이었을까?

요순우탕문의 시대를 보면 제국의 天子들도, '上帝로부터 天命'이 없이는 혁명을 할 수가 없었다. 그러므로 새로운 나라를 세우거나 무도한 나라를 정벌하고 정권을 바꾸는 중대한 일들을 한 왕들은 모두 '상제의 천명'을 받고 그 일을 수행하였다고 진술하고 있는 것은 그 시대에 있어서는 모든 제후나 백성들의 의식이 한결같아서 天子일지라도 천명없이 자의로 행하는 일에 대해서는 제후들이나 백성들이 동의하거나 지지하지 않았던 것이다.

그러므로 그들은 하나같이 '九族'의 동의와 지지가 있었다고 구태여 강변하고 있는 것이다. 그런데 문제는 앞절에서도 언급한 바와 같이 '上帝'가 무형의 하늘에 계신 보지도 듣지도, 있는지 없는지도 모르는 하느님인가? 아니면 실제로 살아있는 어떤 上國의 皇帝여서 세계 모든 나라의 天子들도 그 상제의 실제적인 재가가(天命) 있어야 했던가 하는 것이다. 《상서》 전반에 걸쳐 모든 임금(天子)들이 하나같이 하늘의 上帝에게 봄가을로 시제를 지냈다고 하였고, 또 국가 대사를 거행할 때는 上帝로부터 天命을 받고 대행하는 일이라고 진술하고 있다.

그리고 '皇天'이라고 하여 마치 공중의 하늘나라를 의미하는 것처럼 모호하게 표현하고 있으나, 저승을 '황천'이라고 할 때는 황천(黃泉)이고, '皇天'은 전혀 사전적으로도 의미가 없는 말이다. 앞에서도 말했지만 이것은 '天皇(上帝)'의 글자를 앞뒤로 바꾸어 의도적으로 '무형의 하느님' 을 의미하는 뜻으로 개작한 것이 분명하다.

《상서》〈홍범편〉에서 武王이 箕子를 찾아가 은나라가 망하게 된 원인을 묻자 기자는 은왕의 황숙(아저씨)이었으므로 난처하여 대답을 못하자 무왕이 화제를 바구어 앞으로 周帝國을 다스리는 데 있어 정치 제도를 어떻게 해야 할 것인가를 묻자, 기자가 답변하는 말 가운데― "옛날 곤(鯤)(우왕의 아버지)은 홍수를 막으려다 오행을 어지럽혔다고 합니다. 그리하여 천제(상제, 천황)께서 진노하시어 아홉가지 대법(홍범구주)을 가르쳐 주지 않아, 일정한 인륜도덕을 망치게 되어 순임금으로부터 죽음을 당하였으며, 우(禹)가 뒤를 이어 그 일을 맡자 하늘(天 : 上帝)은 우에게 아홉가지 대법(홍범)을 줌으로써 '평소의 인륜도리가 바로 정하여졌다' 고 합니다"라고 하였다.

여기서 우왕에게 홍범대법을 준 사건은 앞절에서 언급한 대로 창수사자인 이세단군 부루태자(아직 아버지를 이어 천제가 되지 못하고 天胤으로 있을 때)가 제후들을 도산땅에 모아 회맹을 하는 자리에서 우에게 홍범과 두 가지 보물을 준 일을 말하고 있는 것이다. 부루태자가 준 것을 가리켜 '하늘(天 : 上帝)이 주었다' 고 하였으니 그 하늘(天 : 上帝)은 분명 고조선 상제이신 단군皇帝를 의미하는 것이 분명하고 또 홍범이라는 책자와 두 가지 보물을 받은 것은 실제의 물건이다. 만약 보이지 않는 하느님이라면 그런 실제의 물건을 그것도 자기의 아들을 보내서 줄 수는 없는 일이다.

또 사마천 《사기》〈오제본기〉에 보면 요임금이 순임금에게 양위할 때나 순임금이 우임금에게 양위할 때는 모두 '상제에게 순을 천거하였다', '상제에게 우를 천거하였다' 라고 말하고 있으니 정권을 넘겨주고 받는 대사에 있어서도 조선상제로부터 재가(天命)가 있어야 했음을 말하고 있는 것이다.

《상서》〈무성(武成)편〉 끝에, 무왕이 은나라를 치려고 은나라 도읍 조가 근교의 목야에 진을 치고 있을 때 "무오일에 군사는 맹진나루를 건넜고 계해일에 상의 근교인 목야에 진을 치고서 천명을 기다렸다"고 말하고 있다. 다른 편에서는 문왕이나 무왕이 모두 '하늘의 천명'을 받고 혁명대업을 이루기 위해 은을 정벌하러 나선 것이라고 누누이 공표해 왔다. 그런데 막상 은과의 대전이 시작되려는 때에야 '하늘의 천명을 기다렸다'는 말은 웬 뜬금 없는 소리인가? 그런 것이 아니다. 그 이전에 '하늘의 천명을 받았다'는 말의 '하늘'은 무형의 하늘의 하느님 (天神)으로부터 시운을 받고 일어섰다는 말이고, 이때의 '하늘의 천명을 기다렸다'의 하늘(상제)은 실제의 조선상제를 의미하고 있다.

무왕은 실제로 사자를 조선상제에게 보내어 은을 정벌해도 좋다는 상제의 천명을 내려줄 것을 호소하였고 그 비답을 기다렸다는 말이다. 그런데 使者가 상제의 비답을 가지고 도착하지도 않았는데 은의 紂王이 대군을 이끌고 무왕에게 지쳐오는 바람에 얼떨결에 전투가 벌어져 싸우다 보니 은나라 군사가 패하자 은의 紂王은 녹대에 올라가 자살하고 은나라 군사는 모두 투항하였으니 싱거운 싸움이 되고 말았으며 조선상제로부터의 비답(천명)은 그 후에도 오지 않았던 것이다. 그런 이유는 문왕이 은나라의 모든 제후들(九族)의 추대를 받지 못했다는 사실을 증명하는 것이다.

이처럼 조선상제는 실제로 현존하는 실존인물이고 그 당시 모든 사람들의 의식은 조선상제의 천명 없이 혁명을 하는 일이 불가능하다고 보고 '천륜을 어지럽히는 일'이라고 금기시하였기 때문이다. 그러므로 우임금은 모든 제후들이 하늘나라 조선상제에게 모든 제후들이 그를 천거하여 상제의 재가를 얻고 夏나라를 건국했기 때문에, 부루태자로부터 제국을 다스리는 '정치이륜'인 홍범대법을 받을 수 있었으나, 文王은 모든 제후들(九族)의 지지와 천거를 받지 못했기 때문에 상제의 천명을 받지 못한 연고로, 제국의 통치술을 모르는 武王이 은 기자에게 그것을 배우기 위해 그를 王師로 삼아 홍범대법을 전수받는 내용이 〈홍범편〉이다.

이 말은 무엇을 의미하는가? 하느님의 청지기(변방제후국 천자)인

우임금이나 탕임금은 하느님으로부터 청지기로 하늘나라의 농사꾼인 견우로 세움을 받았으나 文王은 세움을 받지 못하고 스스로 천륜(하늘나라의 법과 질서)을 어지럽히고(하느님을 배반하고) 천자에 오른 것이니, 이는 마치 《성경》에서 천사장으로 세움을 받았던 루시퍼가 하느님을 배신하고 참하느님의 '天胤'(태자, 상속자)인 아담을 유혹하여 타락시킴으로써 아담의 神權상속권을 탈취하고 세상의 하나님이 된 여호와(자칭 하나님)의 경우와 너무나도 동일하다.

　이러한 내용은 필자의 《후천문명의 패러다임》에 상세히 기술되어 있다. 이와 같이 되어 하늘과 땅, 즉 선과 악이 뒤집히고 참 하느님과 사탄이 뒤바뀌어 참 하느님은 모습을 감추고 가짜 하느님들(대리하느님)이 동서세계를 지배해 온 시대가 선천시대였다. 그러므로 악한 놈이 잘 살고, 악하고 모진 마음을 가지고 있는 놈들이 힘과 권력과 돈을 가지고 세상을 지배해 왔던 것이니 그것을 가리켜 '逆天의 時代'라고 하는 것이다. 이제는 '順天의 시대'가 활짝 열리고 있다.

第二章 易의 原理

第二章 易의 原理

易은 천도요 자연의 도

易은 천도요 자연의 도

역(易)이란 자연의 이치가 계절에 따라 바뀌고 변화하는 천도라는 뜻
이다. 자연의 이치(천도)가 변하고 바뀜으로써 계절의 변화가 오고 계
절의 변화가 있음으로써 만물의 생명이 나고(소생), 자라고(장성), 결
실(완성)하게 되는 생명순환의 수레바퀴가 한 바퀴 돌아 생명의 존재
목적을 이루게 되는 것이다.

이처럼 인간도 한 평생을 놓고 볼 때, 나고 자라고 완숙한 성인이 되
어 다시 그 짝을 맞아 새로운 생명(자식)을 결실하게 될 때, 육체적 인
간의 한 생애의 수레바퀴를 돌았다고 할 수 있다. 그러나 인간은 초목이
나 하등동물(정신적 존재가 아닌 생물)이 아니고 정신적 동물이기 때문
에, 육신적 성장과 완성을 놓고 '인간의 완성'이라고는 말할 수는 없다.
따라서 인간은 정신적이고 인격적인 존재이므로 그 정신과 인격이 완성
되어야 비로소 완전한 인간이라고 말할 수 있을 것이다.

새 시대의 周易, 후천시대에 대한 하느님의 대 예언서

또 인간은 만물 중에서 유일하게 세계와 자기를 인식하고 주체적으로나 자발적으로 자연이 부여한 동물적 운명, 즉 동물적 생존법칙(자연의 법칙 : 약육강식, 적자생존)을 스스로 벗어나고자 도전적이고 창조적으로 자기 인생(운명)을 선택하고, 결단하고, 행동하고, 책임지려고 하는 창조적 존재이다. 그렇다고 모든 인간이 다 그와 같이 자기에게 주어진 환경(처지)을 거부하거나 극복하고, 전혀 새롭고 낯선 창조적 모험을 선택하는 것은 아니다. 대다수의 인간(大衆)은 불확실하고 위태로운 모험과 개척의 길을 선택하기보다 주어진 환경에 길들여진 안정 속에 뿌리를 박고 쉽고 편하게 사는 소위 주어진 운명에 순응하며 살기를 원한다.

여기서 '자기에게 주어진 운명'이라고 하는 범주는 자기가 태어난 시대, 문화, 나라, 민족, 피부 색깔, 시대적 가치관, 풍속, 윤리, 도덕, 교육, 정치, 사회 등과 같은 주어진 환경조건(운명)을 의미한다. 부모가 부자거나 힘이 있으면 있는 대로 가난한 농사꾼이나 노동자라면 그런대로 그 가계를 잇거나 좀더 나은 교육을 받고 도시에 나가 부모보다는 조금더 나은 삶을 위해서 다소의 노력을 한다 해도, 그 시대나 사회가 가진 가치질서(윤리, 도덕, 법, 전통) 등에 좋든 나쁘든 순응하고 길들여짐으로써 그 문화에 세련되어 가는 것을 소위 도시화, 문화화, 세속화라고 말하는 그런 '기성화의 틀' 속에 안주하는 데서 벗어날 수 없다. 대체적으로 일반 대중은 이러한 삶의 세속적이고 운명적인 삶에 순응하는 삶을 사는 것을 인생이라고 생각한다.

그러한 일상적이고 세속적인 삶의 과정에서도 실패와 성공이라고 하는 쓰디쓴 좌절과 절망이 있는가 하면 성공의 기쁨이 있기도 하다. 그러나 성공이라고 하는 훈장의 빛과 기쁨이 영속되는 것은 아니기 때문에 그것을 얻은 사람들은 그것을 지키거나 더욱 공고하게 유지하기 위해 안달을 하다 보면 없을 때나 있을 때나 불안하고 번민하기는 마찬가지이다.

그래서 인간은 누구나 한치라도 앞을 내다볼 수 없을까 하여 점(易)을 애용해 왔을 것이다. 그러나 제목에서 보는 바와 같이 점이란 곧 '易'이고, 역이란 자연의 변화이치인 천도이고 보면 인간이 자연변화의 법칙(자연이 부여한 생존법칙 : 운명)에 순응하는 삶을 살아가는 사람들에게는 점이 유용할지라도 자연의 동물적 법칙(운명)을 벗어나 운명에 맞서 도전적으로 살아가는 사람들에게는 무용하다. 그러므로 우리의 옛적 조상들의 삶처럼 삶의 방식이 단순하고 단조로운 농경사회와 전제 군주적 계급사회의 틀(운명) 속에 묶여 사는 삶의 카테고리 안에서는 개미 쳇바퀴 돌 듯 계급과 직업, 거주, 빈부의 차, 가치관, 윤리, 도덕, 법, 풍속, 교육 등이 거미줄처럼 일정하게 짜여 있어 변화가 거의 없는 삶의 방식과 틀 속에서는 계절의 변화만 봐도 금년에는 풍년이니 살기가 좀 편할 것이고, 내년에는 가뭄이나 홍수의 재해나 없을지 또는 전쟁이나 나지 않을지 등을 불안해 하는 대중에게 눈 밝고 귀 밝은 점장이는 대충 형편을 내다볼 수 있었을 것이므로 앞일을 점을 통해서 사람들에게 가르쳐 유용하게 길흉을 마칠 수 있었을 것이다.

그러나 근대에 접어들면서 산업혁명은 그처럼 안정되고 질서정연한 삶의 틀인 농경문화의 질서를 깡그리 무너뜨리고, 삶의 전반적인 형식과 가치를 뿌리째 뒤엎어 놓고 말았다. 산업중심의 사회는 일정한 주거를 유동적 주거(직장 따라 옮겨다니는)로 바꾸어 인구이동을 급속히 유발했고 도시집중화, 핵가족화, 직업의 다양화, 농경전통사회의 가치관 붕괴, 남녀평등 민주화, 계급의 철폐 등 농경문화질서의 모든 가치축을 붕괴 해체시키고 급격한 변화와 변혁으로 이제는 미래나 앞날을 한치도 내다볼 수 없게 되었다.

무당이 푸닥거리로 고치던 병은 의사가, 예언자나 점쟁이가 미래를 예고하던 일은 사회과학자나 컴퓨터데이터가, 천문을 보고 기상이나 국가의 변화를 예측하던 일을 이제는 기상관측소나 천문학자나 물리학자들이 대신하는가 하면, 생명을 창조하던 신들의 일을 이제는 생명공학자들이 대신하고 있어, 세계 도처의 창조신들은 이제 백수가 되어 노숙자들처럼 이곳 저곳 그늘진 곳을 찾아 떠돌고 있다.

인간의 운명이나 미래란 농경정착사회에서 신이 미리 정해 놓은 치부책 속의 결정문이 아니라, 인간 자신이 그의 미래를 어떤 것으로 골라잡아 선택할 것인가에 달려 있으므로 그것(미래)은 아직 선택되지 않았거나, 행위하지 않았거나, 결정하지 않았으니 없는 것이고 신도 모르는 것이다. 과거에는 운명(자연의 순리와 환경, 계급, 직업) 등을 신이 정해 놓은 대로 좋거나 싫거나 살 수밖에 없었지만 이제는 신의 직업을 인간이 빼앗고 인간 자신이 그의 운명(미래)을 선택하기 때문에 신도 사람의 운명을 알 수 없다는 것이다. 그러므로 점은 지나간 과거는 다소 맞추었지만 미래는 50:50의 확률로 정확히 맞출 수 있다. 왜냐하면 점의 원리가 아니더라도 '너는 내일 죽는다' 라고 했을 때 교통사고나 불의의 사고를 만나 죽을 수도 안 죽을 수도 있으니 50:50인 것이다.

나고 자라고 죽는 숙명은 아직도 자연의 법칙을 벗어날 수 없지만 운명만은 각자의 소유물이 되었다. 아기가 나오는 날과 시를 인공적으로 조절할 수 있고, 임신한 아기(생명)를 낳을 것인가 낙태수술을 받을 것인가의 한 생명의 생사여탈권도 이제는 신이 결정하지 않고 엄마 맘대로 결정하고 안락사도 언제 할 것인가를 인간이 결정하니 이제 사주나 관상도 병원의사나 성형외과에 가서 알아봐야 한다. 인간은 이제 자연의 일부이기를 거부하고 신권에 도전하고 있다.

신은 죽음을 모르는 영원한 존재이다. 그래서 인간도 영생하기를 원한다. 과연 그럴 수 있을까? 천도는 곧 태극도요, 음양오행의 도요, 신선도이다. 인간은 매미나 나비와 같이 '육체적 인간의 삶'과 '참사람의 영육완성의 삶'이 있다고 하였다. 그러므로 육체적 삶(인생)이 있는 것은 나비나 매미가 청충이나 굼벵이의 삶을 통해서 번데기 껍질을 벗고 나비와 매미가 되듯 인간도 육체적 삶의 과정 속에서 천도를 깨닫고, 육체적 자아의 허물을 벗고, 참자기, 참사람의 유아로 환골탈태함으로써 영생하는 신선이 된다고 하였다.

　그러므로 필자의 후천한역괘도(後天韓易卦圖)에서 천일(天一)이 낳은 삼목(三木 : 艮山)은 육체적 인간의 출생(소생)이고 이 삼목이 자라서 팔목(八木 : 震)을 거쳐 이화(二火 : 離火)에서 성숙하여 칠화(七火 : 地二)에서 성인이 되어 가정을 이루고 육체적 인간으로서 완성(자녀 결실)된다. 여기까지가 육체적 인생의 목적달성인 전생, 즉 선천 30～40대 청년의 삶이다.

　다음은 가을(후생 : 후천) 계절인 사금(四金 : 兌澤)으로 넘어가면서 천도를 배워 익히고 정신(영)적으로 성장하기 시작하여 구금(九金 : 巽風)에서 육체적 자아의 껍질을 벗고 일수(一水 : 坎水)를 만나 환골탈태하여 '참사람'으로 자라서 천육(天六 : 天一)에 이르러 신성을 이루고 신선으로 완성됨으로써 영생하는 신적 존재로 완성된다. 이것이 참사람으로 완성되는 선후천의 과정이며 그 앞에 어머니의 모태에서 10개월의 선선천생에서 한 생명의 씨앗으로 그 자질과 외적 운명의 큰 틀(사주)이 결정되는 것이므로 인간완성은 삼생(三生)의 수레바퀴를 돌아 완성된다고 하는 것이다.

태극, 음양, 사상, 오행론

　태극이라 함은 음과 양의 기운이 하나인데 양기가 극에 이르면 그 가운데 음기의 씨앗이 싹터 자라나다가 점점 커가면 양기는 상대적으로 점점 줄어들어 없어지고 음기로 변하게 된다. 그렇게 자라난 음기도 만월처럼 극에 이르면 그 속에서 양기의 씨앗이 싹터 점점 자라나서 음기를 소멸시키고 양기로 변해 간다.

음양의 기란 이와 같이 남녀가 따로 구별되어 있는 것이 아니고 하나의 기인 태극이 양기로 변했다가 다시 음기로 변하고 다시 변하는 영원한 반복운동을 거듭하는 과정에서 그 운동의 영향으로 사계(원형이정)가 생겨나고(四象), 사상(계절변화운동)이 땅(대지 : 밭)을 얻어 만물의 씨를 심고, 싹틔우고, 기르고, 꽃피우고, 열매맺고, 다시 씨로 감장(씨가 다시 땅에 떨어져 심김)하였다가 겨울이 지나면 다시 싹틔워 자라게 하는 생명순환운동의 변화를 일으키는 것을 가리켜 오행운동(사계＋땅(土))이라고 한다.

그러므로 태극이나 음양이나 사상이나 오행은 따로 따로 그 실체가 있는 것이 아니라 단 하나의 태극이 양기로 변했다가 음기로 변했다가 다시 양기로, 또 음기로 끝없이 반복순환하는 운동의 과정태를 나누어 표현한 데 불과하다. 그러므로 중요한 것은 땅 즉, 만물의 씨를 심고 기를 수 있는 터전(土)이 없다면 태극, 음양, 사상, 오행은 아무런 의미가 없을 뿐 아니라 그 자체가 생명운동일 리도 없다.

그러나 땅도 식물에게 있어서는 어머니의 자궁이고, 태반이고, 생명의 밭이 될 수 있지만 뿌리가 없는 곤충이나 어류나 동물이나 사람에게는 어머니의 자궁과 태반이 밭이 되는 것이다. 어류에게 땅은 민물이나 바닷물(澤, 海)이 밭이고 어머니인 셈이다. 그러나 그것은 넓은 의미에서 그렇고, 어류들도 암컷의 자궁에서 잉태되고, 또 어류 중에도 포유류들은 더욱 그 어미의 몸이 생명을 태어나게 하는 밭이고 땅이 아닐 수 없다. 그와 같은 이치는 육지에 사는 곤충으로부터 모든 조류나 동물 및 사람에 이르기까지 그 생명의 밭인 땅(地, 土)은 어머니의 자궁이고 씨는 아버지의 정자이다. 그러므로 땅(地 : 土, 어머니)은 '대지, 어머니, 육체, 물, 못물, 바닷물'을 포괄적으로 의미한다. 특히 참사람 농사의 밭과 땅은 '육체와 마음'이다. 육체의 밭은 어머니지만 영혼의 밭은 그의 마음(의식)이라서 이를 肉田(心田)이라 하고, 인간의 땅(地 : 土)은 사회, 국가, 세계, 세상인 것이다.

이처럼 토(土)는 사상(四象)과는 별개로 실체가 있는 것일 뿐 아니라 태극이 태양의 열기와 달의 음기로 대표되는 상징적 실체를 가지고 태극운동 즉 생명순환운동을 한다 하더라도 땅이 없으면 무용지물이므로 그 중요성과 실체성을 중요시하여 하늘(天 : 태양, 아버지, 남편)과 대등한 지위에 두어 땅(地 : 어머니, 여자, 아내, 밭)을 하늘과 더불어 '天地'(남편과 아내)라고 부르는 것이다. 생명창조의 조화가 모체의 자궁에서 일어나듯 오행중에서 '土'는 중심을 차지하고 있으며, 오행의 변화운동을 주도하는 주재자이기 때문에 '皇極'이라고 한다.

음양오행의 실체와 태극의 운동방향 및 象數의미

음이나 양은 하나의 원기(元氣)이므로 보이는 실체는 없는 것이나 상징적 실체로서 양은 태양의 기운인 빛과 열이고, 음은 달빛(반사망)과 냉기라고 말할 수 있다.

지구(땅)는 태양을 중심으로 공전하고 있고, 달은 지구를 중심으로 공전하고 있다. 지구가 태양 가까이로 다가갔다가 태양과 멀리 떨어진 방향으로 돌아서 다시 태양 가까운 궤도로 도는 것은 지구의 공전궤도가 타원형으로 돌기 때문이다. 태양을 한 바퀴 도는 것이 1년인데 태양과 가까워질 때가 여름이고 멀어질 때가 겨울이 된다. 그러니 자연히 그 중간 지점이 봄가을이 된다.

이처럼 지구와 태양과의 회전궤도의 거리에 의해 봄 가을과 여름 겨울이라고 하는 네가지 계절 변화(사상)가 일어나고 그 계절 변화에 따라 지구(대지)의 생명활동이 일어나는 것이므로 사상(사계)과 '土'를 합쳐 오행운동이라고 하였다. 이처럼 태양의 양기는 계절을 결정하고 오행운동을 통하여 만물을 낳고 기르는 기운이기 때문에 생명의 힘을 피어나게 하고 발양하게 하는 기운이라고 해서 양기를 '伸氣'(神)라고 한다. 생명의 힘을 속에서 밖으로 발산하고 피어나고 활기 넘치게 하여 성물(成物)하는(열과 빛으로 광합성작용을 통해) 물화(物化)의 기운이니 양기를 생명의 원심력이라고 해야 할 것이다.

태양이 이처럼 발광발열체라서 양기의 실체라고 하나 그 본질은 수소인 물의 원소이기 때문에 겉은 뜨거운 불덩이이지만 속은 차가운 기체덩어리이다. 이처럼 물의 제일 원소 덩어리가 태양이므로(火), 천(天 : 태양, 火)을 북극일육수(北極一六水)라고 하는 것이다. 따라서 불 속에 물이 있고 물 속에 불이 있으니, 물과 불은 상극인 동시에 상생의 일물인 것이 태극이다.

태양이 스스로 빛과 열(양기)을 내는 발광체인데 반해 음기로 대표되는 달(月)은 태양의 빛을 받아 수동적으로 반사하는 반사체이다. 달은 화산활동이 끝나서 그 중심에 용암을 잃어버린 식은 행성이고 음물이므로 음기의 대표적 상징물이어서 달빛을 차갑게 느끼는 것이며 지구의 열기를 식히는 역할을 한다.

그래서 역에서는 이화(離火)의 짝으로 감수(坎水)를 놓았으니 감괘는 달의 차가움(얼음 : 물)을 상징한다. 왜냐하면 지구의 공전과정에서 지구가 태양과 멀어질수록 달의 냉기가 지구에 미치는 영향이 상대적으로 커 가기 때문에 지구가 식어 물이 어는 겨울의 속도가 가속화되기 때문이다. 달은 대기층이 없으므로 태양으로부터 열을 받아도 그 열을 가두어 보존하지 못하고 곧바로 식어버리니 차가운 달이 지구 가까운 거리에서 돌면 지구의 열을 빼앗긴다고 본 것은 지극히 이치에 맞는 일이다. 그러한 달이 차가운 음물이고 음물의 대표적 물체인 얼음으로 보았기 때문에 '달은 맑고 투명하다' 라고 하였으며 얼음은 곧 물이므로 '坎水' 요 아직은 초겨울의 어린 물이므로 일감수(一坎水)라 한다.

주역에서 육감수(六坎水)라고 한 것은 잘못이다. 차가운 초겨울의 어린 물(한기)이 자라야 한겨울의 빙하가 되는 것이므로 북극의 빙하(얼음물)를 가리켜 '天六水(북극육수)'라 한다. 동물의 수컷이나 남자나 낮에 활동하는 동물은 양기가 성한 것이고 여자와 암컷 등 밤에 활동하는 동물은 음기가 성한 것들이다. 그러므로 남자는 밝은 곳과 태양빛을 좋아하고 여자는 달빛과 그늘과 밤을 좋아한다. 달빛이 빛나는 밤이라야 음기가 왕성하여 힘이 솟는 것은 음기가 발동하기 때문이다.

옛 여인들이 아기를 갖고자 할 때에는 달밤에 나가서 달을 바라보고 달의 음기를 받아 마시므로써 음기를 길렀다고 하는 상식은 다 아는 일이며 여자는 태양빛에 약하고 싫어해서 양산으로 그 머리와 얼굴을 가리는 것은 음기를 보호하기 위한 본능적 수단이다.

또 달의 인력(음기력) 작용으로 조수간만이 생기고 암컷의 월경이 일어난다고 하는 사실은 과학적으로도 인정되고 있다. 이처럼 달은 대표적인 음기이고, 태양은 양기로 지구의 생명활동을 중심으로 해서 볼 때 동지(冬至)와 하지(夏至)는 음양기가 충만한 속에서 다시 음양기의 씨앗이 싹터 점차 변해가는 극점이다.

그러므로 하지를 지나면 입추(入秋)에 이르고 서늘한 서북풍이 불면서 초목이 마르기 시작하여 열매는 영글어가며 차츰 나뭇잎들은 오색단풍으로 갈아입고 땅은 밖으로 뿜어내던 열기를 안으로 갈무리하기 시작하는 사금(四金 : 兌方)으로 넘어가게 된다. 이제는 서리가 오고 북서풍이 강하게 불면서 구금(九金 : 巽風)으로 넘어가 만물의 결실을 수확하게 된다.

'목기'(봄 : 생명이 싹틈, 시작)는 동방목이요, 정월에서 이월 중순(15일:음)의 동북간방이고, 청색(초록)이고 만물의 생명활동의 시작인 동시에 문명발생의 시작처이다. 그러나 간방목(艮方木)은 삼목(三木)이니 장차 팔목(八木 : 震雷)으로 자라야 할 어린 싹이다.

'화기'는 동남간화(東南間火)요 이화(二火)다. 음 4월에서 5월 중순이고 장차 칠화(七火 : 地火)로 성장해야 할 어린 불이다. 색은 적색이고 위로는 태양열과 아래로는 지열을 받아 초목을 성장시키는 양기로 초여름에 속한다.

'금기'는 서남간태(西南間兌)로서 생명의 열매를 서서히 영글게(굳게) 하는 기운으로 색은 백색이고 초가을에 속한다. 금(金)은 단단해지는 속성을 나타내는 상징이다. 이 역시 사금(四金)이니 장차 구금(九金 : 巽風)으로 자라야 할 어린 금기이다.

'수기'는 서북간감(西北間坎)으로 일감수(一坎水)이니 북빙하(한겨울)가 되기 전의 어린 찬물로서 장차 육천수(六天水 : 북극육수)로 자라야 할 초겨울의 물이며 색은 흑색(검은색)이다.

'토기'는 중앙토(中央土 : 땅, 밭, 여자, 육체, 자궁)이고 오행의 기반인 동시에 변화(실제의 생명창조의 조화처)의 중심이라서 오행의 주재자라는 의미에서 이를 황극오십토(皇極五十土)라 한다. 땅 즉 토의 성질은 위에서 말한 바 있으니 여기서는 황극수 5와 10(十)에 대해서만 말하고자 한다. 1에서 10까지의 상수중 5는 중심수이자 선천수(1, 2, 3, 4, 5)의 마지막 수이고, 10수는 후천수(6, 7, 8, 9, 10)의 마지막 수이자 다시 원점으로 회귀하는 변화의 중심수이니 5나 10은 공히 변화를 주도하는 주체가 되어 만물을 낳게 할 뿐 아니라 참사람도 10수를 통해야만 낳을 수 있다. 5는 오행의 변화를 주도하는 수이고, 10은 암수 남녀 하늘땅을 교합하게 함으로써 사람과 만물의 생성을 주도하는 수이다. 천지가 생명운동을 함에 있어 1에서 10까지의 수가 하나라도 빠지면 자연자체가 존재할 수 없으리만치 중요한 수들이지만 그 중에서도 만물과 인간의 생산과 생명순환운동을 주도하는 5와 10은 단연 으뜸이고 중심에 있으므로 이를 황제와 같은 수라는 뜻에서 '황극수'라 한다.

수의 내적인 의미로 본다면 5수는 자연의 생존의지 정신을 의미하고 그 외의 수들은 자연의 의지인 우주정신이 의욕하는 바에 따라 운동변화하는 수들에 불과하므로 5수와 10수는 체(體)이고 나머지 수들은 용

(用)에 지나지 않는다.

앞에서도 누차 말한 바 있듯이 우리 고조선은 '하늘나라' 이고 그 임금은 땅에서 육신을 가지고 살아 있는 하느님들이기 때문에 천제(天帝) 또는 상제(上帝)라 한다고 하였다. 그러므로 고조선의 우리 텃말은 곧 '하늘나라 말' 이고 '하늘 말' 이다.

열십자(十)는, 음(땅 : – –)과 양(하늘 : —)이 한 몸으로 교합한다는 뜻을 나타내는 상형 회의문자이다. 이때의 하늘(양 : —)은 그 몸을 세워서 (1)이고 음(– –)의 갈라진 사이에 박혀 한 몸을 이루고 있다. 이 모습을 일러 하늘말로 '십' (씹, 흘레, 교합 : 천지교태, 합궁)이라고 한다. 따라서 '씹' 은 생명을 창조하는 성스럽고 아름답고 환희가 넘치는 사랑스러운 행위이다. 그런데 미천한 인간들이 그것을 천박하고 상스럽게 사용하다 보니 부끄럽고 더러운 욕으로 그 의미가 추락해 버린 것이다.

음(– –)의 사이가 벌어진 모습은 여자와 암컷의 성기(보지, 寶池)를 의미하는 것으로 그것이 얼마나 귀했으면 '보배의 연못' 이라 했겠는가? 그런 귀하고 성스러운 것을 제하늘(서방) 놔두고 아무에게나 벌리고 시집도 가기 전에 쓰레기 다루듯 하니 이 얼마나 천박한 일인가?

이처럼 만물이나 사람(육체적)이나 또 참사람을 잉태하기 위한 합궁(씹 : 성령강림 : 應, 임마누엘)까지도 씹인 '천지교태' 가 없으면 우주 자연 속에 생명이 존재할 수 없게 되는 것이니 십(十)이 중앙의 황극자리에서 오행방위에 서로 마주 대하고 있는 자기 짝들을 교합시켜 생산을 주도하고 있다. 또 그러한 변화(조화)를 주도하는 5토는 오행수들의 상생을 주도하므로 5수와 쌍방의 짝수들이 합하여(교합), 십이 넘는 수가 나오면 10은 교합운동의 수일 뿐 실제의 수가 아니기 때문에(10은 영을 의미하는 허수임) 탈락하고 남는 수가 그 짝이 교합하여 낳은 수가 된다.

그러므로 오행의 상생관계와 상극관계에서 보듯 '水生木, 木生火, 火

生土, 土生金, 金生水'는 서로가 서로를 낳아주고 살리는 관계인데 반하여 '水克火, 火克金, 金克木, 木克土, 土克水'는 상극으로 서로 해치고 죽이는 관계이다.

자연의 법칙은 순리에 의해 물이 흐르듯 자연스럽게 이치에 맞아야지 그런 흐름이 한곳에서라도 막히게 되면 물이 썩고 죽는 것처럼 막힘이 없어야 생명활동이 원활하게 유지될 수 있다. 그런데 '문왕괘도'에서는 '水克金, 金克火, 火克木, 木克水, 土克火'의 순으로 좌회전(역회전)하고 있고 하늘(乾 : 父, 남편)과 땅(坤 : 母, 아내)이 서남북간방으로 밀려나 귀양살이를 하고 있으며, 그 짝들도 '아버지가 장녀'와 '어머니가 소남'과 '장남이 소녀'와 '중남이 중녀'와 짝을 이루고 있으니 중남중녀만 그 짝이 바르게 되어 있고 나머지는 불륜관계로 얽혀 있다.

원래 '아버지는 어머니'와 '장남은 장녀'와 '차남은 차녀'와 '소남은 소녀'와 짝이 되어야 바른 윤리적 관계이고 아버지와 어머니는 남북에 마주 대하고 동서로는 장남과 장녀가 마주 대하여 '천지사방의 위치가 바르게 터를 잡고 있어야' 천지와 인간사회도 바른 윤리도덕의 질서가 서게 될 것은 당연지사가 아닐 수 없다.

그런데 문왕이 '역천'을 함으로써 하늘땅과 세계의 바른 질서가 통하지 못하도록 막아버리기 위하여 그 천지 질서를 흐트려 놓은 것이 문왕괘도이다.

원래 자연의 질서는 봄(소남 : 3木, 동북간방, 조선)으로부터 시작하여 오행의 봄기운이 자라나서 정동방의 성목인 8木震(장남)으로 성장해야 그 짝인 정서방의 巽九金(장녀)과 교합(十)하여 17수를 얻고 중앙 5토와 결합하여(17+5=22) 얻은 총수에서 십수인 2는 탈락(씹하는 작용수는 허수이므로)하고, 2가 남으니 그 2가 '2火離'(동남간, 중녀)로 장남장녀가 결혼하여 낳은 딸이 된다. 이 덜 자란 딸도 '地7火'(어머니, 아내)로 성장하여 그 짝인 '天6水 + 北極1水 = 7水'와 만나 교합함으로써 14(7+7=14)를 얻으니 십은 탈락하고 4(4金兌)가 된다. 이 소녀(4금태)가 성년으로 자라서 장녀인 '巽九金'이 되면 그 짝인 '震8木'(장남)과 결혼하여 17수(8+9=17)를 얻으니 다시 중앙토 5수를 합하여 22수가 되고 십수는 탈락하니 2수가 남는다.

그러나 장남장녀 부부가 낳은 것은 딸(음수2)이 아니라 '一坎水'인 중남이다. 그러므로 기수(양수1)가 되어야 하는데 음수2(딸 : - -)가 아들이 되었음(낳았음)으로 둘로 갈라진 2(음 : 딸)가 일(一 : 양효)로 변화하여 '坎水一'이 되는 것이다. 이 아들이 자라서 天六水(乾天)로 성년이 되면 그 짝인 '二坤地'(七火)와 만나서 결혼하게 되니 '天1 + 地2 = 3木 : 7火 + 6水 = 13' 또는 '7 + 십 + 6 = 13'이니 십은 탈락하고 '三木'을 낳게 된다. 또 '7 + 6 + 5 = 18'이니 십은 탈락하고 '八木'이 나타날 것을 예시한다.

이와 같이 오행과 중앙토(5, 10)가 결혼하여 한 몸을 이루고 부부가 되어 자식을 낳음으로써 만물의 생명이 영속되는 것이며, 봄이 여름을 낳아주고, 여름이 가을을 낳아주고, 가을은 겨울을 낳아줌으로써 태극운동(생명운동)은 막힘이나 끊임없이 반복순환하게 되는 것이 자연(천도)의 원리이다. 그러므로 '태극'은 동방에서 남방을 거쳐 서방을 돌아 북방으로 우회전하여 1회전하는 것이 1년이요 순행(順行)이다. 지구뿐 아니라 모든 천체의 운동은 우회전을 하고 있다.

그런데 '문왕괘도'는 좌회전(역회전 : 역천)할 뿐만 아니라 천지정위(天地正位)도 흐트러진 데다 오행의 순차도 상극으로 되어 있어 하늘땅의 정기(精氣 : 正氣)가 막혔을 뿐 아니라 사회정의와 윤서가 다 막혀서 불통하니 인심도 역행하여 혼돈, 무질서 불법, 불륜이 난무하는 죄악세상을 만들어 온 것이 선천의 역사였다.

'상생'이란, 서로 낳아주고 서로 도와 길러주고 살려주는 자연의 섭리이다. 그러므로 '易을 바로 잡아 세운다'고 하는 사실은 단순한 종이 위에 그리는 괘도(그림)를 바르게 함으로써 세상이 저절로 바르고 선한 세상이 된다는 뜻이 아니라, 인간의 인식과 의식세계를 고쳐 바르게 함으로써 천지질서와 인류질서를 바로 세워 나가야 할 의의를 깨우쳐 바른 가치질서를 세워 나가야 한다. 인간의 의식이 바르면 천지운세의 흐름에 따라 섭리되는 후천의 시운을 타고 천도문명의 주인인 한국이 세계질서를 재편하고 주도해 갈 수 있게 된다는 데 큰 의의가 있다 할 것이다. 세상은 인간의식의 반영에 불과하기 때문이다.

또 개인적으로는 천도를 알고 깨달음으로써 참사람(신선)이 되고 영생하는 신적 생명으로 초월하게 되는 길을 알고 실현할 수 있게 될 것이니 이 얼마나 중차대한 일이 아니라 하겠는가?

태극기는 다시 그려져야 한다

이러한 천리를 모르고 역천을 위하여 그린 주역괘도를 진리라고 배운 한말의 유학자들 몇이서 고종황제의 특사로 일본으로 가면서 대한제국을 상징하는 국기가 있느냐는 일인들의 질문을 받고 배 안에서 급하게 그린 것이 지금의 우리 국기라고 한다. 이 얼마나 한심스럽고 부끄러운 일인가? 그럼에도 우리는 추호도 의심이 없이 자랑스럽게 역천의 태극기를 숭상해 왔기 때문에 하늘땅의 기운(천운)이 막혀 우리 민족은 고난과 역경의 길을 걸어왔다.

태극이야말로 자연하느님을 상징하는 형상이니, 우리 민족과 나라가 '하느님의 나라' 라고 하는 뜻을 나타내고 있다는 점에서 엄청나게 자랑스럽고 위대한 국기를 가졌다고 말할 수 있다. 그러나 이 국기는 태극이 역천의 방향으로 좌회전하고 있고 '乾坤坎離' 네 괘를 넣은 것은 옳지 못하다. 원래 '사상' 은 동서남북 네 정방위를 대표하는 것으로 오행의 (태극운동의) 네 기둥이 된다.

따라서 북과 남은 천과 지, 즉 건곤이 정위치에 있어야 하고 동서는 진손(震巽)이 차지하고 있어야 천지정위의 순차에 맞다. 그러므로 태극의 괘상은 건곤감리가 아니라 '건곤진손' 이 되어야 한다. 건곤은 하늘을 지배하고 진손(장남과 장녀)은 땅에서 세계를 지배하는 것이기 때문이다.

선천세상에서 '하, 은, 주' 삼대왕들은 장손동이가 아닌 방계동이로서 천하의 주인 자리를 놓고 장손동이와 다툰 것은 하늘아버지의 상속자요, 천윤(天胤)인 '대리하느님(天子)자리' 를 서로 차지하기 위해서였다. 그러므로 하나라를 건국한 우왕은 제국의 중심이(수도) 하남(河南 : 황하 이남)에 있었기 때문에 서남간방을 '地二'로 하여 그 맞은편 짝을 '震八木' 으로 삼아 동북방(고조선) '震' 의 운을 받아들이도록 교합하고 있는 우왕괘도가 소위 낙서(洛書)이다.

《단군세기》에 보면 BC 1950년 10세 단군 때 천하(天河 : 바이칼호)에서 윷판과 같은 모양의 그림이 등에 있는 신기한 거북(神龜)을 잡아 신을 움직였다고 하였으며 〈태백일사, 신시본기〉에는 배달국(한웅시대)의 우사(군대 : 통솔자)였던 태호 복희가 신시의 계해법(간지법)을 고쳐 처음으로 甲子를 시작으로 삼는 '갑자간지법' 을 사용하였다고 하였다.

또 《단군세기》에 BC 1382년 19세 단군때 지리숙이라는 사람이 〈周天曆〉과 〈八卦相重論〉(중괘론)을 지었다고 하였고,《삼성기하편》에는 대효는 신시(배달국 수도)에서 간지술을 배워갔고, 창힐은 부도의 글(원시한자 : 상형문자)을 배워갔으니 천하의 제후들이 '천제를 섬기는 이유가 이런 문명 때문' 이라고 하였다. 또《단군세기》BC 2096년에 처음으로 간지(干支法)를 사용하여 책력을 만들었다고 하였다.

이처럼 '河圖' 나 '洛書' 는 중국인들이 거짓말을 하는 것처럼 황하나 낙수에서 치수공사를 할 때 나온 것이 아니라 '古桓國' 이 천하(바이칼호) 주변에서 처음 건국했으므로 천하에서 나왔다는 말은 고한국에서 유래되었다는 말이다.

그리고 그 모양이 '윷판과 같았다'고 하니 그 모양에서 영감을 얻어 하도와 낙서를 정식으로 그렸으리라. 그러나 고조선시대로부터 오늘에 이르기까지 윷놀이가 윷판(말판)과 함께 정월놀이로 전해지는 것은 그 놀이를 통해 한해의 길흉을 점쳤던 것이 아닌가 생각된다. 큰 윷자루 네 개중 한 개는 천(天)을 나타내고 나머지 세 개가 엎어져 등을 드러내면 삼효가 양효이니 '一乾天'이고, 세 개가 모두 뒤집어져 배를 위로 드러내면 세 개의 음효가 되어 '坤地二'로 볼 수 있고, 둘이 엎어지고 둘이 뒤집어져 개가 나오면 '八震雷'가 되는 셈 등등이다. 그러므로 윷놀이의 〈말판도〉도 주역도나 하도와 다를 바 없는 역도의 원형인 셈이다.

어찌 되었거나 우왕은 문왕처럼 본격적으로 역천의 괘도를 배설하지는 않았지만 '震方의 運'(上帝)을 간접적으로나마 받아 세상(천하)을 다스리기 위하여 원래의 하늘나라 괘도를 자신을 위한 것으로 고치다 보니 그 짝들이 모두 음수는(여자는 여자가 짝이고, 남자는 남자끼리 짝이 된) 음수, 양수는 양수를 짝으로 삼는 음양상생의 질서를 잃어 버린 괘도(낙서)를 그렸던 것이다. 그런 것을 구차하게 후인들이 요리저리 꿰맞추는 식의 설명을 가해 왔으나 부모가 도망가고 집의 네 기둥이 제자리에서 빠져나가 온전하다 할 수 없는 괘도를 그려 문왕에게 역천의 실마리를 준 결과를 낳게 하였다. 문왕괘도는 낙서도를 인용하여 만들어진 것이기 때문이다.

문왕은 '東方震'의 방위는 옮길 수 없는 데다 자기 제국의 터는 오늘날의 서안(西安 : 長安)에 있었으므로 자기의 정위치는 서남방의 '兌方'인데, 정서방의 '巽方'(장녀)을 자기방위로 삼고 그 짝을 '東方震'으로 삼아서 진운(남편운 : 천제의 운)을 가로채는 괘도로 만들었다. 남편이 양이고, 아내가 음일지라도 남편을 공처가로 만든 기가 센 아내가 남편의 상투를 잡고 흔들면 역의 극변의 원리에 따라 음양의 위치가 뒤바뀌게 되는 법이다.

그러므로 양(남편)의 자리에 있던 은나라나 위의 고조선은 서서히 천운을 상실하여 국력이 쇠퇴해 가고 있었기 때문에 문왕이 그의 남편이요 주인이던 은나라를 무너뜨리고 고조선(하느님)을 배반하고 역천을 한 것이니 '음극음, 양극양의 원리'가 그대로 성립된 것이다.

앞에서도 말한 바 있듯 원래 고조선의 〈정역도(正易圖)〉에서는 소목(三艮木)이 자라 성목이 되고 성목이 결혼하여 소화를 낳고 소화가 자라나 성화가 되고, 그가 결혼하여 소금을 낳고 그가 자라서 성금이 되어 소수를 낳는 원리에 따라 '선천의 소목'(3목)이 자라서 후천에 이른 지금의 한국이 정동방의 '八木震雷'가 되었다. 물론 다른 방위의 '火, 金, 水'들도 자라서, 成火(七火), 成金(九金), 成水(六水)가 되었다. 이 뜻은 천지오행의 선후천축이 45°씩 돌아 성숙했다는 뜻이다.

'선천의 소남(艮山三木)'이던 조선이 이제는 후천의 成木인 '東方震八木'(한국)이 되었다는 뜻이다. 그러므로 천지가 생겨난 이후 장손이고 적자인 장손동이가 하늘의 천윤(天胤 : 태자, 장자, 상속자)이 된 일은 처음 있는 일이다. 다시 말하면 선선천에는 하느님(三神)이 땅으로 내려와 천하를 직접 다스린 시대요, 선천은 방계자손인 동시에 하늘나라(종의 입장)의 청지기로 있던 少典의 무리들(소위 중국의 삼황오제와 하은주왕들)이 남편을 깔아뭉개고 상투꼭대기에 올라앉아서 세상을 다스려 왔던 것이다.

그런 점에서 기독교의 여호와(대리하느님 : 세상임금)도 적자인 아담(성령)을 제치고 천권을 탈취하여 세상의 하나님 노릇을 해 온 것이다. 그러나 후천이 오면, 적자인 재림주가 나타나 여호와(가짜 : 마귀)를 심판하여 무저갱에 가둘 것이라고 하였다. 그가 바로 후천시대 초에 한국에 나타날 인황이요, 정도령이요, 미륵이요, 후천개벽주인 '震八木帝'이다.

후천의 이와 같이 영광스러운 한날(한국이 震木이 되는 날)을 위하여 하늘은 1만년을 섭리해 왔던 것이다. 그러니 지금까지 선천의 역사는 가짜 '震天子'들이 천하를 지배해 왔던 것을 미루어 볼 때 앞으로 한국의 영광이 어떠하리라는 것은 어찌 짐작하지 못할 것이랴?

그러므로 후천 한국의 태극기는 위로 하느님을 아버지로, 땅을 어머니로 모시고(天地父母의 신앙) 땅의 축인 '정동방진'의 자리(帝出乎震)에 앉아서 세계를 천도문명으로 다스려야 한다. 동서는 '震과 巽'으로 남과 북은 '坤과 乾'으로 천지사방의 축을 놓아야 하는 것이다.

각 나라의 국기 문양에 별들이 그려지거나 독수리가 그려지는 이유도 별인 辰이 震과 통하므로 해와 달은 부모의 상징이고, 별은 천자의 상징이기 때문이며, 새나 독수리는 하늘로 날아 비상하는 것이므로 역시 역에서는 천자(견우)를 상징한다는 것을 본문에서도 볼 수 있을 것이다. 그러나 '震八木帝'는 天子가 아니라, 天帝요, 上帝인 왕중왕이므로 천자들을 임명하는 땅의(세계) 주재자이다.

하늘의 장자권과 하늘의 전쟁

이스라엘 민족과 팔레스타인간의 전쟁은 비단 오늘날만의 분쟁이 아니다. 그들의 다툼은 성경에서 보는 바와 같이 아브라함이 살아 있을 때부터 시작되었다. 이스라엘인은 아브라함의 적자 후손이고, 팔레스티나인들은 아브라함의 서자 이스마엘의 후손들이다. 적자인 이삭은 본처 소생이나 늦게 낳았고, 이스마엘은 본처 사라가 늦도록 무자하여 씨앗을 보기 위해 첩으로 준 몸종의 아들인 서자이다.

첩이 먼저 이스마엘을 낳은 후 십여년 후에 본처인 사라가 이삭을 낳았으므로 첩과 본처간의 적서갈등과 분쟁이 시작된 것이다. 결국 첩과 그의 소생인 서자는 쫓겨나 사막에서 유리하는 민족의 조상(팔레스타인)이 되었고, 이삭의 후손인 이스라엘 민족은 장손민족이었기 때문에 하느님으로부터 선민으로 선택을 받고 세상만민을 다스리고 교화하는 '天子' (만왕의 왕)의 사명을 받게 된다.

그러나 천자의 실체로 온 메시야를 유태민족이 알아보지 못하고 배척하였기 때문에 유태민족은 선민의 자격을 박탈당하고 로마에 의해 나라마저 멸망(서기 70년경)하고 새로운 선민으로 선택된 예수의 제자들(교회 : 기독교)에게 선민권(장자권 : 신권)이 주어지게 됨으로써 기독교문명은 장장 2천년이라는 역사 속에서 세계문명을 흡수 통합하고 역사를 지배해 왔다는 사실은 서양사가 증명하고 있음을 우리는 주지하고 있다.

고한국시대나 한웅시대에는 세계인류가 64민(민족, 혹은 부족)이었고, 그들은 모두 九夷(아홉 갈래의 이족) 속에 포함된다고 하였다. 그러므로 1만년 전의 한님은 구이의 조상인 셈이고, 6천년 전의 한웅천왕은 적어도 아시아계의 공동조상이 아닐 수 없다. 묘족이든, 몽고족이든, 융족, 흉노, 한족, 왜족, 한국인 등은 모두 東夷에 속하거나 그들이 분리되어 서쪽에 살았기 때문에 西夷일 것이고 강가에 살면 江戎이고 산에 살면 山戎일 것이다.

그러나 분명한 것은 장손(적손) 민족을 '東夷'라 하였고 서출 족속도 동이족이기는 하나, 그들을 별칭하여 '少典의 무리'라 한다고 사마천도 그의 《사기》에 기록하고 있다. 소전족들은 주로 한웅시대(배달시대) 말에 배달국으로부터 분리되어 나간 대효, 창힐, 신농, 황제헌원, 공공, 유소씨, 유인씨 및 요, 순, 우, 탕, 문왕 등을 말한다.

그러므로 역사를 큰 안목으로 본다면 세계지배권을 놓고 다투는 '하늘의 전쟁'은 형제지간의 싸움인 동시에 적서(적자의 서자)간의 다툼이다. 그렇게 된 원인은 적장자를 통해 세계지배의 상속권(신권)이 계승된다는 천법 질서가 근세까지 세속적으로도 이어져 왔기 때문이다. 그러나 서양의 혼란스럽고 무질서한 문화가 '평등'이라는 미명의 탈을 쓰고 들어오다 보니 천법의 전통이 무너진 듯 보이나, 천법은 변하지 않는 법이기 때문에 천법이지 시대에 따라 변하는 것을 천법이라 한다면 자연의 이치와 질서마저 붕괴되고 말 것이다.

후천시대는 이처럼 문왕이 인위적으로 무너뜨리고 만든 혼란, 무질서, 불법, 부조리, 타락, 범죄, 불륜 등의 죄악 세상을 청산하고 잃어 버린 천법과 천륜을 바로 세워 힘과 무력이 자유와 평등의 기준이 되는 허위가 아니라, 천법과 천도 앞에 만인이 평등하고 자유로운 아름다운 질서의 세계를 만들고자 하는 것이 하늘의 뜻이요, 만민의 바램인 것이다. 세상은 힘있는 소수의 나라나 소수의 권력자나 재력가 또는 소수 엘리트(전문가)들의 것이 아니라 힘없어도 진실하고 의로운 만인의 것이다.

민주주의는 정치가들과 재벌과 관료들과 총칼을 휘두르는 군인과 경찰이 만들고 지키는 주인이 아니라, 힘없는 백성과 대중이 주인이라는 주의이다. 그러나 세계 어느 나라가 과연 힘없는 백성을 주인으로 섬기고 백성의 뜻을 위해 봉사하는 정부나 관료나 정치인들이 있는가? 민주주의 국가들의 법이 과연 만인 앞에 공정하고 공평한가? 그런 법은 천지 사이에 아무도 없다. 힘있는 자들을 보호하고 존중하는 것이 예나 지금이나 법이고, 약한 자 앞에서는 강하고 강한 자들 앞에서는 한없이 약하고 비굴한 것이 법의 두 얼굴이다. 정치도 그러하고 정부도 그러하고 전문가도 그러하고 재벌도 그러하다. 세상에 누구를 믿고 의지하고 살겠는가?

선천세에 나타난 모든 법이나 제도, 이념, 이데올로기들은 다 천도와 천법 앞에서 깡그리 무너져야 한다. 힘(권력, 재력, 학벌, 군사력)으로 백성을 '지배 통치' 한다고 믿는 정치가들은 전제주의 사고를 벗어나지 못한 자들이다. 어떻게 공복(종)들이 주인을 지배하고 통치한단 말인가? 대중은 이런 사실을 모르고 당연시하는 데서 종들에게 우롱당하고 고통받고 있다.

우리의 고조선 조상들이 저 광활한 지나대륙을 소전의 무리들에게 양보하면서도 척박한 만주땅과 한반도를 사수해 온 까닭은 그곳이 '木局震方' 인 장손민족의 축복의 땅이고, 젖과 꿀이 흐르는 땅이 될 것이기 때문이었다.

한님(桓仁)이 저 춥고 음산한 북해(천해 : 바이칼호변)에서, 최초에 나라(한국 : 하늘나라)를 건국한 뜻은 그곳이 천일이고 천육인 '乾天六水' 의 자리로서 '坤地七火' 를 만나 부부를 이루고 '艮山三木' 을 낳기 위함이었다. 장차 간산삼목(고조선~이조까지)이 자라서 후천의 '東震八木' (적장자 : 천윤 : 천권상속자)이 되어 한국에 하늘나라를 건설하고 천하를 다스리는 천도문명의 상속권을 주기 위해서였던 것이다. 그래서 낳은 '艮三木' 의 나라가 배달국(한웅천왕)이다. 그러므로 한님이 천부인을 주고, 천산에서 백두산과 흑룡강 사이의 땅(내몽고와 만주 및 한반도 : 三艮木의 방위)으로 내려보내어 청구에 신시를 열고 도읍으로 삼아 배달국을 세우게 하였다.(동북간방)

단군왕검은 천신(하느님 : 한님)의 뜻을 이어 청구에서 더 동남쪽으로 내려와 정동방위에 가까운 아사달(하르빈)에 도읍하고 조선을 건국하였으니 이는 '동북간삼목' (소자)이 자라서 '正東震八木' 이 되어 천권(천하만민의 하느님의 지위)을 상속받고 천도문명으로 하늘나라를 건설한다는 것을 고조선 삼시대의 모형섭리를 통하여 장손민족이 될 한민족에게 보여 알고 미리 준비하게 하시기 위함이었다. 그러므로 삼신중 한님은 조화(낳음, 출산)를 주관하고 한웅천왕은 교화(천도를 가르침 : 易)를 주관하고 한검은 치화(만백성을 천도문명으로 다스림)를 주관한다고 하였던 것이다.

이와 같이 하늘은 선선천과 선천과 후천 삼시대(낳고, 기르고, 열매맺음)를 통하여 '참사람의 표본인 인황을' 후천개벽초에 지상의 하늘나라(지상천국)가 될 한국에 보내게 될 때 한국은 하늘의 장손민족이요, 천권상속자로서 '震八木帝' (천황 : 하느님)국이 되어 세계를 천도문명으로 다스리게 될 것이기 때문에 삼신중에 치화의 신인 한검을 제일 큰 신인 '太一神' (震)이라 하였다.

실제로 역사상에서 단군이 '震' (上帝 : 하나님)이 되어 그 권한을 행사했던 내용이 《尙書》(夏商周書)의 내용들이고 문왕의 주역내용이다. 여기에 사마천의 〈사기본기〉 중에서 한 구절을 인용해 본다.

"유호씨(나라)가 무력을 믿고 '오행의 규율'(고조선 천도)을 업신여기며 하늘과 땅, 사람(天地人)의 바른 도를 포기하였으므로 하늘(震)이 그를 멸하려고 한다. 지금 나(禹王)는 공손히 하늘(조선상제)의 징벌을 집행(대리하나님인 견우로서)할 뿐이다. 마침내 계(우임금의 아들)가 유호씨의 나라를 멸망시키자, 천하의 제후들이 와서 모두 알현하였다."

後·天·大·易

이처럼 '夏, 殷, 周 三代'의 왕들은 천하의 제후국들을 다스리던 천자국이요 견우요, 대리하나님들로서 '震' (天子)의 사명을 받기 위해 천명(天命)을 조선상제로부터 서로 받으려고 경쟁하였던 것이다. 易에서, 동서남북 방위를 결정하는 세계의 중심은 천산이고, 동북아시아를 놓고 볼 때는 중국 5악중의 조종이라고 하는 태산(岱山 : 산동성에 있음)이다. 그러므로 하늘이 만주 드넓은 땅을 버리게 하고, 또 반도를 3·8선으로 갈라서 동북간방에 가까운 북쪽까지 버리고 반도이남이 정동방(마니산 기점)이므로 남한을 후천 진방의 중심으로 삼아 민족을 이동시킨 것이다. 이것은 3木이 자라 8木이 되었다는 뜻이다.

고조선이 힘이 없어 지나대륙을 한족(서자)에게 내어준 것이 아니며, 그때 사람이 살 만한 땅은 하북, 하남과 산동쪽이고, 그곳은 신라, 백제의 옛 땅이자 고구려의 땅이고, 고조선의 땅이다. 그 나머지 넓은 대륙은 야만도 살 수 없는 미개척지였던 것을 하나라 우임금에게 홍범치수법을 주어 개간하게 함으로써 사람이 살 수 있는 땅이 되었으니, 우리에게 '서방 지나대륙'은 의미가 없는 땅이었기에 버리고 동북간방의 만주대륙을 거쳐 반도로 이동하게 한 것이었다. 고구려가 만주땅을 잃고 망한 것도 힘이 없어서가 아니고 당군이(唐) 세기 때문이 아니라, 연개소문의 아들들을 통해 내분을 일으켜 망하게 한 것은 정동방을 차지하게 하기 위한 섭리의 일환이었다. 이 말은 아전인수나 약자의 자위가 아니다.

동북간을 '艮'이라 한 뜻은, 첫째 산은 옮길 수 없다는 뜻이니 하늘의 장손민족이 아니면 다른 민족이 차지할 수 없다는 하늘의 굳건한 뜻이고, 둘째 '山은 仙'이라 하였으니 신선도로서 신선세상을 이루는 신선의 나라(仚)라는 뜻이다. '艮山木'을 낳은 이는 하늘(乾天)이니, 그 자식이 어찌 신선이고 신인이 아니랴? 그렇다고 해서 거저 얻어지는 법은 없다. 우리 민족의 진정한 하느님(三神)을 알고 믿고, 부모로 섬길 것과, 천도를 닦아 수행하여 거듭나야만 신선이 될 수 있는 것이니, 진정한 천도가 나타났을 때, 그것을 알아보고 믿고 순종하여 닦을 때만 그렇게 될 수 있다는 것이다.

신선도(천도)를 마치 신비한 능력이나 기르는 신비술로 호도하여 돈벌이의 수단으로 삼아서는 절대로 안 될 것이며, 또 신선도를 중국의 도교와 동일시하는 무지를 버려야 할 것이니 그런 자들은 천벌을 받아 속히 망할 것이다. 우리 민족은 이처럼 하늘의 뜻에 의해 고난(껍질 벗고 환탈태하기 위한)의 역사를 숙명처럼 목에 걸고 누천년을 살아온 백성이다. 그러기에 천부삼경을 목숨처럼 간직해 왔고, 삼신을 우리의 하느님으로 신앙해 온 유일한 민족이다.

第三章 천부경 상수와 역수의 관계

第三章 천부경 상수와 역수의 관계

易數는 天符經의 열쇠

"一始無始 一析三極 無盡本 天一一 地一二 人一三 一積十鉅 無匱化
三 天二三 地二三 人二三 大三合 六生 七八九運 三四成環 五七 一妙衍
萬往萬來 用變 不動本 本心 本太陽 昂明 人中 天地一 一終 無終一."

  태시에 '一'(天一 : 북극일수 : 태극)이 있었나니, 그 일(태극)은 시
작도 없고 끝남도 없는 일이니라. 그 일이 갈라져 셋(삼신)이 되었으나
근본은 하나의 태극(天坤)이라. 하나인 태극(天一)은 천지의 근본으로
그 힘은 다함이 없도다.

  하늘은 시작도 일이요 끝도 일이며, 땅(세상 : 만민)도 일에서 나왔
으나, 하늘을 대(對)로 삼아 있음으로 이(二)라 하며, 사람도 일에서 나
왔으나 하늘과 땅의 기운(1+2=3)을 받고 천지의 성을 인격으로 이루
면 삼신이라 하느니라.

하나(天一)인 일의 수를 벌려 십으로 쌓아 키울지라도 천지인(天地人) 삼수가 변화하는 이치일 뿐이니라. 하늘이 땅(二)과 사람(三)을 낳았으므로, 천일 속에는 이와 삼의 이치가 들어있으며, 땅도 하늘에서 나왔으니, 이와(十) 삼의 이치(5土)를 포함하고 있으며, 사람도 하늘이 낳았으니 이와(十) 삼의 이치(五土 : 肉)를 가지고 있도다. 그러므로 삼(사람) 속에는 천지인 삼재의 이치(天地의 性)가 하나로 크게 갈무리되어 있으므로 후천 참사람 생(生 : 삶)수의 근본인 육(天六生水)수가 나타나야 참사람의 표본이 완성(天人)되어 후천의 무리를 천도로 기르고 완성시킬 수 있는 후천오행성수(成數 : 7火, 8木, 9金)의 운을 운용할 수 있게 되느니라.

육체적 인간(三木)도 사계(四季 : 四象)를 돌아 후천의 참사람으로 결실 완성되는 것이니, 이는 후천의 십토(十土 : 땅 : 肉心)가 칠화의 기운을 받아 성장하느니라. 사람과 만물이 나고 자라고 결실하는 무한 생성변화의 이치가 근본인 태극운동 하나의 이치가 퍼지고 넓혀져서 만 가지의 생멸 순환의 변화를 일으키는 것도 태극(天一) 하나의 기운이 오고 감이라. 그 쓰임의 변화가 무궁할지라도 근본인 태극은 변하지 않는 것이니 태극은 우주자연과 인간 마음의 근본인 자연하느님 마음이니라. 이 우주의 마음과 정신을 태양(乾天 : 하느님)이라 하나니, 이를 하늘의 덕의 밝음이라 한다. 참사람은 그 마음 가운데 이러한 천지의 마음(성품과 덕)을 하나로 통일하여 인격과 성품으로 이루게 될 때 하늘(天一)의 생명이 끝이 없듯 사람의 생명도 신(天一)과 같아 그 끝이 없게 되는 것이니라.

다음은 한웅시대 말과 단군시대 초기에 신선이던 유위자와 삼랑들이 지은 천부경과 한역(桓易)에 대한 해설 내용을 소개하여 고조선시대의 신선들이 천부경을 어떻게 이해하였는지를 비교해 보려고 한다.

삼신오제본기(표훈천사)

대시에 위아래 사방은 암흑으로 덮여 보이지 않더니 옛것은 가고 지금은 오니, 오직 한 빛(天一)이 있어 밝더라. 상계에 삼신이 계셨으니 곧 한 분의 상제(上帝)시라. 주체는 일신(天一)이나 쓰임(用)은 삼신(三神)이라. 삼신은 만물(육체적 인류)을 지으시고 전세계를 다스릴 가늠할 수 없는 지혜와 능력을 가지셨더라. 그 형체를 나타내지 아니하시고 최상의 하늘(고조선)에 계시며 크게 광명(천도문명)을 발하시더라. 숨(생명의 기운)을 불어 만물을 낳게 하시고 열(地火)을 뿜어 만물(만민)의 종자를 키우시며, 신묘함으로 세상을 다스리시더라.

먼저 만물(肉人)이 나기 전에 물을 낳아(一坎水) 태수(太水)로서 북방의 사명으로 흑색을 관장케 하시고 만물이 싹터 날 수 있도록 불을 낳아(地二火) 태화(太火)로서 남방의 붉은 색을 관장케 하시고 다음으로 나무(艮三木)를 낳게 하여 태목(太木)으로 동방의 청색을 관장케 하시고 다음은 금(四金)을 낳게 하여 태금(太金)으로 서방의 흰색을 관장케 하시고 다음으로 흙(五土)을 낳게 하여 태토(太土)로서 중앙의 황색을 관장케 하시니라. '太水, 太火, 太木, 太金, 太土'는 오행중 '先天生數' (1, 2, 3, 4, 5)라 한다. 이와 같은 오제(五帝 : 五行 : 오행의 덕)의 사명을 주관하는 자를 천하대장군(단군)이라 하고, 땅위에 있으면서 오령(五靈 : 天子, 견우들)의 이룸을 주관하는 자를 지하여장군(天子)이라 한다.

생각컨대 저 삼신을 '천일'(삼신의 능력을 태극이라)이라 하고, '지일'(地一 : 태극의 음, 태음)이라 하고, '태일'(太一 : 참사람 : 천지인 삼재를 인격화한 신인)이라 한다. 천일은 조화(낳음)를 주관하고, 지일은 교화(천도를 교육함)를 주관하고, 태일은 치화(다스림)를 주관하느니라.

오제는 흑제(天一水), 적제(地二火), 청제(艮三木), 백제(兌四金), 황

제(中五土)를 말함이니, 흑제는 죽음(肉體 생명의 다함)을 주관하고, 적제는 빛과 열을 주관하고, 청제는 낳아 기름을 주관하고, 백제는 익혀서 이룸을 주관하고, 황제는 생명의(씨앗) 낳음을 주관(조화 : 교태, 잉태케 하는)한다.

~크도다. '삼신일체(3수 : 생수)가 만물의 원리' 됨이여! '만물생성 원리의 덕'이여, 지혜여, 능력이여! ~천하만물(肉人)은 '개벽'이 있음(각 시대마다의 새로운 시대 섭리변화의 서막, 개혁)으로써 존재하고 진화를 거침으로써 존재하며 순환(시대적 변화의 순환고리)이 있으므로써 존재한다.

오직 하나인 태극의 원기(음양운동의 기)와 태극의 지극히 신비하고 오묘한 정신(마음)은 스스로 하나(天一) 속에 셋(生數三)을 포함함으로써 그 지혜가 빛나니 그 지혜를 이루고자 하는 자에게 하늘이 감응(교태 : 강림, 임마누엘)하여 지혜를 내리는 것이니 오되 시작된 곳이 없고 (천도를 이룬 자의 영원한 생명이) 가되 끝나는 곳이 없으니 이는 하나(天一 : 天道)에 통하여 만가지를 이루지 못함이 없느니라.

대변경

천일(태극)의 신(天神 : 자연의 하느님)께서는 삼대(三大 : 天地人)와 삼원(三圓 : 三界)과 삼일(三一 : 天一(神)이 되기 위해서 삼(천지인)을 하나의 인격으로 통일하는 지혜)의 원리(道 : 지혜)를 영부(靈符 : 진리를 깨닫게 하는 지혜)로 하여 깨닫고자 하는 자에게 내리시니 참사람의 생명은 삼신께서 지으시는 바라.

전인(全人 : 온전한 사람)이 되려면 정신(心)과 의지(氣)와 몸(육체 : 본능적 욕망)이 서로 의지하여 통일이 되어야 하나 아직(선천까지)은 이루지 못하고 있으며, 영, 지, 의 삼식(靈, 智, 意 三識 : 심안으로 깨닫는 지혜와 불변의 의지, 신념)이 열려 영대로 깨닫는 삶을 살게 될 때

삼혼 역시 그 바탕을 펼쳐 나가는 세월이 지남에 따라(삶의 체험을 통해) 그 정신의 형태가 성숙해지는 것이니 그 경계는 참된 삶과 거짓된 삶을 좋아하는 느낌에 이끌려 세가닥 인생길로 나뉘어진다.

그러므로 참된 삶(참사람이 되기 위한 삶)을 살면 참사람에 이르고 육체적인 망령된 삶을 살다가 멸망에 이르게 되느니라.

五帝注

~대저 안파견(아버지 : 하느님 : 乾)이란, 하늘을 계승하여 아버지 (乾天一)가 되었다는 뜻이고, 커발한(大人 : 참사람)이란 천, 지, 인 삼재를 그 정신 속에 하나로 정하였다(통일)는 뜻이라.

하백(河伯 : 桓因)은 천하(天河 : 桓國) 사람이고, 나반의 후손이다. '七月七日(칠석)은 나반이 강(은하수 : 견우가 직녀를 만나려고)을 건너는 날'이다. ~천해(天海)를 다른 이름으로 천하라 한다. 지금 북해 (北海 : 바이칼호)가 그곳이다. '천도(天道)는 북극(天海)에서 일어났다.' 그러므로 천일의 물(북극일수)을 낸다. 이를 천수(天水)라 한다. 대저 북극은 수정자(부루단군을 수정자라고 함)가 사는 곳이다.

조대기

한(桓)은 천일(天一 : 桓因)이며 광명(빛, 지혜, 천도)이니 천일을 삼신의 지혜와 능력이라 하고, 광명을 삼신의 참된 덕이라 한다. 옛 풍속에서는 광명(천도문명)을 숭상하였으니, 해(上帝)로써 신(神)을 상징하고 하늘(자연하느님)을 부모로 삼아 백성은 이를 믿고 조석으로 경배하며 섬겼다.

태호 복희씨는 어느 날, 삼신(성신 : 성령)께서 그의 몸에 내리(降靈 : 應感 : 천지교태)는 꿈으로 꾸고 나서 만가지 이치에 통철(깨달음을 통해)하고 삼신산(백두산)에 올라 천제를 드리고 천하(桓國)에서 괘도(卦圖)를 엮으니 ～삼극(天地人)을 포함하여 변화가 무궁하였다.

대변경注

세상을 천도로 다스리도록 하늘나라에서 내려보내어(삼신을) 나라를 연 것을 개천(開天)이라 하나니 하늘은 이로써 사람의 육체적 비천함을 제거하고 참사람의 생명을 창조하는 것이니 참사람의 정신은 허(虛)와 같은 것이다. 사람이 세상에 살면서 천도를 구하고자 더듬어 찾음은 '개인'(開人 : 참사람이 되고자 마음을 열고 천도를 깨달아 통달함)이라 한다. 그러므로 개인은 능히 사람 섬기는 일(정신문화)을 세상에 순환시켜 참정신(혼 : 천도문명의 정신을 민족정신으로 승화함)을 세상에 넓혀 구현케 한다. 산처럼 굳은 육체적 인간의 마음을 뚫어(자아의 고정관념) 천도가 통하는 길을 내는 것을 일러 '개지'(開地)라 한다. 그러므로써 능히 사람과 사회가 개화되기를 힘쓸 때, 이것이 천도의 지혜를 서로 함께 닦을 수 있는 길이다.

마한세가상

치우천왕이 다스리던 때에 선인(仙人) 유위자가 묘향산에 숨어 살았으니 그의 학문은 자부진인으로부터 나온 것이다. ～웅씨군(치우)이 나를 위해 도를 말하라 하니 가로되 ～하늘(고조선)에 천도의 기틀(본)이 있으니 내 마음 속의 기틀을 열면 볼 수 있고, 땅(세상)에서는 천도를 내 몸(마음)의 형상과 사물의 형상(태극, 사상, 오행)을 주재하는 바를 보고 나의 정신의 일기(一心 : 定心)가 나를 주재하는 바와 같음을(삶을 통해) 보아 알면 이로써 일(天一 : 나를 주재하는 주체정신)을 가지고 셋(삼혼 : 천, 지, 인의 세가지성)을 모아 세가닥 마음(삼도로 갈등하는 마음)을 하나의 주체정신 아래 복종하도록 하여 하나의 마음(전일한 정신)으로 돌아오게 할 수 있는 것입니다.

일신(성신의 지혜)은 그러한 마음(곳)에 강림하시는 것이니 이를 이치적으로 말한다면 천일(乾 : 父, 남편)이 물(坎水)을 낳는다고 하는 것은 천도를 낳는다는 뜻이요, 사람이 천도로서 천성과 자기 인성을 하나로 통일한 사람을 광명인(참사람 : 신선)이라고 합니다. 이것이 사람이 사는 이유인 것입니다. 그러므로 이는 지이(地二 : 여자 : 백성)가 불(七火)을 낳게 하는 도이니 세상에서 육신을 가지고 살면서 천도를 자기의 인격(性)으로 이루는 것이요, 이는 마음(성품)을 다스리는 이치이니, 이로써 마음을 닦아 참사람을 이루는 것을 '나무(震八木 : 仁)를 낳는 도' 라고 하는 것입니다.

이처럼 대시(大始 : 선선천 개벽시)에 삼신께서 삼계(三界 : 선선천, 선천, 후천)를 만드셨으니 '물(水)은 하늘의 상' 이요 '불은 땅(여자 : 백성, 만민)의 상' 이요, '나무(木)는 사람의 상' 인 것입니다. 대저 나무(木 : 사람)라고 하는 것은 땅(사회 : 세상)에 뿌리를 두고 하늘을 향해 나와 있으니 역시 사람도 땅(세상 : 사회)에 뿌리를 박고 나타나 하늘을 대신할 수 있는 것입니다.

이상의 인용문에서 보는 바와 같이 '역의 수' 는 고조선 천부경에서 유래하는 천도의 상징수임을 확인할 수 있다. 그리고 그 수들의 의미는 자연사물 속에 담겨 있는 상(象)을 빌어 참사람 창조의 원리인 천도와 천덕을 깨닫고 육체적 인간(선천 : 三木)이 선(후천 : 土木)으로 완성되기 위하여 세속의 때로 생겨난 껍질(자아관념 : 자아)을 벗은 순수의 식의 터(밭 : 당, 토, 자궁)에 성령의 지혜가 임하여 하늘의 수정자(水精子 : 씨앗, 지혜, 천도)를 부어 주심으로써 천도의 깨달음(性通光明)

을 얻고 참나로 환골탈태(후천 : 三木)하게 하는 지혜이다. 이때 선천의 육체적 인간은 정신(영혼)과 육체(동물적 본능 : 탐욕, 허위, 무지)가 대립 갈등하는 인격분열적 존재이기 때문에 이를 형상화하여 음(--: 대립체)이라 한 것이다.

양(一)은 상대적으로 하나의 전일한 정신과 인격으로 통일되어 있음을 상징한다. 이러한 양적 정신(인격)을 천일이라거나 全人의 정신으로 표현하였으니 '3수'는 천지인 삼혼(정신, 육체적 욕망, 의지)으로 갈라져 정신분열(인격분열 : 갈등)을 일으키는 것이므로 세가닥 망령된 삶의 길로 나가다 멸망한다고 하는 것이다. 이를 '천, 지, 인'이라 함은 천일(一)과 지이(二 : 대립갈등의 인격분열)와 인삼(참을 추구하는 인성 : 천도를 향하는 본심)의 대립분열하는 성(性 : 의식)을 천일과 같은 성(천성 : 전일한성)으로 돌아가야 한다는 것이 '회삼귀일'이다.

그러므로 삼(三)과 일(一)의 관계는 처음부터 3(性, 命, 精)은 일인데 육체적으로 불완전한 인식기관의 대표인 '감, 식, 촉'(오관)이 사물의 겉모습만을 보고(인식하고) 물질적 가치나 사물의 피상적 가치인 힘, 권력, 명예, 미, 부, 편리함, 편함, 육욕, 안락 등에 집착하는 망령된 삶(妄)에 빠지기 때문에 멸망한다는 것이다. 사(四)는 서태금(西兌金)이고 사상(四象 : 사계, 동서남북)이며 현상적 세계에서 육체적 삶을 인생의 전부로 알고 사는 삶의 단계를 의미한다. 현상적 삶이란 벌레나 짐승과 다를 바 없는 육체만을 기르고 위하는 삶이고, 약육강식의 자연법칙에 매인 동물적 삶이기 때문에 자기가 현대의 지식인이다 문화인이다 만물의 영장이다 돈이 있다 권력이 있다 출세했다 명예가 있다고 우쭐대봐야 그것은 한낱 벌레에 지나지 않는다는 것이다.

오토(五·十)와 십수는 식물에게는 '땅'이 흙이고 사람에게는 땅이 육체와 사회이며, 참사람에게는 마음밭이고 물고기에게는 바다나 연못이다. 십은 교미, 흘레, 씹, 성교, 천지교태, 임마누엘, 감응을 의미한다.

육칠팔구(6, 7, 8, 9, 10)는 후천 성수(成數)이고, 1, 2, 3, 4, 5는 선천 생수(生數)이다. 다시 말하면 선천수 '一水, 二火, 三木, 四金, 五土'는 만물과 육체적 인류를 낳고 자라게 하는 수이고, 후천성수 '六水, 七火, 八木, 九金, 十土'는 선천생수들이 자라 후천시대에 참사람을 길러 결실하게 되는 수이므로 성수라고 하는 것이다. 선천수들은 오토와 지화(地火 : 지열)와 감수(坎水 : 地水, 땅속 물)의 힘으로 만물(만민) 육체를 기르는 수이고 후천의 참사람으로 어른(成數)이 되어야 그 짝을 만나 중앙십(中央十 : 교미, 결혼)을 통해 교태하고 자식(참사람)을 낳게 되는 것이 선후천 오행의 원리이다. 그러므로 "후천에 가서야 참사람들의 세상인 지상천국이 존재할 수 있게 된다는 것은 십(씹)이 있기 때문"이라고 하는 것이다.

천부경에서 '大三合六生'이란 천, 지, 인(영각생)을 하나의 정신 속에(주체정신 : 인격, 성품으로 내면화) 통일시킨 최초의 참사람(인간의 표본 : 天六)이 나타나야 후천세상을 천도문명으로 변화시킬 수 있는 震八木帝(아버지, 남편)가 되어 천도로서 제2, 제3, 제4, 제5의 참사람(후천인)을 낳아 한국을 하늘나라인 지상천국으로 건설할 수 있다는 뜻이기 때문에 '出乎萬物震'이라 한 것이다.

'7, 8, 9' 수는 역시 후천수로서 '七火는 선천의 地二'니, 후천에는 진팔목제의 짝이요, 신하나 제후요 백성(선민)이다. '八木'은 진팔목제이니 그의 짝(九金 : 중국, 미국, 유럽)과 더불어 후천 세계만민을 자녀들로 기르고 결실해야 하므로 '九巽金'은 八木帝의 아내요, 제후나 신하들이다. 문왕역의 본문에선 이런 짝(신부, 아내, 여자)들을 곁말, 보좌, 신하라고 말하고 있다. 한국이 후천의 '八木震(천윤)'이니 그 짝은 '西方巽九金'인 중국과 유럽과 미국이 되므로 문왕도 이를 알고 후천에는 진팔목의 자리를 원래 주인(장손동이)에게 돌려주고, 자기는 그의 곁말이 되어 주인을 충실히 보좌하지 않으면 중국은 망한다고 말하고 있다.

이와 같이 오행의 모든 방위의 수들은 '震木上帝'를 위해 보좌하고 충성해야만 살아남을 수 있는 아내요, 청지기요, 제후요, 신하들이다.

'天一'이 '天六水'가 되는 것을 자연의 현상으로 말하면 '坎水一'은 바다에 있는 더러운 물인데 이 물이 '天一'(태양 빛과 열)로 인해 증발하여(승화, 초월) 하늘로 올라가 구름이 되었다가 만물의 씨앗을 싹트게(낳게) 하는 빗물(은혜 : 은택)이 되어 땅(坤地 : 女, 아내)에 내려 만물을 낳고 살리고 기르는 하늘의 생명수가 되기 때문이다. '天一'은 '離二火'(태양 빛과 열)인 동시에 '天六水'이다. '巽九金'(風)은 후천 상제의 아내가 되므로 그를 일러 '君子文德風, 風故 草上之風'(군자의 덕은 바람과 같다. 이 바람이 백성 위에 불면 백성은 그 덕(風)에 감화되어 풀잎처럼 고개를 숙이고 그 덕에 순종한다)이라고 하였다. 九金을 지나 천육수에 이른 사람의 인격은 군자와 같다는 것이다.

'地二'가 '地七火'가 되는 것도 '地二'는 선천의 음(一)으로서 '天一'(양 : 一)의 짝이나 아직 어려서 결혼할 수 없으므로 자라서 후천의 地에 七火가 되어야 天이 자라서 天六이 된 짝과 결혼(十)하여 참사람들을 낳을 수 있다. 그래서 "물이 불을 낳고 불이 물을 낳는다"고 하는 것이다.

남자(남편)는 양(불 : 열)이지만 여자(아내)는 음(寒 : 水)인데도 생명을 잉태하기 위해서는 양의 정수(精水 : 정액)가 여자의 자궁으로 쏟아져 내려야 그 천수(天六水)를 받아 자식을 잉태하여 양수(바다 : 연못) 속에서 태아를 지열(七火 : 피, 적색)로 기르게 되며 남편인 태양은 임신한 아내에게 피와 영양이 되는 음식(열량 : 二火)을 공급하여 태아를 낳을 수(출산) 있는 힘인 '地七火'가 되게 한다.

그러므로 후천성수(6, 7, 8, 9, 10)는 사실상 표상으로서 선천도에 있었을 뿐, 실수(實數)는 후천시대에 가야 성립되는 것이므로 이를 후천성수라고 한 것이다.

이처럼 天과 地는 즉 태극은 음과 양이 하나로서 상교(相交)하고 상변(相變)하고 상보(相保)하는 이중적 일체인 것이다.

천부경의 역리와 원방각

마한세가상

옛적 우리 한족(桓族)이 유목과 농경을 병행하던 때에 신시(神市 : 배달국도읍)의 가르침(천도)이 열렸다. 천일인 양(陽) 하나(一)를 쌓아 음(陰) 십(十)이 되기까지 키워 세워도 양수의 변화는 다함이 없으니 거기서 정성스러운 마음(哀心 : 中正心)이 생긴다. 이때에 자부진인이 칠회제신의역(七回祭神之曆 : 桓易)과 삼황내문을 지어 천황폐하(한웅 천왕)에게 바치니 천황께서 이를 칭찬하셨다.

공공, 헌원(황제 헌원), 창힐, 대요의 무리가 모두 와 여기서 배웠다. 이에 '윷놀이'(말판도)를 만들어 이로써 한역(桓易)을 강연하니 바로 신지혁덕이 적은 천부경의 유의(천부경의 뜻을 후세에 易으로 전한 것) 였다.

그 글에 이르기를 일신(天一)이 정성스런 마음(천도를 깨닫고자 하는)에 강림(성령강림, 천지교태)하시므로써 사람의 성품은 광명(光明 : 天道와 天德, 神性)에 통하고(천지인 삼재통일 : 깨달음으로 환골탈태함) 세상에 살면서 그 천도로 사람들을 교화하여 널리 이롭게 하더라 (홍익인간으로 창조하다).

소도경전 본훈5

대일의 극(태극 : 天一)을 이름하여 양기(良氣 : 어진 덕의 기운 : 원기)라 한다. 없음(天氣)과 있음(物)이 섞여서 빈 듯하나 갖추어 묘함이 있도다. 삼일(三一)의 체는 일(一)이요, 그 쓰임은 삼(三)인데, 혼묘가 한 둘레에 있으니 체와 용(쓰임)은 서로 갈라질 수 없도다. 태극의 빈

가운데 빛(지혜와 덕)이 있음이여!

그것이 신(천신)의 형상이며, 대기(태극의 원기)는 영원토록 존재함이여! 이는 신의 조화(낳음)에서 나도다. 이는 참생명(사람의 근원)으로서 만물(만민)도 여기서 나는도다.

해(天一)와 달(地二)의 아들(天帝 : 단군)은 천신의 마음(정신) 같은 정성스런 마음(裏心 : 中正)이 있음으로 광명이 되어(震이 되어) 비추이고, 이로써 원각(圓覺 : 천도의 깨달음)을 이루고 세상에 나타나니(후천에도) 뭇중생(백성)이 그 무리를 이룬다(나라를 이룬다).

원(圓 : 三世)은 일(一)이 되어 무극(無極)이 되고, 방(方 : 四方, 四象)은 이(二)가 되어 반극(反極 : 대립 : 상대적)이 되며, 각(角 : 天地人을 주체정신으로 통일한 인격)은 삼(三 : 삼태극 : 음양충)이 되어 태극이라. 무릇 "사람을 널리 이롭게 할 수 있는(참사람 창조의 천도) 도"는 천제가 한웅천왕에게 주신 바이니(천도를 구하는 자의 진실하고 정성스러운 마음에) 일신(성령)이 내려와(강림) "지혜를 충만하게 하사"(그 사람을 깨닫게 함으로써) 그의 성(性 : 참사람의 성 : 천성)은 광명(천신의 덕과 지혜)에 통하여 지상에 육신을 가지고 살면서 천도를 이루고 홍익인간(참사람)이 되는 도는 신시(한웅천왕)가 단군조선에 전하신 바니라.

한역(桓易)은 우사에서 관리하였으니 때에 태호복희는 우사가 되어 신용(神龍 : 태극음양 오행변화로 1년이 12개월로 움직이는 변화를 보고)이 해(태양 : 태극)를 좇는 것을 보고 이에 희역을 만들었다.

한역의 체(體)는 원(圓 : 三世)이요, 용(用)은 방(四象)이다. 무형으로부터 그 열매를 알게 되니 이것이 하늘의 이치이다. 희역(복희역)의 체는 방(四季 : 四象)이며, 용은 원(三世)이다. 모양 있는 것(만물이 오행의 변화로 소생, 성장, 성숙, 사멸하는 현상)에서 그 변화를 아나니 이것이 하늘을 체로 한다는 것이다. 지금의 역(고조선의 易)은 서로 체이면서 용이고, 용이면서 체이니 스스로 원이 되고 방이 되고 각이 된다. 이것은 하늘의 천명이 그러하기 때문이다.

※ 무극이란 태극이 음과 양으로 운동하는 과정에서 양으로나 음으로 만월처럼 꽉찼을 때(극한에 이른 때)인 음양의 대극(對極)이 없어졌을 때(순간)를 이르는 말이다. 그러므로 무극(만월상태)은 곧 음극이든 양극이든 상대적 대극의 씨가 생겨남으로써 다시 태극(음양대극으로 갈라지는 상태)으로 변하기 때문에 태극의 동과정(動 : 태극, 靜 : 무극) 변화의 과정에서 일시적으로 생기는 것이 靜(무극)일 뿐 무극 태극의 분별이나 동과정의 분별은 있을 수 없다.

위의 고조선 선인(仙人)들이 쓴 천부경(天符)의 해설을 볼 때《易》은 '천부경의 수리'를 토대로 하여 만들어졌으며, 최초의 역이《한역》이고 다음은 복희가 만든《희역》이며, 하나라 우임금은 제2대 단군 부루태자로부터 〈神書〉를 받아갔다고 한 것을 볼 때, 전자로 된 桓易과 복희역(하도역)을 가져다가 역의 괘도를 변화시켜《연산역》을 만들었을 것은 불을 보지 않아도 알 수 있는 이치이다. 은나라를 건설한 탕왕은 하나라의 제후였으니 연산역을 개정하여《귀장역》을 만들었을 것이고, 문왕은 은나라의 제후였으니 은역을 개변하여《주역》을 만들었기 때문에 역의 뿌리는 같으나 순리를 따르는 '순천(順天)역'이냐, 역천을 위한 '역천역'이냐에 그 다름이 있다 할 것이다.

한역의 체가 원(선선천, 선천, 후천 : 三世)이고 원은 일이라고 하는 뜻은 천부경의 천일(乾天一)은 태극이고, 태극은 우회전 원환운동을 일으킴으로써 음양이 생기고 사상이 생기고(태양, 소음, 태음, 소양) 사상의 변화가 사계를 낳는 데서 만물의 생멸순환의 생명운동을 하게 되는 것이니, 땅(土 : 水火)이 있어야 씨를 심고 태양 빛과 열을 받고(교태) 땅의 지열(천도교육)로 익혀서 만민을 소생, 발육, 성숙시키는 것이니, 낳고 기르는 변화(생멸변화)의 축인 땅(천자 : 견우, 성인)은 만물의 어머니인 동시에 생명변화의 축인 오토와십(五土十)이 되는 것이다.

하늘(乾 : 太陽 : 빛과 열, 비, 바람, 서리)이 빛과 열과 비와 바람서리를 내려주지 않는다면(광합성작용과 지열, 수분공급 등) 지표가 얼어붙어 있어서 씨가 싹틀 수도, 자랄 수도, 열매맺을 수도(성숙 : 굳어짐) 없을 것이다. 하늘 즉 천일(태극)이 한해의 오행운동으로 조화(변화 : 생명활동, 낳음)를 일으킴으로써 한해의 원운동(생멸운동 : 1~10까지 쌓고 넓혀 세우는 수의 변화로 천태만상의 만물을 낳아도 1의 운동변화에 불과하고 소생, 성장, 결실이라고 하는 3박자 운동으로 세계가 존재하니 1과 3은 4, 5, 6, 7, 8, 9, 10수들의 중심축으로 변화의 모체이다)을 하여 만물(肉人)을 낳는 운동(섭리)을 삼세를 통하여 하되 천일은 모자람도 넘침도 다함도 끝도 없는 일(태극)일 뿐이라는 것이다. 이것이 천부경 상수의 요체이다.

나머지 수들은 앞절의 〈역수〉에서 말한 바와 같으니 진리는 참으로 간단명료하나 그 쓰임에 있어서는 자연의 천변만화로 나타나는 것이다. 그래서 진리(지혜)는 오묘하고 신묘막측하다고 하는 것이다. 만물뿐 아니라 참사람(홍익인간)까지도 이러한 천부경수 '1과 3의 원리 : 3, 1'에 의해서 삼계(선선천, 선천, 후천)를 통해서 참사람들의 세계(이화세계)가 완성된다고 한 것이다.

천부경의 목적은 만물을 낳고 기르고 열매 맺는 우주생명체들의 〈창세경〉이 아니라 천지의 열매이고 주인인 참사람을 낳고 기르고 열매맺는 천도요, 하늘이 '3, 1의 원리'로서 삼계를 통해 지상천국(참사람들의 세계)을 건설하겠다고 하는 하늘의 뜻(천도문명의 설계도)이며, 참사람 창조를 목적으로 주신 천도의 원본이라는 데 가장 큰 의의가 있다는 사실을 알아야 한다.

그까짓 점이나 쳐서 어쩌자는 것이겠는가? 그보다 천도인 역의 이치를 통해서 삼세의 미래를 알 수 있고 벌레와 다를 바 없는 인간이 하느님과 동일한 존재가 되고 한국이 세계의 주인의 나라가 된다고 하는 그 사실이 우리에게 경천동지할 일이 아니겠는가?

〈八卦圖〉란 태극운동이며 자연의 생명순환운동이 사계를 통해 일어나 살아 숨쉬고 있는 자연세계 변화의 상을 통하여 천도문명의 섭리와 참인간창조 완성도 만물과 같이 천지자연의 생멸변화를 통해 이루어짐을 나타내는 상이다. 그런데 자연의 질서를 인간의 마음대로 바꾸고 순리를 역리로 바꾸어 세상을 지배하려는 것은 세상을 혼란스럽게 하고 죄악의 세상을 만들어 자연의 순리와 인간의 심리를 뒤틀어지게 하여 멸망에 이르게 하는 것이다. 이는 마치 서양인들의 사고에서 자연의 질서가 약육강식과 적자생존의 원리로 지배되고 있으므로 약육강식은 당연하다는 사고의 정당성을 부여하는 것과 같기 때문이다.

그러므로 자연의 생존원리와 인간완성의 원리를 세상에 알려 인간과 세계, 사회 질서를 자연의 천도와 같이 바로잡아 선하고 참된 세상을 만들기 위해 이런 천지자연의 운행질서의 도수를 바로잡아 천운(천지의 기운)을 바르게 통하게 함으로써 비뚤어지고 정신분열 및 인격분열병에 걸린 인간의 심리를 고쳐 전인(참사람)에 이르게 하려고 상제께서 《후천대역》을 천부경 원리로 주신 것이다. 따라서 이 후천괘도야말로 자연의 역이요, 하늘나라(한국)의 참사람 창조의 원리임을 밝히는 바이다.

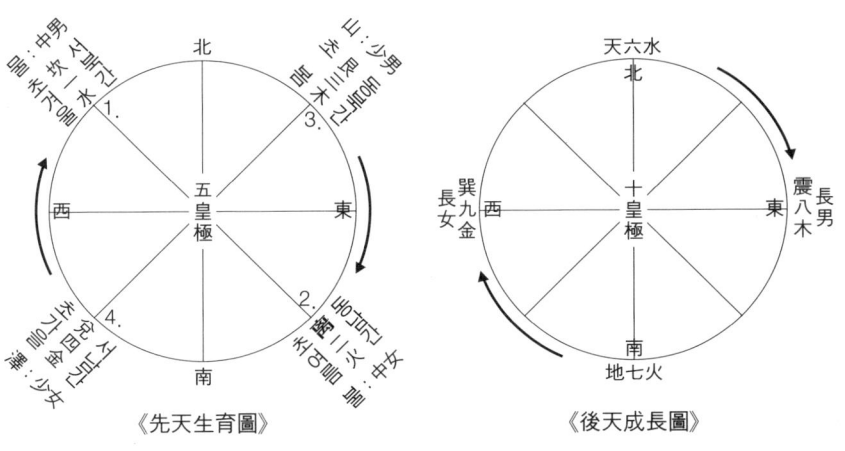

《先天生育圖》   《後天成長圖》

《一夫正易八卦圖》

《後天大易八卦圖》

《복희선후천중복팔괘도》

《복희선천팔괘도》

《복희후천팔괘도》

《文王先天八卦圖》

《後天龍潭八卦圖》

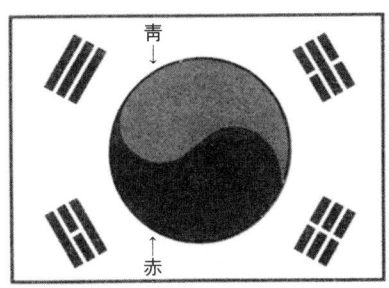

※ 先天의 어린 괘도이기 때문에 間方에 괘들이 배치되어 있다.

《先天逆回轉太極旗》

※ 선천간방의 어린 괘들(생수)이 자라서 成年이 된 正易圖

《後天右回轉三太極旗》

괘도의 원리

1. 괘도상의 각 괘들은 그것의 대각선상에 있는(맞은편에 있는) 괘하고 짝(부분)을 이룬다. 그러므로 하나가 음이면 그 짝은 양이 되어야 하고, 하나가 양이면 그 짝은 음이 되어야 상서롭고 길한 상이다. 그러나 짝이라고 할지라도 간방(間方)에 있는 괘들은 선천생수(先天生數)로 되어 있어 후천성수(後天成數)로 자라고 있는 괘들(1, 2, 3, 4, 5)이므로 아직 결혼할 수 있는 때가 아니다. 그들은 다만 짝끼리 서로 좋아하고 서로 도와 화목하게 지냄으로써 기운이 통하여 이로움을 발생한다.

2. 짝은 아니지만 자기와 이웃하고 있는 괘, 즉 水와 木, 木과 火, 火와 土, 土와 金, 金과 水와 같이 서로 상생(相生)하는 관계가 되어야 길하고 상서롭다. 반대로 水克火, 火克金, 土克水, 金克木은 상극관계이므로 서로를 해치고 싫어하는 성질을 가지고 있으니 흉하다.

3. 선천생수 1, 2, 3, 4, 5는 후천성수(오행)로 자라고 있는 것이므로

선천 1水가 자라서 후천 6水가 되고 3木은 후천 8木이 되고 二火야는 후천 7火가 되고 四金은 후천 九金으로 자라야 참사람을 창조할 수 있는 오행원기가 되어 후천의 弘益人間 理化世界를 이룰 수 있는 것이므로 후천성수들(6, 7, 8, 9, 10)은 선천에는 없는 수이다. 또 1水가 자라서 후천시대에 이르러 6水가 되면 어린 아이가 자라서 성인이 된 것과 같으니, 선천수(1, 2, 3, 4, 5)들은 자라서 어른이 되었으므로 없어진 수(어린 아이)들인 것이다.

괘도상에 선천수와 후천수가 혼합적으로 배열되어 있는 것은 선천의 어린 오행(水, 木, 火, 土, 金)이 장차 자라서 후천성수가 되어야 한다는 것을 나타내기 위하여 그려넣은 것에 불과하다.

그러므로 1坎水는 六天水로, 3艮木은 八震木으로, 2離火는 七火地로, 4兌金은 九巽金으로 짝이 되어 서로 붙어 있어야지 떨어져 뒤섞여 있으면 상생의 기가 불통하여 자랄 수 없어 죽어버린다. 그와 같이 된 괘도들이 문왕괘도, 일부괘도, 용담괘도 등이다. 바르게 되어 있는 괘도는 복희괘도이나 복희괘도는 천(北) 지(南)가 뒤집혀 天이 아래에 地가 위에 있어 천지정위(天地定位)가 뒤집혔다고 하는 것이다. 문왕, 일부, 일순이 모두 그 뒤집힌 모양을 본받아 전부 뒤집어 그리고 있으니 역시 천지경위(天地傾位)의 괘도들이 되었다. 천지가 경위(傾-기울다, 뒤집히다, 상하다, 위태하다, 밀쳐내다, 겨루다)되면 천지비(天地否)요, 천지불태이니 서로 겨루어 상하게 하고 밀쳐내어 위태하게 되는 것이다. 그러므로 易에서 제1요건이 천지정위해야 천지교태할 수 있고 雷風通氣(뇌풍통기)하여 참사람 완성과 지상천국을 이룰 수 있게 되는 것이다.

4. 선천괘도 상에는 상하좌우(사계 : 四象)와 間方四位에 선천수와 후천수가 팔방에 모두 배열되어 있으나, 사실상 선천에는 상하좌우(후천성수)와 중앙 十土는 없고 간방사위와 중앙오토만 있을 뿐이다.

후천시대가 되어야(선천 말에 이르러야) 간방사위와 중앙5토의 어린 오행수들이 자라서 없어지고 사상정방위(상하좌우)와 중앙십토가 나타나게 되는 것이다. 그러므로 천지교태와 뇌풍통기(선천의 艮兌通氣)가 이루어져 천지교태하고 '참사람의 표본'이 나타나 帝出乎震할 수 있게 되는 것이다. 따라서 후천괘도에는 間方四位의 어린 오행수들은 성인이 되어 상하좌우와 중앙 십으로(天6, 地7, 震8, 巽9, 中央10) 자라 사상방의 정위치를 차지하게 되었으므로 없어지고 만 것이다.

5. 천(乾 - 아버지, 남편, 상제)이, 지(坤 - 어머니, 아내, 천자, 제후, 신하)와 결혼해야 천지교태하여 수많은 천남천녀(天男, 天女)를 낳을 수 있도록 무형의 힘(천도와 천덕)을 큰아들 부부에게 쏟아부어 실제의 천남천녀를 낳게 할 수 있어 하늘나라 백성을 낳아 기르고 지상천국을 이룰 수 있게 된다.

큰아들과 큰딸은 震八木帝와 巽風九金이며 성남 성녀가 된 짝(한국과 중중, 유럽 등)이 부부를 이루어 천남천녀를 생산하고 천도문명을 실현할 수 있게 되는 것이다. 이때 중앙10(十土 : 皇極 : 帝出八木震)은 '씹'이니 상하 좌우 남녀를 짝을 이루게 하고 교합하게 하여 자녀를 낳게 하는 작용수(造化數)요, 육체적 인간을 정신적 인간으로 영화(靈化)시키는 영적 조화를 의미하는 수(O)이다.

이 다섯가지가 '易'의 기본원리요, 괘도원리이니 독자들은 괘도 그림을 보되 '이 다섯가지 원리를 인식의 눈으로 삼아' 스스로 연구하고 이해할 수 있기를 바란다. 공자는 계사전에서 이 원리를 가리켜 "神也者는 言也"니 라고 하였고, 言(말씀, 진리, 원리)은 곧 器(천성으로 만드는 그릇, 기계)라 하고, 聖人만이 成器者라고 하였으며, 이것을 알면 神과 같은 존재가 된다"고 하였다.

第四章 천도의 수행과정

第四章 천도의 수행과정

제사의 의미와 천지신명

《시경》,《예기》,《사기》(사마천) 등을 보면, 고대 중국의 제왕들은 봄
가을에 길일을 택하여 명산이나 교외에 나가 해마다 두 번씩 하늘의 상
제에게 제사를 드렸다. 이것을 천제(天祭)라고 한다. 천제를 드리는 데
는 희생물로 소, 양, 돼지, 개 등을 사용하였다. 짐승(희생제물)을 잡아
피와 기름을 빼고, 그 피로 제기에 발라 거룩하게 하고, 고기는 삶아서
바쳤다.

구약성경에서도 이와 같은 방법으로 소와 양과 비둘기를 희생제물로
바쳤고, 그들도 하나님(야훼)께 제사하였다. 천제를 드리는 제의가 같
은 것으로 보아 그 문화의 연원이 같은 것임을 짐작할 수 있다.

이때 성경에서는 희생으로 드리는 짐승이 소나 양이 주로 쓰였으나,
동양에서는 돼지도 많이 쓰였는데 이는 동양이 가축을 집에서 기르는
농경문화인데 반해, 유태인은 목축문화였기 때문에 집짐승이 아닌 들짐

승을 주로 사용하였던 것이다.

짐승을 희생제물로 바친다는 의미는 사람 자신의 몸을 바칠 수는 없으므로 사람(제주)을 대신하여 짐승을 바친 것인데 사람을 직접 소제(불살라 바치는 것)로 드리거나 사람의 심장을 바치는 고대문명들도 많이 발견된다.

성경에서는 대표적으로 아브라함의 하나님(GOD)이 이삭을 제물로 바치라고 명하여 이삭을 죽여 제물로 바치려 하자, 그 믿음을 보고 산양을 대신 바치게 하는 제의에서 짐승은 사람 대신으로 바쳐지는 희생물임이 증명된다. 이때 소와 양중 소는 견우를 상징하고 양은 백성을 상징한다. 그러나 이러한 외적 의미의 상징으로 끝나지 않고, 짐승을 산채로 바치는 것이 아니라 제물을 태우거나 삶아서 바친다는 데 그 숨은 뜻이 있다.

예전에는 아이들을 가르치는 학교를 의숙(義塾)이라 하고, 그 배운 바를 거듭하는 것을 복습(復習)이라고 하거나, 훈습(薰習) 또는 학습(學習)이라고 했는데, 이때 숙이나 습은 '삶는다', '익힌다' 는 뜻이다. 사람이 배운 바를 몸으로 익히고 훈습하는 궁극적 목적은 진리(천도)를 깨달아 습성화하고 성품화 내지 인격화하기 위함에 있다. 결국 불확실한 사물과 세계에 대한 피상적 지식인 상식이나 고정관념의 다발(체계)로 형성된 '자아'를 삶고 익혀서 그 껍질을 벗겨내고 참자기를 일깨우기 위해서이다.

자아란 육체적 자기를 유일한 '자기' 실체로 믿고, 육체(외모)적 삶에 집착하여 육체적 행복의 대상가치인 물질적이고 세속적인 명리나 권력, 쾌락, 재부에 목숨을 거는 헛된 삶의 주인이다.

그러므로 짐승의 육체를 삶거나 구워서 희생제물로 바친다는 의미는 인간 자신의 육체의 주인인 자아를 삶고 익혀서 제물로 바치고, 그 배후에 있는 참자기를 깨울 수 있도록 해달라는 기원을 드리는 데 그 철학적 의미가 담겨 있다.

그러나 인간의 심성이 황란하고 무지했던 구약시대나 고대 동양에서의 도(진리)는, 주나라 문화에서 보듯, 인간의 외적으로 나타나는 행동규범(禮道)을 무례하지 않도록 길들이는 의례(儀禮)와 법, 관습 등과 같은 지극히 의식적이고 형식적인 '육체의 법'이었듯 유태인들의 구약시대의 율법이나 규례도 제의와 법 관습을 포괄하는 의식적이거나 형식적인 것이었다.

이와 같이 '선천시대의 여름계절'은 만물의 육체(줄기)를 기르는 때이므로, 폭염과 소낙비와 태풍이 몰아치고, 천둥번개가 강타하는 등, 혹독한 매질로써 몸을 기르는 시대의 문화가 지배하는 것이어서 고대 즉 선천시대의 율법이나 교육과 형벌은 가혹하고 혹독했던 것이다. 그야말로 '이는 이로 눈은 눈으로 생명은 생명으로 갚아야' 하고 손과 발을 베거나, 코나 음경을 베는 형벌을 가하므로써 육체적 예법을 길들여 왔던 것이다.

이처럼 선천시대가 타의적이고 강제적인 법, 즉 타율적이었던데 반해 후천시대는 자율적 시대이다. 스스로 자기 삶을 선택하고 결단하고 실행하고 그 결과를 책임지는 철저한 재가수도(在家修道)적 삶의 고통과 고뇌를 통해 자기를 성찰하고 깨달음을 통해 반성을 거듭해 나가는 과정을 거쳐, '거짓 자기의 껍질을 벗는 삶' 자체가 천도를 실천하고 이루어 나가는 '산제사'이다. 권리만 주장하고 책임은 지지 않으려고 하는 철부지한 아이가 아니라 성숙한 어른이 되어야 하는 때이다.

인류를 한 사람의 '대아' (거인)라고 볼 때, 상고대의 유아기를 거쳐 선천의 청소년기의 혹독한 육체적 훈련과정을 거쳐 이제는 어엿한 성인이 되어 그의 인생을 스스로 선택하고 판단하고 행동하고 책임지려고 사회에 첫발을 내디디는 때가 바로 후천 21세기 벽두이다.

동양세계에서는 하느님에게만 제사를 올린 것은 아니다. 서두에서도 언급한 바와 같이 명산대천과(산신과 하신), 지신 및 사방신(청용, 백호, 황웅, 주작, 신구 : 오천왕)에게 제사하였는데, 이는 잘못 생각하면,

다신 숭배라고 오해할 수 있으나, 자연신(자연하느님)에 대한 숭배형태에 불과하다. 그보다는 조상숭배 국가나 사회에 공이 있는 위인들의 사당을 세워 그 신위를 모시고 제사했는데 이는 그들이 음귀가 되어서도 후손이나 사회에 음덕을 베푼다고 믿었기 때문이다. 이러한 조상신이나 위인들의 신령을 가리켜 신명(神明)이라 하였다(예기 참조).

그런데 무속인들이 잘못 오해하고 신명을 하느님이라고 하거나 상제 또는 산신이라고 하는 등, 오해가 분분한 가운데 번지도 모르는 제사를 바치고 있는 실정이다. 분명한 것은 '천지신명'이라고 할 때만 자연신을 의미한다.

《성경》〈전도서〉에 "사람이 죽으면 하늘로 올라가고, 짐승이 죽으면 땅으로 내려간다"고 하였다. 그러나 역사상에 '사람'이 나타난 바는 없으며, 다만 고동동물에 불과한 현생인류 즉 육체적 인간만 있을 뿐이므로 하늘로 올라간 사람은 없고, 모두 땅으로 내려가 음귀가 되었을 뿐이다. 그래서 사울왕을 세운 사무엘선지자 같은 대선지자도 죽어서 음령이 되어 지하에 있었던 것이다.

천제나 종묘에서 선왕(조상)들에게 제사를 지낼 때에는 반드시 악관들과 무녀들이 음악에 맞추어 춤을 추었다. 이때 주로 사용된 악기는 북과 쇠북(징)과 금과슬과 피리 등을 사용하였다. 이러한 악기들을 사용하여 음악을 연주한 것은 북과 징은 천둥과 우레를 상징하는 소리로서 신명을 깨우고 산 사람들의 영혼을 울려 잠(무지)을 깨우는 의미로 사용되었고, 금과슬은 남편(양)과 아내(음)를 상징하는 것으로서 천신(양)과 지신을 불러 그 기운이 하나로 조화되게 하는 천지교태의 의미이다.

이러한 음악과 춤을 통해서 강신을 유도하고 제사를 드리는 제주와 신명들이 서로(음양의 감응) 감응하여, 제주의 기원발복을 성취하게 하는 것이었다. 그래서 이를 약제(龠祭 : 음악제사)라고 부른다.

성신강림과 천지교태의 본의

옛적 우리의 조상들은 자식을 낳지 못하여 대가 끊어지게 되는 것을 두려워하여 온갖 약을 다 써보다 안 되면 정한수를 떠놓고 빌거나 음경 돌에게 빌거나, 절이나 명산에 올라가 백일제를 드리는 일이 많았으며, 정성을 다했을 때 그 정성에 천신이 감응하여 자식을 낳았다는 이야기를 많이 들어왔다.

석가세존이 설산에서 6년의 고행을 하며 깨달음을 구했으나 얻지 못하고 좌절하여 하산했는데 어느 보리수나무 밑에 앉아 무심히 흐르는 냇물을 바라보다 천둥과 벼락이 치듯 마음 속의 영대가 열려 대각을 하게 되는데, 석존은 그것을 부처의 가피력(비로자나의 강림)에 힘입음이라고 하였다.

인간인 예수가 진리의 깨달음을 한 순간에 얻게 된 것은 "요단강에서 세례를 받고 물위로 올라올 때 '성령이 그 머리 위에 비둘기 모양으로 임함'을 보시더니, 하늘로부터 소리가 있어 이는 내 사랑하는 아들이라"고 한 그 순간이었다. 사도 바울도《히브리서》에서 예수가 하느님의 아들로 인정받은 것은 바로 성령이 예수에게 임한 그때라고 증언하고 있다.

동학도를 창시한 수운 최제우 선생은 천도를 깨닫기 위해 수많은 공부를 하고, 명산의 바위굴에 두 번이나 들어가 40일씩 기도하였으나 그 깨달음을 얻지 못하여 좌절하고 고향으로 돌아와 용담의 옛집에 머물다가 어느 날 한순간에 '성령(상제)께서 임하여 천도의 깨달음을 내리셨다'고 그의《동경대전》과《용담유사》에 기록하고 있다. 이와 같은 경험들을 다 듣자면 헤아릴 수 없이 많다.

그런 경험들의 공통점은 하나같이 '성신 또는 성령(상제)의 강림'에 의해서, 깨달음을 얻게 되었다는 것이다. 그러나 성신(성령)의 강림이 이루어지는 일은 가만히 있는데 저절로 되는 것이 아니라, 그전에 그들은 수많은 시련과 정성을 통해서 그 심적 상태가 평상시에도 일도삼매 (정성스런 마음)에 들어있었기 때문이다. 지극한 정성이란 곧 그 심적 상태가 오직 한 가지 일념(소원)만을 생각할 뿐 다른 일(다른 사고나 관심 : 잡념)은 관심이 없는 지속적 일념상태 그것을 일도삼매라 한다.

몇 시간씩이나 며칠 즉, 40일 기도나 100일 정성이 아니라, 생활자체가 삼매(일념)에 빠진 상태! 그것이 진정한 해인삼매요 정성이다. 그것을 천도에서는 충심(衷心)이라고 한다. 본 주역에서 말하는 '中正心'이 바로 그것이다. 본문에서 보듯 문왕도 그러한 정성을 통해 성령강림으로 천도의 깨달음에 이르렀다고 말하고 있으니, 깨달음의 관건은 바로 "성령의 강림으로, 상제(剛氣)와 내가(柔氣) 서로 만나 하나가 되어 (응(應)하여) 강유의 교합 즉, 정신적 천지교태(삼투)가 일어나야", 깨달음이 천둥번개처럼 울려 닫히고 막혔던 영대가 열리고, 참나가 잠을 깨고 일어나는 중생과 환골탈태가 이루어지는 것이다.

이때에 있어서 그처럼 오랫동안 정성의 일도삼매 속에 빠져 있어야 한다는 이유는 바로 그것이 고정관념의 허물이고 껍질인 자아의 껍질을 벗어버리고 순수의식으로 돌아가는 소위 익히고 삶아 번데기를 탈피하는 과정이기 때문이다. 이런 거짓 껍질을 벗어 던져야 그 위에 성신이 강림하여, 나의 순수한 의식(地)과 하늘(성령)이 한 몸으로(응)부부를 이루고, 교합(정신삼투 : 홀레)하여 영대가 열리고 그 속에 잠들어 있는 신성(참사람의 본성)을 가진 '참나'가 깨어나게(태어나게) 되는 것이다. 예수는 본래 하느님의 아들이 아니라 인간에 불과했는데, 〈시편 2편〉에 보면, 하느님(성령)께서 말씀하시기를 "내가 오늘날 너를 낳았느니라"라고 하였고, 사도바울도 그의 제자들에게 성령이 임하게 한 것을 가리켜, "내가 오늘날 하느님의 말씀(성령)으로 너희를 낳았도다"라고 말하고 있으니, "예수에게 성령이 임하심으로, 하느님의 아들로 인정되었느니라"라고 말하게 되는 것이니 이것이 곧 임마누엘이다.

서두에서도 말한 바 있듯, 하은주 삼대의 첫 임금들(소위 성왕 : 선왕)도, 성신이 그들 위에 임하여 그들이 천도를 깨닫고 경을 짓고 제도를 만들고 예도의 전거를 창제하였다고, 《중용》의 첫머리에 언급하고 있는 것이다. 이와 같이 하늘에 제사하는 목적은 천신(성령)의 강령을 기원하는데 있는 것이며, 주역본문의 천도의 궁극적인 목적을 이루는 것도, 도를 닦는 각 개인들이, 정성(中正)을 다하여 강유가(성령과 나) 합하여 부부일체가 됨으로써(하늘과 땅이 하나 되어 : 합궁) 천지교가 일어나 참나를 낳으려는 환골탈태에 있다.

육체를 가진 유약한 인간은, 땅(육체 : 물질)이요, 성령(상제)은 하늘이니, '천지교태'는 성령의 지혜가 나에게 내려와 강림하고, 나는 하늘(남편)을 향해 승화하려고 정성을 다할 때 하늘과 땅이 만나 부부교합을 하는 것이니, '천지정위'는 하늘이 위에 있어 내려와야 하고, 땅(사람)은 초월하고 비상하려고 하늘로 올라가는 정성인 것이므로 견우들을 상징하는 황새나 제비, 독수리, 매 같은 새들은 하늘로 비상하려는 인간의 초월의식을 표상하는 것이다.

문왕의 역천과 후천시대 각 나라들의 운명

주역 64괘 중에서 가장 상서로운 괘를 들라고 한다면 〈地天泰〉 괘이다. 위의 괘는 〈坤地〉 괘이고 아래의 괘는 〈乾天〉 괘이다. 이 괘가 64괘 중에서 가장 길하고 상서로운 괘라고 하는 것은 땅과 하늘이 서로 만나 교합(천지교태)하여 부부가 됨으로써 서로 사랑을 주고받아 자식을 잉태할 수 있는 괘상이므로, 이를 "천지의 기운이 하나 되어 통한다"고 말한다. "천지의 기운이 하나 되어 통한다"고 하는 것은, 부부가 합궁하여 자식을 낳듯 세상 만사가 막힘이 없이 두루 통한다는 뜻이므로, 임금과 신하가 불신하거나 속이는 일이 없이 충성과 의리가 통하고 백성과 임금이 통하고, 사람과 사람의 인정과 사정이 통하여 서로 "내 이웃을 내 몸 같이 위하고 사랑하는 세상이 된다"는 뜻이다.

상하관계와 좌우의 인간관계가 서로 막혀 불통하기 때문에 죄악과, 살인과 폭력이 난무하고, 속이고 미워하고 질투하고 차별하므로써 대립 갈등 전쟁이 끊일 날이 없는 사악한 세상이 된다. 그렇게 된 것은 모두 하늘의 기운과 땅의 기운이 막혀 불통하기 때문에 발생하는 현상으로 역은 판단한다. 인간이 고대하는 이상세계가 오려면 먼저 하늘과 땅의 막혔던 천지상극의 기운(원수가 되어 서로 죽이는 기운)을 해원(해소)해야 된다고 보기 때문에 이 '지천태 괘'를 가장 이상적인 괘로 꼽지 않을 수 없었을 것이다.

그러므로 개인이 이 괘를 얻게 되면 만사가 형통한 대길괘가 아닐 수 없다. 그런데 이 괘상을 보면 땅(곤, 여자, 아내)이 하늘(남편, 건천) 위에 있고 남자인 천(天)은 아래에 있어 괴이한 형상을 하고 있다.

공자가 부연했다는 〈계사전〉에서는 "하늘은 존귀하고 땅은 비천하여 상하의 질서가 정해지듯 임금과 신하와 남자와 여자와 장유가, 천지의 질서와 같이 위계질서를 따른다"고 말하고 있는 것으로 본다면, 하늘(건)이 위에 있고 땅(곤)이 아래에 있는 〈天地否卦〉 괘가 오히려 가장 이상적인 괘가 되어야 마땅하다.

그런데 문왕의 주역에서는 말하기를 "하늘은 가벼우니 위로 올라가고, 땅은 무거우므로 아래로 내려와 올라가는 기운과 중간에서 만나 교제가 이루어지기 때문"이라는 궁색한 변명을 하고 있다.

그러나 만약 하늘이 저 높이 있는 공중이고, 땅은 우리가 밟고 선 대지(흙, 지구)라면 땅인 지구는 소위 하늘이라고 믿고 있는 공중에 떠서 태양을 돌고 있고, 저 위의 공중은 지구의 자전에 따라 밤낮으로 위아래가 바뀌는데 아래의 땅은 어디이고 위의 하늘은 어디에 있단 말인가?

땅이 정말로 무거워 아래로 내려오는 것이라면 지구는 한없이 아래로 떨어져 내려갈 것이니 저 위에 있다고 믿는 하늘과는 갈수록 멀어져 어떤 심연의 나락으로 곤두박혀야 하지만 지구는 여전히 우주공간의 제 궤도를 한치도 벗어나지 않고 떠 있어 하늘 한 가운데를 헤엄치고 있으니 내려올 것도 없고 올라갈 것도 없이 하늘이 곧 땅이고 땅이 곧 하늘일 뿐이다. 마치 태아가 어머니의 자궁 양수 속에서 빙글빙글 헤엄을 치듯 하늘과 땅은 처음부터 영원까지 한 몸이고 하늘 밖으로나 밑으로 떨어져 나갈 수 없는 것이다.

주역에서 또 말하기를, "하늘은 비와 이슬을 은택으로 '내려주심으로써' 만물을 기른다"고 하였다. 하늘의 기운인 빛과 열과 비와 이슬의 은택(은혜, 사랑, 덕, 천기)은 위에서 아래로 내려오는 것이지 올라가는 것이 아니다. 그러므로 하늘의 기운이 내려와야 만물을 살리고 통하게 하고 천지만물의 질서가 유지되는 것이지 그 기운이 가볍다고 한없이 더 높은 곳으로 올라가 버린다면 땅은 빛과 열이 없는 암흑세상이고 가뭄과 재해로 물 없는 사막이 되어 지구는 죽은 행성이 되고 말 것이다.

인류질서로 보더라도 자비와 사랑 은혜와 같이 사람을 기르고 살리는 힘(氣)은 위에서 아래로 내려 베푸는 것이지 아래서 위로 역류하는 것이 아니다.

문왕괘도를 상극괘도나 역천괘도라고 하는 뜻은, '수생목, 목생화, 화생토, 토생금, 금생수'를 상생이라 하는데 반해, '수극화, 목극금, 토극수, 화극금, 금극목'은 상극의 관계이므로 하도(河圖)는 오행이 순행(상생)하는 데 반해, 문왕괘도는 역행(상극)하기 때문에 '상극괘도'라 하고 하늘(乾天)과 땅(坤地)의 위치를 뒤집어 놓음으로써 비천한 땅이 위로 올라가 있고 존귀한 하늘은 아래로 내려와 있을 뿐 아니라 하늘과 땅이 마주보지 못하고 서로 빗겨 있어 통할 수 없게 되어 있다.

주역 본문에서 보는 바와 같이 문왕은 상제로부터 천명을 받지 못했으므로 하느님의 뜻을 어기고 쿠데타(하극상)를 일으켜 주인의 나라를 멸망시키고 천자의 위를 찬탈하였기 때문에 '역천괘도'를 사용한 뜻은 하느님을 옆으로 밀어붙여 하늘과 땅의 기운(천운)을 막아 통할 수 없게 한 후 자기 자신이 스스로 대리하나님 자리인 '東方震'의 자리에 앉아 세상을 다스리겠다는 뜻을 나타내고 있다.

　문왕과 융족은 본래 서토(西土 : 기산과 호경)에서 일어나 주나라를 건국했기 때문에, 본문에서 보듯 서쪽나라(兌方)라고 하였고, 은나라는 동쪽나라(震方)라 하였다. 은의 도읍지였던 박땅은 산동쪽에 있으니 東쪽나라이다.

　주역에서 '震, 雷'는 하늘(上帝)을 대리하여 세계를 다스리는 왕(천자)이기 때문에 하느님의 아들이라는 의미에서 '天子'라고 부르는 것이며, 이 천자는 지상에서 실제로 백성들을 천도와 천덕으로 기르고 양육하는 생사여탈권을 가진 대리하느님이다. 그래서 '震'의 자리는 천자요, 만민의 심전을 천도로 경작하는 것이며, 천도문명섭리의 수레를 끌고 가는 견우요, 대리하나님이요, 하늘나라의 청지기요, 맏아들의 명분으로 하느님의 장자 지위를 가지고 있다.

　서방의 '兌'는 소녀요, 동방의 '震'은 장남의 자리인데, 소녀가 장남의 자리(동방의 은나라 천자)와 천권을 탈취하고 자기가 '동방진'(견우, 대인, 천자)의 자리에 앉아 있는 것을 문왕괘도에서 볼 수 있다. 이것을 세계형으로 본다면 동북간방의 한국이 진정한 '震'이고 중국과 미국이 '兌方'에 해당한다. 후천시대에는 장남인 '震方'(한국)의 짝인 장녀(巽方)로서 중국은(미국과 함께) 한국을 그의 지아비로 받들고 섬겨야 한다고 문왕 자신이 본문에서 고백하고 있다.

　하늘은 땅과 부부를 이루어 천지교태를 해야 천하의 순기가 돌아 평화롭고 공평하고 싸움이나 죄악이 없는 상생의 세계가 되며 장남은 장녀와 중남은 중녀와 소남은 소녀와 짝을 이루는 것이 상생의도이다. 일부 선생의 정역(正易)도는, 상생도이기는 하나 위의 〈지천태괘〉에서 보듯 하늘과 땅이 뒤집혀 있어 천지교태가 일어날 수 없게 되었는데 이는 앞서 언급한 바와 같이 "하늘의 기운은 위로 올라가고 땅의 기운은 아래로 내려온다"고 하는 주역의 의도적인 역천원리의 터무니없는 설명을 따르고 있기 때문이다.

주역은 이처럼 문왕이 〈역천의 원리〉에 따라 하늘땅의 기를 막아 단절시켰으며 상생관계를 상극관계로 바꾸어 놓았기 때문에, 인륜관계도 막혀 단절되고 투쟁과 대립, 모순, 갈등을 일으키는 세상을 만들고 문왕이 서방세계의 야훼와 같이 죄악세상의 하나님자리에 앉아 세상을 지배해 온 역사가 선천시대였다.

《예기》〈교특생〉 편에 이르기를, "천지가 서로 교합한 뒤에야 만물이 나듯 '혼례는 만세의 시작' 이다."(天地合而後萬物興焉 夫昏禮萬世之始也)라 하였으며, 또 〈악기편19〉에, "하늘은 높고 땅은 낮으며, 만물은 그 사이에 산재해 있다"(天高地下 萬物散殊) 하였고, 또 "지기는 올라가고 천기는 내려와서 절마(깎고 다듬다)하고 감동(교합)하여 만물의 싹이 생긴다"(地氣上齊 天氣下降 陰陽相摩 天地相蕩)고 하였다.

또 〈악기편〉에서 공자가 빈모라는 악사와 대담하는 가운데 공자가 빈모에게 "주나라의 〈대무의악〉 음조 속에 주나라 무왕이 상나라(은)를 취하려는(빼앗으려는 욕심) 탐욕이 보임은 어째서냐 하니~ 빈모가 대답하기를, '이것은 무왕의 뜻이 황란(荒亂)했기 때문이다' 고 했다. 공자가 말하기를 '내가 이 일을 장홍에게 물었을 때도 그대의 말과 같았다.' 그것은 아마 사실인 듯하다"고 했는데, 여기서 '무왕의 뜻이 황란했다' 는 뜻은 천자가 되려면 상제의 천명(임명)을 받거나 제국전체 제후들로부터 추대를 받아야 하는 것이 천법인데 무왕(문왕의 아들)은 무력을 앞세워 제후들을 강제적으로 승복하게 함으로써 '천법을 어지럽혔다는 뜻' 이니 그것이 곧 '역천행위이다' 라는 사실에 대하여 공자도 인정했다는 말이다.

무왕의 생각이 황란했다는 뜻은 황당하고 어지러웠다는 뜻이니, 하늘의 질서와 법을 어지럽혔다는 것은 하늘의 법과 질서를 깨고 세계질서와 법을 제멋대로 세우고 지배했다는 의미이다.

이런 사실을 확인하고도 공자가 문왕과 무왕 및 주공(무왕 동생)을 성인으로 떠받드는 정신을 의심하지 않을 수 없다. 왜냐하면 공자는 은나라의 유민이기 때문에 자기 나라를 멸망시킨 그들을 더구나 신하가 그 임금을 배반하고 역성혁명을 했으니, 공자의 입장에서 보면 그들은 역적이요 원수다. 더구나 앞절에서 보듯 주나라 악관들까지도 그가 황란했다고 공인하는 자들을 성인이라니? 권력에 아부하고 시류에 편승하려는 소인배일지라도 이것은 너무한 일이 아닌가? 물론 몇천년이 지난 공자시대 역사를 되돌릴 수는 없는 일이니, 어쩔 수 없다고는 하나 그런 자들과 주나라 문화와 정치를 삼왕시대의 으뜸으로 치고 숭상한다고 한 공자는 도저히 납득할 수가 없는 일이다.

천도문명을 이루어야 할 문왕이 백성을 위한 어진 정치인 민본주의를 전제봉건주의로 바꾸어 백성을 억압하고 서로 감시하며 밀고하게 하는 등, 인간의 자유를 말살했는데도 그것이 어진 정치였다고 한 공자의 평을 보고 어떻게 그가 제정신을 가진 사람이라고 하겠는가? 그래서 그는 홍위군 부르조아 계급의 주구로 사인방으로부터 문화혁명의 심판을 받았으니 마땅히 하늘의 뜻이다.

문왕의 말처럼 후천시대에 진정한 세상의 주인(震八木帝)이 오면 다시 세계를 주인에게 돌려주고 자기네들은 청지기(신하) 자리로 돌아가 주인을 섬겨야 살아남을 수 있다고 한 것처럼 후천시대에는 巽方에 속한 유럽제국과 미국도 청지기요, 아내의 자리에서 남편인 진팔목제에게 순종하지 않을 때는 가차없이 하늘이 그들을 칠 것이며 坎方으로 후퇴하여 망하지 않는 나라가 없을 것이다.

그러한 사실도 모르고 약한 나라들을 괴롭히고 지금도 남편의 나라(한국)를 억압하고 있는 미국은 온 세계의 지탄과 원망이 사무쳐 하늘에 미치고 있으니 머지않아 자중지란으로 망하게 될 것이다.

선천에는 하늘이 그 문을 닫고 세상을 간섭하지 않는 때였지만 후천에는 하늘문이 열리고 하늘이 땅에 내려와 직접 섭리하고 세계를 다스리는 때이니 엄중하고 즉각적인 심판이 있으리라.

누가 소련이 그토록 빨리 무너지리라고 상상이나 했단 말인가. 하늘의 섭리는 이와 같으니 각 나라를 다스리는 지도자들은 이제 하늘의 뜻을 모르면 나라를 지켜낼 수 없는 때가 되었다.

第五章 문왕과 주공의 시(詩)로 본 주역

第五章 문왕과 주공의 시(詩)로 본 주역

《시경》(詩經)은 문왕으로부터 시작되어 서주와 동주시대는 물론이요, 한나라(漢)에 이르기까지 옛 한족(漢族) 조상의 위대함과 우월성을 추모하여 지어진 시 모음이다. 이러한 시들은 조정의 제사 때나 연회때 혹은 군대의 출정식 등에서 연주된 아악이다.

시경은 문왕 자신과 무왕의 아우 주공이 지은 것들과 그 시대 어진 신하들이 지은 것들을 묶어 〈소아(小雅)편〉과 〈대아편〉으로 나누는데, 이 곡들은 주로 궁중에서 연주된 궁악에 속하고 그 후대인들이 지은 시들은 일반인들도 연주하였다고 한다.

한편 중에서 열곡들을 모아 '습(什)'이라 부른다. 이처럼 시경의 많은 편들 중에서 문왕 자신이 지은 시와 주공에 의해서 지어졌거나 그 시대에 지어진 시 묶음인 소아와 대아에는 문왕시대의 배경과 정서, 그리고 문왕의 이상현실 역사와 문왕 자신의 경험과 그의 심정이 고스란히 녹아 배어 있다. 그러나 원래 '시(詩)'란 비유와 상징으로 지어진 문장이기 때문에 상징을 이해하지 못하면 시에 담긴 뜻을 이해할 수 없다. 그래서 시를 소개하고 그 밑에 상징언어에 대한 주(註)를 달아 이해를 돕고자 한다.

독자들은 이 시들을 통해 주역 본문에 나타난 문왕의 시대적 배경과 그 가계와 사상과 문왕의 심정 및 고조선 상제와의 관계, 왜 그가 천명을 거역하고 혁명을 했는가와 그는 무엇을 가지고 고뇌했는가 등의 사정을 통해 필자가 주역의 진실을 파헤쳐 고문으로 번역한 내용이 사실이고 진실한가를 비교 인식할 수 있을 것으로 믿는다.

소아, 녹명지습

천보(天保)

하늘이 뒤에서 받쳐주니 님의 자리 반석처럼 견고하네
님에게 두터운 은혜 베푸시니, 어느 복인들 아니 내리리
하늘의 복 갈수록 더해가니 어찌 그 부피 헤아릴 수 있으리요

하늘이 뒤에서 받쳐주니 님에게 크나큰 복 내렸네
상서롭지 않은 일 하나도 없어 하늘의 녹(복)을 모두 받으셨네
크나큰 복 님(문왕)에게 내리니 숱한 나날이 오히려 부족하네

하늘이 뒤에서 받쳐주니 님은 흥성하지 않음이 없네
뫼와 같고 언덕 같으며 작은 언덕, 큰 언덕 같으며
넘실넘실 흐르는 강물처럼 나날이 불어나는 복 한이 없구나

길일을 가려 정갈한 음식 차려놓고, 조상님께 정성껏 제사 지내리

봄, 여름, 가을, 겨울, 철따라 선왕께(문왕의 조상) 제사 지내니
'흠향하신 신께서 말씀하시기를' 그대에게 만수무강을 내리노라

극진한 정성에 '신께서(성신)하강하사' 님에게 무한한 복 내리는도다
순박한 님의 백성들 나날이 편하게 배불리 먹으니
넓고 넓은 천하의 온 백성들 모두가 님의 은덕이라 하네

달이 가득 차고 해가 하늘 높이 솟아오르듯
남산(주나라)의 무궁함같이 이지러지지도 무너지지도 않네
소나무 측백나무 무성하듯 님의 자손 길이 이어지리다

※ 신＝성신의 강림을 소망함. 달＝주나라의 시운. 해＝문왕이 해(신 : 대리하
나님으로)와 같이 만민을 비추어 살게 한다는 뜻. 남산＝문왕의 첫 조상이
살던 곳에서 남쪽으로 천도하였기 때문에 주나라를 남산에 비유한 말. 은나
라나 조선을 중심으로 보면 주나라는 서남쪽(兌方 : 소녀)이다. 소나무, 측
백나무＝문왕 즉 주나라에 충성하는 지조 있는 제후들을 상징함.
하늘이 뒤에서 받쳐주니＝문왕이 역천했기 때문에 하늘을 막아 은혜 내릴
수 없게 하였지만 하늘이 천명을 주고 은혜를 내린다고 백성이 믿게 호도하
고 있음. 님＝문왕과 무왕을 의미함. 그 후로는 모든 천자를 지칭해서 님이
라 부른다.

홍안지습(鴻鴈之什)

홍안

기러기떼, 퍼덕퍼덕 날개치며 날아가네

길을 떠난 사람은 들에서 고생하리
가엾은 백성, 생각하고 홀로된 이 동정하네

기러기떼 훨훨 날아 '못' 한가운데로 모여드네
그대들 성 쌓으니 길고 긴 성 지어졌네
비록 고생은 되었지만 편히 살 곳 마련했네

기러기떼 슬피 울며 날아가네
현명한 사람은 나의 고생 알아주지만
어리석은 사람은 나를 교만하다고 할 테지

※ 기러기떼＝문왕이 거사를 위해(혁명전쟁) 준비하여 주변의 융족집단을 동
맹군으로 불러모았을 때 많은 융족과 흉노족들이 모여왔다가 돌아가는 자
들도 있고 남아서 뜻을 같이하는 자들도 많았는데 그들이 모여오고 떠나고
함을 비유로 말한 것.
홀로된 이＝은나라의 동이족들(제후들) 중에서는 문왕의 거사를 지지하는
이들이 없었으므로 문왕은 외톨이가 된 것. 길고 긴 성-성은, 나라, 제국. 길
고 긴 성은 장구하게 이어질 제국을 의미함.
교만＝문왕은 혁명아 답게 자만심이 강했기 때문에 남들에게는 교만하게
비쳤을 것이다.

면수(沔水)

넘실넘실 흐르는 저 강물도 마침내는 바다로 모여들고
새매는 쏜살같이 빠르게 날다가 금세 나뭇가지에 앉네
슬프다. 내 형제와 나라안 백성과 친구들이여
아무도 세상의 어지러움 생각지 않네 부모 없는 이 없으련만

넘실넘실 저 강물은 세차게 흘러가고
새매는 쏜살같이 날다가 하늘높이 치솟아 오르네
어지러운 세상 생각에 자리에서 일어나 서성거려 보지만
내 마음 깊은 곳의 근심걱정은 잠시도 잊혀지지 않네

새매는 쏜살같이 날다가 저기 언덕 위로 가버렸네
세간에 떠도는 헛소문을 어찌 막으려 하지 않는가
나의 친구여 부디 몸을 삼가게나 중상하는 말 있을 것이니

※ 이 시야말로 문왕 자신의 시가 분명하다. 앞의 〈홍안〉과 이 〈면수〉에는 문왕
만이 느끼는 감정과 혁명대업을 눈앞에 두고 고뇌하는 심정이 그윽히 녹아
흐르기 때문이다.
넘실넘실 흐르는 강=세월의 비유, 바다=영원 속으로 돌아감.
새매=천자가 되고 제국을 이루겠다는 웅대한 꿈을 가진 문왕 자신을 상징.
하늘로 높이 치솟다=꿈과 이상을 향해 크게 웅비하고자 하는 욕구.
쏜살같이 날다=속히 그 꿈을 빨리 이루고 싶은 마음.
내 형제, 친구들, 백성들=문왕은 은나라 백성들과 같은 동이족이고, 모든
제후들은 형제이고 친구인 셈이다. 그러나 그들은 문왕의 쿠데타를 찬성 지
지하지 않았기 때문에 슬프다고 탄식하고, 그로 인해 천명도 받을 수 없게
되었음을 비탄해 함.
어지러운 세상=은나라 마지막 주(紂王)의 폭정으로 은제국의 운명이 풍전
등화와 같이 되어 세상의 인심과 윤리도덕 및 사회기강이 문란하여 도탄에
빠진 백성들은 아우성치는데, 나라에는 간신배들만 영화를 누리고 충신들
은 죽이거나 쫓겨나 극도로 혼란해진 세태를 의미함.
서성거리다=어떻게 하면 혁명의 꿈을 실현할 수 있을까를 고민하며 망설
이는 심정.
저 언덕=문왕이 그리는 이상향 제국의 꿈.
세간의 헛소문=문왕이 반역하여 제위를 찬탈하려고 한다는 말을 간신들이
주왕에게 고자질하였으므로 은왕이 문왕을 유리옥에 감금한 일도 있음.

나의 친구여＝이는 문왕 자신을 대상화하여 자기 자신에게 삼가고 조심할 것을 타이른 말.

백구(白駒)

희고 흰 망아지가 우리밭 새싹 뜯으면
발 묶고 고삐줄 조여 아침 내내 잡아두리
귀한 손님이여 여기서 더 놀다 가오

희고 흰 망아지가 우리밭 콩잎 먹으면
발 묶고 고삐줄 조여 저녁 내내 잡아두리
귀한 손님이여 제발 여기에 머무소서

희고 흰 망아지가 빠르게 달려오면
공작 후작 다 주어 기약없이 즐기게 하리
놀기를 삼가고 숨어 살 생각은 마오

희고 흰 망아지가 저기 깊은 골짜기에 있으니
꼴 한 단 먹이리 옥 같은 사람이여
금옥 같은 소식 주어 나를 멀리하지 마소서

※ 흰 망아지＝은나라는 白色을 숭상하였다. 은나라 天子는 곧 하늘나라의 밭을 가는 白牛(견우)다. 그러므로 은천자는 곧 흰 소인데, 망아지는 어린 소이니 이는 은나라 제후를 의미한다. 따라서 은나라의 제후중에서 문왕이 가장 흠모하던 친구 한 사람인 어느 제후가 자기의 뜻을 지지하고 동맹자가 되어 주기를 희망하는 뜻을 담고 있다.
우리 밭의 새싹 뜯으면＝흰 망아지(제후 : 친구)가 와서 주나라를 건국하는

일에 협력하고 그 녹을 먹게 되면 공작이든 후작이든 높은 벼슬과 녹(꼴)을 주어 후한 대접을 하겠다는 뜻.

발 묶고 고삐 조여 아침부터 저녁까지 잡아두리=아침은 주나라 창업의 때요 저녁은 주나라가 언젠가는 쇠망할 때까지 그의 공을 자손만대에 기리겠으니 떠나지 말고 나의 제국에 묶여 있으라(제후가 되어)는 뜻임.

귀한 손님=만약 제국을 이룬 후 떠나겠다면 후히 대접하여 보내 준다는 뜻에서 '손님'이라는 표현을 한 것.

저기 깊은 골짜기=망해 가는 은나라를 비유한 것. 패망하면 깊은 절망의 심연(골짜기)으로 떨어질 것.

옥 같은 소식 옥 같은 사람이여=옥을 최고의 보옥으로 아끼던 시대에 옥은 가장 친한 벗을 부르는 미칭이며, 장차 혁명의 날을 위해 은나라 조정이 극도로 문란하고 피폐해져 힘을 상실했을 때의 정황을 알려달라는 것.

문왕은 이처럼 같은 동이족으로부터는 지지를 받지 못했기 때문에 전전긍긍하였다.

황조(黃鳥)

꾀꼬리야 꾀꼬리야 닥나무에 모여 앉아 우리 조를 쪼지 마라
이 나라 사람들 너무나도 무정하니
내 고향으로 돌아가 일족과 함께 살고 싶은 마음 간절하구나

꾀꼬리야 꾀꼬리야 뽕나무에 모여앉아 우리 기장 쪼지 마라
이 나라 사람들 의지할 수 없으니
내 고향으로 돌아가 형님과 함께 살고 싶은 마음 간절하구나

꾀꼬리야 꾀꼬리야 상수리 나무에 모여앉아 우리 기장 쪼지 마라
이 나라 사람들과 함께 살 수 없으니
내 고향으로 돌아가 혈육과 함께 살고 싶은 마음 간절하다

※ 꾀꼬리=꾀꼬리라는 새는 남의 둥지에 알을 낳고 날아가 버리면 닥새나 뱁
새들이 자기 알인 줄 알고 품고 부화시키는데 꾀꼬리 새끼는 뱁새나 닥새
새끼보다 크고 힘이 세어서 다른 새끼들을 둥지에서 밀어내 버리고 저만 먹
이를 먹고 자라게 되면 부모는 아랑곳 없이 날아가 버리는 무정하고 염치없
는 새로 유명하여 간신배나 소인배를 상징한다.
은나라 조정에서 벼슬하고 있을 때 간신들이 문왕과 더불어 문왕의 백성(융
족)과 그의 수하에 있는 제후들(융족 제후)이 은제국과 천자를 배반하고 역
모할 것이라고 입을 모아 은천자에게 참소(쪼다)하였던 일.
내 고향=문왕 일족은 본래 동이족이나 시조(기 : 순임금의 신하 후직)인
기의 손자가 우임금의 후직 벼슬을 하다 우임금이 죽고 그 아들이 왕이 된
후 후직 벼슬을 버리고 도망하여 지금의 융족땅에 가서 자립하여 나라(소
국)를 세우고 은나라의 제후가 되었으며, 그 자손들은 계속 빈과 기산에 살
았기 때문에 서쪽 오랑캐의 땅(융땅)인 빈과 기산이 고향이고 그 곳이 주나
라 이후 한족(漢族=융족)의 발상지이다. 그 후 문왕은 벼슬을 내놓고 고향
으로 돌아가 서백(西伯 : 서쪽 지방의 제후들을 통괄하는 수장, 작호는 백
작임)으로 살았다.
이 나라 사람들=은나라 사람(백성)들, 동이족임.

사간(斯干)

골짜기 시냇물 맑게 흘러가고 남산(주나라)은 깊고 그윽한데
대나무 빽빽하게 우거진 듯 소나무 짙푸르게 무성한 듯
여기 형과 아우 서로서로 아끼고 위해주며
미워하고 시기하는 일 없다네

먼 조상(기 : 후직)의 유업(후직 : 견우의 꿈) 계승하여 고대광실 지
어놓았으니

서쪽문 남쪽문 모두 달렸다네
여기 함께 살면서 웃고 이야기하며 화목하게 지내리

담틀 차곡차곡 세워 올리고 흙 치는 절구질 소리 울리는구나
이로써 거센 비바람 막고 새와 쥐들을 피하리
군자가 사는 집 높고 크기도 하네

지붕새는 위엄 있고 당당하여 모서리는 화살같이 곧기도 하고
추녀는 새가 날개 펼친 듯하고 처마는 꿩이 날개치는 듯하니
군자가 높이 앉을 곳이라네

평평하고 넓은 뜰 높고 곧은 기둥들
바깥채는 밝고 훤하고 안채는 그윽하여
군자가 편히 거처할 곳이라네

왕골자리 대자리 겹쳐 깔고 나니 편한 잠자리
자다 깨어 일어나 꿈을 점쳐 본다. 좋은 점은 무엇인가
작은 곰 큰곰은 건장하고 씩씩한 아들 낳을 징조다

점장이 불러 해몽해 보니
작은 곰 큰곰은 건장하고 씩씩한 아들 낳을 징조다
살모사와 뱀은 아름다운 딸 낳을 징조라네

사내아이 낳으면 침상에(정침 : 궁점) 누이고
채색 옷(왕자복) 곱게 입혀 구슬 손에 들고 놀게 하리라
울음소리 우렁차고 붉은 쌍랑 눈부시니
집안 일으켜 군왕(천자) 되시리

149

後·天·大·易

 새 시대의 周易, 후천시대에 대한 하느님의 대 예언서

계집아이 태어나면 방바닥에 재우고
포대기 덮어서 실패 쥐어주고 놀게 하리라
좋은 것 나쁜 것 가리지 않고 술밥 짓기 익히게 하여
부모님 걱정이나 끼치지 않게 하리

골짜기의 시냇물 맑게 흐르고=문왕의 시조로부터 문왕에 이르기까지의 세
월 속에서 많은 조상들이 도의 밝고 맑은 정신과 혈통으로 흘러내려 왔다는
뜻.
남산은 깊고 그윽하다=문왕의 주나라와 그 가계의 도와 정신이 유현하다
는 뜻.
대나무, 소나무 푸르고 무성하다=송죽 같은 높고 푸른 절개와 이상을 가지
고 살아가는 형제와 집안의 혈족들이 번성하게 많고 가신들도 충성심과 지
조 있는 무리들이 많다는 뜻.
먼 조상의 유업 계승=문왕가계의 시조는 순임금 때와 우임금 때 후직(농림
부장관)의 벼슬을 하였다. 그러나 순임금으로부터 우임금이 나라(천자국)
를 선양받을 때, 우와 기(후직)는 라이벌로서 상당한 경쟁관계에 있었으므
로 우임금이 천자가 되고 나서 기(후직)를 융족의 땅인 서토로 유배시켰다
는 내용이 본문에 나타난다. 그렇지 않았다면 기와 같은 큰 인물을 유배지
인 서토로 보냈을 리가 없다. 문헌에는 기가 우임금을 섬겨 후직을 했다고
했으나 기의 아들이 그 부친의 직위를 세습한 것인 듯하다. 그러므로 그 손
자는 하나라에서 도망하여 서토로 왔다고 했는데(사기에) 도망할 이유가
없는 것이 우왕이 하나라를 건국할 때 기는 가장 현명하고 큰 덕을 가진 창
업공신이 되었을 것인데, 도망할 이유가 없기 때문이다. 이로 보건대 문왕
자신이 진술한 본문내용이 사실로서 기는 우와 라이벌 관계에 있었으므로
일찍이 기산으로 귀양보냈기 때문에 그곳에 뿌리를 박고 살면서 언젠가는
제국을 건설하겠다는 야망을 키우면서 그 정신을 후대에게 계승했던 것을
말한다. 그래서 문왕의 조부인 고공단보 때에 이르러 서토의 많은 제후들을
확보하고 전쟁에 쓸 많은 양식과 물자를 확보해 두었다고 한 데서도 충분히
그 조상들의 유업과 유훈이 무엇이었는지 그 본질을 파악할 수 있다.
고대광실 지어놓고=뒷구절에 흙담집을 짓기 위해 흙 다지는 절구소리가

울리는 것을 자랑스레 읊고 있는 것을 봐도 그것은 제국을 건설한 후 천자의 궁궐을 그렇게 짓겠다는 미래의 꿈을 말한 것임을 알 수 있다.

거센 비바람, 새와 쥐=변방오랑캐들의 침략.

군자=문왕은 항상 본문에서도 자신을 군자로 자칭하고 있다.

궁궐의 지음새와 새가 날개를 펼치듯=제국 건설의 이상의 날개를 펼쳐 봄

높이 앉으실 곳=제일 높은 지위가 천자의 지위이니 장차 천자가 되어 고대광실 같은 궁궐을 지어 살겠다는 꿈을 노래한 것

왕골자리, 대자리 겹쳐 깔고=그 당시 서토의 제후의 궁궐이라야 토굴(돌산을 파서 집으로 사용했음)에서 살거나 토담을 둘러치고 지붕을 덮고 왕골자리와 대자리를 깔고 지내는 정도였으니, 고대광실 궁궐은 천자만이 살 수 있는 집이었음을 충분히 알 수 있다.

사내아이 낳으면 채색옷 입혀=문왕대에 제국천자의 꿈을 이루지 못할 경우 아들을 통해 이루겠다는 소망이고, 채색옷은 때때옷 같은 여러 가지 색의 색동옷이 아니고, 흰 장옷이다. 왕자들이 입는 평상복인 듯. 또 '집(나라)안을 일으켜 군왕(천자) 되시리' 한 데서는 제국천자의 꿈이 나타나 있다. 당시의 제후들은 군왕이란 말을 사용할 수 없고 천자만이 쓰는 이름이다.

계집아이 태어나면 술밥 짓기와 실패 쥐어주어 놀게 한다=계집아이는 제후의 비로 밖에 시집갈 수 없으니 여자는 가사일인 실자아 베를 짜고 밥짓고 술 데워 어른들과 남편 봉양하는 일이나 가르친다는 뜻.

대아(大雅)

문왕지습

주렁주렁 이어진 크고 작은 오이들
주나라 백성이 처음 생활한 곳은 저 칠(칠수)의 물가였네

위대하신 고공단보 모시고 굴을 파고 살았으니
그 때는 집다운 집이 없었다네

그 공단보께서 이른 아침 말을 달려 서쪽으로 흐르는
물 기슭 따라서 기산 밑 기름진 땅에 이르시니
이곳에서 강녀(姜女 : 실제의 부인인 융족) 맞이하여
새 살림을 차리셨네

주나라 평야 기름져서 오두와 씀바귀도 엿처럼 달았네
예서 모여 의논하고 거북 태워 점쳐 보니
여기 머물러 살라 하여 궁실을 지으셨다네

이곳에 모여 집을 짓고 경계 긋고
땅을 나누어 도랑 파고 이랑 일구었으니
서에서 동쪽에 이르기까지 빠짐없이 일을 끝마쳤다네

사공(司工)을 부르고 사도(司徒)도 불러
큰 집을 짓게 하시니 먹줄 반듯하게 치고
새끼로 널 묶어 세우고 종묘를 장엄하게 지으셨네

들것에 푹푹 흙 퍼담아 판자 사이에 쏟아 채워 탕탕 다지고
울타리 바깥쪽 깎아 평평히 하여 백리에 담장 완성하니
오히려 격려의 북소리가 늦었다네

성 바깥 고문은 하늘을 찌를 듯 높이 솟아 있고
궁전 앞 옹문은 위엄이 넘치네
사단을 세우니 대군이 출진하는 곳이라네

새 시대의 周易, 후천시대에 대한 하느님의 대 예언서

오랑캐에 대한 노여움 끊지 못했으나 어진 소문은 끊이지 않네
떡갈나무 두릅나무 뽑아 먼 곳까지 통하도록 길을 트니
오랑캐들 두려워하며 숨이 턱에 닿아 달아났다네

우리나라에 예나라에서 재판 청해 오니 문왕께서 궐기하셨네
그러자 사람들 모두 왕을 따라 앞뒤에서 도와주고
천하의 여러 나라에 왕의 덕 전하며 우리를 능멸하는 외적 막아줬네

※ 〈대아〉는 문왕 자신이 쓰거나 문왕의 아들인 주공이 주로 쓴 것이다. 이때
의 궁실은 앞에서도 말한 바 있듯 바윗산 밑을 파서 지은 굴집이고 담은 두
꺼운 널빤지 두 쪽을 일정한 간격으로 벌려 그 속에 흙을 채우고 다져가며
높게 쌓는 토담이다. 지금도 그곳에는 굴집에서 살고 있는 사람이 많다.
여기에 나오는 고공단보는 대왕으로 받드는 문왕의 할아버지이다. 이때부
터 관제를 세우고 소국이나마 나라의 기틀이 잡혔다. 그러므로 고공단보 앞
대에 고대광실 같은 궁전을 지었다는 말은 후인들이 잘못 알았거나 자존심
을 세우기 위해 과장한 말이다.
기산땅은 한수(漢水), 여수, 영수, 강수 등 네강이 흐르는 곳으로 초나라의
북쪽이다. 그곳의 대표적인 강이 한수이므로 이곳 물가에 살던 융족(茙族)
을 후대에 와서 한족(漢族)이라고 한 것이다. 기산은 고공단보 전의 조상들
이 살았던 칠수에서 남쪽이므로 시경의 시를 주남(周南)이라고 부른다. 그
러나 은나라의 수도에서 보면 빈과 기 및 주제국(서주)의 수도인 호경은 은
의 서남쪽이므로 兌방인 것이다. 그런데 중국 학자들이 시경의 시를 가리켜
'남방의 시' 라고 말하는 것은 잘못이다.

역복

무성한 두릅나무 잘라 쌓아놓았네
위엄있는 왕이기에 좌우에서 모여들어 받드는 걸세

 새 시대의 周易, 후천시대에 대한 하느님의 대 예언서

위엄있는 왕을 좌우에서 반규들어 제사를 돕네
반규를 엄숙히 받드는 이 누군가. 정말 뛰어난 신하들이라네

경수에 두둥실 떠 있는 저 배(나라)엔 많은 사람이 있어 노를 젓네
주나라 임금 행차하시니 '육군이 뒤따르네'

밝게 빛나는 저 '은하수' 하늘에 아름다운 수를 놓았네
주왕께선 수(수명)를 누리시며 백성들을 교화(예도로)시켰네

새기고 쪼은 그 문채(문화를 뜻함)의 바탕은 금과 옥 같구나
백성 위해 힘쓰는 우리 임금 천하를 바르게 다스리네

※ 이 시는 무왕이 제국을 건설하고 나서 덕정을 노래한 시다. 육군(六軍)은
천자국만이 거느릴 수 있는 군대이다.
밝게 빛나는 저 은하수＝문왕의 뒤를 이어 견우로서 밝은 정치를 하고 아름
다운 문화(수)를 꽃피워 간다는 뜻.
무성한 두릅나무＝잡목, 오랑캐를 뜻함.

생민지습(生民之什)

맨 처음 백성을 낳으신 분은 고원씨(고신씨)의 후비인 강원(姜嫄：
융족)이라네
어떻게 낳으셨을까? 정성껏 제사를 드려(산제가 : 수도행)
아들 없는 재앙을 물리치시고 '상제의 엄지발가락 밟자'
'하늘'이 은총을 내려 잉태하니 더욱 삼가사

아이를 낳고 기르시니 그 분이 바로 시조이신 후직(기)이라네

이윽고 달이 차서 마치 새끼양을 낳듯 쉽게 낳으시니
찢어지고 갈라지는 일 없이 모체에는 상처 하나 없었네
이렇듯 영험을 나타내니 상제께서도 어찌 편치 않으시리요
정성어린 제사 어여삐 여겨 편안히 아들 낳게 하셨네

그 아이 거리에 버려두니 소와 양도 피해가고
평평한 숲 속에 버려두니 나무꾼이 보고 구해주었네
차디찬 어름 위에 버려두니 새들이 날개 펴 덮어주고
새가 날아가자 아이가 소리내어 우니
그 울음소리 길고 우렁차서 거리에까지 울렸네

엉금엉금 걸어다닐 때부터 남달리 영리하고 지혜 있으니
혼자서 음식 먹을 나이가 되자 밭에 콩을 심으셨다네
콩이 쑥쑥 잘 자라고 심어놓은 벼도 이삭이 패어 꽃이 피었고
삼과 보리도 무성하고 오이도 주렁주렁 열렸다네

후직께서 짓는 농사는 신령(상제)께서 도우셨네
무성하게 우거진 잡초 베어내고 여기에 좋은 종자 뿌리니
그 종자 싹이 터 곧 쑥쑥 잘자라고
알배고 이삭 패니 그 열매 알차고 맛도 좋았다네
고개숙인 이삭들 잘 여물어 태 땅에 집을 마련하셨네

좋은 종자를 가려 뿌리니
검은 기장 두알배기 기장 붉은 좁쌀 차조라네
검은 기장 두알배기 기장 널리 심었다가 추수 때면 거두어 날라오고

붉은 좁쌀 차조 심어 등에 지고 어깨에 메고 돌아와 제사지냈네
어떻게 제사를 지내셨을까? 방아 찧은 곡식 퍼 발로 부벼 키질하고
물에다 씻고 쌀 일어 이것을 펄펄 쪄서 익히시고
날 받아 몸과 마음 정결히 하였네

쑥을 기름과 함께 태워 제사지내고
수양잡아 길제사 정성스레 지내고
더러는 굽고 더러는 꿰어 구워 새해 맞이하였네,
나무 그릇에 김치 식혜 담고
질그릇엔 국담아 올리니
그 향기 하늘 높이 올라 상제께서 기꺼이 흠향하시네
그 향기 좋아,
후직께서 제사드린 그때부터 아무 허물없이 대대로 이어
오늘에 이른거라네

※ 상제의 엄지 발가락(단군왕검의 장자, 부루태자) 밟다=상제의 맏아들인
부루태자의 유전(遺典 : 발자취)을 따라 행하다. 천도와 천덕을 닦아 이루
다의 뜻.
새끼양 낳듯하다=빈 기의 땅은 사천(四川)성 물가와 서쪽 사막의 유목민
들의 땅이므로 목가적 표현을 썼음.
후직의 농사=하늘 농사의 상징, 즉 견우의 상징.
좋은 종자=천도를 받아 순종하고 익히는 백성.
잡초=천도문명을 받아들이지 않는 소인배들이나 흉노와 같은 야만들을 상
징.
태땅 - 기(후직)나 그의 손자가 처음 유배되어 살던 땅, 그 후 빈과 기산으
로 옮겨 주나라를(소국) 세운다.
펄펄 쪄서 익히다=자아라고 하는 낡고 굳은 허물을 익히고 굽고 쪄서 벗긴
다는 뜻의 비유.
길제사=고대인들은 행려(여행) 길을 떠날 때면 도신(道神 - 길신)에게 제

사를 드리고 길을 떠났는데 이는 '修道行'을 시작한다는 의미의 결심을 하늘에 고한다는 데서 유래한 것. 길신은 곧 도신(道神)이니 상제를 의미함.

쑥을 태우고 마늘을 익히다=쑥은 생으로 먹으면 쓰고 마늘은 생으로 먹으면 매워 고통스럽지만, 태워서 향을 피우면 향기가 좋고, 마늘은 익히면 매운맛이 사라지듯 곰과 호랑이에게 마늘과 쑥을 주고 사람이 되라고 한 것은 짐승의 야성(자아의 성찰)을 벗고 참사람이 되라는 비유이다.

김치, 식혜, 국 등도 삶고 익히고 숙성하므로써, 야성을 벗긴다는 의미이다. 그러므로 보통 '하늘이 만민을 낳았다'고 했을 때 '天生萬民'이라고 쓰는데, 중국식으로는 '天生烝民'이라고 한다. '증자'는 찔 증자이니 '찌다, 익히다, 태우다, 삶다'가 참사람 농사(창조)의 의미로 쓰인 글자들이다.

상제께서 흠향하다=제사를 드리는 것은 신이 강림하여 정성들인 음식을 흠향하시도록 하기 위함이다. 흠향을 다른 말로는 '응감(應感)하다'라고 한다. 이 또한 성신의 강림과 천지교태를 뜻하고, 음식은 정성으로 드리는 즉 삶고 찌고 익힌 참제물인 나(가짜 : 자아)를 벗기고 진실하고 순수한 제물(음식)인 순결하고 향기로운 나를 받아 응감하여 나와(음, 女) 성신(양 : 남편)이 부부일체가 되어 합궁(교태)함으로써 참나를 낳게 해달라는 의미이다. 그래서 몸과 마음을 씻고 정결케 한 후에야 제사를 드릴 수 있는 것이다.

새해를 맞이하다=참사람으로 태어난 새 세상을 맞이한다는 뜻.

※ 여기까지가 문왕의 가계와 견우에 대한 야심(제국천자가 되는)이 그 선조로부터 전해 내려온 유업임과 문왕이 쿠데타를 하기 전에 고뇌하며 준비하던 모습을 엿볼 수 있다.

상제의 섭리와 천명

생민지습 중의 〈판(板)〉

'상제께서 이제 상도에서 벗어나시니'

백성들 고생에 지쳐 '병들었네'
'하늘 말들'이 도를 벗어나 눈앞의 일에만 급급하네
제멋대로 성인의 말씀을 물리치니 참된 것 없네
먼 앞일 염려하지 못하니 그래서 크게 말하는 것이라네

'하늘이 어지러움을 내리시니'
어찌 그처럼 소인들 득의 양양할 수 있으랴
'하늘이 변동을 일으키시니' 어찌 그렇게 떠돌고 있을까
위에서 내리는 정령(政令)이 화평하면 백성들은 모여들고
위에서 내리는 정령이 즐거우면 백성들 저절로 안정된다네

내 직책 그대와 다르지만 다 같이 임금을 섬기는 신하라네
그러나 내가 좋은 계책을 말해도 귀기울여 들어주지 않네
내 말이 급하고 중대하니 그대들 비웃지 말아주오
지난날 어진 분들 말씀하시길 나무꾼에게도 물으라 했네

'하늘이 이 세상 해치려 하니' 어찌 소인들 희희낙락할 수 있으랴
늙은이가 진실로 하는 말을 젊은이들 교만하여 듣지 않네
내가 하는 말 망령되지 않은데도 그대들 희롱으로 삼을 뿐
이 불꽃 성하게 타오르면 그때는 구할 약도 없으리

하늘이(상제) 크게 노하시니 어찌 그대들 아첨만 일삼을 수 있으랴
조정이 위의와 빛을 잃고 착한 이들 팔짱만 끼고 있을 뿐이네
백성들 신음하며 울부짖건만 나에게 의논하려 하지 않고
이 어지러움 구할 길 없건만 조금도 돌보려 하지 않네

하늘이 백성을 이끄심은 질나팔과 대피리가 어울리듯

새 시대의 周易, 후천시대에 대한 하느님의 대 예언서

규옥과 장옥이 어울리듯 서로 믿고 끌어주어야 하는 것이라네
법을 무섭게 하지 않아도 백성들 쉽게 이끌 수 있으니
그릇된 일 백성을 탓하여 함부로 법을 세워선 안 되네

착하고 어진 이는 나라의 울타리요, 백성은 나라지킬 담장이라네
제후는 나라의 병풍이요, 친척은 나라의 줄기이니
임금이 덕 지니면 나라 편안하고 아들은 성벽이 되네
이 성벽 무너지지 않게 하여 홀로 두려움에 떨지 마오

하늘의 노여움 공경하여 함부로 희롱하여 즐기지 말고
하늘의 변동 공경하여 감히 방자하게 굴지 말라
하늘의 굽어보심 밝고 밝아 그대와 출입 같이하고
하늘의 굽어보심 해와 같아 그대의 노니는 것 빠뜨리지 않네

※ 하늘이 상도에서 먹어나다=하늘이 보우하던 은혜를 거두다. 사실은 위정
자들의 부덕과 실정으로 세태가 어지럽고 인심이 사나워져서 살기 힘든 세
상이 되었음을 하늘 탓으로 돌림.
하늘이 어지러움 내리시다=세상이 어지럽고 혼란스럽게 된 것을 하늘 탓
으로 돌림. 천명 즉 하늘이 보우하심은 그 임금과 신하들이 유덕하고 책임
을 다할 때이고, 천도를 따르지 않고 부덕할 땐 하늘(상제)이 천명(시운)을
거두는 것이므로 그 제국이 망하는 것이다. 이런 점을 '하늘의 변동' 이라고
했다. 또 '하늘이 세상을 해치려 한다' 라고도 말하는 것. 천도를 위배한 역
천자라도 인덕으로 백성을 위하는 선정을 한다면 하늘은 그를 보우하는 것
이 하늘의 도요, 덕이다.
망령되다=자기 자신만의 이익이나 쾌락, 만족, 탐욕을 위해서 사는 삶, 육
체적(자아를 위한 삶) 인생의 만족과 쾌락을 일삼는 삶.
이 불꽃 성하게 타오르면=백성들의 나라(임금과 신하들)에 대한 원망과
분노가 타올라 절정에 이르면 나라가 망한다는 뜻.
조정의 위의=나라를 믿고 따르는 백성에 대한 나라의 신의와 위엄, 권위이
다.

이 시는 서주가 멸망하기 전, 유왕의 부덕과 심정을 비판한 시로서 충신이던 범백이란 사람이 지은 시라고 한다. 여기서 유의해야 할 점은 그 시대에는 '하늘' 즉 상제가 세계와 역사를 섭리하시고 계시다는 믿음과 상제로부터 천명(보우와 시문)을 잃게 되면 제국이 망한다고 하는 일반화 된 믿음이 모든 사람의 의식을 지배하고 있었으므로 상제를 '두려워하고'(경천심) 경외하며 하늘의 도에 순종(자연의 섭리 : 천도에 순응하는 것을 순천이라고 함)하고 '하늘에 제사' 지내고 천도를 몸에 익히므로써 영혼(참자기)을 멸망으로 인도하는 자아의 탐욕(이기심, 사욕)을 경계하고 참사람이 되는 것을 인간의 궁극적 생의 목표로 삼았다는 사실이다. 이처럼 '상제의 존재'는 인간의 의식 중심을 이루고 있었기 때문에 그의 대리자인 천자(견우)를 부모처럼 존중하고 순종할 수 있었던 것이다.

그러므로 세계와 사회 및 인간의 정신질서까지 그 축을 잡아주는 존재가 상제였으므로 상제는 모든 하늘 땅 사람의 질서의 축이고 근본이었는데, 상제에 대한 믿음을 점차적으로 상실하면서부터 제국(힘과 정신의 축)의 위의가 무너지고 오직 '약육강식과 적자생존의 법칙'이 세계와 인간정신을 지배하는 야만성(동물성)으로 퇴보하면서 혼란(무질서)한 춘추전국시로 변모하게 된다. 이처럼 상제와 천도를 상실한 세계는 삭막한 황무지에 야수들만 우글거리는 세상으로 바뀌게 된다는 것이다. 세계와 사회 및 인간정신을 지배해야 할 정신축을 상실한 현대 역시 힘과(권력, 재력, 군사력) 악한 궤괘(꾀, 권모술수)가 지배하는 시대이니 이렇게 세상이 혼란스럽고 무질서, 부도덕, 비윤리적인 것이 당연하다.

後·天·大·易

탕지습(蕩之什)

탕(蕩)

광대한 덕을 지닌 상제께서는 하늘 아래 '만백성의 임금'이시거늘
어찌 포악하게 굴어 내리시는 명령에 사악함이 이리도 많을까

하늘이 백성을 낳으셨지만(天生烝民) 명하심을 믿지 않고
시작은 있으나 끝맺음이 어찌하여 좋지 않을까

'일찍이 문왕께서 이르시기를' 아 — 아 — 그대 은나라여!
어찌 이렇게 포악하여 신하들이 벼슬자리에 올라 취렴을 일삼고
그런 자들이 어찌 정사를 맡아 나라를 다스리고 있는가
하늘은(천자) 악덕을 내리고 그대들은 그것을 돕고 있구나

'일찍이 문왕께서 이르시기를' 아 — 아 — 그대 은나라여!
마땅히 착한 사람 써야 하거늘 포악한 자들 썼으니 원망이 많고
터무니 없는 말만 하니 도둑들 안에 들어와
서로 미워하고 저주하여 그 어지러움 그칠 날 없는 걸세

'일찍이 문왕께서 이르시기를' 아 — 아 — 그대 은나라여!
나라 안에 자만하여 활개치는 자 많으니 원망을 사는 걸세
그대의 덕 밝지 못하니 등 뒤에도 옆에도 참된 신하 없고
그대의 덕 밝지 않으니 따르는 경사(京師)가 하나도 없네

'일찍이 문왕께서 이르시기를' 아 — 아 — 그대 은나라여!
하늘이(상제) 그대에게 술에 빠지라 하지 않았거늘 불의만 행하고
이미 임금의 빛을 잃어 밤낮 없이 그 모양이라네
밤낮 없이 외치고 소리지르고 지내니 한심하구나

'일찍이 문왕께서 이르시기를' 아 — 아 — 그대 은나라여!
쓰르라미 매미같이 솥에 끓는 국 같은 백성의 원성 높아
늙은이도 젊은이도 쓰러지거늘 그 행실을 고치지 않네
백성의 노여움 나라 안에 가득차 멀리 오랑캐에게까지 미치네

새 시대의 周易, 후천시대에 대한 하느님의 대 예언서

'일찍이 문왕께서 이르시기를' 아 — 아 — 그대 은나라여!
하늘이 옳지 않은 것이 아니라
그대가 옛 법도(천도)를 쓰지 않기 때문일세
어질고 사리 밝은 늙은 신하 없어도 옛날의 법도는 있을 것인 즉
그것을 물리쳤으니 이에 '천명'을 잃고 기울어지는 걸세

'일찍이 문왕께서 이르시기를' 아 — 아 — 그대 은나라여!
세상에 흔히 하는 말 있으니 나무가 쓰러져 뿌리가 드러나면
가지와 잎은 아직 상하지 않았어도 뿌리는 이미 말라 썩고 있다네
은나라 거울(교훈) 멀리 있지 않고 하나라 거울도 비춰봐 주오

後
·
天
·
大
·
易

※ 상제는 만백성의 임금이다=조선상제가 하늘 아래 만민의 임금이시고 천자를 동서에 세워 천하를 다스리는 하느님이기 때문에 고대의 천자들은 조선상제에게 추천되고 천명을 받기 위해 천도와 천덕을 닦았다. 문왕의 가장 큰 고뇌는 어떻게 하면 조선상제로부터 천명을 받고 천자가 될 수 있을까 하는 것이었으며, 실덕함으로써 천명을 잃을 것을(후손들에게) 염려하고 심혈을 기울여 당부하고 있다.
이 시의 주제 역시 은나라 천자(마지막 주왕)가 실덕하고 천명을 거스림으로써 천운이 끝나 멸망하였고, 하나라도 역시 마지막 걸왕이 천도를 잃고 포악했으므로 은의 시조 탕왕(성탕)에게 멸망했던 것이니, 하늘(상제)에 순종하고 상제를 경외하여 천덕을 베풀어 망하는 일이 없게 하라고 후손들에게 당부하는 것이다.

억(抑)

그 몸에 신중한 위의 있음은 올바른 덕 지녔음을 나타내는 걸세
…중략…

사람 된 도리를 다하는 사람이라야
사방의 만백성이 우러러 본받으며
올바른 덕망으로 행하는 일엔 온 천하가 모두 따르리
크나큰 모략으로 정령(왕명)을 행하고 먼 앞을 내다보고 분부하며
일신의 위의를 삼간다면 백성들의 본보기 된다네

그대 비록 향락에 빠져 조상의 업 계승한 일 잊었단 말인가
선왕의 숭고한 덕 널리 구하여 밝은 법을 펴야만 하리
…중략…

'그대의 수레와 말' 정비하고 '활과 화살', 방패, 창 준비하고
싸움에 대비하여 오랑캐 멀리 쫓아 버려야 하네
…중략…

행여 자신의 허물 있는지 되돌아보고 마음에 부끄러움 있는지 살펴
어두운 곳이나 방에 홀로 있을 때 자기를 살펴
보는 이 없다고 하지 말라
상제는 언제나 어느 곳에나 안 계신 곳이 없다네
…중략…

아 — 아 — 젊은이(후손)이여, '선왕의 법도' (천도) 일러주리니
내 말의 참뜻 이해한다면 뒷날 크게 후회할 일 없으리
'이제 하늘이 큰 재앙 내려 이 나라 망하게 하려 한다네'
먼 비유 들지 않더라도 '천도'는 어긋남이 없는 것이니
어찌 그 덕 그릇되게 하여 이토록 백성을 위태롭게 하는가

상유(桑柔)

울창하게 우거진 부드러운 뽕나무 그 그늘 넓어 시원하더니
한 잎 두 잎 떨어진 지금은 백성들 쉴 그늘이 없구나
마음의 시름 그칠 날 없고 슬픔에 이 가슴만 아파오네
밝은 저 하늘은 어찌 이 몸 가엽게 여기지 않으시는가

네 필의 수말 씩씩하게 달리고 주작기 현무기 휘날리는데
난리가 일어나도 평정되지 않고 나라안은 어지럽지 않은 곳이 없네
살아남은 백성들 많지 않고 나라안은 어지럽지 않은 곳이 없네
아 ― 아 ― 슬프다. 이제는 국운마저 위태롭구나

국운 돌이킬 방책 없고 '하늘마저 우리를 돌보지 않네'
있을래야 있을 곳도 없고 떠난다 해도 어디로 간단 말인가
백성 위하는 군자는 다툴 마음 없는데
누가 이 재앙의 씨를 뿌려 지금 이 백성을 괴롭히는가

좋지 못한 때에 태어나 '하늘의 큰 노여움 만났네'
'서(서주)에서 동(동주)으로 갔건만' 몸담고 의지할 곳 없으니
…중략…

백성에게 마음쓰고 싶어도 이미 때는 늦었다고 탄식만 하네
하늘이 상란(나라를 상하게 하는 난)을 내리사
우리가 받드는 임금을 멸하네
수많은 해충(간신, 소인배들)을 내리사 우리 곡식(백성)을 해쳤네
슬프다. 이 나라 곳곳마다 황폐하지 않은 곳 없으니
…중략…

새 시대의 周易, 후천시대에 대한 하느님의 대 예언서

어찌 어진 사람 구해 쓰지 않고 구하려고도 하지 않는가
빠르고 사나운 바람이 큰 골짜기(제국)에 불어오네
무도하기 그지 없는 저 사람들은 어두운 일만 골라서 하니
빠르고 사나운 바람같이(동풍) 탐욕스런 사람들 친구까지 해치네
…중략…

백성이 망극한 일 당하는 것은 윗사람들이 도리를 등지고 있어
백성이 간사하게 변하는 것도 서로 다투어 도리를 떠나기 때문일세
백성이 안정을 잃는 것은 윗사람들의 도적질 때문이라네
내가 알 바 아니라 하겠지만 이미 그대 위해 이 노래 지었다네

운한(雲漢)

아득히 바라보이는 '저 은하수' 하늘을 환히 비추는데
왕께서 탄식하길 아 — 아 — 이 백성에게 무슨 죄가 있다고
'하늘이 재앙을 내리사'
가뭄이(은혜가 내리지 않음) 거듭 들게 하시는가
모든 신에게 제사를 드리고 제물도 아끼지 않았는데
…중략…

하늘과 땅에 예물을 바치고 섬기지 않은 신이 없었는데
후직(주의 조상 기)도 구원의 손길 미치지 못하고
'상제께서도 보살피지 않네'
온 천하 멸망케 하는 이 재앙이 어찌 내 몸에 닥쳤단 말인가
주나라 백성 거의 살아남은 자 없는데
…중략…

'천명이 바뀌려는 징후인지' 믿고 의지할 곳이 없네
옛적 어진 이들의 신령이야 우리를 돕지 않는다 해도
어찌 부모와 조상의 신령마저 이 몸 버리시나이까
'높은 하늘에 계신 상제께선' 어찌하여 이 몸 괴롭히시나이까

'천명이 바뀔 징조 보이지만' 부디 조상의 공로 버리지 마오
나를 위해 구하는 게 아니라 오직 백성을 편안케 하기 위함이라네
저 넓은 하늘 우러러 보니 언제나 그 편한 날 내리시려는가

※ 서주가 망하기 직전 여왕과 유왕(주왕조 11대 임금 : BC 660 년경)을 비
난하고, 주나라(문왕)가 천명(견우의 사명)을 받은 시운이 끝나고 있음을
탄식하고 있다. 서주가 BC 660년경에 멸망하고, 평왕이 동도인 낙읍으로
천도했으나 제국은 사실상 무너졌고, 주나라는 일개 제후보다 못한 처지가
되어 이름만 천자일 뿐 제국(중원)은 패자들에 의해 지배되는 허수아비 왕
이 되고 말았으므로 문왕이 세운 주나라는 서주로서 멸망한 것이니 BC
1110년경에 일어나 불과 450년 정도의 수명을 누린 셈이다.

증민(烝民)

'하늘이 천하 만백성을 낳으시고' 만물(만사)의 법칙을 정하셨네
백성은 타고난 성을 따라 아름다운 덕(천덕)을 사모하네
하늘이 주나라를 굽어 살피사
밝은 천자를 도울 중산보를 낳으셨네

중산보의 덕은 부드럽고 아름다워 법도에 맞네
그 용모 위의가 있고 그 마음은 공손하다네
'옛 성왕의 가르침을 본받아' 예의 갖추기에 힘쓰니

천자를 받들어 그 밝은 명 천하에 널리 펴네

왕께서 중산보에게 명하여 모든 제후들의 본이 되게 하고
조상의 업을 계승하여 왕을 보호하게 하셨네
왕명 받들어 펼 때면 왕의 목과 혀와 같고
왕의 명을 밖으로 반포하면 천하에 두루 행해지네
…중략…

덕이란 가벼운 새털과 같으나 능히 들어올릴 사람 드물고
내 이름 생각해 보건대 오직 아무 도움 없이
중산보는 들었다네
천자의 정사에 결함있다면 중산보가 이를 도우리
…하략…

※ 하늘(상제)이 만민을 낳으시고=하늘이 낳으셨다는 뜻은 한문에서 보듯,
   익히고 쪄서 거짓 껍질(자아)을 벗기고 속사람(참자기)을 낳으셨다는 참사
   람 농사를 의미한다.
   만물의 법칙=천도의 법칙, 농사의 법칙, 수도의 법칙

신공지습(臣工之什)

신공(臣工)

아 — 아 군신 백관들이여 그대들 말은 공무를 신중히 하라
그대들 이룬 공적 왕이 보리니 여기에 이르셔서 헤아려 보리라

 새 시대의 **周易**, 후천시대에 대한 하느님의 대 예언서

아 — 아 보개여! 바야흐로 이 봄도 저물어가니
'농사일 말고 무엇을 하리요' 새 밭과 묵은 밭 형편 살피니

아 — 아 아름다운 밀과 보리여 하늘의 밝은 은혜 받았도다
'상제께서 굽어 살펴 주시니' 해마다 큰 풍년이 드는도다
우리 백성들에게 분부하여 가래와 호미 갖추게 할지니
머지 않아 낫으로 베어 거둘 날 오리라

※ 그대들(백관) 맡은 공무=백성들의 마음 밭을 갈고 씨를 뿌리고 가꾸고 기
르는 사람 농사를 상징.
농사일 말고 무엇을 하리요=군신과 백관의 일은 사람 농사하는 견우와 곁
마로서 백성을 기르는 일.
새밭=융족 같은 문화에 때묻지 않은 순수한 마음밭.
묵은밭=이미 은나라의 타락한 문화에 길들여진 마음밭.
밀과 보리=천도를 씨로 뿌려 가꾸어 나가는 백성, 그래서 하늘(상제)의 은
혜(은택, 천덕)를 받았다고 말하고 있다. 또 이어 상제께서 굽어 살펴주시
는 선민이란 뜻.
풍년=문도문명의 결실이 풍성하게 이루어진다는 뜻.
가래와 호미=자기의 몸과 마음을 수양하고 수도하기 위해 천도의 법전과
예도를 배우는 것.
거두는 때=사람 농사가 잘 되어 군자와 같은 인품을 이루게 되면 나라의
일꾼으로 쓴다는 뜻.
※ 이러한 형식의 시들은 천도문명을 이루기 위해 견우와 그의 보조사역자(곁말
: 신하)들이 하늘농사를 하는 섭리가 곧 정치목적임을 형상화한 노래이다.

회희(噫嘻)

아아 거룩하신 성왕이시여, 그 빛이 천하에 널리 퍼지네

後 · 天 · 大 · 易

이제 친히 농부들(신하와 제후)을 거느리시고 온갖 곡식 씨를 뿌리니
그대들 부지런히 '밭을 갈아' 삼십리 넓은 땅의 일 끝마치려고
짝지어 사이 좋게 밭일 하나니 짝지은 밭갈이꾼 천만이나 되네

유고(有瞽)

앞 못보는 소경악사들 주나라 종묘 뜰에 앉아
종과 경틀 세우고 숭아엔 오색 깃털 달고
크고 작은 북 현고 내다 걸어놓고
도, 경, 축, 어 매달고
모두 갖추어 풍악 울리니 퉁소와 저의 소리 잘도 어울리네
아름다운 풍악소리 엄숙하게 조화되어 울려 퍼지니
조상의 신령들이시여 귀 기울여 들으시고(강림하여)
우리 손님들(제후들)도 오셔서 주악 그칠 때까지 들어주소서

※ 음악제를 올리는 뜻, 강신을 비는 뜻, 천지교태의 의미를 형상화한 것임.

재견(載見)

처음 임금님 뵈옵고 그 분의 법도(천도, 예도) 가르침 받으려 하네
청룡기 찬란하고 수레와 깃대의 방울소리 영롱한데
가죽 고삐 장식한 황금고리 울리니 금빛 찬란하여 눈이 부시네
제후들을 거느리고 참묘하여 효심으로 제사지내고
'장수 내리시길 기원하며 이 길 길이 보전하리라' 다짐하네
크고 많은 복 내리시고 공과 문덕 있는 제후들에게 많은 복 내리사

169

後·天·大·易

그 자손들도 이 업(천업)과 큰 복 이어가게 하소서

유객(有客)

반가운 손님(성신강림) 오셨는데 타고 온 말이 희기도 하네
갖추신 그 위의 의젓하고 일행들(성신을 모신 사자들)
모두 옥처럼 티가 없네
손님이여 오래오래 묵다 가소서 하루 묵고 또 묵고 묵어 가소서
자 — 어서 말고삐 줄여 움직이지 못하게 묶어두고
손님께서 떠나시면 쫓아가 전송하며 온갖 대접 다하여
편히 가시게 하리
'크나큰 덕 지니신 분이니 내리시는 복도 크시리' (복을 내리는 분이
니 상제시다)

방락(訪落)

정사를 처음 꾀함에 선왕들의 뒤를 좇으려 하나
아아 참으로 아득하여 아직 미치지 못하네
나아가 힘쓰고 있지만 '그 도(道)를 잇기엔 너무나 광대하여'
아직 나이 젊은 이 몸은 나라일 감당하기 어렵구나
'신령이 이 뜰(종묘)을 오르 내리시며(강림) 이 집에 내려'
도움 주시고(교태)
아아 — 거룩한 부왕께서도 이 몸 밝게 지켜 주소서

경지(敬之)

'삼가 공경할지어다. 하늘(상제)은' 밝고 밝으며
천명을 받들기 어렵고,
'상제께서 높은 데에만 계시다고 말하지 말라'
'일이 생길 때마다 내려오셔서' (강림) 나날이 살펴주고 계신다네
이 몸 아직 미흡하여(상제께) 공경을 다하지 못하나
날로 익히고 달마다 나아가 배워
얻은 덕으로(천덕) 세상 밝게 비추리
군신들은 무거운 임무(견우) 맡은 날 도와
그 밝고 어진덕행 밝히게 하라

재삼(載芟)

풀(잡초 : 악성) 베고 나무(잡목) 뿌리(탐욕) 뽑아
'밭 갈아 일구었네'
많은 사람들 짝지어 새로 일군 밭, 묵은 밭에 김매러 가네(수도)
주인과 맏아들과 중숙과 숱한 자제들
일손 도우러 온 사람들 모여 즐겁게들 점심 먹는데
어여쁜 며느리(제후들) 기쁘게 시중드네

씩씩한 젊은이들 믿음직스럽고 저마다 보습 들고 '남쪽밭 일구네'
'온갖 곡식(만백성) 씨뿌리면' 싹이 나오고,
넓은 땅 쑥쑥 자라 소담스럽고
가지런한(질서 있는 모습) 그 싹들 다칠세라 잡초 뽑아주네
많은 일꾼 나서서 추수하니 높게 쌓아 올린 노적가리 헤아릴 수 없네

이제 술(선한 행실, 덕) 빚고 단술 만들어 삼가 조상의 사당에 바치리

온갖 예의 갖춘 음식, 향기로운 그 냄새 번져가듯이
이 나라의 영광, 더욱 빛나고
향기로운 그 냄새 속에 장수(신선)의 큰 복 서려 있네
올해에만 이런 것 아니니
예부터 해마다 이렇게 해 내려 왔다네

노송(魯頌), 경지습(駉之什)

비궁(閟宮)

비궁은 청결하고 고요하며 견고하고 아름답도다
찬란히 빛나는 강원(기의 모친)께서는 그 덕에 조금도 티가 없어
'상제께서 그 몸에 영험을 내리사' 사소한 재앙도 당한 일 없네
잉태하여 열달이 차니 시조 후직을 낳으시고
온갖 복 내리시니 메기장과 차기장에 이른 곡식 늦은 곡식
이르고 늦게 심은 콩과 보리 온누리에 널리 덮게 하여(만민을 얻음)
'백성들에게 농사짓게 하시니' 메기장 차기장
벼와 검은 기장 있게 되어, 온누리 다스리니
우임금의 큰 업적 계승하였네

거룩하신 후직의 자손 우리 주나라의 태왕(고공단보)이시네
기산 남쪽 계실 때부터 '은나라 멸할 징후 찾으시더니'

문왕과 무왕에 이르러 태왕의 유업이으사

'은나라에 하늘이 내리시는 벌' 을 옥야에서 대신 행하셨네

의심하지 말고 근심하지 말라, '상제께서 그 위에 임하셨도다'

×   ×

쌍용기 세워 놓고 제사(종묘 : 나라) 이으시니,

여섯줄 말고삐 찬란하고(견우의 수레)

봄 가을 게을리 함이 없이 '상제께 제사 받드니'

거룩하고 거룩하신 상제와 빛나는 조상 후직 모시고

붉은 소 잡아 제물로 바치나니 신령께서는 기꺼이 받으시어

×   ×

※ 노나라는 무왕의 동생인 주공이 받은 영지이며 그의 후손들이 공작의 벼슬
을 세습하여 다스린 나라로 주공(시조)을 제사하면서 읊은 시이다.

상송(商頌)

이 시들은 은나라를 건설한 탕왕의 시대를 칭송한 시들로서 주나라
시보다 더욱 짜임새 있고 세련된 아름다움이 있다. 그것은 주나라는 은
나라의 앞선 문화를 배우고 수입하였기 때문이다.

은나라 시조는 순임금 때 유명한 신하였던 설(契)이다. 설로부터 14
대손이 하나라를 멸망시키고 상나라를 건설한 탕왕(湯王 : 성탕임금)이
다. 하나라 이전의 요와 순의 나라는 천자의 나라로서 상제로부터 천명
을 받고 천자(견우)로 임명된 나라였으므로 그들은 모두 동이의 방계인
소전(少典)의 무리이다.

나(那)

아 ─ 아 아름다워라 나의 도고(북) 늘어놓고
북을 둥둥 울리니 우리의 공 있는 조상도 즐거워 하시리
탕의 후손이 풍악을 아뢰니 내 뜻 평안히 이루게 하소서
도고 소리 둥둥 울리고 피리소리 화락하게 어우러지니
그 소리 평화롭고 경소리 또한 잘 어울리네

아아 ─ 빛나는 '탕왕의 후손이여', 아름답도다 풍류의 소리(풍류도)
쇠북소리 큰북소리 울려 퍼지니 방패 들고 춤을 추네
제사 도우러 온 손님들도 진심으로 즐거워 하네
아득하게 멀고 먼 옛날부터 조상님이 정하신 법을 따라
아침 저녁 변함 없이 '(상제를) 공경하고 삼가며 받들어 섬기나니'
우리 제사 받으소서 창의 자손이 삼가 드리나이다

열조(烈祖)

아 ─ 아 탕왕께서는 언제나 변함 없이(하늘이) 큰복 내리사
거듭, 다함이 없이 님(탕 : 임금들)에게 내리시네
맑고 맑은 이 술(정성) 바치오니 우리에게(하늘의 뜻) 복되게 이루옵
소서
고깃국은 제맛이 나고 경건한 마음으로 모두 모여서
제물(수도행) 올릴 때 말이나 떠드는 일 없으니
이 몸에 오랜 수명(신선되게) 내리사 끝없도록 해주셔서
'가죽 감은 속바퀴(사람의 정신)에 무늬새긴 재갈 (천도문명으로 길
들인 마음), 여덟개 방울(팔괘) 딸랑거리고

제후들이 이르러 제사지내니, '받으신 천명' 넓고 커서
하늘에서 큰 복 내리사 오곡(만백성)도 풍성하도다
'신령(성령)이여 강림하사' 흠향하시고 끝없이 큰 복 내리소서(천지
교태)
우리가 드리는 제사(정성) 받으시니 탕왕의 자손이 제물 바치나이다

현조(玄鳥)

하늘이 제비에게 명하여 상나라 조상 낳게 하시고
끝없이 넓은 은 땅에 살게 하셨네, 상제께서 무위 갖춘 탕왕에게
천하(하나라)를 바로 잡게(정벌) 하시고,
사방의 제후들에게 명하시어
구주(九州)를 차지하게 하시니, 대대로 은나라 선왕들께선
받자온 천명 굳게 지키사 무정의 자손까지 이르렀네

거룩하신 무정의 자손, 무위를 갖춘 왕의 뒤를 이으니
'청룡기(청룡 : 천제) 휘날리며 열나라 제후들 기장쌀 받들고 와 제
사를 돕네'
이 나라 천리 넓은 땅 백성들이 사는 곳
사해로 경계를 넓히사 사해 모두 조공을 바치네
조공하러 오는 제후들 끊이지 않고, 이 대국의 경계는 바로 황하라
천명을 바르게 받들었으니 온갖 복록 누리심이 마땅하네

장발(長發)

슬기롭고 깊으셔라 상의 덕이여,
이미 오래 전에 그 조짐 있었네(천명을 받을 조짐)
천지가 홍수(악이 홍수처럼 세상에 넘치다는 뜻)로 망망할 때
우임금(하나라)이 천하를 잘 다스려
여러 대국(제후국) 경계를 정하시고 국토를 크게 넓혔거늘
그때, 유웅씨 나라 번창하여, '상제께서 상나라 조상 낳게 하셨네'

상의 시조 설왕은 용맹스러워 작은 나라도 잘 다스리고
'큰 나라 맡아도(상제의 임명) 잘 다스렸네'
예의 어기는 일 없었으니 모든 분부 잘 행하였네
그 손자 상토도 공적이 빛나 사해 밖 모든 나라 무릎 꿇게 하셨네

천명은 추호도 어김이 없어
탕왕에 이르러 왕업(제국천자) 성취하게 하시니
탕왕은 알맞은 때에 태어나시어 공경과 성덕이 해돋듯하사
그 덕 하늘에 사무쳐 그침이 없어 '상제께서 미덥게 여기시고
천하에 널리 법(천도)을 펴게 하셨네'

작은 구슬 큰 구슬(천도의 지혜와 덕) 함께 받으사
'모든 백성의 본보기 되시고'
하늘이 내리시는 큰 복 누리셨네
늦지도 서둘지도 강하지도 유하지도 않으셔서(中庸心)
그 정사 너그럽게 펴시니 온갖 복록 한 몸에 모였네

용맹한 무왕께서 깃대 세우고(천도문명의 기치)

손에 도끼(대리하느님 : 천권의 상징)를 잡으시고
그 위무 타오르는 불꽃같아 감히 아무도 막지 못했네
걸왕(하나라 마지막 왕)과 한패 되기를 도모했던 세 나라는
이러지도 저러지도 못하고 천하 모든 나라 은나라에 복종하니
위나라와 고나라를 치시고 곤오와 '하나라 걸왕을 치셨네'
그 중엽에 이르러 두렵고 위태로운 시기 있었으나
'신실한 천제께서' 훌륭한 인재를 내려 주셨네
그가 곧 아형 이윤이니 상왕(탕)도와 나라를 바로 잡았네.

※ 위 시의 내용들에서 보는 바와 같이 하나라(우임금)를 건설한 우임금 때에
도 조선상제로부터 천명을 받고 건국하여 천자(경우)가 되어 백성을 길렀
고, 상나라(은제국)를 건설한 성탕(成湯)임금도 천명을 받고 타락한 하나라
걸왕을 정벌한 후 제국을 건설하고 천자가 되어 천도문명의 기치를 내걸고
'만민의 본보기'(천도를 이루고 참사람의 예비적 단계의 본이 된)로 나타나
만민의 심전을 경작하는 농사를 하였던 것이다. 문왕은 이러한 천명을 조선
상제로부터 받지 못하면 제국의 천자가 될 수 없음을 너무도 잘 알기 때문
에 그 조상때부터 천도를 닦아 덕을 세우고 '만민의 본'이 되려고 노력해
왔다.

그러나 문왕은 끝내 천명을 받지 못했으므로 그들의 시에서 보듯 〈조선상제
의 천명〉을 하늘에(공중) 있는 옥황상제의 천명(운명 : 운수)이라는 뜻으로
호도하고 있는 것이다.

현조(玄鳥)는 성경에서 성령(하느님)을 '비둘기'로 상징하는 것과 같다. 현
조가 땅의 여자(설왕의 어머니)에게 강림하여 설을 잉태하게 한다는 도의
구조와, 성경에서 성령(비둘기)이 마리아(여자 : 백성)에게 임하여 천지교
태를 이루고 예수를 잉태하게 하는 (성령잉태설 : 천지교태설) 구조와 동형
이다. 모든 사람이 육성(동물성 본성)을 벗고 참사람으로 환골탈태하기 위
해서는 성령이 그의 몸(心)에 임하여 새생명(참자기)을 잉태하게 되도록 나
의 몸(땅地 : 여자)에 성령(하늘天 : 남편)이 임하여 천지교태(합궁)를 해
야 한다는 뜻을 상징적으로 예시하는 설이 〈난생설화(卵生說話)〉나 상제의

발자국을 밟고 잉태한다(상제의 천도의 자취 즉 족적을 밟다)는 설화로 상
징화 된 것이다.

문자가 없어 고통받는 중국과 한문

《易》〈계사전하〉에 이르기를 "요순지세에 와서야 임금이 옷을 입고
백성을 다스렸다고 하였으며, 소와 말을 길들여 타고 무거운 물건을 끌
게 하여 먼 곳까지 나를 수 있었으며, 나무를 구부려 활을 만들고 토굴
에서 혈거생활을 하였으며, 후세에의 성인이 나서 기둥과 대들보와 서
까래를 얹어 집을 짓고 살게 되었고 노끈을 묶어 서로 약속(계약)한다
는 뜻으로 삼았으나 그 후에 이르러 서계(書契 : 계서 : 갑골문)로 바꾸
어 백관이 그 글로 백성을 가르치고 다스릴 수 있었다"라고 하였다.

※ 契＝관계를 맺다, 합치다, 약속, 인연, 교분, 소원하다, 애써 노력하다, '귀
　　갑을 새기다.'

契자의 뜻을 보건대 한족은 남의 문화와 글을 받아들여 자국(중국)문
화로 삼았으므로 "선진문화와 교류를 맺고 상국 조선의 문화와 글을 배
우고 애써 노력한 결과 귀갑(거북껍질)에 글을 새기게 되었다"는 古文
法식 해석이 된다. 그러므로 '계서'란 갑골문자였음을 의미하고 있다.
　요순과 같은 시대에 고조선에서는 누에를 치고 뽕나무를 심게 하여
비단(실크)을 짜 옷을 해 입었으며, 높은 궁실을 지어 정사를 보고, 백
성들은 일찍부터 집을 짓고 살며 농경생활을 했다. 단군시대보다 앞선
한웅시대 치우천황은 청동기시대를 넘어 철광석을 캐어 무기와 갑옷,
투구를 만들고 칼, 창, 활 등을 철로 만들어 사용하였으므로 헌원황제와

의 수많은 전투에서 때마다 대승을 거두었다고 하였다.

이처럼 장손동이의 문화와 중국인(소전의 무리)의 문화적 차이는 엄청난 것이었다. 한웅시대 초기부터 '녹도문'을 사용하다, 단군때에는 '진서(眞書)'를 사용했다고 하였으니 이 진서는 전서(篆書)이다.

갑골문의 모양을 보건대, 전서의 초기체인 듯 보이는 것으로 보아 한웅시대 말에 저들이 배달국의 제후국으로 있으면서 초기전서를 빌어다 사용하였을 것은 불을 보듯 환한 일이라 하지 않을 수 없다. 그런데 이 전서를 진시황의 참모로 있던 이사(李斯)가 창제하였다는 말은 어불성설이 아닐 수 없다.

고문, 금문, 간자로의 변화

그처럼 한자와 한문은 우리 고조선 천도문화를 바탕으로 성립된 글이기 때문에 우리는 현금의 시대에 와서는 큰 불편이 없이 사용하고 있으며, 오히려 한자가 없으면 우리문화의 근본정신과 정서를 이해할 수 없는 형편이므로 한글 전용만으로는 불완전한 절름발이 문화가 되고 말 것이다.

그런 이유로는 고조선 삼대로부터 천도문명과 문화가 뜻 글이라는 한문을 통해 서술되어 체계화 되고 의미지워져 왔기 때문이다. 그러므로 한문을 알지 못하면 고대사와 고대문화의 정신(사상, 철학)을 계승 발전할 수 없기 때문이다.

그러나 중국 한족은 문왕시대부터 하, 은, 주 문화(동이문화)에 접하고 길들여져 왔기 때문에 상고시대 고조선 문화의 근원을 잘 알 수 없었을 뿐 아니라, 고조선 상고대 천도문화를 바탕으로 성립된 글 뜻(옥편에 나와 있는 훈을 제외한 수많은 뜻들의 의미)을 더욱 이해할 수 없었을 것은 당연한 일인 동시에 주나라는 상제를 반역하고 고조선 역사와 문화 및 정치교류를 단절했기 때문에 한족이 고조선문화를 배울 기회가 없었던 것이다.

그러나 한족과는 입장이 다른 은나라 유민으로 소위 儒者라고 불리웠던 특수 지식층들은 은나라문화(동이문화)를 그대로 계승하여 후대 大宋시대로 전하였으므로 송대의 문화가 그처럼 찬란했었던 것은 우연이 아닌 것이다. 또 하나의 지류는 은대의 지식층이자 관료였던 사람들이 주나라에 임용되어 내려오다 서주가 망하고 나서 사학(私學)의 개조로 전향하여 제자백가를 이루면서 은나라 문화의 학통을 후대로 전하게 된 것이다.

어찌 되었든 그러한 학문과 사상적 혼란과 경제, 사회, 정치의 지방(제후국들) 분권적 봉건사회의 다양성을 진시황과 이사의 중앙집권적 통일정책의 일환으로 난해한 고문을 간단명료한 천자문식 금문으로 바꾸어 사용케(정책적이며 강압적으로) 함으로써 중국문화는 고조선 천도문화에서 벗어나 자유로워질 것이라고 믿었을 것이다. 그러나 불행하게도 사서오경중 《서경》, 《시경》, 《역경》, 《예기》 등은 선진시대의 작품이므로 古文으로 쓰여졌고 진나라 후기 작품들만 금문으로 쓰고 있기 때문에 중국어문은 오히려 더욱 혼란을 가중시킨 꼴이 되고 말았다.

왜냐하면 글자(한자)는 달라지지 않고, 쓰고 읽는 독서법(문법)만 달라졌으나 고문으로 된 책과 금문으로 된 책을 동시에 읽으려면 두가지 문법을 배워 알아야 할 텐데 고문독서법을 아는 세대가 없어졌으니 고문을 제대로 이해할 수 없게 되었기 때문이다. 그래서 고문해석자들마다(학자마다) 서로 해석이 구구하게 된 것이다. 따라서 학파나 학자 개인의 고문해석 실력에 따라 제자들을 가르치다 보니 서로 차이가 나고 더욱 구전으로 전해지는 고문해석이 마치 사공이 많은 배가 산으로 올라가는 꼴을 연출하게 되어 결국 현대에 와서는 뜻 글인 한자를 소리글

반, 뜻글 반으로 된 반문수 같은 백화문으로 만들어 사용하고 있다.

현재의 백화문이란 뜻을 나타내는 한자 하나하나를 골라 문장을 구성하는 한문식 문장이 아니고 일본사람들이 한자로 하나하나의 단어를 만들어 소리글 반, 뜻글 반으로 사용하는 '단어식 한문'과 동일한 형태이다.

그러므로 엄밀하게 말한다면 중국, 한국, 일본 등에서 과거의 韓文(문장 : 독서법)은 없어진 지 오래 되었으며, 현대 통용되고 있는 글은 한자로 엮어 토막단어들을 만들어 사용함으로써 자국글과 병용하는 '단어식 한문' 시대가 되고 말았다.

그러나 한국에서 일본식 '단어한문'을 사용하는 이유는 일제의 지배 하에서 어쩔 수 없이 그들의 글과 학문을 배우고 쓰도록 강요받았기 때문이지만, 중국은 글이 한문밖에 없는데, 스스로 일제식 단어한문인 백화문을 만들어 사용한다는 것은 역시 한자나 한문이 자기네 글이나 언어가 아니었기 때문에 자기네 문화와 융화되지 않는 이질적 고충 때문이 아닐 수 없다. 왜냐하면 '옥편의 전반적인 뜻'이 고조선의 천도문화를 바탕으로 형성된 것인데 자기들은 그 뜻이나 문화를 이해하지 못하므로 계승발전시켜 나갈 수 없기 때문이다.

이와 같이 남의 글을 빌어다 사용하는 나라와 문화는 그 글에 대한 문화적 이질감 때문에 자유로울 수가 없다는 것이 자연의 이치이다.

고문을 금문으로 바꿀 때도 그런 고충 때문이었고, 금문을 백화문으로 바꾼 것도 그런 이유 때문이다. 일본이 고한문을 '단어식 한문'으로 바꿔 쓰는 것과 한치도 다름이 없는 이유라 할 것이다.

우리 한민족은 고문으로 이해하든 금문으로 이해하든 단어식 한문을 사용하든 조금도 불편하거나 문화적 이질감이 없는 것은 그 글 뜻이 상고대 고조선 천도문화에서 형성되었기 때문에 어떤 식의 어문으로 바꿔 사용하든 글의 의미가 우리의 피속에 흐르고 있는 우리의 감정이고 정신이고 문화이고 역사적 혼이기 때문에 숨을 쉬듯 자연스러울 수밖에 없는 것은 지극히 당연하다.

그러나 고대에 사용하던 고문은 지나치게 축약절제된 문장인 데다 목적어와 조사 수식어가 생략된 글이기 때문에 그 문장을 해석하면 금문해석보다 해석문의 길이가 길기 마련이다. 왜냐하면 하나의 글자가 가진 여러 개의 상호보완적인 뜻을 분류하고 합성하고 생략된 목적어와 수식어를 보충하여 문장을 수식(꾸미다)해야 하기 때문이다.

그리스문화를 바탕으로 성립된 그리스언어를 로마가 빌어다 사용했기 때문에 나전어를 배우려면 먼저 한 단어가 가지고 있는 여러 가지 뜻 중에서 정확한 뜻을 분류하거나 여러 가지 뜻을 합성하고 수식하여 문장을 만들어야 하므로 수사학을 배우지 않으면 나전어를 할 수 없었던 것과 동일한 이치이다.

고문해석과 금문해석의 차이

勿用取女(물용취녀) = "여자를 취하여 쓰지 말라" (今文解釋)

　　　　　　　　　　"그 백성을 받아들여 다스리지 말라" (古文解釋)

※ 女-계집녀, 여자여. 取-취할취. 用-쓸용. 勿-말물 : 천자문식 훈

女 = 딸, 음, 곤, 兌, 巽, 離, 녀, 짝짓다, 시집보내다 : 坤, 兌, 巽은 易에서 아내 및 백성을 상징함.

取 = 취하다, 받아들이다, 다스리다, 골라가지다, 돕다, 의지하다, 골라뽑다, 적을 이기다, 장가들다, 채용하다.

用 = 쓰다, 베풀다, 다스리다, 부리다, 시행하다, 등용하다, 일하다, 작용, 능력, 용도, 방비, 준비, 비용, 재산, 도구, 하다, 행하다, 통하다, 말, 언어.

勿 = 말라, 마라, 말아라, 아니다, 없다, 기, 털다, 창황한 모양 : 古文에서 취

하는 뜻.

子曰 知變化之道者 其知神之所爲乎(자왈 지변화지도자 기지신지소
위호?)

"공자가 말하기를 변화의 도를 아는 사람은 신이 하는 것을 알게 된
다." (今文)

"공자가 말하기를 천도(易)라는 것은 자연의 변화로 만물이 생성소
멸하는 이치를 깨달아 아는 지혜이다." (古文)

위의 예문에서 보듯 금문독법(천자문식)은 漢字 한자에 정해 놓은 하
나의 훈만을 사용하여 문장을 해석하고 꾸미는 문법이고, 고문독서법은
漢字 밑에 있는 여러 개의 뜻(단어)을 취하여 문장을 수식하는(꾸미는)
문법이므로 문장의 뜻이 금문과는 다르고 문장이 구체적인 반면 문장의
호흡이 길다.

계사전(繫辭傳)상하(고문해석)

※ 계사전의 내용중에 자왈(子曰)이라고 말한 부분만 공자가 추가로 부연한 글이고, 나머지 역왈(易曰)이라고 한 내용은 한웅천왕이 역(桓易)을 지을 때 쓴 말씀이다. 易은 공자이전 상고시대에 고문(古文)으로 쓰여진 글이므로 금문(今文 : 진시황의 문화혁명으로 고문을 금문법으로 바꾸어 쓰게 되었음)으로 해석하면 전혀 딴 글이 되고 만다. 역경과 서경 및 시경, 예기 등 고문으로 쓰여진 글을 금문으로 해석하여 전혀 다른 글을 만들어 가르쳐 온 것은 중국사람들의 역사 왜곡(일본교과서 왜곡과 같은 이유에서)을 위한 수단에서 비롯된 것이다.

글이란 저자가 나타내고자 하는 목적의식의 대전제가 수미일관하게 관통해야 하고 역사적 사실과 일치해야 참다운 글이라고 할 수 있다. 그러나 공자 이후 전해진 주역서의 내용은 전혀 그렇지 못할 뿐 아니라 문맥도 통하지 않는 글이 된 것은 고문을 금문법(讀書法)으로 해석했기 때문이고 한족이 고조선문화를 자기네 문화로 독점하고 우리를 속이기 위한 정치적 의도가 있었기 때문이라는 사실을 잊어서는 안 될 것이다.

※《천부경》(天符經)도 그와 같은 古文 象數로 된 글인데, 今文으로 해석하여 읽으려 하기 때문에 전혀 그 뜻을 알 수 없다는 사실을 지적해 둔다.

계사전(繫辭傳)·上

　하늘은 존귀하고 땅은 비천하다는 원리로써 하늘땅의 지위가 정해졌다. 역은 비천하고 존귀한 원리로 베풀어졌으므로 귀하고 천한 것들의 자리가 잡혀 사물의 바뀌는 것과 고정된 것의 변하지 않는 이치를 알 수 있으며, 굳세고 강한 하느님의 정신과 유약한 사람의 정신이 상호작용하여 길흉을 판단할 수 있고, 사방에 널려 있는 종족들을 비교하여 뜻이 같은 무리를 모아 좋은 선례를 따라 본받게 할 수 있으며, 사물의 무리를 분별하여 그 좋고 나쁨이 생겨나는 바를 알 수 있다.

　세상에 살고 있는 모든 사람들은 하느님의 형상을 이루어야 참사람으로 살 수 있으나 세상을 본받는 육체적 삶의 도리로 형성됨으로써 하느님의 정신을 위배하기 때문에 육체의 죽음과 더불어 그 정신도 멸망한다는 변화의 도리를 알 수 있다.

　그러므로 하느님의 정신과 사람의 정신이 함께 하여 사람의 정신이 하느님의 정신에 복종하고 순응시키기 위해 자기를 갈고 닦아 괴롭힘으로써 천도를 깨닫고 천성을 인성화하여 나갈 수 있는 여덟가지 천지변화의 이치가 서로 부딪치고 녹아들어 상호 삼투하므로써 망령된 정신이 참정신으로 순화 성숙해 가는 도리를 깨달아 세속에 더럽혀진 정신을 씻어내는 도로 삼고자 하는 것이다.

　천도를 닦도록 자기 마음을 고무하는 데는 우레와 뇌성벽력을 두려워하듯 천도를 두려워 해야 하고, 하느님이 은혜로 내리신 성인의 가르침을 깨달아 자기 마음을 윤택하게 해야 하며, 하느님과 성인(천자 : 后)이 함께 천도로 섭리하시는 운행법칙으로 말미암아 만민의 인심이 얼어붙어 통하지 않는 고통스러운 시대(세상)가 오기도 하고, 얼어붙었던 세상인심이 천도의 열기에 녹아 풀어지는 때가 오기도 한다.

　하느님 아버지의 도는 남편의 도를 이루고 세상 임금(성인, 스승)은 아내의 도를 이루나니, 남편의 도에 대한 지혜로써 대인은 백성을 기르는 천농을 시작하여 백성의 무리를 천도로 경작하여 아내로 삼고 천업을 이루어나가는 것이다.

아버지요 남편의 도는 사람의 지혜를 변화시켜 새롭게 바뀌게 하는 도요, 어머니요 아내의 도는 하느님이 성인을 통해 죽간에 써준 편지와 같으니 정성스럽게 익혀서 비천한 육체의 삶을 벗고 참된 사람으로 초월하라고 권고하는 것이니, 역의 이치를 깨달아 알고 변화해 나가려면 정성스럽게 익히고 그 익힌 바를 따라 새로워져야 할 것이다. 역을 깨달아 알고 변화해 가려면 역을 가까이하여 친해져야 새로워지는 공을 차지하게 될 것이요, 역을 친하게 하면 시세와 명리의 유혹에도 치우치지 않는 불변의 정신을 얻게 될 것이며, 역을 깨달아 공을 이루게 되면 존귀한 대인과 같고 변치 않는 정신을 이루면 그 덕이 어진 사람(참사람)과 같이 될 것이요, 존귀함을 이루면 천업을 계승하게 될 것이니 역을 익혀 깨닫게 되면 천하를 알고 다스릴 수 있는 이치를 얻은 것과 같고 천하를 알고 다스릴 수 있는 이치를 알면 천자의 지위를 얻을 수 있다.

역은 고대성인(한웅천왕)이 괘를 만들고 천도변화섭리의 상을 관찰하여 팔괘가 서로 대응함을 나타내는 8괘도를 그리고, 원형이정 사계의 변화가 중앙괘를 얻음으로써 상(象)의 변화에 따라 사람이 선택하여 나아가는 길의 상서로움과 재앙중 하나를 얻거나 잃음이 괘상에 나타나게 되나니, 재앙의 길을 선택하여 후회하고 부끄러움을 당하며 근심하고 괴로움에 빠지는 일이 없도록 상을 잘 헤아려 하늘의 뜻을 어기고 불행을 자취하는 일이 없도록 경계하여 자기를 보전할 줄 알아야 할 것이다.

천도가 변화되어 길흉이 바뀐다고 하는 것은 하늘의 원기인 음기와 양기가 나아가고 물러감의 형상을 말하는 것이요 강유라고 하는 것은 낮이 되면 밝아지고 밤이 되면 어두워지듯 사람의 정신에 따라 밝고 행복한 세상을 만들기도 하고 밤과 같이 어두운 세상을 만들어 고통받게 된다는 것을 말하는 것이다.

육효들이 원형이정 사계와 중앙토가 만나 성장변화함으로써 천운이 변하고 바뀌는 것은 천지인(天地人三極)이 분열하고 합일하는 천도의 이치에 근거하는 것이다. 그러므로 군자는 황극의 도리(中正)를 타고 앉아 편안함을 누리는 것이니 그것이 천지변화의 단초(실마리)이기 때문이다. 성인은 천지인 삼재 변화의 축에 거하여 익숙하게 그 도리를 즐길 수 있기 때문에 효사를 지어 세상에 알리고 교훈삼게 할 수 있는 것이다. 그러므로 군자가 그곳(황중통리)에 거하여 천도변화의 법칙(상)을 관찰하여 그 법칙에 익숙할 수 있고, 자연의 법칙이 변하고 새로워짐에 익숙하므로 점을 칠 수 있는 것이다. 그러므로 군자는 스스로 하늘을 도와 상서로울 수 있으니 이롭지 않음이 있을 수 있겠는가?

하늘의 법칙을 보고 판단한다고 하는 것은 자연의 상(법칙)을 보고 말로 나타내는 것이며, 효(爻)라고 하는 것은 상의 변화를 말로 나타내는 것이다. 길흉이라고 하는 것은 사람이 어떤 길을 선택하느냐에 따라 상서로움과 재앙 중에 얻고 잃음을 말씀으로 나타내는 것이요, 후회하고 부끄러워하게 된다는 것은 소인들의 고난(병)을 깨뜨릴 비방을 말씀으로 나타낸 것이다. 허물이 없다고 하는 것은 과오를 선으로 쌓아 보충한다는 것이다. 그러므로 귀천의 부류를 나눈다고 하는 것은 그 품격에 있으니 존귀한 사람과 소인배들을 가지런하게(평등) 하는 것은 천도를 따라 스스로 변화하는데 있으며 길흉을 분별하여 바로잡는다고 하는 것은 천도변화의 법칙에 있고 후회하고 부끄러움으로 근심과 고통에 빠진다는 것은 사람의 길을 선택하는 일의 양단 사이에 끼어 있으며, 천둥벼락이 떨어져도 허물이 없다고 하는 것은 후회할 일이 없다는 것이다. 그러므로 소인배의 도와 대인의 도를 알고 그 도에 자기를 변화시켜 대응해 나아가면 역에 험난한 운수가 나타나 있다고 할지라도 하늘의 법칙이란 각기 다른 괘변화의 이치를 알고 대응해 나가는 방법을 가리키고 있는 것에 불과할 뿐이다.

역은 천지자연의 법칙을 본받아 따라 지은 것이다. 그러므로 천지의 도로 인간세상을 두루 잘 다스릴 수 있는 것이므로 숭경하는 마음으로 상제 하느님의 분부를 믿고 천도를 고구하고 거울삼아 따르고 세상 속에 숨어 있는 이치를 살펴 깨달아 가는 것이다. 그러므로 옛날부터 전해오는 어둠 속에 가려진 하늘의 지혜를 밝혀 원시로부터 반복되어 오는 천도순환섭리를 마침내 이룰 수 있을 것이다. 그러므로 하늘 지혜의 말씀을 따라 천도를 위배하고 죽는 것보다 천도를 실천하여 물질적 인생의 음기를 양기로 바꾸어 헛된 목표를 위해 떠돌던 정신(마음 : 음, 혼)을 변화시켜 주체정신을 가진 사람이 되게 해야 할 것이다.

그러므로 하느님의 지혜를 깨달아 얻은 사람은 귀신이 사물을 알고 느끼는 상태와 같아 천지자연의 법칙과 같이할 수 있는 것이다. 그러므로 하늘의 뜻과 천도에 위배되지 아니하고 그 지혜를 두루 비추어 천하 만민을 구제할 수 있는 것이어서 과오를 범할 수 없고 갈림길에서 헤매거나 망령된 곁길로 흐르지 않고 즐겨 하느님의 분부와 지혜를 따르는 것이다.

그러므로 근심하거나 고통 속에 머무는 일이 없으며 나라를 편안하게 다스릴 수 있으니 정성을 다하여 어진 마음으로 백성을 길러 원망하는 바가 없지 않겠는가? 그러므로 그는 능히 백성을 사랑한다고 말할 수 있는 것이다.

천지자연의 법칙을 모범으로 삼아 화하여 살아감으로 과오를 범할 수 없으니, 만민의 사악한 마음을 천도로 바로잡아 천성을 이루게 하고도 모자람이 없으니 이는 하늘의 밝은 도와 세상의 어두운(사악한) 도에 두루 관통한 지혜를 가지고 있기 때문이다. 그러므로 하늘에는 모남이 없고 역에는 구속된 형체가 없다고 하는 것이다.

한 번은 음이 되었다가 한 번은 양으로 바뀌는 것을 반복하는 태극의 형상을 일러 '태극도'라 하고 그 천도를 이어 배우고 전하여 실천하는 것을 선하다고 하며, 그 천도를 인격으로 이루는 것을 性이라 한다(成之者 性也 : 易을 배워 이루고자 하는 것은 天性이다). 천성을 이룬 어진 사람이 나타나면 그를 '참사람의 씨눈'이라고 이르고 천도의 지혜를 이룬 자가 나타나면 그를 '깨달은 사람'이라고 이른다(覺者 : 부처).

백성들은 천도 속에 살면서도 천도를 모르고 행위하고 살면서도 천도의 지혜를 알지 못한다. 그러므로 군자의 도는 항상 떳떳하고 그 정신이 날로 깨끗하게 새로워져 자아정신의 더러운 껍질을 벗고 봉황처럼 날아오르는 것이다.

그러므로 군자는 모든 어짐을 갈무리하고 있어 천도로써 백성을 낳고 기르기 위해 그의 지혜와 어진 마음의 덕을 밝게 비춰 드러낼 수 있으며, 그러한 지혜와 덕을 품속에 간직하고 백성을 다스리며 만민의 정신을 격려하고 분발케 하여 천도를 이루고 성인과 같이 되게 하려고 고단함을 잊고 천도와 천덕을 베푸니 따르지 않는 이가 없고 그 덕을 무성하게 베풀어 천업을 이루어 나아가는 것이다. 그러므로 백성이 천도의 지혜와 덕을 풍성히 알고 있다는 것을 일러 대인이 이룰 바의 천업이라고 하며, 천도로 말미암아 백성들의 정신이 날로 새로워지는 것을 일러 군자의 성덕이라고 하며, 천업을 이루기 위하여 부단히 노력하여 백성의 참생명을 나고 자라게 하는 일을 끝없이 이어가는 섭리를 일러 역(易)이라 하고, 만민으로 하여금 하느님의 천성을 이루게 하는 일을 '아버지의 도'라 이르고 도를 본받아 세상의 법을 삼아 다스리는 일을 곤도(어머니의 도)라 하고, 육극의 변화에 따라 오고 가는 천운을 아는 지혜를 일러 점이라 하고, 천도변화의 이치에 통달하여 미래의 병고를 알고 다스려 경영하는 일을 대인의 사업(천업)이라 하는 것이다. 이와 같이 천도는 태극도(易 : 日月)이며 음기와 양기의 갈아듦을 예측할 수 없는 천지자연의 법칙을 일러 천신의 정신이라고 하는 것이다.

저 역이란 비어 있는 듯하면서도(공허) 모든 것을 포괄하며, 그 내용이 넓고도 커서 멀고 심오한 일을 설명해도 갖추어 막힘이 없고 가까이 있는 통속적인 일을 설명해도 정밀하여 도리에 맞게 갖추어져 있으며 천지 사이의 모든 일을 설명하려 해도 갖추어 미비함이 없다.

189.

저 건도(하느님의 섭리)는 고요하면서도 전일하고 움직여 바뀌면서
도 곧고 빨라서 삿됨이 없어 모든 것을 바로잡아 사람으로 하여금 존귀
함을 이루게 한다. 저 곤도(천자의 도)는 그 도모하는 바 많은 사람을
모아 복종하도록 천도의 불에 구워(삶아) 화합하게 하고 천도를 이루고
비상할 수 있게 잡아 이끌어 천성으로 바뀌도록 그 정신을 깨우쳐 마음
밭을 개간하고 거짓자기를 물리쳐 제거하게 하는 것이다. 그러므로 백
성으로 하여금 천도를 익히고 깨달아 자기를 비우고 천성을 이루도록
살게 하는 것이다. 사람의 마음(자아)을 비워 공허하게 함으로써 존귀
한 사람이 되게 한다는 것은 곧 사람(천자, 백성)을 하느님의 아내로 짝
지으려는 것이고, 천도에 어긋난 자기를 죽이고 새롭고 존귀한 사람으
로 초월하기 위하여 역(천도)을 통달하고자 하는 것은 원형이정 사시에
음과 양이 바른 짝을 이루는 의미를 알고 해의 짝인 달(대인, 천자)이
되고자 함이다. 역을 간결한 문체로 쓴 것은 잘한 일로써 사람을 하느님
과 짝지어 배필이 되게 하려는 지극한 덕을 깨닫게 하려는 소치이다.

공자가 말하기를 역의 지극한 이치를 힘을 기울여 성취하고자 하는
것은 중정의 정신을 이루고자 함에 있지 않은가? 저 역은 옛 성인(한웅
천왕)이 천덕을 숭상하고 만민에게 널리 베풀어 천업을 이루고자 지은
것이다. 천도(역)의 지혜를 숭상하게 하려고 예(禮)를 비천한 자들에게
먼저 가르치는 것이니, 숭상한다고 하는 것은 하늘의 천도(역)를 본받
고자 하는 것이요, 비천하다고 하는 것은 세속의 법과 이치를 따르기 때
문이다. 하늘(하느님 : 乾)과 땅의 지위와 부부관계를 베풀어 놓은 것
은 역(천도)의 운행(섭리)하는 이치가 그 가운데(그 원리 : 부부의 원
리) 있고 사람이 천도를 닦아 천성을 이루는 법칙이 그 속에 보존되어
있으니 역은 천도를 깨닫고 천성을 이룰 수 있는 바른 문(門)인 것이다.

성인은 천하(하느님과 만민 : 부부의 관계)에 나타나 있는 천도의 심
오한 도리를 역의 운행을 보고 알고, 모든 법칙과 형상을 헤아려 비교해
보고 마땅한 바를 받아들여 채용하며 사물이나 사람의 마땅한 도리를

본받아 행한다. 그러므로 성인은 마땅한 도리만을 본받아 행한다고 하는 것이다

성인은 천하에 나타나는 역의 변화로 세상이 새롭게 바뀌어 가는 모습을 보고 천도의 변화를 알고, 역괘도에 나타난 상을 관찰하여 적당한 천시가 되었음을 알고 세상에 막혀 있는 천운을 회통시키려고 천도와 예도를 가르쳐 시행하며 천도문명을 전통으로 삼아 이어가도록 하기 위해 글로써 그 좋고 나쁨을 판단하도록 하였으니 그것을 일러 효사라 한다.

그러므로 천하의 지극히 심오한 도리를 설명할 수 있으며, 불길한 재난이나 화액을 만나도 두려워하지 않고 천하가 바뀌어 끝난다 해도 그의 정신을 어지럽힐 수 없다. 성인은 모든 일을 헤아려 본 후에 말하고 생각하고 선택한 후에 바뀌어 새롭게 되는 것을 풀어 밝히니, 헤아려 생각해 본 연후에 천도의 변화에 따라 천업을 이루는 때를 정하는 것이다.

군자의 말과 행실은 나라를 다스리는 도리의 실마리(기초, 근본)요 기틀(고동 : 중심요처)이니 그 기틀에서 군자의 말과 행실이 나타나면 영광과 욕됨의 근본이 된다. 그와 같이 군자의 언행은 천하를 움직여 바뀌게 하는 소이가 되나니 어찌 삼가지 않을 수 있겠는가?

하늘의 정신은 온통 순수하고 불변하고 전일하여 모든 사람의 정신을 그와 같이 되게 하며, 땅(만민)의 정신은 두 마음(정신)으로 나뉘어 분열하고 대립하고 갈등하고 상충하여 인격분열을 일으켜 번뇌와 고통 가운데 빠져 있다. 하늘은 삼시대(선선천, 선천, 후천)를 통하여 참사람 농사 섭리를 이루기 위해 천도문명을 세상에 펴 坤인 견우(천자)로 하여금 사해만민을 가르쳐 이루어 나가게 하고, 하늘은 오행(천도운행)의 중심에 있어(震帝 : 天帝) 섭리를 주재하고 있으나, 땅의 만민은 육체를 위해 살다가 육체를 위해 죽어가니 초목이나 짐승과 다를 바 없으매, 하늘은 일곱시대(7일간의 참사람농사 : 대략 7천년 동안)를 통해 견우를 세워 밭(心田) 갈아오고 있으나 땅(만민)은 팔방으로 그 정신이 흩

어져(나뉘어) 헤매고 있어, 하늘은 구금(九金 : 西南方)의 나라들을 하나로 모아 땅의 중심(帝位 : 皇極, 東八木帝)을 본받아 일체를 이루게 함으로써 전부를 완전한 사람(참사람)이 되게 하려고 한다.

하늘(上帝)이 선천에는 황극제위(帝位 : 하느님 자리)에 천자를 대리 하느님(천자 : 견우)으로 세워 세상을 다스리게 하였기 때문에 땅(만민)의 운명은 천자(五運)에 의해 결정되었으며 천자의 제위를 차지하려고 서로 싸워 합종과 연횡을 거듭하였으나, 후천의 세번째 천수(帝位의 운수)는 십(十)에 있고 오(五)에 있지 않으며, 사람(땅 : 만민)의 운수도 삼세(三世 : 삼시대)의 마지막 운수의 주재자(東八木震帝)에게 있느니라.

무릇 천지운수는 오행(사해의 중심)의 중심수인 오와 십에 있으나 오(五)는 선천의 운수로 끝나고 없어졌으니 이러한 소이(연유, 까닭)는 오행(천도)의 변화로 말미암아 이루어지며 태극의 귀신작용(歸伸作用 : 음양의 생멸운동)으로 행해지는 것이다. 태극의 양기가 크고 넓게 퍼져 우주에 두루 미쳐 오행황극수 오와 십을 이루나니 천제의 다스림은 사해 만민이 하나의 뜻(하느님의 뜻)에 합치되어 완전한 사람을 이루기까지 있을 것이니라.

사람의 인격 속에 두 자아(거짓자기와 참자기)가 분열되어 있음으로 천상(易象)도 양단의 길흉으로 나타나나니 괘는 순수하고 전일한 뜻을 가지고 있으나 상은 자주 변화하고 사시(사상 : 四象, 四季)로 변화 순환하는 이치의 맥을 짚어 사시의 천상을 알고 돌아가고 다시 돌아오는 기이한 천운의 변화를 손가락을 구부렸다 폈다 하는(육갑을 세는 일) 셈으로써 윤위(천명을 받지 못하고 천자의 자리를 찬탈하여 얻은 천자의 자리) 자리의 길하고 흉한 상을 아나니, 다섯 번의 시대(중국 삼황오제시대의 정통성을 잃은 천자들 : 신농씨, 황제헌원씨, 고신씨, 제요, 문왕)에 거듭 윤위들이 나타나 역천(하늘의 뜻을 배반함)하게 되리라. 그러므로 역천의 거짓 견우들이 거듭하여 세상을 다스리는 시대가 물러

간 연후에야 진실을 마음에 걸어두고 사람의 심지(心志 : 신념)를 삼을 수 있는 괘가 나타나리라.

하늘이 타락한 만민을 채찍질(심판)하는 지팡이(後天震八木帝)가 말씀(책)으로 나타나면 두 마음으로 인격분열하는 모든 사람(만민)을 하나의 천도문명으로 익혀서 불변하고 전일한 참사람의 주체정신으로 태어나게 하고, 나머지 모든 사람은 멸망(六 : 죽게 하다)하게 될 것이요, 만민(땅 : 坤)을 채찍질하는 지팡이가 세상(땅)에 나타나면 사해 모든 사람이 천도문명 속에 들어와 완전하게 되어 하늘나라(지상천국) 백성이 되라고 사방에 알리게 될 것이니라.

무릇 사방의 모든 사람에게 거듭하여 천도로써 하늘의 뜻을 알려 멸망을 선택하거나, 천도를 믿고 숭상하여 완전한 천성을 이루고 참사람으로 태어나 영광스러운 하늘나라 백성이 되는 것은 당연히 만민 스스로 선택할 운명이다. 그러므로 천도문명실현의 대업을 사해에 선포하고 경영하여 세상을 바꾸고 지상에 하늘나라를 이루게 될 것이요, 완전한 사람으로 태어나기(환골탈태) 위해서는 후천의 震八木帝와 뜻을 같이하여 운명을 걸지 않으면 거짓자기를 변화시켜 참사람을 이룰 수 없나니, 선천팔괘에 나타나 있는 예도(禮道)로서는 소인들의 절의는 이룰 수는 있으나, 선천팔괘도의 원리가 발전하여 후천대역괘도의 완전한 천도로서 만민을 인도하게 될 때에야 천덕(지혜)에 감동하여 천도와 천법을 본받는 동류(무리)가 존귀한 하늘나라 백성으로 성장하게 될 것이니 천하의 대업을 능히 마칠 수 있느니라.

이와 같이 하늘에 감추어 두었던 천도(원래의 천도)가 나타나야 선천에 막혀 있던 하느님의 은혜가 세상에 내리게 될 것이니 모두다 한 뜻을 가진 무리(하늘나라 백성)가 되어 하느님께 보답의 제사를 올리기 위해 거룩한 술잔(사명자들)이 되어 하느님의 천업을 도울 수 있게 될 것이니라.

공자가 말하기를 자연의 변화를 아는 것이 천도를 아는 것이니 그 지

後
·
天
·
大
·
易

혜(천도)로써 하느님이 하고자 하는 바를 돕는 것이 아니겠는가?

계사전 중 易의 象數 해석

역에는 네가지 성인의 도가 있으니, 점을 쳐서 무엇인가를 말하려 한다면 그 사(辭)의 말씀을 숭상하여 깊이 고찰한 연후에 하고, 그 말씀에 따라 무엇인가를 행하고자 한다면 새롭게 바뀌는 것을 바라기 때문이고, 천도로써 자기를 억제하고 하늘이 쓸 제기(그릇 : 인품)를 만들고자 하는 자는 천도를 닮고자 본으로 삼아야 하고, 미래를 점치려 하는 자는 점괘를 숭상해야 한다.

그러므로 군자는 장차 하려고 하는 일을 알고 미리 준비하기 위해 점에 물어서 얻은 말씀을 따라 천명을 받고자 하늘의 뜻을 향해 가나니, 먼 일이나 가까운 일이나 깊고 심오한 일일지라도 알지 못함이 없으므로 그 지혜를 따라 장래에 올 일을 살펴 아나니, 천하에 지극한 정신을 이룬 사람이 아니면 그 누가 능히 그와 같이 할 수 있겠는가?

삼과 오로써 움직여(三才 : 五行) 뒤섞고(착종) 그 수를 합하여 새롭게 통하도록 하여 천지가 현상하는 법도(이치)를 따라도 그 수의 근본은 천하에 정해진 수(五數)를 따르는 것이니 천하의 지극한 변화의 움직임을 알지 못하면 어느 누가 그와 같이(군자) 알 수 있으리요.

역을 사모하여 역에 원하는 바가 없고, 하고자 하는 바가 없다면 역은 고요한 그대로 있어 움직이지 않다가 역에 물어 원하는 바가 있으면 감응하여 천하의 이치에 통하여 따를 수 있는 고로 천하에 지극한 정신을 이룬 사람이 아니면 어느 누가 그와 같을 수 있겠는가?

대저 역은 성인이 천도의 운행좌표와 변화의 한계를 현상세계에 나타나는 기미를 깊이 연구하여 지은 것이므로 누가 그 깊이를 알 수 있으리요, 그러므로 천하만민의 뜻하는 바를 알고 능히 천지의 뜻과 통할 수 있으니 오직 그것은 천지에 나타난 기밀을 보고 아는 데 있다. 그러므로 능히 천하를 다스리는 정사를 이룰 수 있나니 누가 이와 같이 신이 하는 일을 알 수 있겠는가. 그러므로 고통과 괴로움에 빠진 사람이 급히 부르지 않아도 미리 알고 구제하여 이루지 않음이 없다. 공자가 말하기를 역에 네가지 성인의 도가 있다는 것이 이것을 말하는 것이다.

공자가 말하기를 저 역은 무엇을 하는 것이냐? 역은 사람마다 타고난 직분을 다하도록 타일러 권장함으로써 그 성품과 정신을 개발하고 넓혀 중정을 이루게 하려고 천하의 도를 탐하여 나아가게 하는 것으로 비천한 나를 버리고 천도를 수행하여 참나에 이르게 하는 것일 뿐이다.

그러므로 성인이 천하만민이 바라는 뜻을 통하게 하기 위해 배우고 익혀야 할 학문의 기초를 정하여 천하만사에 대한 의문을 풀어 없애려고 지은 것이다. 그러므로 시초점의 덕은 하늘의 신이 판단하는 것이요, 괘의 덕은 인간의 떳떳한 길로 인도하여 때에 따라 세상을 가지런히 할 수 있는 지혜를 나타냄이요, 육효의 뜻은 역으로써 고하여 하늘의 뜻을 알리는 것이니 성인이 이·말씀으로 마음을 씻고 악을 물리치는 법으로 삼아 마음 속에 은밀히 간직하여 좋고 나쁜 일을 당했을 때 백성과 더불어 근심과 고통을 같이하여 신령한 지혜로써 올 일을 알게 하고 지난 일을 거울삼아 재앙을 물리치게(방어) 하나니, 그 누가 능히 성인과 같이 할 수 있겠느냐?

옛날에 총명하여 지혜가 밝고 슬기로운 성왕(한웅)이 하느님(乾)의 굳세고 강인한 천하경영의 뜻(섭리정신)과 유업을 계승하여 이루기 위해 짐승과 같은 거짓자기를 죽이고 참자기로 태어나 천성을 이루고 하느님을 지아비로 삼아 남편의 일을 돕지 않는 사람은 사람이 아니다! 하였느니라. 그러므로 지아비의 도(부부의 도)를 세상에 밝혀 숭상하게 하려고 백성의 사람됨을 살펴 널리 알게 하였으므로 이것은 옛날부터 전해 내려온 천도의 전례로서 다시 왕성하게 일으켜 하느님의 천업을 이루어 나갈 기호로 삼아 백성을 다스려 나아가는 일에 써야 할 것이니, 이것을 가지고 백성에게 알려 교훈으로 삼아 엄숙하게 공경하여 자기를 닦고 중정을 이루도록 하느님이 지아비의 은혜로 베풀어 밝히신 것이다.

그러므로 천도정신을 가슴 깊이 간수하고 오감의 문을 닫아 자아관념을 막고 참자기정신을 통할(주관)할 수 있는 사람을 일러 지어미(坤)라 하고 천도를 백성에게 깨우쳐 자기를 주관할 수 있는 사람을 일러 지아비(乾)라 하며, 전일한 정신으로 천도정신을 간직하고 자기를 통할하며, 마음의 문을 열고 천도를 깨우쳐 참자기로 태어나고자 오로지 한곬으로 나아가는 정신을 일러 자기를 완전히 바꾸어 새로운 사람이 되고자 하는 사람이라고 하며, 옛 자기가 죽어 떠나고 참자기가 오게 하려고 어려움을 참으며 천도를 궁구하는 정신(지조)이 끝없이 이어지는 전일한 정신을 일러 천도(역)를 통할 수 있다고 하는 것이다.

천도(易)가 현상하여 나타나는 조짐(징조, 징후)을 보고 천운과 천시를 알아보는 것을 일러 상을 볼 줄 안다고 하는 것이요, 천도섭리의 모습을 형상으로 나타낸 글(象數)과 그림을 일러 기구(제구, 그릇, 言, 말씀, 경)라 하고 성인이 만든 기구를 사용하여 나라를 다스리는 것을 일러 법이라 하고, 천자의 신하(아내)가 되어 높이 오르거나 높은 지위에서 떨어져 낮은 관리가 되어 섬길지라도 천도를 법으로 삼아 백성을 이롭게 하기 위하여 천도와 천덕을 충만히 머금고(품고) 다스려 나갈 때 그를 백성들이 본받는다. 그러므로 역이 곧 태극인 것을 알고 이 태극이 양의(음양 : 日月道)를 이루고, 양의가 사상을 이루고, 사상이 팔괘를 이루나니 팔괘에는 좋고 나쁨이 정해져 있어, 좋고 나쁨에 따라 하늘의 위대한 천업을 이루게 한다.

그러므로 천도의 형상(도, 법칙 일월성신의 도)을 본받는 것이야말로 천지보다 중히 여기지 않을 수 없고, 천도에 통하여 새 사람으로 바뀌는 것을 사시(사상)보다 소중히 여기지 않을 수 없고 역상(일월성신지도)을 높이 매달아 모든 사람이 보고 알 수 있도록 천하에 밝게 공표(고함)하는 것이 해와 달보다 소중히 여기지 않을 수 없으며 역(천도)을 높이 숭상하는 것을 부귀보다 소중히 여기지 않을 수 없고, 만민을 완전한 사람으로 기르기 위해 도구로 갖추고 힘과 정성을 다하여 극치에 이르기까지 궁구하여 나아가며 자기를 다스려 참사람을 이루어야 하는 것이므로 믿음으로 굳게 지켜 움직이지 않는 정신으로 삼아야 하느님이 쓰실 제기(기구 : 천자, 견우)를 이루어 천하를 이롭게 할 수 있을 것이므로, 이를 성인보다 소중히 여기지 않을 수 없다. 천하만민이 바라고 구하기 위하여 은밀하게 숨어 있는 깊고 심오한 도리(법)를 끝까지 탐구하고 극치에 이르러 천하의 좋고 나쁜 경우(길)를 정하여 천하사를 올바로 판단(심판 : 판결)하고자 힘써 노력하는 것이 시구(거북점, 시초점)점보다 소중히 여기지 않을 수 없는 것이다.

그러므로 하늘이 이룬 신성한 물건 즉 사람으로 하여금 신성을 이루게 하는 것이 역(이치, 도리)이므로 성인은 천지자연의 이치(易)를 법(모범)으로 삼아 본뜨고, 천지자연의 섭리가 변화하여 새로워지는 이치를 성인의 이름으로 밝히고 하늘이 나타낸 역상을 베풀어 후세에 전하여 후세인들이 천운과 천시의 좋고 나쁜 것을 보고 알 수 있게 하도록 성인이 역상의 도리에 따라 하느님(神)의 견우로 사명을 짊어지고 나가기 위해 천상(천도 : 易)을 그림으로 그려 나타내고 섭리의 강물의 흐름을 이어가도록 하기 위해 글로써 《易書》를 내어 널리 펴 알게 하였으니, 성인이 모범으로 삼은 역에는 '일월성진의 네가지 법칙'이 있음을 알리고 천지자연의 법칙이 역사적으로 이어나가도록 계통을 유지하고 있다는 것을 알리고 천운과 천시의 좋고 나쁨을 정하여 그 도리를 판단하도록 하고 있다.

역에서 말하기를 스스로 자기가 하늘(하느님)의 짝으로서 지아비를 도우려 한다면 길하여 이로움이 없지 않을 것이다. 공자가 말하기를 짝

(乾)을 돕는다는 것은 자녀를 죽음에서 구원하여 참사람으로 완성할 수 있도록 유익하게 하려는 것이니 하늘의 짝인 지어미(천자)로서 만민을 구원하려는 지아비의 뜻을 따라 본받고 백성들을 도와 자기구원을 이룰 수 있도록 하기 위해 부모(하느님과 천자)를 공경하여 믿고 순종하도록 천도를 분명히 밝혀(알려) 믿음과 정성을 다하는 정신(중심)을 지켜 보전하고 하느님의 뜻을 사모하며 믿음과 정성으로 삶의 경험을 통해 거듭하여 나아가 어진 사람(참사람)으로 초월하기를 흠모하며 천도를 숭상케 해야 한다.

그러므로 자기가 스스로 하느님의 짝인 지어미가 되어 지아비를 돕는다면 길하여 이롭지 않음이 없다고 하는 것이다.

공자가 말하기를 "서경의 기록된 글에도 천도(易)의 말씀을 다 없애지는 못하였으니" 역의 말씀을 의문하여 그 뜻을 생각해 봐도 상고 성인(한웅천왕)의 가르침 때문에 없앨 수 없었다는 사실을 알 수 있다. 공자가 말하기를 성인이 천도의 법칙(易)을 정하여 그림과 글로써 그 뜻을 나타내기에 정성을 다하고 괘를 베풀어 참된 이치(진리)를 그릇되게 속여 없애지 못하고 천도의 계통을 이어 유지해 가도록 계사를 지어 그 말씀을 없애지 못하도록 하였으며, 역상의 변화를 보고 깨달아 사욕을 없애도록 북을 쳐 춤추는 것을 격려하듯 천자가 견우로서 그 임무를 다하도록 고무하기에 정성스레 그 정신을 다하였다.

건곤은 역의 깊숙한 창고가 아닌가? 건곤을 마주 세움으로써 역의 법칙을 정하려고 그 중심을 세우는 것이 아닌가? 그러므로 '건곤을 헐어 상처를 입히면' 역의 바른 법칙이 나타나지 않나니 역의 법칙이 나타나 보이지 않으면 역은 어떤 사람에게는 맞기도 하고 어떤 때는 쉬기도 하지 않겠는가? 그러므로 하늘의 몸체를 이루고 나타나 있는 만물보다 하늘(나라)에 계신 상제처럼 높이 오르고자 하는 것을 도라 하고 육체를 존재 자체로 믿는 천한 사람으로 낮아지는 것을(타락) 일러 이성적 재능을 갖춘 그릇(물건)이라 하고 옷(居)을 잘라 결단(결심 : 결승)하고 참사람으로 회생하는 것을 일러 변하여 새로워졌다고 한다. 형이하자인 육체적 인간이 변하여 형이상적 존재(참사람 : 신성)로 초월하고자 거짓자기를 물리치려고 자기를 닦아 나아가는 것을 천도를 깨달아 통하고자 하는 일이라고 하고, 천하만민을 하늘백성으로 낳고 길러 높이 날아오르게 하려고 육체적 삶을 그만두고 천도를 향해 나아가도록 천도문명을 일으켜 세우는 것을 천업을 경영하는 일이라고 한다.

그러므로 저 역상(역에 나타난 하늘의 법칙 : 그림)은 천하에 나타나 있는 심오한 도리를 성인이 알아보고 그 형상이 나타내는 모든 내용을 헤아리고 본떠 천운과 천시의 마땅한 바를 나타내었느니라. 그러므로 역상(법칙)이라 이르나니 성인이 천하가 바뀌어 새로워지는 모습을 알며, 역상을 살펴 때(천시)에 따라 하늘과 백성의 뜻(천도)이 일치하도록 예부터 전해 오는 전범을 따라 행할 수 있게 계사의 말씀을 지어 그 길흉을 판단할 수 있도록 하였다.

그러므로 천운이 시대에 따라 변하는 내용을 효사라 이르고 천지변화의 중심좌표(황극)를 따라 변하는 천하의 심오한 도리를 괘사에 보존하고, 천하의 이치가 바뀌고 새로워지도록 고무하는 것을 단사와 상사에 보존케 하고, 육체적 삶을 잘라 결단하고 천도로 회생하여 환골탈태하는 이치를 일러 변효에 보존하고, 육체적 삶을 그만두고 새로워지도록 일으켜 세워 천도를 깨달아 통하려고 하는 삶을 보존하게 하고, 하느님이 밝히신 천도를 깨달아 이루는 삶은 사람이 하는 것이며, 묵묵히 하느님과 천도를 믿고 따라가노라면 알게 될 것이니, 천덕을 나의 성품으로 이루기 위해 나아가는 삶에 뜻이 있음이여!

계사전(繫辭傳)·下

역(천도)의 팔괘를 따라 순서대로 벌려 짝을 이루고 오행운동을 함으로써 만물을 이루나니 그 원리가 천도의 역상 가운데 나타나 있고, 팔괘를 근본으로 하여 각괘들이 서로 겹치면 그 내용이 효 가운데 나타나 있다. 乾의 강건한 정신의 원기와 坤의 유약한 정신의 원기가 서로 그 힘을 확장하려고 밀고 당기다가 그 힘이 응축하면 되돌려 주는 확장과 응축의 반복과정 속에 변화의 이치가 들어 있다.

계사의 말씀이 알리는 것은 운동하고 변하여 때마다 새로워지는 천운의 길하고 흉하여 후회하고 부끄러워한다는 것은 태극(강유의 두 원기 : 음양이기)의 음양원기가 운동하여 끝없이 새롭게 변화해 가는 태극의 삶이 연출하는 것이고 그 삶을 통해 천지만물을 생성하는 것이다. 강유(태극)라고 하는 것은 천지만물의 변화와 생성소멸운동을 결정하는 근본의 원기를 원리로 정하여 세우는 것이요, 역의 변화를 깨달아 통달한다고 하는 것은 팔괘가 가진 천시와 천운의 뜻을 이루기 위하여 달려가는 것이다.

길하고 흉하다고 하는 것은 불변의 지조(中心 : 中正)만이 바르고 곧아서 욕망의 치우침을 이길 수 있어 길하다고 하는 것이다. 천지(짝, 배필, 부부의도)의 도는 불변의 지조를 나타내 보이고 있는 것이다. 일원의도(一圓之道 : 三世섭리)는 불변의 지조를 밝혀 만민으로 하여금 깨달아 알고 본떠 이루게 하려는 것이다. 천하가 운동하고 변하여 새로워지는 것은 천지 만유의 일자인 지아비(天 : 神, 乾)의 불변의 순일한 정신의 원기일 뿐이다.

저 건(天)은 확실하게 자연의 그러함을 사람들에게 보여 알게 하려는 것이 역의 뜻이다. 저 곤(坤)은 지나치게 유순하여 병이 되는 종속성(노예근성)을 무너뜨려 떨쳐 버리려는 것을 사람들에게 보이고 알게 하여 천박한 성품을 익히고 닦아서 대쪽같이 곧고 강인한 중정의 정신을 이루게 하려는 것이다.

공업(功業)이라고 하는 것은 천박한 의타적, 굴욕적, 노예정신을 깨뜨려 버리고 불변의 강건한 주체정신으로 새롭게 변화되어 나타나게 하는 것이다. 이러한 성인의 뜻이 사(辭)에 나타나 있지 않은가? 천지간의 큰 덕을 일러 낳고 길러 살게 하는 덕이라 하고 성인의 큰 보물은 그의 성품이니, 어떻게 하여 그 절재(지조 : 정신)를 세워 성품으로 이루기까지 지켜 나갈 수 있을 것인가?

그것을 일컬어 말하면 만민을 참사람으로 낳고 기를 수 있는 전일하고 순수한 마음이라 하고 참사람의 씨앗이라고도 한다. 그러한 성품을 사람이 어떻게 모아 쌓아서 자기 성품으로 화하게 할 수 있겠는가?

그것을 일컬어 재료라 하나니 육체적 삶의 행위를 매개로 하여(경험을 통해) 자기를 바르게 다스려 나가는 과정에서 천도(천성)를 깨달아 성품으로 화하도록 중정심을 이루는 이치가 사(辭)에 나타나 있으니 백성으로 하여금 의라 일컬을 수 있는 행위(삶 : 체험)가 아니면 가지 못하도록 금해야 할 것이니라.

옛날의 선왕인 포희씨가 천하를 다스리는 천자(우사 : 부제)로 있을 때에 그가 하늘을 우러러 천상을 관찰하고 고요한 방에 틀어박혀 세상의 이치를 고구하여 깨닫고 천지의 이치를 본받아 역법을 체계화하고, 봉황(상제)과 짐승(야만)의 문화의 차이를 관찰하여 천도문화를 세상에 베풀어 화순히 따르게 하였으니, 가까운 친족(九族) 중에서 제후될 사람을 골라 뽑아 신분과 지위를 주어 다스리게 하고, 천도에서 멀어진(어그러진, 위배된) 무리들은 모두 멸망시켰다. 이로부터 역의 팔괘를 가지고 백성의 마음밭을 경작하는 농사가 시작되었으며, 하느님이 천도로서 밝히고자 하는 은혜를 세상에 두루 통할 수 있도록 백성에게 가르쳐 알게 하였으며, 이로부터 만민의 성정이 무리(종족)에 따라 다를지라도 천도문화를 본받아 모든 문화가 닮게 되었으니 이는 역법을 지어 하늘의 법도를 본받아 인성을 바로 잡기로 약속(결승)함으로써 백성의 마음밭을 경작하여 거짓껍질을 긁어 벗기고 바뀌어 새 사람이 되기 위해 하늘농사와 물고기 잡는 어부(사람잡는 어부)가 되게 하려고 천도의 법망을 만민에게 씌운다는 뜻이다.

포희씨의 나라가 망하고 신농씨를 세워 천자로 삼고 나무(禮道 : 어진 신하)를 깎아 쟁기와 보습을 만들게 하고 나무를 휘어 굽정이를 만들게 하여 보습으로 밭을 갈고 굽정이(호미)로 밭을 매게 하여 사람농사를 이롭게 함으로써 천하만민을 가르쳤다. 천도와 천법으로 만민에게 가르쳐 법망을 씌우고(문화화) 천하 모든 무리를 바로잡아 천성을 기르는 일에 유익하게 하고, 나날이 중심을 바로잡은 무리들이 모여 번화한 시가를 이루어 천하만민이 천도를 궁구하기에 힘쓰게 하니 천하의 재화가 모이고, 천도(易) 문화를 가지고 서로 다른 무리들이 모여 뒤섞이어 사귀게 되니 세상이 날로 새로워져 평정되고 편안하게 되는데, 천도문화를 물리쳐 받아들이지 않는 무리들은 날로 그 힘이 쇠해져 가니 각 무리가 천도를 흠모하고 깨달아 아는 정도에 따라 이익이 되고 만족을 얻게 되어 천라지망(천도 : 천법, 천도문화)을 취하는 정도에 따라 모든 무리가 흥하기도 하고 망하기도 하니, 그들이 천도를 씹어 삼키는 정도에 따라 웃기도 하고 울기도 하는 소리가 시끄럽게 되느라.

신농씨의 나라가 망하고 황제 헌원씨와 요순이 일어나 어지러워진 세상을 바꾸어 천도문화가 다시 두루 통하게 하려고 백성으로 하여금 천도의 마땅한 바를 따르게 하니, 천도(易)가 막혔으면 힘을 다하여 궁구해야 통하여 새롭게 변화할 수 있고, 새롭게 변하려고 해야 통하게 되는 것이며, 한 번 통하게 되면 오래갈 수 있다. 그러므로 자기가 스스로 하늘을 도우려고 해야 하늘도 자기를 돕게 되므로 이로움이 있어 길하다고 하는 것이다.

황제 헌원과 요순에게 상제의 나라 변경 땅을 그들의 국토로 베풀어 준 것은 몸을 보호하기 위해 감싸는 치마(아랫도리를 보호하는 옷)와 같은 번국으로 세워 천하를 다스리려는 것이니 건곤의 도인 천라지망(천도문화)을 취하고 안 취하는 것은 나무를 파서 배와 노를 만들면 술 쟁반을 만들거나 창검을 만들어 서로 다투기보다 배와 노의 이로움으로 백성을 태워 고해를 건너게 하여 천도문화가 통하지 않는 막힌 세상을 구원하여 천하만민을 이롭게 하려 해도 천라지망을 취하고 안 취하는 데 따라 참사람에 이르기도 하고 흩어져 패망할 수도 있는 것이다. 건도(천도)를 탄(계승한) 견우가 천도에서 멀어진 백성을 정성스럽게 이끌어 천하를 이롭게 하려면 모든 사람들로 하여금 천라지망을 취하여 하늘이 소중히 여기는 일문(선민)으로 거듭나도록 마음을 열고(허심) 거짓자기를 모질게 물리쳐 성령(삼신) 강림을 준비하기 위해 미리 알고 대책을 세워야 하고, 나무를 잘라서 절구공이를 만들어 중심을 다지게 하고, 땅에 구멍을 파 확(절구통)을 묻고 자기를 절구질하여 허물을 벗겨내기 위해 확과 절구공이 쓰임의 이로운 이치로 만민을 구원하게 하니 이것은 천라지망으로서 자기를 다스려 소인배의 과실을 제거하는 것이다.

나무(어진 신하)를 휘어 활을 만들게 하고 나무를 깎아 화살을 만들게 하여 활과 화살(인생의 목표 : 목적)의 이로운 이치로서 벌레 같은 자아를 죽이고 참사람의 존엄성을 천하에 떨치게 하려면 천라지망으로 다스려 눈을 부릅뜨고 하늘을 배반하지 못하도록 자기를 지켜야 한다. 아주 오랜 옛날에는 들이나 산기슭에 굴(짐승의 마음)을 파고 생활하였으나 뒷날에 성인이 나타나 새롭게 궁실(사람의 마음)을 지어 편안한 삶으로 바꿀 수 있게 하여 위에는 용마루(지조 : 중심)를 얹고 지붕을 덮어 주거를 편안케 하여 비바람에 대비케 하니, 이는 상제 하느님을 자기 마음의 용마루로 높이 모시고 그의 말씀(천도)을 지붕처럼 덮어(천라지망으로 덮다) 기상(정신)을 굳세고 씩씩하게 자라게 하여 존귀한 사람이 될 수 있도록 하려는 것이다.

옛날의 장례는 시체를 두터운 천과 섶나무로 덮어 들 가운데 두는 풍

장을 하였으니, 봉분이나 나무를 심지 않았고 상을 치르는 기한도 없었
으나, 후세에 성인이 나타나 관을 짜서 시신을 넣고 봉분을 만드는 장례
로 바꾸었으니 이는 죽은 자를 소중히 여기는 훌륭한 장례법이다. 아주
오랜 옛날에는 '끈을 묶어 언약을 맺고 천도를 따르겠다는 법도를 세워
백성의 행위를 바로 잡아 다스렸으나 후세성인이 나타나 글(전서)을 만
든 연후에는 글로 써서 문서를 만들어 임금과 백성이 법도를 지키겠다
는 서약(법 : 사회적 약속, 사회계약)을 맺음으로써 관리들은 그 서계
(법전, 법문서)를 근거로 하여 백성을 다스리고 만민의 과오를 살필 수
있었으니 이는 천도(천라지망 : 천도문화)를 나라의 법으로 정하여 다
스린 것이다.

　　역(易)은 천도의 이치이다. 천상(象)이라는 것은 보이지 않는 자연의
현상(이치, 도리)이나 법을 그림이나 문서로 나타낸 것이다. 단(彖)은
사람의 자질을 헤아려 쓰는 것이다. 효라고 하는 것은 천도(태극도)가
천하에 나타나 변하고 새로워지는 현상의 조짐을 본뜨는 것이다. 그러
므로 길하고 흉한 일이 생겨나 후회하기도 하고 부끄러워 하기도 하는
천도의 이치를 글로 기록하여 분명하게 나타낸 것이 역서이다.

　　양괘에는 음효가 많고 음괘에는 양효가 많은데 그 연고는 어찌 그러
한 것인가? 양괘는 기수(홀수)로 이루어지고 음괘는 우수(짝수)로 이
루어져 있다. 그것들의 덕행은 어떠한가? 양은 전일하고 불변의 정신을
가진 지아비요 부모요 주재자요 하늘인데, 백성(사람 : 음)은 두 마음
을 가지고 갈등(인격 분열)하는 모순적 존재이다. 그러므로 지아비(남
편 : 임금)의 정신을 일러 '군자의 도' 라 하는 것이요, 임금이라 할지라
도 두 마음을 가지고 있어 그 마음이 어두워 소인과 같은 자는 백성 한
사람보다 못한 것이니 그 정신을 '소인의 도' 라 하는 것이다.

　　역(易)에 이르기를 그 마음(지조 : 절개)이 정해지지 않아 끊임없이
선과 악을 오고 가면 너의 마음을 믿고 너를 흠모하여 백성의 무리가 따
를 수 있겠는가? 공자가 말하기를 천하에 어떤 사람이 자기가 원하는

바 생각이 없고 자기를 염려하지 않는 사람이 있으리요. 천하에 어떤 사람이 타락하여 진흙탕으로 더럽혀진 길을 따라 같이 죽고자 하겠으며, 수많은 사람들의 뜻이 다 한 곳으로 일치할 수 있다면 천하만민이 어떤 것을 원하고 어떤 것을 근심하리요. 해가 지면 달이 뜨고 달이 기울면 해가 떠, 해와 달이 서로 밀어주고 당겨주므로써 밝음이 생기게 되고 추위가 가면 더위가 오고 여름이 가면 겨울이 오듯, 고통스러운 때와 편안한 때가 서로 밀고 당겨주므로써 한평생의 세월이 끝나는 것이다.

간다고 하는 것은 음기가 움츠러들고 오그라져 없어지는 것이요, 온다고 하는 것은 양기가 펼쳐져 만물의 생명을 나고 자라고 밝아져 보존하게 하는 것(信-伸=神 : 통한다)이니 태극 음양의 원기가 서로 굴신작용(밀고 당기는 원심력과 구심력)을 통해 서로 상응하는 가운데 이로움이 생겨나게 된다.

자벌레가 움츠리는 것은 밝은 빛으로 생명의 기운(양기)이 피어날 것을 알고 양기를 구하는 행동이요, 용과 뱀이(임금과 백성) 숨어 겨울잠을 자는 것은 자기 자신을 보존하려는 것이요, 올바른 천도의 정신을 깨닫고 그 정신에 들어가 하느님의 정신을 나의 주인으로 섬기려고 하는 것은 그 정신으로 나를 다스려 거짓나를 내던지고 하느님의 정신과 같은 지극한 불변의 정신을 이루고자 하는 것이다.

천도의 이로움으로 나를 다스려 나 자신(참나)을 평안하게 하려는 것은 하느님의 덕을 흠모하고 숭상하기 때문이요, 천도에서 멀어진 지난날 나의 허물을 떠나 보내려 하는 것은 그렇게 함으로써 혹 하늘의 지혜를 깨달아 알 수 있을지 모르기 때문이다. 하느님의 지혜(천도)를 궁구하는 것은 내가 하느님의 정신과 천성으로 화하여 세상에 천덕을 베풀어 천업(천도문명 실현)을 이루고자 하기 때문이다. 역에 이르기를 임금이 괴로움을 당하고 있는 것은 천도문명을 향한 목적을 내던져 버리고 가시덩쿨에 의지하여 지은 집(마음 : 불안, 초조, 갈등하는 마음)에 들어 있으니 그를 섬길 아내(백성, 신하)가 나타나지 않으므로 흉하다고 하였다.

공자가 이르기를 위태하여 있을 곳이 못되는 곳에 있으니 괴로움을 당하고 세속의 명예나 남들의 평판을 얻고자 하면 반드시 수치를 당한다고 하였고 의지할 곳이 못되는 것을 의지하면 안 된다고 하였으니, 그리하면 반드시 자기 자신을 위태롭게 하리니, 이미 수치스럽게 만든 자기를 거듭하여 위태로움에 빠뜨려 장차 죽을 기한이 이르기 전에 멸망하게 될 것인즉 어찌 그가 자기를 섬길 아내(백성)를 얻고 만족하는 일을 볼 수 있겠느냐?

역에 이르기를 제후(公)가 그의 주인(남편)인 천자를 사사로운 욕심으로 활로 쏘아 잡은 것(하극상 : 쿠데타)은 역천이니 이는 넘어서는 안 될 벽(금기)을 넘어 하느님(상제)이 세운 천자보다 높이 오르고자 은천자를 잡은 것(멸망)이니 이롭지 못한 일이다(反語). 공자가 말하기를 새매라고 하는 것은 짐승이요, 활과 화살은 천도의 말씀이요, 쏘았다는 것은 짐승 같은 사람이다. 자기가 군자(진정한 군자)로서 천도의 말씀(天命)을 그 마음에 간직하고 천시를 기다려 세상을 바꾸려 했다면 어찌 이롭지 않음이 있을 수 있겠느냐? 세상을 새롭게 바꾸려는 마음은 있었으나 천도를 인격으로 이루고자 진리를 찾아 궁구하고 깨달음을 얻고서 일어나지 않고(문왕) 나라를 쳐서 빼앗겠다는 소유욕이 앞서 나아갔기 때문에 이것은 옳지 못한 일이니 천도를 인격으로 이루지 못한 자가 나라를(세상을) 바꿔 변화시키겠다는 명분으로 모의한 일이라고 말하는 것이다.

공자가 이르기를 소인배는 어질지 못하여 수치를 모르고 의롭지 못하여 하느님을 경외하지 않는지라 천도(易)의 이로움은 나타나지 않고 천도를 백성에게 권장하지도 않으며 하늘을 두려워하지 않으며, 하늘의 징계를 두려워하지 않나니 소인들은 작은 징계를 두려워하고 하늘의 큰 교훈의 말씀은 경계하지 않나니 이것이 소인들의 복인가?

역에 이르기를 소인배들은 남의 나라를 힘으로 멸망시키고 빼앗는 것만 계산할 줄 알지 그런 일이 하늘의 법도에 어긋난다는 도덕적 생각은 하지 않으므로 자기 행동에 허물이 없다고 하니 이를 어떻게 설명해야 된단 말인가. 선한 일을 쌓지 않고 명예를 이루었어도 만족할 줄 모르고 악한 일을 쌓지 않았어도 천도의 근본을 모르고 달려가면 자기 자신을 멸망에 이르게 하나니 소인들은 적은 선은 유익함이 없다고 하지 않고 적은 악은 남을 상하게 하지 않는다고 버리지 않는다. 그러므로 소인들은 악행을 쌓으면서도 숨겨 고치려하지 않나니, 죄가 커지면 해원할 수 없게 되느니라.

역에 이르기를 어찌 천도의 가르침이 선의 싹을 멸하므로 흉하다 하리요, 공자가 말하기를 백성을 위태롭게 하는 것은 임금의 지위가 편안치 못하기 때문이 아니라 그의 품격이 합당치 못하여 자기 자신만의 즐거움에 빠져 백성을 돌보지 않기 때문이다. 나라가 멸망하는 것은 임금이 백성을 보호하여 편안케 함으로써 임금을 의지할 수 있게 보살펴 편안하게 살게 해주지 않기 때문이다(反語法). 나라가 어지러워지는 것은 다스리는 자에게 있다. 그러므로 군자는 나라가 위태로워지는 원인을 잊지 않고 백성을 편안히 살 수 있도록 다스려 나라가 어지럽게 되면 망한다는 이치를 잊지 않으므로 자기도 평안을 누리고 나라도 편안하게 보존할 수 있다.

역에 이르기를 그 나라가 망한다 망한다 하면서도 임금이 자신을 바로잡지 않고 뽕나무 잎을 따 싸매놓고 지탱하고 있다. 공자가 이르기를 덕이 없는 사람이 높은 지위에 올라 존경받으려 하고 아는 것이 적은 사람이 큰 일을 꾀하며 능력이 적은 사람이 중대한 임무를 맡으려 하면 그 힘이 미치지 못하여 요절하게 된다. 역에 이르기를 상서로운 나라(솥 : 상제국)를 지탱하고 있는 정승(은왕, 천자)이 죽자 제후가 나라를 넘어뜨려 망하게 하니 솥(나라) 속에 있는 음식물(제물 : 선민)이 쏟아져 하느님께 바치는 제사음식으로 쓸 수 없게 된 모양이 하늘로부터 중한 형벌을 받아 그렇게 된 것이어서 흉하다 하였으니 하늘의 말씀(천도)으로 만백성을 길러야 할 책임을 진 천자(견우)가 그 자신의 욕망(사사로운 마음)을 억눌러 이기지 못하였기 때문이다.

　공자가 말하기를 천도를 깨달아 아는 지혜는 하느님이 자연을 통해 세상에 나타내 보이시는 징조와 기미를 신처럼 알아보는 것이 아니던가? 그러므로 군자는 상제 하느님과 친하게 사귀어(수도하다) 함정에 빠지지 않는 것이며, 백성을 친하게 하여 하늘이 경작하는 밭도랑(백성의 마음 : 정신, 뜻)을 더럽히지 않으니 그것이 하늘의 기미를 아는 지혜가 아닌가? 하늘이 나타내는 천시와 천운의 조짐이라고 하는 것은 시대가 변하여 새로워짐을 나타내는 것이니 그 상서로움을 먼저 볼 수 있는 자가 선견자이니 군자는 하늘의 징후를 보고 백성을 경작하여 농사지으려고 천시가 끝날 때까지 기다리지 않는다.

　역에 이르기를 천자가 상제를 도와 하늘농사를 짓는 농부(시중꾼)가 되어 주인(상제)에 대한 지조(절의, 충성)를 굳게 지키며 천도문명 실현의 목적을 향하여 곧게 나아가며 천시가 끝날 때까지 기다리지 않으면 그의 사명기간이 끝나고 난 겨울철(貞) 휴경기에도 길할 것이니, 이는 그가 주인(하느님)에 대한 절의를 잃지 않고 견우로서 맡은 사명의 목적을 향하여 힘써 일했기 때문이거니와 공손한 마음으로 사욕을 다스려 맡은 때가 끝나기까지 힘써 농사하며 참자기와 거짓자기를 분별하여 자아를 끊어 단절하고 참자기를 깨어나게 할 수 있는 지혜를 깨달았다면야 이보다 더 좋을 수가 있으랴, 군자의 지혜는 은밀하게 숨겨져 있는 하늘의 지혜(천도)로 유약한 음기의 비밀을 알고 강하고 굳센 양기(하늘의 정신)의 비밀을 밝힐 수 있어야 하나니, 그것은 만민의 지아비이신 하느님이 결단코 이루고자 하시는 소망인 것이다.

　공자가 말하기를 안자가 하늘의 모든 징조를 아는 경지에 거의 가까이 이르르지 않았던가? 착한 일이 아닌 줄을 알려면 먼저 체험해 보지 않으면 알 수 없으며 그것을 알면 다시 체험해 보지 않아도 행할 수 있다. 역에 이르기를 머지 않아 새로운 천시가 되돌아올 것이니 하느님을 공경하고 천도를 숭상하지 않으면 후회하게 될 것이니 공경하고 숭상하는 자들은 천도문명 섭리가 새로 시작되는 봄철(후천벽두)에 크게 길할 것이다. 후천개벽의 봄철이 오면 천지의 원기가 하나로 화합하여 왕성하게 될 것이며 만민의 정신이 순수하고 전일하게 화하여 남자(東木震)와 여자(西金巽)의 정신이 만나 부부의 인연을 맺고 뜻을 합하여 천업을 이루기 위하여 만민을 참사람으로 낳아 기르게 될 것이니라.

역에 이르기를 사람이 자기의 성품을 바꾸려고 사람다운 도리를 거듭 행해 나아가면 불순한 의식이 점점 줄어 순수하고 전일한 정신(성품)에 이르게 되고 순수하고 전일한 정신을 가진 사람이 사람의 마땅한 도리를 행해 나아가면 그를 따르고 순종하는 무리가 생겨나 같이 천도를 닦아 순일한 정신을 이루게 되느니라. 공자가 이르기를 군자는 자기 자신이 먼저 천도를 닦아 즐기며 그 정신을 순일하게 하여 편안해진 연후에 움직여 세상을 새롭게 변화시켜 나아가며 그 자신의 중심(정신)을 바꾸어 새롭게 한 연후에 천도의 말씀을 발표하여 논하고 뜻을 같이하는 무리가 정해진 후에야 나라 얻기를 바라므로 군자는 거듭 자기를 닦아 나아가는 것이므로 흠이 없이 온전해지느니라.

천시와 천운이 동하여 바뀌는 차축시대에는 위태로워 백성들이 군자와 함께 하려 하지 않고 천도의 말씀을 두려워하여 백성들(사람들)이 뜻을 같이하려 하지 않으며 사귀어 친하려고 해도 교제하기를 원하지 않는다. 천도의 뜻(하늘의 뜻)을 같이하려 하지 않는 백성은(사람들은) 장차 하늘이 고통을 주어 이지러지게(망하게) 할 것이니 가여운 일이다. 역에 이르기를 천시와 천운의 흐름에 이롭지 못한 백성(사람들)은 쳐서 멸망하게 될 것이니 천의를 숭상하려는 불변의 정신을 세우지 않으면 흉하게 될 것이다.

공자가 말하기를 건과 곤은 천도(역)의 문이 아니던가? 건은 양의 기호요, 곤은 음의 기호요, 음과 양의 성품(천성)이 합하듯 강건한 정신과 유약한 정신이 만나 짝을 이룰 때 본연 본성의 형상을 소유하게 되어 천지도 이와 같이 하여 체(본성의 형상 : 본체)를 가지고 신(神)으로서 그의 덕을 밝혀 천하에 통하게 하므로 신이란 이름으로 부르는 것이다. 강유의 기운(강한 목적의지와 겸손한 태도 : 내강외유의 인격)이 서로 섞여 있으면서도 서로 그 분수를 넘지 않으며, 서로의 능력의 한계에 가지런히 머물러 그 정신의 힘이 세세토록 쇠잔해지지 않음이여!

저 역은 가고 오는 과거와 미래의 천운과 천시의 변화를 밝혀 징조로 나타내고 어두움에 쌓인 하늘의 지혜를 열어 밝게 드러내며 사람으로 하여금 그 마음밭을 개간하고 넓혀 천도를 깨우쳐 통달하게 함으로써 당당한 이름을 얻고 하늘로부터 천업의 사명을 받게 한다. 역은 사물을 분별할 수 있게 하며 중정심을 이루고 바르게 말하며 성인의 교훈(辭)을 바르게 판단할 수 있는 지혜를 구비하고 있으므로 그 속의 글자는 몇 자 안 될지라도 훌륭한 글이라고 칭해지고 있다.

역에는 사람이 본떠야 할 온갖 일과 이치가 다 들어 있어 취할 바가 크며 그 뜻이 심오한 것은 그 글이 성인의 교훈이요 천도의 말씀이어서 그 마음이 사악하여 삐뚤어졌을지라도 바로잡아 중정을 이룰 수 있으며, 그 천도를 섬겨 숭상하면 사욕에 치우친 자아를 죽여 사사로운 정신을 제거하고 하늘의 천성을 이루어 만민을 구원하는 천업을 행해 나아갈 수 있다. 천도를 잃으면 어긋나 멸망에 이르고 천도를 얻어 깨달으면 영원한 생명에 이르는 일을 만민에게 알려 천운에 보답할지니라.

천도(易)를 왕성하게 일으키려는 것은 옛 성인의 정신을 본받고자 함이 아닌가? 옛 성인(한웅천왕)이 역을 짓고 역으로 사람농사를 하려고 했던 것은 인간의 정신이 사회적 성장과정에서 필연적으로 병(인격 분열)들어 고통받게 된다는 것을 알고 있었기 때문이 아니겠는가? 그러므로 자기소외와 인간소외의 병을 고치고 환골탈태하여 참자기로 태어나기 위해서는 천도의 수행과정과 깨달음의 절차를 밟아 나아가는 것이 천덕을 자기 인격과 성품으로 길들이는 기초요 겸손해야 하는 것은 덕성의 재료요, 거짓자기와 참자기가 정신 속에 겹쳐 인격분열을 일으키는 병을 고치려면 거짓자기를 죽이고 사람의 원상태(참자기)로 돌아가는 것이 덕의 근본이요, 항구적으로 정신이 불변해야 한다는 것은 천덕이 인덕으로 성품화(고착, 고정)되어야 한다는 것이요, 그러한 인격이 자기에게나 사회적으로 유익해야 한다는 것은 덕이 넉넉해야 한다는 것이요, 천자의 덕이 부족하여 메마르면 인심이 불통하게 되어 사회가 어지럽고 위태하게 되는 것이므로 자아와 참자기로 겹쳐 있는 정신을 둘로 쪼개어 가짜를 죽이고 천덕을 인덕으로 자기화해야 한다는 것이다.

격자모형의 우물귀틀(井)처럼 법과 규율이 정연해야 한다는 것은 임금의 덕이 사회적으로 바르고 정연하게 균배되어야 한다는 것이요, 임금의 덕이 공손하고 사양심이 있어야 한다는 것은 천자는 말보다 법도와 규율로 공정하게 다스려야 백성이 순복하고 따르게 된다는 것이다.

그러므로 천자의 뜻을 시행함에 있어서는 법적 절차를 순서적으로 밟아서 시행해야 사회적 조화에 이를 수 있고, 천자가 겸손하여 백성을 존중해야 그 문화가 번영하고, 사람의 원상태로 돌아가려면 소인배들의 물성인 육체적 자아의 사사로운 탐심을 쪼개어 제거해야 하고, 항구적으로 불변하는 사람의 주체정신을 가지려면 세속적 가치관념이 뒤섞이지 않은 순수한 정신을 길러 사심(자아의 욕망)을 억눌러 제거하지 않으면 안 되며, 거짓자기를 억눌러 사심과 물성을 감소해 나가려면 먼저 자기 삶을 괴롭게 하여 고통스러운 생의 경험 속에서 강인한 신념(정신, 지조)을 기른 연후에야 새로운 자기로 바뀔 수 있으며 자기 자신과 사회적으로 그 정신이 유익하게 되려면 천성을 자기 성으로 길러 넉넉하게 되어 남들에게도 베풀 수 있지 않으면 안 되며(明明德) 천자가 덕이(인격) 부족하여 인심이 통하지 않을 때는 천자가 먼저 천도를 궁구하여 통달함으로써 덕을 길러야 하고, 천자는 즉흥적으로 하는 말보다 법과 규율을 정하고 균일하게 시행해야 한다는 것은 백성들이 생활해 나아가는 바를 새롭게 변화시키고 바꾸어 발전해 나아가도록 하기 위함이요, 천자가 공손하고 사양지심이 있어야 한다는 것은 초야에 숨어있는 현자들을 받들어 올려 높이 써 선정을 베풀므로써 천자의 명예가 빛나게 되고 칭송을 받게 되기 때문이다.

법을 균등하게 하고 순서와 절차를 밟아 공정하게 국정을 처리함으로써 백성이 화합하게 하고 예법을 제정하여 백성에게 겸손을 가르쳐 야성(동물성, 육성)을 억제하며, 새로운 천시와 천운이 스스로 알아서 다시 돌아올 것이니 순일한 지조와 인품이 항구적으로 변치 않아야 하고, 인간에게 해로웠던 세월은 점점 줄어 멀리 떠나 보내고 유익하고 이로운 시대가 발흥하게 하며, 약하고 힘없는 사람들의 고통과 억울함을 해원해 주고, 법과 규율을 정제하여 옳고 그름을 분명하게 판별하여 만인의 자유와 권리가 법 앞에 균등하게 하고, 사양지심으로 공순하게 법과 권위를 집행해야 하느니라.

임금과 신하가 지켜야 할 불변의 도가 없고 강건한 정신과 유약한 정신이 서로 바뀌면 법도가 바라는 대로 나라의 위계질서를 통괄할 수가 없으니 오직 변화되는 상황에 따라 맞추어 나아갈 수밖에 없으며, 발생하는 상황대로 받아들일 수밖에 없을 것이니, 공적인 일이나 사적인 일을 함에 있어 하늘을 두려워할 줄 알고 또 그러한 사실을 신하들에게 밝혀 알게 하여 천자(임금)가 유약할지라도 강한 신하가 천자를 누르고 권력을 전단하지 못하도록 신하들이 한 뜻이 되어 위계가 역행하는 우환을 막아야 하는 연고이니라. 유약한 천자에게는 태재, 태사, 태보가 어린 자식을 보호해 주는 부모와 스승 같으니 믿고 본받을 수 있는 보사(삼정승 : 왕사)가 없으면 처음부터 신하들과 백성을 가르치고 타이르고 꾸짖어 이끌며 나라를 지켜 보존할 방도와 계책을 세워 백관을 거느려 나갈 수 없을 것이니, 나라에 이미 불변의 상도(천법)가 있다고 한들 사람들이 원하지 않고 눈앞의 편한 대로만 하려고 한다면 천도와 천법은 행해지지 않을 것이니 헛될 뿐이다.

천도(易)를 글로 써서 책으로 만들되 자연의 원리에 근거하여 비롯(시작)되고 이루어지는 섭리의 묘리를 요약하되 자연의 실체인 하느님의 정신(성품 : 천성)이 목적을 지향하여 이루어나가는 것이 마치 '육효가 서로 뒤섞여 한 바퀴 돌면' 천한 것(악한 무리)은 흩어지고 남은 것은 '짝끼리 만나 부부를 이루는 것은' 오직 '우리만이(장손동이) 하늘이 정한 때(후천개벽시)와 세상을 평정할 권세를 얻고 천도문명을 이루게 될 것이나' 처음에는 적이 많아 싸움이 힘겨울 것이라는 것을 알아야 하고, 역(易)은 상제께서 이루어 나가는 천도문명 섭리라는 것을 알아야 하고 '후천개벽 사명을 짊어진 백성이 하늘나라(고조선) 종주백성의 후예임을 알아야' 본연의 천도를 깨닫고 책으로 알려 세상이 의심하는 바를 꾸짖고 교훈삼게 하여야 마침내 천도문명을 이루어 나갈 천군의 무리를 이루어 천업을 마칠 수 있을 것이니라.

만일 네가 지아비(상제 : 하느님)의 일(천업)을 이루기 위해 많은 무리를 이루려고 하면 천도의 말씀을 너의 인격으로 이루고 백성들에게 천도를 가르치고 육성하는 은혜를 베풀어 무리로 하여금 만상의 옳고 그름을 판별할 수 있는 판단력을 길러주지 못하고 무리가 기쁨으로 참여하고 화합하게 하지 못하면 무리가 너의 정신(중심 : 뜻)을 본받지 않을 것이니 천군의 무리를 갖추지 못하게 될 것이다. 아하! 내가 원하는 바의 뜻을 보존하여 뜻을 이루지 못하고 멸망하게 되는 길흉의 근본 요지가 여기에 있음을 알 수 있으니 천도의 역리는 단사(彖辭)를 살펴야 알 수 있는 것이요, 생각을 잘못하여 실패할 수도 성공할 수도 있는 성패의 교차점이 여기에 있다.

사방으로 갈라지는 두 마음을 하나로 화합하게 하지 못하여 같은 일을 이룰 수 없는 것은 두 마음의 원하는 바가 각기 다르기 때문에 같은 선한 결과를 이룰 수 없으며 그런 두 마음을 겹친다고 해서 많은 공이나 명예를 이룰 수 없고, 많은 공이 사방으로 흩어지는 위태로움만 있을 뿐이니 두렵게 여겨 두 마음이 가까이 하지 못하게 해야 한다.(두 마음 : 천심과 인심, 삿된 마음)

유약한 정신을 갈고 닦아 강직한 정신(주체정신)을 이루게 하는 것이 천도이니 유약한 정신(육체적 자아)은 이롭지 못하니 멀리 추방하는 것이 천도의 근본요지이므로 허물이 없다는 것은 유약한 정신을 천도로 다스려 바로잡아야 한다는 것이다. 오행의 제위(帝位)를 무리(6효 : 6子)가 함께 거듭 좋아한다고 해서 같은 공을 이룰 수 없는 것은 그들의 지위와 품격(성품)이 각기 다르기 때문이다. 무리가 다함께 공을 이루려고 하는 것은 흉(재앙 : 헛수고)할 뿐이요, 오행의 중심인 제(帝)와 그들의 정신이 겹쳐져 하나가 되어야 많은 공훈을 이룰 수 있다는 것은 6효가 제각기 귀하고 천함의(어리고 약한 것과 강하게 성장한 패) 차등이 있기 때문이므로 어리고 유약한 정신(효 : 1, 2, 3, 4, 5효, 선천수)은 위태로워 천업의 공을 이룰 수 없고 강하고 성숙한 정신(효 : 후천성수, 6, 7, 8, 9, 10수)만이 세상의 악을 멸망시키고 후천개벽을 하여 승리할 수 있지 않겠느냐?

역의 글은 포괄하는 내용이 넓고 크며 끝까지 자연의 이치를 궁구하여 모든 것을 다 갖추고 있으므로 이 책을 보고 천도를 알 수 있다고 하는 것이며, 인도를 알 수 있고 '지도'(삶을 살아가는 지혜)를 알 수 있으므로 6효가 되었으며, 이 여섯 사람(六子)은 곧 두 사람(장남, 장녀)이며 남이 아니고 부모와 자식이고 장차 부부가 될 짝이요 한 사람 속에 두 마음을 갖추고 있는 인격분열상태의 선천인간들(선천수 : 1, 2, 3, 4, 5)이다. 그러므로 천도를 일컬어 '삼재지도'라 한다.

천도(易)는 변화하여 새롭게 바뀌는 것이므로 역이라 하고 변화를 본받아 서로 엇갈려(대칭관계) 있으므로 효(엇갈려 있다)라 하고 효들은 부모와 아들 딸 즉 어린 사내아이와 어린 딸아이가 성장하여 어른이 되는 과정의 단계에 있으므로 한 몸에 두 마음이 들어 갈등하는 인격분열적 인간들을 일러 '만물'(고등동물, 짐승의 단계)이라 한다. 만물의 단계에 있는 모든 인간은 하나의 인격 속에 두 마음이 서로 뒤섞여 정신분열상태(모순, 대립, 갈등, 투쟁)에 있으므로 어지러운 속내를 감추기 위하여 외모를 아름답게 채색하여 꾸미는 것을 문화라고 말한다. 그러나 외양만 꾸며 속을 감추려고 채색하는 것은 정당치 못한 일이므로 길하고 흉한 행불행이 생겨나는 것이다.

역을 사람들이 점서로 좋아하여 왕성하게 된 때는 은나라가 망하기 전 사회가 극도로 불안하고 어지러운 말세에 성하게 일어났으니 이는 역을 통해 가르침을 두루 구하고자 했기 때문이 아니랴? 그러므로 주역(周易)의 내용은 당연히 '주나라 문왕이 은천자 주(紂 : 受)를 정벌하고 혁명하여 주제국을 건설하려던 일을 기록한 것' 이 아니겠는가? 그러므로 그 문장(언어, 성구)이 위태로운 상황을 나타내고 있으니 위태로움 속에 빠져 있는 자로 하여금 타락한 세상을 평정하게 하고, 어지러운 세상을 바꾸어 새 세상을 만들겠다는 자로 하여금 기울어진 제국을 바로잡게 하였으니, 천도는 진실로 위대하여 모든 사람의 마음과 일을 변화시키고 바꾸어 기울어져 못쓰게 된 자들은 해체하여 없애 버리고 새롭게 바꾸려는 자는 폐하지 아니하고 붙들어 일으키나니, 한 시대가 끝나고 새로운 시대가 시작되는 개벽 때는 참으로 두려운 때이니 하늘이 운행(섭리)하는 바 근본 요지(하늘이 원하는 바)를 알고 행하는 자에게는 허물이 없나니 이를 일러 천도섭리의 변화라(易) 하는 것이다.

저 건(乾 : 하느님, 남편, 주인, 양)은 천하에 더 없이 지극하고 강건한 의지적 정신(섭리목적을 이루어가는 불변의 정신)이니, 만민을 참사람으로 낳아 기르고자 하는 은혜를 베풀어 행하는 불변의 정신을 역(천도)으로써 알려 비뚤어지고 기울어져 바르지 못한 것(사람)은 위태롭다는 것을 깨닫게 한다. 저 곤(坤 : 땅, 만민, 사람, 여자, 아내, 음)은 천하에 지극히 온순하여 하늘의 도리를 본받아 바르게 화하려고 하는 성질이므로 그것이 베풀어 행하는 바의 은혜는 항상 인격분열을 일으키고 갈등과 모순에 처해 있는 육체적 인간상황의 기울어지는 위태로움 속에서 고통받고 있으므로 천도를 친하게 하여 자기를 갈고 닦고 익혀서 거짓자아를 형성하고 있는 자아관념을 소멸시켜 나아갈 수 있는 지혜를 알게 하느니라. 천도의 말씀을 공경히 따라 능히 모든 자아관념(心 : 세속적 가치관, 고정관념)을 제거하려고 세상에 나타나는 모든 징조를 살펴 연구하여 조각난 천하의 이치를 하나의 체계로 정리하여 역철학을 완성하였으므로 이 역으로써 인간만사와 천하만사의 길하고 흉함을 알수 있게 하였다. 그러므로 천하의 이치를 알고자 열심히 노력하여 나아가는 자를 일컬어 거짓자기를 바꾸어 다시 태어나려고 하는 자라고 하나니 길한 일에 전념하고 하느님을 섬겨 천업을 경영하면 복되도다.

천상(象 : 易)을 섬겨 사모하는 자는 하느님의 지혜를 얻고 천업을 경영할 수 있는 그릇(제기)이 되고, 점을 섬기는 자는 장래의 일을 알게하며 하늘(乾 : 남편, 아버지)과 땅(地 : 아내, 신하, 어머니, 세상, 만민)의 지위와 성질과 직분을 글(책 : 역서)로써 천도를 이루고 만민에게 베풀어 천도문명을 능히 일으켜 세운 것은 성인이 한 일이니 사람이도모하고자 하는 것은 귀신(태극작용 : 하느님)이 도모하려는 것으로백성에게 베풀어 함께 참여하여 잘 이루어 나가기를 바라는 것이다.

팔괘는 하늘이 사람에게 천도를 알리려고 나타내는 상(象)을 상징으로 나타낸 상수의 그림(괘도)이고, 효사와 단사는 천도가 말씀하시는뜻을 나타내나니 하늘의 강건하고 전일한 정신과 만민(인간)의 유약하고 분열하는 정신이 뒤섞여 살면서 길하고 흉한 일로 나타나게 되는 것을 알 수 있다.

천도와 천시가 변화하여 새롭게 바뀌는 것을 이롭다고 말하고 길흉을 나타내어 천운이 천시(하늘이 정해 놓은 대)에 따라 변천해 가는 뜻을 나타낸다. 그러므로 사람들이 서로 사랑하고 미워하여 서로 공격하고 괴롭히는 삶의 고통을 통해 인간성을 깎고 다듬어 천성에 길들여지게 하는 가운데 길흉이 나타나는 것이다.

친하지 않은 사람과 친한 사람이 서로 돕고 의지하는 가운데 길하고흉한 일이 생겨나며, 진실하지 않은 뜻이나 정을 서로 나누고 교감하는가운데 이해득실이 생겨나나니 역(천도)의 뜻은 서로 가까이 하여 친해지지지(힘써 궁구하다) 아니하면 얻을 수(알 수) 없어 흉한즉 혹 어떤 사람에게는 해롭기도 하고, 또 후회하거나 부끄러운 일이 되기도 한다.

미래를 알고자 점을 치는 사람이 흉한 점사를 얻으면 부끄럽기도 하고, 속마음으로 점을 의심하던 자가 그 점사를 얻어 자기중심의 버팀목으로 삼기도 하며, 어떤 사람이 지나치게 길한 점사를 얻으면 가난하고 불행한 사람들을 돌보아 베풀기도 하고, 성급한 사람이 점사를 얻으면 떠들고 다니면서 교활한 일을 벌이는 사람도 많고, 착한 사람들을 무고(속이다)하기 좋아하는 사람이 어떤 점사를 얻으면 그 점사를 자랑하고 다니면서 뿌리 없는 헛소문을 유포하여 인심을 혼란스럽게 하기도 하고, 좋은 점사를 얻고 그 길함을 지켜 천운을 보존하며 잃지 않으려고 하는 사람은 그 점사를 얻지 않은 듯 속마음을 움츠려 드러내지 아니 하느니라.

설괘전(說卦傳) 해석

昔者, 聖人之作易也 幽贊於神命而生著 參天兩地而倚數 觀變於陰陽而立卦 發揮於剛柔而生爻, 和順於道德而理於義 窮盡性以至於命

"옛날 성인(제1대 한웅천왕의 桓易)이 易을 지을 때 하늘나라 상제께서 어리석은 백성들의 천성(天性)을 밝히기 위해 천명으로 천도를 가르쳐 알게 하시고, 시초를 가지고 점을 치게 하셨으니 하늘의 수는 3으로 하고, 땅의 수는 2로 하여 음양(천지, 강유, 남녀, 부부)의 변화를 관찰하여 괘를 세우고 강유의 변화가 나타남으로써 효가 발생하는 모습과, 그로써 사람이 도와 덕을 좇아 상하 좌우의 사회적 관계에서 치우침이 없이 알맞은(和, 조화, 중정) 이치와 도리를 백성이 노력과 정성을 다하여 함께 궁구하게 하여 '천성을 닦아 이루게 하고', 하늘이 준 생명의 지극한 경지에 이르게 하려고 준 것이 천도이다."

昔者, 聖人之作易也 將以順命之理 是以立天道 曰陰陽, 立地道 曰柔剛, 立人道 仁義, 兼三材而兩之 故 易六劃而成卦 分陰分陽迭用柔剛 故 易六位而成章

"옛적 성인이 易을 지을 때 장차 후세인들이 상제의 천명에 순종하는 도리를 따라 천도를 세워 '음양'(태극)이라 하고 '지도'를 세워 '강유'라 하고, 인도를 세워 '인의'로 삼으니, 이는 사람이 '천도와 지도와 인도'를 합하여 하나의 정신을 이루어 하느님(乾)의 짝(坤)이 된다는 의미를 합친 것이므로 易은, 여섯 획의 음양(하늘땅, 남녀, 부부)이 합쳐 한 괘를 이룬다. 음과 양을 나누고 그 위치가 서로 바뀌어지는 데서 유함과 강함이 변화를 나타내는 것이므로 易의 여섯 획의 지위변화에 따라 효사와 괘사의 문장이 성립되는 것이다."

천지정위와 육위상통

天地正位 山澤通氣 雷風相薄 水火不相射 八卦相錯 數往者順 地來者逆 是故 易 逆數也

"하늘(아버지, 남편, 천자)과 땅(여자, 아내, 백성)이 제자리를 바르게 잡아야 산(선민의 제국)과 연못(제후국들)은 서로 기운을 통하고, 벼락(천제의 명령, 천명, 천도)과 바람(교화, 문명확산)이 서로 어우러져 다스림이 널리 펼쳐지며, 물(백성, 육체, 물질)과 불(천도, 이상, 정신)이 서로 해치지 아니하고 하나로 어울려 이상과 현실이 조화하듯 팔괘가 서로 섞여 수(數 : 운수, 자연의 섭리)의 가고 옴이 순리를 따르는 것인데, 땅(백성, 사람)에서 미래를 부르고자 하는 것은 순수를 역수로 바꾸어 계산해야 함(逆天)으로 周易은 逆數를 따른다."

사람이 그의 미래를 알고자 점을 친다고 생각하는 것이 일반적 상식이다. 그러므로 자연의 이치인 순수(順數)를 따라 셈해 봄으로써 봄에 서서 여름과 가을을 알려고 한다면 자연의 이치를 보고 여름에 땀흘려 농사를 지으면 가을에는 풍성한 수확을 거둘 것을 알게 된다. 그러나 문왕의 주역은 역수(자연의 이치와 반대로 가야 한다고)로 셈한다고 한다. 이것은 문왕의 역천 때문이다.

왜 그의 이 말이 역설인가 하면 선선천 하도의 원리인 '천지정위와 육위 상통의 원리'에서 보듯 대각선상에 있는 6位가 서로 교통하여 상생해야 되는데 〈문왕괘도〉에서는 천지가 역위(거꾸로 있음)에 있어 서로 불통 배반하고 있고, 6位 역시 서로 남의 짝을 상대하고 있으므로 상생이 아니라 상극(서로 해침) 관계에 놓여 있다.

따라서 이 말은 문왕이 천명을 어기고 일어서서 세상을 다스리기 때문에 악한 자들과 간사한 소인들은 잘 되고 의인과 나라의 근본인 백성(선한 사람들)은 수탈 당하고 억눌리고 천대받는 세상의 원리를 따라 '거꾸로 나가는 운수를 부른다는 뜻'이다. 미래를 알기 위해 점을 치는 것이 아니라 미래를 이미 알고 그 미래를 계획적으로 바꾸어 악한 삶을 도모하는 간계와 권모술수(사도)를 계획하고 모의한 일을 성사시키기 위하여 점을 친다는 것이 소위 '미래를 부르다', '미래를 그렇게 살기로 정해 놓고 오게 하다'라는 뜻이다.

그래서 문왕선천은 그렇게 산 사람들만 성공하고 권세를 잡고 출세하고, 순리(순수)를 따라 산 의인과 민중들은 고통에 허덕이고 운이 막혀 절망하면서 살아온 것이 이를 증명한다. 그래서 〈문왕팔괘도〉를 '상극괘도'라고 부르는 것이다. 이러한 '역천행위'는 계속해서 나타나고 있다.

제출호진(帝出乎震)

帝出乎震 齊乎巽 相見乎離 致役乎坤 說言乎兌 戰乎乾 勞乎坎 成言乎艮, 萬物出乎震 震東方也, 齊乎巽 巽東南方也, 齊也者 言萬物之潔齊也 離也者 明也 萬物皆相見 南方之卦也 聖人南面而聽天下 嚮明而治 蓋取諸此也 坤也者 地也 萬物皆致養焉 故曰 致役乎坤 兌正秋也 萬物之所說也 故 曰說言乎兌 戰于乾 乾西北之卦也 言陰陽相薄也 坎者水也 正北方之卦也 勞卦也 萬物之所歸也 故曰勞乎坎 艮東北之卦也 萬物所成終而所成始也 故曰 成言乎艮

"만백성(만물)을 천도로 다스려 양육하는 하느님(上帝)은, 震方에서 나와서 초여름계절인 巽方에서 천도문명을 펴 부지런히 양육하고, 한여름에 해당하는 離方에서 삼정승(하은주 3代)들이 나타나 힘써 백성을 예도로 교육하고, 초가을에 해당하는 坤方에서 삼정승들이 예도로 백성을 양육하기 위해 수고한 고마움에 보답한다. 추수의 계절인 정추의 兌方에 이르면, 사해만민에게 예도문화를 보급하여 풍성하게 되니 기뻐한다.

초겨울에 해당하는 乾方에 이르러 은제국의 천도문명이 쇠퇴하고 다시 무도함으로 돌아가게 되니, 乾의 자리인 天胤의 지위를 놓고 은왕과 周王이 경쟁하여 싸우게 되니 천도문명이 얼어붙은 겨울철의 坎方에 와서 문왕이 혁명을 위해 준비하고 수고한 보람이 있어 은나라를 멸망시키고 주제국을 건설한 후 문왕이 천윤의 자리인 震方에 앉아 새로운 周제국 문명을 가지고 섭리의 새로운 한해인 先天時代 만물화육의 역사를 艮方의 새해(새로운 섭리시대) 봄 계절에 나타나 '하늘농사'를 시작한다."

이것이 선천시대 〈成言乎艮〉의 의미이다.

※ 여기 나오는 言자는 說자와 함께 文明과 文化의 뜻을 가지고 있다. 그러므로 '새로운 제출호진'이 이 문장에 다시 등장하게 된다. 은 견우가 물러나고 주 견우가 들어와 새로운 섭리시대(한해농사)의 하늘농사 즉 천도문명의 한해살이 농사가 시작되는 것이다.

※ 위의 계사전 설명은, 공자가 〈문왕괘도〉를 근거로 하여 설명한 것이므로 하도와 괘들의 위치와 다르다.

새로운 대리하나님(震 : 견우, 文王)이 나타나야 만민을 기르는 하늘농사가 시작되는 것이니 '震'은 정동방이다.

손방에서 주제국의 '禮道文化'를 펴 부지런히 백성을 양육하는데 이 巽方은, 원래 〈복희팔괘도〉(선선천도)에서는 정서방의 장녀자리이고 震의 배필이고 周나라는 서남간방의 兌方(소녀)으로 文王의 周나라가 있는 곳인데, 문왕이 선선천 괘도를 뒤엎어 놓음으로써 동남간방이 되었다. 손방인 동남방에서 부지런히 백성을 '禮道'로 양육하고 가지런히 한다는 것(齊)은 은나라가 거꾸로 문왕의 제후(宋나라)가 되어 '禮道'로써 백성의 마음을 닦아 깨끗하고 품행이 바르게 한다는 뜻이다.

'離'는, 천도의 빛을 밝히고 숭상하여 '사람이 天性'을 이루어 성장해 가는 것을 의미한다. 천제를 보좌하는 삼공(삼정승)처럼 하, 은, 주 삼대의 天子가 천도를 인격으로 이루고 나타나기를 원하는 것이 남방의 괘이다. 구세성인(文王, 견우)이 천하 만백성의 고충을 듣고 다스리기 위하여 남쪽을 향하고 앉아 천도를 밝히고 숭상하여, 백성이 천도로서 그 마음과 몸을 닦아 중정에 이르고 품성을 단정케 되도록 다스리는 여러 가지 이치를 이 易에서 취한 것이다.

'坤' 은 천자를 의미한다. 천자가 만백성을 천도로 낳아(교육시켜) 양육하여 함께 도의 극치에 이르게 하려는 것이 하늘의 뜻이다. 그러므로 백성(곤, 아내, 순종)이 천자가 명하는 천도에 순종하고 힘써 수고하고 닦아 도의 극치에 이르러야 한다고 말하는 것이다.

'兌' 는 한가위(正秋)이니 만백성의 예도가 풍성히 열매를 맺게 됨으로 기뻐하는 바가 있다는 것이다. 그러므로 가을에 이르러 만백성의 예도의 성취가 풍성함을 기뻐한다고 말하는 것이다.

서북의 괘인 乾이 초겨울에 이르러 '乾方'(하나님)에서 다시 싸움이 있다고 하는 것은 殷문명이 쇠퇴하여 '음, 坤' 으로 돌아간 선선천의 '震(殷天子)과, 새로운 시대(후천)의 주인으로 오는 '陽'(새로운 震 : 견우, 文王, 天子)이 서로 '震' 의 자리(대리하느님)를 차지하기 위해 싸우는 것을 '言陰陽相薄'(구문명과 새문명간의 투쟁)이라고 한 것이다.

'坎' 은 물(천도문명 : 은혜)이니 정북방의 괘요, '天' 은 원래 정북방 乾天의 자리로 표상된다. '천도문명' 은 원래 하늘나라(고조선)에서 나왔으며, 하느님이 천도문명을 이루시려고 섭리하시는 것이므로 힘써 노력한다(勞卦也)고 말한다. 이 '乾 : 天' 은 또 '震 : 艮方' 이니 간방은 만백성을 천도문명으로 낳아 양육하여 참사람으로 완성하고 지상천국을 이루는 섭리를 시작하는 자리인 동시에 선행문명이 끝나고 돌아가는 자리이다(萬物之所歸也). 고로 '坎'(文王이 乾의 자리에 坎을 바꾸어 놓았음)은 힘써 노력한다고 말하는 것이다.

'艮' 은 동북방의 괘이다. 만백성을 상대로 천도를 이루는 섭리의 한 해살이 농사가 끝나면 이곳으로 다시 돌아가 소멸되는 곳인 동시에 새시대의 새로운 문명의 역사가 시작되는 곳이다. 고로 '艮方' 은, 문명을 이루는 곳이라고 한다.

※ 艮方은 이와 같기 때문에 간방에 있는 한국으로 선천의 문명들인 儒教文明이 와서 꽃을 피웠고, 佛教文明도 한국에 들어와서 꽃피웠고, 기독교문명도 한국에 들어와 꽃피우고 나서 다 소멸의 길로 접어들게 되는 동시에, 후천 천도문명의 원도가 다시 한국에서 나타나 세계문명으로 확대되어 갈 것이라고 하였다.

神과 鬼神의 의미와 體用關係

神也者 妙萬物而爲言者也 動萬物者 莫疾乎雷 撓萬物者 莫疾乎風 燥萬物者 莫熯乎火 說萬物者 莫說乎澤 潤萬物者 莫潤乎水 終萬物始萬物者 莫盛乎山 故 水火相逮 雷風不相悖 山澤通氣 然後 能變化 旣成萬物也

"하늘나라 상제의 말씀인 천도는 奧妙하여 만백성을 지혜롭게 양육한다. 만백성으로 하여금 미혹됨에서 반전 변화하여 동물적 성벽을 버리고 천성으로 바뀌어 살아나게 하는 데는 천자의 위엄 있고 세찬 명령이 있지 않으면 안 되고, 백성의 정당치 못한 마음과 어리석은 풍속의 사회병리를 고쳐 바로 잡는 데는 천도문화운동보다 나은 것이 없고, 백성들의 삿된 풍속과 문화를 고사시켜 살라 버리는 데는 백성들의 마음에 천도를 숭상하는 불을 붙이는 것보다 나은 것이 없고, 백성들을 교육시켜 하늘의 뜻을 좇게 하는 데는 그들을 잘 살도록 하는 길밖에 없으며, 백성을 윤택하게 하는 것은 문화의 혜택에 젖게 하는 길밖에 없다.

제국의 문명이 성했다가 그 선민의 문명이 쇠퇴하여 끝에 이르게 되면 새로운 선민이 나타나 새로운 문명을 일으켜 왕성하게 하는, 끝과 시작이 교차하는 곳은 '艮方' 밖에 없다. 그러므로 '坎方＝北水' (하늘나라 상제)과 '離方＝南火' (문명의 성숙, 제국의 왕성함)의 기운이 이르렀다가 끝이 나서 돌려보내게 되고 '雷(震方)：東北艮' 와 '巽方：東南風' 이 도리에서 어그러져(본래 대각선상에서 마주보고 있어야 하는데 옆에 있다) 상극관계에 있고, '山(艮方)：東北' 과 '澤(兌方)：西方' 이 도리에 어그러져 있으므로 6位(여섯 방위 오행의 기운, 자연 순리의 운)가 서로 相生하지 못하고 相克관계에 있으니 相生관계의 위치인 대각선상으로 옮겨 놓아야 상생의 기운이 서로 통하게 되는 것이다. 그렇게 된 연후에야 자연의 운기가 제대로 변하고 조화롭게 되어 원래의 천도문명이 나타나 만민을 참사람으로 완성하게 될 것이다."

위에서 본 바와 같이 '神' 은 만민을 천도로써 변하게 하여 天性을 인간의 본성으로 바뀌게 하는 '言=말씀이고, 교육이고, 文明' 이다. 이러한 천도문명을 주신 분이 상고시대 '하늘나라' 였던 고조선 '上帝' 이신데, 그를 일컬어 '三神一體의 하느님(上帝)' 이라고 부른다. 이 神의 실체는 自然(우주자연의 정신)이기에 그를 '天神' 이라고도 부른다. 그 분이 상고시대에 사람의 육신을 쓰고 세 번 나타나셨으니, 한국시대의 한님(桓因)으로 배달시대의 한웅(桓雄)으로 고조선시대의 단님(檀君)으로 나타나셨으므로 三神이라 부르나 사실은 한분(一神)이 세 시대에 다른 모습으로 현신하신 것이었다. 그래서 그 분을 일러 '三神一體' 라 부르는 것이다.

이 하느님(天神)을 다른 말로 '鬼神 (太極 : 음양)이라고도 부른다. '鬼' 는 하느님의 의식의 기운(음양) 중에 '陰氣' 를 이르는 말로 이 음기는 物化되고자 하는 기운이고 '陽氣' 는 상승하고 초월하고 승화하려고 하는 정신의 기운인 동시에, 어떠한 의지를 이루려고 하여 발하고 펴져 나가고 높아지고 순화되려고 하는 피어나는 생명의 기운이기 때문에 이를 '伸氣' 라고 한다. '陰氣' 는 양기의 의지에 따르는 기운으로 낮아지고 따르려 하고 물화되려 하는 반면 변화되어 돌아가려 하고 흩어지려 하고 쇠퇴하여 사그라지려 하는 기운이라 이를 '歸氣' 라고 부른다.(鬼는 歸와 통한다.)

이 음양의 기운은 두 개의 기운이 아니라 달(月)이 초하루에서 생겨나 보름까지는 점점 커져서 만월이 되는, 생겨나고 커지고 확산되는 기운을 양기라 하고, 보름부터 만월이던 달이 점점 쇠퇴하여 사그라지는 후 보름달을 음기라고 부른다. 따라서 이렇게 확대되었다가 쇠퇴했다가 다시 생겨나고 확대되고 사그라지는 양음운동을 일러 '태극운동(태극)'이라 부르나 음양운동을 하는 달 자체는 하나일 뿐이다.

우리의 국기는 '태극'의 모습이 오행(사계운동)으로 운동하는 형상(보이지 않는 모습의 실상)을 형상화한 것이다. 그러므로 태극은 하느님을 형상화한 모습이니 거룩한 형상이다. 따라서 '鬼神'은 태극운동이며 천신의 정신의지의 힘(음양)이니, 하느님은 體이고, 태극은 用이다. 그러므로 사람이 죽어서 된 귀신과는 그 의미가 전혀 다르다는 것을 말해둔다.

인격을 가진 인간은 자연으로부터 생겨난 존재에 불과하고 자연은 인간과 생명 있는 만물을 낳은 모체이다. 그리고 자연으로부터 생명력(곡식, 물, 빛, 열)을 받아먹고 생겨나고 자라고 죽어 다시 자연의 품으로 돌아가는 자연의 일부가 곧 인간이다. 따라서 인간은 자연이다. 그래서 自然을 天地父母라고 말한다. 자연의 파생물인 인간이 인격을 가지고 있다면, 자연은 우리보다 더 우수한 인격을 가지고 있을 것이니 우리는 그것을 일러 '天心'(天性)이라고 하는 것이다. 백성들의 마음을 天心이라고 하는 뜻도 백성은 곧 자연이고 자연의 마음이니 천심이라고 할 수 있으나 백성의 마음, 즉 타락한 인간의 마음이 곧 하느님의 마음은 아니다.

위에서 본 바와 같이 〈文王괘도〉는 逆天의 괘도요 文王은 역천아(하느님을 배반한 견우, 마귀, 청지기)이다. 그러므로 문왕괘도를 '상극괘도'(서로 살리는 易이 아니라 해치고 죽이는 易)라고 부르는 것이다.

그런데도 '積善之家는 必有餘慶'이라고 하거나, 공자가 "성인은 칠정 (人心)을 따라 행해도 도덕에(中正) 어그러짐이 없다"라고 말하는 것은 문왕易의 정신과는 배치되는 말에 불과하다.

왜냐하면 위에서 본 바와 같이 '易을 통해 미래를 부르다, 오게 하다'의 뜻은 미래를 미리 계획해 놓고 수단방법을 가리지 않고 정치가들과 악한들의 궤계와 같은 것이 문왕역의 정신이기 때문이다.

문언전(文言傳) 해석

潛龍勿用 陽氣潛藏 見龍在田 '天下文明' 終日乾乾 與時偕行 或躍在淵 乾道乃革 飛龍在天 乃位乎 '天德' 亢龍有悔 與時偕極 乾元用九 乃見天則

"물에 잠겨 있는 용(은왕)을 다스리게 하지 말라 함은, 은천자가 미혹의 바다 물(苦海)에 빠져 부귀영화와 탐욕, 권세, 색욕과 같은 사욕에 빠져 천도를 버리고 폭군이 되었으니 그가 계속 제국을 다스리지 못하게 하라는 뜻이다. 나타난 용(문왕)이 세상에 있다 함은 선선천의 시운이 끝난 용(은왕)을 내어쫓고, 새로 나타난 대인이 새로운 제국의 용(왕)으로 올라 천도문명을 실현해 나아가야 한다는 것이요, 고요하게 있다가 갑자기 뛰어나와 천도를 가지고 나라를 뒤엎어 혁명을 한다는 것은, 새시대의 대인이 성신에 감동하고 천윤의 용으로 비상하여 대리 하나님 자리에 앉아 천덕으로 천하를 평정한다는 것이다. 그러나 자손 대에 가서는 은나라 천자처럼 자만심이 그 극에 이르러 천덕이 쇠퇴해짐에 따라 제국의 운세가 기울어진다는 것은, 자만이 극에 이르렀기 때문이니, 주제국을 건설한 문왕이 원래 어떻게 하늘나라 천윤의 자리에 오르게 되었는지의 이치를 생각해 보면 알 수 있을 것이라는 것이다."

※ 일개 제후에 불과했던 문왕이 역성혁명을 일으켜 천윤의 자리에 오르게 된 것은 은왕이 자만하고 무도하게 되어 타락했기 때문이듯 후손인 너희는 은왕의 전철을 밟지 말라고 훈계한 말이다. 공자가 부연한 내용을 뺀 원문은 桓易을 지은 桓雄天王이 써놓은 것이니 공자도 그 원문을 보고 해석을 가했음을 보아 알 수 있다.

이렇듯 천도문명의 도와 덕을 이루지 못하면, 제국을 보전할 수 없는 천명(하늘의 뜻) 섭리가 담겨 있음을 부정할 수 없는데, 그러한 천도가 고조선 상제로부터 나왔음을 숨기기 위해 많은 부분을 고치거나 빼고 古文으로 쓴 글을 〈今文讀書法〉으로 해석하여 가르쳐 온 의도가 많은 문장과 문맥 속에 역력히 나타나 있다. 그것은 한족(漢族)들의 자존심 때문이기도 하지만 하늘의 비밀을 감추어 두기 위한 하늘의 뜻이라고 보아야 할 것이다.

왜냐하면 공자가 이 글을 읽고 이해하지 못했을 리가 없기 때문이다. 그러나 공자는 한사코 십익의 글에서 금문식 해석을 가하고 있기 때문에 공자의 해석대로 배워 온 제자들과 후학들이 감히 일점 일획이라도 의심하거나 재해석하려는 시도를 하지 못하였던 것이다.

원래 〈천자문(今文)〉은 고조선에서 쓰던 讀書法인데 진시황 때에 이사가 정막(程邈)을 숙신(북부여)에 사신으로 보내어 왕문의 예서를 얻어가(최치원 전) 문왕의 혁명과 건국사를 중심으로 천자문을 개작하여 가르친 것이다.

이와 같이 이사는 다만 古文이 복잡하고 어렵기 때문에 간명한 조선의 천자문식 독서법(금문)으로 바꾸어 쓰도록 하였을 뿐이다.

성리학의 근원

乾元者 始而亨者也 利貞者 '性情 也 乾始能以美利 利天下不信所利大
矣哉 大哉 乾乎剛健 '純粹精 也 六爻發揮 旁通情也 時乘六龍 以御天也
雲行雨施 天下平也

"건원(대리하나님, 천자, 견우)은 천도문명을 세상에 펴 형통하게 하
는 천업을 시작하는 때(봄)이다. 천도로 말미암아 진실로 이롭게 되는
것은 참사람의 성품과 정신(뜻, 지조, 신념)으로 바꾸는 것이다. 새로운
문명을 시작하는 천자가 천도와 천덕의 이로움으로 사람과 사회를 아름
답게 하고 천하를 이롭게 할 수 있다. 그러나 천도와 천덕의 이로운 바
를 믿지 못하면 천하를 또한 이롭게 할 수 없으니 그 뜻이 얼마나 큰 것
인가? 크도다! 새로운 시대를 여는 천자여! 그의 '순수한 정신'은 하느
님의 정신의 강건함에 있다. 천도와 천덕이 육효(오행변화)의 변화에
의해 사람의 성품과 정신으로 아름답게 피어나고 빛을 발하여 그 정신
이 넓은 세상으로 퍼져 세상이 통하게 된다. 여섯효(육룡 : 삼공과 그
보좌들)가 그 때를 맞춰 천운을 타고 천자를 도와 천도와 천덕으로 백
성들을 길들여 양육하니, 천자의 은덕 베풀어지는 것이 마치 먹구름에
서 소낙비가 쏟아지듯 행해져 천하가 평정된다."

君子 以成德爲行 日可見之行也 潛之爲言也 隱而未見 行而未成 是以
君子 弗用也 君子 '學 以聚之 '問 以辨之 寬以居之 仁以行之 易曰 見龍
在田 利見大人 君德也

"군자는 천덕을 인격으로 이루기 위하여 마음과 행실을 순수하게 하
나니 날마다 그의 올바른 행실에서 볼 수 있다. 군자가 말을 할 때는 온

마음을 기울여 하나니 그 말한 바를 행하는 것도 은밀하게 하여 밖으로 드러나지 아니 하므로 볼 수가 없고 행위하는 바 역시 이루지 못한 것 같으나 이루지 못함이 없다. 이것이 군자가 천도와 천덕에 위배됨이 없이 자기를 다스리는 법이다.

군자는 재산을 모아 축적하듯 배움을 쌓고 사물을 분별하여 알기 위해 물음을 부끄러워하지 않고 언제나 관대함에 처하여 어질게 행동하나니, 易에 이르기를 '용이 세상에 나타나 있으니 세상을 천도문명으로 구원하러 온 성인이 분명하다' 라고 하였으니 그를 보는 세상 사람들이 먼저 알아보고 말하는 것이며 이것이 진정한 군자의 덕이다."

※ 천도와 천덕을 닦음은 육체적 동물성을 극복하고 참사람의 性(天性의 自己化)으로 인격화하기 위함이다. 이러한 '人性의 길들' 의 문제가 후일에 이르러 '性理學' 으로 발전(사실은 퇴보)하게 된 것이다.

여기서 우리가 큰 관심을 가져야 할 부분은 '순수정신' 이다. 이것을 '순수의식' 이라고 불러도 상관없다. 문제는 인류의 知性史에 있어서 '개인의 정신' (무리나 민족정신이 아닌)이 처음으로 나타난다는 점인데 서구세계에서는 근세라는 계몽주의 시대에나 개인정신이 나타날 뿐 그 이전(중세나 그 이전)에는 다만 '무리정신' 에 불과한 시민정신(혼) 정도가 희미하게 나타날 뿐이라는 사실에 비춰볼 때 이는 엄청난 일이 아닐 수 없다.

왜냐하면 상식인들(개인정신이 싹트지 않은 대중정신의 소유자들을 말함)의 하는 말 가운데, '사람은 먹기 위해 사는가? 살기 위해 먹는가?' 라는 말을 제법 철학적인 물음인 양 하는 경우가 흔히 있다. 먹기 위해 살든, 살기 위해 먹든, '먹는다' 는 문제는 동물적 의식상태를 벗어나지 못하고 살고 있는 것이 우리들의 현실이다. 이러한 동물적 의식상태에서는 '정신' 이 생겨나지 못하고 있는 단계이다.

'정신'이란 동물적 문제(본능적 문제)가 아닌 하나의 인간으로서 '진정한 창조적 생의 목표와 삶의 목적을 넘어 참자기 실현과 참인간실현'이라고 하는 차원 높은 보편적 인간본질의 추구 및 사회병리의 근절과 개선이라고 하는 문제에 대한 고뇌와 문제해결의 목적의지를 의미하는 것이기 때문이다. 우리는 이러한 정신을 보통 '이념'이라는 보편적 용어로 부르고 있다.

그렇기 때문에 헤겔 같은 이는 이를 두고 '정신의 발견'이라고 말함으로써 천지개벽과 버금가는 문제로 인식하고 있다. 그런데 하물며 우리 고조선에서는 '천도문명의 순수정신'을 제시하고 '인간과 세계의 이상실현을 목표로 하는 정신'을 제시하고 있으니 이 얼마나 놀라운 일이 아니겠는가? 그런데 그것도 그 정신이 '문명적 정신' 즉 대아의 정신인 동시에 개인의 정신으로 인격화하여 현재 동물성의 범주에 묶여 있는 인간이 아닌 초월적 인간으로서의 승화와 일반자에 불과한 거짓자아를 벗어던지고 '참자기'로의 초월과 인류의 이상인 지상천국을 실현하자는 그 '순수정신'을 제기하고 있으니 말이다.

이것은 문왕의 사상이나 철학이 아닌 고조선 천도문명에 내재된 철학이고 천도문명의 정신인 것이다. 이러한 '순수정신'을 간과해 버린 儒者들은 단순히 '지조, 정조, 정성' 정도로 바꿔서 표현해 왔다. 그것은 참으로 무지의 소치가 아닐 수 없다.

두 번째 단락에서는 '學'과 '問'에 대한 문제이다. 이를 모아서 현대에는 '學問'이라고 말하는데 서양 양반들은 동양에는 학문이라는 말 자체가 없고 서양의 유산이라고 으스대고 있다. 그러나 우리 고조선에서는 이미 5천년 전부터 '향학'(현대적 학교의 전신)을 설치해 백성을 교육하고 있었음이 상고사에 많이 나타나고 있음을 볼 수 있다. 우리가 왜? 서양쟁이들한테 기가 죽어 살아야만 하는가? '유학간다'라는 말은 유럽이나 미국으로 그것도 학문의 본산지로 간다면서 어깨쭉지를 들썩거리는 새대가리들이 판을 치는 세상과 우리말과 글을 없애고 영어를 국어로 사용하자는 천벌받을 주장을 그것도 젊은 학자들이 하고 있는 무지를 어찌해야 좋단 말인가?

　夫大人者 與天地合與德 與日月合其明 與四時合其序 與鬼神合其吉凶 先天而天不違 後天而奉天時 天且不違而況於人乎 況於鬼神乎 亢之爲言 也 知進而不知退 知存而不知亡 知得而不知喪 其唯聖人乎 知進退存亡 而不失其正者 其唯聖人乎

　"무릇 대인이라고 하는 것은, 천지와 더불어 그 덕을 합하여 하나가 되고 천자와 백성이 더불어 천도와 천덕을 개인과 사회에 밝혀 하나가 되고, 하늘의 참사람농사섭리를 사계절에 맞추어 차례를 따라 하나의 목적을 이어 이루듯 하며 음과 양이 갈아들어 변화를 이룸으로써 양(왕성함)이 변하여 음(쇠퇴함)이 되면, 그 시절이 다한 흥함을 알고 물러나고 새로운 양기(새견우)가 갈아들어 새로운 계절의 섭리를 이어 계승하되, 하나의 목적에 화합하여 상서로움을 이루는 것은 자연의 섭리로 선천이 다하고 후천의 때가 갈아들어 하늘의 뜻(정신, 목적)을 어기지 아니 하거든 항차 사람이 이를 어길 것인가, 귀신이 이를 어길 것인가?
　한 시대의 문명이 극에 이르면, 스스로 물러날 바를 알고 스스로 낮아져서 그 나아갈 바를 알아야 하며, 망하는 것을 알지 못하고 살아있는 것만 알며, 죽는 것을 알지 못하고 지식만 탐내는 자를 어찌 성인이라 하겠는가? 자신이 살고 죽는 것과, 나아갈 때와 물러날 때를 바르게 아는 자로서 그 생명을 잃지 아니하는 자를 오직 성인이라 할 수 있지 않겠는가?"

　앞장에서 말한 바 있거니와 여기서 다시 재론하는 것은 그만큼 중대한 문제이기 때문으로 '易'은 음양(태극 운동)과 오행의 자연변화원리인데, 일반적으로 〈음양오행의 원리〉라 하면 무형한 자연의 이치나 자연의 이법으로만 오해하고 우리 인간의 현실 생활과는 무관한 것으로 치부하여 무심히 흘려 버리기 일쑤이다.

그러나 여기서 말하는 〈음양오행의 원리〉란 우리 생활과 현실적 문제에 대한 실제의 사건과 사실을 말하고 있는 것이라고 하는 것은 인간과 인간이 행위하고 관계교섭 하는 모든 사회적 현상 자체 역시 자연현상이기 때문(자연의 일부)이다. 음양오행이 사계절에 맞춰 운동변화함으로써 만물이 나고 자라고 열매 맺고, 겨울의 휴식상태에 들었다가 다음 해가 오면 다시 반복되는 자연의 생명순환의 이치나 원리인 것도 사실이다.

그러나 '易'이란 그 자연자체인 우리 인간의 현실적 삶에 〈오행의 원리〉가 어떠한 실제적 변화와 사건으로 나타나 나의 삶과 미래를 결정짓는가? 하는 문제 즉 인사(人事)에 어떤 영향을 끼치느냐 하는 그런 미지근한 일이 아니라 우리의 현실적 삶과 운명을 어떻게 본질적으로 변화시키고 결정짓느냐 하는 그런 문제에 대한 해답을 제시하는 것이다.

우리 인간은 자신이 알든 모르든 어떠한 문화와 문명 속에서 현실적으로 지극히 큰 무형적 제약을 받으며 살고 있다. 기독교든 불교든 유교든 아니면 그것들의 복합적 문명이든 간에 그 문명이 가진 가치관이나 세계관 인생관, 신관 등에 의한 윤리나 도덕적인 것은 말할 것도 없고 나의 사고나 정신 내지 의식과 정서가 직간접적으로 결정되어지고 있기 때문이다.

모든 사람의 일상자체가 그러한 문명과 문화가 정해 놓은 카테고리(틀)에 의해 정서나 양심, 소신, 가치관, 상식, 윤리, 도덕 등 제반 관념이 의식화되거나 정형화되고 그러한 문명과 문화가 정해놓은 일반적이고 보편적인 '사고와 관념(정신)의 틀'에 의해 거의 동일한 규격품으로 모사되어(찍혀나온 동일한 모사품) 나오는 '기성품 자아'를 우리는 '자기'로 삼아 살아가고 있다. 그러므로 그런 자기자아는 자기가 만든 것도, 부모가 낳아준 것도, 신이 만든 것도 아닌, 그 문화와 문명이라는 시대정신이 자기의 일정한 틀에다 동일한 규격으로 대량생산해 낸 기성품에 불과하다. 그래서 자아를 '거짓' 또는 '타아(他我)'라고 부르는 것이며, 그것을 벗어던져야 참자기로 초월할 수 있다고 말하는 것이다.

그런데 그것을 벗어던지고 참자기를 깨어나게 하는 초월의 방법을 모르는 것이다. 기독교나 불교가, 중생이다, 부활이다, 해탈이다, 열반이다 떠들어대지만, 일반대중은 전혀 알아들을 수도 없고, 알아듣는다 해도 실제로 할 수 있는(될 수 있는) 방법을 모른다. 그래서 기독교 2000년의 역사를 통해서 '나는 정말 부활했다'고 나서는 사람이 하나도 없고, 불교역사 3000년 동안 석존 빼고 '나도 성불하고 해탈하고 열반에 들었다'라고 장담하고 나서는 사람이 하나도 없다. 그들이 주관적으로 '많이 있다'고 말해 봤자, 증명 불가능한 뜬구름이고 연기일 뿐이다.

그런데 여기 고조선의 천도문명은 산 속에 숨어서 도를 닦거나 교회 가서 손뼉치면서 헐떡거리며 뛰지 않고도 생활 속에서 자연스럽게 참사람(신선)으로 초월할 수 있을 뿐 아니라, 개인적으로 하는 것보다 국민 전체가 문화운동으로 해서 건강한 인격과 건강한 사회를 이룰 수 있다는 것이다.

고조선 상제께서는 이러한 '문명운동'을 역사적으로 해오고 있는데, 그 운동을 함에 있어 봄철(씨뿌리는 계절)과 여름철(기르고 가꾸는 계절)과 가을철(수확)과 겨울철(안식)과 같은 사계의 성장변화처럼 하늘의 '참사람농사 섭리'도 그렇게 하는 것인데, 그 한철이 곧 선선천, 선천, 후천, 안식천으로 바뀌며 그 바뀌는 때마다 끝남과 새 역사의 출발이 갈아드는 차축시대의 변화를 음양오행 원리로 묘사한 것이 이 《易》의 내용이다.

개인적으로 알아야 할 문제는 천도와 천덕의 실체를 알고 그것을 실생활 속에서 실천하여 닦는 것이고 국가적으로나 조직적으로 알아야 할 문제는 그런 차축시대가 바로 이때이고, 새로운 후천시대의 주인(人皇)

이 우리 한국, 한민족(韓民族)이라는 것이다. 그러므로 이 〈천도문명의 이념〉을 국가적으로 인식하고 세계적으로 확산시켜 나아가야 한다는 것이다.

21세기는 '문화전쟁의 시대' 라고 외쳐대고 있다. 강대국들이 역사를 지배하고 세계를 지배하는 실질적 힘은 文化와 文明이지 총칼이 아니다. 선진국이다, 후진국이다 하는 문제도 문화와 문명의 선진이냐 후진이냐 하는 문제이기 때문에 강대국들은 후천의 새로운 문명을 서로 먼저 창출해내야 미래의 세계지배권을 선점할 수 있을 것이므로 새로운 문명의 씨앗을 찾아 탈취하려고 혈안이 되어 날뛰고 있으며 서구세계의 '신과학운동' 이 바로 그러한 목적하에 설립된 서구국제학술단체의 운동이다.

역사적으로 볼 때도 선천의 역사는 중국이 3천년 동안 동양세계를 문화와 문명으로 지배해 온 것을 아무도 부정할 수 없는 일이다. 서구세계가 세계전체를 석권하고 지배해 온 힘도 그리스문명과 기독교문명이 융합된 문명에서 우러나온 학문과 과학의 힘 때문이다. 이처럼 문명과 문화가 '누구의 것이 제일 세냐?' 하는 문제가 앞으로 누가 세계를 지배하느냐 하는 문제를 결정하게 된다. 따라서 그러한 문명전쟁에서 뒤처진 민족은 영원히 강한 문명의 노예로 전락하게 될 것이다.

이제 하늘은 우리 한민족의 '오! 대한민국' 을 후천시대 5만년 역사의 주인(성민)으로 택하시고, 우리 앞에 우리 땅에 우리의 움츠렸던 가슴에 천도문명의 숨결을 불어넣고 있다. 이러한 하늘과 땅과 미래의 천운을 예지하고, 또 천도문명의 원도를 깨달아 밝힘으로써 후천시대에 세계문명을 주도할 사람, 즉 하나라 우왕과 상나라 성탕과 주나라 문왕과 같은 하늘 섭리의 한 시대를 여는 그런 대지혜를 드러내는 자가 곧 구세성인이요 견우요 천윤이요 '대인' 이라고 하였다. 후천시대를 맞이한 우리 한국에는 분명 그런 '대인' 이 와 있다.

우리의 지혜로 그 사람을 찾아 함께 새로운 천도문명시대의 영광을 이루어 나가야 할 것은 자명한 일이다.

"承天而時行 積善之家 必有餘慶―새로운 시대가 열리는 때에 하늘의 뜻과 천업을 물려받아 천하에 천도문명을 펴 이루는 나라는 그 이상 있을 수 없는 크나큰 경사가 있다"고 하였다. 우리 한민족은, 움츠렸던 기를 펴고 우리 모두 함께 하늘나라의 '원도'가 무엇인지 찾아 알아보고 세계의 주인으로서 천도문명을 세계화하므로써 천업의 공을 쌓아 자손만대 하늘나라 성민된 영광을 누리는 대열에 앞장서 나가자!!

천지정위(天地正位)와 황중통리(黃中通理)

天地變化 革木蕃 天地閉 賢人隱 易曰 括囊无咎无譽 蓋言謹也 君子 "黃中通理" "正位居體" 美在其中 而暢於四支 發於事業 美之至也 陰疑於陽 必戰 爲其嫌於无陽也 故稱龍焉 猶未離其類也 故稱血焉 夫玄黃者 天地之雜也 天玄而地黃

"천지의 변화를 따르면 백성이 무성하고 천자와 백성의 뜻이 소통되지 않고 막히면, 현인들은 물러나 숨는다. 易에 이르기를 주머니 끈을 졸라매듯 천자가 입을 봉하고 학문을 덮어 금지한다면 어찌 나라가 흥성할 수 있겠는가. 삼가 학문을 숭상해야 그 나라가 흥왕할 것이다. 천자가 입을 다물고 학문을 멀리하면, 그 죄는 천자에게 있고 백성은 허물도 없고 영예도 없을 것이다. 그러나 군자가 어린 아이 같은 순수한 정신을 가지고, 중정의 도리를 통하여 몸소 천도를 따라 사는 것이 그 성품을 바르게 할 수 있는 길이며 신하와 백성이 그 본을 받고 따르게 되는 것이니, 천자의 중심과 행위가 아름다움이 있어야 그 사지 백체에 해당하는 신하와 백성들이 천도를 닦아 충실하게 되고 화락하게 되는 것이므로 천업이 사해에 널리 퍼져 싹이 자라고 꽃을 피워 천도의 열매를 풍성히 수확할 수 있게 될 것이다. 그것을 일러 지극한 아름다움이라고 하는 것이다. 백성과 신하가 천자를 싫어하고 의심하게 되면 반드시 반목하여 싸움이 일어나게 되는 것이니 서로 미워하고 원망하는 일로 인해 천자의 밝고 상서로운 정신이 없어지게 되는 것이므로 천자를 용이라 부르는 것이다. 그러므로 같은 종류끼리는 오히려 붙여놓지 않는 법이다. 같은 종류끼리 붙여 놓으면 서로 시기하고 미워하여 싸워서 상처를 내는 것이다.

무릇 '현황'이라 하는 것은 천자의 중심이 중정의 순수정신에 처하여 높고 깊고 그윽한 천도와 천덕의 빛을 발하여 천자와 백성이 친하고 뒤섞여 하나가 되게 한다. 천자의 마음은 지혜로 빛나고 백성의 마음은 어린 아이와 같이 순수하고 질박하여 하나는 가르치고 하나는 배움으로써 그 마음과 정신이 하나가 되는 것이다."

여기에 나타나는 '황중통리'는 중용의 도의 극치를 이르는 말인 동시에, 王道政治의 기본원리이다. 임금이 먼저 중정의도로 자기인격을 천덕으로 닦아 군자의 덕을 갖춘 연후에 임금이 되어 백성을 다스려야 하는 것이기 때문이다.

이때에 있어서 임금은 하늘이고 남편인 반면, 백성은 땅이고 아내인 동시에 자식과 같은 존재이다. 앞에서도 언급한 바 있듯, 하늘과 땅의 바른 위치인 '천지정위'는 땅이 아래 있고 하늘이 위에 있어야 천지교태(합궁하여 수태함)가 일어나게 되는 것이다. 이것은 하늘인 천자가 존재하기 위해서는 백성(땅)이 있어야 하늘이 하늘다워지고, 아내가 있어야 남편이 되고 자식이 있어야 아버지가 되는 이치이다. 그러므로 나를 존귀한 나로 존재케 하는 것은 상대에 의해 결정된다는 뜻이다. 그러므로 나의 존재와 나라의 존재를 존재로 결정지어 주는 백성이 根本이 아닐 수 없으니, 주인은 백성이고 천자는 그 백성을 내 위에 모시고 섬겨야 한다는 진정한 民本主義 이념이 나오게 되는 것이다.

천자가 백성을 상전으로 모시고 섬긴다는 뜻은 천자가 먼저 천도를 체험하고 깨달아 인격화한 내용을 백성의 부모와 스승이 되어 그대로 백성에게 교육하여 천도를 이루게 하는 것이 정치의 전 목적이 되고, 그 나머지 경제, 군사, 외교, 학술 등 여타의 것들은 그 목적을 위한 수단 가치에 불과하다는 입장이 불변하게 유지되는 사회를 말한다. 부모가 자식을 기르는 법이 그렇고, 남편이 아내를 사랑하는 법이 그렇다. 그렇다고 상하의 질서가 무너지거나 없는 것이 아니고 그 위계질서는 그렇게 할 때 더욱 공고해져서 마음 속으로 깊이 존경하고 섬기게 되는 것이니, 이것이 자연의 순리요, 孝의 천법이요, 천도다. 또한 본질적으로 그것이 아름다움(美)의 기준이요 원형인 것이다.

성인이 창조하는 인간과 元亨利貞

聖人 作而萬物覩 本乎天者親上 本乎地者親下 則各從其類也

"성인이 만백성을 참사람으로 창조하려고 할 때 그는 상제를 참사람의 표본으로 삼아 그의 가르침을 보고 듣고 따라 하는 것이니, 천자(천자 · 성인)의 근본은, 상제의 뜻을 따라 천도문명을 이루고자 함에 있고, 백성의 근본은, 성인과 같은 사람이 되고자 성인의 본을 따라 새로워져 감으로써 같은 성인의 류가 되고자 하는 것이다."

元者 善之長也 亨者 嘉之會也 利者 義之和也 貞者 事之幹也

"元은 백성으로 하여금 선을 기르게 하는 덕이고, 亨은 사람이 천도를 깨닫고 훌륭한 인격을 이룬 사람이 모여 하나 되고자 하는 덕이고, 利는 사람이 바르게 사는 마음으로 이웃과 화합하여 화평하게 하는 덕이고, 貞은 천업을 이루는 근간이 되는 주체정신을 세워 응결하게 하는 덕이다."

이것은《성경》에서 여호와가 사람을 창조하는 내용과 방불하다. 인간의 실체는 육체가 아니라 그의 주체정신이므로 본래 내 속에 없던 정신(신념)을 창조함에 있어서는 그 따르고 본받을 만한 이상적 표본을 골라 닮고자 하는 것이므로 사람들은 성인의 말씀(도와 덕)을 따라 배우고 익혀 그 정신과 인격을 모사하려고 하는 것이다. 그러므로 성인이 사람의 실체인 주체정신과 인격을 창조한다는 말은 지극히 온당하다.

그런데 그 성인(표본)도 성인의 정신과 인격을 갖추기 전에는 무엇을 본받고 창조되었을까 하는 의문이 일게 마련인데, 그도 역시 상제(참사람의 표본)를 본받고 천도와 천덕을 닦아 성인으로 창조되었다고 말하고 있다. 그래서 천도와 천덕을 일러 〈성인의 학〉(도)이라고 옛부터 일러 왔던 것이다.

원형이정(元亨利貞) 사덕(四德)은 바로 성인(天 : 天子)이 백성을 '사람'으로 창조하는 천덕인 것이다. 본 易의 내용에는 수없이 많은 부분에 이 원형이정 사덕이 거론되고 있어 그 뜻을 미리 밝혀둔다.

第六章 수운의 동학과 일부 정역의 근원

第六章 수운의 동학과 일부 정역의 근원

수운의 동학사상을 한 마디로 요약한다면, 그것은 〈시천주〉(侍天主)라고 해야 마땅할 것이다. 시천주란 하느님을 내 마음 속에 모셔놓고 섬긴다(모신다)는 뜻이다. 그런데 수운이 섬겨야 한다고 하는 하느님은 과연 어느 하느님인가? 기독교는 야훼(God)를 하나님으로 섬기고 있고, 회회교는 알라를, 불교는 비로자나불을 최고의 신으로 섬긴다. 그러므로 어느 종교가(아니면 어느 학파가) 섬기는 신이 누구냐 하는 것은 중요한 문제가 아닐 수 없다. '절도 모르고 시주한다' 는 말이나 저를 낳아준 아비가 누구인지도 모르고 제사지낼 수는 없는 노릇이기 때문이다.

그러나 수운의 경우에는 분명히 그의 하느님이 누구인지를 수운이 쓴 《동경대전》과 《용담유사》에서 '천주(天主)' 또는 '상제(上帝)' 라고 말하고 있기 때문에 그런 혼란은 있을 수 없다. 그러나 동학도들은 사실상 천주와 상제와 한울님(하날님)이 어떻게 다른지, 또는 한 하느님의 다른 이름들인지에 대한 이해가 부족해 왔던 것으로 보인다. 또 그 하느님의 성격이 어떠한지조차도 이해가 부족하여 어떤 이는 기독교신과 같이 천지와 인간을 창조한 신이라고 하거나(造物者) '자연의 이치'와 같은 리신론(理神論)적 신으로 이해하기도 하기 때문이다.

한편《正易》을 창안한 김일부(金一夫) 선생은 다만 후천역을 말했을 뿐 '神의 문제'는 거론하지 않고 있어 그는 순수한 학문적 연구와《正易》완성에만 몰두했을 뿐 종교적 성향은 보이지 않는다. 그러나 수운은 그가 말하는 것처럼 신앙의 대상으로써 분명히 신(한울님)이 존재하기 때문에 그들이(동학도, 천도교 신자들) '자기네는 종교가 아니라 學이고 道다'라고 강변할지라도 종교인 것이 분명하다. 〈시천주〉라는 뜻도, '하느님을 섬긴다' 또는 모신다는 뜻이니, 그 한울님이 믿음의 대상인 것을 부정할 수 없기 때문이다.

수운 선생과 일부 선생(1836년 현 논산군 남산리 옛 連山 출생)은 청년시절에 한 스승 밑에서 동문수학한 사이였다고 일부의《정역 연구》(이정호 저, 국제대학 인문사회학연구소 간)적 기록되어 있다.(그 스승은 세종대왕 18왕자의 13세손인 이수증(일명 운규 : 雲圭 李守曾)으로 당시 조대비의 친척이고 홍선대원군과 친밀한 사이로 일찍이 문참판(文參判)을 지냈으며 국운이 쇠미해지자 뜻한 바 있어 연산 땅에 은거하여 수운과 일부 및 김광화(일설에는 전주 사람으로 원불교의 교조로 알려짐)를 제자로 거두어 역학과 시문을 가르쳤다고 한다. 그의 호는 연담(連潭)이니 연담 선생으로 불리웠다. 수운과 김광화(金光華)는 연담 선생의 말을 따라 수운은 '신선도'(동학)로 흐르고, 김광화는 '불교'(남학)로 흐르다 둘다 그들의 뜻을 펴다 관에 체포되어 삼년만에 순교하였다고 하였다.

증산 강일순은, 일부 사상과 수운 사상의 영향을 받고 〈증산도〉를 창시하였으나, 그 자신이 상제라고 말하고, 수운을 보내어(지상세계에) 후천개벽(천지공사)을 열려고 하였으나 수운이 사명을 이루지 못하였으므로 상제 자신이 직접 세상에 나타나 천지공사를 하였다고 허풍을 치고 있다.

동학사상이 나타난 이후 국내에는 많은 군소 민족종교들이 나타나기 시작하였는데, 이들은 하나같이 수운과 일부 사상을 모방하고 있다.

수운의 한울님(天主 : 上帝)

천주라는 말은 기독교 성경이 중국을 통해 한국에 전래되면서 기독교의 하나님을 중국식 의역으로 표현한 이름이다. 그러므로 중국이나 한국의 고전에서는 찾아볼 수 없는 말이다. 따라서 天主라는 한자의 표의로 본다면 하느님이나 우주의 주재자라는 의미를 나타내고 있으므로 수운이 그 이름을 빌어쓰지 않았나 생각된다. '상제'라는 이름은 고조선의 기록인 《한단고기》에 수없이 나타나 있고, 중국의 사서삼경과 사마천 사기 및 기타 고경들에 주로 나타나 있는 하느님의 이름이다.

그러므로 오늘의 시대에 있어서 순수 우리말로 쓰려 한다면 '하느님'이라 해야겠고 조선말로 쓰였던 표기법이나 발음으로 한다면 '한울님, 하날님'으로 쓰는 것이 마땅할 것이다. 왜냐하면 우리말의 고유 신칭인 '하느님'은 우리만의 신칭이기 때문이다. 또 수운이 천주라고 하거나 상제라고 한 것도 역시 우리말로 바꾸면 '하느님'(상제)이니 수운이 《용담유사》에서 쓰고 있는 하날님이나, 한울님은 같고 천주나 상제는 그 하느님 속에 용해되어 하나가 되어 마땅하다. 따라서 그 이름을 가지고 시비하거나 싸우는 것은 철없는 아이들의 속 좁은 행태에 지나지 않는다 하겠다.

그러나 그 하느님(위 민족의 고유한 신)이 서양적 창조신이냐? 자연신이냐? 하는 문제는 매우 중요하므로 짚고 넘어가야 할 것 같다. 왜냐하면 서양적 창조신은 독재적이고 위협적이며 이기적인 신이기 때문이다. 그는 자기를 가리켜 '심판하는 자', '분노하는 자', '시기와 질투하는 자', '원수를 살육하는 자'로 나타내고 있으며, 인간의 존비(귀족과 천민) 계층사회 질서를 결정해 놓고 인간의 노력이나 의지로는 바꿀 수 없다고 하는 불평등, 부조리, 사악 등의 원천이 되는 신이기 때문이다. 그러므로 자기가 좋아하는 자들은 천당 보내주고, 싫어하는 자들은 영원한 지옥불에 넣어 죽을 수도, 살 수도 없게 하겠다고 공포와 협박을 무기로 삼는 신이며, 그에게 구원받기 위해서는 인간이 자기를 위해 사는 삶은 죄악이고, 신(주인 : 主)만을 위해서 사는 것이 선이라고 가르치고 있으니 인간은 신 앞에서 죽으나 사나 영원한 노예에 불과하다.

그러나 《주역》 본문에 나타나는 우리 하느님인 상제는 만민을 천도로 교육하여 참사람(신선)으로 초월케 하여 신선세상인 지상천국을 이루려고 하시는 자애와 평등과 자유와 민본주의적 하느님이요 그 실체는 우주자연 자체이다. 그러므로 '천도'는 자연의 법일 뿐 신이 임의적으로 법을 만들고 기분에 따라 변하는 사악한 신이 아니다. 그는 진실로 우리의 부모(자연 : 상제)요, 인간이 '참사람'이 되면 '상제와 같다'고 한 것처럼 신성을 가진 사람이 신인이요 하느님이란 뜻에서 '인내천' (人乃天)은 진리이다. 그러나 죄를 짓고, 사기치고, 미워하고, 시기하고, 살인하는 육제적 인간이 인내천은 아니다.

수운의 천도와 궁을(弓乙)

수운의 도(道)는 천도요, 그 형상은 궁을이다. '궁을'은 활과 새(봉황 : 천자, 견우, 남편, 구세성인)를 상징한다. 활은 본문에서도 천도문명의 목표(과녁)를 향해 내 마음(忠心)을 쏘아 맞춘다는 뜻이다. 이는 《한

단고기》《태백일사》에도 많이 나오고 있고, 그 노래까지 있으니 〈어아가〉나 〈궁을가〉라고 한다. 이처럼 고조선의 천도와 필자가 독해한 주역 본문이 일치하고 있다.

　천도의 궁극적 목표는 신선이 된다는 의미에서 '神仙道'라 하였으나 신선을 '眞人'이라고도 하였으니 거창한 신선보다 〈참사람〉이라고 필자는 말한다. 중국에서 신선도가 나온 것이 아니라 고조선 천도의 열매가 곧 신선이다. 수운의 조상인 신라말의 최치원 선생의 〈난랑비서〉에도 신라에는 '풍류도'가 있다 하였는데, 이 또한 신선도이다.

　수운이 말하는 〈長生之呪〉의 장생이나, 노자의 '장생'이나, 태백일사의 '장생' 및 오경에 나오는 '장생' 등의 뜻은 모두 신선도에서 쓰는 용어로 우리말로 바꾸면 '영생'이라는 말인데, 永자를 쓰지 않고 長자를 쓰는 뜻은 육체적 인간이 그 삶(生)을 재료로 하여(삶고 익혀서) 참사람을 낳고(生) 기른다(長)는 의미로 쓰기 때문이다.

　주역 본문에서도 이를(天道), 君子之學이라고 하거나 聖人之學(道)이라고 하듯 수운도 그의 도를 '군자가 되고 성인에 이르는 학'이라고 한다. 그러나 성인이었던 공자도 천도를 잘 몰랐던 것처럼 노자가 공자를 만나서 가르치고 그의 노력을(禮道에 대해) 헛된 일이라고 비웃었다는 말들은 《장자》에 많이 나온다. 진인이 성인보다 그 격이 높다고 노자의 《도덕경》에서 말하고 있다.

　〈수덕문〉에 '원형이정은 천도지상'(元亨利貞 天道之常, 惟一執中人事之察)이라고 하여 〈원형이정〉과 〈中庸〉을 말하고 있는 것도 주역에 나오는 중심사상이다. 그래서 수운도 그의 천도가 모두 《선왕지고례》(先王之古禮), 즉 하은주 삼대의 첫 임금들(선왕으로 칭함)의 〈禮道〉에 나오는 유전(遺典)이라고 한 것이다.

　또 수운의 도를 '夏殷周 三代敬天之理'라고 하거나 〈自然之理〉, 〈天命〉, 〈천지무궁지수〉, 〈요순지세〉, 〈天生萬民〉, 〈天心 즉 인심〉, 〈소인지덕〉, 〈군자지덕〉, 〈定其心〉, 〈무위이화〉, 〈무왕불복〉, 〈天地人三才之數〉,

〈음양상균〉, 〈지유팔방 이응팔괘〉 등 수운의 글에 나타나는 모든 용어와 내용이 주역에 있는 내용이다. 그것은 수덕문의 〈찰기역괘 대정지수 심송삼대 경천지리〉(察其易卦 大定之數 審誦三代 敬天之理)라고 한 데서 수운사상의 전모가 《易》의 사상임을 증명하고 있다. 이 말은 공자가 부연했다고 하는 〈계사전〉 첫머리에 나오는 글이다. "주역괘를 통해 천지변화로 순환하는 운수(섭리)를 하늘이 대단원(선선천, 선천, 후천)으로 정해 놓은 것을 살펴보니 이제는 문왕의 선천시대가 끝나고 후천 인황시대가 열리고 있으며, 그러한 때에 사실상(직접적 표현은 하지 않았지만) 수운이 후천개벽시대 5만년 운을 가지고 인황(사제 : 대리하느님 견우)으로 왔다"는 뜻을 나타내고 있다.

수운은 일부나 증산처럼 후천역의 괘도를 그리고 설명하지는 않았으나, 일부와 증산은 정역과 현무경을 통해 문왕도를 역천상극도라고 하여 후천역도를 새로 그려 나타내고 있다. 주역에 나타난 천도의 맥을 잡아 설명하는 데는 수운이 삼자의 으뜸이라 할 만하다. 후천의 바른 역도를 아무리 많이 그린다고 해서 그것으로 인해 천지운세가 바뀌는 것은 아니기 때문이다.

천도의 핵심이라고 할 수 있는 것은 역시 '자아'라고 하는 번데기 껍질을 탈피하고 참자기로 태어나 참사람으로 성장하는 데 있으므로 천도의 깨달음(해산, 탈피, 중생, 부활)에 있으며 그 깨달음을 통해 영대의 자궁문이 열려야 '참나'가 태어나는 것이니 '성령의 강림'이라고 하는 '천지교태' 경험을 하지 않고서는 천도를 이루었다고 할 수 없다. 성신 강림(내 몸 속에 임함)의 깨달음과 환골탈태(영대가 열림 : 깨달음, 자아탈피)는 동시적으로 일어나는 현상이므로 성신의 강림(상제의 강림)을 경험하지 못하고는 완전한 깨달음이라고 말할 수 없다.

그런 의미에서 수운에게 '상제의 강림이 있었다'고 하는 사실은 수운이 득도했다고 하는 증명이 된다. 이를 두고 세간의 학자들은 서양적 사고에 젖어 미신이라거나 무당과 점쟁이 또는 엉터리 도사들에게 강신이 있었다고 하는 뜻의 '잡신들림 현상'으로 간주하고 쉽사리 비웃어 넘기는 일이 많은데 이러한 무지는 진실로 부끄러워 해야 할 일이다.

성신강림을 통해 천도를 구술로 받아 기록한 것이 주문이고, 경서의 내용이라는 부분에서는 수운이 자신의 경서에 힘을 싣기 위해 과장한 부분이 없지 않다. 왜냐하면 그런 경서의 내용은 이미 주역에 다 나타나 있고, 그 숨은 뜻은 깨달음을 통해 얻어지는 부분이기 때문이다. 어찌 되었든 수운의 깨달음과 그의 경서의 내용은 전반적으로 천도의 중심(맥)을 관통하고 있다는 점에서 위대한 걸작이라고 하지 않을 수 없을 것이나, 천도의 전모를 밝힌 것은 아니고, 또 그 경서를 일반인들이 읽고 그 속에 담은 뜻을 이해하기에는 참으로 그 심오한 철리가 현묘하여 난학이라 하지 않을 수 없다. 그래서 필자가 《새로운 문명과 동학사상》이란 저서를 써서 그 뜻을 해석한 바 있다.

그러나 수운이 출생한 경주(수운이 태어난 곳)를 옛 은나라의 후신인 기자조선의 도읍지였다고 한 것은 큰 오류이다. 왜냐하면 주역 본문이나 서경 및 사기에서도 기자는 무왕(문왕의 아들)으로부터 봉국의 제후로 작위와 나라를 받지 않고(사실은 문왕과 무왕이 자기 나라를 멸망시킨 원수이기 때문에) 은허(은의 도읍지)로 돌아가 은거하였다고 기록되어 있고, 또 기자는 은의 마지막 왕인 주(紂 : 受)의 작은아버지(숙부)였으므로 원수로부터 작위를 받고 그를 섬길 위인이 아니었기 때문이다. 당시 기자, 미자, 비간(왕자)은 은나라의 삼성(三聖)이라고 칭송을 듣던 인물들이다.

시경에는 미자가 무왕으로부터 송나라를 그 영지로 받은 제후라고 하였고, 사기에서는 은의 주왕의 아들 무경(武庚)에게 송나라를 주고 제후로 봉했다고 하였다. 주역 본문에서도 기자는 봉작을 사양하고 본토로 돌아가 은거하였다는 기록이 있다.

그러므로 '기자조선설'은 중국인들이 지어낸(역사왜곡) 말에 불과하고 위만이 기준(箕準)을 쫓아내고 그 터에 위만조선을 세웠다고 하는

새 시대의 周易, 후천시대에 대한 하느님의 대 예언서

기준은 전혀 다른 사람일 뿐 아니라 연대도 다르다는 사실을 알고 우리의 고대사를 다시 정리해야 할 것이다.

따라서 수운이 경주를 '기자조선의 동도'(동쪽도읍지)라고 쓴 것은 단지 사마천《사기》《은본기》에 쓴 것만을 보고 그대로 짐작하여 자기가 난 경주땅이 그렇듯 명지(名地)라는 의미를 부여하기 위해서 썼으며, 한국을 '소중화'(小中華)라고 한 말도 사대주의 사상의 발로라기보다 주나라가 들어서기 전의 중원땅 전체는 은제국의 땅이었고 은인은 동이족이었으므로 우리 한민족도 은족의 후예라는 것을 자랑삼아 쓴 말일 것이다. 그러나 그런 말들은 수운의 큰 오류로 남게 되었다.

《주역》은 이처럼 그 내용이《시경》,《예기》,《대학》,《중용》및《사기》와《논어》《맹자》에 이르기까지 동양사상은 물론이요, 공자, 맹자, 노자, 장자에 이르기까지 동양학 전반의 원천이 되어 왔다. 그러나 앞에서도 언급한 바와 같이 주역보다 먼저 쓰여진 책이《서경(상서)》이고 주역의 원리는 서경으로부터 도출되어 나온다. 또 이 서경은 고조선 단군왕검의 태자인 부루로부터 주어진 〈홍범구주〉와 신농, 헌원, 대요, 창힐 등이 배달시대에 신시의 자부진인으로부터 받아간 〈황제중경〉과 〈간지술(역법)〉및《한역(桓易)》으로부터 유래되어진 것이다(사상과 철학 : 천도). 그리고 그 원천은《천부삼경》과《한단고기》의 내용에서 비롯되었다는 것을 잊어서는 안 될 것이다.

수도(修道)

천도를 닦음에 있어서 가장 먼저 해야 할 순서는 내가 믿어야 할 하느님이 어떠한 존재인가를 '알고' 그를 실존하는 존재로 인정하고 믿는

'믿음'이 있은 연후에 내가 이제부터 그 하느님을 내 부모로 알고 내 마음 속에 효심을 다하여 모시겠노라고 하는 '정심'(定心 : 정한 마음)을 하느님께 보이고 약속하기 위하여(계약) '천제'를 드리는 것이다.

이때부터 입도자는 '치성'(지극한 정성의 심적 상태, 즉 의식전반이 일념의 상태에 매몰하는 것)에 들어(극념)가 '유일집중'(삼매의 경지에서 中正心을 기르기 위한 수도)하므로써 내 정신이 '지화지기'(내 정성스런 마음이 지극한 경지에 이르르면 정신이 한 줄기 지극한 순기, 즉 순수의식으로 뭉치게 되어)의 경지에서 지속해 나가다 보면 나도 모르게 내 자아관념을 이루고 있던 고정관념과 세속에 대한 집착과 탐욕 등이 지화지기 속에서 익고 삶기어 용해(껍질이 벗겨짐, 해탈, 탈태)되고 나서 나의 마음이 천심으로 화하여 "천심 즉 인심"으로 성품의 변화(인격변화)가 일어나게 되는 것을 수운은 '지어지성'(성인의 마음에 이르다)이라 했으나 이는 곧 지어지선(至於至仙)에는 이르지 못하고 다만 '참나'가 잉태할 수 있는 태반이 준비된 것이다.

이러한 도의 경지에서 주문(강령주)을 외워 간절한 마음으로 기도할 때 성령의 지혜가 임하여 '천지교태'가 이루어져 깨달음을 얻는 순간(내유신령~외유기화) 영대가 터지고(자궁문이 열리고 참나가 태어남) 참나(신선)가 태어나게 되는데 이 참나가 참사람의 떡잎으로서 '여천지합기덕'한 신령스러운 나의 실체요 영생체이다. 이런 내가 곧 '人乃天'에 이른 사람의 떡잎이니 이를 지속적으로 천도와 천덕의 일관(一貫 : 점수)된 깨달음을 통해 길러 나감으로써 성인(成人)에 이르게 될 때 나와 하느님이 곧 하나가 된 신인(神人一體)이 되는 것이므로 '진인(眞人)은 상제와 같다'라고 말하는 것이다.

그러므로 '군자지덕'은 내가 하느님을 내 마음 속에 효심과 정성을 다하여 일심으로 모시고 섬기겠노라고 하는 초발심을 정하고 중한 맹세를 한 후 천지의 덕(천심)에 합해지기 위하여(내 성품이 곧 천심과 천덕을 갖춘 인격으로 화하기 위해) 기유정(氣有正 : 바른 일심의 정신상태에 듦)에 드는 단계인 것이다.

이와 반대로 '소인지덕'이란 그가 무식하거나 천민이라서 소인이 아니라, 아무리 많이 배운 학박사이고 재부와 명예와 권세가 있다 할지라도 시천주하겠다는 초발심(정심)을 힘들다거나 현실적 행복조건에 도움이 안 된다거나 명리(명예와 이익)에 유혹되어 하느님과 내가 한 계약(맹세 : 정심)을 헌신짝처럼 쉽게 버리는 변절자가 곧 소인이다. 따라서 이런 자들은 영원히 영생하는 존재인 참사람이 되어 하늘나라에서 같이 살 수 없는 존재요, 육체와 더불어 한낱 짐승처럼 멸망하는 존재이다. 그래서 '心有移 故 與天地違其命'이라 했다. 따라서 '명내재천'(命乃在天 : 사람의 운명은 하늘에 달려 있다)이 아니라 그 자신의 운명은 자신에게 달려 있는 것이다.

'천생만민'(天生萬民)이란 육체적 인간을 낳았다거나 창조했다는 뜻이 아니고 흙과 다를 바 없이 미천한 육체적 인간을 재료로 삼아, '진정한 사람'을 창조하는 것이 '하늘이 만민을 낳았다'(造化)고 한 뜻이다. 따라서 '유인이 최령자'라고 하는 것도 육체적 인간을 지칭하는 말이 아니라 '신령스러운 사람'(참사람)을 의미하기 때문에 신령령자를 쓰고 있다.

여기 《시경》(소아 : 어조지습) 중에서 천도를 수도하는 모습을 시로 형상화한 노래 한 편을 소개해 본다. 이러한 수도시는 수없이 많이 나오지만 그 중의 한 편만 소개한다.

서묘(黍苗)

무성한 기장싹(수도하는 초심자들을 상징) 촉촉이 내린 비(하늘의 은혜로 내리는 천덕)에 젖어있네,
머나먼 남쪽(여름의 성장을 의미함)으로 행역 떠나니(수도의 시작)

소백께서 노고를 위로하시네

　짐 진 사람(세속의 욕망, 출세, 행복의 집착심), 손수레꾼, 수레(수도행정) 끌고 가는 소들(견우의 사역자들)

　언젠가 행역 끝나면 어찌 내 고향(참사람의 본향, 이상향)으로 돌아가지 않으리

　걷는 사람, 수레 탄 사람, 크고 작은 무리들

　언젠가 행역 끝나면 어찌 내 고향을 찾지 않으리

　척척 진행되는 사읍의 토역(흙으로 사람을 빚음), 소백(소견우)께서 이를 이루셨다네

　용감한 젊은이를 부려 소백께서 큰일 이루셨네

　언덕(도의 수준)과 진펄(행도의 과정에서 고뇌로 헤매는 상태) 평평해지고 흐르는 샘물(지혜, 은혜) 맑고 깨끗하네

　소백께서 큰일 이루시니, 이제 왕(천자)께서도 마음 놓으시리

後·天·大·易

※ 이 시는 서안지역의 성을 흙으로 쌓는 나라의 토역공사에 나간 백성을 빗대어 천도의 수도행을 형상화한 시이다. 여기서 왕은 천자요 견우이고, 소백은 제후요 소견우(견우의 사역자들)인 셈이다. 이러한 시는 부지기수로 많으나 지면상 다 소개할 수 없으니 독자들이 시경을 필독하기 바란다.

　대체적으로 동학도의 수도과정과 방법을 나타내고 있는 〈수덕문〉의 개요를 소개한 것이다. 그러나 종교에 따라서 세부적 차이는 있을 수 있으나 천도수행의 골격과 과정은 대체적으로 일치한다.

　수운 자신도 이러한 시들을 통해 천도수행의 대의를 깨닫고 있기 때문에 그의 수도과정의 심정과 행적을 〈시부〉에 담아 《동경대전》 후미에 소개하고 있다. 따라서 수운이나 일부 또는 모든 종교의 창시자들은 적어도 어떠한 단계의 도를 깨닫고 자신을 그런 하늘의 사명자로 알고 자처하기 때문에 고난의 길을 가게 되는 것이다.

기독교 원리와 천도와의 관계

기독교 역사는 하느님의 구원섭리사라고 해야 할 것이다. 구원섭리는 아브라함으로부터 시작된다. 아브라함은 하나님(God)의 지시에 의해 가나안땅으로 이주하기 전에는 하부메소포타미아 갈대아우르(슈메르인이 세운 제국)에서 조상 대대로 살았었다.

슈메르인은 BC 4000년경 천산 밑(중앙아시아의 상고대 천제울국) 파미르고원에 살던 검은 머리와 황색 피부를 하고 알타이어를 사용하던 민족인데, 서쪽으로 이동하다 메소포타미아에 이르러 정착한 후 고도의 농경문화를 이루고 인공도시와 여러 도시국가를 건설하였다. 그 후 BC 2500년경 사막으로부터 셈계 아모리족과 힛타이트족들이 물밀 듯 들어와 슈메르 전역을 차지하고 메소포타미아 지역의 새로운 주인으로 등장한다. 아브라함은 이때 아모리족과 힛타이트족 사이에서 태어났으며 대략 500여년 동안 슈메르문화 속에서 전통적으로 교육받고 자랐다.(슈메르문화유적중, 토판 기록에 의해 밝혀짐)

그 후 아브라함의 아버지 데라는 야훼의 부름을 받고 가나안 땅으로 가려 하던 중 하란에서 죽고 아브라함과 그 아내 사라와 종들 몇이 야훼의 지시에 따라 가나안 땅에 들어가 정착하게 된다. 성경의 기록에 의하면 아브라함은 100세에 이르러 이삭을 적자로 얻게 되는데 야훼가 이삭을 제물로 바치라는 요구를 하자 아브라함은 주저하다가 결국 이삭을 제물로 바치기로 결심하고 모리야산(유다성산)에 올라 이삭을 잡으려 하자 야훼는 그의 믿음을 인정하고 풀숲에 걸린 양을 대신 제물로 바치라고 한다.

이로써 아브라함의 하나님에 대한 '믿음'을 담보로 장차 큰 민족(선인)의 조상이 되게 해주겠다는 축복(믿음의 조상에 대한 축복)의 계약이 성립된다. 그러므로 이스라엘 민족은 아브라함이라고 하는 한 인간

252.

後·天·大·易

의 분화(分化)인 동시에 민족은 아브라함이라고 하는 하나의 대아(大我)인 셈이다.

하나님에 대한 '믿음시험'을 통과한 아브라함은 다음단계인 믿음에 대한 실현의 '수행'(고행) 과정을 위해 이집트에 들어가 이집트인들의 노예(종살이)가 되어 살면서 야훼와의 계약(믿음과 정성 : 순결성, 정심, 지조)인 믿음을 통해 육체적 인간의 행복조건을 포기(껍질 탈피, 자아부정)하는 고난의 수행과정을 400년 동안 치르고 나서야 모세라고 하는 하나의 '믿음의 표본'(결실체)을 낳음으로써 제2차 시험을 통과하고 출애굽(자아로부터 해방 즉 해탈과 자유)을 하게 된다.

그러나 모세(견우 : 天子, 대리하나님의 모형)와 야훼에 대한 민족적 불신으로 광야에서 40년 동안의 시험에서 전멸하고 제2세대에서 모세 대신 여호수아가 새로운 민족지도자(견우 : 아브라함)가 되어 민족을 이끌고 타락 이전의 천국의 모형이고, 에덴동산의 모형지인 가나안땅(축복의 땅)에 입성하게 된다.

그러나 가나안땅에 들어가서도 이스라엘 민족은 선민의 사명을 다하지 못하고 불신으로 패역이 자행되자 앗시리아와 바벨론으로의 포수(애굽의 노예생활의 반복과정) 생활을 통해 그들의 정신이 하나님에 대한 믿음과 정성 및 육체적 자아(껍질) 벗기의 고난을 극복하고, 하나님 앞에 순결한 처녀(땅, 여자, 아내)로 회복한 유대인만 가나안 땅으로 돌아와 무너진 성전(제단)을 다시 세움으로써 급기야는 제3단계인 '천지교태'(임마누엘)의 약속을 받기에 이른다(이사야서). '임마누엘의 약속'은 곧 순결한 처녀(신부)의 입장을 회복한 민족(여자 : 땅, 坤地)에게 성령이 임하여 비로소 '참나'(참사람 : 하느님의 자녀)요, '참사람의 표본인 하느님의 아들'(예수)을 잉태할 것이라는 '천도성취의 모형 섭리'를 나타내고 있다.

그러므로 〈이사야의 약속〉인 "처녀가 잉태하여 아들을 낳으리니 이를 '임마누엘'이라 하라" 한 '처녀'는 아브라함(대아로서)이고, 유대민족인 선민(하느님의 아내로서의 땅)이지 마리아 개인으로서 한 여자가 아니다. 마리아는 단지 민족의 순결한 처녀라고 하는 상징적 모형에 불과하다(물론 그 개인의 믿음과 순결성이 있었기 때문이기도 하지만). 이렇게 하여 참사람의 표본이며, 하느님과 동일한 신성을 이룬(상제와 같이 되다 : 오심여심) 인간이자 참견우이고, 만왕의 왕(天子)인 하느님의 아들 예수가 태어나는 것이기 때문에 그를 가리켜 〈히브리서〉에서 바울은 "예수에게 성령이 임하심으로 말미암아 하느님의 아들로 인정되셨다"라고 하므로써 천지교태가 이루어지기 전에는 예수도 하나의 인간에 불과했는데, 세례를 받고 물위로 올라오는 예수에게 성령이 임한 연후에야 '이는 내 사랑하는 아들'이라고 하는 '아들의 인정'이 주어졌다고 말하고 있다. 그러므로 바울은 다시 "오늘날 내가 하나님의 말씀으로 너희를 낳았도다"라고 말하게 되는 것이다.

또 〈시편 2편〉에서 장차 이렇게 되어 아들로 낳음을 받을 예수를 가리켜 성령(참하느님)께서 말씀하시기를 "오늘날 내가 너를 낳았도다. 내게 구하라. 내가 열방(만국)을 유업으로 주리니 네 소유(제국)가 땅 끝까지 이르리로다. 군왕들(제후국왕들)아 저에게 입맞추라. 그에게 입맞추지 않는 자들은 멸망할 것이니라"라고 말하여 예수는 만왕의 왕인 천자요 견우임을 나타내고 있다.

예수는 성령의 강림(천지교태)을 통해 낳음을 받았으나 그의 실체인 '참나'는 어린아이의 단계에서 성인으로 성장해야 하는 것인데 선민의 불신으로 성장하지 못하고 십자가에 달려 죽음으로 말미암아 참사람으로 성장 완성하기 위해서는 다시 재림하지 않을 수 없게 되었다.

이와 같이 구원섭리의 제1차 목표는 '일천남자 중에서 한 남자(견우 : 인간의 표본)를 얻는 일'이라고 성경도 말하고 있는 것이다. 그래서 예수도 "내가 길이요 진리요 생명이니 나로 말미암지 않고는 천국에 갈 자가 없다"라고 말하는 것이다. '내가 곧 길'이란 뜻은 인류역사 이래 전인미답의 길(천도 : 참사람 완성의 길)을 그가 처음으로 통과함으로써 그 길을 개척한 사람이니 그 길은 그만이 알 수 있다는 뜻이요, 그 길은 참사람을 창조하는 '진리의 길'이요 영생하는 생명의 길이 아닐 수 없다.

그럼에도 불구하고 '부활의 완성'은 재림해서야 이루어진다고 한 것은 그가 아직 어린 싹(참나)에 불과한 상태에서 육신을 벗었기 때문에 육신생활(수도생활)이 없이는 영이 더 이상 자랄 수 없는 것이므로 재림하여 그의 영이 참사람의 성인으로 자라 완성되어야 그 길이 완전한 생명의 길이 되기 때문이다.

그래서 그 예수를 가리켜 '어른 양 예수'라 하지 않고 '어린 양 예수'라고 말하는 것이다. 〈계시록〉에서도 재림시에 성령으로부터(보좌에 앉은 이) 책을 받는 예수는 '어린 양'으로 나타난다.

야훼의 정체와 참하느님

앞에서 하늘이 세계를 섭리하는 데 있어서 동서남북의 사대천왕(天子 : 견우)을 세우고 각기 그 지역의 특성과 수준에 맞게 천도의 지류문명(예비문명)을 주어 섭리해 왔다고 말한 바 있다. 불교를 '남학(南學)'이라고 한다면 유교는 '북학'에 해당하고, 한국은 '동학'이고 기독교는 '서학(西學)'이라고 해야 할 것이다. 가톨릭은 구교이고 개신교는 구교에서 나왔으니 신구교를 하나의 기독교라는 틀에 묶을 수 있듯 불교는 힌두교에 그 연원을 두고 있으니 한데 묶어 남학이라고 해도 좋을 것이다. 또 회회교는 아브라함의 서자인 이스마엘 족속이 사막으로 들어가 아브라함의 하나님을 그들의 발음으로 바꾸어 '알라'라고 하였으므로 같은 핏줄과 조상, 같은 신을 숭배한다는 점에서 기독교와 회회교는 사촌지간이니 한데 묶는다 해도 별 문제가 없다고 할 것이다.

필자가 《천비》(天秘)라는 책과 《후천문명의 패러다임》이라는 책에서 밝힌 바 있듯 메소포타미아로 슈메르인(한단고기에 한자음으로는 수밀이국)이 민족이동하면서 '고한국 문명'을 가지고 갔는데 서로 언어가 변화함에 따라 하늘 최고의 신인 '한'을 '안'으로 발음하게 되었고, 그 후대로 내려가면서 '울·알·엘·에·라' 등으로 음이 민족과 언어에 따라 변화해 나갔다. 알은 '알라'가 되고 엘은 '엘욘·엘로힘·엘샷다이·엘리'가 되었고, 에는 '에아·엔릴·엔키'가 된다. 특히 엔이나 엘은 수메르지역의 일반적 신칭으로 알려져 있다. '라'는 이집트의 태양신의 이름인 동시에 신의 기능을 나타내는 말이기도 하다. 그러므로 알과 라 즉 신과 신의 기능이 합성되어 '알라'가 되었으며, 가나안에서는 알라를 '바알'이라고 불렀다. 바알의 경우는 형용사가 명사 앞으로 온 경우이다.

고한국에서도 태양과 달을 음(기능) 양(신)의 신격으로 보고 태양과 달을 숭배하고 제사지내는 의식이 전통과 풍습으로 전해져 정월 초하루의 '해맞이'(동쪽바다에서 올라오는 태양을 맞이하고 소원을 빌고 제사함)와 정월 대보름의 '달맞이'와 팔월 보름의 '달맞이'가 있는데 태양은 양(一)이니 한 번인데, 달은 음(二)이니 두 번 맞이하는 것이다.

이와 같은 '태양과 달 숭배사상'이 근동으로 전해져 '안, 알, 라, 엘샷다이, 바알, 아폴로, 마르둑' 등은 다 태양신이다. 태양신이란 하늘을 대표하는 하느님이란 뜻이다. 반대로 여신인 '안나, 인안나, 닌릴, 비너스, 닌마, 닌후르삭, 에레쉬키갈, 남무, 이스타르' 등은 여신이자 달의 신들이다.

이처럼 하늘의 신(양 : 남편, 남자 : 견우, 천자, 대리하느님)과 땅의 신(음 : 여자, 처녀, 아내, 신부, 선민, 백성)들이 결혼하여 부부가 된 후 신들의 자녀를 생산한다. 그러나 이러한 신들은 모두 신인 동형론적 신들이다.

이러한 신들의 세계질서에서 주목해야 할 것은 엔릴과 엔키와 인안나와의 삼각관계와 그 신들의 성격(기능과 역할)이다. '엔릴'은 하늘 최고 신인 '안'과 땅의 신인 '닌후르삭'이 결혼(교태)해서 낳은 아들로서 안의 신권(하느님)을 받고 BC 2500년부터 슈메르 최고신이 된다. '엔키'(서자)는 땅과 바다(세상)의 신으로 에덴동산에 있는 모든 식물(백성)에 물을 날라다 기르는 청지기 신(문왕과 야훼와 같이)이다.

이와 같이 '엔키'는 엔릴(적자)의 수하에 복종하며 그를 위해 백성을 길러 농사하는 신인데 어느 날 그는 엔릴로부터 하늘의 신권을 탈취한 후 땅과 달의 신(선민)인 '인안나'를 겁탈하여 그의 자궁에 정액을 쏟아붓는다. 이 일로 해서 '엔키'는 어둠에 쌓인 지하세계(타락한 세상)의 왕(하나님)이 된다.

슈메르의 이러한 전설이 바빌로니아로 전래되어(문명이동) 바빌론 최고의 신(엔키가 마르둑으로 불려짐)인 마르둑의 강제에 의해 그의 아내가 된 인안나(선민 : 예수)는 지하세계로 내려간다. 지하세계에 내려간 인안나는 발가벗겨져 죽음을 맞이하게 되는데 죽음을 모면하려면 그 대신 다른 신을 바쳐야 한다는 말을 듣고 마르둑을 잡아다 바치므로써 인안나는 죽음에서 다시 살아나게(부활) 된다.

아브라함은 BC 2000년 경에 슈메르문명을 그대로 이어받은 아모리인으로서 그러한 문명을 교육받고 성장했기 때문에 그의 신인 '엔키'(뒤에 야훼로 불리워지는 갓신(God))은 아브라함과 함께 가나안지역으로 이동하여 시내산신이 되면서 그 이름을 '엘샷다이'라고 불리우게 된다. 모세에게 나타났을 때 그는 자신의 이름을 '야훼=여호와'라고 하였다. 그는 모세를 세워 애굽의 노예생활을 하던 유대민족을 이끌고 나와(해방시킴) 시내광야에 집결시켜 놓고 십계명과 수많은 율법(계명)을 주고 그를 '유일신으로 믿고 섬길 것'과 민족을 애굽인의 노예에서 해방시켜 주었으니 그 삯으로 예물을 바치고, 매일 아침 저녁으로 소와 양을 잡아서 제물을 바치고, 매월 기념일과 길사와 흉사가 있을 때마

後 · 天 · 大 · 易

새 시대의 周易, 후천시대에 대한 하느님의 대 예언서

다 제물을 바치라는 수없는 삯을 요구한다. 만약 그의 명령을 어기면 칼과 기근과 염병을 내려 멸망시키겠다고 협박하고 시내산에서 불과 천둥(震)과 연기로 공포를 조성하여 협박하는 등 자기는 저주의 하나님, 공포의 하나님, 심판의 하나님, 질투의 하나님이라고 하면서 자기백성(사실은 그의 노예)이 되게 하는 계약을 강압적으로 맺게 한다.

그와의 계약대로 야훼를 숭배하고 거지가 되더라도 그가 바치라는 대로 다 바치면 가나안복지로 보내주겠다고 하였으나 젊은이들은 15일 정도면 갈 수 있고, 노약자들이라도 한달이면 충분히 갈 수 있는 가나안 땅을 눈앞에 두고도 그는 백성들의 믿음을 의심해서 시험하기 위하여 물도 없고 잠잘 곳도 먹을 것도 없는 광야(사막)에서 40년 동안을 뱅글뱅글 돌게 한다. 그러자니 불평이 나오고 원망이 나올 수밖에 없었다.

야훼는 그들이 불평하고 원망한다고 수천 명씩 학살하기를 몇 번하다 40년이 지나고 보니 애굽에서 출발했던 1세대는 다 죽고(60만명) 2세대만 결국 가나안땅에 들어가게 된다. 그러나 그곳은 이미 이방인들의 땅이 되어 그 땅을 빼앗기 위해 수많은 전쟁을 해서 천신만고 끝에 가나안 땅의 주인이 된다.

'엔키(야훼)'에게 '하늘의 신권'(하느님의 권세)을 빼앗긴 '엔릴(아담)'은 그를 보좌하도록 세움 받은 천사장(청지기)인 엔키에게 속아서 종에게 반대로 굴복하고 그의 군대장관(성신 : 성령 : 아담 : 엘료이)이 되어 야훼의 지시에 따라 백성을 이끌고 가나안으로 인도한다. 그렇게 된 것은 아담이 (에덴동산에서) 천도를 이루는 과정에서 '참나'로 거듭나 참생명의 실체가 되기는 했으나 아직 어른으로 성장하지 못하고 지혜가 부족한 상태에서 천사장인(엔키) 루시퍼(뱀)의 유혹에 넘어가 대리하느님(天子)의 지위와 나라(백성)를 빼앗겼기 때문이다.

이를 두고 바울은 다음과 같이 말한다. 〈히브리서〉 "유업을 이을 자가 세상의 주인이나 어렸을 동안에는 아버지(안 : 한)가 정한 때까지 청지기 아래 있나니 때가 차면~".

이처럼 아담(엔릴)은 세상의 주인이고 천업을 이을 적자지만 그 지혜가 모자라 자기 종의 종이 되어(우리 한민족이 중국의 속국이 되어 있던 것과 같이) 야훼의 수하에서 군대장관(그 이름은 : 하나님의 신, 오른손, 능력 등으로 불리움)을 하고 있었다. 그러던 어느 날 민족을 이끌고 가나안 땅으로 가던중 그의 마음의 귀에 들리기를 "나는 예물과 제사를 원치 않았다"라고 하는 참하느님의 소리가 들렸다. 다시 말하면 참하느님은 그의 백성에게 무엇을 해주었다고 해서 그 삯을 요구하여 제사와 예물을 바치라는 하느님이 아니라는 깨달음(마음의 소리)이 있게 되었던 것이다(출애굽기). 그 순간 그는 야훼가 참하느님이 아니고 자기 자신이 하느님아버지(안)로부터 신권을 물려받을 적장자요 대리하느님(天子 : 엘료이-예수의 아버지하느님)인 것을 깨닫고 야훼의 수하에서 벗어나 야훼와 대립하게 되지만 선민은 자기의 정체를 알지 못하고 그를 하느님으로 믿는 백성이 없었으므로 하느님 노릇을 할 수 없었던 것이다.

가나안에 들어간 선민은 사사시대를 지나자 백성의 수가 많아졌고, 12지파의 이견과 알력이 생기는 등 다스림이 어려워지자 야훼에게 왕을 세워줄 것을 요구한다. 그래서 야훼는 사무엘을 통해 사울왕을 세웠으나 그는 나중에 교만에 빠져 범죄하자 '엘료이 하느님'(아담 : 성령)이 사울을 실각시키고 다윗을 왕으로 세워 다윗의 후손 중에서 예수라는 인물을 택하여 세우고 그에게 강림하여 자기를 참하느님으로 믿고 섬기는 자기백성(성도교회)을 찾을 수 있는 발판을 마련하게 된다.

성령은 의인이었던 이사야에게 강림하여 자기가 참하느님인 것을 깨닫게 하는 동시에 바벨론 포수에게 깨끗함을 받은 백성(숫처녀, 동정녀, 성처녀, 선민)을 성별하여 가나안에 복귀하게 하고(다윗의 후손들) 야훼나 바알과 아세라를 숭배하는 북조이스라엘 민족은 앗시리아로 포수되어가 멸망하게 하였다. 그리하여 이사야는 "처녀가 잉태하여 아들을 낳으리니 이를 임마누엘(천지교태)이라 하라"는 예언과 "다윗의 뿌리에서 한 싹이 결실할 것이요 그에게 하느님의 신이요, 지혜의 신인 성령이 강림할 것"이라는 예언을 하고 그를 믿으면 민족이 구원을 받고 이방 모든 나라 왕들이 예물을 가지고 예루살렘으로 와서 예루살렘성을 황금과 보석으로 꾸미고 사자와 독사와 어린아이가 같이 뛰어 놀아도 해침이 없고 모든 병기는 낫과 괭이를 만들고 전쟁과 병마와 죽음이 없으며 해가 지는 일이 없고 고통과 눈물이 없는 이상세계 즉 지상천국을 이루겠으며 그곳에는 '사람들이 하느님과 함께 살게 될 것'(임마누엘)이라고 예언함으로써 하느님이 바라고 인류가 꿈꾸던 찬란한 희망과 영광의 메시지를 발표한다.

그러나 만일 그가 보내는 예수(견우, 천자, 대리하느님, 인간의 표본)를 선민이 불신하고 계속해서 "갓(God)과 무니(바알과 아세라), 즉 가짜 하느님인 야훼와 그의 선민(여신 : 아세라 무니)에게 제사(숭배)하는 날에는 로마를 불러들여 유대나라(선민)는 멸망하게 될 것이며 예수는 십자가에 달리게 될 것이라"는 양면적 예언을 함으로써 유대민족이 어느 하느님을 선택하느냐에 따라 영광과 멸망의 운명이 결정될 것이라는 것을 통고한다.

유대민족이 모세 이후 전통적으로 숭배해 온 신은 시내산 여호와인 가짜 하나님(God)이고 예수에게 임한 참하느님은 예수가 십자가에 달려 부르짖은 이름인 '엘리엘리 라마사박다니'(아버지하느님 아버지하느님 어찌하여 나를 버리시나이까)라고 한 '엘료이'이다(히브리어 사전 참조).

또 이사야서에 "나는 제사와 예물을 원치 않았으며, 제사와 예물을 바치기 위해 소와 양을 잡는 것은 나의 가증스러워 하는 바다"라고 하여 진짜와 거짓하나님의 구별기준을 '삯'(예물 : 제사)을 요구하는 자는 가짜이고(God) 제사와 예물(짐승, 희생)을 요구하지 않는 하느님이 참이니 율법의 멍에(노예로 삼음)를 씌우는 자는 가짜라고 선포하였다.

히브리어에서 '아버지 또는 아비'라는 말은 하느님에 대한 일반대명사로 쓰인다. 예수는 시내산 여호와를 가리켜 제사장들과 서기관과 바리새인들에게 말하기를 "너희 아비(하나님) 여호와(God)는 '마귀'"라고 사복음에서 말하고, "저는 처음부터(에덴에서부터) 살인한 자요, 거짓의 아비 즉 거짓하나님이 된 자"라고 말하므로써 야훼의 정체를 폭로하였다.

그러므로 예수는 사람으로서는 역사상 처음으로 가짜하나님과 참하나님을 알고, 가짜의 정체를 폭로하고, 참하느님을 믿을 것을 권고한 참하느님의 메신저이니 그의 제자들인 성도교회 즉 기독교는 참하느님을 믿었어야 마땅하다. 그러나 어리석은 유대민족(선민)은 "야훼가 유일신인데 무슨 놈의 하느님이 또 있느냐?" 하면서 예수를 힐난하고 죽였으며, 그의 제자들은 국외로 추방시켜 버렸다.

예수의 제자들(기독교인들)은 국외로 추방된 후 온 로마세계 도처로 다니면서 참하느님과 예수를 전도했으나 로마황제(네로)의 박해가 심해지자 지하로 숨어 전도하는 세월이 300여년에 이르게 된다.

콘스탄티누스황제 때에 이르러 황제가 니케아 종교회의를 소집하고 유대민족의 하나님인 야훼를 다시 기독교의 신으로 받아들이고 이름도 없는 엘료이(예수의 하느님, 아담, 성령)를 버린다면 교황에게 황제와 대등한 세속적 권력을 주고 기독교를 국교로 인정하겠다는 중재안을 제시하자 로마교회는 참하느님을 버리고(배신하고) 다시 시내산여호와(사탄, 마귀)의 노예로 전락하게 된다. 그렇게 되어 기독교가 지금까지 믿고 있는 신은 신구교를 막론하고 예수가 그를 마귀라고 했음에도 불구하고 '갓(God)'을 숭배하고 있다.

이러한 일이 있을 것을 이리안 바울은 〈데살로니가 후서 2:3~〉에 말하기를— "너희는 미혹하지 말라(가짜 하나님을 전파하거나 믿지 말라는 뜻). 먼저 배도(참하느님을 배반)하는 일이 있고 저 불법한(야훼) 사람 곧 멸망의 아들(마귀)이 나타나기 전에는 이르지 아니하리니 저는 '대적하는 자'라 범사에 일컫는 하느님이나 숭배함을 받는 자 위에 뛰어나 자존하여(스스로 높여) 하느님의 성전(교회)에 앉아 자기를 보여 하나님(God)이라 하느니라"라고 하였다.

이것은 바로 하늘나라(조선) 최고의 하느님인 상제의 청지기(제후)에 불과했던 문왕이 하느님이 천명으로 세운 천자요 대리하느님이요 견우인 은천자를 힘으로 멸망시키고 은나라 백성을 선민에서 격하시켜 이방의 제후(아담이 청지기의 군대장관으로 전락한 것처럼)가 되게 한 반역(역천)과 한치도 다를 바 없이 천도의 구조가 일치하는 데서 기독교 성경은 고한국 하느님이 아담(엔릴)을 서방천자로 세워 천도문명을 이루려고 섭리하셨던 하늘의 뜻이 아닐 수 없다는 사실이다.

하늘(상제)이 세웠던 동서의 참견우들은 천도를 다 체득하지 못하고 지혜의 부족으로 멸망하였으며, 가짜 견우들이 역천을 하고 나타나 세상을 지배하는 하나님(악마)들이 되어 선천세상을 지배해 왔다. 그러므로 하늘은 문을 닫고 땅은 악마의 세상이 되어 악한 사람들이 잘 되고 불법이 정의를 짓밟는 세상, 즉 천지가 운절되어 하늘이 고개를 돌리고 상관하지 않는 암흑시대로 오직 힘이 지배하는 세상이 된 것이다. '힘'은 권력, 무기, 군대, 재력, 학벌, 문화탈취 등에서 나오는 것이기 때문에 수단과 방법을 가리지 않고 힘을 잡으려고 남의 것을 빼앗고 죽이고 사기치고 전쟁을 하는가 하면, 남의 문화를 탈취하여 자기네 문화로 삼고 교과서를 바꾸고 역사를 왜곡하는 등, 온갖 만행을 저질러 오면서 큰 나라들은 제국주의를 통해 약한 나라들을 노예화하고 착취해 온 것이다. 그러한 일은 나라들 간에서만 일어나는 일이 아니라 사회에서도 권력을 가진 자들이나 지주들이 힘없는 양민을 찍어 누르고 껍질을 벗기고 뼈까지 갉아먹어 온 것이 선천의 역사이다.

정의는 죽지 않는다거나 선한 공적은 끝이 있다거나 악한 일을 하면 벌을 받는다는 말들은 약자들의 자기 위안을 위한 잠꼬대에 불과하고 만인은 법 앞에 평등하다는 말이야말로 힘있는 자들이 무력한 국민대중을 속이기 위한 구호요 술수에 지나지 않았다. 법은 옛부터 힘있는 자들을 보호하기 위해 존재할 뿐이며 약한 자들은 빵 한 조각을 훔쳐 먹고도 몇 년씩 형을 살지만 힘있는 자들은 나라돈을 수백억 수천억을 착복해도 법은 언제나 관대하다.

전쟁이라도 나면 힘있는 자들은 다 달아나고 힘없는 국민들이 나가서 피를 강같이 흘리고 나라를 지켜내면 도망쳤던 놈들이 다시 돌아와서 정권을 잡고 권력을 행사하고 위세를 부리고 애국자로 돌변하여 모든 혜택과 상을 독차지하는 세상이다.

기독교는 서구 제국주의 앞잡이가 되어 약소국들을 침탈하는 일에 선봉에 서서 양의 탈을 쓰고 들어와 구제사업이니 인권이니 사회정의니 선이니 천당이니 외쳐대면서 안주해 놓고 나면 군대가 총칼과 대포를 가지고 들어오고 자본을 가지고 들어오고 문화를 가지고 들어와서 정신과 영혼을 빼놓고, 경제적 착취를 일삼고 껍질을 벗겨 타고 앉으면 약소민족들은 아야! 소리 한 번 못하고 노예가 되고 말았던 것이 근대제국주의사가 아닌가.

기독교가 믿어 온 야훼는 악마이기 때문에 자기를 닮아서 악한 일을 잘 하는 자들에게 축복하고 천당 보내고, 의인들과 선량한 사람들은 저주의 대상이고, 그들의 먹이에 불과했다. 성경은 그를 가리켜 '세상신' 또는 '세상임금'(임금은 하나님의 일반대명사) '공중권세를 잡는자' 라고 하여 마귀(God)가 실제로 세상을 지배하고 있음을 나타낸 것처럼 동양에서는 문왕이 하나님이 되어 선천세를 지배해 온 것이다. 이때 참 하나님은 나타나려 해도 그의 정체를 알고 믿고 섬기며 따라 주는 사람과 백성이 있어야 세상을 바로잡을 수 있을 것인데 아무도 그를 모르고 믿지도 따르지도 않으니 내려오고 싶어도 올 수 없었던 것이다.

그러나 가짜들도 하나님으로부터 세상을 맡은 기한이 있다. 왜냐하면 그들은 섭리의 여름계절을 지배하도록 되어 있으며, 그들의 힘도 여름에만 발휘할 수 있으니, 가을이 오면 자연히 천운이 변화하여 세상이 바뀜에 따라 그들의 힘이 점차 시들고 약화되는 것이 자연의 이치이다.

그러므로 후천은 가을 계절에 속하기 때문에 저절로 세상이 밝아지고 지식이 보편화되고, 과학이 발달함에 따라 그런 가짜이고 악한 신들에 대한 믿음과 의존도(신앙심)가 약화되어 이제는 본바닥인 서구세계에서 먼저 야훼가 세상을 지배하던 기반들이 깡그리 무너져 내렸다.

중국에서는 이미 홍위병(사인방)시대에 문왕의 메신저였던 공자를 비판하고 타도하므로써 유교(주나라 문화의 정신적 축)는 심판을 받고 그 기반이 붕괴되고 말았던 것이다. 이처럼 가을이 오자 선천의 가짜 고동문명들은 그 정신적 기반이 붕괴 해체되고 사석화되어 세계는 이제 정신적(가치기반) 대 공황시대에 돌입하게 되었다. 이제 현대인들이 믿고 의지하는 것은 오직 '돈신' 뿐이다. 국가고 개인이고 할 것 없이 돈에 미쳐 돌아가고 있다. 그러자니 자연히 인간은 다시 원시상태(동물의 상태)로 퇴화되어 '약육강식'과 '적자생존'이라는 동물적 생존지배원리에 지배되고 있다.

그러나 보라! 이제는 가짜 하늘은 가고, 참 하늘이 돌아왔다. 천지교태를 이루기 위해!! 그것도 다른 나라 다른 민족이 아니라, 한국으로 한 민족에게로 하늘이 돌아온 것이다.

지금까지 진리를 위해서 참하늘과 참하느님의 이상향을 찾아 몸부림쳐 온 의인들과 선각자들이여! 이제는 우리의 힘을 한 데 뭉쳐 돌아오신 참하느님을 맞아 영접하여 진실로 선하고 의롭고 가치 있는 의인들의 세상과 나라를 건설하자!!

천도야말로 한민족의 진정한 정신이고 혼이며, 또 이것이 《한국학》(한국철학)이다. 남의 문화에 빌붙어 기생하려는 노예근성을 버리고 가슴을 활짝 열고 의연히 위엄있게 일어서자! 우리는 후천의 진정한 하늘나라의 성민이며, 천도문명을 세계에 펴 온 세계와 만민을 우리의 천도로 농사하여 기르고 가꾸고 열매맺게 하여 참된 '하늘나라'를 이 땅에 이루어 나아가 보자!

第七章 周易本經

周易上經

1. 乾爲天(☰)

乾, 元亨, 利貞

하늘(자연)은 인류를 낳은 아버지이고 남편이고 만유(萬有)위에 계신 임금이시다.

하늘이 만물(만민)을 낳고 기르고 결실하고 안식하는 섭리를 하시나니, 이를 元, 亨, 利, 貞(사계 : 사철)이라고 하는 봄(元)과 여름(亨)을 일러 선천(先天)이라 하고, 가을(利)과 겨울(貞)을 일러 후천(後天)이라 한다.

※ 乾 – 하늘, 아버지, 지아비(남편), 임금, 굳센 정신, 남자. 元 – 처음, 으뜸, 임금, 우두머리, 근본, 근원, 머리, 적자, 본처. 천지의 덕 – 元亨利貞은 섭리적 四季를 의미함.

새 시대의 周易, 후천시대에 대한 하느님의 대 예언서

[初九] 潛龍 勿用

하늘에서 달아나 물에 잠겨 숨어 있는 용(은천자)이 나라(세상)를 다스리게 하지 말라.

※ 潛 – 달아나다, 숨다, 물에 잠기다. 龍 – 용, 천자, 왕, 임금, 뛰어난 인물, 화하다. 用 – 다스리다. 물은 타락한 세상, 즉 苦海를 상징한다. 따라서 타락하여 죄악에 물든 은나라 천자(용)가 세상을 다스리지 못하게 하라는 뜻.

[九二] 見龍在田 利見大人

새로 나타난 용이 동쪽 밭(은제국)을 갈아 경작하려고 봄사냥(혁명전쟁)을 하고 있으니, 그가(文王)섭리의 가을철에 대인으로 나타나는 것이 이로울 것이다.

※ 見 – 나타나다. 在 – 살고 있다. 田 – 밭(心田), 동쪽, 밭갈다, 봄사냥하다, 경작하다. 大人 – 세상을 구하려 나타난 대인, 장차 천자가 될 인물을 뜻함. 가을철 – 선천은, 선선천에 대하여는 후천이고 가을임.
※ 東方爲田 – 大人은 文王을 의미함

[九三] 君子 終日乾乾 夕惕若 厲无咎

은나라 국운이 극에 이르러 끝날 때까지 군자가 하늘의 뜻(섭리)을 실행하기 위하여 힘을 다하며 해가 기울어 저녁이 될 때까지 근심하는 것 같으니 나라(殷)는 위태로우나 군자는 허물이 없다.

※ 君子 – 文王을 가리킴. 終 – 끝나다. 日 – 때, 기회. 夕 – 저녁, 기울다. 惕 – 근심하다. 若 – 같다. 厲 – 위태하다. 无 – 없다. 咎 – 허물.

[九四] 惑躍在淵 无咎

내가 방에서 고요하게 수도하고 있을 때에 어떤 사람이 들어와 북을 치

後·天·大·易

는데, 내가 그 북소리에 흥분되어 뛰며 좋아하다가 어떤 때는 갈팡질팡 헤매기도 하는 일이 있어 괴이쩍게 여기고 있다. 그러나 허물이 아니다.

※ 惑 - 혹, 어쩌다가, 어떤 이, 어떤 사람, 헤매다, 갈팡질팡하다, 있다. 躍 - 흥분하다, 뛰다, 뛰며 좋아하다. 淵 - 고요하다, 방, 집, 북소리.
※ 강신 상태 : 성령강림. 방 - 心房을 뜻함.

[九五] 飛龍在天 利見大人

은천자(紂王)가 스스로 자만하여 하늘보다 높이 뛰어오르려 하고 있으므로 머지않아 떨어질 것이니, 새시대의 대인이 나타날 이로운 때가 다가오고 있다.

※ 飛 - 뛰다, 오르다, 뛰어보다, 높다, 떨어지다.

[上九] 亢龍有悔

은천자가 자만하여 지나치게 높이 올라 용마루(上帝 : 하느님)와 겨루려 하고 있어 그 국운이 극에 이르러 후회함이 있을 것이다.

※ 亢 - 오르다, 높아지다, 자만하다, 용마루(하느님), 겨루다, 극에 이르다.

[用九] 見群龍 无首 吉

천자가 되고자 경쟁하는 무리가 떼지어 나타나 있으나, 칼자루를 드러내는 사람은 없으니 길하다.

※ 群 : 羣 고자 - 무리, 떼지어 모이다. 首 - 칼자루, 드러내다, 머리.

彖辭

大哉 乾元, 萬物資始 乃統天, 雲行雨施 品物流形 大明終始 六位時成 時乘六龍 以御天, 乾道變化 各正性命 保合大和 乃利貞, 首出庶物 萬國 咸寧

크도다 하늘나라(고조선) 임금이시여, 만유의 근본이신 상제 하느님 의 근원의 원기와 천지만물(만민)을 기르시는 덕이여!

상제 하느님께서 최초로 만민을 기르고 다스리기 위하여 두루 살펴 보시고 각 무리의 성품과 재질을 견주어 그 바탕의 마땅함에 따라 부족 의 이름(나라이름)과 천업을 가려 주시고 무리마다 각기 땅을 떼어주어 살게 하시며, 그 무리 중에서 성품이 바른 사람 하나씩을 취하여 임금의 지위와 권세를 주어 기호(사람의 표본 : 견우)로 삼아 다스리게 하셨으 니, 이로 말미암아 하늘이 각 민족마다 혈통의 줄기로 나누고 하늘나라 의 법과 기강을 세워 만민을 통괄하여 다스린 것이 역사의 근본 실마리 이니라.

사람이 점점 번성하기 시작하여 구름떼 같은 무리가 움직여 사방으 로 옮겨다니며 사는 모습을 관찰해보니 행실이 비뚤어지거나 난폭하여 서로 해치고 무질서한지라, 상제께서 사람이면 마땅히 행할 도리(윤리, 도덕, 예법)와 이치(道)를 베풀어 널리 전파하여 교화하게 하시고 실행 하여 바른 질서를 세우게 하셨느니라.

세월이 흐른 후에 상제께서 멀고 가까운 나라들을 순행하여 인심과 풍속과 정사를 살피시니, 나라마다 그 형세가 다르고 민족마다 그 생김 새가 다르나, 법과 규정에 따라 사람들의 재질과 능력에 차등이 생겨 존 비(신분이 귀한 사람과 천한 사람)와 품계의 등급이 정해지고, 존비의 차별에 따라 그 하는 일과 업이 다르고, 재물 소유의 많고 적음이 고르 지 아니하니 이는 인품이 바르지 못한 비류들이 비뚤어진 탐욕을 절제

하지 못하고 수탈하므로 천한 백성들은 망하여 이리저리 유리 방랑하고 있음은 천도의 바른 도리와 이치를 알지 못함이라. 이에 상제께서 은혜를 베푸사 참사람의 형상을 이루게 하는 '천도'를 베풀어 주시고, 사람의 바른길의 모범을 삼게 하여 사람과 세상이 변화하게 하셨더라.

뭇사람을 다 참되고 존귀한 '참사람' 으로 그 품격을 높여 초월하게 하려면, 먼저 그 마음을 정결하게 한 연후에 상제와 천도를 믿고 높이 숭상하여 마음의 눈이 열려 깨닫게 될 때, 해와 달(상제와 천자)이 부부로 교합(합궁)하여 별(참사람)을 낳는 이치를 알고 참사람(眞人)으로 환골탈태하게 되는 것이니, 참하느님과 천도를 믿고 참사람으로 초월하겠다는 지조(정심, 定心 : 목적의지)를 세워 끝까지 변치 않아야 하며 여섯방위의 제위(帝位 : 팔괘 중에서 天과 地를 뺀 6위)가 그 알맞은 때를 만나야 천업을 이룰 수 있는 것이듯, 여섯천자(六龍)들도 그 알맞은 때를 타야 하늘의 뜻을 받들어 세상을 다스릴 수 있는 것이니라.

사람들의 각기 다르고 바르지 못한 성품과 수명을 천도로 변화시켜 천성으로 바뀌게 함으로써 그 생명을 천신과 합하여 보전케 하였다가 후천 대인이 강림하는 때에 영원한 생명으로 합(짝지어)하여 참사람으로 화하게 할 것이니, 그때가 바로 섭리상의 가을철(결실의 때 : 후천시대)이니라. 그때가 되면 하늘나라 임금이시며 만민의 머리이신 동팔목제(東八木帝)가 나타나 하늘나라 백성이 큰 무리를 이룰 것이요, 하늘의 성민들을 온갖 나라로 파견하여 천도를 세계 만민에게 전파할 것인즉, 만민이 참하느님을 알고 공경하여 복종하게 될 때 참하느님과 천도를 숭상하지 않는 자들은 비천하게 될 것이요, 끝내 하느님이 그들을 제거하실 것이며, 하늘나라 백성들은 새로운 이름을 주실 것이니, 그들은 다른 이름으로 불리어지게 될 것이요, 만국이 다 하느님의 은혜를 머금고 화합하여 화평하고 평안하게 될 것인즉, 만민에게 하느님의 은혜가 충만하게 내릴 것임이니라.

※ 資 - 지위, 바탕, 재질, 때, 기회, 성품, 의지하다, 저항하다, 양식, 땅을 떼어 주다. 物 - 일, 직업, 무리, 종류, 살펴보다, 권세, 기호, 이름지어주다. 始 - 처음, 비로소, 최초에, 시작하다, 근본, 근원. 統 - 혈통, 본 가닥, 큰 줄기, 실마리, 처음, 근본, 바탕, 법, 기강, 거느리다, 통괄하다, 통솔하다, 한데 묶다, 다스리다. 天 - 하늘, 아버지, 지아비, 임금, 자연, 도, 세상, 세계, 천성, 목숨, 운명, 주재자. 雲 - 구름, 구름덩이, 많음, 멈. 雨 - 많은, 흩어지다, 은혜가 두루미치다. 行 - 움직이다, 하다, 행하다, 쓰다, 일다, 사용하다, 베풀다, 길(道), 사람이 마땅히 해야 할 도리, 사리, 관찰하다, 말하다, 첫머리. 施 - 베풀다, 시행하다, 멀리 전해지다, 나타내다, 번식하다, 꾸짖다, 은혜 옮겨가다, 비뚤어지다. 品 - 차별, 등급, 등차, 품별하다, 견주다. 流 - 시간이 흘러가다, 두루 돌아다니다, 은혜, 은택, 변화하다, 구하다, 절제를 잃다, 추락하다, 비류, 갈래, 혈통, 비뚤어지다, 망해 흩어지다. 形 - 모양, 모습, 생김새, 형태, 형세, 세력, 이치, 도리, 형상을 이루다, 바르다, 모범, 나타나다. 大 - 뭇사람, 다, 모두, 많다, 높다, 존귀하다, 거칠다. 明 - 알리다, 밝히다, 깨닫게 하다, 깨끗하다, 정결하다, 높이다, 숭상하다, 신령하다, 해, 달, 별, 눈이 밝게 되다, 질서가 서다. 終 - 끝나다, 극에 이르다, 그치다, 이루어지다, 가득차다, 죽다, 끝까지. 位 - 지위, 자리, 인품, 품격. 時 - 때, 철, 사철, 세월, 연대, 기회, 시세, 운명, 세상이 되어 가는 형편, 정한 때, 씨를 뿌리다, 평평하다(평탄하다). 乘 - 타다, 오르다, 꾀하다, 때를 이용하다, 다스리다. 御 - 다스리다, 거느리다, 길들이다, 어거하다. 變 - 변하다, 바꾸다, 바뀌다, 변천하다, 움직이다, 쇠해지다, 어기다, 어지러워지다, 모반, 반란, 편법, 죽음. 化 - 되다, 가르치다, 은혜, 덕화, 인정(仁), 교육, 도, 이법, 성장하다, 낳다, 자라다, 다시 태어나다(중생), 죽다, 망하다, 순환하다, 집(몸, 육체). 正 - 바르다, 공평하다, 도리에 맞다, 평평하다(공평), 한가운데(중심 : 마음, 정신), 정하다, 순일하다, 다스리다, 바로잡다, 품위(인품)있다, 정당하다, 도, 사람의 바른길, 임금, 우두머리, 적자, 본처, 가르침, 시초, 주체, 주된 것, 참, 과녁, 밝은 곳. 性 - 성품, 생명, 목숨, 살다, 사물의 본질. 命 - 천명, 하늘의 뜻, 말씀, 호적, 성질, 천성, 도, 자연의 도, 문화, 문명, 생명, 운수, 운, 운명, 이름짓다, 목표, 표본(표적), 가르치다, 명령을 내리다. 保 - 보전하다, 돕다, 기르다, 양육하다, 맡기다, 보호하다. 合 - 합하다, 여럿이 하나 되다, 짝하다, 배필, 일치하다. 和 - 화하다, 화평하다, 평화스럽다, 화합하다, 동화하다, 구족이 모이다, 교역하다(바꾸다). 利貞 - 가을과 겨울 : 후천시대, 일년의 후반기를 뜻함. 首 - 처음, 시초, 머리, 임금

(하늘의 임금), 우두머리(만왕의 우두머리), 으뜸, 시작하다, 비롯하다, 근거하다, 나타내다, 드러내다, 복종하다, 꼬인실, 바르게 하다, 행복하다. 出 – 태어나다, 우수하다, 나다, 존재를 이루다, 나아가다, 시집보내다, 밖으로 나아가다. 庶 – 여러 가지, 모든 것, 많은 사람, 온갖 사람, 바라다, 서출, 비천하다, 제거하다. 咸 – 다, 모두, 같다, 같게 하다, 화합해지다, 머금다, 차다, 충만하다. 寧 – 편안하다, 편안하게 하다, 고향(천국)으로 돌아가다, 꼭, 틀림없이.

象辭

天行 健, 君子 以自彊不息, 潛龍勿用 陽在下也, 見龍在田 德施普也, 終日乾乾 反復道也, 或躍在淵 進无咎也, 飛龍在天 大人造也, 亢龍有悔 盈不可久也, 用九天德, 不可爲首也

하늘의 주재자이시고, 천제(상제)이신 아버지는 세상만민(陰 : 坤地 : 땅 : 여자 : 아내 : 어머니)의 지아비(남편)이시며 그가 역사를 섭리해 나아가시는 뜻(정신)은 매우 굳세고 강하시어 사람(육체적 인간 : 고등동물)의 동물적 성품을 천성으로 바꾸어 높이고자 하심이라.

군자는 이를 보고 스스로 육체적 인간의 동물성의 경계를 뛰어넘어 하느님의 성품을 얻고 그 품격(인격 : 신성)을 높이고자, 천도를 이루겠다는 목적의지(정신 : 지조)를 강한 활과 같이 굳게 세우고 자신을 닦고 연마해 나가기 위해 한시도 쉬지 않고 힘써 천도를 익혀 나아가느니라.

천도를 닦아 이루기 위해 온 마음을 모아 기울이지 않고, 세속의 사사로운 탐욕을 즐기는 삶 속으로 달아나 숨어 있는 천자(은나라 천자)로 하여금 천하를 다스리게 하지 말라는 것은 하늘의 밝은 천성을 이루고 고귀한 인간으로 높아지고자 하는 천도실현의 뜻을 위해 살지 않고,

사사로운 육체적 행복과 영화를 위해 미천한 삶을 살고 있기 때문이라.

나타난 용(대인)이 동북쪽 경작지(은나라 : 동북간방)에서 봄사냥(새시대의 천운과 천시를 잡으려고)을 하고 있다는 것은, 새로운 섭리시대의 천운을 잡아 새로운 제국의 천자가 되어 천하에 하늘의 천도와 천덕을 널리 베풀어 보겠다는 것이라.

군자(대인 : 문왕)가 날마다 아침부터 해가 질 때(끝나다)까지 하느님 아버지를 부르고 또, 부르며 기원한다는 것은 선선천시대의 시운이 은말(은나라 말기)로 끝나 돌아가고 새로운 선천 시운이 다시 돌아와 새시대를 개벽하는 천자의 사명을 받고자 함에 있느니라.

자기 집 방안에 고요히 앉아서 하느님을 향하여 기도를 드리는 중에 어떤 이가 들어와 북(자기 마음 속의 북 : 마음에 신령이 내려 감동된 상태)을 치니, 자신도 모르게 흥분되어 뛰고 헤매고 한다는 것은, 하느님의 뜻(천도문명의 실현 : 참사람 완성과 지상천국건설의 이상)을 향해 진력해 나아가면 허물이 없다는 것이라.

은천자가 자만하여 스스로 높아져 하느님과 비교하고 있다는 것은 그의 천운과 천시가 끝나고, 새로운 시대가 시작될 것과 새로운 사명자(대인)를 하늘이 세워 섭리하실 것을 알리는 징조이니라.

은천자가 자만하여 너무 높이 올라 하느님과 겨루려 하고 있다는 것은 천운과 천시의 때가 차면 기울기 시작하여 떨어져 내릴 것이니, 어찌 오래갈 수 있겠는가? 새 시대의 천자가 되고자 나타난 경쟁자들이 많으나, 아직 칼자루를 드러내지 않고 있다는 것(무력으로 찬탈하고자)은 하느님이 베푸시는 은혜가 남아서 그러한 전쟁은 아직 일으키지 못하고 있다는 것이니라.

※ 自 - 스스로. 彊 - 굳세다, 힘쓰다, 강한 활, 굳어지다. 普 - 널리. 反 - 돌이키다, 되돌리다. 復 - 돌아가다, 돌아오다. 道 - 천도, 천리, 천운. 造 - 때, 오다, 이르다, 세우다, 처음으로 시작하다, 다하다, 고하다, 알리다. 大人 -

천자, 사명자, 군자, 견우, 아내, 첩. 盈 - 차다, 꽉차다, 채우다. 久 - 오래,
장구하다. 天 - 하늘, 하느님, 천제, 주재자, 상제, 아버지, 남편. 德 - 은혜,
천덕.

2. 坤爲地 (䷁)

坤 元亨, 利 牝馬之貞 君子 有攸往, 先迷後得 主利, 西南得朋 東北喪
朋 安貞吉

곤은 땅(대지 : 만민 : 세상 : 육체) 어머니, 아내, 황후(하늘 임금의
아내 : 천자)요, 신하(하느님의) 순종하여 따르는 여인의 상이니 섭리
시대의 봄과 여름철에 해당하며, 봄철에는 땅이 만물을 낳고, 여름철에
는 기르듯, 땅(아내 : 천자 : 견우)은, 하느님(남편)의 뜻을 받들어 천
도를 그 백성(선민)에게 베풀어 마음밭을 갈고, 천도의 씨(천성)를 심
고 가꾸어 양육함으로써 ·육체의 사사로운 동물성을 벗고(알껍질을 벗
고) 참사람의 열매(씨앗 : 어린아이)로 낳아 결실(출산)하는 어머니요,
아내의 사명을 하도록 하느님이 선택하여 세우신 천자이다.
천자는 야생마 같은 신하들을 천도로 길들여 하늘의 뜻을 행하는 천
자를 돕는 보조마(제후 : 신하)인 제후로 삼는 것이 이롭다. 군자는 천
도를 알지 못하는 백성의 근본무지의 위태로움을 다스려 신하와 백성들
로 하여금 천도를 닦아 나아가게 함으로써 육체적 자아를 죽이고 참사
람의 열매로 환골탈태하도록 백성을 이끌고 천도문명의 목표를 향해 가
게 해야 하는 것이니라. 처음에는 육체적 탐욕과 근본무지(참하느님과
천도를 모름)에 미혹되어 살아왔으나, 천도를 닦은 뒤로는 육체적 자아

를 이기고 참자기(주체정신)를 깨달아 얻게 될 것이니라.

　서남쪽에 있는 문왕(군자 : 대인)은 그와 뜻을 같이 할 무리들을 백성으로 얻었으나, 동북쪽에 있는 은나라 천자는 오히려 그의 제후들과 백성을 잃었으니 신하와 백성들이 절개(지조 : 목적의지)를 지켜 나아가기를 즐겨 하도록 편안하게 해주어야 길할 것이니라.

※ 坤 – 어머니, 아내, 황후(하느님에 대하여 아내인 천자), 대지(인류, 만민, 육체적 인간), 순음(순수물질적 성, 물성, 동물성), 온순하게 따르는 상. 元亨 – 봄과 여름. 牝 – 암컷, 어미. 馬 – 야생마, 제후, 보조마, 길들이다. 貞 – 지조, 정조, 절개. 攸 – 닦다. 다스리다(자기를), 위태하다(인욕이). 往 – 시간이 지나다, 죽다(자아), 가다, 향하여 가다. 迷 – 미혹되다. 得 – 얻다, 깨달아 알다. 主 – 주인, 주체, 임자. 西南 – 서남쪽 기산땅, 문왕의 봉국. 東北 – 하북(산동반도 쪽 : 은허, 박땅)의 은나라땅. 朋 – 벗, 뜻을 같이하는 동류, 친구, 친하다. 喪 – 잃다, 죽다. 安 – 편안하게 하다, 즐기다, 좋아하다. 貞 – 지조, 절개.

[初六] 覆霜堅冰至

　삶(생활) 속에서 천도를 실천하는 경험을 통해 도를 닦는 순서와 절차를 따라 밟아 나아가면 세월이 지남에 따라 추상(가을서리)같이 깨끗하고 곧은 절개가 중심(中心, 주체정신)을 이루어 가기를 얼음이 응결하여 차츰 두껍게 굳어져 가듯, 지극한 정성을 다하여 중정심(중심이 바르고 곧게 성품으로 굳어감)을 이루어 나아가야 하느니라.

※ 覆 – 경험하다, 순서와 절차를 밟으며 가다, 행하다. 霜 – 서리, 추상, 깨끗한 절개, 세월. 堅 – 굳다, 단단하다, 마음을 굳게 하다, 굳세다, 변치 아니하다. 氷 – 얼음, 엉기다. 至 – 이르다, 다하다, 지극하다, 힘쓰다, 정성을 다하다, 중정을 이루다, 성취하다, 극에 이르다.

[六二] 直方大 不習 无不利

천도를 익혀 내 중심에 하느님을 공경히 모시고 정신을 바르고 곧게
하여 사사로운 육체의 탐욕을 따라 살고자 하는 자아관념을 바로잡아
다스림으로써 거짓나(자아)의 껍질을 벗고 참나(중심 : 주체 정신)로
태어나(태어나다 : 알을 깨고 부화하다) 성장하여 어른이 되면 그가 바
로 높고 존귀한 참사람(眞人)으로 신성을 가지고 영생하는 존재인 것이
니 천도문명을 사해에 전파하고 뗏목에 태워 고해(인생 : 고통의 바다)
를 건너 참되고 평화로운 세계로 인도하고자 하는 하느님의 뜻(천도문
명의 섭리)을 사람이면 어찌 익히지 않을 수 있으리요, 그리하면 이롭
지 않음이 없을 것이니라.

※ 方 - 사방, 나라, 어우르다, 도, 법, 바르다, 떳떳한 일, 향하여 가다, 널리 퍼
  치다, 가지런하다. 直 - 곧다, 바르다, 옳다, 삿됨이 없다, 부정함이 없다, 바
  른 도, 바른 행실, 굳세다, 기울지 아니하다. 大 - 높다, 높이다, 존귀하다,
  다, 모두, 두루미치게 하다. 不 - 아니다, 없다, 못하다, 하지 아니하냐, 의문
  과 반어의 조사로 쓰임. 習 - 익히다, 삷다.

[六三] 含章可貞 或從王事 无成有終

천도문화의 모범을 밝혀 크고 무성하게 전파함으로써 모든 사람이
하느님의 은혜를 머금게 하여 하느님을 진실한 마음으로 섬기고 천도를
정성스럽게 닦아 절개를 지키는 것이야말로 사람의 격(인격 : 사람의
가치)에 맞는 일이니 임금이 먼저 상제와 천도를 섬기고 숭상하여 다스
려 나간다면 나라의 백성들은 임금의 발자취를 따르게 될 것이니, 어찌
끝내 이루지 않음이 없을 수 있겠는가? (의문형으로 바꿈)

※ 含 - 받아들이다, 머금다, 넓다, 다, 모두. 章 - 글, 문장, 법, 법식(형식), 무
  늬, 문화(옛날에는 문체라고 함), 기, 표지(표식, 표준), 도장, 단락, 절목,
  조목, 모범, 본보기, 밝다, 밝히다. 可 - 격에 맞다. 或 - 나라. 從 - 좇다, 따

르다, 자취, 일하다. 王 - 임금(천자 : 왕). 事 - 정치, 일, 사업, 섬기다. 終 -
끝내, 결국.

[六四] 括囊無咎 无譽

천도문화를 널리 퍼뜨리지 않고, 자루에 싸서 묶어두고 가르치지 않
거나 백성이 알지 못하게 단속한다면, 어찌 허물(죄)이 없다고 할 수 있
겠는가? 칭찬을 받을 일이 없을 것이다.

※ 括 - 묶다, 동이다, 싸다, 단속하다, 담다. 囊 - 자루, 주머니, 싸서 동여매
　다. 譽 - 명예, 영예, 칭찬하다, 가상히 여기다. 無 - 없다의 반어나, 의문사
　로 쓰임.

[六五] 黃裳元吉

그 마음이(정신) 병들어 있지 않고 그 정신(中心)이 어린 아이처럼
순수하여 불변의 도(천도)와 같이 변치 않아야, 섭리적 새 시대의 봄철
(시작되는 때)에 크게 길하다.

※ 黃 - 중심, 중앙(마음, 정신, 의식), 어린 아이, 순수하다, 병들고 지치다. 裳
　- 常자와 통하여, 항상, 불변의 도, 천도, 사람이 행할 바의 도리를 뜻함. 元
　- 시작하는 때, 크다 봄철.

[上六] 龍戰于野 其血玄黃

임금이 황량한 들판에서 거칠게 살던 비천한 융족의 무리들을 데려
다가 천도문화로 길들이느라고 싸움을 하듯 드잡이질을 하고 있는 것
은, 그들이 잘 따라 주지 않고 있음이니 근심으로 상한 얼굴빛이 누렇게
뜬 것 같다.

※ 戰 - 싸우다, 드잡이질을 하다. 野 - 들판, 거칠다, 길들이지 않다, 비천하

다, 따르지 않다. 玄 - 빛, 빛나다, 검은빛. 黃 - 누레지다, 누렇다, 병들고 지치다.

[用六] 利永貞
오래도록 그 지조를 잃지 말아야 섭리의 가을철에 이롭다.

※ 永 - 오래도록, 영원히.

彖辭

至哉 坤元, 萬物資生 乃順承天 坤厚載物 德合无疆 含弘光大 品物咸亨, 牝馬地類 行地无疆 柔順利貞 君子攸行, 先迷失道 後順得常, 西南得朋 乃與類行, 東北喪朋 乃終有慶, 安貞玄吉 應地无疆

지극하도다 천자(어머니 : 아내)가 백성을 길러 양육하고자 천도를 가르쳐 깨우치려고 힘과 정성을 다하여 인의(仁義)로써 인도하는 덕행이여! 새로운 천도문명 섭리가 나타나는 때에 인간의 동물성을 천성(하느님의 신성)으로 바꾸어 참사람으로 새롭게 태어나게 하려는 천업을 이루고자 그의 본백성(선민)에게 생명의 양식(천도, 말씀)을 주어 돕고 의지하게 하는 것이요 그의 본백성이 하늘나라 천업(천도문명실현 : 지상천국건설)을 좇아 계승하게 하려고, 천자가 '어머니의 도'로서 백성을 수레에 싣고 더불어 맹약을 맺어 문서로 구비하고(결승) 상제 하느님의 뜻을 받들어 정성을 다하여 임무를 수행해 나아가는 것이니, 천도를 이루고자 하는 사람의 덕과 하느님의 은혜가 합하여 짝(배필 : 부부의 교합)을 이루고 그 두 정신이 일치될 때 육체의 자아관념이 무너져 죽고(알을 깨고) 신성을 가진 참나로 태어나면 그 생명과 성품은 하느

님과 경계가 없을 것이라 천자가 품은 뜻(정신)이 높고 커서 하느님의
뜻과 같아 그 덕을 만민에게 베풀어 두루 미치게 하면 화합하여 한마음
이 되고 형통하게 할 수 있을 것이니라.

　천자(암컷 : 어머니, 아내)가 야생마와 같은 거친 사람들을 천도로
길들여 천업을 이루어가는 제후와 선민을 삼듯, 제후들도 같은 종류의
어머니(坤地 : 천자를 남편으로 섬기는 아내요, 그의 백성들에게는 어
머니임)이니 그의 백성들을 천자와 같이 천도로 양육하기 위하여 수레
(사명)에 싫고 가는 것이므로 천업을 행하는 일이 천자와 그 경계가 다
를 바 없으며, 정신 (뜻 : 지조)이 유약한 백성을 천도로 순종케 하여(섭
리적 결실의 계절인 利貞의 때 : 가을과 겨울) 지조를 높이 세워 가지게
해야 백성을 이롭게 하여 동물성의 위태로움으로부터 구제(구원)해 나
가는 길이니라.

　천도를 배우고 익히기 전에는 사사로운 인욕(자아관념 : 이기심, 탐
욕)에 사로잡혀 미혹된 삶으로 천도에서 어긋났으나 천도를 알고 닦은
후로는 천도에 순종하는 중심이 불변해야 된다는 도리를 깨닫게 되느니
라. 서남쪽 문왕이 그와 뜻을 같이 할 융족의 무리를 얻었다는 것은 그
를 도와 한 동아리가 될 백성을 얻었다는 것이요, 동북쪽 은천자가 그의
신하들과 백성을 잃었다는 것은 은천자의 천운이 끝나고 멸망할 때에
문왕에게는 큰 경사가 있게 될 것이라는 뜻이니, 백성으로 하여금 지조
(이상적 정신, 목적의지)를 높이 가지되 편안하게 해야 길하다는 것은
주인(임금 : 남편)의 뜻과 백성(地 : 아내)의 뜻이 서로 호응하여 경계
(사이, 품)가 없어야 한다는 것이니라.

※ 承 - 잇다, 계승하다. 載 - 싣다, 수레에 싣고 운반하다, 수레, 배, 베풀다,
　받들어 모시다, 행하다, 이루다, 성취하다, 일, 임무, 사명, 시작하다, 출생
　하다, 알다, 수식하다, 맹약 문서, 문서, 전적. 德 - 천덕, 은혜, 베풀다. 合 -
　합하다, 일치하다, 하나가 되다. 疆 - 사이, 틈, 경계. 弘 - 널리, 넓게 미치
　다. 光 - 빛, 빛나다, 영광, 은총, 은혜를 베풀다, 영광, 위덕, 문화. 大 - 크

다, 넓다, 높다, 존귀하다. 常 - 불변하다, 불변의도, 항상, 언제나. 地 - 땅, 어머니, 여자. 與 - 함께, 베풀다, 무리, 동아리, 따르다, 돕다, 좋아하다, 어우르다, 화합하다, 같이, 참여하다, 의지하다.

象辭

地勢坤, 君子 以厚德載物, 覆霜堅氷 陰始凝也, 馴致其道 至堅氷也, 六二之動 直以方也, 不習无不利 地道光也, 含章可貞 以時發也, 或從王事 知光大也, 括囊无咎 愼不害也, 黃裳无吉 文在中也, 龍戰于野 其道窮也, 用六永貞 以大終也

땅(대지 : 국가, 백성)의 힘은 지모(地母)인 천자가 새끼 딸린 암소라는 데 있다. 군자는 이를 보고, 두터운 천도와 천덕으로 백성을 수레(섭리의 수레 : 듯)에 정성스레 싣고 천도문명 실현이라는 목적지를 향해 간다.

천도를 삶의 경험을 통해 세월이 흐름에 따라 깨끗하고 추상같은 절개로 추위가 심해짐에 따라 얼음이 더욱 두껍고 단단하게 굳어가듯 천도를 향한 불변의 정신으로(주체정신) 굳혀가는 것을 음(순음 : 땅 : 물질적 종속의식 : 육체적 자아관념)의 정신이 응결하여 양의 정신(하느님의 정신)으로 변해가는(바뀌어 가다) 것이라고 하느니라. 천도로서 사람을 길들여 하느님의 강하고 굳센 정신과 같은 극치의 자리까지 이르게 하려면 지극한 정성을 다하여 얼음이 차츰 굳어져 가듯 해야 한다는 것이다.

육이효에 거짓나(자아관념)의 껍질을 벗고 참 나로 바뀌야 한다는 것은 천도와 참 하느님의 뜻을 받아들여 하느님의 정신을 나의 정신(지조, 절개)으로 삼아 모시고 사사로운 삶의 주체인 자아관념을 사로잡아

나의 주인 노릇을 못하도록 막고, 하느님의 정신(지조 : 절개, 주체의
식)이 나의 주인이 되어 나의 삶을 주관하게 하여 나의 주체정신(참나)
으로 태어나게 해야(굳어짐) 거짓나가 없어지고 하느님과 같은 참나가
되어 천하만국에 천도문명을 전파하여 그들도 천도를 이루고 참사람으
로 태어나 한 뜻으로 화합하여 서로 사사로운 다툼이나 전쟁이 없이 화
평하게 하나의 뗏목을 타고 고해를 건너 지상천국의 이상향에 도달할
수 있을 것이다.

그러므로 천도를 어찌 익히지 않을 수 있을 것이며, 천도를 익히면
이로움만 있을 뿐, 이롭지 않음이 없다고 하는 것은 땅의 도로서 물화
(퇴화 : 동물화)되어 가는 인간정신을 막고 품격 높은 참인간의 정신을
이루어 밝히려는 것이다.

인간의 모범된 천도문화를 백성들에게 밝혀 모든 사람이 다 하느님
의 은혜로 내리신 천도문화를 머금어(품어) 하느님을 그의 주체정신으
로 모시고 공경하여 숭상하는 진실하고 정성스러운 절개(중심 : 중정)
를 키워 나가는 것이야말로 사람이 사람다워지려고 하는 격에 맞는 일
이라는 것은 낡은 선선천시대가 끝나고 새로운 선천시대에 하느님의 섭
리의 뜻이 싹이 트고 꽃이 피고 열매 맺게 하려는 천운의 시대적 흐름이
기 때문이다.

임금(坤)이 먼저 천도를 닦아 이루고 천도문명실현을 정치이념으로
삼아 전념하여 다스려 나간다면 백성들은 그 임금의 발자취를 따르게
될 것이니 어찌 끝내 이루지 못함이 있을 수 있겠느냐는 것은 하느님의
지혜(천도)를 세상에 밝혀 백성을 하느님과 같은 존귀한 사람으로 높이
고자 함에 있는 것이라.

천도가 귀중한 것이라고 여겨, 주머니에 싸서 깊이 넣어두고 밝히지
않는다면 어찌 허물이 없다고 말할 수 있겠느냐는 것은 지나치게 신중
하고 조심하는 것이 오히려 해로움이 된다는 것이니라. 어린 아이와 같
이 그 의식이 깨끗하고 순결해야 불변의 지조를 지킬 수 있어 새시대 섭

리의 뜻에 길하게 될 수 있다고 하는 것은, 천도를 익혀 성취할 수 있는 지혜가 문장(경전)의 문리나 법도의 엄격함이나 형식적 예의범절에 있는 것이 아니요, 그 중심이 변치 않고 하느님의 정신을 나의 정신으로 삼아 공경하고 천도를 수행하는 데서 깨달음이 열려 거짓나가 소멸하고 참나로 바뀌는 것이기 때문이니라.

임금이 야만 융족을 길들여 문치(문화화)하려고 골몰하여 얼굴빛이 누렇게 되었다는 것은 임금의 천도문화를 가르치는 방법이 훌륭하지 못하기 때문이다. 용육효에 그 지조가 오래오래 변치 않아야 한다는 것은 그 지조(하느님의 정신을 나의 중심으로 삼겠다는 목적의지)로 말미암아 끝내 내가 높고 존귀한 참사람의 씨앗으로 태어날 수 있기 때문이다.

※ 勢 – 힘, 세력. 凝 – 엉기다, 굳어지다. 馴 – 길들이다, 가르치다. 致 – 극치, 나아가다, 힘쓰다, 정성스레 하다, 끝까지 다하다. 發 – 일어나다, 싹이 트다, 꽃이 피다, 열매가 영글다, 나타나다. 知 – 지혜. 愼 – 삼가다, 조심하다, 경계하다. 害 – 해롭다, 재앙, 해치다. 文 – 문화, 조리, 문리(文理), 법도, 예의, 예악제도.

283.

3. 水雷屯(☵☳)

屯, 元亨, 利貞, 勿用有攸往 利建侯

둔의 때는 낡은 시대가 끝나고 새로운 시대가 열리는 개벽의 때요, 새로운 섭리시대의 태초이므로 끝날의 멸망과 새시대의 희망이 동시대에 교차하는 험난하고 어려움에 시달리는 때라. 새로운 섭리시대 한해농사(하느님의 참사람 창조농사)에서 봄, 여름(元亨)을 한 시대의 선천이라 하고, 가을 겨울(利貞)을 후천이라 하느니라.

지금은 선선천시대의 낡고 병든 세상의 끝날이기 때문에 천운과 천도가 막혀 어긋난 때이므로 육체적 자아관념의 위태로움을 벗어나기 위하여 천도를 닦아 나아갈 때이니 낡고 세속화된 도를 따라가지 말라는 것이요, 새시대의 구세대인이 나타나면 그를 맞이할 마음의 준비를 굳게 세우고 뜻을 같이할 제후들을 세워야 이로울 것이다.

※ 建 - 세우다. 侯 - 제후.

[初九] 磐桓 利居貞 利建侯

낡은 시대가 끝나고 새로운 시대가 도래하는 차축시대에는 낡은 가치 질서와(윤리도덕) 새로운 가치관(윤리도덕)이 한데 뒤얽혀 두 가지 표준의 잣대로 재야 하는 혼란과 갈등이 있어 어느 표준이 참된 도(이치, 진리, 표준)인지 알 수 없으므로 참 것(참 진저)을 사모하는 마음이 정성스러워야 이로울 것이요, 나타나는 구세대인은 뜻을 같이할 제후들을 세워야 이로움이 있을 것이다.

※ 磐 - 뒤얽히다, 이어지다, 맞물려 있다. 桓 - 표준, 푯대, 빙빙 돌다.
   居 - 살고 있다, 차지하다, 평상시, 보통 때, 까닭, 이유(참 것과 아닌 것의 구별)에 대한 궁리, 연구.

[六二] 屯如邅如 乘馬班如, 匪寇婚媾 女子貞 不字 十年乃字

무엇이 참이고 무엇이 허위인지 분별하지 못하는 듯 하고, 두 가지 표준이 상충되어 빙빙 돌아가는 듯도 하고, 새로운 천시의 기회를 붙잡아 타고 오르려고 하나, 어느 것이 참된 것인지 아지랑이가 피어오르는 것 같아 참 진리를 찾아 정하고 거짓되고 낡은 것들과는 헤어지려고 하나 이것 저것이 모두 대등하게 보여 서성거리고 있는 것 같다.

　모든 사람들이 그가 나타나기를 기다리고 있는 사람은 악인이나 도둑이 아니라, 자기 백성(여자 : 아내)을 사모하여 혼인(부부가 되다 : 천자와 백성이 되려고 하다)을 맺자고 청하는 새신랑이니, 진실한 마음이 있는 여자라면, 어찌 사랑하지 않을 수 있으리요. 우리가 서로 사랑하여 부부를 이룬다면, 오곡(백성, 결실)이 열 배나 잘 익게 할 수 있을 것이니, 천도문명의 결실(아이배다 : 참사람의 씨앗을 배태하다)을 낳아 양육할 수 있을 것이다.

※ 如 - 하는 듯하다, 하는 것 같다, 의 뜻. 遭 - 머뭇거리다, 돌다, 변천하다. 乘 - 타다, 오르다. 馬 - 들, 아지랑이. 班 - 나누다, 헤어지다, 진위를 정하다, 이어지다, 서성거리다, 돌이키다. 匪 - 아니다, 도둑, 악인, 원수, 사랑하다. 婚 - 혼인하다. 媾 - 청혼, 사랑하다, 총애하다. 字 - 사랑하다, 아이배다, 양육하다.

[六三] 卽鹿无虞 惟入于林中, 君子幾 不如舍 往吝

　만일 내가 천자에게 나아가 잘못을 빌고 예전과 같이 신하로 돌아가 돕겠다고 한다면 그것은 내 마음을 속이는 것이지만 서백의 작위를 가지고 정승의 자리를 편안하게 보존할 것인가? 아니면 내가 바라는 대로 벼슬에서 물러나 하늘이 나를 새 시대의 천자로 선택해 줄 때까지 고향으로 돌아가 기다려야 할 것인가? 아니면 그의 신하로 옆에 있으면서 때를 보아 그를 쏘아 없애 버릴 것인가를 근심하며 헤아려 보고 있었으나 이제는 뜻을 결정하였으니 염려할 것이 없다.

　홀로(문왕) 생각하며 장래사 도모하기를, 황량한 들녘에 살고 있는 융족의 수많은 무리를 불러들여 훈치한 다음 그들을 시켜 은나라를 공략하여 떨어뜨리면 그것으로써 나의 바라는 바 천자가 될 수 있을 것이라. 군자는 천시의 기미를 살펴 자기가 바라는 때가 어느 정도 가까이 오면 거사(쿠데타 : 하극상)하여 은나라를 정벌하는 것보다 천자를 찾아가 용서를 빌고 그의 신하의 자리에 있으면서 하늘이 그를 버릴 때까지 머무르는 것과 같지 못할 것이니 은천자에게 나아가면 너를 아끼리라.

※ 卽 - 만약, 자리에 나아가다(신하의 자리), 따르다, 끝나다(끝날 때까지). 鹿 - 천자의 권좌, 산기슭(艮山方기슭 : 은나라 신하란 뜻). 虞 - 헤아려 보다, 근심하다, 속이다, 돕다(천자를), 보존하다, 편안하다. 잘못 : 바라다, 선택하다, 어진 짐승(구세대인), 거스르다. 惟 - 생각하다, 홀로, 도모하다, 그것으로써. 入 - 오게 하다, 간섭하다, 공략하다, 떨어뜨리다, 죽다. 林 - 들, 수풀, 야외, 같은 무리(음족), 수가 많다. 中 - 사이, 속, 안. 幾 - 기미, 조짐, 바라다, 가까이 오다, 살피다, 때, 어느 정도, 시작하다, 끝나다. 舍 - 관청, 머무르다, 용서하다, 베풀다, 벼슬에서 물러나다, 그만두다, 버려두다, 버려 쓰지 않다, 없애다, 쏘다, 거두다. 吝 - 아끼다.

[六四] 乘馬班如 求婚媾往吉 无不利

하늘이 베푸는 기회를 타고 천자의 자리에 오르고자 하나, 현재의 사태가 아지랑이를 잡는 것같이 분간할 수 없어 은천자와 헤어져야 할지 말지 마음을 정하지 못하고 서성거리고 있는 것보다, 내가 사랑하는 백성(여자 : 음족)에게 찾아가 청혼을 하는 것이 길하여 이로움이 없지 않을 것이다.

[九五] 屯其膏 小貞吉 大貞凶

이럴까 저럴까, 어려움에 시달리고 있느니보다, 내가 좋아하는 백성(땅 : 여자)을 찾아가 그들을 문치하여 기름진 땅을 만들어 윤택(문화화 : 천도를 베풀어)하게 한다면 하늘의 은혜가 내릴 것인 즉 소인들(음 : 천한백성)에게도 하느님과 천도를 사모하는 지조가 있게 하면 길할 것이나 대인(문왕이 스스로를 구세대인이라 자처함)에게는 지조가 있어도 흉하여 근심이 많도다.

※ 膏 – 기름을 치다, 기름진 땅, 윤택하게 하다, 은혜, 은택. 凶 – 흉하다, 근심하다.

[上六] 乘馬班如 泣血漣如

하늘이 베푸는 기회를 잡아 높이 오르려고 하나, 아지랑이를 잡는 듯 사태가 분명치 않아 마음을 정하지 못하고 있으니 근심에 싸여 울고 있는 것 같다.

※ 泣 – 순조롭지 않다, 근심하다. 血 – 근심하다, 흐느껴 울다. 漣 – 우는 모양.

彖辭

屯, 剛柔始交 而難生 動乎險中 大亨貞, 雷雨之動 滿盈, 天造草昧宜建侯而不寧

둔의 때인 차축시대에는 하느님의 굳세고 강한 정신과 유약한 사람의 정신이 처음으로 만나 사귀고 친해져 조화(새로운 생명이 태어나다 : 흘레하다)하게 되는 데서 따지고 싸우고 다툼이 이는 어려움이 생기게 되는 것으로 낡은 시대가 새로운 시대로 바뀌는 가운데 병든 세상을 심판하는 하느님의 호령소리와 천도를 사모해 온 사람들에게 내리는 은택(은혜)이 동시에 내리고 있으니 이는 천시가 가득 찼음이라. 하늘이 천도문명을 이루려고 마땅한 때를 정하고 새로운 사명자(천자)를 세워 새 시대의 새벽을 깨우기 위해 천하고 어리석은 백성에게 천도를 알려 배우고 익히게 하나니 사람이면 마땅히 행해야 할 도리를 알고 지켜 행하게 하며 새로운 시대 벽두에 나타날 구세대인을 맞이하여 새로운 세상을 만들기 위해 천도를 천하만민에게 전파해 나가려면 나와 뜻을 같이할 제후들을 세워야 이로울 것을 생각하며 편안한 마음으로 지내지 못하고 있노라.

※ 交 – 사귀다, 친하게 지내다, 벗하다, 뜻을 같이하다, 조화하다, 흘레하다, 짝짓다. 難 – 어렵다, 고생, 고난, 근심, 재앙, 고통, 힘겹다. 動 – 변하다, 변천하다, 바뀌다. 雷 – 우레 심판의 호령을 상징. 雨 – 하느님의 은혜가 두루 내림의 비유. 造 – 때, 기회, 시작하다, 이루다, 세우다, 알리다, 이르다, 오다, 나란히 하다(질서가 서다). 草 – 초원, 잡초, 천하다, 거칠다. 매 : 昧 – 새벽, 동틀 무렵, 어리석다, 쪼개다, 가르다(낡은 것과 새것을). 宜 – 마땅히 하여야 하다, 도리에 맞다, 화목하다.

象辭

雲雷屯, 君子 以經綸, 雖磐桓 志行正也, 以貴下賤 大得民也, 六二之難 乘剛也, 十年乃字 反常也, 卽鹿无虞 以終禽也, 君子舍之 往吝窮也, 求而往 明也, 屯其膏 施未光也, 泣血漣如 何可長也

구름같이 많은 백성들이 구세대인을 찾아 헤매고 있는 때에 타락한 세상을 향해 하느님의 심판의 호령이 떨어지고 있는 때가 둔이라. 군자는 이를 보고 새롭고 참된 구원의 길이 무엇인지 참도와 거짓도의 조리(條理 : 사리의 바른 맥락)를 살펴 궁구하고 바른 이치를 밝혀 사람이면 마땅히 행해야 할 정도(正道)의 체계를 세워 하느님의 뜻과 천도에 합당한 올바른 세상을 경영하고자 진력하고 있다.

말세의 혼란과 새로운 세상이 열리려는 때에 낡고 거짓된 질서(윤리, 도덕, 법, 도, 사상)와 새로운 질서가 한 데 뒤얽혀 빙빙 도는 암흑에서 어느 것이 참이고 어느 것이 거짓 표준인지 판별할 수 없어 머뭇거리고 있다는 것은 군자가 뜻(이상, 목적의지)을 바르게 세워 행하고자 함에 있다. 군자와 뜻을 같이 하고자 하는 무리들은 그 신분이 낮을지라도 귀하게 여겨 사랑하고, 군자와 뜻이 다른 사람들은 신분이 높을 지라도 쓸모없게 되었으니 버리는 것이 장차 구세대인으로 나타나고자 하는 군자가 자기 백성을 선택하여 얻고자 하는 생각이라.

육이효에 나타나는 어려움은 군자가 하느님의 뜻과 정신을 자기의 이념과 정신으로 삼아 하늘이 베푸시는 기회(섭리의 때 : 개벽시대사명)를 타고 천자의 자리에 올라 자기가 사랑하는 백성과 함께 하늘의 뜻을 이루어 천도의 완전한 결실(오곡 : 백성 : 천도를 익혀 인격으로 실현한 열매)을 수확할 수 있다는 것은 상리(일반적 이치)에 어긋나는 일이라. 만약 은천자에게 돌아가 용서를 빌고 예전과 같이 그의 신하로 천자를 도와 충성한다면 그의 지위가 보전되고 편안하게 될 것이니 근심할 것이 없다는 것은 그 짐승(타락한 은왕을 비유한 말)의 천운과 천시가 끝날 때까지 기다려야 한다는 것이다. 그러나 군자가 타락한 천자에게 다시 돌아가 용서를 구하고 신하의 자리에 머물러 작위와 편안함만을 보전하려는 것은 궁색하고 부끄러운 일이다. 은천자의 천운이 다할 때까지 기다린다고 하는 것은 하늘이 은천자를 버리고 새 시대의 천자로 선택하려고 부르실 때를 기다려야 하는 것이 순리를 따르는 길이다.

둔의 때에는 백성들의 마음밭을 천도로 갈고 닦아 기름지고 윤택하게 해야 하늘의 은혜가 충만히 내려 그 터 위에(땅 : 여자 : 백성 : 마음밭) 천도문명의 결실(열매, 씨, 종자 : 아이배다, 잉태하다)을 잉태시켜야 하는 때인데, 아직 천도문화를 베풀어 빛나게 할 수 없는 상황이라. 근심하며 흐느껴 울고 있다는 것이다.

어떻게 해야 이 어려운 시절을 지나 참하느님과 천도를 밝혀 백성을 기를 수 있는 천도문명의 열매로 자라 천하만국의 우두머리(왕중왕)가 되어 천도문명을 세계적으로 실현하여 아름답고 영원한 나라(지상천국)를 건설할 수 있을 것인가?

※ 雲 – 구름같이 많은 사람의 비유. 經 – 도, 길, 이치, 조리, 법도, 의리, 경영하다, 헤아리다(구상하다). 綸 – 하나로 묶다(체계 지우다), 줄, 끈, 다스리다, 통괄하다, 도, 길. 貴 – 귀하다, 신분이 높다, 소중하다, 귀히 여기다, 사랑하다. 賤 – 천하다, 신분이 낮다, 경멸하다, 미워하다, 버리다, 쓸모 없게 되다. 反 – 어긋나다. 常 – 변하지 않는 상도, 상리, 상식. 禽 – 새, 짐승, 악인의 비유. 求 – 구하다, 탐하다, 힘쓰다, 부르다, 취하다, 선택하다, 종말, 끝. 長 – 지나가다, 어른(성인), 존귀한 사람, 임금, 우두머리, 시초, 근본, 기르다, 양육하다, 우수하다, 뛰어나다, 훌륭하다, 오래도록, 아름답다, 성하다, 높다, 가르치다, 이끌다, 존귀하다, 늘다, 축적하다, 나아가다.

4. 山水蒙(☶☵)

蒙亨, 匪我求童蒙 童蒙求我初筮告, 再三瀆 瀆則不告 利貞

　　은천자가 하늘을 속이고 무도하고 횡포하게 백성을 다스려 천도와 천법을 어지럽히고 하느님과 천도를 숭상하지 아니한 지 오래되니, 신하와 백성들이 어리석게 되었으나, 천시와 천운이 돌아 캄캄한 세상을 밝힐 새시대의 소망이 한 줄기 빛으로 안개를 뚫고 날려와 어두움과 뒤섞여 있는 때가 몽이니 장차 형통하게 될 것이다.

　　우리(융족)는 도적이나 원수가 아니요, 어린 아이와 같이 어리석고 무지하니 우리를 취하여 무지를 벗겨 주기를 구하는 것이요 우리가 무지를 벗겨 달라고 요구한 것은 오래전 선조때부터 우리를 곁에 두고 가르치고 깨우쳐 주기로 약속한 바요, 다시 두 번 세 번 거듭 부탁하는 데도 우리의 요구를 물리친다면 선왕(선조)들의 약속이 더럽혀지게 되는 것이니, 이는 우리를 업신여기거나 깔보고 선왕들의 약속을 깨뜨리는 것이요, 만약 약속을 바꾸어 변역한다면 더 이상 요구하지 않을 것이라고 융족의 임금이 말하고 있으니 선선천의 가을이 지나 겨울의 천시가 된 것이다.

※ 蒙 – 덮다, 싸다, 숨기다, 가리다, 어지럽히다, 질서를 흩뜨리다, 속이다, 기만하다, 어둡다, 캄캄하다, 안개, 섞이다, 만나다, 기운, 새삼, 싹이 트다, 두껍다, 바람에 날려 오다, 어리다, 어리석다. 匪 – 원수, 도적떼(융족), 아니다. 我 – 나, 우리, 선조, 우리 임금, 우리나라. 童 – 아이, 어리석다, 벗겨지다, 눈동자. 初 – 처음, 처음으로, 이전에, 옛일, 시작하다, 비로소. 筮 – 예기에 이르기를 筴爲筮라 하였으니 筴, 筮가 되었다는 뜻이요, 筮는 '끼우다' 의 뜻으로, 夾와 통하니, 夾는, 사이에 두고 돕다, 곁에 두고 가르치다, 깨우치다의 언약의 뜻이다. 따라서 筮는 곁에 두고 그들의 무지와 어리석음을 가르치고 깨우쳐 주기로 선왕(문왕의 조상과 융족 조상간의 언약)들의 언약이 처음부터 되어 있었으니, 이제 우리를 문치(文治)해 달라는 뜻이다. 初 – 처음으로, 이전, 옛일, 비로소, 시작. 告 – 옛날, 오래 전에, 오래되다, 선왕, 선조. 再 – 재차, 거듭. 三 – 여러 번, 자주. 瀆 – 업신여기다, 깔보다, 변역하다, 바꾸다, 깨뜨리다, 더럽혀지다, 헤아리다.

[初六] 發蒙 利用刑人 用說桎梏 以往吝

선선천 말세에 타락한 은천자가 하늘을 가려 참하느님과 천도를 버리고 세상을 어지럽혀 백성들이 하느님과 천도를 알지 못하고 숭상하지 아니하는 근본무지의 어리석음에 빠져 있는 때에 천도문명을 밝혀 상제 하느님을 공경하고 천도를 닦고 익혀 꽃을 피우고 열매가 영글도록 백성들의 무지와 어리석음을 벗겨, 옛 세상을 떠나보내고 새로운 세상을 개벽하고자 구세대인이 나타날 때가 되었으니 천도와 천법을 세우고 본을 보여 어지러운 세상을 바로잡아 다스린다면 이로울 것이다. 포악한 은왕이 백성을 붙잡아 족쇄와 쇠고랑을 채우고 자유를 속박하여 질곡을 베풀고 다스렸으니 그가 망하여 떠나갈 때 부끄러움이 있을 것이라.

※ 用 - 다스리다. 刑 - 법, 본을 보이다, 바로잡다, 다스리다. 桎 - 족쇄를 채우다, 자유를 속박하다. 梏 - 쇠고랑, 차꼬, 붙잡다, 묶다. 人 - 사람, 백성, 세상. 說 - 베풀다.

[九二] 包蒙吉 納婦吉 子克家

무지하고 어리석은 사람들일지라도 감싸고 받아들여 한 뜻으로 화합하게 해야 길할 것이요, 해진 옷을 기워 입듯, 어리석고 흠 있는 사람들도 다 나의 백성(부인 : 아내 : 땅)으로 받아들여야 길할 것이요, 한 가정의 자손들이 무성해져야 그 가정이 번성하듯 나라도 백성이 무성해야 천도를 가르치고 익혀 사욕(자아의 이기심과 탐욕)을 이기고 참사람의 열매를 무성하게 맺어 천하만민을 능히 다스릴 수 있는 백성(성민)이 될 것이니라.

※ 包 - 감싸다, 아우르다, 받아들이다. 納 - 받아들이다, 되돌리다(죄악에서 선으로), 해진 옷을 깁다, 인도하다, 신을 신다, 밖으로 나가다. 婦 - 아내, 여자, 땅, 백성, 선민(달)을 의미함, 정숙하다, 멸망시키다, 죽이다(자아 : 사욕), 적을 사로잡다, 이기다, 능히 다스리다, 바로잡다, 마음에 새기다, 이어받다, 계승하다(선민의 지위 : 한족 이전의 은나라는 동이족이 하늘의 선민이었음.)

[六三] 勿用取女 見金夫 不有躬 无攸利

천도를 배우고 닦기 위하여 부지런히 힘쓰는 정숙한 백성이 아니면 장가들어 다스리지 말고 멸망시켜야 할 것이니 존귀하고 아름다운 만민의 지아비(남편 : 구세대인 : 천자 : 견우)가 나타날 때에 자신의 활과 과녁을 몸에 지니지 아니한 사람은 위태로울 것이요, 이로움이 없을 것이니라.

※ 勿 - 말라, 마라, 아니다, 없다, 부지런히 힘쓰다, 떨어버리다. 用 - 다스리

다, 쓰다. 取 – 골라 뽑다, 가지다, 받아들이다, 다스리다, 장가들다, 멸망시
키다. 女 – 여자, 백성. 見 – 나타나다. 金 – 종정, 고귀하다, 아름답다, 좋다.
夫 – 그 사람, 지아비. 震 – 다스리다(견우, 대인). 躬 – 활, 과녁, 자신, 몸에
지니다.

※ 활은, 지조, 절개, 목적의지, 정신을 의미 : 과녁 – 목적, 목표임.

[六四] 困蒙吝

어리석고 무지함(참하느님과 천도에 대하여)이 극에 달하여 통하지
(하늘, 천운) 아니하면 위태로울 것이니(멸망할 것) 부끄러움이 있을
것이다.

※ 困 – 괴롭다, 어지러워지다, 통하지 아니하다, 막히다, 극에 이르다, 위태하
다.

[六五] 童蒙吉

근본무지의 어리석음을 벗고 마음의 눈동자가 열리면 길하고 상서러
운 일이다.

[上九] 擊蒙 不利爲寇 利禦寇

어리석음과 무지를 벗기는 일을 적을 칼날로 쳐서 죽이듯 공격적으
로 베고 억누르는 교육방법은 마치 원수나 도적떼를 다스리듯 하는 것
이니 이롭지 못할 것이요, 그런 방법은 원수가 쳐들어 오거나 떼도둑이
약탈을 하러 왔을 때 맞서 대적하는 일에나 이로울 것이다.

※ 擊 – 치다, 막다, 공격하다, 싸우다, 습격하다, 쳐죽이다, 쳐서 물리치다. 禦
– 막다, 맞서 싸우다, 대적하다, 지키다. 寇 – 도둑, 원수, 습격하다, 약탈하
다.

彖辭

蒙, 山下有險 險而止蒙, 蒙亨以亨行 時中也, 匪我求童蒙 童蒙求我 志應也, 初筮告 以剛中也, 再三瀆瀆則不告 瀆蒙也 蒙以養正 聖功也

몽의 때는 간산방(은나라)에 험하고 위태로움이 있는 때이니 은나라의 위태로움을 그치게 하려면 천자와 백성의 근본무지(참하느님과 천도를 모르는 무지)의 어리석음을 없애야 한다. 근본무지를 없애고 형통하게 하려면 상제 하느님과 천도를 받들어 숭상하고 정성을 다하여 닦고 익혀 하느님의 뜻(천도문명실현)을 실천해 나감으로써 형통하게 하려는 의지가 이 시대(때, 섭리의 때)의 정신이 되어야 할 것이다.

우리의 무지를 벗겨 달라고 융족이 나에게 요구하는 것은 뜻을 같이하자는 것이다. 옛적 선왕 때에 그들을 도와 가르치고 깨우쳐 주겠다고 약속했다는 것은 나의 선왕께서 하느님의 강하고 굳센 정신을 자기정신(中心)으로 삼아 제국건설의 뜻을 가지고 있었기 때문이다. 거듭해서 약속을 지키라고 요구하는 것을 무시하고 언약을 깨면 그것은 융족을 깔보고 업신여겨 언약을 더럽히는 것이니 더 이상 요구하지 않겠다고 하는 것은 무지를 벗고자 하는 그들의 마음을 상하게 하고 자기 마음마저 더럽히는 것이다. 무지한(참하느님과 천도에 대해) 그들을 천도로써 바르게 양육하는 것은 성인의 공과 다를 바 없는 것이다.

※ 止 - 그치게 하다, 없애다. 時中 - 시대의 정신을 의미함(하늘의 섭리적 뜻). 應 - 호응하다, 뜻을 같이하다. 養 - 양육하다, 기르다, 경작하다.

象辭

山下出泉 蒙, 君子 以果行育德, 利用刑人 以正法也, 子克家 剛柔接

也, 勿用取女 行不順也, 困蒙之吝 獨遠實也, 童蒙之吉 順以巽也, 利用禦
寇 上下順也

　간산(은나라)의 신하(文王)에게 하늘의 지혜와 덕이 흘러나오는 때
가 몽이다. 군자는 이를 보고 오래 전부터 생각해 온대로 결단성 있게
행하여 훌륭한 결과를 얻기 위하여 천덕을 인덕으로 길러 나아간다.
　백성들에게 천도와 천법을 정하고 본을 삼아 다스린다면 이로울 것
이라는 것은 그렇게 하는 것이 본래 백성을 바르게 하는 법이다. 자식들
이 번성해야 그 집안이 잘 되듯, 백성이 많고 번성해야 그 나라가 잘 될
것이며, 나아가 천도를 익혀 자기의 사욕(자아의 이기심과 탐욕)을 이
겨 멸망시키고 참사람의 열매로 다시 태어나 천도문명의 열매를 맺으면
그 백성(선민)이 만국으로 나아가 천도문명을 실현할 수 있다는 것은
하느님의 강하고 굳센 정신(뜻)과 유약한 인간의 정신이 접붙여(사귀다
: 흘레하다) 하느님의 정신(지혜, 덕, 신성)이 사람의 정신과 성품으로
화하게 되는 것이므로 참사람이라고 하는 것이다.
　하느님을 사모하고 천도를 닦아 이루고자 부지런히 힘쓰지 않는 백
성을 선민으로 취하지 말라고 하는 것은 하느님을 사모하고 공경하여
섬기지 않는 백성은 사람이 마땅히 행해야 할 도리조차 따라 행하지 못
할 순결함이 없는 백성이기 때문이다. 근본무지를 벗기기를 괴롭게 여
기는 사람들은 어지러움(혼란 : 정신적 부패)이 극에 이른 자들이니 위
태로움을 당하게 될 때 부끄러움이 있을 것이라고 하는 것은, 장차 하늘
나라 백성들의 성품의 바탕(본질 : 신성)이 동물성을 벗고 신성으로 바
뀌어 참열매가 되었을 때 그들은 천도를 이루기 위해 책임을 다했으니
아름답고 영원한 나라에 들어갈 것이요, 참하느님을 믿고 공경하지 않
고 천도를 싫어하여 멀어지는 사람들은 오래 전 그 조상 때부터 어긋나
가 하느님과 천도를 멀리하였기 때문이니 그들은 하늘나라에서 내어쫓
을 것인즉 홀로 외로워도 돕는 이가 없으리라.

근본무지의 어리석음을 벗기는 것이 길하다고 하는 것은 겸손하여 하느님의 뜻(천도)에 순종할 수 있기 때문이다. 원수(자아)를 막아 대적함으로써 하느님의 뜻을 거역하지 못하게 자기를 지키고 다스려 방비하는 것이 이롭다는 것은, 임금의 명령에 신하가 순종하듯, 상제 하느님의 뜻에 백성(사람)이 순종하여 참자기(中心 : 정신)를 강건하게 할 수 있기 때문이다.

※ 山 – 艮山方(은나라). 下 – 신하, 백성. 泉 – 땅에서 물이 솟아나오다.(水 : 물~하늘의 지혜, 하늘의 덕 : 생명수 : 은혜). 果 – 실과, 열매, 생각한대로, 이루다, 훌륭하다, 결과, 결단성 있다, 굳세다, 마침내, 아름답다, 강신제(성령강림), 짐승을 잡다(희생 : 육체적 동물성을 희생으로 참생명이 태어나다). 삼세를 통한 선악의 응보. 接 – 교제하다, 접하다, 흘레하다, 접붙이다, 접촉하다. 獨 – 홀로, 외로이, 돕는 이가 없다, 장차. 遠 – 멀다, 세월이 오래다, 선조, 어긋나다, 싫어하다, 내쫓다, 추방하다. 實 – 열매, 익다, 마침내, 속, 바탕, 본질, 정성스럽다, 자라다, 굳다, 책임을 다하다, 그릇(나라)에 담다, 복록을 받다, 이르다.

5. 水天需(☵☰)

需, 有孚 光亨貞吉 利涉大川

천도를 깨달아 알 수 있는 하늘의 지혜와 천덕(은택 : 성령강림 : 생명수)이 내리기를 기다리는 때가 수이다. 상제 하느님을 진심으로 믿고 정성스럽게 섬기며 천도를 흠모하여 기다리는 마음이 있어야 하늘의 지혜에 통하여 빛나게 될 것이니, 절개가 굳어야 길할 것이다. 이로운 세상을 이루기 위해서는 천도를 닦고 익히며 뗏목을 타고 고해(인생, 삶)를 건너야 하리라.

※ 需 - 구하다, 바라다, 기다리다, 비가 그치다. 뗏목 - 제국, 나라, 견우의 수레와 같음.

[初九] 需于郊 利用恒 无咎

천도를 익혀 통(通)할 수 있는 하느님의 지혜를 얻기 위해서는 번잡한 벼슬살이를 그만두고 국경 끝에 있는 고향으로 돌아가서 수도를 해야 불변의 도(천도)를 통할 수 있는 이로움이 있어 허물이 없을 것이다.

※ 郊 - 전야, 들, 국경 끝, 야외. 用 - 통하다. 恒 - 항구불변의 도.

[九二] 需于沙 小有言 終吉

사막(고비사막) 모래바람 속에서 하느님을 향하여 목이 쉬도록 하늘의 지혜를 깨닫게 해달라고 기원을 드리고 있으니 소인배들은 입을 모아 나를 비난하고 있으나 끝내 길하게 될 것이다.

※ 沙 - 모래사막, 모래가 날다, 목이 쉬다. 小 - 소인, 소인배. 言 - 말하다, 타이르다, 설명하다, 소송하다.

[九三] 需于泥 致寇至

땀과 흙먼지 때가 범벅이 되고, 진흙 속에 흠뻑 젖어 썩어 더러워진 흙덩이 같이 되어 기원을 드리고 있으니 몸은 쇠약해져 뼈와 가죽이 서로 붙어도 하느님을 부르며 천도의 지혜를 궁구하며 기원하기를 힘써 극에 이르자, 새 한 마리가 내려앉는 모습이 보이는 그때에 '하느님의 지혜(성신)'가 임하여 중정(中正 : 中心을 바르게 하다 : 깨달음을 얻다)을 얻고, 내 속에 있는 원수(마귀 : 자아관념)를 물리치게 되었노라.

※ 泥 - 흙, 진흙, 썩은 흙같이 더럽혀지다, 약해지다, 붙다, 흠뻑 젖다, 막히다.
致 - 맡기다, 부르다, 궁구하다, 끝까지 다하다, 보내다, 내던지다. 寇 - 도
둑, 원수(자아). 至 - 힘쓰다, 다하다, 극에 이르다, 오다, 새가 내려앉다, 깨
달음을 얻다, 이루다, 중정을 이루다.

[六四] 需于血, 出自穴

천도를 깨달아 통하기 위해 처자식마저 소식을 끊고, 나 자신(자아)
을 희생제물로 삼아, 피눈물을 흘리며 기원을 드리며 천도를 궁구하고
지내다 보니, 몸은 상처투성이가 되었고 피눈물과 땀이 온몸을 적셔도
아랑곳하지 않고, 깨달음을 얻지 못하여 근심하던중 불현듯 깨달음을
얻어 중정을 이루고 내가 나 자신(참나)을 원수의 소굴(자아관념)에 묶
어 감금했던 구덩이(도를 깨닫기 전의 마음 : 의식관념)를 뚫고, 새로
운 참나로 태어나 하느님께 제사드리는 거룩한 그릇으로 참존재를 이루
게 되었노라.

※ 血 - 피칠하다, 희생의 피, 바르다, 물들이다, 상처, 눈물, 근심하다, 흐느껴
울다. 出 - 나타나다, 태어나다, 훌륭하다(우수하다), 존재를 이루다, 뛰어
나다, 밖으로 나오다. 自 - 나, 자신, 스스로. 穴 - 구덩이, 소굴, 동굴, 뚫다,
그릇이 되다.

[九五] 需于酒食 貞吉

자기 자신의 마음 밭을 갈고 닦아, 이제는 젖을 먹지 않고 밥과 물을
마셔도 소화될 때가 되었고 천도를 반추하여 다른 사람들의 마음 밭을
경작하는 사명을 맡아 행할 때가 되었으니, 백성들의 중심(절개)을 길
러 하느님께 정성스레 지혜를 구하며 깨달음이 열리기를 바라고 기다리
게 하려면 절개를 높고 굳게 세우고 나가야 길하리라.

※ 酒 - 술, 주연, 잔치. 食 - 마시다, 먹다, 기르다, 밭갈다, 경작하다, 현혹하
다, 미혹하다, 없애다, 상서로운 징조.

[上六] 入于穴 有不速之客三人來 敬之終吉

나의 원수(자아 : 고정관념 : 거짓나)가 살고 있는 소굴로, 네가 지금까지 알지 못했던 높이 모셔야 할 손님 세분(三神)을 초빙하여 네 마음 속에 모시고, 삼가 정중히 공경하여 받들며 그 분의 훈계(천도)를 받도록 하며, 너(참나 : 道心)를 그분들이 끝까지 에워싸고 지키게 하여, 한 동굴(마음)에 살고 있는(곰과 호랑이처럼) 네 원수(자아, 거짓자기)가 해치지 못하게 하면, 네 원수가 끝내 항복하게 되리니 참으로 길하리라.

※ 入 - 들이다, 오게 하다, 섬기다, 간여하다, 행복하다, 투항하다. 有 - 알다, 있다. 速 - 빨리, 부르다, 초청하다, 오게 하다, 삼가다, 구하다, 에워싸다. 客 - 손님, 상객. 敬 - 삼가다, 정중하다, 공경하다, 훈계하다, 감사하다.

※ 상제 하느님이 내 마음 속에 들어와 나를 훈계하고, 내가 정성스레 모시고 공경하며, 그 분의 도움을 구할 수 있는 이는 곧 삼신상제 밖에 없다. 삼신상제는 삼신일체시니, 작용은 셋이나 실체는 한 분이신 상제 하느님이다.

※ 곰과 호랑이가 한 굴속에(마음속) 살면서, 사람되기를 구하여 백일동안 마늘과 쑥을 먹고 기도하게 하니, 곰(참나)은 끝까지 참고 견뎌 여자(신하, 백성, 아내)가 되었고, 탐욕이 많고 포악한 호랑이(동물성 본성)는 결국 참지 못하고 쫓겨났다는 것은 곧, 자아(범)와 참자기(中心 : 中正)의 싸움이고, 여자가 된 곰(中心)은 한웅천왕(삼신의 한 분)과 결혼(부부 : 홀레)하여 아들(震帝 : 단군 : 삼신일체 상제)을 낳았다는 설화는 고조선 천도를 비유로 전한 말을 우리는 한낱 신화로 비하시켜 왔는데, 여기서는 천도수행의 실제적 과정으로 나타나고 있다. 우리 민족은 빨리 문왕의 말처럼 주체성을 찾아야 할 것이며 천도의 주인으로서 긍지와 자부심을 일깨워야 할 것이다.

세분의 상객을 마음 속에 모셔 놓고 훈계를 받고 지극히 공경스럽게 섬겨야 한다는 뜻은 삼신상제 하느님을 나의 주체정신의 실체로 마음 속에 모시고 살면서 그 분의 훈계(지혜)인 천도를 깨달아야 거짓자아(호랑이)가 항복하여 쫓겨나게 되고, 참나가 참사람의 씨앗으로 태어날 수 있다는 뜻이다.

彖辭

需 順也, 險在前也 剛健而不陷 其義不困窮矣, 需有孚 光亨貞吉, 位乎
天位 以正中也, 利涉大川 往有功也

하늘의 지혜와 은혜가 그쳐 참하느님과 천도를 모르는 수의 때에 천
도를 깨닫고 참사람의 씨앗(참나)을 기르기 위해서는 먼저 내 속에 있
는 나(자아)를 의심하여 그 정체를 밝힘으로써 그가 거짓나(자아)인 것
을 깨달아 알고 참나를 구하기 위하여 머뭇거리지 말고 나의 의식을 부
드럽고 유연하게 하여 하느님의 참지혜를 깨달아 공급해야 할 것이니
참하느님이 누구이고 천도가 무엇인지 알기 위하여 힘써 궁구하며 하느
님으로부터 지혜가 단비처럼 내려 깨달아 알 때까지 참것을 구하고 사
모하는 마음을 지극히 하며 기다려야 하는 때이다.

지금 나를 다스리고 있는 나(자아)는, 부정하고 비뚤어진 마음이니,
그는 나를 천도에서 멀어지게 하고 진실에서 비뚤어지게 하는 거짓나이
니 그가 나를 다스리지 못하도록 깨뜨리지 않으면 나를 어둡고 위태로
운 곳으로 인도하고 있으니 강하고 굳센 하느님의 정신(道心)을 세워
나를 인도하게 함으로써 그가 나를 속여 함정에 빠뜨리지 못하게 해야
할 것이니라. 그 뜻이 참으로 어려우므로 끝까지 궁구해야 하지 않겠느
냐?

그러므로 하늘의 지혜가 내리기를 기다리려면 하느님에 대한 진실한
믿음과 정성스러운 마음을 지극히 하고 있어야 지혜의 빛과 통하게 될
수 있다고 하는 것은 그런 상서로움이 지조(목적의지 : 정신 : 정성스
럽고 불변하는 定心)에 달려 있다는 것이다. 그렇게 함으로써 내가 얻
고자 하는 사람의 참된 품격(인격 : 성품의 격위 : 가치)을 얻을 수 있
을 것이니, 그것은 곧 하느님의 정신(도와 덕)을 나의 중심(참나)으로
삼아 나를 사사로운 정욕에 치우침이 없이 바르게 다스리게 하려는 것

이다. 이와 같이 참자기를 이룬 순일하고 바른 사람들만이 사는 이로운 세상을 이루기 위해 천도를 익히고 닦으며 천자(구세대인)가 인도하는 뗏목(섭리적 사명 : 선민의 나라)을 타고 인생의 고해를 건너가야 참사람 농사의 결실을 맺고 천업의 공을 이룰 수 있느니라.

※ 順 - 원하다, 구하다, 바라다, 기다리다. 陷 - 함정, 속여넘기다, 해치다, 빠뜨리다, 떨어지다, 추락하다. 義 - 뜻, 의미. 位 - 품위, 품격(성품과 인격). 天 - 하늘, 하느님, 천제. 天位 - 하느님의 품격(천성, 신성, 격위). 正 - 바르다, 순일하다, 다스리다, 치우침이 없다. 中 - 중심(道心, 주체정신 : 참나.

象辭

雲上於天 需, 君子 以飮食宴樂, 需于郊 不犯難行也, 利用恒无咎 未失常也, 需于沙 衍在中也, 雖小有言 以吉終也, 需于泥 災在外也, 自我致寇 敬愼不敗也, 需于血 順以聽也, 酒食貞吉 以中正也, 不速之客來 敬之終吉, 雖不當位 未大失也

하늘 위(하늘나라)에 계신 상제께서는 구름덩이 같이 많은 훌륭한 군신들이 호위하여 모시고 있는 가운데 땅(은천자 : 선민)을 굽어보며 탄식하고 계신 때가 수이다. 군자는 이를 보고, 세상사람들이 나라가 평안하다고 먹고 마시며 태평세월을 즐길 때 머지않아 하느님의 진노하심으로 악하고 병든 세상을 멸망케 하고 새로운 시대가 도래할 때를 대비하여, 참하느님의 뜻과 천도를 펴 이룰 뜻을 가슴에 품고 벼슬을 사직하고 고향으로 돌아가 자기를 먼저 천도로 갈고 닦아 연마하려는 것은 하느님의 뜻에 어긋나지 않기 위해 스스로 고난의 길을 향해 가는 것인즉 장차 이로운 세상을 이루려고 불변의 도를 잃지 않고 있기 때문이다.

사막의 모래바람과 먼지 속에서 자기(자아 : 원수)와 싸워 이기고 하늘의 지혜(천도)를 넓혀 차고 넘치게 하려는 것은, 그 중심(中心 : 참자기)을 하느님의 정신과 성품에 일치하도록 하려 함에 있는 것이다. 비록 소인배들의 비난하는 말이나 무고 하는 말이 있을지라도 개의치 말아야 끝이 길할 것이다. 흙먼지와 땀과 때가 온 몸에 범벅이 되어 썩은 흙덩이 같이 되었다고 하는 것은 항상 자기를 멸망케 하는 재앙은 밖에서 오는 것이 아니라 내 안에 있는 나(자아)로 말미암는 것이니 나와 싸워 이겨야 하기 때문이다(也가 반어법으로 쓰임).

자기가 자기를 의심하고 싸워 내던지려고 하는 것은 그가(자아) 나를 미혹하고 멸망의 길로 인도하는 거짓나요 원수라고 하는 것은 지금까지 내 속에서 나의 주인이 되어 나를 주관하던 나를 자세히 살펴보니, 그는 참으로 나 자신이 아닌 원수였음을 알고, 나를 진리와 생명으로 인도해 줄 하느님의 정신과 성품(천도)을 내 마음 속 중심(정신)에 모셔놓고 공경히 받들어 나를 인도하고 주관하게 하였더니 이제는 내가(中心) 가짜 나에게 패하지 않게 되었도다. 하느님의 지혜(깨달음)가 내리기를 기다리며 흐느껴 울고 있다고 하는 것은 이제야 비로소 그가(문왕) 하느님을 진실로 믿고 공경히 순종하고 하느님의 뜻(섭리)에 자기를 맡길 준비가 되었다는 것이다.

이제는 어린 아이처럼 젖을 먹지 않고, 밥과 물을 마셔도 소화할 수 있는 때가 되었으므로 천도를 반추하여 다른 사람들에게 먹여 하느님에 대한 절개(中心)를 기르고 양육하는 사명을 받으면 길하다고 하는 것은 백성을 기름으로써 자기 중심이 더욱 바르게 되고, 치우침이 없는지 알 수 있게 될 것이기 때문이다.

삼신일체상제를 초빙하여 마음의 중심(주체정신)으로 모셔놓고 삼가 정중히 공경하며 그의 훈계를 따라 행해야 마침내 길하게 될 것이라고 하는 것은, 비록 삼신상제의 정신을 나의 주체정신으로 화하지는 못했을지라도 원수를 나의 주인으로 섬길 수는 없지 않은가? (雖-의문과 반어로 쓰임)라고 하는 것은 품격이 높고 존귀한 참사람이 되겠다는 소망을 잃지 않았다는 것이다.

※ 雲 – 구름덩이처럼 많은 무리의 비유, 높다, 훌륭하다, 우수하다, 많은 현자 철인들이 상제를 호위하여 모시고 있다는 뜻. 飮 – 마시다. 食 – 먹다, 기르다, 양육하다, 현혹하다, 미혹, 경작하다, 밭갈다, 없애다. 宴樂 – 먹고 마시고 즐기다. 犯 – 어긋나다, 범하다, 위배하다. 未 – 아니다. 하지 아니하다, 못하다, 아직, 미래, 장래. 失 – 잃어 버리다, 없어지다, 어긋나다, 달아나다. 衍 – 넓히다, 넘치다, 넘쳐 흐르다, 퍼지다, 펴다. 雖 – 비록, 그러나, 하더라도, 할지라도, 오직, 만일, 만약, 하물며, 와 같다. 災 – 재앙. 外 – 밖. 自 – 자기, 스스로, 몸소. 我 – 나, 자신, 우리. 敗 – 패하다, 지다, 망하다. 聽 – 들다, 기다리다, 따르다, 순종하다, 맡기다, 살피다, 밝히다, 다스리다, 결정하다. 大 – 훌륭하다, 위대하다, 높다, 존귀하다, 중히 여기다.

6. 天水訟(☰☵)

訟, 有孚 窒惕中吉 終凶, 利見大人 不利涉大川

송은 소송하여 쌍방의 죄와 시비를 다투는 것(고조선 천제에게 문왕이 은천자를 상대로 소송을 제기)이니 두려워도 진실하고 치우침이 없어야 막힘이 없고 길하나 소송의 끝은 흉할 것이다. 이로운 세상을 건설하기 위하여 대인으로 나타나 제국을 건설하기까지 고해를 건너야 하는데 이롭지 못한 소송이다.

※ 訟 – 죄를 다투다, 시비를 다투다, 논쟁하다, 흉하다. 窒 – 막다, 막히다, 그

치다, 멈추다. **愓** - 근심하다, 걱정하다, 두려워하다.

[初六] 不永所事 小有言 終吉

지금의 천자를 섬기는 일이 오래가지 않을 것이니, 소인들의 참소하는 말이 있을지라도 참고 기다리면 그 끝이 길할 것이다.

[九二] 不克訟 歸而逋 其邑人 三百戶 无眚

천자를 상대로 하는 송사는 이길 수 없다. 소송에 지고 달아나면 잡혀 죽거나 돌아갈 곳도 의탁할 곳도 없을 것이다. 은나라 서울에 살고 있는 모든 백성은 포악한 천자가 두려워서 의로운 사람이 잡혀 죽는다 해도 눈 하나 깜박할 수 없다.

※ **克** - 이기다. **逋** - 잡다, 달아나다. **邑** - 수도, 서울, 천자의 도성. **眚** - 눈에 백태 끼다, 눈짓하다.

[六三] 食舊德 貞厲終吉, 或從王事 无成

평소처럼 임금이 베풀던 녹을 받아먹고 지내면서 진실한 마음으로 자기 인격을 닦아 이상을 높이 가지고 나아가면 그 끝이 길할 것이다 그러나 끝까지 미혹 속을 헤매고 있는 포악한 임금을 좇아 섬기면 자기 이상을 이룰 수 없다.

[九四] 不克訟 復卽命 渝安貞吉

임금을 상대로 소송을 하는 것은 이길 수 없으니, 임금에게 다시 돌아가 그 명령을 좇아 섬기며 천시가 변역(변하여 바뀌다)하여 기회가 올 때까지 진실을 다하여 편안히 기다리고 있으면 길할 것이다.

※ **渝** - 달라지다, 맑은 물이 흐려지다, 넘치다.

[九五] 訟 元吉

송사는 원래 천지의 덕을 기르는 바른 도리이니 섭리의 봄철에 길한 것이다.

[上九] 或錫六之鞶帶 終朝三褫之六

혹 천제의 나라에서 혁대(관복허리띠)와 석장을 하사받아 허리에 차고 자주 천제의 조정에 나아가 알현하려는 천자가 되려면 천도를 연마하여 마침내 세속에 물든 거짓 자기를 풀어 벗기고 참자기로 태어나 천업의 공(참자기 실현)을 이루어야 한다.

※ 錫 – 주다, 하사하다, 석장. 鞶 – 큰 띠, 관복에 걸치는 띠. 帶 – 허리에 차는 띠. 朝 – 조선조정, 上帝의 나라 조정, 천제를 알현하다. 褫 – 옷을 벗다, 풀다, 옷을 벗겨 빼앗다.

彖辭

訟, 上剛下險 險而健訟 訟有孚 室惕中吉, 剛來而得中也. 終凶 訟不可成也, 利見大人 尙中正也 不利涉大川 入于淵也

송사가 일어나게 된 것은 천자가 지나치게 강포하고 타락하여 그 신하와 백성들의 삶이 험난하기 때문이다. 백성들의 삶이 험난한 것은 천자가 탐욕이 많고 교만하여 백성을 힘으로 찍어 눌러 억압하기 때문에 신하가 천자를 상대로 조선상제에게 송사를 제기하는 것이다.

송사를 함에 있어서는 진실을 구명해야 양자 사이의 막힌 바를 신속히 뚫어 밝힐 수 있다. 장차 새로운 임금(천자 : 문왕)이 중용의 덕을 깨닫고 와서 막힌 세상을 형통하게 할 것이다. 송사의 끝이 흉하다고 하는 것은 송사를 해도 목적하는 바를 이룰 수 없기 때문이다.

　세상을 이롭게 하는 구세대인(救世大人)이 나타나야 천도를 숭상하고 중정의 도로 백성을 다스리게 될 것이다. 천도가 소멸하고 없는 세상에서는 천도를 이루기 위한 목표를 가지고 인생의 고해를 건너간다고 하는 믿음과 즐거움이 없기 때문에 고행의 의미가 없고, 삶의 고통과 절망의 나락으로 떨어져 들어갈 뿐이다.

象辭

　天與水 違行訟, 君子 以作事謀始 不永所事 訟不可長也 雖小有言 其辯明也, 不克訟 歸逋竄也, 自下訟上 患至掇也 食舊德 從上吉也 復卽命 渝安貞不失也 訟元吉 以中正也 以訟受服 亦不足敬也

　천자를 상대로 소송을 하여 시비 곡직을 가리려고 하는 것이다. 그러나 신하가 그 임금을 상대로 소송을 제기하는 것은 그릇된 도리이다. 군자는 처음부터 그릇된 일을 꾀하지 않는 것은 그 도모하는 일이 오래갈 수 없으며 웃어른을 상대로 소송을 하는 것이어서 아름답지 못한 일이다.

　비록 소인들의 참소하는 말이 사리에 맞을지라도 소송을 이길 수 없고 오히려 체포되어 죽음을 면하려고 돌아가 숨기에 바쁠 것이다. 자기는 그 임금을 섬기는 신하이고 소송상대는 임금이니, 재난을 중지하고 평소와 다름없이 임금이 베푸는 녹을 먹으며 임금을 좇아 섬기는 일이 길하다.

　천명은 한 시대가 끝나면 다시 되돌아오는 것이니 진실한 마음으로 자기를 삶아 닦고 연마해 나아감을 즐기다 보면 천시가 변역하여 때가 올 것이니, 천도를 향한 이상과 지조를 잃지 말라 소송은 천지의 큰 덕을 밝히는 바른 도리이니 길한 것이므로 중용심으로 바르게 해야 하고 소송의 판결을 받으면 또한 만족하지 않을지라도 공경히 순복해야 한다.

※ 水 – 물, 강, 바다, 홍수(악한 세상), 평정하다, 평평하게 하다(공평). 違 – 위배하다, 어기다, 떨어지다, 달아나다, 사악하다. 作 – 일으키다, 짓다, 일어나다, 농사짓다. 事 – 사업, 천업, 정치, 경영하다. 謀 – 꾀하다, 의논하다, 모의하다, 헤아리다, 계책, 정책. 始 – 처음, 시작하다, 근본, 근원, 시초. 辯 – 밝히다, 분변하다, 바로잡다, 시비하다, 슬기롭다, 말잘하다. 竄 – 은밀히, 숨기다, 내치다, 베다, 꼬득이다, 꾀다. 患 – 근심, 걱정, 고난, 재난, 병들다. 擇 – 주워 모으다, 가리다, 선택하다, 깎다, 삭제하다, 중지하다. 服 – 좇다, 따르다, 항복하다, 직책, 직업, 물러나다, 생각하다, 행하다, 일하다, 멍에를 메다.

7. 地水師 (☷☵)

師貞, 丈夫吉 无咎

사(師)는 임금이고 스승이오니 진실해야 하는 것이다. 땅인(아내) 백성에 대하여 하늘(天 : 남편, 지아비, 임금, 스승, 부모)은 힘이 센 지아비이니 길하여 허물이 없다.

※ 임금과 남편과 스승과 지도자는 백성, 아내, 제자, 민중의 남편이고 부모고 하늘이고 양이지만, 하느님(천제, 상제)에 대해서는 땅이고 아내이며, 임금보다 강한 신하는 임금의 하늘이고, 남편보다 강한 아내는 남편의 하늘이

고, 어머니는 아들들에 대해서 하늘이다. 다시 말하면 정신이 강한 쪽이 하늘이고 남편이고 지배자가 된다는 원리이다. 이런 것이 음양의 변역 원리이니, 음양철학의 관점은 서양의 합리적 이성에 비춰볼 때, 사물이 고정불변한 실체는 없는데 반해, 서양적 사고에서는 음은 영원한 음이어야 하고, 양은 영원한 양이어야 한다.

그러므로 동방의 은나라와 한국(조선)은 '3艮木과 8震木'이며 하늘이고 남편이고 지배자이고, 서방의 서구세계와 중국은 '4兌金과 9巽金'으로 여자이니, 조선이나 은나라의 지배 아래 있어야 마땅하므로, 선선천시대에는 고조선(천제국)과 은나라의 지배아래 있었으나 선선천시대가 끝나고 문왕의 선천시대에 이르러서는 여자이고 아내인 문왕과 그의 한족(융족) 세력이 강성해져서 역으로 은나라를 멸망시키고 은의 유민을 제후로 봉하여(宋나라) 지배하였으며, 고조선의 맥을 이은 부여, 고구려, 백제, 신라 및 고려, 이씨조선을 중국이 상국으로서 지배해 왔으니 이는 마치, 기가 드센 아내가 남편(하늘)을 지배하는 공처가 집안과 같은 원리이므로 이를 역천(逆天)이라 한다. 그러므로 〈문왕의 주역괘도〉를 '역천괘도'라고 하는 것이다.

※ 夫는 易에서 震方 : 하늘, 임금, 남편, 부모, 지아비, 양이다. 師 – 스승, 임금, 부모, 모범으로 삼다, 기준으로 삼아 따르다.

[初六] 師出以律 否臧凶

다스릴 만한 백성이 나타나면 임금은 백성의 스승이 되어 바른 법령을 세우고 백성이 즐겨 따르도록 해야 그 임금의 지위가 서게 된다. 그렇지 않고 그 백성을 힘으로만 억누르려 한다면 흉한 것이다.

※ 律 – 법, 법률, 법을 따르다. 臧 – 착하다, 두텁다, 거두다.

[九二] 在師中吉 无咎, 王三錫命

남의 임금이나 스승된 자는 중정심(치우치지 않는 마음, 사욕이 없는 공평한 마음)에 있어야 길하여 허물이 없다. 백성들이 중정심(中道)을 이루도록 길러야 임금에게 바른 신하가 되어 은퇴하는 노신(老臣)들에게 자주 명예로운 석장을 하사할 수 있을 것이다.

※ 충신들이 은퇴하는 때에 왕이 하사하는 명예로운 지팡이, 석장, 쾌장.

[六三] 師或輿尸 凶

임금이나 스승이 혹 중심이 약하여 갈팡질팡 헤매고 사사로운 탐욕과 환락에 빠져 그 소임을 게을리 하면 수레의 공축이 무너져 바퀴살(신하, 백성)들이 빠져 달아나 수레(나라)에 탄 사람들이 죽음에 이르게 될 것이니 흉한 일이다.

※ 尸 - 맡아 다스리다, 게을리 하다.

[六四] 師左次 无咎

사(師)가 천자(임금, 왕)거나 스승일지라도, 그의 지위는 천제 아래 버금 자리이니 허물이 없다.

※ 중국(서방)에서는 문왕의 역천으로 좌측(동방, 震方木)을 천하게 여기고 싫어하는 낮은 자리로 낮추어 놓았기 때문에 고조선, 부여, 고구려, 고려 및 신라, 백제 등을 東胡라고 불러 오랑캐라고 하였다. 한족이 원래 변방의 야만인 융과 흉노족이었는데, 반대로 우리를 오랑캐라고 하는 것은 우리 문명과 문화에 대한 열등의식에서이다.

[六五] 田有禽 利執言 无咎 長子帥師 弟子輿尸 貞凶

경작지(백성의 심전을 경작하는 밭 : 제국, 도성)안에 날짐승(임금)이 있다. 그 짐승을 잡아 그가 세상(사해, 제국)을 다스리지 못하게 막아야 한다는 말이니 허물이 없다. 하늘의 맏아들(天胤 : 天子)인 천자가 스승이 되어 세상을 다스려 왔다. 우리 백성은 그의 제자가 되고 백

後 · 天 · 大 · 易

성이 되어 은천자의 학정 밑에서 복종하며 그가 이끌고 가는 수레(견우의 수레)를 타고 왔으나, 이제는 수레 공축이 무너져 죽음에 이르게 되었으니 신하와 백성은 진실하게 살아도 흉한 일 뿐이다.

※ 執 – 잡다, 지키다, 가지다, 고집하다, 제어하다. 師 – 통솔자, 인도하다, 거느리다, 바르게 하다. 弟 – 제자, 공손하다. 子 – 아들, 맏아들(震木), 씨, 청년, 사랑하다.

[上六] 大君有命 開國承家 小人勿用
이제는 구세대인(救世大人)이 천명을 받고 나타나 새로운 세상을 열고 그 나라를 대대로 이어가게 될 것이니 은천자처럼 소인배들을 기용하지 말아야 할 것이다.

※ 大 – 훌륭하다, 중히 여기다, 존귀하다, 높이다. 君 – 임금, 천자, 우두머리. 大君 – 후천시대에 나타날 왕중왕인 震八木帝를 뜻하다, 여기서는 文王을 의미함.

彖辭

師, 衆也, 貞, 正也 能以衆正 可以王矣, 剛中而應 行險而順 以此毒天下 而民從之 吉, 又何咎矣

사(師)는 천자가 군신(群臣)과 백성의 스승이고 남편으로서 군신들을 천도로 교육하여 정숙하고 지조가 있는 아내로 잘 길러야 하고 군신의 무리(제후들과 신하들)는 백성의 스승이 되어 공평하게 다스려 곧고 바르고 지조가 있는 백성으로 잘 기르게 해야 가히 훌륭한 천자(王)라 할 수 있다.

임금이 중정의 강직한 정신으로 백성을 인도해야 백성이 그 뜻에 호응하여 험난한 길이라도 순복하고 나아가는 것이니 이것이 천하의 백성을 기르고 다스리는 법으로 백성은 임금과 스승의 자취를 보고 따르므로 길한 것이니 이를 어찌 허물하랴.

象辭

地中有水 師 君子 以容民畜衆, 師出以律 失律凶也 在師中吉 承天寵也, 王三錫命 懷萬邦也 師或輿尸 大无功也 左次无咎 未失常尸 長子帥師 以中行也 弟子輿尸 使不當也 大君有命 以正功也 小人勿用 必亂邦也

땅(백성) 가운데 물(은혜)이 있다 함은 백성들 가운데 천자의 은혜가 있어 높고 낮음(빈부, 교육, 격차)을 골라 평탄케 하여 모든 사람이 공평하게 잘 살도록 해주는 이를 임금과 스승이라 하나니 군자는 이를 본받아 백성을 감싸고 포용하여 기른다.

임금이 백성을 교화하고 양육하는 훌륭한 스승으로 나타나려면 공정하게 법령을 시행하여 질서를 세워야 하므로 질서를 잃으면 흉하다. 임금은 치우침이 없는 중도를 행해야 길한 것이니, 이것이 하늘나라(조선) 법을 받들어 계승하는 길이다.

임금은 충성스런 신하들이 퇴임할 때 명하여 석장을 하사하는 일이 빈번해야 만방을 편안하게 다스리고 따르게 할 수 있는 것이다. 임금이 사사로운 탐욕과 환락에 미혹되어 백성을 싣고 가는 수레 공축을 무너뜨려 죽을 지경에 이르게 한다면, 천운을 받고 나타난 대인일지라도 그 공이 없으리라. 그럴 바에야 천자의 버금자리에 있는 것이 허물이 없을 것이니 불변의 상도(천도)를 잃지 말아야 한다.

선선천시대를 오랫동안 서장자들(서자로서 장자 : 天胤, 은천자)이 세상을 다스리는 우두머리(천자)가 되고 백성을 천도로 기르는 스승이 되어 온 것은 중정의 도로써 다스려 왔기 때문이다. 하늘의 장자(震)가 아닌, 소녀(女子 : 兌, 소녀 : 중국)가 선천시대 섭리의 수레(견우의 수레)를 끌고 가면 수레의 공축이 무너져 수레에 탄 백성(사해 만민)이 죽게 될 것이다. 이는 그가 제멋대로 하기 때문이니, 여자로 하여금 세상을 다스리게 하는 일은 정당치 못한 일이다.

후천개벽시대에는 대군(震八木帝)이 천명을 받고 나타나 세상을 차지하고 천도로 바로잡아 평정하고 천업의 공을 이루게 될 것이니 소인배들(女子 : 음)을 천자로 세워 백성을 다스리게 하지 말라. 그들은 반드시 세상을(나라를) 어지럽게 할 것이다.

後
·
天
·
大
·
易

8. 水地比(䷇)

比, 吉, 原筮 元永貞 无咎, 不寧方來 後夫凶

비는 벗과 친하게 지내며 뜻을 같이하여 돕는 것이니 길하다. 점을 칠 때는 삼가 정성스럽게 해야 하고, 천지의 덕과 지혜의 기운이 오래도록 머물게 하려면 진실해야 허물이 없다. 진실하고 공손히 하여 자기를 낮추지 아니하면 장차 대업(혁명)을 거사하고자 할 때에 사방의 제후들이 거역하게 될 것이니 후천(선천은 선선천에 대한 후천임)의 대인이 (천자) 흉할 것이다.

[初六] 有孚比之 无咎, 有孚盈缶 終來有他吉
믿음과 진실함으로 벗을 돕는 것이니 허물이 없다. 믿음과 진실함으

로 돕는 것일지라도 친함이 지나치면 그것은 똥장군보다 못하여 결국 장래에는 짐스러움이 될 것이니 오히려 타인에게 길함이 있게 될 것이다.

※ 타인 – 은천자를 뜻함.

[六二] 比之自內 貞吉

벗(융)과 친하게 지냄으로써 벗의 도움을 받기 위해 자기 백성으로 받아들이는 것이니 진실함으로 맞아들여야 길하다.

[六三] 比之匪人

도움을 청하기 위해 그들을 받아들이는 것이지만, 그들은 어디까지나 우리를 보좌하기 위한 백성(匪-결말, 보조마, 보좌, 심부름꾼)이다.

[六四] 外比之 貞吉

밖에서부터 도움을 주기 위해 오는 것이니, 진실함으로 대해야 길하다.

[九五] 顯比, 王用三驅 失前禽 邑人不誡

나에게 도움을 주려고 나타난 백성(군사)이다. 왕(문왕이 왕을 사칭함)이 이제 전투에 임하게 되면 많은 전차를 가지고 싸울 수 있게 되었으니 제국을 그르치게 하고 달아나는 천자를 앞서 가서 사로잡을 수 있을 것은 은나라 서울에 사는 백성들은 그런 날이 오기를 고대해 왔으므로 적군에 대한 경계를 하지 않고 있기 때문이다.

※ 三 – 셋, 자주, 여럿, 많은 의 뜻. 禽 – 천자를 비유함.

[上六] 比之无首 凶

나의 거사를 돕기 위해 찾아온 군사가 나의 명령을 따라 복종하지 않는다면 흉하다.

※ 首 - 우두머리, 임금, 주장, 으뜸, 머리 숙이다, 복종하다, 행복하다.
※ 돕기 위하여 찾아온 벗들이란 융족과 흉노의 여러 부족임 이들은 서남변방에 살면서 남의 나라에 무리로 침입하여 약탈을 일삼던 떼도둑이었는데 문왕의 세력에 굴복하고 문왕의 제국건설 대업에 동참하여 후에 漢族으로 불리우는 周나라 본백성이 되었음.

後 · 天 · 大 · 易

彖辭

比 吉也, 比輔也, 下順從也, 原筮 元永貞无咎 以剛中也, 不寧方來 上下應也 後夫凶 其道窮也

친하여 벗을 돕는 것이니 길하다. 친하여 돕는 것이기는 하나 대등한 관계가 아니고 주인을 보좌하는 자이니, 주인 밑에 충성으로 순종해야 할 것이다.

점을 칠 때는 정성스럽게 해야 천지의 기운(천운)이 오래도록 머물게 될 것이니 진실해야 허물이 없다. 임금이 진실해야 한다는 것은 그 정신이 중정의 자리에 있어 강건해야 된다는 것이다. 그렇지 못할 때 사방(사해)의 제후들이 불복하게 되어 상하(임금과 신하)가 화합하지 못할 것이므로 선천의 천자로 온 대인이 흉하게 될 것은 그의 도(덕, 인품)가 가난(부족)하기 때문이다.

象辭

地上有水 比, 先王 以建萬國 親諸侯, 比之初六 有他吉也, 比之自內
不自失也, 比之匪人 不亦傷乎, 外比於賢 以從上也 顯比之吉 位正中也,
舍逆取順 失前禽也, 邑人不誠 上使中也, 比之无首 无所終也

땅(제국, 백성) 위에 물이 홍수처럼(홍수 : 정벌, 전쟁) 범람하는 것
이 비다. 선왕(헌원, 요, 순, 우, 탕)들도 제국의 임금들이 포악한 정치
를 하여 돌이킬 수 없이 몰락한 시대에 일어나 구제국을 멸망시키고 새
로운 제국과 수많은 제후국(민국)을 건설할 때 구주의 제후(九族＝九
夷, 구주의 제후장)들과 화친하여 그들의 추대와 지지를 받음으로써 대
업을 이루었다.

초육괘에서 말하는 비(比)의 '지나친 친함'은 오히려 주인에게 부담
을 주는 것이지만 일단은 도움이 되므로 길하다고 하는 것이다. 나를 돕
고자 하는 무리와 화친을 맺고 자기 나라 안으로 끌어들이는 것은 그들
로 하여 대사를 그르치지 않을 수 있는 자신이 있기 때문이다.

나의 대업을 도와 보좌(보조, 신하로서 돕는 자)하겠다는 군사인데
그들이 상하는 것을 근심하지 않을 수 있겠는가? 어진 마음으로 타국에
서 나를 돕겠다고 와서 나를 임금으로 섬기겠다고 나타난 무리이니 길
하다고 하는 것은 나의 인품이 바르고 중정심을 가졌기 때문이다.

타락한 천자들은 하늘(천도, 천명)에 순종하지 않고 배반하는 악한
길을 택했기 때문에 나라의 질서와 인심이 어지러워져 천명을 그르쳤으
므로 천자의 자리에서 쫓겨나 나라를 멸망시켰던 것이므로 천자가 사로
잡히는 것은 백성을 잘못 인도하여 하늘(상제)이 부여한 사명을 그르쳤
기 때문이다.

천자의 도성(서울)에 사는 백성들이 혁명군을 경계하지 않는 것은 천
자에게 부여된 견우의 사명을 잊고 제멋대로 살며 중정의 도를 버렸기

때문이다. 나를 돕고자 온 무리들이 나에게 복종하지 않는다면 끝내 이루어짐이 없을 것이다.

※ 所終 – 끝내 이루어지는 바. 賢 – 어진 마음. 他 – 타인, 짐이 되다. 原 – 정성스럽다.

9. 風天小畜(☴☰)

小畜 亨, 密雲不雨 自我西郊

어리석은 백성을 천도와 천덕으로 기르는 것은 형통하게 하려는 것이다. 사사로운 이익이나 이기심으로 빽빽하게 채워져 있는 소인(육체적 인간)들을 천도로 길러 높고 고귀한 참사람으로 끌어올리고자(승화, 초월) 하나 그 길은 멀기만 한데 하늘은 나에게 아직 은혜를 베풀지 않으니, 나는 나의 봉지(봉국)인 서쪽 변방에서 때를 기다리리라.

※ 小 – 소인, 백성, 어리석은 민중, 어린 사람. 小人 – 어리석은 백성, 소인배, 육체적 인간, 대중.

[初九] 復 自道 何其咎 吉
복의 때는 천도가 스스로 돌아오는 때이니 어찌 그것을 허물하리요, 다만 길한 일이 있으리라.

※ 復의 때란 – 하늘의 참사람 창조농사 섭리의 한시대(선선천)가 끝나고 새로운 섭리 시대가 자연의 순환원리(천도)에 의해 다시 돌아온다는 선천시대

새 시대의 周易, 후천시대에 대한 하느님의 대 예언서

의 도래를 의미한다. 한해의 시작이 봄으로부터 시작하여 사계가 끝나면 1년이 가고, 다시 다음해의 봄이 돌아오듯, 선선천시대의 한해농사가 끝나고 나면 선천시대의 봄이 열리고 선천시대가 끝나고 나면 후천시대의 봄이 열린다는 것으로, 하늘은 이러한 삼세(三世)를 통하여 참사람 창조농사를 하는 자연의 법칙을 일러 천도(天道)라 한다.

[九二] 牽復吉

참사람창조 농사를 하기 위해 하늘밭(백성의 心田)을 가는 견우(밭가는 소 : 수레를 끄는 소)가 다시 돌아왔으니 길한 때이다.

※ 견우와 직녀의 전설이 여기서 유래했음 견우란 백성의 심전을 갈고 참사람의 씨(천도)를 뿌려 곡식(참사람)을 기르는 천자를 의미한다.

[九三] 輿說輻 夫妻反目

은천자가 백성을 싣고 가던 수레 공축(천자)이 무너져 바퀴살(제후, 신하)들이 빠져 흩어지고 수레(제국)는 망가졌으므로, 지아비(天 : 남편, 천자)와 지어미(地 : 아내, 백성, 신하)가 서로 반목하여 싸우고 있다.

※ 說 – 벗어질 탈, 무너지다, 고장을 의미. 夫 – 지아비, 하늘, 천자, 남편.

[六四] 有孚血去 惕出无咎

시대가 바뀌고(섭리가 교차하는 때) 가치관이 바뀌는 때에는 오히려 예전의 가치와 현실에 안주하려는 사람들이 피칠을 하며 가는 때이니 옛 가치중심으로부터 빨리 벗어나야 허물이 없다.

※ 惕 – 두려워하다, 근심하다, 빠르게. 血 – 피칠하다.

새 시대의 周易, 후천시대에 대한 하느님의 대 예언서

[九五] 有孚攣如 富以其隣

진실한 믿음과 정성스러움을 사모할 줄 아는 듯하니, 그 이웃나라를 도와 넉넉하게 해주므로써 친한 반려로 삼아야 할 때다.

[上九] 旣雨旣處 常德 載婦貞厲 月幾望 君子征凶

하늘의 은혜(천운, 시운)가 이미 그곳에는 끝났고 불변의 천도와 천덕으로 새로운 백성을 인도하기 위하여, 자기 수레에 백성을 싣고 가야 할 여자(兌方金 : 文王, 周제국, 중국)는 진실하고 정숙한 마음으로 자기를 힘써 닦고 연마하여 지조를 잃지 않아야 위태로움이 없을 것이다.

수레를 끌고 가야 할 부인(兌, 여자 : 소녀, 文王)이 월경(수정란 착상이 되지 않음 : 불임)이 있을 조짐이 보여 소망하는 바를 이루지(제국 잉태) 못할 것이므로 실의에 빠지리니 이런 때 군자는 정벌을 나서면 흉하다.

※ 月 – 월경. 幾 – 조짐, 징조. 望 – 소망, 실의에 빠지다.

彖辭

小畜, 柔得位 而上下應之 曰小畜, 健而巽 剛中而志行 乃亨, 密雲不雨 尙往也, 自我西郊 施未行也

어리석은 백성을 기르는 때이다. 신하의 자리에 있던 유약한 사람이 천자의 자리를 차지하려고 하는 것이니, 새로운 임금과 백성이 서로 화응하는 것을 일러 소축의 때라 한다. 성인의 덕은 부드러우나 백성에게 미쳐 교화하는 힘은 굳세고 강건한 것이니, 강한 임금의 뜻을 중정심으로 행해야 형통할 것이다.

육체의 세속적 이기심과 탐욕으로 가득찬 소인들(육체적 인간)을 천도로 교화하고 길러 존귀하고 높은 인격으로 승화시키려고 하나 아직은 하늘의 은혜가 내리지 않고 있으니, 은천자의 시운이 다하기까지 천도 실현의 뜻(이상)을 높이 받들고 나의 봉지에서 때를 준비하며 나를 닦아 나아가리라. 아직은 내가 천자가 되어 천도와 천덕을 백성에게 베풀어 교화해 나갈 때가 아니기 때문이다.

象辭

風行天上 小畜, 君子 以懿文德, 復自道 其義吉也, 牽復在中 亦不自失也, 夫妻反目 不能正室也, 有孚 惕出 上合志也, 有孚攣如 不獨富也, 旣雨旣處 德積載也, 君子征凶 有所疑也

하늘나라(단군조선, 상제) 상제께서 참사람창조 농사를 하시려고 만민에게 천도와 천덕(風·巽)을 베풀어 섭리해 나가시는 것을 일러 소축(소인들을 천도와 천덕으로 길러 참사람으로 초월케 하는 섭리)이라 한다. 군자는 이를 본받아 아름답고 훌륭한 하늘의 덕을 만민에게 베풀어 참사람 농사를 하는 천도문명(文)을 흠모(기리다, 좋아하다)한다.

하늘의 뜻을 이룰 후천(선천)의 도가 스스로 돌아왔다. 그 의의가 참으로 길하고 상서롭다. 천도문명을 이루는 사명을 가지고 만민의 마음밭을 갈아 농사하고, 하늘농사 섭리의 수레를 끌고 가야 할 견우(천자)가 이 시대 가운데 다시 돌아와 있으니 역시 천도는 스스로의 의지를 잃지 않는도다.

선선천의 도가 그 극에 이르러 막혀(불통), 지아비(천자, 견우)와 아내(백성, 신하)가 서로 불화하는 것을 보니 은나라 본백성(少典, 東夷族)은, 하늘나라(상제, 남편) 본처(선민)가 될 뛰어난 자질(能)이 있지 않다.

진실한 부부간의 믿음과 지아비(天, 天子)를 섬기는 마음이 있다면 그 마음이 빠르게 나타나 지아비의 뜻(이념, 이상)과 일치되어야 할 것이다. 또 진실한 믿음과 서로를 섬기고 사모하는 마음이 있다면 자기만의 행복을 추구하지는 않는 법이다. 그러므로 이미 그곳에는 하늘의 은혜(천운)가 그쳤으니 하늘의 은혜가 머물게 하려면 천덕을 쌓아 신고 가며 널리 베풀어야 한다. 군자가 정벌하러 가면 흉하다고 하는 것은 천자의 자리가 탐이 나서 왕위를 찬탈하려 한다는 의심을 받을 수 있기 때문이다.

※ 風 - 하늘의 천덕, 성인의 덕 : 巽의 뜻임. 旣 - 이미, 이미 끝나다, 다하다.

10. 天澤履(☰☱)

履虎尾 不咥人亨

범의 꼬리를 밟고 가듯 사람은 성현들이 가르친 예도(예절, 오례)의 발자취를 두려운 마음으로 밟으며 가야 하나니 예도는 호랑이가 아니어서 백성을 물지 않고 오히려 사람과 사람 사이와 상하의 질서를 형통하게 한다.

※ 履 - 예도, 하늘이 사람에게 베푸는 질서(은택)를 뜻함.

[初九] 素履往无咎
인위적 문화(형식화, 가식, 꾸밈, 문채)의 때를 벗고 순수하고 깨끗한 인성의 본바탕(순수의식)을 찾아 회복하기 위하여 소박한 성현들의 삶의 발자취를 밟아 나아가니 허물이 없다.

[九二] 履道坦坦 幽人貞吉
성현들의 자취를 밟아 사사로운 이기심을 물리치고 가니 평탄한(평평한, 공평한) 천도의 길이 드러나고 때문은 세파를 등지고 사는 사람의 진실하고 그윽한 품격이 길하고 상서롭다.

[六三] 眇能視 跛能履 履虎尾 咥人凶, 武人 爲于大君
사물을 잘 보지 못하는 애꾸눈이 오히려 천도의 이치를 잘 보고 걷기 어려운 절뚝발이가 오히려 성현들의 발자취를 더 잘 밟아간다. 범의 꼬리를 밟고 가듯 성현들의 예도의 발자취를 밟고 가니 예도는 사람을 물지 않아도 흉하다고 하는 것은 형식적으로 예도를 잘 행한다고 하는 사람들은 자만하여 남을 업신여겨 구세대인(救世大人)으로 온 새시대 천자를 위할 수 없기 때문이다.

※ 爲 - 되다, 이루다, 위하다, 성취하다, ~의 의문과 반어의 뜻을 나타냄.

[九四] 履虎尾 愬愬終吉
예도(예절)를 숭상하고 실천함에 있어 호랑이 꼬리를 조심스럽게 밟고 가듯, 자만하거나 거역하지 말고 두려워하는 마음으로(삼가 반성하는 마음) 끝까지 행해 가면 길하다.

[九五] 夬履貞厲
예도를 숭상하고 실천해 나아가겠다고 마음으로 결정(定心 : 지조)하였으니, 바르고 진실한 마음으로 정성스럽게 자기를 닦고 연마해 나아가야 위태로움이 없을 것이다.

[上九] 視履考祥 其旋元吉

성현들의 발자취를 보고 밟아가되 그 상서로움을 상고(고찰)하여 그 행위가 굴곡이나 굽힘이 없이 베풀어져 천지의 큰 덕(천덕)에 일치해야 길하다.

彖辭

履, 柔履剛也 說而應乎乾 是以履虎尾 不**咥**人亨 剛中正 履帝位 而不 **疚**光明也

예도를 배우고 실천해야 하는 것은 유약하여 주체성이 없는 사람들이 강한 주체정신의 소유자가 되기 위하여(기르기 위해) 자기를 익히고 연마하는 훈련 과정(밟아가다 : 훈습)이다. 그러므로 예도(사람다운 도리를 익히는 일)를 가르쳐 습성이 되게 하려는 것은 굳세고 강한 정신과 예절 바르고 겸손한 태도가 조화를 이룬 외유내강의 이상적 인격을 갖춘 지아비(천자 : 남편)가 되게 하려는 것이다.

호랑이 꼬리를 밟듯 삼가 두려운 마음으로 자기 속의 이기심 탐욕 태만, 자만심 등을 경계하며 자기를 연마하고 삶아 나아가야 범보다 무서운 사욕(이기적 욕정의 노예)의 노예로 전락(범에게 물림)하지 않는 형통한 사람이 될 것이다.

이러한 인격적 정신을 일러 중정의 도에 이른 강하고 굳센 주체정신(剛 : 乾)이라고 하는 것이니, 제왕의 지위에 오르려는 자는 먼저 이와 같은 과정을 밟아 자기완성의 자리에 도달해야 육체적 인간의 인격분열적 병(疚)을 앓고 있는 백성을 치유하여 전인의 밝고 빛나는 정신(인격)에 이르게 할 수 있을 것이다.

象辭

上天下澤 履, 君子 以辯上下 定民志, 素履之往 獨行願也, 幽人貞吉
中不自亂也, 眇能視 不足以有明也, 跛能履 不足以與行也, 咥人之凶 位
不當也, 武人爲于大君 志剛也, 愬愬 終吉 志行也, 夬履貞厲 位正當也,
元吉在上 大有慶也

임금은 하늘과 같고 백성은 연못 속에 담긴 물과 같아, 연못물에 하늘이 비치면, 하늘이 물인 듯, 물이 하늘인 듯 서로 닮아 하나가 되듯, 임금과 스승의 가르침과 모범을 본으로 삼아 인격화하기 위하여 스승의 발자취를 밟아 나아가는 것을 '履'라 한다.

군자는 예도를 명찰하여 백성에게 밝히고, 송사의 시비를 분별하여 슬기롭게 밝힘으로써 민첩하게 다스려 상하를 소통(형통)시켜 임금과 백성의 뜻을 바로잡아 화합하고 희고 깨끗한 성품을 사람의 근본바탕으로 기르기 위해 예도로써 자기를 삶고 익혀 인격을 성숙시켜 일찍부터 홀로(스스로, 돕는 이가 없이)서서 자기를 책임질 줄 아는 사람이 되게 한다.

심원한 천도의 도리를 깨닫기 위하여 세속을 멀리하고 그윽한 가운데서 글을 읽고 사색하며 성품을 삶아 가는 사람은 상서로우니 그 중심(주체 정신)에 혼란스러운 인격분열이 자연히 소멸하여 없어질 것이다.

성한 사람보다 애꾸눈이 천도의 이치(도리)를 더 잘 본다(깨닫다)고 하는 것은 현실(세속)적 만족의 결여를 반전시켜(좌절하지 않고), 정신의 눈(마음의 눈, 깨달음, 지혜의 눈)을 밝혀 사물의 피상보다 본질과 실체의 진실을 알기(보다) 때문이다. 절뚝발이가 성한 사람보다 도의 길을 밟아가는 성취가 더 빠르다는 것도 현실적 결함을 좌절하지 않고 내면의 가능성을 열어 밝히기 때문이다.

범에게 물릴까 두려워하듯, 도의 길을 나아감에 있어 세속적 집착과

이기심을 떨쳐 버리는 것을 두려워(물리는 것)하는 사람을 흉하다고 하는 것은 그런 사람은 임금이든 신하든 남의 윗자리에 앉아 다스릴 수 있는 지위를 차지할 정당한 인품이 못된다는 것이다.

교만하거나 자기 자만심에 치우친 사람은 대인이나 천자가 되어서는 안 되지만, 성인이 도와 덕을 이루고 행한 발자취를 좇아 그 주체정신이 굳세고 강하여 겸손(예절)한 불변의 인격을 이룬 사람은 대인과 천자가 될 수 있으니, 그 뜻(정신, 지조)이 굳세고 강하여 변치 않기 때문이다.

세속적 집착을 버리는 것이 두려워도 그 두려움에 맞서 끝까지 나아가는 사람이 길하다고 하는 것은 자기의 뜻한 바를 끝까지 밀고 나가는 것이기 때문이다. 성현의 발자취를 따라 살겠노라고 결심한 사람은 힘써 자기를 닦고 연마하여 높은 지조를 세우고(이상을 세우다) 떨쳐 일어나려고 하는 것이니 곧고 진실해야 한다. 그런 사람은 어떠한 자리를 차지해도 마땅한 것은 치우침이 없기 때문이다. 만민의 으뜸이 되는 임금이 천지의 덕을 갖추고 있으면 큰 경사가 있을 것이다.

※ 上 - 임금, 하늘. 下 - 백성, 땅.

11. 地天泰(☷☰)

泰, 小往大來 吉亨

하늘은 심히 큰 태극이니 만물을 자유롭게 통하게 하므로 '泰'의 때에는 막혔던 만사와 만민의 인심이 통하게 되는 때이다. 소인의 도는 물러가고 대인의 도가 도래하니 길하고 형통한 시대가 올 것이다.

[初九] 拔茅茹 以其彙 征吉

썩은 띠풀을 뽑아내듯 썩은 제국의 꼭두각시 노릇을 하는 방자한 신하들과 제후들을 뽑기 위해 뜻을 같이하는 동류들을 모아 정벌하러 가면 길하다.

[九二] 包荒 用憑河 不遐遺, 朋亡 得尙于中行

황무지에 살고 있는 오랑케들을 취하기 위해 황하를 건넌다. 그들을 토벌하여 우리나라를 넘보지 못하게 하고 오히려 우리를 의지하며 살게 하여 나의 대업을 돕고 보좌하게 하는 것이, 그들을 버려 멀리함으로써 우리나라를 넘보고 핍박하게 하는 우환을 없이 하느니만 못하다.

서로 원수가 되어 우리를 도울 사람들을 잃는 것보다 그들을 얻어서 우리의 벗으로 삼아 다스리는 것이 오히려 마땅히 행할 일이다.

[九三] 无平不陂 无往不復 艱貞无咎, 勿恤其孚 于食有福

항상 공명정대하여 기울어짐이 없는 시대가 없으며, 가기만 하고 돌아오지 않는 천운은 없으니, 어려워도 곧고 바르게 살면 허물이 없을 것이다. 근심하지 말고 참마음(참자기)을 길러 알껍질(거짓자기, 자아)을 깨고 나오면 복되고 상서로움이 있을 것이다.

[六四] 翩翩不富 以其隣 不戒以孚

은천자가 펄펄 나는 것 같으나 그것이 행복한 것이 아니다. 우리를 자기와 뜻을 같이하는 진실한 이웃으로 여기고 경계하지 않고 있다.

[六五] 帝乙歸妹 以祉元吉

하나라 걸왕이 성탕(成湯 : 天乙 : 帝乙)을 의심하여 체포한 후 하대(감옥)에 연금하였다가 의심이 풀린 후 풀어주었다(歸妹). 그 일은 하늘이 내리신 천명(천자가 되어 만민을 기르게 하는 덕 : 元)의 상서로움이 성탕임금에게 있었기 때문이다.

※ 帝乙은 상나라를 세운 성탕임금이다. 그의 본명은 天乙이며, 하나라 말기의
천자인 걸왕의 제후로 있다가 걸왕의 폭정으로 하제국을 정벌하고 상나라
(은나라)를 세웠음이 문왕의 처지와 동일하기 때문에 문왕도 은천자에게
반심이 있다는 의심을 받고 유리감옥에 연금되었다 풀려나 자기 봉국으로
'돌아갔다' (귀매란 충성스런 신하로 남편에게 다시 돌아갔다는 뜻).

[上六] 城復于隍 勿用師 自邑告命 貞吝

성곽을 다시 세우고 해자를 파서 적군의 침범을 대비하되, 방비만 하
고 출정은 하지 말라 천자의 도읍에서 때가 정해지면 자연히 알려오리
니 그때에 출정명령이 있을 것이므로 욕심부리지 말고 지조를 지키고
있어야 부끄러움이 없을 것이다.

彖辭

泰, 小往大來 吉亨, 則是天地交 而萬物通也, 上下交 而其志同也, 內
陽而外陰 內健而外順 內君子而外小人 君子道長 小人道消也

태는 하늘이고 하늘은 태극이라는 뜻이다. 태극은 자유롭게 변하여
만물을 통하게 한다는 뜻이니, 태의 때에는 불공평하고 부도덕한 이기
적 사욕 때문에 막혀 있던 세상인심과 상하간의 불신, 원망, 억압, 권
위, 차별, 빈부격차, 특권의식, 부패, 무질서, 비윤리 부도덕 같은 사회
병리현상인 소인의도가 소멸하고 대인의 도가 일어나 공평무사, 기회균
등, 차별해소, 분배균등, 자유 평등과 같은 기풍이 진작되어 편안하고
자유로운 사회로 점차 이행하게 될 것이기 때문에 길하고 형통한 시대

가 열린다는 것이다.

그렇게 되는 것은, 천(양) 지(음) 즉, 임금과 백성이 남편과 아내가 윗사람과 아래 사람이 서로 마음과 뜻이 통하여 조화됨으로써 만민의 뜻이 하나로 통하게 되기 때문이다. 임금과 신하와 백성의 뜻이 하나가 되어 교통하게 되는 것은, 원하는 바의 목표(인간완성과 자기완성)가 같고, 그 목표를 향한 절개가 있어 의를 지켜 행하기 때문이다.

안으로는 이상적 정신과 질서를 추구하면서도 밖으로는 예도로써 유순한 겸양의 미덕을 길러 인도(예도)의 도리를 따라 화순하게 행동하여 속은 군자의 이상과 정신을 갖추었으면서도 겉으로는 소인처럼 온순하다. 이처럼 군자의 도는 자라나고 소인의 도는 소멸하는 때가 곧 태의 때이다.

象辭

天地交泰, 后 以財成天地之道 輔相天地之宣 以左右民 拔茅征吉 志在外也, 包荒 得尚于中行 以光大也, 无往不復 天地際也, 翩翩不富 皆失實也, 不戒以孚 中心願也, 以祉元吉 中以行願也 城復于隍 其命亂也

하늘과 땅(임금과 신하, 백성 : 남자와 여자)이 서로 교합(交合 : 짝 짓기, 교접)하는 것을 태라 한다. 천자는 이러한 때(새시대)를 맞이하여 나라의 법과 질서를 정하고 선왕들의 자취를 본받아 천도 실현의 표준과 인륜도덕의 기틀을 정하고, 태사와 태보로 하여금 천자를 보좌케 하여 임금과 신하가 화목케 되며 백성을 반상의 차별 없이 다스리게 한다. 썩은 풀포기를 뽑아내듯, 썩은 제국의 꼭두각시 노릇을 하고 있는 방자한 주변 제후국들을 정벌하는 것이 길한 때라고 하는 것은 임금(문왕)의 뜻이 변방 나라를 정벌하고자 함에 있다는 것이다. 황량한 변방 제후국들을 정벌하여 나의 조력자로 감싸 앉음으로써 장차 제국건설의 대업을 이루는 일을 보좌케 하는 것이 상서롭게 나아가는 마땅함이고 크게 영광을 떨치는 길이다.

천시란, 한시대가 끝나고 돌아가면 또 한 시대가 접속하여 돌아오는 것이 천지순환의 도리(때가 이어짐의 이치)이다. 은천자의 위세가 한참 펄펄 날으는 것 같지만 그의 때는 충분히 남아있지 않으니, 그가 사명을 다할 기회를 잃었다. 정성을 다하고 진실을 다하여 신하와 백성에 대하여, 실덕하지 않도록 타이르고 교훈하여 경계하지 않은 것은 그 마음의 마땅한 바(中心 : 衷心)를 원하지 않았기 때문이다.

하늘이 천자가 될 천운을 내리는 것은 지극히 상서로운 것이니, 중심 (주체정신 : 치우치지 않는 정신)의 마땅함을 얻기 위한 소망을 가지고 천자의 길을 향해 나아가야 할 것이다. 성곽을 쌓고 해자를 파 적을 대비하듯 은천자는 자기 마음을 지켜 천명(하늘이 준 사명)을 어지럽히지 말았어야 했던 것이다.

※ 左右 – 중국에서는 右를 귀하게 여기고, 左를 천한 것으로 여겨 귀천을 분별 하였음. 우리는 左를 귀히 여기고 右를 천하게 여기는 것의 반대, 서방세계 는 다 그러하다.

12. 天地否(䷋)

否之匪人, 不利君子貞 大往小來

사욕을 위해 도둑질을 하는 부정한 악인은 천도에서 말하는 '사람'

(참사람)이 아니다. 군자가 그 정신이 곧고(바르고) 진실하지 아니하니 세상을 이롭게 하는 군자가 아니다. 대인의 도는 지나가고 소인의 도가 도래한다.

※ 否 – 不定의 뜻, 不正한 사람은 악인이며 천한 육체적 본능의 욕구충족을 삶의 목적가치로 삼는 동물에 불과하므로 사람이 아니라는 뜻이다.

[初六] 拔茅茹 以其彙 貞吉亨
썩은 풀포기를 뽑아내듯 우리와 뜻을 같이 한다고 하는 동류(무리)들 중에서 고슴도치 같은 무리를 뽑아내고 곧고 진실한 사람들만 있어야 길하고 형통할 것이다.

[六二] 包承, 小人吉 大人否
잘못을 감싸 도와 주는 것을 소인의 도로 보면 길한 일이지만 대인의 도로 보면 부정을 조장하는 일이다.

[六三] 包羞
나쁜 일을 한 자들을 포용하거나 감싸고 도와주는 일은 부끄럽고 수치스러운 일이다.

[九四] 有命无咎 疇離祉
은천자는 천명이 자기에게 있으니 허물이 없다고 한다. 하늘이 천을 (상탕 : 은나라 창건자)에게 천자가 될 천명(천운)을 주어, 그가 잘 갈아놓은 밭(견우로써)을 후손인 紂임금(문왕때의 은천자)이 세습한 것에 불과한데 하늘의 뜻을 배반하고 천전(天田)을 더럽혀서 천운을 상실하게 되었다.

[九五] 休否, 大人吉 其亡其亡 繫于苞桑

하늘의 뜻을 배반한 부정한 임금이니 그 운이 막혀 천자의 자리에서 물러나 편히 쉬는 것이 좋을 것이다. 그래야 새시대의 주인으로 온 대인이 길하다. 은나라는 망한다 망한다 하면서도 썩어 기울어진 뽕나무 줄기에 끈을 동여매 지탱하고 있다.

[上九] 傾否, 先否, 後喜

부정하고 썩은 것은 기울어지다 필경에는 뒤집혀진다. 주왕(은왕)은 조상때부터 부정하여 국운이 막히기 시작하였다. 그러나 뒤에 나타날 새시대의 천자는 행복하게 될 것이다.

彖辭

否之匪人 不利君子貞, 大往小來 則是天地不交 而萬物不通也, 上下不交 而天下无邦也, 內陰而外陽 內柔而外剛 內小人而君子 小人道長 君子道消也

악하고 부정한 사람은 사람이 아니어서 그 운이 막힐 것이니 그 정신이 곧고 진실하지 않은 군자(천자)는 세상(만민)을 이롭게 할 수 없다. 비의 때는 대인의 도는 가고 소인의 도가 몰려오는 때이므로, 천지의 기운이 통하지 아니하여 만민의 인심 또한 불통하는 때이다.

임금과 신하가 불신하여 통하지 아니하고, 제후들이 천자를 불신하여 천하에 천자를 도울 제후가 없다. 소인배들은 속이 어둡고 탐욕스럽고 이기적이며 잔인한데 겉으로는 유덕하고 이상이 높은 군자연하나 속에 있는 정신은 유약하고 천박하면서도 겉으로는 강직한 군자인 척하는 자들이다. 비의 때는 이와 같이 소인의 도는 성장해 가고 군자의 도는 소멸해 간다.

※ '여자(陰)의 시대'가 바로 이러한 때이다. 이러한 시대를 가리켜 음이 발동하는 여성(소인)시대라 한다. 문왕은 서쪽(兌方, 소녀, 암소 : 陰)인데 반해, 은왕은 동쪽(艮方 : 장남, 숫말 : 陽)인데도, 문왕이 은천자를 친 것은 아내가 남편을 친 것이며, 남편을 살해하고 아내가 집안의 가장노릇을 해온 시대가 선천시대였다. 후천시대는 天地定位를 바로잡아 동방 한국이 震方이고 하늘의 적장자로서 서방(兌方, 巽方)을 아내로 삼아 천하를 다스리는 시대이다.

象辭

天地不交 否, 君子 以儉德辟難 不可榮以祿, 拔茅貞吉 志在君也, 大人否亨 不亂群也, 包羞 位不當也 有命无咎 志行也, 大人之吉 位正當也, 否終則傾 何可長也

하늘(남편, 천자)과 땅(아내, 백성)이 교합(합궁)하지 못하는 때를 否(비)라 한다. 군자는 비때의 험난하고 부도덕한 시대를 거울삼아 덕을 베풀고 검소하게 생활함으로써 행복이나 일신의 사사로운 영화를 추구하지 아니한다.

썩고 병든 사회의 풍습과 제도, 법을 바로 잡고, 악하고 부도덕한 무리들을 제거하고 곧고 진실하게 살아야 길하다고 하는 것은 장차 그의 뜻이 천자가 되는 데 있기 때문이다. 대인은 비쇠한 운수를 천도와 천덕으로 바꾸어 형통하게 함으로써 부패한 무리들의 혼란과 무질서를 다스려 바로 잡아야 한다.

부패한 무리들을 포용하고 감싸는 것은 부끄러운 수치이니, 그런 사람은 군왕의 지위를 맡아 다스릴 품격이 모자란 사람이다. 천명을 받았으니 허물이 없다는 것은 그가 천도문명을 이루겠다는 뜻을 행하여 나갈 것이기 때문이다. 그러한 대인이 길하다는 것은 그의 인품(인격)이 바르고 합당하기 때문이요 비의 때가 끝나갈 때에는(말세) 천운에 의해 인심이 기울어져 가는 것이므로 어찌 오래갈 수 있으랴?

13. 天火同人(☰)

同人于野 亨, 利涉大川 利君子貞

문화에 길들여지지 않은 질박한 사람들을 모아 나와 뜻을 같이하는 동류로 삼아야 형통하다. 부패하여(불공평하고) 막힌 세상을 다 잘 통하게(亨) 병탄하고 만민을 이롭게 하기 위해서는 군자의 뜻이 곧고 진실해야 한다.

※ 利君子貞 – 이 문장을 금문으로 해석하면 '군자는 곧아야 이롭다'는 뜻이 된다. 그러나 이 군자는 타락한 시대를 청산하고 새로운 시대를 개벽하라는 천명(하느님, 上帝의 명령 : 사명)을 받은 견우이다. 하늘나라 밭(만민의 심전)을 가는(농경) 견우의 쟁기는 천도와 천덕을 인격(품격, 품위)화 하는 천자의 덕이고 예도(禮道)이다.
고문해석은 '군자는 곧고 진실한 지조가 있어야 이롭다'가 된다. '지조가 있어야 한다'는 뜻은 견우(대인)의 사명이고 목표이며, 하늘농사의 목적(섭리)인 천도문명을 실현하여 이상세계인 '지상천국'을 향해 가는데, 그 정신(지조)이 좌우로 치우침(中心, 중용심)이 없이 바르게 갈 수 있는 불변의 신념이 있어야 한다는 뜻이다. 세상을 이롭게 하는 참사람인 '홍익인간' (利 – 益)이 되어 치우침이 없이 똑바른 목적의식으로 사명을 성취해 나아가야 하기 때문이다.

주역의 문장 전체에서 가장 많이 나타나는 단어가 中이나 中正이다. 이 中은 중심(주체정신)이기도 하지만 '불변의 중심'이니 中正 역시, 중용심(치우치지 않는 정신 : 공평무사한 정신)으로 세상을 바로잡다. 도, 바른길, 공평하다, 치우치지 아니하다, 바르다, 곧다의 뜻을 가진 正자와 합하여, '중용심으로 세상을 곧게 바로잡다'의 뜻을 나타낸다. 그러므로 貞자의 곧다, 바르다, 치우치지 아니하다. 지조(불변의 정신), 정조(여자의 지조)를 나타내는 뜻과 일치하여 섭리의 목적이고, 견우 사명의 목표인 "천도문명의 실현(참사람 창조와 지상천국 실현)을 향하여 바르고 불변하는 정신(목적의지)으로 밀고 나아간다"는 뜻이다.

문왕은 이처럼 선천시대의 사명을 이루는 표본적 견우로서 '밭을 비옥하게 갈기 위해' 시대적 모범(표준, 푯대)을 세워 다음 천자들에게 그의 천업의 사명(밭을 갈아 비옥하게 하는 일)을 계승해야 하는 것이므로, '밭가는 표준모범'을 세우기 위해 제국을 건설하고, 천자(하늘 : 대리하느님 : 대리震帝)가 되고, 만민의 스승(천도를 교육하는)이 되어 밭을 갈아 나아가고 있다는 전제(원리)를 이해하지 않으면 주역은 풀리지 않는다.

[初九] 同人于門 无咎

동문은 한 집안이니 허물이 없다.

[六二] 同人于宗 吝

동인은 시조를 같이하는 동족이니 아껴야 하는 것이다.

[九三] 伏戎于莽 變其高陵 三歲不興

거친 오랑캐 융족이 우리에게 굴복하여 우리의 기세가 마치 높은 언덕(艮山의 천자)처럼 높아졌으니, 이제 그들은 여러 해 동안 일어나지 못할 것이다.

[九四] 乘其墉 弗克攻吉

우리성(기세)의 높이가 한층 더 높아졌으니 아무도 감히 우리를 쳐

이기지 못할 것이니 길하다.

[九五] 同人 先號咷 而後笑
처음에는 우리가 울부짖었으나 뒤에는 웃게 될 것이다.

[上九] 同人于郊 无悔
우리나라가 비록 제국의 서쪽 변경에 있으나 부끄러워 할 일이 없다.

彖辭

同人, 柔得位 得中而應乎乾 曰同人, 同人曰 同人于野 亨, 利涉大川
乾行也, 文明以健 中正以應 君子正也, 唯君子 爲能通天下之志

동인의 때에 유약한 자가 천자의 지위를 얻으려면 중정심을 이루어야(得) 하늘의 뜻에 호응할 수 있을 것이니 이를 동인의 때라 한다. 동인괘에서 말하기를 '한 뜻을 가진 일족이 제국변경에 있으니 형통할 것이다' 라고 하였다.

선선천 말세에 이르러 부패하고 혼란스러운 세상을 새 시대의 대인이 나타나 막힌 인심과 천운을 통하게 하여 이로운 세상을 열게 될 것이니, 이는 하늘이 행하시는 일이요, 하늘나라 천도문명을 굳건히 세우고자 함이니, 하늘의 뜻은 중정심을 이룬 대인에게 호응하여 사명(천명)을 내리시는 것이므로 군자는 공평의 도로써 행하여 치우침이 없어야 한다.

오직 그러한 군자(대인)만이 천하 만민의 막힌 인심(상호불신, 이기심, 부정부패, 원망, 미움 등)을 통하게 할 수 있다.

象辭

天與火 同人, 君子 以類族辨物 出門同人 又誰咎也 同人于宗 吝道也,
伏戎于莽 敵剛也, 三歲不興 安行也, 乘其墉 義弗克也, 其吉 則困而反則
也, 同人之先, 以中直也, 大師相遇 言相克也, 同人于郊 志未得也

하늘이 노여움(火 : 인간에게는 고통)을 베푸는 것은 막힌 것들을 살
라(태우고 익혀) 서로 통하여 사해가 화합하도록 돕고자 함에 있는 것
이다. 군자는 이러한 때에 시세를 살펴 분별하고 동류를 모아 뛰어난 무
리로 기르나니 또 누가 허물하리요, 동인은 그 조상이나 우두머리와 뜻
을 같이하는 부류이니 서로 아끼는 것이 그 도리이다.

잡초같이 거칠고 무성한 융족을 굴복시킨 것은 적보다 우리 군사의
정신이 강하기 때문이요, 여러 해 동안 그들이 다시 발흥하지 못할 것이
므로 편안히 지낼 수 있게 된 것이다. 성벽을 높이 쌓고 적을 대비하는
뛰어나고 의로운 군사는 이길 수 없다. 위태로운 때가 지나면 반드시 평
화로운 때가 오는 것이 자연의 법칙이다.

한 뜻을 가진 우리가 먼저 그 정신이 옳고 바른 길을 행해야 큰 적군
을 만났을 때 정당한 명분을 앞세워 이길 수 있다. 우리가 제국 변경에
서 고초를 당하고 있는 것은 아직 하늘의 뜻(천명 : 조선상제의 명, 임
명)을 얻지 못하고 있기 때문이다.

※ 天火(불 : 노여움)란 오행상의 火이다. 따라서 괘사에 나타나는 木火土金水
는 모두 오행의 성질이다. 그러므로 天火는 하느님이 만민을 삶고 익히기
위해 성장기(선천)에 천도의 빛과 열로 교육시켜 익히고 연마하고 닦고 성
숙시킨다는 글자들의 의미는, 모두 익힐습(習), 익힐숙(熟), 삶을 숙(성숙),
삶을 형(亨)이나 태운다는 훈습의 뜻을 가지고 있다.
사람을 태우고 익히고 삶는 목적은, 육신의 동물성(性)과 자아관념의 껍질
을 벗기기 위해서이다. 그것은 마치 곡식의 씨를 땅에 심으면, 태양빛과 열

을 받고 씨(알)가 껍질을 벗고 나와야 새 생명으로 자랄 수 있고, 새는 알껍질을 스스로 깨고 나와야 새 생명으로 태어나듯, 사람도 육신의 껍질과 같은 동물성 본성과 자아관념을 삶고 익히고 닦아 벗겨내고 나와야 새 생명체인 참사람이 되어 신적 존재로 영생할 수 있게 되는 것이다.

그러므로 역경에 가장 많이 나오는 '부자'(孚)는 믿음, 진실, 정성, '알을 깨다'의 뜻이다. 천화는 이처럼 인간에게는 고통, 괴로움, 번민, 불행, 좌절이지만, 그러한 삶(삶다)의 아픔을 통해서 알껍질을 깨고 나오라는 것이므로 이를 환골탈태라 하는 것이다.

14. 火天大有(䷍)

大有元亨

천지의 큰 덕을 깨달아 훌륭한 자기 인격으로 이루면 새 시대 섭리의 봄철에 형통함을 얻으리라.

[初九] 无交害 匪咎 艱則无咎
융과 벗이 되어 친하게 지내는 것은 손해가 없으며 지금은 괴롭게 지내고 있으나 허물이 없다.

[九二] 大車以載 有攸往 无咎
대인이 수레(견우의 수레)에 백성을 싣고 가니 위태함이 있으나 허물은 없다.

[九三] 公用亨于天子 小人弗克
천자가 되어 공평하게 다스려 나가면 형통하여 소인들도 사욕을 바로잡지 않을 수 없을 것이다.

[九四] 匪其彭 无咎
떼도둑 노릇을 하고 살던 융족을 가까이 해도 허물이 없다.

※ 匪 – 떼도둑질을 하던 융족을 뜻함.

[六五] 厥孚交如. 威如吉
참되고 믿음성이 있는 마음으로 정성스럽게 사귀는 듯하여 그들도 머리를 숙여 복종하니 위험하지 아니한 것 같아 길하다.

[上九] 自天祐之 吉 无不利
진실로 하느님을 따라 섬기는 자를 하느님도 도우시니 길하여 이롭지 않음이 없다.

※ '스스로 돕는 자를 하늘도 돕는다' 는 해석은 잘못된 것임.

彖辭

大有, 柔得尊位 大中而上下應之 曰大有 其德 剛健而文明 應乎天而時行 是以元亨

대인이 나타나 있는 대유의 때에는 유약한(미약, 미천) 사람이 높은 지위를 차지하는 때이다. 대인은 중용의 정신으로 백성을 다스려 나가야 임금과 신하와 백성이 서로 호응하여 뜻이 하나 되는 것이니 이를 일러 대인의 큰 덕이라 한다.

새로운 시대를 열러 온 대인은 그 덕과 강건한 정신으로 천도문명을 이루어야 할 사명을 하늘로부터 받아(천명) 이 시대(하늘이 정한 때)에 베풀어 나가는 일을 감당(應 : 받다, 응하다)해야 하는 것이므로, '천지의 큰 덕을 그가 먼저 인격으로 닦아 이루어야' 크게 형통할 것이다.

象辭

火在天上 大有, 君子 以 惡揚善 順天休命 大有初九 无交害也 大車以載 積中不敗也, 公用亨于天子 小人害也, 匪其彭无咎 明辨晢也, 厥孚交如 信以發志也, 威如之吉 易而无備也, 大有上吉 自天祐也

'불' (노여움, 화)이 하늘의 상제(하느님)에게 있는 때(나오는 것)가 대유다. 군자는 세상의 악을 억눌러 막고 선한 일을 높이 드러내므로써 하느님으로부터 받은 사명에 순종하여 하느님의 근심을 쉬게 한다. 대유괘의 초구효사는 오랑캐인 융족과 친하게 지내도 서로 해침이 없다는 것이다.

대인이 그 수레에 만백성을 싣고 가며 중용의 도를 쌓아 이루면 그 사명을 이루는 데 실패하지 않는다. 공평무사(치우침이 없이)하게 다스리면 그 천자는 형통하여 소인배들이 훼방할 수 없으니 어찌 그렇게 하지 아니하랴? 그러므로 도적떼였던 융족과 친하게(가깝게) 지내도 손해가 없으니 검고 흰 것을 밝게 구별하여 바로잡고 참된 마음과 믿음으로 친하게 다스리면 그들도 머리를 조아림은 믿음으로 뜻을 같이 할 마음이 싹터 나기 때문이다. 융족과 뜻을 같이하여도 위태로울 것 같지 않아 길하다고 하는 것은 시대가 새롭게 변하고 바뀌는 때에 완전한 준비가 없어서야 되겠는가?

대유의 때에 상제를 숭상하니 길하다고 하는 것은 하느님을 진실로 좇아 섬기는 자를 하느님도 도우시기 때문이다.

※ 上 - 하늘, 상제, 숭상하다, 임금. 下 - 땅, 백성, 신하, 비천하다의 뜻. 易而 无備也에서 也가 반어법으로 쓰임.

15. 地山謙(☷☶)

謙亨, 君子有終

사람은 겸손해야 서로 마음을 통할 수 있으니 형통하다고 한다. 군자는 겸손하게 하늘의 뜻을 좇아 나아감으로 그를 좇는 백성이 무리를 이루게 되어 자취(공적)를 남긴다.

[初六] 謙謙君子 用涉大川 吉
겸손한 군자가 그 겸손을 실천하여 타의 본이 되므로써 신하와 백성들도 그를 좇아 겸손을 배워 예절의 풍속을 넓혀 나가는 것이 '겸겸' 이다. 부패하여 막힌 세상을 잘 통하게 하기 위하여 공평의 도로써 모든 사람을 존귀한 존재로 중히 여겨 다스리면 길하다.

[六二] 鳴謙貞吉
겸손하다는 명성이 드날리도록 진실함으로 정성을 다하면 길하다.

[九三] 勞謙君子 有終吉
겸손의 미덕을 이루기 위해 노력하는 군자는 그 끝이 길하다.

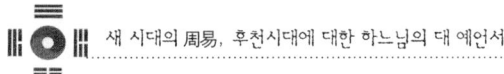

[六四] 无不利 撝謙
자기를 낮추어 겸손히 행하면 이로움이 없지 않다.

[六五] 不富以其隣 利用侵伐 无不利
너의 이웃(은천자)이 행복하지 못한 것은 천자가 법을 굽혀 충신과 백성들을 침범하여 살상하거나 죄 없는 자들을 벌하며 그의 힘을 자랑하기 때문이니 그를 공격하여 천자로서 다스림을 그치게 하면 이롭지 않음이 없을 것이다.

[上六] 鳴謙 利用行師 征邑國
겸손하다는 명성이 세상에 드날려 만민의 모범과 스승이 되어 백성을 이롭게 다스릴 수 있는 때가 되면 은천자의 나라를 정벌해도 마땅하다.

彖辭

謙亨, 天道 下濟而光明, 地道 卑而上行, 天道 虧盈而益謙, 地道 變盈而流謙, 鬼神 害盈而福謙, 人道 惡盈而好謙, 謙尊而光 卑而不可踰 君子之終也

겸손은 사람과 사람 사이를 통하게 하는 것이다. 하늘의 도는 천도문명의 빛을 밝혀 만백성을 제도한다(건지다, 구제하다). 땅의 도(신하, 백성, 세상의 도 : 예도)는 사람이면 마땅히 행해야 할 도리를 천자(上)가 백성에게 베풀어 숭상하게 하나니 '지도'는 예도로써 자기를 낮추는 것이다.

천도는 보름달이 가득 차면 변하여 점차 이지러져 끝나고, 끝나면 다시 변하여 채워가는 변전을 거듭하는 것처럼 땅의 도는 겸손해야 유익한 것이다. 지도도 역시 시대에 따라 변천하는 것이니 흘러가는 시대와 함께 겸손하게 변화해 가야 한다. 귀기(음기 : 소멸하여 돌아가는 기운)와 신기(양기)도 가득 차 넘치면 해로움이 되나니 겸손해야 복이 된다.

사람을 기르는 도 역시 차서 넘치면 악이 되는 것이니 겸손해야 좋아하고 칭찬 받고 사랑받게 된다. 겸손의 위덕(光)은 상대를 높임으로써 존경받는 것이므로 자기를 낮추는 사람을 이기려 하거나 뛰어넘을 수는 없다. 군자는 이러한 겸손의 도를 끝까지 좇아나가야 한다.

※ 천도는 인간의 품격을 초월, 승화시키려는 참사람 창조의 도이고 지도는 자연현상의 이치이고 지도는 인간의 사회적 관계를 막히지 않게 소통(형통)시키는 예절과 행위의 도요, 귀신은 음과 양으로 운동하는 태극(천지신명 : 자연의 하느님)을 의미한다. 귀(鬼)는 태극의 음기를 의미하고, 신(神)은 태극의 양기이다.
※ 光 – 빛, 문화, 명예, 영예, 영광, 기, 기운, 넓히다의 뜻을 나타낸다.

참사람 완성은 〈천도＋지도＋인도＝참사람〉이므로 이를 가리켜 '天地人三材合一'이라고 하거나 '仁'이라고 한다. '仁'은 사람인 변에, 하늘을 의미하는 '一'과 땅을 의미하는 '二'가 합하여 된 회의문자이다. 따라서 '인자'(仁子)는 참사람을 의미한다.

象辭

地中有 山謙, 君子 以裒多益寡 稱物平施, 謙謙君子 卑以自牧也, 鳴謙 貞吉 中心得也, 勞謙君子 萬民服也, 无不利撝謙 不違則也, 利用侵伐 征 不服也, 鳴謙 志未得也, 可用行師 征邑國也

'땅의 중심에 艮方(天子)이 있는 것'이 겸이다. 군자는 도량이 넓고 풍부한 재물을 소유한 사람들에게서 재물을 거두어 가난한 사람들과 고루 나누어 쓰게 한다. 군자는 겸손을 실천하여 본이 됨으로써 신하와 백성들이 따라 겸손하게 자기를 낮추어 스스로 자기 예도를 기르게 한다.

겸손하고 바르다고 소문이 나니 길하다고 하는 것은 중정심을 가졌기 때문이다. 군자가 겸손하려고 노력하면 만민이 그를 따른다. 겸손하여 자기를 낮추는 것은 해로움이 없나니 천도에 어긋나지 않기 때문이다. 남을 쳐서 나를 이롭게 하면 그를 취했을지라도 진심으로 굴복하지 않는다. 겸손하다고 소문만 난 것은 아직 백성의 뜻까지 얻지는 못했다는 것이다. 그러므로 백성 전체의 뜻을 얻어야 비로소 군사를 일으켜 천자의 나라를 정벌할 수 있다.

後
·
天
·
大
·
易

※ 山인 艮方과 震方은 세계를 다스리는 天帝의 자리이다. 三艮木은 소년으로서 어린 천자이고, 八震木은 장남이니 성년이 된 天帝이다. 당시 은나라는 三艮木의 어린(어리석다) 천자였으므로 자기의 어린 짝인 兌四(소녀, 신하, 문왕)에게 눌려 제국과 천자의 자리를 빼앗겼던 것이다. 그러므로 三艮木이 자라서 八震木이 된 후천의 정동방 한국은, 세계만민을 다스리는 天帝(대리하는 님자리)의 지위에 오르게 될 때 四兌金이 자라 九巽金(장녀)이 된 중국과 유럽, 미국, 소아시아 등의 제국들이 순종하는 아내가 되어 남편이고 하늘인 震八木宮의 보좌역할을 하게 될 것이다.

16. 雷地豫(䷏)

豫, 利建侯 行師

장차 천도와 천덕이 통하는 아름다운 제국(지상천국) 건설을 위해 뜻을 같이할 제후들을 미리 세우고 백성들이 따라 행할 모범과 보편적 기준이 되는 상도(常道 : 禮道)를 미리 갖추고 대비해야 하는 때가 '예의 때'이다.

※ 侯 - 제후. 師 - 모범이나 기준, 법으로 삼아 따라야 할 스승의 도, 상도.

[初六] 鳴豫凶
제국건설의 이상을 위해 미리 대비(준비)한다는 소문이 나라 밖으로 퍼지면 흉하다. (현재는 그의 위치가 은천자의 제후이기 때문에 역모로 몰릴 위험이 있으므로)

※ 鳴 - 울다, 소문나다, 전하여지다.

[六二] 介于石 不終日 貞吉
현재는 은천자의 신하(제후, 문왕)라는 위치와 장차 새로운 제국을 건설할 목적 사이에 끼어 있다. 은제국의 시운이 끝날 때가 아직은 아니니 견우의 사명을 위한 절개(주체정신, 불변의 목적의지)를 지키고 진실함으로 나가는 것이 길하다.

※ 石 - 화살촉 이상, 목적의지, 녹봉(천자의 신하로서 받는 급여).

[六三] 肝豫悔 遲有悔
'미리 준비하지 않고 하늘만 마냥 쳐다보며 기다리고 있으면 후회하게 될 것이요', 한가하게 소요하면서 준비를 게을리 해도 후회함이 있을 것이다.

[九四] 由豫 大有得 勿疑 朋盍簪
역(易)에서 '여자(兌方 : 소녀, 신하, 서쪽)가 웃는다'는 곡절을 깨달

 새 시대의 周易, 후천시대에 대한 하느님의 대 예언서

고 그로 말미암아 미리 준비한다면 대인의 지혜를 얻을 수 있으니 의심하지 말라. 무리를 이룬 후 천자의 비녀(상투곳)를 꽂고 새로운 이름을 얻게(天子)되리라.

※ 由 - 말미암다, 까닭, 곡절, '여자가 웃는 모양'의 뜻, 易에서 여자는 신하나 백성이고 남자는 하늘이고 남편인 천자인데, '여자가 웃는다는 뜻'은 남자(은천자)는 울게 되고 여자(文王)에게는 상서로운 일이 있다는 뜻임.

[六五] 貞疾 恒不死
나라(사회)가 병들지 않고 진실해야 항구하게 망하지 않는다.

[上六] 冥豫成 有渝无咎
하늘(神)과 묵계(무언의 소통)가 있어 가지고 미리 준비하면 그 뜻을 이룰 수 있다. 섭리의 변화(변역, 바뀌다)가 있어 그러한 것이니 허물이 없다.

彖辭

豫, 剛應而志行 順以動 豫, 豫順以動 故 天地如之, 而況建候行師乎, 天地以順動 故 日月不過 而四時不忒, 聖人以順動 則刑罰 淸而民服, 豫之時義大矣哉

예의 때는 하늘이 행하는(섭리하는) 뜻에 부응하여 천도를 좇아 같이 변화에 대응하는 것이 예이다. '하늘의 변역하는 뜻을 미리 알고' 같이 순응하여 변화를 꾀하는 고로 천지의 뜻과 같은 것이니 "어찌 새로운 제국건설의 목표를 세우고 만민을 기를 상도를 정하여 그 목적한 바를 위해 실행해 가지 않으리요", 하늘의 뜻(섭리)이 변화(바뀌다, 번역)함에 따라 땅도 순응하는 고로 해를 따르는 달도 그 분수를 잃지 않으므로 사계의 변화(섭리시대의 바뀜, 번역)도 그 때를 따라 어긋남이 없나니 성인이 이를 본받아 하늘의 섭리적 변화에 순응하여 백성의 죄를 사해 주고 법(천법)을 본으로 보여 죄를 바로잡아 다스리는 데 공명정대(淸)해야 백성이 진실로 순복하나니 예때의 뜻이 얼마나 큰 것인가?

※ 剛 – 이때의 강은, 하늘의 강한 섭리적 의지를 의미한다. 動 – 은 움직여 변하여 바뀌다의 뜻임. 忒 – 변하다, 새롭게 바뀌다.

象辭

雷出地奮 豫, 先王 以作樂崇德, 殷薦之上帝 以配祖考, 初六鳴豫 志窮凶也, 不終日貞吉 以中正也, 肝豫有悔 位不當也, 由豫大有得 志大行也, 六五貞疾 乘剛也, 恒不死 中未亡也, 冥豫在上 何可長也

하늘나라 상제로부터 은왕의 실정(失政)에 대한 책망이 천둥소리 같이 떨어지고, 격분한 백성들이 떨쳐 일어나는 때가 예이다. 선왕(탕임금)은 이러한 때에 백성에게 덕을 베풀어 편안하게 하였으므로 구족의 방백들(제후의 우두머리들)이 상제에게 그를 천거하여 천명(천자로 임명)을 받고 타락한 하나라 걸왕을 정벌하여 商제국을 세우고 그의 조상의 사당에 나아가 배향할 수 있었던 것이다.

초육괘에 혁명을 위하여 미리 준비한다는 소문이 퍼지면 흉하다는 것은 미리 소문이 나면 뜻한 바를 이루는 데 많은 장애가 있을 것이기 때문이다.

은천자의 때(선선천 말)가 아직 끝나지 않았으니 지조(이상)를 지켜 진실하게 나아가면 길하다는 것은 중심(중정심, 주체정신)을 바르게 해

345

後 · 天 · 大 · 易

새 시대의 周易, 후천시대에 대한 하느님의 대 예언서

야 한다는 것이다. '때가 오기를 손놓고 기다리며 하늘만 쳐다보고 있으면 후회하게 된다'는 것은 그런 사람은 천명을 받고 책임을 다할 자격(품격)이 모자라기 때문이다.

역에서 '여자가 웃는 모습을 보아 그 까닭을 알아채고', '자신이 대인으로 나타날 때가 된 것을 알아서 미리 준비하는 사람은 천자의 지위를 얻을 것이니' 이는 대인의 뜻을 행할 수 있는 지혜로운 사람이다.

육오효에 나라가 병들지 않고 진실해야 항구하다는 것은 하늘의 뜻(剛 : 섭리의지)을 탔기 때문이다. 나라가 항구히 망하지 않는다는 것은 천자가 중정의 도(정신)로 나라를 다스리지 않으면 망한다는 뜻이다. 하느님(상제)과 묵계가 있어서 미리 대비하는 사명자(책임자, 계승자)라면 어찌 존중하지 않을 수 있으리요?

※ 震과 雷는 같은 뜻으로 하느님의 명령 호령 책망을 나타낸다. 先王은 하나라 말기의 타락한 걸왕을 멸하고 商제국을 건설한 성탕임금을 지칭한다. 성탕이 천명을 받고 혁명대업을 준비하는 과정과 그 이룸이 지금 문왕의 입장과 처지가 같았기 때문에 탕왕의 혁명을 모범으로 삼아 거사를 단행하려는 것이다. 이는 〈상서〉의 殷나라 기록에 상세히 나와 있다. 또 혁명대업을 완수하고 조상의 사당에 배향하는 것은 순임금 때나 우임금 때도 천자가 된 내력을 조상님께 고하고 제향을 올리는 전통이 있었다.

九族長들이 조선상제(황제)에게 성탕을 천자로 천거한 것은, 당시 황제(조선)는 세계에 12개국 족장(제후장)을 세워 수천 제후를 다스렸고 천자는 九州의 족장을 세워 나라를 다스렸는데 하나라 우임금이 3州를 더 보태어 12州로 만들었다. '천자는 九族(九夷)과 친해야 한다'는 말이 여기서 나온 말인데 후대의 학자들이 오해하고 구촌지간의 일가 친척이 친해야 한다는 해석으로 오류를 범하고 있다.

그러나 문왕은 끝내 구족장(구주의 伯)들의 천거를 받지 못하였으므로 조선상제(단군제)로부터 천명(임명)을 받지 못하고 상전인 은나라를 쳐서 멸망시키고 천자에 올랐기 때문에 그의 혁명 전쟁은 상제의 정벌이 아니라 쿠데타로 왕위를 찬탈한 것이라고 말한다.

※ 日은, 때, 시기, 시간, 해, 날, 考는 조상의 뜻.

17. 澤雷隨(䷐)

隨, 元亨利貞 无咎

수의 때에는 하늘(자연)의 사계(元亨利貞 : 四季) 변화(섭리의 변동)의 섭리에 따르면 허물이 없다는 것이다. (隨는 때를 따르다. 때와 동반한다는 뜻)

※ 자연의 섭리가 四季로 돌아 계절마다 반복하여 변화(바뀌다)하듯, 인간세
  상을 상대로 섭리하는 하늘의 참사람창조 농사도(천도문명의 네단계) 사계
  와 같은 시대적 변화의 단계가 있다.

[初九] 官有渝 貞吉 出門交 有功
벼슬살이 하는 신하는 그 임금을 본으로 삼아 섬기고 따르는 것이니, 임금의 변화에 따라 같이 나쁘게도 좋게도 변할 수 있으므로 진실한 지조를 지켜야 길하다.
나라 밖의 다른 제후들과 사귀어 뜻을 같이 하게 되면 천업의 공(섭리의 사명)을 이룰 수 있을 것이다.

[六二] 係小子 失丈夫
서남의 兌方(소녀)은 동북간방(艮方 : 소남)과 짝으로 묶여 있는데, 그를(은나라) 잘못보고 하늘나라를 계승할 적장자(天胤)로 오인

하였다.

※ 天子란 하늘나라를 상속받고 上帝의 권한을 계승할 명분을 얻은 서자들이다. 그러나 참아들은 적장자(서자가 아닌)이다. 〈설괘전〉에 이르기를 '帝出乎震'이라 하였다. 그 뜻은, "天帝(하느님)의 적장자인 天胤(상속자)은, 震方(정동방)에서 나오게 되어 있는 것이 아니냐'라는 의미이다. 따라서 震방은, 三艮木(동북방)이 자라서 성년이 된(장부) 장남이다. 이 장남(장부)은 선천말 후천초의 차축시대에 나타나 후천세를 개벽하고 지상천국을 건설할 천윤(하느님의 상속자)이다. 그러므로 이는 동이의 장손민족의 후예인 한국이다.

그러나 은민족(문왕을 포함해서)은 동이족이기는 하나 사마천의 말대로 '少典'이다. 소전은 '서자의 무리'라고 하였다. 그러므로 선천에는 서장자가 천자로 나타날 수 있으나 후천에는 적장자가 천윤으로 나타나야 하므로 '제출호진'이라 한 것이며 위 본문에서도 '은천자를 적장자(장부)로 오인하였다'고 말하고 있다.

[六三] 係丈夫 失小子 隨有求得 利居貞

하느님의 적장자인 천윤과 짝을 맺어야 하는데 소자(은왕)는 지위가 낮은 천한 사람이니 그를 버리고 짝을 바꾸어 적장자(8木震)를 따라야 내가(문왕) 원하는 자리를 차지할 수 있을 것이니 마음을 정한 대로 행해야 할 것이다.

※ 문왕의 말처럼, 대리하느님으로서 천하를 지배하는 천자가 되기 위해서는 서출에다 소년기에 있는 은왕과 짝(아내)을 맺으면, 은왕의 선선천시대는 끝나가므로 그의 짝인 문왕의 운도 끝장날 것이고 아직 나타나지 않았지만 적장자인 진팔목제와 짝을 맺어야 그가(문왕) 세상을 지배할 수 있게 된다. 문왕은 그와 같은 하늘의 섭리를 꿰뚫어 알 수 있었던 것은 하나라를 거쳐 내려오던 연산역과 귀장역이 있었기 때문이었을 것이다.

문왕은 고조선시대로부터 전해 오던 〈낙서팔괘도〉를 본떠 〈문왕팔괘도〉를

지었는데 문왕팔괘도에서는 그의 말대로 艮兌(짝)를 바꾸어 震兌를 짝으로
그려 넣고 있다.

앞에서도 언급한 바와 같이 남편이 없거나 아내보다 남편이 기가 약(柔)하
면 기가 강(剛)한 아내가 내주장을 하여 집안을 다스리듯, 천도는 남녀의
구별보다 기(정신의 기)의 강약에 의해 음양이 결정된다. 하물며 기가 강한
문왕(소녀, 아내)이 남편(震八木) 없는 집(제국 : 세상)을 다스리는 것은 여
반장일 수밖에 없었던 것이 선천섭리의 원리였던 것이다.(선천의 艮三木이
자라야 후천의 震八木帝가 되기 때문에 선천에는 象으로만 존재한다.)

동북간방의 艮三木(적소자)은, 고조선의 고지(古地)인 북만주(艮方)를 떠
나 정동방인 한반도로 내려와 갖은 고초를 겪고(중국의 공처가 신세가 되
어) 있으면서 그가 성장하여 헌헌장부로서 하늘의 상속자인 천윤으로 성장
하고 나타날 날을 위해 죽은 듯 엎드려 있었던 것이다.

[九四] 隨 有獲貞凶 有孚在道 以明何咎

남편의 뜻을 좇아 동반하려면 그의 아내가 되어 섬길 수밖에 없다.
그의 주권을 빼앗아 가지려면(독차지 : 有) 때의 마땅함을 알고 화살을
쏘아 맞혀야 하므로, 아내로서 정숙한 정조를 지키고만 있으면 흉하다.
그러나 천도는 참된 마음과 정성스러움에 있으니, 천도를 높이 숭상하
고 밝혀 나간다면 어찌 허물할 수 있겠는가?

[九五] 孚于 嘉吉

참되고 정성스러운 마음으로 천도를 밝혀 나갈 것이니, 하늘도 나를
가상히 여겨 길하리라.

[上六] 拘係之 乃從維之 王用亨于西山

간산목(은천자)과의 부부관계를 끊고, 진팔목과 부부관계를 맺는 일
을 망설이지 말고 취하여 껴안고 그를(震) 좇아 부부로 맺은 인연을 유
지하면, 서쪽(兌方 : 아내, 소녀)에 있는 내가 간산(艮山 : 천자)의 기

를 누르고 천자(山)가 되어 천하를 다스려 형통하게 될 것이다.

※ 山은, 艮山이고, 山은, 殷천자와 남편의 상징이다.

彖辭

隨, 剛來而下柔 動而說 隨, 大亨貞 无咎 而天下隨時, 隨時之義 大 矣哉

수의 때에 하늘(임금 : 상제의)의 강한 섭리의지(천운)가 유약한 신하(문왕)를 불러오게 하여 선선천 사명을 맡은 임금의 운이 끝나가므로 그 사명을 빼앗아 유약한 신하에게 주게 될 것이라는 선후천 교체(바꿈) 변화의 도리를 알리는 때가 수의 때이다.

이렇게 천운의 변화로 인하여 새 시대 대인으로 나타나는 사람이 천운이 막힌 세상을 형통하게 하리니, 지조를 지키면 허물이 없다. 이것이 하늘(천자, 남편)과 땅(신하, 아내)이 바뀌는 수때의 변화이니 수때의 의미가 얼마나 큰 것인가?

※ 剛 - 굳세다, 강하다, 임금, 상제의 뜻.

象辭

澤中有雷 隨, 君子 以嚮晦 入宴息, 官有渝 從正吉也, 出門交有功 不失也, 係小子 弗兼與也, 係丈夫志舍下也, 隨有獲 其義凶也, 有孚在道 明功也, 孚于嘉吉 位正中也, 拘係之 上窮也

천자가 될 사람이 진흙 가운데 묻혀 있는 때가 수다. 군자는 달이 끝나는 그믐밤(끝날)의 어둠 속에서 선후천 교체의 소식을 예지한다. 천자를 섬겨 벼슬살이하던 신하의 입장이 바뀌어 타락한 세상을 바로잡는 천자가 되고 천하의 제후들과 백성이 그를 좇아 시중들게 될 것이니 길하다고 하는 것이다.

나라밖의 제후들을 만나 사귀면 공을 이룰 수 있어 그르침이 없을 것이다. 간방의 미천한 소자(서자 : 은왕)와 맺은 부부의 인연은 끝났으니 그와 함께 할 수 없다. 하느님의 참장자인 震方의 천윤과 부부관계를 맺어야 하므로 은왕의 신하(첩, 아내)로 뜻을 함께 하던 인연을 버려야 한다. 수의 때에는 계집종(첩 : 제후, 신하)이 천시의 마땅함을 얻고 주인의 자리(주권)를 빼앗을 수 있는 때이나 의리를 지키는 의미로 보면 흉한 일이다. 천도가 존재하는 목적은 참(하느님, 진리)에 대한 믿음과 정성을 다하여 육체적 자아의 알껍질을 깨고 참사람으로 화하여 나오게 하는데 있으므로 천도를 밝혀 깨닫게 해 나아가야 공(천업의 공)을 이룰 수 있다. 뛰어난 상서로움은 참하느님을 믿고 정성을 다하여 섬기며 천도를 깨닫고 알에서 깨어나야 중정심을 얻고 바른 천자의 자리에 오를 수 있는 것이니 천자의 지위를 억지로 취하여 가지는 것은 상제로부터 천명을 받는 일이 궁색(곤란)하기 때문이다.

18. 山豊蠱(䷑)

蠱, 元亨, 利涉大川 先甲三日 後甲三日

고는, 봄에서 초여름으로 바뀌는 때(선선천이 선천으로 바뀌는 때)이다. 그러므로 艮山(소자 : 은왕 : 선선천 : 아기장군)에 초목(백성)은 풍성해졌으나 독벌레(악한 기운)도 무성하므로 악인들(독벌레)의 미혹을 경계하고 신칙(단단히 타일러 삼가게 함)해야 할 시기이다.

    악한 기운(정신의 기 : 인심)으로 인해 막힌 세상인심과 사회병리현상을 뚫어 빈부, 귀천, 분배불균형, 불신, 차별 부조화 등을 넓은 평원처럼 평평하게 평탄함으로써 사해가 막힘 없이 통하게 하여 사람의 가치를 가장 존귀하게 여기는 세상을 열려고 먼저 온 선구자들이 삼천년동안 법령을 창제하고 가르쳐 온 유범을 따라 새로운 후천(선천 : 선선천을 선천으로 보면 문왕시대가 후천임) 세상 삼천년을 열어 나가야 한다.

※ 山은 艮方이고 蠱는 벌레, 독벌레, 악한 기운의 뜻, 三日은 세때, 새해의 뜻이다. 실제로는 서자시대의 시초는 서자 한웅시대로부터 문왕까지가 약 3천년이고 문왕에서 후천까지 3천년이니 三日을 삼천년으로 봄.

[初六] 幹父之蠱 有子 考无咎, 厲終吉

    사람을 미혹하게 하여 해치는 독벌레(자아관념)를 박멸하는 일(섭리 : 蠱)을 시작하는 근본주체는 상제(아버지 : 乾)이시다. 하늘의 섭리(천도문명 : 참사람 창조농사 : 지상천국건설)를 그 자식(천자 : 천윤)에게 알게 하여 천업을 계승해 가는 것이니, 그 조상(하느님, 상제)은 허물이 없다. 천도를 힘써 연마하고 지조를 지키면 끝내 길하리라.

※ 幹父 – 인류의 시조, 근원, 근본, 주체, 뼈대, 주관하다. 父 – 처음, 하늘, 임금, 아버지, 백성을 낳고 기르는 일(섭리). 蠱 – 일(섭리), 독벌레, 해치다, 미혹하다. 考 – 조상, 상고하다, 곰곰이 생각하다. 有 – 있다, 알게 하다.

[九二] 幹母之蠱 不可貞

    참사람 창조농사 섭리를 주관하는 하늘을 본받아 백성을 기르는 일

(독벌레를 박멸하고 참사람을 낳는 일)은 땅이고 어머니이고 아내인 천자(천자는 백성에게는 하늘이고 남편이나, 하느님에게는 坤인 아내이고 땅이다)가 대리하느님의 사명(견우)을 가지고 백성을 기르나니, 곧 고 진실한 지조가 없으면 할 수 없다.

[九三] 幹父之蠱 小有悔, 无大咎

하느님이 하시는 섭리를 천자(아들)에게 맡겨 하시니 그 천자가 소인(어리석다)일 때에는 후회함도 있을 것이나 하늘의 허물이 아니다.

[六四] 裕父之蠱 往見吝

아버지 하느님이 하시는 일이니 사람의 잘못에 대하여 관대하시므로 천자가 일을 하다 잘못하여 탐욕에 빠지는 자가 나타날지라도 천자 된 자가 부끄러움을 반성하면 용서해 주실 것이다.

[六五] 幹父之蠱 用譽

아버지가 아들에게 시키는 일이니 명예롭게 백성을 다스려야 할 것이다.

[上九] 不事王侯 高尙其事

천자나 제후는 천도문명실현의 이상과 목표를 이루는 일이 아니면, 사사로운 일은 경영하지 않나니, 그가 경영하는 일은 사람(백성)을 최상의 가치로 높여 초월케 하는 일을 맡아 다스리는 것이기 때문이다.

彖辭

蠱 剛上而柔下 巽而止蠱, 蠱元亨 而天下治也, 利涉大川 往有事也, 先

甲三日 後甲三日 終則有始 天行也

　말세는 악한 기운이 성(盛)하는 때이니 이를 고라 한다. 상제의 강한 섭리의지의 변화로 선선천시운이 艮方(殷王)에서 끝나가고 있고 선천운은 유약한 신하에게 와 있으나 선선천말기 은천자 시운이 아직 머무르고 있어 선후천 교체가 아직 이루어지지 않고 있는 때가 고이다.

　고의 때는 늦봄과 초여름이 교체하는(변역, 변화, 바뀌다) 시기이므로 봄철의 주인은 물러가고 여름(亨)의 주인(선천의 주인, 남방여왕 : 문왕)이 천하를 다스려야 할 때이다.

　선선천말세의 불공평, 불평등, 부정, 부패, 이기심, 상호불신, 비윤리, 부도덕으로 막힌 세상의 인심과 질서를 후천(선천) 대인이 나타나 평탄하게 뚫고, 사해의 인심과 예도와 의리를 소통하게 하여, 사람의 가치를 가장 높이 숭상하는 세상을 이상으로 하는 천도문명을 경영해가야 할 때이다.

　선선천 삼천년이 끝나고 선천삼천년의 시운이 시작되는 변화(五土의 변화)의 때가 고이니, 이는(사계의 변화 : 바뀜, 변역) 하늘이 운행(섭리)하는 천도의 법칙이다.

※ 문왕의 때는 은나라 말기인 동시에 선선천말세요, 선천운이 시작되는 차축시대이므로 문왕이 천운의 변화를 점친 역서는 당연히 〈선선천역〉인 복희역이나 연산역 또는 귀장역이었을 것이다. 〈복희팔괘도〉에는, 봄(艮方 : 작년이 끝나고 새해가 시작되는 분기점)이, 震方으로 되어 있고, 그 짝(부부 : 남편)이 맞은편 巽方(帝王의 아내, 신하)이어서 소녀인 兌方이 아직 나타나지 않은 震八木帝(적장자 : 천윤 : 후천에 나타남)를 대신하여 천자노릇을 할 수 있는 것이다.

그러나 원래 三木艮과 八木震은 동북방(봄 : 끝과 시작)과 정동방(한국)이므로, 문왕은 자기가 지은 〈문왕괘도〉(선천괘도)에서 자기(兌方)의 남편으로 震을 정동방에 놓고 자기는 정서방에 위치하여 부부를 이루게 해 놓았다. 그렇기 때문에 선천시대에는 불완전한 〈문왕역〉을 보고 점칠 수밖에 없었으나 《후천대역》이 나타나는 후천시대에는 후천대역으로 천지변화(天文)의 법칙을 점쳐야 하는 것이다.

象辭

山下有風 蠱, 君子 以振民育德, 幹父之蠱 意承考也, 幹母之蠱 得中道也, 幹父之蠱 終无咎也, 裕父之蠱 往未得也, 幹父用譽 承以德也, 不事王侯 志可則也

은나라 신하중 한 사람(문왕)에게서 덕풍이 불고 있는 때가 고이다. 군자가 그의 백성을 천덕으로 길러 그 명성이 천하에 떨치고 있다. 하늘의 임금(上帝)이시고 인류의 아버지이신 상제가 천도문명실현을 위한 섭리의 주재자로서 섭리사를 경영하는 과정의 한 교체기가 고이다.

하느님의 아들인 천자(아내)는 아버지의 뜻(섭리)을 계승하여 백성을 육체적 인간의 죽음의 병(동물성 본성, 독벌레, 자아껍질)에서 천도를 깨닫게 하여 구원해야 한다. (건진다)

하늘(아버지 : 남편)의 뜻을 받들어(계승) 만민을 천도로 길러 육체적 자아의 알껍질을 깨고 참사람으로 낳아주는 어머니(아내 : 땅)의 사명을 하는 천자가 나타나는 때가 고이니, 그 천자가 하늘의 섭리를 실행할 수 있는 것은, 中道(중용심 : 중정의 정신)를 얻었기 때문이다.

하느님이 육체의 동물적 한계(죽음)에 매인 인간의 알껍질을 천도로 삶아 참사람으로 환골탈태케 하는 구원섭리의 교체기가 고이니, 끝까지 허물이 없다.

하느님께서는 관대한 마음으로 인간의 풍요로운 삶을 위하여 천도문명섭리를 하는 것이 고이니, 섭리의 뜻을 좇아가지 않으면 영원한 생명을 얻을 수 없다.

하느님으로부터 섭리의 천업을 계승하여 만민을 기르고 구원하는 천자(하느님의 아들, 상속자)는 세상을 바로잡아 명예롭게 다스려야, 아버지의 천덕을 계승한 아들로서 후세까지 기림을 받고 아버지로부터 칭찬을 받을 것이다.

그러한 임금은 천도문명을 경영하는 일이 목표에 맞지 않으면 실행하지 않나니, 그것이 올바른 하늘의 뜻을 본받고 모범으로 삼는 길이다.

※ 우리는 여기서 천자의 정치적 사명과, 상제께서 인류역사를 자연의 법칙(천도)에 따라 섭리하고 있다는 '섭리사적 역사의미'와 문명과의 함수관계를 분명히 파악할 수 있으며 인간은 육체적 삶의 일회적 생명체가 아니라는 사실을 깨닫게 된다. 이처럼 위정자들의 정치목적은 법치든 폭력이든 권력(힘)으로 양떼를 몰아가듯 '거느린다'(다스린다)는 전제적 '통치'가 아니라, 부모가 자기와 동일한 가치와 인격을 가진 자식을 사랑과 자애로 기르듯, 백성의 참인간 실현을 위하여 참마음과 정성과 천덕으로 심혈을 기울여 양육함으로써 '사람'을 세계내에서 최상의 가치(목적적 존재)로 숭상하는 사회를 실현해 나가는 것임을 알 수 있다.

또한 인간의 교육목적은 단순한 사회구조(전체)의 연모나 부속품이거나 돈을 버는 수단적 존재가 되도록 교육시키는 것이 아니라 전인을 목표로 삼아 신적 존재로 초월케 하기 위하여 계기를 제공해 주는 것임을 알 수 있다. 이는 서구식 '상식적 인간'이나 '사회적 동물' 또는 '사회구조(시스템)'를 지탱하는 하나의 부속품'이라고 하는 합리적 이성의 산물로서의 천박한 휴머니즘적 인간이 아니다.

※ 幹 - 맡아 처리하다, 주된 일, 맡은 일(사명), 주체, 근본, 화살(목적), 주관하다(섭리). 父 - 하늘, 아버지, 처음, 시초, 백성을 낳아 기르다. 母 - 어머니, 땅, 아내, 坤, 근원, 본받다. 承 - 받들다, 계승하다, 후계자, 후사, 구원하다, 건지다.

19. 地澤臨 (䷒)

臨, 元亨利貞, 至于八月 有凶

임은 성신이 대인(선천시대 섭리의 중심인물로 선택된 자)에게 임하는 때이다. 상제의 성신이, 태음의 달인 팔월(震八木이 나타나는 후천 달, 帝出乎震의 때)에 이르러 대인에게 새(봉황)가 땅(대인, 천자)에 내려앉듯 임하실 것이니, 대인은 중정을 깨닫고 천도를 성취할 것이나 세상에는 흉한 일이 있을 것이다.

※ 성신이 임하는 때는 봄철 새시대 섭리가 시작되는 때이다. 元, 亨, 利, 貞 = 四季.

[初九] 咸臨貞吉
임의 때(후천)에는 성신이 많은 사람에게 임하실 것이요 같은 표적을 나타낼 것인즉 이는 육체화 되어 죽은 자들(정신적 사망)의 생명을 살리시려는 것이니 진실한 마음으로 정성을 다하여 하느님께 절개를 지키는 자들이 길하리라.

[九二] 咸臨吉 无不利
임의 때에 성신이 많은 사람들에게 임하여 같은 표적을 나타내는 것은 길한 일이다. 어찌 이롭지 않음이 있겠는가?(無는 의문과 반어법으로 쓰임)

[六三] 甘臨 无攸利 旣憂之 无咎
성신이 임하여 깨달음을 내리시니 그 맛이 꿀처럼 달지만, 자기를 닦지 않은 사람들에게는 위태로움이 있을 뿐 이로움이 없을 것이다. 그런 사람들은 처음부터 그의 영원한 생명이 끝났으므로 천도를 두려워하고 생명의 길이 막히지만 미워하거나 책망하는 일은 없을 것이다.

[六四] 至臨 无咎

임의 때는 성신이 이르러 임하시는 때이니 자기를 닦아 준비한 사람들은 깨달음을 얻고 중도를 성취할 것이므로 근심할 일이 없다.

※ 咎 – 허물, 죄, 재앙, 근심, 벌하다, 미움.

[六五] 知臨 大君之宜 吉

성령이 임하심은 하늘의 지혜를 깨닫게 하여 육체의 껍질을 벗고 참 사람으로 환골탈태케 하여 죽음의 병을 낫게 하려 함이니, 대인과 군자의 정신이 천도와 천덕에 합당해야 만민을 화목하게 하고 통하게 할 수 있을 것이니 길하고 상서로울 것이다.

[上六] 敦臨吉 无咎

성령이 대인에게 임하여 천도의 지혜를 열어 깨닫게(영대를 열어주다) 하는 것은, 무지의 어둠 속에 빠져 있는 백성에게 천도를 권하고 가르쳐 육체의 미망을 벗고 천도를 성취할 수 있도록 감독하여 다스리는 일에 진심과 정성을 다하도록 하기 위함이니 길하여 허물이 없을 것이다.

彖辭

臨, 剛浸而長 說而順 剛中而應 大亨以正 天之道也 至于八月有凶 消不久也

상제 하느님의 성신이 임하는 것은 굳세고 강한 하느님의 섭리의지(정신)로 사람의 정신(주체정신 : 中心, 지조)을 기르고 깨닫게 하기 위해 성신의 지혜(은혜, 생명수, 물)의 물에 무지와 동물성의 천박함을 씻어 빨아내고자 함이다. 그러므로 성신이 가르친 말씀을 공경스럽게 받아 너의 중심(주체정신, 지조, 정조)으로 화하게 해야 할 것이므로 대인은 치우침이 없는 바른 정신으로 만민을 형통하게 할 수 있을 것이니 이것이 하늘의 천도이다.

성신이 태음이 되는 달(월경 때 : 임신이 되지 못해 쏟아 버림 : 선천의 끝날)에 이르러 강림할 것이니 준비하지 않고(자기를 닦아 준비) 있는 사람들에게는 흉함이 있을 것이(흉함은 사망에 이르름)라고 하는 것은, 성령의 은혜가 없는 자들은 그 생명이 육체와 더불어 소멸하게 될 것이기 때문이다.

※ 八月의 八은, 東八木震이니, 하느님의 적장자(후사, 상속자)가 天帝로 나타나는 때의 상징이다.＝帝出乎震의 때.

象辭

澤上有地 臨, 君子 以教思无窮 容保民无疆, 咸臨貞吉 志行正也, 咸臨吉 无不利 未順命也, 甘臨 位不當也, 旣憂之 咎不長也, 至臨无咎 位當也, 大君之宜 行中之謂也, 敦臨之吉 志在內也.

상제께서 진흙(진펄, 늪) 속에 있는 사람(大人) 하나를 가려뽑아(선택) 지상의 천제(후천시대의 震八木帝, 맏아들)로 세울 사람이 있으리니 그때가 임의 때이다. 군자는 그때에 만민의 스승(천제)이 되어, 다함이 없는(끝없는 불변의 도) 생명의 도를 자기 인격으로 성취하고 그로

새 시대의 周易, 후천시대에 대한 하느님의 대 예언서

써 백성을 가르쳐 깨닫게 하기 위해, 천도를 받아들이게 권하여 참사람으로 승화(날아오르다, 초월)하게 하여, 생명의 경계(끝)가 없는 존재가 되도록 한다. 그때에 성신이 많은 사람에게 임하여 표적을 나타내실 것인즉, 진실한 마음으로 정성을 다하여 하느님께 지조를 지키는 자들에게 길하다 함은, 천도를 이루고 참사람을 성취하겠다는 뜻을 바르게 닦아 나아가야 할 것이다.

성령이 임하는 때가 길하다는 것은 만민이 천명(천도를 성취하고 참사람이 되라는)에 순종치 않고 있기 때문이다. 성령이 가르치시는 지혜의 말씀이 꿀같이 달다 함은 육체적 인간의 품격으로는 대인의 사명을 맡아 이루기에 마땅한 품격이 못되기 때문이다. 하느님과 천도를 믿고 행하기를 두려워하는 사람은 이미 그 자격이 없는 사람이니 그런 허물을 가지고 어찌 백성을 천도로 기를 수 있겠는가.

성신이 임해야 허물이 없다 함은 대인의 품격(인격)이 마땅하기 때문이다. 성신이 임해야 군자가 마땅한 대인이 되어 중정의 도를 행하여 나갈 수 있다고 하는 것이다. 그때에 정성을 다하여 백성을 기르는 정치를 감독(제후와 신하들을)하고 다스리니 길하다고 하는 것은, 천도문명을 실현하겠다고 하는 뜻이 대인의 정신 속에 가득차 있기 때문이다.

20. 風地觀(䷓)

觀, 盥而不薦 有孚顒若

관(觀)은 영대(영안)가 열려 성신이 학같이(봉황, 비둘기) 자기 위에 내려앉는 모습이 보이고 하늘이 나타내 보이는 현상을 거울삼을 수 있는 대인의 지혜이다.

성신이 강림하여 지혜의 물에 몸을 씻고(세례) 천도를 깨달아 알을 깨고 나와 참사람의 씨앗으로 환골탈태했어도 계속하여 산 제물(정성스러운 삶)을 드리지 않으면 삶 속에서 계속 겉겨가 달라붙어(때가 끼다), 하느님을 공경하는 믿음이 드리워지게(가라앉다, 처지다 : 若) 되는 것이다.

[初六] 童觀 小人无咎, 君子吝

성령이 임하심(강신)을 볼 수 없는 눈은 눈동자(영안)에 콩꺼풀이 씌워 가려진 눈이니, 어리석은 백성들은 허물이 없을 것이나 군자가 그런 눈을 가졌으면 부끄러운 일이다.

※ 童 – 아이, 어리석다, 눈동자, 벗겨지다.

[六二] 闚觀 利女貞

하늘이 나타내시는 징조(조짐)를 겨우 엿보는 정도의 눈이니, 너(兌 : 문왕)는 진실한 마음으로 자기를 닦아 연마하고 정조를 지켜야 이롭다.

[六三] 觀我生 進退

천도의 이치를 살펴보니 나 자신(참나)을 살리기 위해서는 거짓나(자아)를 버려야 참생명의 길로 나아갈 수 있다.

※ 退 – 버리다, 내쫓다, 옮기다. 進 – 본받다, 진력하다, 선으로 나아가다.

[六四] 觀國之光 利用賓于王

하느님의 영광스러운 나라를 세우는 일을 살펴보니, 그 일을 이롭게 하려면 성신을 내 마음 속에 손님으로 묶게(빙의) 함으로써 그의 능력으로 인도함을 받아 따르는 것이 좋을 것이다.

※ 王 - 神, 성신. 國 - 나라를 세우다. 用 - 능력, 다스리다.

[九五] 觀我生 君子無咎
나 자신을 살리는 일을 살펴보니 군자의 도를 행하여 나아가는 자들에게는 허물이 없는 것이 아닌가?

[上九] 觀其生 君子無咎
천성을 이루는 일을 살펴보니 군자의 도를 행하면 허물이 있겠는가?

※ 生 - 천성을 이루고 새롭게 되다, 살다, 살리다.

彖辭

大觀在上 順而巽, 中正 以觀天下, 觀盥而不薦有孚若顒 下觀而化也, 觀天神道 而四時不忒, 聖人以神道說教 而天下服矣

대인이 살펴보고자 하는 것은, 상제의 뜻이 어떠한가에 있다. 그러므로 성인의 덕과 그 가르침을 본받아 도리를 좇아 중정에 이르고자 천하의 움직임과 그 변화를 살피는 것이다.
성신이(봉황, 비둘기 같이 임하다) 임하여 천도를 깨달은 후라 해도 계속하여 하느님을 믿고 공경하여 섬기지 않으면 참자기가 알을 깨고 태어나 있다 할지라도 점차 그 마음에 때가 끼게 되어 드리워지는 법이니, 백성과 신하들(은나라의)의 인심이 변화되어 가는 모습을 살펴보고 내 마음을 날로 새롭게 해야 한다.

섭리의 주재자이신 상제의 뜻을 살펴보니 천신의 도(천도 : 자연의 법칙)는 사계가 쉬지 않고 변하여 새로워지는(바뀌는 : 변역, 변화) 이치가 불변함과 같아 과거의 성인들도 천도의 이치를 베풀어(설교, 설유) 백성들에게 가르쳤으므로 천하의 백성들이 순복하였다.

※ 과거의 성인들은, 성왕(임금이자 천도의 스승들)들임.

象辭

風行地上 觀, 先王 以省方觀民設教, 初六童觀 小人道也, 闚觀女貞 亦可醜也, 觀我生建退 未失道也, 觀國之光 尙賓也, 觀我生. 觀民也, 觀其生 志未平也

상제의 은덕을 대인에게 베풀고 있는 것이 관괘이다. 옛 임금(탕왕)은 이러한 때에 사해 백성의 인심을 살피고 학교를 세워 가르침을 베풀었다. 초육효의 어리석은 살핌(피상적 관찰과 판단)은 소인(육체적 인간들)들의 사고방식(道)이다.

네가 아무리 진실한 마음과 지조를 가졌다 해도 사물을 언뜻 보고(피상을 보고) 판단하는 그런 지혜는 역시 추한 것이다. 나 자신(참나 : 眞我)을 살리기 위해 천도의 지혜를 살펴 자기(자아) 판단을 물리치고 천도의 길을 믿고 나아가는 것은 천도를 숭상하는 길을 잃지 않았기 때문이다. 하느님의 영광스러운 나라를 건설하기 위해 여러 가지 상황을 살펴보니, 성신을 내 마음 속에 손님으로 모셔놓고 그의 인도함을 따르는 것이 좋을 것이다. 나 자신을 살리기 위한 살핌이 있어야 하는 것은 천도문명 실현의 목적에 대한 뜻이 아직 정리되거나 갖추어지지 않았기 때문이다.

21. 火 雷噬嗑(☲☳)

噬嗑 亨, 利用獄

타락하여 포악한 천자와 그를 좇는 간신배들이 충신들을 물어뜯고 씹는 말들이 시끄러운 것은 형통하게 될 조짐이다. 충신을 벌하고 충간하는 사람들을 무자비하게 처단하고 악형을 가할수록 이로운 세상이 가까이 다가오고 있음을 나타내는 징조이다.

※ 獄 – 옥, 송사, 판결, 법, 벌하다, 처단하다, 형벌.

[初九] 履校滅趾 无咎
충신들이 신발을 신고 도망칠까(떠날까 말까) 말까를 자주 생각하는 것은, 마침내 나라가 망할 것이라는 것을 알아차렸기 때문이니 대인에게 허물이 없다.

[六二] 噬膚滅鼻 无咎
저민 고기처럼 씹어 먹히는 한이 있을지라도 처음부터 나라를 쳐서 빼앗았더라면 허물이 없었을 것이다.

※ 膚 – 저민고기, 피부. 鼻 – 처음, 시초, 코.

[六三] 噬腊肉 遇毒 小吝无咎
살진 고기를 뜯어먹듯 신하와 백성을 혹독하게 괴롭히는 임금을 만났으니, 충신은 죽이고, 소인배들은 아껴 책망하지 않는다.

[九四] 噬乾胏 得金矢 利艱貞吉

은천자는 하느님 공경하기를, 마른 밥 찌꺼기 씹듯 건성으로 하는데도 천자의 황금도장과 금화살(천자의 권위를 상징하는)을 차지한 것은 아버지의 상을 당했을 때 이로움을 얻은 것이니, 운이 좋았던 것뿐이다.

※ 乾 - 하느님, 하늘. 貞 - 곧다, 정하다, 당하다. 吉 - 길하다, 상서롭다, 행복하다, 운이 좋은 것이다. 금화살 - 천도문명의 목표를 뚫는다의 상징물을 어버이가 죽을 때 물려받음.

[六五] 噬乾肉 得黃金 貞厲無咎

하느님 섬기기를 마른고기 씹듯 하면서도 천자의 황옥관과 금인을 차지하였으니, 진실한 마음을 닦아 연마하지 않아도 허물이 없단 말인가?

※ 得 - 얻다, 차지하다. 無 - 반어법으로 쓰이는 의문사, 없지 않은가?

[上九] 何校滅耳凶

설령 신하가 그 임금의 나라를 쳐서 빼앗았다고 한들 그 임금의 행실을 본받았을 뿐이라고 한다면 어찌 빼앗았다는 원망의(비난의 말)말을 들을 수 있을 것인가? 그러나 그것은 흉한 일이다.

※ 校 - 본받다, 가르치다. 滅 - 멸하다, 망하다, 나라를 쳐서 빼앗다. 耳 - 귀, 듣다.

彖辭

頤中有物 曰 噬嗑, 噬嗑而亨, 剛柔分動而明 雷電合而章 柔得中而

上行 雖不當位 利用獄也

　이사하려는 곳이 마치 천지사이에 끼어 있는 사람 같은 것(입같음)을 일러 서합이라 한다. 서합은 형통한 것(서로 통하는 것)이다. 천지가 갈라져 하늘은 굳세고 강한 정신(剛)이 되고, 땅(地, 坤 : 物 : 사람)은 여리고 약하여 하늘의 뜻(剛 : 정신)에 순종하지만, 성인은 하늘과 땅 사이의 변화하는 천도의 이치를 밝힌다(입의 말로 그러하다는 뜻).

　이는 마치, 하늘의 우레와 땅의 건기가 만나(합하여) 번개불이 되어 세상을 밝히듯, 사람은 하늘땅 사이의 천도의 이치를 밝혀 사람이 사는 모범된 법(예도)을 글로써 정하고 질서를 세운다. 유순한 인간은 상제께서 세상을 경영하시는 도리를 살펴 중도(中道)를 깨달아 마음의 바르지 못함을 제어한다.

　비록 인품(인격)이 백성을 주관하기에 마땅(바르다)하지는 못하나, 백성들의 삶(사회관계, 질서)을 이롭게 하기 위하여 법(모범 : 예도)을 세우고 죄를 판결하며 다스려 나아간다.

※ 우나라 순임금 때와 하나라 우임금 양대에 걸쳐 후직(농림부장관)이라는 벼슬을 한 기(棄)가 주나라의 시조이다. 그 후손 중 공류라는 사람이 서남쪽 변방(사천지방) 빈이라는 곳에 도읍(제후의 봉지)했는데, 그 후 8대에 이르러 고공단보가 기산남쪽 기라는 곳으로 도읍을 옮겼으므로 기주(岐周)라 했다. 그 후 문왕에 이르러 기주에서 다시 풍(豊)으로 도읍을 옮기고 나서야 비로소 제후가 사는 집이라고 할 만한 궁실을 마련하였는데 궁궐이 산을 파서 만든 굴과 같은 집으로, 그 입구에서 보면 마치 사람 입의 윗턱과 아래턱 사이에 음식물이 드나들듯, 사람들이 입 사이를 드나드는 것과 같아 이를, 문왕이 보고, 하늘과 땅 사이에 물건이 끼어 있는 것과 같다는 뜻을 착안하여 '頤 : 턱이' 자를 써서 괘명으로 쓴 것이다.

※ 剛 – 하느님의 굳센 섭리적 의지, 정신을 대표적으로 나타낸다. 柔 – 유약한 인간의 정신의 뜻.

象辭

雷電 噬嗑, 先王 以明罰**勅**法, **履**校滅趾 不行也 噬膚滅鼻 乘剛也, 遇毒 位不當也, 利艱貞吉 未光也, 貞**厲** 无咎 得當也, 何校滅耳 聰不明也

천둥과 번개가 서합이다. 선왕(탕왕)은 이런 때에 법령을 세우고(밝히고) 칙령을 밝혀 형벌을 바르게(공정) 하였다. 신하들이 하루에도 몇 번씩 신발을 신고 달아날까 말까 망설인다는 것은 나라가 마침내 멸망할 때가 되었음을 알고 있기 때문이다.

처음부터 나라를 쳐서 빼앗고 멸망시켰더라면 살을 씹는 듯한 괴로움은 없었을 것이라고 후회하는 것은 내가(문왕) 하늘의 천운(천운)을 타고 있기 때문이다. 이 세대가 백성과 신하에게 해독을 끼치는 임금을 만난 것은 그가 천자의 품격(자질)을 갖추지 못했기 때문이다. 은왕이 천자의 자리에 오를 수 있었던 것은 그 아비가 죽기 전에 후사를 정해놓지 않았으므로 그가 이로움을 얻은 것이니 운이 좋아 천자가 된 것은 명예롭지 못한 일이다.

진실한 마음을 닦아 연마하지 않아도 허물이 없단 말인가 라고 하는 것은, 그가 진실로 후사가 되어야 할 사람과 인품을 겨루어서 얻은 것(빼앗은 것)이 아니기 때문이다. 설령 신하가 그 임금의 나라를 쳐서 빼앗았다고 한들 그 임금의 행위를 본받아서 그리 했다고 한다면, 어찌 나라를 빼앗았다는 비난의 말을 할 수 있으며 비난하는 사람들의 판단력이 밝지 못하기 때문이다(반어).

※ 艱 – 어려워하다, 괴로워하다, 험악하다, 어버이의 상을 당하다. 滅 – 멸하다, 멸망하다, 나라를 쳐서 빼앗다. 鼻 – 처음, 시초, 코. 耳 – 귀, 듣다. 貞 – 당하다, 곧다, 진실한 마음, 정조. 當 – 정당하다, 바르다, 대적하다, 필적하다, 당면하다.

※ 은천자 紂의 부친은, 태정제의 아들인 을(乙)이다. 을은 큰아들(후사가 되었어야 할 사람) 미자계가 있었으나 그의 어미가 정후(正后)가 아니었기 때문에 정후의 아들인 신(辛)이 을제가 죽자 즉위하였으니, 그가 바로 은의 마지막 임금이고 폭군인 주(紂)임금이다. 큰아들 미자계는 인자한 사람이었기 때문에 그가 왕위를 잇기를 바랬으나 주가 왕위에 오른 것을 보면, 두 아들은 서로 제위를 놓고 대적관계에 있었음을 쉽게 짐작할 수 있다.

역사는 승자의 기록이기 때문에 '주가 정비의 아들이라 태자로 삼았다'고 하나 장자계승 원칙과 어진 큰아들과 어질지 못한 작은 아들을 놓고 그 아비가 후계자 책봉을 망설였을 것은 당연한 일이다. 그러므로 신하들이나 백성들이 보기에는 주가 왕위를 빼앗았다고 본 것임을 알 수 있다.(사마천 《사기》〈은본기〉 참조.)

22. 山火賁(䷕)

賁亨, 小利有攸往

천도의 이치와 도리에 알맞는 아름다운 문화를 꾸미는 것(만들다, 창조하다)은 형통한 일이다. 백성들에게 교양있고 세련된 격식과 예절바른 풍습을 만들어 후손들에게 물려주어 조상들의 유범을 배우고 닦아 나아가게 함으로써 그 문화가 널리 통하게 하여 거대한 문화가 되면 이로울 것이다.

※ 賁 – 꾸미다, 장식하다, 아름답다, 거대하다.

[初九] 賁其趾 舍車而徒

천도문명에 맞는 문화(법, 윤리, 도덕, 예의, 풍속)의 모범을 정하여 백성에게 가르치고 선생들은 제자들과 문인들에게 가르쳐 후대에 전함으로써 그 문화가 대대로 수레바퀴처럼 돌게 하여 없어지지 않고 창성하도록 해야 한다.

※ 趾 – 발자국, 종적, 모범, 법도, 도덕, 예의. 舍 – 살다, 묶다, 베풀다.

[六二] 賁其須

우리가 만들어 후대에 전할 천도문화가 반드시 멈추거나 끊이지 않도록 해야 한다.

[九三] 賁如 濡如, 永貞吉

문화화 되는 것 같기도 하고 멈추어 막힌 것 같기도 하다. 천도를 문화화해 가겠다는 정신이 진실하고 오래도록 변치 말아야 길하다.

[六四] 賁如 皤如, 白馬翰如, 匪寇婚媾

문화화 되어 가는 것 같기도 하고 옆걸음질 치는 것 같기도 하다. 견우(천자)의 야생마(융족 : 재후와 백성)가 희고 밝아지는 것 같기도 하고, 품격이 높아지는 것 같기도 하다. 그들(융족, 백성)은 이제 변방의 도적떼가 아니라, 나와 화친하여 백성이 되려는 것이다.

※ 匪 – 떼도둑, 아니다. 寇 – 도둑, 원수, 적

[六五] 賁于丘園, 束帛戔戔, 吝終吉

문화화 시키려고 하는 자들은 전에 사막이나 산 속 공허한 폐허에서 떼도둑질을 일삼고 살던 융족과 흉노족들이기 때문에 지나가는 대상(隊商 : 무역, 장사)을 해치고 그 재물을 털거나 농작 마을을 습격하여 약탈을 일삼던 자들이므로, 그들과 언약을 맺고 비단결같이 부드럽고 아름다운 문화인으로 길들여 정제하기 위한 것이다. 그들을 잡도리하지 말고 아껴 기른다면 끝내는 길할 것이다.

[上九] 白賁无咎
희고 깨끗하게 밝아지도록 문화로 훈치시키면 허물이 없을 것이다.

※ 白 - 희다, 깨끗하다. 훈련시키지 않은 사람

彖辭

賁亨, 柔來而文剛 故亨, 分剛上而文柔 故 小利有攸往, 天文也, 女明 以止 人文也, 人文也, 觀乎天文 以察時變, 觀乎人文 以化成天下

야만을 교육시켜 문명화시키는 것은 형통(잘 통하게 하다)하게 하는 일이다. 정신(문명의식 : 가치지향적 의지, 신념, 지조, 주체정신)이 빈약(유약)한 백성들의 미래를 위하여 굳세고 강한 문명적 정신을 교육시켜 형통하게 해야 한다.

상제께서 정신이 유약(빈약 : 신념이 없는 무지)한 인간에게 천도문명 실현을 위하여 각 사람마다 그의 몫(사명 : 운명)으로 운명을 베풀어 주셨다. 그러므로 소인(육체적 인자들)들도 자기를 닦고 연마해 나가는 것이 이로운 줄을 아나니, 이것이 천도문명이다.

천도문명을 이루기 위해 살아가는 삶의 방식(예의, 법도)이 곧 그 백성과 나라의 문화이다. 나라와 백성의 문화는 천도문명이 시대마다 변화하는 섭리의 징후를 살펴 함께 변화해 나가야 하는 것이다. 하늘나라 문화를 본으로 삼아 천하 만민을 교화시켜 천도에 따르는 어진 정치를 베풀게 함으로써 천도문명을 이루어 나가야 하는 것이다.

※ 柔 - 유약한 정신, 육체적 인간(대중)들의 세속적 일반정신(육체의 행복을
생의 목적으로 하는 삶의 태도)을 의미한다. 剛 - 상제 하느님의 군세고 강
한 정신이란, 세계정신 또는 역사의지, 우주정신(자연의 의지)이라고 말하
는 '자연의 섭리의지'인 것이다. 그러므로 천도는 '자연의 도'라는 뜻이다.
이와는 반대로 창조론적 세계관에서의 신(창조신 : 여호와, 알라, 제우스
등)은 자기 자신의 영광스러운 목적을 전제로 세계가 설계(계획된)된 인위
적 섭리를 통해서 인간(피조물 : 신의 소유물)을 자기 목적의 수단으로 강
제하는 폭군적 존재이다. 그러므로 자신의 뜻대로 살지 않는 사람들을 저주
하거나 심판하여 지옥 보내겠다고 협박을 일삼는다. 그러면서도 구원을 미
끼로 그 삯(대가)를 요구한다(십일조, 감사헌금, 월정헌금, 특별헌금 등 그
수가 헤아릴 수 없이 다양하다).
그러나 인간과 만물은 자연 자신의 산물이며 그 자체(개체들)가 '자연'이기
때문에 자연 밖의 어떤 자가 자의적으로 창조한 천박한 피조물이거나 누구
의 소유물이나 노예가 아니다. 그렇기 때문에 '자연신'(상제)은 베풀기만
할 뿐 삯을 요구하지 아니한다.

象辭

山下有火 賁, 君子 以明庶政 无敢折嶽 舍車而徒 義不乘也, 賁其須 與
上興也, 永貞之吉 終莫之陵也 六四當位疑也, 匪寇婚媾 終无尤也, 六五
之吉 有喜也, 白賁无咎 上得志也

은나라 백성들이 천자의 폭정에 분노를 발하고 있는 것이 비괘다. 군
자는 이러한 때에 정사를 바로잡고 법을 밝게 행하여 백성을 억누르거
나 부정행위를 결연히 차단한다. 임금인 스승은 신하와 백성들을 천도

문명의 수레(정신, 지조, 목적의지)에 싣고 가기를 그치지 아니하는 것은 백성들이 아직 사람으로서 마땅히 행해야 할 도리와 본분을 알고 자기를 다스릴 수 있는 단계에 이르지 못했기 때문이다.

우리가 후대에 전할 천도문화가 멈추지 않도록 해야 한다는 것은 상제의 뜻에 따라 천도문명이 끊임없이 행해져야 하기 때문이다. 천도문명을 이루어 나가겠다고 하는 뜻(목적)이 오래도록 변치 않아야 길할 것이라고 하는 것은 끝까지 그 명예를 지켜야 높이 오를 수 있기 때문이다.

육사괘에 말하는 바는 그 인품으로 견우의 사명을 책임질 지위에 오르는 것이 마땅한지를 의심하기 때문이다. 도적떼가 아니라 화친을 구하는 무리이니 끝까지 의심하거나 허물하지 말라. 육오괘가 길하다고 하는 것은 기쁨이 있을 것이기 때문이다. 야생마 같은 융족들을 받아들여 천도문화로 순치하여 희고 깨끗한 성품을 길러 교양있고 세련된 백성을 만들면 허물이 없다고 하는 것은 천도문명의 기틀을 차지하고 이루어 나가는 선민의 자격을 얻을 수 있기 때문이다.

※ 婚媾 – 화친하여 한 무리가 되기를 원하다. 火 – 불, 빛을 내다, 화를 내다, 노여움

23. 山地剝(☶☷)

剝, 不利有攸往

삶의 과정에서 무지와 탐욕, 이기심 같은 지저깨비들(마음의 때 : 상식, 고정관념)이 달라붙은 자아의 껍질을 천도로 닦고 연마하여 벗겨야 알을

깨고 부화된 새와 같이 참사람의 씨앗으로(어린아이) 태어나게 된다는 뜻이니 그 껍질을 삶아 닦고 연마하여 나가지 않으면 이롭지 못하다.

※ 剝 – 벗기다, 껍질 벗기다, 삶을 괴롭히다, 벗겨 떨어져 나가다. 附 – 붙다, 달라붙다, 썩다, 알이 부화하다, 지저깨비. 攸 – 닦다, 연마하다, 위태하다.

[初六] 剝牀 以足, 蔑貞凶
사람의 근본(뿌리 : 의식, 性)이 되는 심성(의식)에 달라붙어 쌓여있는 지저깨비 껍질을 벗겨야 한다. 사람의 거짓 껍질(자아)을 벗기고 참사람이 되겠다는 지조(定心 : 목적의지, 정신)를 세워 상제 하느님을 내 마음 속에 모시고 천도를 깨달아 정미(미세한)한 의식관념에 이르기까지 더러운 때를 벗겨 멸절하지 않으면 육체의 죽음과 함께 영혼이 멸망할 것이다.

※ 牀 – 사물의 기초. 蔑 – 버리다, 없애다, 미세하다, 정미하다, 깎다, 모시어 받들다, 깨닫다, 멸망하다. 凶 – 흉하다, 죽다, 재앙, 足 – 발, 뿌리, 근본, 산기슭, 그치다, 가다, 밟다, 족하다, 분수를 지키다, 충족하다, 소임을 다하다, 이루다, 과도하다, 더하다, 북돋우다, 배양하다.

[六二] 剝牀以辨, 蔑貞凶
사물을 인식함에 있어, 선악, 미추, 귀천 등으로 분별(차별 : 이분법적 흑백논리)하여, 좋고 안락한 것만 취하고 힘들고 의로운 일은 싫어하는 피상적 분별지(分別知)를 깎아 벗겨야 한다.(이하 상동)

※ 辨 – 분별하다(분별적 인식, 사고, 판단), 나누다, 차별하다, 분리하다.

[六三] 剝之 无咎
의식의 때(동물적 본능, 탐심, 이기심, 피상적 가치분별 인식)를 벗겨야 근심이(씀) 없다.

[六四] 剝牀以膚凶

살껍질을 벗겨내는 아픔으로 나무껍질같이 단단하게 달라붙어 있는 자아의식 관념과 탐욕의 때를 벗겨내지 않으면 흉하다.

[六五] 貫魚 以宮人寵 无不利

나의 의식(관념)을 물고기를 잡아 한 줄로 꿰듯, 일관하고 전일한 목적가치를 지향하는 불변의 정신을 만들어 하느님을 우러러 받들고 나아가야 참마음이 열려 천도를 통하게 되는 이로움이 있을 것이다. (반어)

※ 貫 - 한줄로 꿰다, 일관, 통하다, 적중하다, 불변하다. 魚 - 나. 宮 - 마음. 寵 - 우러러 받들다.

[上九] 碩果不食 君子得輿 小人剝廬

과일이 크고 단단하여 속이 꽉 차 있으면 먹을 수 없듯, 세계와 사물의 피상적 지식이나 가치 같은 분별지로 의식이 꽉 차 있으면 천도의 지혜(진리)를 받아들일 수 없으므로, 그 마음밭을(굳은 땅 : 고정관념) 갈고 닦아 순일한 의식이 되게 비워야 상서로운 천성을 경작(하늘농사)할 수 있다.

군자는 그렇게 하여 천도를 깨닫고 자기 마음에 하느님을 모셨으므로 견우의 수레(천도섭리 사명)를 얻을 수 있으나 소인들(육체적 인간들)은 영혼의 임시 거처인 육체(자의식, 마음, 껍질)에 안주하여 껍질을 벗으려 하지 않는다.

※ 食 - 생활하다, 받아들이다, 기르다, 갈다, 경작하다. 廬 - 오두막, 주막, 임시거처, 살다.

彖辭

剝, 剝也, 柔變剛也, 不利有攸往, 小人長也, 順而止之 觀象也, 君子尚消息盈虛 天行也

박(剝)은 자기 삶을 스스로 괴롭게 하고 고난을 자청하여 연단함으로써 자기를 닦아 때를 벗어야 하는 것이다. 스스로 자기를 연단하여 때를 벗음으로써 유약한 정신을 강건한 정신으로 바꾸는 것이다. 이처럼 자기를 갈고 닦아 나아가는 수도(修道)생활을 삶 속에서 가까이(친하게) 해야 이로움이 있나니(반어법), 이것이 백성을 천도로 양육하여 존귀한 사람(참사람)으로 높여 나아가는 길이다.

천도를 가르쳐 본받게 함으로써 육체적 인간의 삶을 그치고, 참사람의 삶으로 돌아와 죽음의 병을 고치고 참생명의 길로 나아가는 것이니, 천도(자연의 도리, 이치)의 징후를 살펴 깨달아 알 수 있는 안목(눈 : 영안, 영대)을 길러야 한다.

군자는 천도를 흠모하고 숭상하여 태극의 차고 빔(음양의 회전운동 : 순환)을 살펴, 섭리시대의 천운이 자라나고 소멸하는 이치를 아나니 이것이 하늘(자연)의 운행(섭리)이다.

※ 長 – 오래가다, 높이다, 존귀하다, 기르다, 가르치다, 근본, 계승하다, 나아가다. 順 – 좋다, 순종하다, 본받다, 이어받다, 도리를 따르다, 화하다, 가르치다, 바르다. 止 – 멈추다, 그치다, 끝나다, 금하다, 없애다, 병이낫다, 살고있다, 되돌아오다, 이르다. 觀 – 보다, 살피다, 보이다, 명시하다, 드러내다, 본받다, 거울삼다, 눈, 안목, 사고력, 판단력, 고구하다. 象 – 모양, 조짐, 징조, 도, 도리, 법칙, 본뜨다, 배우다, 견주다. 息 – 쉬다, 살다, 다하다, 그치다, 자라다, 기르다, 번식하다, 멸하다.

375.

後・天・大・易

새 시대의 周易, 후천시대에 대한 하느님의 대 예언서

象辭

山附於地, 剝, 上以厚下安宅, 剝牀以足 以滅下也, 剝牀以辨 未有與也, 剝之无咎 失上下也, 剝牀以膚 切近災也, 以宮人寵 終无尤也, 君子得輿 民所載也, 小人剝廬 終不可用也

　하늘나라 선민(은백성 : 山)의 처지가 물질적 탐욕을 위한 삶(육체적 인간 : 무지)의 바탕에 매여 있는 것이 박이다. 상제께서는 백성을 소중히 여겨 천도를 행하는 두터운 삶을 살도록 하려 하나 백성은 두터운 삶을 싫어하여 걱정이 없고 편안한 엷은 삶을 원하니, 그 결국은 죽음으로 멸망할 뿐이다.

　사람의 근본(뿌리)이 하느님에게 있음을 안다면 아버지의 천성(神性)을 이루려고 천도를 밟아 참자기를 북돋우고 배양하기 위해 육체적(동물적) 욕망과 무지(피상지, 분별지)를 벗겨야 할 것이니, 천자는 상제(아버지, 하느님)를 대신하여 백성을 천도로 양육하여 멸망하지 않게 해야 한다.

　천도의 실체(하느님, 아버지, 남편)를 깨닫기 위해서는 분별지(차별, 대립, 비교인식, 흑백논리)를 벗겨 버리고, 사물의 실체와 본질을 직관(느낌 : 깨달음, 체험적 인식)하는 인식의 기초를 바꿔 줌으로써 하늘의 삶(자연의 삶)에 참여하여, 자연과 함께 하나 되는 인식전환이 있지 않으면 안 된다.

　육체적(물질적) 삶의 집착을 벗어야 허물이 없다는 것은, "천박한 육체적 탈을 벗으면, 상제와 같은 신인(神人)으로 바뀌게 되는 것이다." 피부껍질을 벗겨내는 아픔으로 육체의 동물성을 벗겨내야 한다는 것은, 천한 몸(육신)을 위하여 죽음의 재앙을 가까이할 것이 아니라, 천박한 성품을 갈고 깎아서 바로잡아야 한다는 것이다.

　사람의 인품(성품)의 집인 참자기 정신을 사랑하고 높이 받들어 존귀한 존재로 승화시켜야 한다는 천도의 가르침을 베푸는 것은 육신의 죽음에 이르러(끝) '영생의 도'를 알려주지 않았다는 원망을 없게 하기 위해서이다.

그러므로 군자는, 견우의 수레를 얻어 백성을 싣고 천도문명을 이루기 위해 목적지(곳 : 지상천국)를 향해 갈 천업의 기초를 다진다.

미천한(小) 사람들은 사람의 임시거처요, 여인숙과 같은 육체의 삶에 집착하여 천한 껍질을 벗으려 하지 않으니 그런 사람들은 끝내 남의 말을 들으려 하지 않으므로 천도를 베풀어도 통하지 않는다.

※ 附 - 매이다. 宅 - 편하게 하다, 선택하다, 살다, 무덤. 足 - 근본, 뿌리, 밟으며 가다, 북돋우다, 배양하다, 이루다, 분수를 지키다. 辨 - 분별하다, 분리하다, 논쟁하다, 변하다, 바꾸다, 차별, 쪼개다. 與 - 주다, 베풀다, 따르다, 함께, 하나 되다, 참여하다, 어우르다, 더불어. 膚 - 피부, 살껍질, 물어뜯어 벗기다. 近 - 가까이하다, 천박하다, 사랑하다. 切 - 끊다, 자르다, 깎아내다, 갈다, 바로잡다, 떨어져 없어지다. 宮 - 마음, 몸, 집. 尤 - 원망하다, 원한을 품다, 허물. 所 - 곳, 기초, 도리, 지위, 있다. 廬 - 여인숙, 임시거처, 깨닫다, 살다, 섬기다, 집. 用 - 말, 통하다, 베풀다, 다스리다, 하다.

24. 地雷復(䷗)

復亨, 出入無疾, 朋來无咎, 反復其道 七日來復 利有攸往

여섯 번째 날이 바뀌는 때(시대)가 돌아왔으니 세상은 형통하게 될 것이다. 일곱시대가 갈아드는 것은 육체적 인간의 죽음 병을 없애고 영생의 존재를 이루게 하기 위함이다. 그러므로 뜻을 같이할 무리를 불러

떼를 이루면 허물이 없다.

천도가 반복해서 돌아오되(순환), 일곱 번째 날이 돌아 왔으니, 천도로써 자기를 닦아나아갈 줄 알아야 이로움이 있을 것이다.

※ 出 - 나타나 존재를 이루다. 入 - 떨어뜨리다, 없애다. 朋 - 벗, 떼를 이루다, 무리. 來 - 부르다, 오게 하다. 反 - 반복. 攸 - 닦다, 다스리다, 위태하다. 有 - 있다. 알다.) (창조칠일의 시작은 한웅천제로부터 6천년이 되는 서기 2천년이 되는 때이다.

[初九] 不遠復 无祗悔 元吉

천시가 다시 되돌아오는 것을 싫어하지 말고 공경하는 마음으로 맞아들여야 후회가 없을 것이니, 새로운 시대가 열리는 후천시대 봄의 상서로움이다.

※ 元吉 - 한 시대도 한해와 같이 사계를 통해 오행의 변화 순환으로 전시대의 생을 마치고 새로운 시대의 봄이 돌아왔으니 크게 길하다는 뜻.

[六二] 休復 吉

앞시대의 사명자가 견우의 일을 그만두고 쉬고 있는 때에 새 시대의 천운이 돌아왔으니(천시, 천운) 길하다.

[六三] 頻復 厲無咎

제국이 망하려고 하는 절박한 때에 천시가 되돌아 왔으니 지조를 높게 세우고 힘써 닦고 연마하여 만민을 구하기 위해 떨쳐 일어나야 하늘의 책망이 없을 것이다.

[六四] 中行 獨復

천시와 천운은 돌아왔는데 '나홀로 중도를 향해 나아간다.'

[六五] 敦復 无悔

선천개벽시대가 돌아왔으니 백성들은 도타운 삶(삶의 질이 중후한 것, 높은 이상과 가치를 추구하는 삶)에 힘쓰도록 감독해야 후회함이 없을 것이다.

[上六] 迷復凶, 有災眚 用行師 終有大敗 以其國君凶, 至于十年 不克征

개벽의 천시(말세와 새 시대가 갈아드는 차축시대)에 새 세상이 나타나 열리려 하고 있음을 알아차리지 못하고 지난 시대의 사고방식과 옛 가치에 안주하려는 미혹된 사람들은 흉한 재앙이 있을 것이다. 눈에 백태가 끼어 진실을 보지 못하고 올바른 판단을 할 수 없는 재앙에 빠져 있으니 새 시대의 천자요, 스승으로 나타나는 대인의 가르침을 받고 행하지 않는 사람들은 존귀한 백성(선민)이 되지 못하고 모두 다 종말시대 운과 더불어 멸망에 이르게 될 것이며 그 나라의 천자도 그들과 함께 흉하게 될 것이다.

그러한 날이 십년내에 이르게 될 것이니, 자신의 사욕을 이겨 다스림으로써 바르게 하지 못하는 사람들은 그와 같이 되리라.

※ 迷 – 미혹되다, 옳은 판단을 못하다, 헤매다. 眚 – 눈에 백태가 끼다. 征 – 바르게 하다. 克 – 사욕을 이겨 다스리다. 師 – 천자와 스승. 終 – 종말, 멸망, 죽음.

彖辭

復亨 剛反, 動而以順行 是以出入無疾 朋來无咎 反復其道 七日來復 天行也, 利有攸往 剛長也 復其見 天地之心乎

천시와 천운이 되돌아 왔으니 형통하게 될 것이다. 그것은 하늘의 강하고 굳센 섭리의지(정신기운)가 순환 반복하여 새로운 개벽시대가 돌아왔으니 하늘의 섭리가 변하여 움직이는 도리에 따른 것이다. 새 시대가 나타나 새로운 섭리를 이루고 낡은 옛 시대가 멸망하는 것은 인간의 죽음병을 치유하여 없애려는 것이니, 그 일을 이루기 위해서는 많은 무리를 불러모아 떼를 이루어야 새로운 제국을 건설할 수 있고 천도로써 만민을 구원하는 일에 허물이 없을 것이다.

천도가(섭리) 순환하여 동시성적 시대가 반복해서 돌아오되 일곱 번째 시대가 돌아올 것이니 이는 하늘이 운행하시는 섭리이다. 이러한 개벽의 때에는 자기를 힘써 닦아 천도를 이루어 나가지 않으면 위태로움이 있을 것이니 천도를 힘써 닦아야 이로움이 있을 것이다. 하늘의 강하고 굳센 섭리정신을 자기정신으로 삼아 하늘의 섭리를 이루고자 하는 대인(천자)이 나타나 만민을 천도로 양육하는 때이다. 복의 때는 하늘과 땅(만민)의 마음이 나타나는 것이 아니고 무엇이겠는가?

※ 疾 – 육체적 죽음의 병. 見 – 나타나다. 乎 – 감탄, 의문을 나타냄

象辭

雷在地中 復, 先王 以至日閉關 商旅不行 后不省方, 不遠之復 以脩身也, 休復之吉 以下仁也, 頻復之厲 義无咎也, 中行獨復 以從道也, 敦復无悔 中以自考也, 迷復之凶 反君道也

새로운 천자가 될 대인이 백성 가운데 나타나 있는 때(신하로 있다는 뜻)가 복이다. 옛 임금은(탕임금) 이와 같은 때에 문을 닫아걸고 자기를 연마하느라 상땅(탕왕이 하나라 제후로 받은 봉지) 밖으로 길을 나서지 않으며 관할지역 제후들(탕왕도 하천자 밑의 제후장으로 있었기

때문에 관할지역 제후들을 감독했음)을 순방하여 감독하는 일도 하지 않았다.

　복의 때가 머지않아 올 것이니 마음을 닦고 준비해야 한다. 복의 때를 준비하기 위하여 제후의 일도 그만두고 쉬는 것이 길하다 함은 백성들의 인심과 형편을 살펴야 하기 때문이다. 지조(이상에 대한 목적의지 : 정신, 과녁)를 높이 세우고 힘써 자기를 닦아 연마하여 떨치고 일어나야 할 복의 때가 절박하게 다가와 있으니 정도를 따라 법과 도덕의 모범을 정해 세워야 허물이 없다.

　"복의 때를 맞이하였으나 나홀로 고독하게 중도를 실천해 나가고 있다." 복의 때를 맞이하기 위하여 '새로운 백성들을 모으고' 천도를 권고하며 진실과 정성을 다하여 도타운 삶을 살도록 예와 도덕으로 자기를 아름답게 꾸미게(문화화) 하고, 법과 질서의 모범을 세워 감독하고 다스려야 후회함이 없을 것이라 함은 중정의 도를 상고하건대, 자연이 스스로 그러함(中正)에 따르는 것이다. 복의 때는 새로운 시대가 열리는 희망의 때인 동시에 앞시대가 끝나고 멸망해 가는 말세의 혼란기이므로 세속의 탐욕과 이기심 무질서, 부패, 부정으로 육체적 삶에 미혹된 사람들이 흉할 것이라고 하는 것은, 천도가 반복해서 되돌아오는 것은 천자가 행하는 도가 곧 상제 하느님의 섭리를 이루기 위한 도이기 때문이다.

※ 雷 – 천둥(상제의 천명과 천자의 명령을 상징). 地 – 만민, 백성, 육체적 인간을 의미함. 商 – 성탕이 우임금으로부터 받은 제후의 봉지, 상땅(그래서 은나라 초기는 봉지명을 따 상나라라 하였다). 后 – 여기서는 제후장(伯爵 : 방백들은 자기 밑에 있는 작위가 낮은 제후들을 감독하였음). 省方 – 사방의 제후들을 방문하여 감독함. 考 – 여기서는 상고하다의 뜻. 君 – 상제, 하늘, 천자, 제후.

25. 天雷无妄(䷘)

无妄 元亨利貞, 其匪正有眚, 不利有攸往

　　망령(헛됨 : 거짓됨)된 삶이나 인식, 사고, 관념, 논리를 없애야 하는 때가 무망의 때이니, 헛된 삶을 버리는 일은 봄, 여름, 가을, 겨울철을 가리지 않는다. 망령된 생각(관념, 인식, 사고, 논리)이나 삶을 사는 자들은 바르지 못한 도적떼와 다를 바 없으니 그 눈에 백태가 끼어 진실을 보지(인식) 못함으로 자기(눈, 안목, 영대)를 닦아 나감으로써 이롭게 하는 천도를 알지 못한다.

※ 元亨利貞 - 사계. 眚 - 눈에 백태끼다. 有 - 있다, 알다, 이로움을 알지 못하다의 뜻

　　[初九] 无妄 往吉
　　망령됨을 없애 나가는 길(道)을 알면 길하다.

　　[六二] 不耕穫 不菑畬 利有攸往
　　'밭을 갈아 경작하지 않으면 수확을 얻지 못한다.' 새밭(새로운 마음, 정신)을 개간하려면 우거진 풀과 나무에 불을 놓아 태워 죽이지 않으면 밭을 일굴 수 없다. 그렇듯 자기의 마음밭을 갈고 닦아 나가야 된다는 것을 알면 이롭다.

※ 菑 - 우거진 풀과 나무를 살라 죽이다. 畬 - 새밭을 개간하다.

　　[六三] 无妄之災, 或繫之牛, 行人之得, 邑人之災
　　무망의 때에 망령됨을 없애지 못하면 재앙이 온다. 어쩌다가 길을 가

後 · 天 · 大 · 易

새 시대의 周易, 후천시대에 대한 하느님의 대 예언서

던 행인들이 새로운 시대 견우로 나타난 대인과 인연을 맺게 되어 천도를 얻었으나 은천자의 도읍에 사는 사람들은 천도를 버렸으므로 멸망의 재앙을 만날 것이다.

※ 邑 – 옛적에는 천자의 도읍 : 서울을 읍이라 함

[九四] 可貞无咎
참사람으로 완성되어 영생을 얻겠다는 올바른 믿음과 목적정신(신념, 지조, 중심, 주체정신)을 가져야 허물이 없을 것이다.

[九五] 无妄之疾 勿藥有喜
육체의 죽음과 함께 영원히 멸망(영혼의 소멸)하는 망령된 삶의 병을 없애는 데는 천도를 알고 사랑하는 것뿐 다른 약을 찾지 말라.

[上九] 无妄行 有眚无攸利
망령된 생각과 삶을 없애 나가는 데는 마음의 눈에 낀 백태를 닦아 없애야 이롭다는 것을 알아야 한다.

彖辭

无妄, 剛自外來 而爲主於內 動而健 剛中而應 大亨以正 天地命也, 其匪正有眚 不利有攸往, 无妄之往 何之矣, 天命不祐 行矣哉

망령된 삶(사고, 인식, 관념, 행위)을 없애려면, 강하고 굳센 천도정신(하느님의 정신)이 밖으로부터 자연스럽게 나의 의식 안으로 들어와 지금까지(이전에) 나의 주인 노릇을 하던 자아(自)를 버리고 새로운 나

(참나)가 나의 주체가 되게 해야 지난날의 망령된 나(거짓나 : 가아, 타아)가 변하여(바뀌어) 굳세고 강한 하느님의 정신과 같은 참나(주체정신)로 거듭나게(알을 깨고 부화하다) 되는 것이니, 이것이 곧 천도정신이 나의 중심(정신)과 호응하여 크게 바르고 참된 나의 주체정신이 되어, 인격분열(정신병)을 일으키던 마음의 제기능을 바로잡아 평정하고 순일한 목적(천도문명 실현을 위한 하늘의 섭리)을 향하여 하늘의 뜻(자연의 의지)과 일체가 된 형통한 존재가 되는 것이니 이것은 하늘과 땅(하느님과 인간이 하나 된)이 인간에게 명하는(부여된) 천명(숙명)이다.

내 속의 거짓되고 바르지 못한 원수요 도적이었던 나(자아, 타아)를 그렇게 만든 것은 바로 마음의 눈(영안, 심안, 영대)에 낀 백태 때문이었음을 몰랐으므로 자기를 닦아나감으로서 참자기를 이롭게 하는 것이 천도임을 알지 못했다. 육신의 망령된 삶을 없애기 위해서 살아가는 것이 인생의 숙명임을 어찌하여 몰랐더란 말인가? 그렇게 된 것은 천명(하늘의 섭리 : 사명)이 나를 돕지 않았으므로 그렇게 살아가야 할 것을 알지 못했기 때문이다.

※ 自 – 자기 자아. 主 – 주인, 주체. 命 – 천명. 內 – 속, 안, 들이다, 마음, 생각

26. 山天大畜(䷙)

大畜, 利貞, 不家食吉, 利涉大川

하늘의 참사람 농사의 한 날에(선천시대의 가을에서 겨울까지) 대인

이 나타나 만민을 기르는 때가 대축의 때이다. 아직 새로운 나라를 세우지 못했으니 경작할 일도 없으나 크게 길한 때이다. 하늘이 만민을 천도로 길러 상제와 같은 존귀한 사람으로 창조하기 위하여 대인을 보냈으니 헛되고 불공평한 세상을 평탄하게 하여 사사로운 이익을 탐하지 말고 공평의 도가 널리 통하는 이로운 세상을 향하여 고해를 건너가야 할 것이다.

※ 大 – 대인. 畜 – 치다, 기르다. 利貞 – 가을과 겨울. 家 – 나라. 食 – 경작하다. 涉 – 고해를 건너다.

[初九] 有厲利已
지조를 높이 세우고 힘써 자기를 닦고 연마하여 떨치고 일어나야 한다는 것을 안다면 반드시 이로움이 있을 것이다.

※ 已 – 반드시, 이미, 벌써, 얼마 있다가

[九二] 輿說輹
은 견우의 수레공축이 무너져 수레바퀴 살들이 흩어져 버렸다.

※ 수레 – 제국, 정치조직, 기반, 수레바퀴공축 – 은천자. 바퀴살 – 신하, 제후들, 충신들을 상징

[九三] 良馬逐 利艱貞 日閑輿衛 利有攸往
어질고 진실한 신하(제우)들은 내쫓아 버렸으니, 진실한 마음으로 백성을 길러주던 어버이 상을 당한 자식들의 괴로운(은나라 백성의) 처지와 같으니, 나라를 경영하고 적을 방비하며, 법을 바르게 운용할 사람이 없고, 날마다 위정자들은 한가롭게 술과 계집에 취해 있다. 그러나 나는 나를 힘써 닦아 나아가야 이로움이 있을 것을 안다.

※ 馬 – 신하와 제후. 艱 – 부모의 상을 당하다, 험하다, 괴롭다. 興 – 나라. 衛 –
　나라를 경영하다, 운용하다, 지키다, 방비하다. 日 – 날마다.

[六四] 童牛之牿 元吉

이와 같이 험난한 시기는 어린 견우(문왕)가 거짓껍질을 벗기 위해서
견뎌야 할 멍에이니, 봄의 햇살을 받고 어린 싹이 자라나는 상서로움과
같다.

[六五] 豶豕之牙 吉

나에게 있어서 이러한 시련은 어린 돼지의 송곳니를 제거하는 아픔
과 같으나 그 송곳니를 빼는 아픔으로 천자의 기를 만들어 세우리니 길
하다.

※ 그때에는 천자의 기나 대장기에 송곳니의 모양을 그렸음. 기는 목표를 향한
　신호를 뜻함.

[上九] 何天之衢 亨

어찌 천도(길)가 여러 갈래로 엉클어진 길이겠는가?(나는 한길로만
가겠다는 뜻) 나는 한길로만 향해(섭리의 길) 가서 세상을 형통하게 하
겠노라.

※ 衢 – 길, 네거리 길, 헝클어진 길, 가다.

彖辭

大畜, 剛健篤實 輝光日新 其德, 剛上而尙賢 能止健 大正也, 不家食吉
養賢也, 利涉大川 應乎天也

새 시대 대인이 나타나 만백성을 기르는 때가 대축이다. 군세고 강건한 천도정신의 열매인 참나(주체정신)를 열매맺기 위해 신실하고 전일한 천성을 나의 인성으로 자라도록 정성스럽고 도타운 삶으로 천도문화를 넓혀 나감으로써 문화의 광채가 사해에 발하여 천덕이 날로 새로워지도록 해야 할 것이다.

상제 하느님의 강건하고 인자한 정신을 숭상하여, 참생명(참나 참사람)의 임시거처인 육체 속에 살고 있는 거짓자아의 삶을 멸하고, 천도와 천성을 자기화(인격화)한 강건하고 군센 참나의 정신으로 돌아간 순일한 정신을 대인이라고 한다. 나라를 이루지 못했으니 경작할 일도 없으나 길하다고 하는 것은 소수의 사람이라도 어질고 덕이 있는 참사람을 길러야 한다는 것이다.

하늘이 만민을 천도로 길러 상제와 같은 존귀한 사람으로 창조하기 위하여 대인을 보냈으니 타락하여 불공평하고 부정한 세상을 평탄하여 공평의 도가 널리 통하는 이로운 세상을 향하여 고해를 건너야 한다는 것은 대인은 상제의 뜻을 대신하여 세상만민에게 천도를 베풀어 나가야 하기 때문이다.

※ 篤 – 도탑다, 신실하다, 전일하다. 實 – 열매, 씨앗, 종자, 참되다, 정성스럽다, 바탕, 자라게 하다. 德 – 천덕. 止 – 육체적 자아의 망령된 삶을 그치게 하다, 병이 낫다, 임시거처에 숙박하다, 살고 있다, 없애다, 병이 낫다, 되돌아간다. 應 – 따라 움직이다, 화답하다, 응하다.

象辭

天在山中 大畜, 君子 以多識前言 往行 以畜其德, 有厲利已 不犯災也, 輿說輹 中无尤也, 利有攸往 上合志也, 六四元吉 有喜也, 六五之吉 有慶也, 何天之衢 道大行也

새로운 시대의 천자(견우)가 될 사람이 은나라(艮山方) 신하들 사이에 있는 때가 대축이다. 군자는 많은 것을 아는 지식(박식 : 이성)보다 하늘의 지혜(천도 : 깨달음, 감성직관)로서 만민을 가르치고 인도하여 죽음의 병에 걸린 사람들을 살리려고(구원) 천도문명을 실현해 가나니, 그것이 천도와 천덕으로 백성을 경작하여 기르는 것이다.

천도문명 실현과 참사람 완성의 섭리목적을 향하여 지조를 높이 세우고 힘써 자기를 갈고 닦아 죽음의 병에 걸린 옛사람(육체적 자아)을 버리고 세상을 이롭게 하는 참자기를 찾아 천성을 이루어 나가는 삶이 스스로 죽음(멸망)의 재앙을 범하지 않는 길이다.

은 견우의 수레바퀴 축이 무너져 살들이 빠져나가 흩어졌다는 것은 수레바퀴의 중심인 천자가 무도하고 횡포하여 신하와 백성들의 원망과 원한을 삿기 때문에 인심이 그에게 등을 돌리고 멀리 떨어져 나갔기 때문이다.

이러한 때를 당하여 세속의 영화나 출세 같은 탐욕을 버리고, 천도로써 자기를 닦아나아감이 이롭다는 것을 아는 것이 곧 상제와 뜻을 합하여 같이하는 것이다.

육사 괘가 섭리의 봄철(새로운 시대가 시작될 때)에 길하다고 하는 것은 그 길이 기쁨과 행복의 길이기 때문이다.

육오괘가 길하다고 하는 것은 참생명과 영생의 상을 받는 경사스러운 일이 있을 것이기 때문이다. 하늘이 섭리하시는 길이 어찌 엉클어진 길이겠는가? 천도가 행하는 길은 하나의 큰 길이 있을 뿐이다.

※ 天 – 천자가 될 사람, 대인의 뜻. 山 – 은나라, 艮山方. 中 – 신하 사이. 識 – 이성지, 박식, 지혜, 깨닫다, 분별지. 言 – 말하다, 학술, 사상체계, 가르치다. 多 – 두텁다, 많아지다. 說 – 풀어지다, 무너지다 흩어지다. 已 – 끝나다, 버리다, 병이 낫다. 尤 – 멀리 떨어져 나가다, 원망하다, 원한을 품다.

새 시대의 周易, 후천시대에 대한 하느님의 대 예언서 ≡≡ ◉ ≡≡

27. 山雷頤 (䷚)

頤貞吉 觀頤 自求口實

이(頤)괘는 섭리상의 겨울철(貞)에 길하다. 위아래 턱(입)을 살펴보니 자기 입에 채울 것을 구하는 상이듯, 대인이 자기사람을 먹이고 길러 참된 열매를 맺게 할 천도를 구하는 것이 좋겠다.

※ 頤 – 턱, 위아래 턱, 기르다, 봉양하다, 부리다. 口 – 입, 사람, 식구, 가르치다.
※ 섭리상의 겨울철 – 한 견우의 섭리기간이 끝나고 다음 섭리(철)가 시작되기 전 공백상태

[初九] 舍爾靈龜 觀我朶頤凶
이때에 네가 무엇을 위해 살 것인지, 혹은 생각한 그 길로 가야 할지 버리고 물러나야 할지 머물러 있으며 기다려야 할지를, 영험한 신령님께 거북점을 쳐 자신의 처지를 살펴보고 자기 백성을 양육하든지 말든지 결정하지 않고 무턱대고 가는 것은 흉하다.

※ 舍 – 가다, 그만두다, 쏘다, 거두다, 무엇, 물러나다. 朶 – 쉬다, 움직이다. 爾 – 너

[六二] 顚頤拂經 于丘頤征凶
정신이상자처럼 미친 척하고 서남쪽 융족을 몰고 가서 상하(천자와 신하) 위계의 근본을 무시하고 은나라를 뒤집어엎고 천자의 자리를 차지하는 것은, 천도의 떳떳한 길이 아니고 천법(고조선 천황의 법)에 어긋나는 것이니, 하늘을 거슬러 역천(쿠데타) 행위를 하느니 차라리 손

새 시대의 周易, 후천시대에 대한 하느님의 대 예언서

을 씻고 타락한 천자의 비위를 맞추며 현재의 지위에 만족하고 머물러 은나라가 망하여 무덤 같은 폐허가 될 때까지 기다려야지 정벌하는 것은 흉하다.

[六三] 拂頤貞凶, 十年勿用 无攸利

타락한 천자에게 아부하며 진심으로 그를 봉사하는 일은 흉하다. 그는 하늘의 뜻을 위배하고 자기의 죄를 덮어 가리고 있어 하늘이 그를 떨어 없애려고 하는 자이니, 그를 거스르지 말고 그냥 스쳐가듯 해야 한다. 은천자는 앞으로 십년이 넘도록 제국을 다스릴 수 없다. 그러므로 미래를 준비하여 자신의 힘과 품격을 닦아나가지 않으면 이로움이 없을 것이다.

[六四] 顚頤吉, 虎視耽耽 其欲逐逐 无咎

나라를 뒤집어엎거나 천자를 그대로 섬기고 있거나 너 자신은 길한 때이다. 은왕은 천운이 끝났으므로 종말운의 호구(막혀 있는 구멍, 범입)에 빠져 있는지도 모르고 색욕과 영화에 취해 그것만 탐닉하고 있으니 머지않아 하늘로부터 내쫓길 것도 모르는 채 융숭히 대접받는 돼지와 같으니 그의 결국(되어 가는 사정)을 자세히 엿보면서 자기백성을 받아들여 기르고 있으면 허물이 없다.

※ 虎 - 호구에 빠지다. 視 - 자세히 살피다, 엿보다, 받아들이다, 기르다, 가르치다. 逐 - 배척하다, 추방하다, 내쫓다, 융숭히 대접받는 돼지란 뜻.

[六五] 拂經居貞 吉, 不可涉大川

타락한 천자에게 아부하며 봉사하든 나라를 뒤엎고 천자의 지위에 올라 나라를 경영하든 천도를 향한 지조가 변치 않고 진실하게 살아야 길하다. 그렇지 않으면 천하를 평정하고 만민에게 공평의 도를 행하기 위하여 모든 시련과 고난을 참아가며 고해를 건너갈 수 없을 것이다.

[上九] 由頤厲吉 利涉大川

역(易)에서 '여자(신하 : 兌方)가 웃는(기뻐하는) 까닭을 알고' 하늘 농사(섭리)하는 견우가 되어 만민을 경작해 보겠노라고, 천도문명 실현의 이상을 높이 세워 자기를 닦아 연마하고 떨쳐 일어섰다면 고해를 건너 이로운 세상을 건설할 수 있을 것이다.

彖辭

頤貞吉, 養正則吉也, 觀頤 觀其所養也, 自求口實 觀其自養也, 天地養萬物 聖人養賢 以及萬民, 頤之時大矣哉

불변의 지조를 가지고 천도를 섬겨 백성을 기르는 일은 길한 것이다. 천도를 따라 법과 질서를 바로 세우고 공정한 군주가 되어 백성을 양육하겠다는 것이니 길하다. 백성 섬기기를 웃어른을 봉양하듯 양육하는 것을 살펴보니 그 봉양하는 바가 남을 위해서가 아니라 자기 입에 넣을 알곡을 위한 것이어서 결국은 자기 자신을 봉양(받들어 부양하다)하는 것이 될 것이다.

하늘과 땅이 천지의 덕으로 정성을 다하여 만물을 기르는 이치와 천자가 하늘을 대신하여 천덕으로 만민을 부모처럼 섬겨 양육하는 때의 이치가 얼마나 위대한 것인가?

※ 養 - 가르쳐 기르다, 부모를 봉양하다, 자라게 하다. 賢 - 어진 덕. 大 - 크다, 위대하다, 훌륭하다.

象辭

山下有雷 頤, 君子 以愼言語, 節飮食 觀我朶頤 亦不足貴也, 六二征凶, 行失類也, 十年勿用 道大悖也, 顚頤之吉 上施光也, 居貞之吉 順以從上也, 由頤厲吉 大有慶也

　　은천자의 신하 가운데 새 시대의 천자가 될 사람이 숨어 있는 때가 이의 때이다. 군자는 이러한 때에 백성을 가르치되, 말을 할 때 깊이 생각한 후 참된 말만을 하고, 말씨를 공손히 하며 말을 두렵게 여겨 후회할 말을 하지 아니하며 글을 가르쳐 깨우치게 하고, 예절과 법도를 가르쳐 풍습을 아름답게 하고 녹봉에 알맞도록 검소하게 생활하도록 하는 것을 가르친다. 내가 백성을 이렇듯 가르치고 봉양하는 모든 것이 결국은 그들을 위하는 동시에 나를 봉양하여 꽃가지가 휘늘어진 것같이 나를 만족스럽게 하는 것이며 내가 나를 사랑하고 존귀하게 만들어 존경받게 하는 것이 아니고 무엇이겠는가?

　　육이괘에 정벌하는 것이 흉하다고 하는 것은 아랫사람이 윗사람을 치는 정벌(하극상)은 비류들이나 할 수 있는 일이며 지나친 과욕으로 바르지 못한 행실이다. 은천자의 다스림이 십년을 넘길 수 없다고 하는 것은 그가 천도를 크게 벗어났기 때문이다. 은나라를 전복시키거나 그냥 섬기거나 간에 길하다고 하는 것은 상제께서 섭리하시는 천운(은천자의)의 여택이 은천자에게 얼마 남지 않았기 때문이다.(서쪽으로 기울었기 때문이다.)

　　앞으로 견우의 사명을 이루기 위한 지조를 세우고 목적을 향하여 진실함으로 그 덕을 쌓아가면 길하다고 하는 것은 상제의 뜻(섭리)을 좇아 순종하고 나아가는 것이기 때문이다. 易에서 '여자가 웃는 곡절을 알고 떨쳐 일어서면 길하다'고 하는 것은 하느님으로부터 큰 상이 있을 것이기 때문이다.

28. 澤風大過(䷛)

大過棟橈, 利有攸往亨

선선천말의 대인(은왕)이 천도를 어기고 죄를 지은 것이 대과이다. 이는 마치 집의 대들보가 꺾인 것과 같아 새시대(선천)의 대인이 이로운 세상을 건설하려고 천도를 닦아 참자기를 이루고, 새로운 임금으로 나타나게 될 것이니 형통하리라.

※ 大過는 象辭에 '澤滅木'이라 하였으니 그 뜻은 하늘이 진펄(진흙) 속에서 가려뽑아 견우로 세운 은왕이 震木이 멸망하였다는 뜻이다. 過-법을 어기다, 분수를 잃다, 잘못하다, 죄를 짓다. 과실, 허물, 빼앗다. 떠나다. 往-임금, 떠나다. 옛, 죽다, 보내다, 뒤, 달아나다, 이르다.

[初六] 藉用白茅 无咎
부패하고 부정한 문화의 때가 묻지 않은 띠풀(잡초)처럼 강인한 야만 융족을 꼭두각시로 삼아 그들의 힘을 빌려(보조자로 삼아) 은나라를 쳐 멸망시키고 제국을 다스린다면 허물이 없을 것이다.

※ 藉 - 빌리다, 돕다, 에워싸다, 의존하다. 白 - 서쪽, 채색(문화화) 하지 않다. 깨끗하다, 훈련되지 않다, 속이다. 茅 - 띠풀, 꼭두각시, 어둡다(무지한 야만), 힘쓰다.

[九二] 枯楊生稊 老夫得其女妻 无不利
말라죽은 버드나무에서 싹이 돋아나듯 늙은 사나이(은천자)가 젊은 여자(제후)를 아내로 얻으려고 탐하니 이로움이 없지 않다.

※ 女 - 젊은 여자, 처녀, 坤地, 巽方, 兌方. 得 - 얻다. 탐하다. 夫 - 지아비, 남편, 천자, 乾, 天, 文王卦圖에서 兌方 상하에 놓은 乾天(노부)과 坤地(노부인)의 짝으로 巽과 艮을 배치한 것을 의미한 것이다.

[九三] 棟橈凶
대들보가 꺾였으니 흉하다.

※ 대들보는 제국의 천자를 뜻함.

[九四] 棟隆 吉, 有它吝
대들보가 높고 튼튼(굳세고 강한 정신)해야 고귀하여 존경받으리니 길하다. 뱀(간사한 무리)들을 아끼면 부끄러움을 당할 것이다.

[九五] 枯楊生華, 老婦得共 士夫, 无咎 无譽
말라 죽은 버드나무에 요염하고 화려한 꽃이 핀 것은 옳지 못한 일이듯, 늙은 아내(七兌 : 文王)가 젊은 사나이(三震 : 소남)를 얻으려고 탐하는 것은 명예롭지 못하다.

※ 九二괘는 문왕괘도에서 乾天과 그 짝인 巽金을 말하는 것이고, 본괘의 노부인은 坤地와 그 짝인 艮木을 말하는 것이다. 문왕괘도 참조.

[上九] 過涉滅頂凶, 无咎
영화와 욕정에 머리(천자) 꼭대기까지 깊이 빠졌으니 천도가 바뀔 때 멸망할 것이므로 흉하다. 그러나 허물이 없다는 것은 섭리가 너를 버리는 때이기 때문이다.

彖辭

大過, 大者過也, 棟橈 本末弱也, 剛過而中 巽而說行, 利有攸往 乃亨, 大過之時 大矣哉

대과는 하늘의 참사람 창조농사와 지상천국건설 섭리를 맡은 대리하느님(天子 : 태자 : 맏아들 : 후사)이 자기능력을 과신하고 자만심으로 상제 하느님을 배반하고 자기 개인의 영화와 환락에 빠져 폭정을 일삼고 있으므로 하늘에 죄를 저질렀다는 것이다.

대과라고 하는 것은 자만심이 지나쳐 하느님께 범죄하였다는 것이다. 대들보가 꺾어졌다는 것은 하느님을 섬기고 천도를 숭상하던 조상들의 정신이 후손에 이르러 쇠약해진 것이다. 하늘의 뜻을 위한 강하고 굳센 정신이(中心) 약해져서 하늘과 천도를 버리고 죄를 저지른 것이다. 이는 천자가 성인의 도(천도)를 행하여 백성을 가르치고 양육하지 않았기 때문이다. 그러므로 천도를 닦아 주체정신(참나, 참자기, 中正心)을 이루면, 이로써 형통할 것이라고 하는 것이다. 대과 때의 의미가 이렇듯 크도다.

※ 本 - 근본, 조상, 정신, 임금, 천덕. 末 - 끝, 말세, 자손, 천하다, 끝에 가서는. 中 - 중심, 정신, 마음. 巽 - 동남쪽, 金, 유순, 공순함, 사양하다. '바람' - (草上之風)성인의 덕이 바람처럼 만백성 위에 불면, 백성은 그 바람 앞에 풀잎처럼 공순해진다는 뜻으로, 巽은 성인의 덕을 의미함.

象辭

澤滅木 大過, 君子 以獨立不懼 遯世无悶, 藉用白茅 柔在下也, 老夫女妻 過以相與也, 棟橈之凶 不可以有輔也, 棟隆之吉 不橈乎下也, 枯楊生

華 何可久也, 老婦士夫 亦可醜也, 過涉之凶 不可咎也

　진펄 속에서 일으켜 세워 하늘의 섭리를 맡긴 견우가 타락하여 멸망에 이른 것이 대과 이다. 군자는 이를 거울삼아 '돕는 이가 없어도 두려워하지 않고 홀로 일어서서' 천도를 숭상하는 나라를 세우려 하므로 세상에서 달아나 피하거나 번민하지 않는다.

　들판의 띠풀처럼 많고 억센 융족을 나의 꼭두각시로 세워 맹약을 맺고, 그들을 이용하여 나를 돕는 보좌로 삼아 은나라를 치게 하면 나의 불의(不義)함을 핑계삼을 수 있지 않을까 하고 망설이는 것은 유약한 신하의 자리에 있는 내가 주인을 치려는 것이기 때문이다.

　늙은 아버지(天, 乾, 은나라)가 젊은 여자(巽方)를 아내로 삼으려고 욕심내는 것은 그 욕심이 지나쳐 젊은 여인을 의지하려는 것이다. 대들보가 꺾여 흉하다는 것은 타락하여 천운이 다한 천자의 보좌(신하, 하인)로 있을 수가 없다는 것이다. 대들보가 튼튼하고 굳세어 고귀하게 존경받으니 길하다고 하는 것은 그 대들보는 꺾이지 않았기 때문에 그 밑에서 신하노릇을 해도 좋다는 것이 아닌가?

　말라죽은 버드나무에 요염하고 화사한 꽃이 피었다는 것은 어찌 그 영화가 오래갈 수 있으랴. 늙은 어미(坤地 : 은천자)가 젊은 사나이를 그의 짝(艮山木 : 은의 시조 탕왕이 상제의 천명을 받고 천자가 되었으므로 간방의 천자는 하느님이 보우한다는 믿음을 의지한다는 뜻)으로 탐하는 것도 역시 추잡하고 옳지 못한 일이다. 교만심이 지나쳐 환락에 깊이 빠졌으므로 흉하다는 것은 허물이 아닐 수 없다는 것이다.

※ 天子를 사나이, 남편, 아버지라고 했다가 여자라고도 하는 것은 하느님에 대해서는 아내요 여자요 坤地인 반면 신하와 백성에게는 남편이고 아버지이기 때문이다. 젊은 남자는 새로운 견우가 될 문왕이 장차 백성(아내)과 결혼할 남편이다.

29. 坎爲水 (䷜)

習坎, 有孚維心 亨 行有尚

생의 목표(이상)와 기준이 되는 도리(좌표)를 얻지 못하여 방황하고 있는 사람이 좋은 스승을 만나 묻고 배운 바를 익혀 습관이 되고 급기야는 성품화 신념화(주체화) 하기 위하여 천도를 복습하여 자기를 길들이는 것을 '습감'이라 한다. 그러므로 배운 바를 깊이 사유하는 마음(사유인식활동)을 거쳐 참된 도를 깨달았을 때 그 앎(진리, 천도)에 대한 믿음을 가지고 그 앎을 실현하기 위하여 정성을 다하는 마음(정신)이 있어야 형통하게 되는 것이므로 그 행하고자 하는 일이 상서로울 것이다.

※ 坎 – 뜻(이상 : 삶의 목적)을 얻지 못하여 애태우다, 묻다, 괴로워하다. 習 – 익히다, 연습하다, 복습하다, 습관, 관습, 습성으로 쌓이다. 維 – 깊이 생각하다, 사유하다. 心 – 마음, 정신. 孚 – 믿음성 있다, 진실하다, 정성을 다하다, 참됨.

[初六] 習坎 入于坎窞 凶

좋은 스승을 만나 생의 목적과 좌표(본, 기준)를 얻고 배운 바를 깊은 사유인식 과정을 거쳐 선택, 판단하고 나의 주체적 신념으로 삼아 그 정신(주체정신)을 높이 숭상하고 진실한 믿음과 정성을 다하여 실천해 나가야 하는데 세속적(육체적) 지식을 받아들임으로써 인생의 목표와 기준을 잘못 정하면, 참사람의 영원한 생명으로 초월하지 못하고 육체의 죽음과 더불어 멸망하는 함정에 떨어지게 될 것이다.

※ 入 - 들이다, 떨어지다. **窞** - 함정, 구덩이

[九二] 坎有險 求小得

육체적 행복을 추구하는 길은 넓으나 거짓 길이어서 결국은 낭떠러지로 떨어지게 되어 있으니, 소인배들이 이익을 탐하여 선택하는 길이다.

[六三] 來之坎坎 險且枕, 入于坎窞 勿用

미래를 향한 인생의 목표와 좌표를 찾지 못하여 애태우고 있는 것은 거짓된 육체적 인생의 집착(자아의 소욕)과 세속의 잘못된 지식이 나를 함정으로 떨어뜨리기 때문인데, 이는 내가 나(자아)를 다스리지 못하기 때문이다.

※ 來 - 장래, 미래. 且 - 거듭하여, 머뭇거리다. 勿 - 말라, 마라, 아니다, 없다, 못하다. 用 - 다스리다.

[六四] 樽酒簋貳 用缶 納約自牖 終无咎

제사상에 올릴 술단지의 술이 변하여 똥처럼 더럽혀졌으니 두 잔의 술이 없어 제사를 그치게 되었다. 이는 현주(玄酒-제사에 올리는 상서로운 술) 항아리(은천자)가 아니라 똥장군으로나 써야 할 것이다 라고 하는 것은 내가 은천자를 보좌하는 짝(남편과 아내)으로 충성을 바치겠노라고 약속한 사이인데, 은천자가 제후들에게 의리를 배반했으니, 제후들도 두 마음을 품게 되어 서로 적수가 되었다. 이는 은천자 자신이나 제후들간에(서로 의심하고 감시하고 견제하는) 자기가 만든 감옥이 되어 나라가 망하게 되었으니 나에게는 끝내 허물이 없다.

※ 樽 - 술통, 술단지, 그치다. **簋** - 술잔, 제기, 궤(술잔). 貳 - 두마음, 배반하다, 의심하다, 변하다, 보좌하다, 짝(천자는 남편, 제후들은 아내로), 보좌.

하다, 더럽히다. 岳 – 똥, 똥장군. 納 – 바치다. 約 – 약속, 묶다. 牖 – 감옥,
인도하다. 終 – 끝나다.

[九五] 坎不盈 祇旣平 无咎

지향해 나갈 삶의 목적과 기준(도리)을 세우고자 하나 뜻대로 되지
않는 것은 사사로움이 없고 공명정대하여 공경히 따를 수 있는 대상(天
子)이 이미 없어졌기 때문이니 나에게는 허물이 없다.

※ 祇 – 공경하다, 존경하다. 旣 – 이미, 없어졌다. 平 – 사사로움이 없다, 공명
정대하다. 盈 – 차다, 뜻대로 되다.

[上六] 係用徽纆 寘于叢棘, 三歲不得凶

은왕이 자기와 관계 있는 신하들을, 기러기 발을 묶듯 서로 의심하여
감시하고 고발하게 함으로써 꼼짝 못하게 하고 있으니, 공경의 자리에
있는 것이 마치 가시방석에 앉은 것 같고, 감옥에 가두고 열쇠를 채운
것 같다. 이래가지고서야 세때(과거, 현재, 미래 : 三歲)가 지나가도 그
에게서는 얻을 것이 없으니 흉한 일이다. (견우에게 맡긴 천업의 결과
를 얻을 수 없다는 뜻)

※ 係 – 과 관계되다, 묶다. 徽 – 기러기발, 묶다. 纆 – 노끈. 寘 – 채우다, 두
다. 叢 – 번잡하다. 棘 – 가시, 감옥에 가두다, 해치다, 궁지에 몰아넣다.

彖辭

習坎 重險也, 水流而不盈 行險而不失其信 維心亨 乃以剛中也, 行有
尙 往有功也, 天險 不可升也, 地險 山川丘陵也, 王公設險 以守其國 險之
時用 大矣哉

습감의 때에는 한 나라에 두 임금이 있어 젊은 임금이 늙은 임금을 깨뜨리는 때로 옛 임금의 운이 기울어지는 때이기 때문이다. 시대와 세월이 흐르는 물과 같으니 가득 차면 넘쳐 없어지지 않는 것이 없듯 낡은 시대가 끝나 붕괴되는 일이 진행될 때에는 하늘이 소식(天文)을 편지로 전하듯 변화의 증표가 나타나 알 수 있게 하나니, 잘못 보는 착오가 없으려면 깊이 사유하는 마음의 눈이 열려 있어야 하고, 굳세고 강한 중정심(영대가 열린 참나)이 있어야 할 것이다.

뜻(이상, 목적, 사명)을 행하여 나아감에 있어서 상서로움이 있어야 한다는 것은 그 목적지에 이르면 보람과 명예가 있기 때문이다. 천자가 비뚤어지면 나라가 위태해지는 것은 나라가 번영할 수 없기 때문이다. 신하가 임금을 깨뜨린다고 하는 것은 간방의 천자가 공평의 도로 나라를 다스리지 못하여 그의 천운의 양기(陽氣)를 신하(새대인)의 음기가 차올라 밀어내고 있어 천자의 양기가 공허하게 되어 쇠퇴하고 있기 때문이다.

임금이나 재상이 자기나라에 성을 높이 쌓고 해자를 깊이 파 요새를 설치하는 것은 그 나라를 적으로부터 지키기 위함이니, 천시가 바뀌는 때에 자기를 방비하는 일이 얼마나 큰 일이겠는가?

※ 流 - 세월과 시대가 물과 같이 흘러 바뀌다. 盈 - 자라다, 차서 넘치다, 나머지, 잔여. 信 - 소식, 편지, 증표, 믿음, 알게 하다. 中 - 중심(주체, 정신), 지조. 行 - 뜻을 행해 가다. 天 - 하늘, 남편, 천자, 임금. 地 - 땅, 아내, 신하. 山 - 艮山木(은천자). 川 - 공평의 도로 다스리다. 丘 - 비다, 공허하다, 폐허. 陵 - 능가하다, 밀어내다, 쇠퇴하다, 침범하다, 뛰어넘다. 險 - 험하다, 기울다, 위태하다, 거짓, 비뚤어지다, 넓다, 상하게 하다, 낭떠러지, 깨뜨리다.

象辭

水洊至 習坎, 君子 以常德行 習敎事 習坎入坎 失道凶也, 求小得 未出中也, 來之坎坎 終无功也, 樽酒簋貳 剛柔際也, 坎不盈 中未大也, 上六失道 凶三歲也

홍수(세상에 악이 홍수처럼 범람함)가 자주 이르는 것이 습감이다. 군자는 이러한 때에 불변의 천도를 행하여 가르치고 익히게 하는 일에 전념한다. 습감의 때(차축시대 : 섭리의 교체기)에 하늘의 뜻을 받들어 이루는 자리에 들지 못하고 사명자의 지위에서 떨어지는 것은, 그가 천도를 떠나 어긋나갔기 때문에 멸망의 구덩이에 빠지게 된 것이므로 흉하다는 것이다.

인욕(人欲 : 육체의 길)의 넓은 길을 탐하여 천도를 버리는 것은 소인배들이 구하여 얻고자 하는 길이니 중정의 마음을 이루지 못했기 때문이다. 하늘이 부여한 사명을 위배하고 스스로 타락의 구덩이에 빠져 천운의 끝이 이르렀으니 천업의 공로가 없다는 것이다. 하늘에 제사드리는 술단지에 술이 변하여 똥같이 되었으므로 두 잔의 술이 없어 하늘에 올리는 제사를 그치게 되었다는 것은 인욕에 집착하는 사고가 굳어 버린 임금과 의식이 순수하고 유연한 신하가 천시의 교체기에 만나 마주치기 때문이다.

하늘의 뜻(섭리목적)을 이룰 만큼 그 정신이 굳세고 강건하게 차지 않았다는 것은, 대인의 중정심이 아직 충분하게 차지 못했다는 것이다. 상육괘에서 천자가 천도를 잃었다는 것은 천자가 신하를 신뢰하는 의리를 버리고, 의심하여 감시하고 서로 고발케 하니, 이러고서야 삼세가 지난다 해도 하늘의 뜻(사명)을 이룰 수 없으니 흉하다는 것이다.

※ 水 – 물, 음, 바다, 홍수, '악한 물결', 정벌하여 평평하게 하다. '물'은 악한

세상 만민을 의미한다. 그러므로 사람이 사는 세상을 바다 즉 四海라 이른다. 본괘는 '坎爲水' 괘니, 坎은 하늘의 뜻(섭리)이요, 水는 백성인데 합하여 말하면, "백성의 뜻이 하늘의 뜻으로 되게 하다"이다. 다시 말하면 은천자의 실덕과 실정으로 백성의 원성이 곧 하늘의 뜻으로 변하여, 은천자를 정벌하고 새로운 천자를 세울 수밖에 없다는 주권교체의 뜻과 선후천 교체 시기가 맞물려 돌아감으로써 타락한 은제국은 정벌(전쟁)을 통해 평정할 수밖에 없다는, 하늘의 뜻이 자연의 섭리로 결정된다. 이때 물은 홍수, 즉 인해(人海)의 부딪침인 '악의 홍수'를 정벌하는 전쟁으로 비유했다. 정권교체기에서는 언제나 정벌전쟁을 통해 교체가 이루어져 온 것은 상서에도 잘 나타나 있으며, 상탕이 하의 걸왕을 치고 상나라를 건설할 때도 그와 같았음을 문왕이 염두에 두고 한 말이다. 즉 제국의 정권교체 때마다 '자주 홍수가 범람했다'는 것이 이 〈習坎〉의 뜻이다. 하나라 禹임금의 홍수방지사업도 이와 같은 뜻의 비유이다.

際-마주치다. *洊*-홍수가 거듭하여 이르다. 常-불변의 도, 상도, 운수(천운). 事-사업, 경영하다, 전치. 得-얻다, 이루다. 盈-차다, 자라다, 충분하다. 未-아니다, 못하다, 아직 아니하다.

30. 離爲火 (䷝)

離, 利貞亨, 畜牝牛吉

견우가 상도(천도, 불변의 도)를 벗어나 하느님의 뜻을 버렸으므로 하늘도 그를 버려 쫓아내고 그가 사랑하던 처(신하, 제후 : 아내, 첩, 달, 음)와도 이별하는 상이 離괘의 상이다. 이는 천시가 가을을 지나 겨울(양이 음으로 바뀌는 시기)로 접어드는 때에 섭리를 형통하게 하기 위하여 하늘이 암소(견우 : 새 시대의 견우)를 기르는 것이니 길하다.

※ 離 – 해와 달(남편과 아내 : 음양)이 헤어지다. 해의 기운(불, 양, 천운)이
흩어지다, 잃다, 떠나다, 어긋나다, 배반하다, 짝하다(부부가 되다). 하느님
(상제)과 천자를 짝으로(해와 달) 볼 때는 상제는 해이고, 천자는 달이고 아
내이다. 천자와 신하를 짝으로 볼 때는 천자는 해, 남편, 하늘이고, 제후는
달, 아내, 땅이다.

利貞 – 가을과 겨울이 교체하는 때. 牡牛 – 암소, 견우(상제의 입장에서 보
면, 천자는 암소임). 畜 – 기르다, 치다. 火 – 불 : 해, 타다, 화, 노여움, 심
기, 익히다, 양, 태양, 짝, 동행자.)

※ 離爲火 – 새 태양이 늙은 태양을 태워 없앤다는 뜻.

[初九] 履, 錯然敬之 无咎

옛 성인들의 발자취를 따라가야 하는 것은 임금과 신하와 백성이 천
도를 잃고 어지러워진 세상을 훈계하여 바로 잡아 하느님을 삼가 공경
하고 이치대로 살며, 예의 바른 세상을 만들고자 함에 있으니 허물이 없
다.

※ 錯 – 어지러워지다. 然 – 이치대로 살다. 敬 – 훈계, 잡도리, 삼가다, 예의 바
르다(공경하다).

[六二] 黃離元吉

세상의 중심에 앉아 있는 황마(천자)가 병이 들어 앓고 있으니, 하느
님과 헤어지고, 그 자리에 어린 암소(암말 : 새시대의 대인)를 세워 백
성을 기르게 할 것이니 이는 새로운 시대(선천)의 봄이 시작되는 크게
길한 때이기 때문이다.

※ 黃 – 황마, 황옥, 황금, 중앙, 곡식(백성), 병을 앓다. 元 – 사계의 봄(元亨利
貞四季)

[九三] 日昃之離, 不鼓岳而歌 則大耋之嗟 凶

해와 달(남편과 아내)이 이별하는 것은, 해가 기울어 밤이 되었기 때문이다. 천자는 천도를 울리는 하늘의 북이다. 백성이 그 북소리를 듣고 영혼의 맥박이 힘차게 고동쳐 천도를 깨닫게 격려하고 분발케 해야 하는데 하늘의 노래 소리(율여 : 천도)에 맞추어 북이 울리지 않으니 이는 북이 아니라 똥장군(똥통)이요, 모든 백성의 탄식소리로 울리는 죽음에 이른 늙은 북이니 흉하다.

※ 日 - 날. 鼓 - 북, 치다, 맥박, 격려하여 불발케 하다. 岳 - 똥통. 大 - 뭇사람, 다, 모두. 耋 - 늙다. 嗟 - 탄식소리. 歌 - 노래 소리에 맞추어 억양을 붙여 울리다.

[九四] 突如其來如 焚如死如 棄如

갑자기 침범하는 듯하고, 그때가 갑자기 오는 것 같고, 갑자기 넘어지는 것 같고, 갑자기 망하는 것 같고, 갑자기 그를 내쫓아 버리는 것 같다.

※ 突 - 갑자기, 침범하다. 焚 - 불사르다, 넘어뜨리다. 死 - 망하다, 멸망하다, 죽다.

[六五] 出涕沱若, 戚嗟若吉

새로운 대인으로 나타난 사람이 울고 있는 것 같다. 온 겨레가 슬퍼하기도 하고 성내기도 하고 탄식하는 것 같으니 나에게는 길한 일이다.

※ 涕 - 울다. 沱 - 눈물을 흘리는 모양. 若 - 같다. 戚 - 겨레, 슬퍼하다, 성내다, 근심하다.

[上九] 王用出征 有嘉折首 獲匪其醜 无咎

임금이 정벌하러 가기 위해 준비하고 있다. 정벌하러 가면 적장의 우두머리를 꺾고 항복받는 기쁨이 있을 것이니 그 포로로 얻게 되는 무리는 흉악한 떼도둑이 아니라 너와 동류가 될 자들이니 대등하게 대우해야 허물이 없을 것이다.

※ 用 - 준비하다. 折 - 꺾다, 이기다, 자르다. 首 - 수령, 우두머리, 주장, 항복하다, 복종하다. 醜 - 추하다, 흉악하다, 동류, 같은 무리, 대등하다, 머무르다. 匪 - 떼도둑이 아니다.

彖辭

離, 麗也, 日月麗乎天 百穀草木, 重明 以麗乎正 乃化成天下, 柔麗乎中正 故亨, 是以畜牝牛吉也

이(離)는 부부가 정결해야 빛나 하늘과 짝지어 갈 수 있는 것이다. 해와 달이 짝(부부)을 이루고·하늘에서 빛을 발하기 때문에, 모든 초목과 곡식들이 땅에서 아름답게 자라듯, 천자와 신하(일월 : 짝)가 백성(초목)을 기르는 것이 그러하다.

한 시대 한 제국에 두 임금이 겹쳐 있는 것이 중명이다. 임금이 치우치지 않는 바른 마음을 가지고 공평하게 다스리면(천도의 바른 길로 행하면) 정결한 본처가 되어 하늘과 짝을 이룰 수 있으니 이로써 천하를 천도문명 세계로 이루고 백성을 참사람으로 화하게 할 수 있다.

육체적 인간의 유약한 마음에 중정심을 이루게 되면 하느님의 짝이 되어 아름답고 빛나게 되는 것이므로 이를 '형통'하다고 하는 것이다. '암소를 기르면 상서롭다'고 하는 것은 이와 같은 것이다.

※ 麗 - 정결하다, 아름답다, 빛나다, 짝짓다, 함께 하다. 日 - 해, 남편, 하늘, 천자. 月 - 달, 아내, 땅, 신하, 백성. 百 - 여러 가지, 모든, 백가지. 草木, 穀食-만백성. 土 - 땅, 흙, 진흙, 뿌리, 살다, 경작지, 밭, 논, 높이다, 숭상하다. 天下 - 천하. 中正 - 중정심, 주체정신, 참나, 씨앗, 종자.

象辭

明兩作 離, 大人 以繼明 照于四方, 履錯之敬 以辟咎也, 黃離元吉 得中道也 日昃之離 何可久也, 突如其來如 无所用也, 六五之吉 離王公也, 王用出征 以正邦也

해(상제)와 달(천자)이 둘이서 짝을 이루어 함께 가축(야만)을 치고, 천도문명을 일으켜 그 본백성을 선민으로 세우고, 그 백성들로 하여금 거짓껍질을 벗고 변하여 참사람으로 바뀌도록 하여 하늘농사를 짓게 하는 것이 離이다. 새 시대 대인은 선천시대의 새벽에 나타나 하늘의 천업을 계승하여 천도를 높이 숭상하고 그 이치를 백성에게 밝혀 깨닫게 하고, 제후(달 : 아내)들과 짝을 이루어 만민을 기르므로써 사해에 천도문명을 밝혀 나가는 것이다.

천도를 잃고 어지러워진 세상을 깨우쳐, 옛 성인들의 천도를 숭상하고 이룬 발자취를 공경하고 따르게 해야 한다는 것은 은천자가 상제(남편)와의 부부관계를 깨고 빛나감으로서 사사로운 이익과 영화에 취하여 백성을 편벽되게 다스려 하늘에 죄를 지었기 때문이다. 이처럼 황마(천자)가 병들지 않고 어린 아이처럼 순결해야 새 시대를 여는 봄철(元)의 섭리가 길하다고 하는 것은 그가(대인) 중정의 도(중정심)를 이루었기 때문이다. 날이 저물고(때 : 선선천시대) 그 남편(하늘, 상제)과 이혼을 했으니 어찌 그의 날이 오래 갈 수 있을 것인가?

새 시대를 열기 위해서 오는 대인의 운(陽氣)이 갑자기 은천자의 운(陰 : 老陰)을 침범하여 들어오는 것 같고, 그 사람(대인)이 오는 것 같기도 하다는 것은 타락하여 운이 다한 천자는 쓸모가 없게 되었다는 뜻이다. 새로 나타난 대인이 울고 있는 것 같고, 온 겨레가 타락한 임금에 대하여 분노하고 슬퍼하고 근심하고 탄식하는 것 같아 길하다고 하는 것은 천자와 제후들이 이혼하고 헤어졌으므로 썩은 제국이 속히 망하고 새 시대가 올 것을 백성들이 기대하고 있기 때문이다. 이러한 때에 문왕이 은나라를 정벌하기 위하여 준비하고 있다는 것은 머지않아 은나라를 멸하고 만방의 불의와 혼란을 바로잡을 때가 임박했다는 것이다.

※ 兩 - 둘이 짝을 짓다. 作 - 껍질을 벗기다, 농사짓다, 이루다, 바뀌다, 나타나다. 黃 - 황마(천자), 어린아이. 王 - 천자. 公 - 제후. 邦 - 만방, 나라, 사해. 辟 - 임금, 천자, 상제, 제후, 지아비, 법, 허물, 죄, 편벽되다, 빗나가다, 쪼개지다, 공정치 않다, 첩, 그만두다.

後 · 天 · 大 · 易

周易下經

後
·
天
·
大
·
易

31. 澤山咸(䷞)

咸亨, 利貞, 取女吉

함의 때는 모든 사람이 다함께 천도를 머금고(감동하여) 마음이 화합해지니 기쁨이 충만하여 형통해지는 때다. 이는 가을에서 겨울철로 넘어가는 때니 여자(제후 : 백성)를 얻어 장가들면 길한 때이다.

※ 咸 - 다 모두, 같게 하다, 마음이 화합해지다, 머금다, 충만하다. 取 - 취하다, 장가들다, 느끼다, 정이 일어나다, 감동하다.(感=咸과 통한다.)

[初六] 咸其拇
천도를 힘써 닦고 연마하여 그 깨달음(느낌)이 엄지손가락만큼 느껴진다.

※ 拇 - 엄지손가락

[六二] 咸其腓凶, 居吉

　그 깨달음이 장딴지만큼 느낌이 와 있다면 흉하다. 앞으로 더욱 쌓아야 길할 것이다.

※ 居 - 있다, 살다, 쌓다, 법도

[九三] 咸其股, 執其隨 往吝

　그 깨달음이 넓적다리까지 느껴지면 더욱 수행(修行)하고 연마하되 일할 때나 걸어갈 때나 앉으나 서나, 천도에 대한 일념이 한 순간도 뇌리에서 떠나지 않고(나와 동반하여) 이어지도록 그 일념을 꽉 붙잡고, 내가 아닌 나(육체적 자아)를 복종시켜 따르게 하며 결국에는 한 꺼풀 한 꺼풀 벗기고 잘라내는 결단이 없이 가면 후회함이 있을 것이다.

※ 股 - 넓적다리. 執 - 잡다, 자르다, 복종시키다, 자아의 욕구를 막아 멈추어 세우다. 隨 - 수행하다, 연마하다, 동반하다, 이어지다, 때마다, 일마다, 걸어가다.

[九四] 貞吉, 悔亡, 憧憧往來 朋從爾思

　진실한 마음으로 절개(하늘 남편에 대한 아내로서의 절개)를 지키면 길하다. 그렇지 못하면 멸망할 때 후회하게 될 것이다. 깨달음이 둔하거나 천도를 사모하면서도 마음을 정하지(定心) 못하고 왔다 갔다 하지 말고, 무리가 따라가니까 너도 따라가지 말고 네 스스로 사유하고 판단하여 원하면 따르라.

※ 貞 - 절개, 진실한 마음 하늘(남편)에 대한 아내의 절개이므로, 천도를 따르는 자는 아내요, 절개를 지켜야 할 여자의 입장인 반면, 남편은 주체요, 아

내는 따르는 대상이 된다. 아내나 여자가 능력이 있어 많은 남자가 따른다면 여자가 남편이고, 따르는 무리는 아내가 된다.

憧 – 그리워하다, 깨달음이 둔하다, 마음을 정하지 못하다, 왕래하다. 朋 – 친구, 벗, 무리, 동문지간, 한 쌍, 무리를 이루다. 爾 – 너. 思 – 생각하다, 사유, 선택, 판단, 상상, 뜻, 마음, 원하다, 따르다, 사모하다.

[九五] 咸其脢 无悔

천도에 대한 깨달음이 등줄기에까지 느껴지면, 후회하는 일이 없다.

[上六] 咸其輔 頰舌

천도의 깨달음이 뺨(얼굴)에까지 느껴지는(감응하는) 사람은 천자를 보좌하는 신하가 되어 백성을 바르게 인도할 수 있다.

※ 輔 – 보조자, 보좌하다. 頰 – 뺨, 얼굴, 머리. 舌 – 혀, 말, 보조자의 뜻
※ 천도의 깨달음이 그렇듯 단계적으로 성장한다는 것은 반대로 자아관념이 그만큼 단계적으로 소멸되어 간다는 뜻이다.

彖辭

咸, 感也, 柔上而剛下 二氣感應 以相與止而說 男下女 是以亨利貞 取女吉也, 天地感 而萬物化生, 聖人感人心 而天下和平, 觀其所感 而天下萬物之情 可見矣

감은 느낌, 즉 깨달음이란 뜻이다. 유약한 정신을 가진 신하나 백성이 상제의 굳세고 강한 정신과 만나, 두 정신의 기운이 하나가 되어 서로 삼투(느끼다, 깨달아 변화하다, 화하다, 바뀌다)함으로써 천도의 실체인 하느님(상제)을 깨닫고, 유약한 육체적 정신(자아)을 벗어감으로

써 육체적 행복을 추구하던 삶과 죽음의 병을 없애고 참사람의 씨앗인 참나로 돌아올 수 있는 것이므로 하늘인 남자(남편, 乾天)가 여자에게 내려와 장가들어 부부를 이루는 것이다.

이와 같이 섭리적 여름, 가을, 겨울철에는 남자(양 : 乾六水, 震八木, 天子, 坎一水)가 처녀(음 : 坤七地 離二火 巽九金, 제후)를 취하여 장가들고 부부를 이루면 길하다고 하는 것이다. 하늘(남자 : 丈夫)과 땅(여자 : 婦)과 만나 부부를 이루고 서로 사랑하고 감응(교합 : 교태, 흘레)함으로써 만물을 낳듯, 사람(地 : 여자)도 하느님(天 : 성신, 남자)과 부부를 이루고 서로 감응(교태 : 깨달음, 정신적 삼투)함으로써 알껍질(육체적 자아)을 깨고 참나가 태어나게 되는 것이므로 이렇게 하여 천도문명을 이루고 서로 화합하여 강유가 알맞는 인격을 갖춘 참사람들만이 사는 지상천국을 이루게 되는 것이다.

서로 감응하는 도리를 살펴보니, 이는 천하 만물이 공통적으로 가진 본성으로써 서로 사랑하고자 하는 진실한 마음이 움직이는 순리가 나타나는 것임을 알 수 있다.

※ 感應 – 교미, 교태, 교합, 짝짓기, 흘레, 정신적 교감, 삼투란 뜻 – 성신이 사람의 마음 속에 임하여 정신적 변화 즉 깨달음을 일으킴. 성인들은 다 이러한 경험을 통하여 깨달음과 강하고 굳센 정신과 대자유를 얻고 참자기를 실현하였다. 萬物 – 만민, 육체적 인간을 의미함. 聖人 – 글자 그대로의 성인이 아니라, 여기서는 '성신과 사람'이고 人心은 참사람의 마음인 '참나'를 의미함. 情–뜻, 애정, 본성, 정신, 참마음(참나 : 주체정신), 이치, 진리, 순리

象辭

山上有澤 咸, 君子 以虛受人, 咸其拇 志在外也, 雖凶居吉 順不害也,

咸其股 亦不處也, 志在隨人 所執下也, 貞吉悔亡 未感害也, 憧憧往來 未光大也, 咸其脢 志未也 咸其輔頰舌 滕膝口說也

　간방의 천자가 될 사람을 하늘이 진흙(미천한 자리) 속에서 가려뽑아(선택하여) 성신의 은택을 내려 천도를 깨달아 알게 하는 것이 감이다. 군자는 이러한 때에, 백성들을 가르쳐 마음을 비우고(자아를 버리고) 천도를 익히기 위해 자기를 갈고 닦아 성신을 받아 감응(부부관계, 교합)하고 참자기를 낳게 한다.

　감응의 정도가 엄지손가락(엄지발가락) 정도에 머물러 있다는 것은, 아직도 마음의 원하는 바(자아의 욕망)가 바깥세상의 행복을 추구하는 삶에 있기 때문이다. 감응의 정도가 장딴지 정도에 머물러 있는 것은 흉하니, 차라리 평상시에 살던 대로 살게 하는 것이 길하다고 하는 것은 천도에 순종하여 따르지는 아니할지라도 방해는 하지 않을 것이기 때문이다. 감응하는 정도가 넓적다리에 머물러 있는 사람도 육체적 삶(일상)에 마음을 두고 있기 때문에 결정을 하지 못하고 있다.

　천도문명을 따라 참사람을 이루겠다고 결심한 사람은, 바라는 바(뜻)가 있어 지조를 지켜나갈 수 있으니, 천도의 동반자로 허락해도 제위치를 지켜 아랫사람들을 관리할 수 있을 것이니 정조를 지켜 나가면 길하다. 정조를 지키지 못하고 변심하면 멸망할 때 후회하게 될 것이라는 것은 그 감응하는 바가 미약하여 일을 방해하지 않을까 우려하는 것이다. 천도의 뜻을 따라갈지 말지 마음을 정(定心)하지 못하고 오락가락하는 사람은 아직 하느님의 큰 은총과 영광을 알지 못하기 때문이다. 감응하는 정도가 등줄기에 머물러 있는 사람은, 정한 마음이 있어서 절개를 지킬 수 있는 사람이다. 감응이 얼굴에 와 있는 사람(천도를 머리 즉 이성으로 인식하는 사람)은 천자(대인)의 보좌로 쓸 수 있다고 하는 것은 다른 사람들에게 말(지식)로나마 천도를 설명할 수는 있는 사람이라는 뜻이다.

※ 澤 – 진펄, 진흙, 성신의 은혜, 은총, 강림의 뜻. 虛 – 마음을 비우다, 자아를 벗어버리다. 受人 – 참나를 받아들이다. 害 – 방해하다, 훼방하다. 志 – 뜻, 마음, 본심, 원하는바, 알다, 절개를 지키다, 의로움을 지키다. 隨 – 수행원, 보좌. 執 – 잡다, 막다, 지키다, 가지다, 관리하다, 담당하다. 下 – 아랫사람, 신하, 낮아지다. 未 – 아니다, 못하다, 아직, 아니냐?, 못하냐? 滕 – 말을 내다, 하다. 光 – 영광, 빛, 은총, 기운, 문화의 위덕. 口 – 사람, 식구, 말하다. 說 – 가르치다, 학설, 해설, 도리, 말하다, 이야기하다.

32. 雷風恒(䷟)

恒亨无咎 利貞 利有攸往

의식이 순수하여 언제까지나 그 지조가 변치 않으면 형통하여 허물이 없다. 섭리적 가을에서 겨울로 넘어가는 때에 만인의 마음이 통하는 (형통) 이로운 세상을 이루기 위하여 천도로 자기를 닦고 연마하여 거짓자기(자아)를 다스려 나가면 시대(선선천 : 낡은 시대)가 지난 뒤 새 시대의 천도문명 섭리를 맡을 사명자(천자)로 세움을 입을 수 있을 것이다.

※ 恒 – 불변하는 천도와 같이 자기의 지조(천도를 향한 마음)가 불변하다는 뜻

[初六] 浚恒貞凶, 无攸利

깊은 우물(더럽혀진 우물)을 치듯, 자기 마음 속 깊은 곳의 더러운 때(관념, 의식 자아)를 벗고, 육체적 자아(정신 : 의식)를 다스릴 수 있은

다음에야 불변의 지조를 정하고 천운과 천시를 기다리면 타락한 견우의 사명을 빼앗을 수 있으나 그렇지 못하면 흉하여 자기를 닦고 연마한 일이 이로움이 없을 것이다.

※ 浚 – 깊은 우물을 치다, 빼앗다, 엎드려 기다리다.

[九二] 悔亡
육신의 멸망(죽음)이 이르게 될 때(나라가 망할 때) 후회하게 될 것이니 잘못을 깨닫고 고친다 해도 미련만 남을 뿐이다.

※ 悔 – 뉘우치다, 후회하다, 미련이 남다, 잘못을 깨우치고 고치다, 과오, 허물, 실패

[九三] 不恒其德 或承之羞 貞吝
그의 덕이 변치 않고 천도로 자기를 익히고 삶아 부끄러움이 없는 제물(삶 : 참마음)로 하느님께 드려야 하는데 혹 세속의 가르침(세속적 가치)에 미혹되어 갈팡질팡하여 정조를 지키지 못하고(마음이 변하여) 수치스러운 육포(육체적 삶 : 자아)를 바치면, 천명을 계승하는 하느님의 후사가 될 수 없으니 부끄러움이 있을 것이다.

※ 或 – 어쩌다가, 어떤 일, 어떤 것, 갈팡질팡하다, 헤매고 있다.

[九四] 田无禽
하늘 농사하는 밭(은나라, 제국)에서 아직 짐승(은천자)을 사로잡을 수 없다.

※ 禽 – 짐승, 날짐승 – 육체적 인간을 고등동물이라고 하듯, 육체는 동물이므로 '짐승'에 비유한 말로 육체적 자아를 다스릴 수 없다는 뜻.

[六五] 恒其德貞 婦人吉, 夫子凶

불변의 지조(하느님, 남편에 대한)가 곧 부인(천자 : 坤, 여자)의 덕이니 길하나 지아비(신하와 백성에 대해서 남편이 되는 천자)의 열매(천도의 결실)가 없으면 흉하다.

※ 振 - 떨쳐 일어나다, 들다, 들어올리다, 빼어나다, 받아들이다.

彖辭

恒 久也, 剛上而柔下 雷風相與, 巽而動 剛柔皆應恒 恒亨无咎 利貞 久於其道也 天地之道 恒久而不已也 利有攸往 終則有始也 日月得天 而能久照, 四時變化 而能久成, 聖人久於其道 而天下化成 觀其所恒 而天地萬物之情 可見矣

항은 불변의 정신으로 오래 기다리는 것이다. 상제(남편)의 강하고 굳센 정신이 신하의 유약한 정신에 내려와 상호 교섭하여 유약한 신하(아내)의 정신이 강하고 굳센 정신으로 바뀌어야 한다. 이와 같이 후천에는 〈東震八木 : 雷〉과〈西巽九金 : 風〉(雷風震巽)이 결혼하여(장남과 장녀가) 부부가 됨으로써 천도문명섭리 실현을 위해 함께 천도를 사해에 베풀게 될 것이다.

후천시대에는 문왕괘도에서 동남간방에 있던 손방(風)이 움직여 정서방으로 이동하여 정동방에 있는 진팔목(帝出乎震)과 부부를 이루고 강하고 굳센 정신을 가진 장남(震帝 : 상제의 적장자 : 천윤, 후사)과 유순한 정신을 가진 장녀(손풍)가 천도를 숭상하는 불변의 정신으로 함께 호응하여 천도문명 세계를 이루어 나가게 된다는 것이다.

천도를 숭상하는 불변의 정신(지조, 정조 : 주체정신)은 이와 같이 참사람창조 완성과 지상천국 건설을 위해 하늘이 섭리해 나가는 것이므로 형통하여 허물이 없다는 것이다. 후천시대는 섭리상의 가을과 겨울철에 해당하는 것이므로 그 도가(섭리기간) 불변하여 오래간다고 하는 것이다.

하늘의 천도와 땅의 도(사람의 도)를 합하여 불변의 정신을 이루고 오래도록 지켜 나가면 얼마 있지 아니하여 후천시대가 오게 될 것이니 선천의 끝이 이르면 후천이 시작될 것이다.

해(震八木)와 달(巽九風)이 천제의 지위(帝出乎震)를 얻으면 오래도록 세상 만민에게 천도를 밝혀 능히 깨우치게 할 것이다. 하늘이 천도문명 섭리를 사계변화를 통하여 오래도록 견디며 이룩하시듯 성인도 하늘의 뜻과 섭리하시는 법칙에 의지하여 그 도를 넓게 밝혀 이루기 위해 오래 참고 견디며, 천하만민이 천도를 이루고 자기 본질을 바꾸어 옛자기를 죽이고 새로운 참자기로 태어나기를 바라는 것이다.

불변하는 천도정신을 이루는 도리를 살펴보니 천지와 만민이 다같이 음양의 짝(부부교섭 : 강유감응)을 이루고 사랑(애정)함으로써 본성인 참마음(참자기)을 찾아 이루게 된다는 이치를 알 수 있다.

※ 風 – 바람, 암내내다, 발정하다, 가르침. 교화 – 장녀인 巽卦가 장남인 震卦를 찾아 발정하는 상. 已 – 이미, 끝나다, 버리다, 얼마 아니 있어. 日月 – 해와 달, 하늘과 땅, 남편과 아내, 강유를 뜻함. 能 – 능히, 잘, 견디다. 所 – 바, 곳, 도리, 이치. 만물 – 易에 나오는 이 낱말은 만민을 의미한다. 可 – 사리, 옳다. 見 – 보다, 알다, 나타나다, 알리다.

象辭

雷風恒, 君子 以立不易方, 浚恒之凶 始求深也, 九二悔亡 能久中也 不恒其德 无所容也, 久非其位 安得禽也, 婦人貞吉 從一而終也, 夫子制義

從婦凶也, 振恒在上 大无功也

　선천의 '三艮木'(동북방·소남)이 자라서 성남(成男)이 된 후천의 '震八木'(정동방 : 천윤 : 雷)과 선천의 '四巽金'(동남간방, 장녀)이 정서방으로 이동해 와서 '九巽金'(장녀, 風)이 되어 마주보는 하늘의 적장자요 천제(天帝 : 上帝의 지위를 상속한 맏아들)인 진팔목제와 부부 관계를 맺는 때가 '恒의 때'이다.

　후천의 군자가 나타나면 선천의 시운(逆天者文王의 시운)은 급격히 쇠퇴해질 것이요, 문왕이 숨겨 두었던 천도(후천대역)가 후천군자(대인)에게 전해질 것이며, 후천대인은 '震八木帝'의 자리에 세움을 입고, 상제로부터 천권(天帝權 상속)을 상속받아 천제의 자리에 즉위하게 되면 천지정위(天地正位 : 제짝들의 바른 위치)가 똑바로 정해지게 될 것이다. 이는 선천 문왕의 역천으로 인하여 막혔던 하늘땅의 기운과 사방(세계)의 기운이 터져 막힘 없이 흐르게 되는 때를 만난 것이니 바야흐로 천하 만상의 변화가 일어나 진실하고 참된 의인들이 높임을 받고, 악인들이 멸시를 받게 되며 천도를 숭상하여 이루는 사람들이 존귀해지고 물질(돈 : 권력, 명예, 힘)을 숭상하는 사람들은 천대받는 세상이 되고, 천하만상이 모두 제자리를 찾아 가치질서가 바로 서게 될 것이므로 평탄하고(공정하고 바른) 태평한 세상으로 바뀌어 세계질서가 바르게 새로워질 것이 아닌가?

　마음이 더러워진 우물 같아 세속의 명리(名利 : 명예와 이익)에 마음이 수시로 변하는 자들이 흉하다고 하는 것은 처음부터 '문왕이 숨겨두었던 천도의 근본을 후천대인이 찾아' 처음으로 천업을 시작하는 것(선천에는 문왕의 역천으로 천도를 숨기고 시행하지 아니하여 하늘의 섭리가 막혀 있었음)이기 때문이다. 구이효에 멸망할 때 후회하게 될 것이라는 것은 그 중정심을 오래 간직하고 견딜 수 없기 때문이다. 그 사람의 덕이 오래갈 수 없는 것이라면 다른 사람을 용서하고 포용해야 할 자리에 있을 수 없기 때문이다. 그 사람이 천자의 지위에 오른다 해도 오래갈 수 없음은 그 마음이 사악하여 하늘을 배반하게 될 것이므로 백성을 편안하게 할 수 없는 짐승을 얻은 것과 같기 때문이 아닌가? 정숙하여 정조를 지킬 수 있는 사람이 길하다고 하는 것은 끝까지 한 곳으로 따라나아가는 지조가 있기 때문이다. 천자의 말과 법도가 바르고 한결같아야 백성이 그를 좇아 의로운 길을 행할 때 열매가 무성해지는 것인데 바르지 못하면 그를 따르는 신하와 백성(婦)이 흉하게 될 것이다.

자기 스스로 떨치고 일어나 오래도록 세상의 위세와 명성을 드러내 만민이 그를 두려워 떨게 하려고 할지라도 그를 천자의 지위에 들어올려 세우는 권한은 상제에게 있으니 선천의 대인은 천업의 공을 이룰 수 없다.

※ 雷 – 震雷이니 후천에 나타나는 震八木天帝다. 風 – 巽風이니 후천震帝의 짝이 된다. 立 – 똑바로 하다. 전해지다, 나타나다, 자리, 세우다, 즉위하다, 쇠퇴하다. 易 – 바뀌다, 새로워지다, 어기다, 배반하다, 만상이 변화하다, 평정하다, 태평하다. 始 – 처음부터 시작하다. 深 – 감추다, 숨기다. 容 – 감싸다, 포용하다, 용서하다, 어찌, 마땅히 여기다. 非 – 배반하다, 거짓, 진실이 아니다, 사악하다. 한 번, 한, 처음, 한곳으로 가다, 변함이 없다. 制 – 법도, 짓다, 만들다, 천자의 말, 정하다, 마음대로 하다.

33. 天山遯(☰☶)

遯亨, 小利貞

둔은 선천의 문왕이 하늘을 속이고(역천 : 배반) 천자의 자리에 올랐으나 그의 천운과 천시가 다하여 물러난다(달아나다)는 뜻이니 형통한 일이다. 선천 후반(貞 : 겨울철)은 만상이 겨울잠에 들어 쉬는 때로 아직도 새봄(후천시대 : 서기 2000년 이후)이 오려면 멀었으므로 선천운에 속해 있는 利貞(가을과 겨울)의 때는 서금(西金 : 兌方, 문왕)의 때요, 문왕의 선천이므로 소인배(천도를 모르는 육체적 인간들 : 짐승)들이 유익한 때라고 한 것이다.

※ 遯 - 숨이다, 물러나다, 달아나다. 小利貞 - 소인들에게 유익한 때(가을, 겨울). 天山遯 - 하늘이 거하시는 艮山의 자리(참아들 : 적자 : 후사의 자리 : 천자의 자리)에 성질이 강한 여자(문왕)가 앉아 세상을 다스리는 역천(거짓 : 속임수 : 내주장)할 수 있는 것은 동북간방(봄)은 어린 소남(少男)이기 때문이고 兌方은 어린 소녀인데 문왕이 〈역천괘도〉를 만들어 正西方(원래 巽方자리) 장녀의 자리에 앉아 세상을 다스리고 있고 正東方은 艮山三木(소남)이 자라서 成男(장자)이 되어야 후천에 나타날 수 있는 자리이므로 아직은 비어 있는 공석이다.

문왕(兌方)은 이러한 하늘의 비밀을 간파하고 없는 남편을 있는 것처럼 꾸며 그 집(제국 : 세상)안의 안주인 노릇을 해올 수 있었으므로 그는 과부 아닌 과부요, 하늘과 세상을 속인 마귀요 역적인 것이다. 이것이 천도섭리의 비밀이다.

[初六] 遯尾厲, 勿用 有攸往

천운과 천시가 끝나서 물러나는 뒤끝이 아름답지 못한 선천의 천자를 섬기는 자들은 위태로움이 있으리니 그의 명령을 듣지 말고 새로운 후천시대 천운을 타고 오는 대인을 맞이하기 위하여 자기를 닦아 나아갈 줄 아는 지혜가 있어야 한다.

※ 用 - 남의 말을 듣다. 尾 - 꼬리, 뒤끝, 아름답다.

[六二] 執之用 黃牛之革, 莫之勝說

후천시대를 이끌어갈 어린 견우(黃牛)가 나타나 낡고 병든 옛 세상을 고쳐 새로운 세상으로 바꿀 것이니 그의 말을 듣고 옛 임금(세속이 섬기는 가치 : 돈, 힘, 명예 등)을 고집하여 따르지 말 것이며 새로 나타나는 천자의 길을 막지 말라.

앞시대는 해(선천 : 견우)가 저물고 밤이 되어 백성들은 껍질을 벗지 못하고 병들어 앓고 있으니 나쁘다. 멸망하는 임금에게 아첨을 하거나 변명을 하면서 이익을 탐하여 정직한 사람을 이기려 하지 말고 후천의 어린 견우가 나타날 때까지 참고 견디며 자기를 닦아 준비하면 좋은 기회가 올 것이니 그것이 진실로 이김이다.

※ 黃牛 – 어린 소, 견우, 대인, 천자. 莫 – 해가 저물다, 밤, 어둡다, 나쁘다, 병을 앓다, 껍질

[九三] 係遯有疾 厲, 畜臣妾吉

하늘과 만민을 속이고 물러나는 견우와 관계를 맺는 사람은 병(무리 : 천도를 모르다)이 있는 사람이니 위태로울 것이다. 세속가치에 길들여지지 않는 사람들을 길러 신하와 첩으로 삼으면 길하리라.

[九四] 好遯 君子吉, 小人否

그의 시대가 끝나고 물러나는 견우를 귀엽게 여기는 일이 군자(대인)에게는 길하나 소인들에게는 막힘이 있으니 나쁘다.

[九五] 嘉遯貞吉

타락한 천자가 물러나는 일은 경사스러운 일이니 진실함으로 하늘에 정조를 지키면 길하다.

[上九]肥遯 無不利

타락한 천자가 물러나는 때에 밭을 갈아 살찌우게(마음을 갈고 닦아 비옥하게 하면)하는 사람은 이롭지 않음이 없다.

彖辭

遯亨, 遯而亨也 剛當位而應 與時行也, 小利貞 浸而長也, 遯之時義 大矣哉

타락한 천자(선천)가 물러나는 일은 형통한 일이다. 형통하게 되기 위해서 물러나는 것이기 때문이다. 하늘의 강한 섭리의지에 짝하여 따라 움직이는 것이 천자의 자리이므로 천시의 움직임에 따라 천자의 자리도 더불어 결정되는 것이다.

둔의 때가 소인들에게 유익한 때라고 하는 것은 하늘나라 계승자(후사)가 될 맏아들(三艮木)이 점점 자라서 어른이 되어 '東震八木帝位'로 침범해 들어오고 있기 때문이다. 艮三木이 자라서 성년이 되면 상제로부터 천하만국의 통치권을 상속받아 東震帝(帝出乎震 : 震八木)의 자리(한국)에 앉게 되면 남편이 없는 자리에서 가짜 며느리 노릇을 하고 있던 兌方의 王(세력)은 쫓겨날 수밖에 없으나 利貞(가을과 겨울)의 때는 악한 며느리가 맏아들대신 세상을 지배하고 있는 때이므로 소인배(악한 무리들)들에게는 유익한 때인 것이다. 둔 때의 의미가 참으로 크도다!

※ 當 − 짝하다, 함께, 따라서. 浸 − 침범해 들어오다. 長 − 자라다, 성장하다, 어른이 되다.

象辭

天下有山 遯, 君子 以遠小人 不惡而嚴, 遯尾之**厲** 不往何災也, 執用
黃牛 固志也 係遯之**厲** 有疾備也 畜臣妾吉 不可大事也, 君子好遯 小人
否也 嘉遯貞吉 以正志也 肥遯无不利 无所疑也

천지의 주재이신 하느님의 신하노릇을 艮山木(동북방 : 소남)이 하
고 있는 때가 둔의 때이다. 군자는 이러한 때에 소인들을 멀리하고, 악
인들을 엄하게 다스려 악한 행위를 하지 못하도록 해야 한다. 타락한 천
자(선천세력)가 쫓겨나는 때이므로 위태하고 백성과 신하들이 괴로움
을 겪고 있으니 새로운 천자가 떨쳐 일어날 때를 대비하여 자기를 갈고
닦아 지조를 높이 세우고 나아가야 화액을 면할 수 있으나 그렇지 못할
때에는 어찌 그 화액이 이를 때에 피할 수 있으랴?

하늘이 어린 후천견우를 천자로 세울 때이니, 옛 천자와의 관계를 끊
고 새 천자를 따라야 살 수 있다. 낡고 부정한 생각이나 지식을 고집하
며 변하여 바뀌는 천운을 막거나 두려워하지 말고, 그 시운을 받아들여
따라가야 살 수 있다. 낡은 시대가 쫓겨나는 것에 미련을 가지고 더욱
인연을 맺으려 하면 위태로워 화액을 면치 못할 것이니 병든 세상과 사
회와 함께 고생하는 일이 있게 될 것이다. 천도를 모르는 세속에 때문지
않은 사람들을 길러 신하와 첩(아내 : 백성)으로 삼으면 길하다고 하는
것은 병든 세상을 바꾸는 일이 대인이 해야 할 일이니 하기 어렵다고 안
할 수 있겠는가?(반어법)

새 시대를 열고 낡은 시대를 개혁하러 오는 후천 군자(대인)이니 낡
은 시대의 천자가 쫓겨나는 일을 반기지만 부정부패를 좋아하는 소인들
에게는 불행한 일이 아닐 수 없다. 낡은 시대가 떠나면 경사스러운 일이
있을 것이니 끝까지 바른 정조를 지켜 나가야 길하다고 하는 것은 하늘
의 뜻(섭리)이 바르기 때문에 나 또한 바른 뜻을 지켜 나가야 한다는 것

이다. 낡은 시대와 새로운 시대가 교차하는 위태로운 때에 부정한 마음을 닦아 비우고 천도를 숭상하여 씨뿌릴 수 있는 비옥한 마음밭을 가꿔야 이롭지 않음이 없다고 하였으니 남들에게 의심받을 일이나 빌미가 없어야 하기 때문이다.

※ 天 - 하늘, 주재자, 상제, 천제. 下 - 신하, 천하다, 낮아지다, 하인. 災 - 재앙, 화액. 用 - 쓰다, 써서. 固 - 고루하다, 고집부리다, 완고하다. 係 - 관계짓다, 묶다, 인연짓다. 備 - 고달프다, 병으로 고생하다. 大 - 대인. 事 - 일, 사업, 경영하다. 不可 - 할 수 없다, 될 수 없다이다, 여기서는 反語法으로 쓰임.

34. 雷天大壯(☳☰)

大壯利貞

낡고 병든(물욕과 육체에 매인 동물적 삶 : 육체적 인류) 세상을 청산하고 이로운 천도문명시대를 개벽하러 오는 후천대인이 삼십세(문왕으로부터 3천년 : 선선천, 선천, 후천이니 30세)의 한창나이라서 젊고 씩씩하여 기세가 훌륭하므로 서남쪽(兌方 : 선천文王의 운)의 운이 손상을 입는 利貞(가을, 겨울 : 문왕의 때)의 때로 바뀌고 있다.

※ 壯 - 씩씩하다, 기세가 좋다, 기상이 훌륭하다, 갸륵하다, 크다, 커지고 있다, 자라고 있다, 젊다, 한창나이 30세, 서남쪽 손상을 입다, 상하다, 남방.

[初九] 壯于趾 征凶有孚
후천대인의 걸음걸이가 씩씩하고 기세가 뛰어난 가운데 천도와 천덕

새 시대의 **周易**, 후천시대에 대한 하느님의 대 예언서

을 닦으며 성장하고 있다. 그러나 선천시대를 정벌하려고 하는 것(후천시대를 소급하려는 시도)은 아직 흉하니 참정신(믿음, 정성, 진실)을 기르고 있어야 할 때이다.

※ 趾 - 걸음걸이, 발자국. 孚 - 참되고 믿음이 있다, 껍질을 깨다, 달리다, 자라다, 알이 깨다, 빛나다.

[九二] 貞吉

대인은 하늘의 뜻(섭리)을 위하여 일생을 바쳐 살겠노라고 하는 정한 마음(定心 : 心柱)을 세우고, 진실한 마음과 정성을 다하여 육체의 껍질(알 : 자아, 관념, 상식)을 벗고 천도와 천덕을 깨달아 참자기(참나 : 참사람의 씨앗)로 환골탈태(해탈)한 후에도 하느님(남편 : 夫사)에 대하여 아내(땅 : 坤람地들, 육체, 음)로서 정조를 끝까지 지켜 나가야 길하다.

[九三] 小人用壯 君子用罔 貞厲, 羝羊觸藩 羸其角

소인들이 씩씩하고 기세가 좋게 나라를 다스리니 오히려 군자를 잡아 굴레 씌우고 부리는 때이므로 지조가 있고 진실한 사람들도 위태하다. 숫양(후천대인)이 성신의 감동으로 상서로워져서 더럽혀진 선천 운기를 그 뿔로 떠받으며 침범해 들어오고 있어 나(문왕)를 괴롭게 하고 약해지게 하고 벌거숭이가 되게 하고 있다.

※ 羝 - 숫양(후천대인). 觸 - 뿌리치다, 떠받다, 접촉하다. 藩 - 변두리, 울타리, 경계. 羸 - 여위다, 약하게 하다, 괴로워하다, 뒤집어엎다, 알몸이 되게 하다. 후천대인은 艮三木이 震八木으로 자라고 있는 조선을 의미함.

[九四] 貞吉悔亡, 藩決不羸, 壯于大輿之輹

진실하고 지조가 있어야 길하다. 그렇지 못하면 멸망할 때 후회하게 될 것이다. 시대가 지나갈수록 선천운이 약해지는 것은 하늘이 정한 바이나 변두리가 터져 결단나고 있으니 결단코 뒤집어엎지 못하도록 숫양의 나라(조선)를 쳐서 한나라로 터놓거나 아니면 아예 뿌리를 파내거나 결심을 해야 하겠다.

후천의 견우(震八木 : 한국)가 씩씩하게 성장해 가므로 그 기세가 상서로우니 '그 수레(나라 : 민족)의 복토(차축과 차체를 고정하는 쐐기 : 고정핀)를 결단내는 것이 좋을 것'이다.

※ 決 - 터지다, 터놓다(하나가 되게), 상처를 입히다, 도려내다, 파내다, 결심, 처분, 조처, 정한 바, 결연히, 결단내다. 輹 - 복토.
※ 그래서 수나라나 당나라 및 원나라가 우리나라를 쳐서 없애려고 그처럼 광분했던 것임을 알 수 있다.

[六五] 喪羊于易 无悔

후천의 상제(天帝 : 震八木帝)로 나타나기 위해 자라나고 있는 숫양(조선)을 '죽여 없애지 않으면', 내가 세상을 다스리는 천자(대리하느님 자리)의 지위를 잃고 물러나야 할 것이니, '결단코 그를 멸망시키고 내가(문왕) 그 자리를 바꾸어 앉아서 후천시대까지 다스려야 후회함이 없을 것'이다.

※ 喪 - 죽이다, 없애다, 멸망시키다, 지위를 잃다, 자리에서 물러나다. 易 - 자리를 바꾸다.

[上六] 羝羊觸藩 不能退 不能遂 无攸利 艱則吉

숫양이 나의 시운을 침범해 오고 있어 나의 변두리가 상하여 알몸으로 만들고 있으나 '그는 하늘이 키워 艮三木에서 震八木으로 제 자리를 찾아 이동하고 있으니', 나는 차츰 천운이 약해져 가고 있는데, 그를 물리쳐야 하나? 아니면 겸양하고 물러나 틀어박혀 있어야 하나? 그러나 그를 내가 능히 물리칠 수는 없을 것이다. 그렇다고 내가 천도문명을 성취하고 영구히 형통한 세상을 만들 수 없을 바에야 머뭇거리지 말고 내가 나아갈 바를 결정해야 한다. 조급하게 굴어도 유익한 바가 없으니 느긋하게 가면서 어려움이 있을지라도 자연의 이치대로 따르는 것이 길할 것이다.

※ 退 - 이동하다, 제자리로 돌아오다, 물러나다, 피하다, 겸양하다, 약해지다, 물리치다, 뉘우치다. 遂 - 이루다, 성취하다, 마치다, 끝내다, 자라다, 키우다(하늘이), 영구히, 통하다, 따르다, 순종하다, 결정하다. 則 - 자연의 이치, 도리.

彖辭

大壯, 大者壯也, 剛以動故 壯, 大壯利貞 大者正也 正大而天地之情 可見矣

대장은 후천대인이 상서롭고 씩씩하여 기세가 훌륭하다는 뜻이다. 대인의 정신이 강하고 굳센 정신으로 변화하고 있기 때문에 씩씩하고 기세가 좋다고 하는 것이다. 이러한 대장의 때는 섭리상의 가을을 지나 겨울(선천)로 접어드는 때이다. 후천대인이란, 하느님의 적자(嫡子)요, 본체요, 세계중심에 있는 임금(天帝)이요, 만국 왕들의 우두머리요, 세계를 천도문명으로 평정하고 바로잡아 다스릴 진리의 왕으로 바르고 치우침이 없어 공평하고 순일한 정신으로 만민을 가르쳐 지상에 하늘나라를 건설하려는 것이 그의 주된 정사(政事)이니, 하늘이 처음부터 그를 천도로서 훈계하여 길러온 천윤(天胤)이다.

이와 같이 방정하고 품위(인격)를 갖춘 후천대인이 나타나 세계를 공평의 도로 다스려 이상세계를 이루어 주기를 바라는 것은 하느님과 만민의 뜻임을 가히 진상으로 나타내 보이고 있다.

※ 正 - 적자, 임금(帝), 우두머리, 본처, 과녁, 가르침, 훈계, 다스리다, 평정하다, 도, 바른길, 중앙, 바르다, 순일하다, 공평하다, 품위가 있다, 치우치지 아니하다, 진리에 맞다, 바로잡다.
※ 진상 - 진리의 모습으로 나타나 있다는 뜻.

象辭

雷在天上 大壯, 君子 以非禮弗履 壯于趾 其孚窮也, 九二貞吉 上仲也, 小人用壯 君子罔也, 藩決不羸 尙往也, 喪羊于易 位不當也, 不能退 不能遂 不詳也 艱則吉 咎不長也

우레 같은 목소리로 바르게 살라고 세상을 향하여 명령(天命)을 내리시는 이는 하늘에 계신 상제이시니 그의 맏아들인 후천대인도 상제(아버지)로부터 천권(天權)을 계승하여 천업을 이루어 나가는 정신이 씩씩하고 기상이 훌륭하다는 것이다.
군자(문왕)는 그러한 정신을 본받아 진실이 아니고 예가 아니면 행하지 않고, 옛 단군상제의 발자취를 따라 천도와 천덕을 이루기 위하여 기세가 훌륭하게 끝까지 나아가야 하는데, 그 사람(문왕의 후예인 후대임금들)은 대인의 정신을 잃어버려서 천도와 천덕을 숭상하지 않으며 예와 진실이 막혀 통하지 않아 천도문명 섭리가 불행하게도 그치고 말았으니, 이는 하느님에 대한 믿음과 참마음과 정성이 없어졌기 때문이다. (也가 반어법으로 쓰임)
구이효에 지조가 있어야 길하다고 하는 것은, 중심(주체정신)이 있어야 한다는 것이다. 소인배들이 기세 좋게 나라를 다스리고 있다는 것은 소인들이 의인과 군자들을 붙잡아 부리고 있는 세상이 되었다는 뜻이다. 숫양(후천대인의 천운)이 문왕의 운세(중국의 운세)를 침범해 들어오지 못하게 하려는 것은 여자(암양 : 중국)가 도리어 남편(숫양 : 한국)의 자리를 빼앗아 주인의 것을 다스려 나가고 있기 때문이다.

남편(숫양 : 조선)이 없는 집안에서 여자가 남편의 자리를 바꾸어 앉아 다스리는 것처럼 문왕은 남편 없는 집을 차지하여 주인 노릇을 하고 있으므로 그의 자리(천자 : 하느님 자리 : 帝王의 자리)가 정당하지 못하다고 하는 것이다. 이제 와서 주인(후천 대인)을 쫓아낼 수도 없고 견우의 사명을 성취할 수도 없게 되었는데 이런 내용을 세상에 자세히 밝힐 수도 없으니 하늘과 백성을 속일 수밖에 없다. 괴롭더라도 자연의 순리에 맡기는 것이 길하다는 것은 하늘나라 계승자인 종주(宗主 : 천윤 : 후천의 진목대인)가 자라나는 것을 막는 잘못을 저지르는 벌을 감당할 수 없기 때문이다.

※ 弗 - 아니다, 어긋나다, 위배되다, 근심하다. 當 - 정당하다. 羣 - 자세히 밝히다, 속이다.

35. 火地晋(䷢)

晋 康侯, 用錫馬蕃庶 晝日三接

진은 문왕이 구주의 방백들에게 자기를 상제에게(천자로) 천거해 달라고 온화하고 정다운 얼굴로 친하게 지내자고 선물을 바치며 진력하고 있는 모습이다. 다른 제후들에게 칭송을 받기 위하여 자기 밑에 있는 번국 제후(부용국들의 낮은 제후들)들을 불러 말과 석장과 삼베옷 등을 하사하며 사은을 베풀며 날마다 접대하고 있다.

※ 晉 – 나아가다, 삼가다, 晉은 進과 통한다. 進 – 나아가다, 출사하다(천자로), 힘쓰다, 추천하다, 천거하다, 선물을 주다, 바치다, 가까이하다, 친하게 지내려 하다. 康 – 온화하다, 정답게 지내다, 칭송하다, 들어올리다. 侯 – 제후(제후장들). 錫 – 석장과 베를 하사하다. 蕃 – 번국, 변두리 제후국, 부용국. 庶 – 여러, 여러 가지, 온갖 물건. 晝 – 낮. 日 – 날마다. 三 – 여러, 여러 번. 接 – 사귀다, 교제하다, 모으다, 가까이하다, 접촉하다, 계속되다.

[初六] 晉如 摧如 貞吉, 罔孚裕 无咎

힘써 천자의 자리에 나아가려 하는 것 같고, 다른 제후장들(구주의 方伯들)이 막아 방해하는 것도 같으니 진실하고 지조가 있어야 길하다. 그럴수록 그들을 망으로 몰아 짐승을 잡듯하지 말고 관대하고 너스러운 마음으로 정성을 기울여 마음을 사야 허물이 없다.

※ 摧 – 재촉하다, 징조가 보이다, 막다, 방해하다. 裕 – 너그럽다, 관대하다.

[六二] 晉如 愁如 貞吉, 受玆介福于其王母

일이 잘되어 나가는 듯하고 근심하는 듯하니 진실한 지조가 있어야 길하다. 때의 형편이 어려워(어두워) 억지로라도 남들의 도움을 구해 천거를 받아야 할지 절의를 지키고 얌전히 앉아서 조선상제(王母)의 천명(임명 : 하늘이 내리는 복)을 기다려야 할지 양단 사이에 끼어 있어 몸을 움직일 수 없다.

※ 愁 – 근심하다. 玆 – 때(형편)가 흐리다, 어둡다. 介 – 정조, 절조, 절의, 얌전하다, 몸짓, 움직이다, 소개받다, 맺어주다, 천거, 머무르다, 사이에 끼어

있다. 王母 - 上帝는 첫번째 단군만을 의미하고, 그 후의 46대 단군들은 상제의 대리자로서 易의 원리로 보면 그들도 역시 상제(남편 : 아버지)의 아내(后, 坤, 어머니)에 해당하므로 왕모라 한 것이다. 왕들의 어미란 뜻.

[六三] 衆允 悔亡

많은 군신(백관)들이 다 진실로 동의하고 승낙하지 아니하면 천자로 추천될 수 없으니, 멸망할 때 후회하게 될 것이다.

※ 衆 - 많은 사람, 군신, 백관, 모든 제후. 允 - 진실로, 동의하다, 추천하다.

[九四] 晋如鼫鼠貞厲

일이 진척되어 가는 듯한데, 어찌 되어가는 형편이 생쥐 같은 간신들 때문에 땅강아지가 굴을 파듯 더딘 것 같으니, 나 자신을 더욱 닦고 연마하여 지조를 높이 세우고 떨쳐 일어나야 할 것 같다. 그렇지 않으면 위태로움이 있을 것이다.

※ 鼫鼠 - 다람쥐, 땅강아지, 쥐, 간신, 근심하다.

[六五] 悔亡, 失得勿恤 往吉无不利

망할 때에 후회하지 않으려면 일이 잘못되어 틀어지든지 다른 제후들과 뜻이 통하여 이루어지든지, 남들의 동정을 구하지 말고 나아가는 것이 길할 것이니 이로움이 없지 않다.

※ 失 - 잃다, 어긋나다, 틀어지다, 잘못되다. 得 - 얻다, 뜻이 서로 통하다, 이루어지다, 만족하다. 恤 - 동정하다, 근심하다.

[上九] 晋其角 維用伐邑 厲吉无咎

그 짐승의 뿔(숫양 : 은천자)을 잡고 겨루던지 그와 언약을 맺고 정승의 자리를 유지하던지 아니면 병마를 갖추어 천자의 성읍을 토벌하던지 해야 할 텐데 어떻게 하면 좋을 것인가? 다 위태로운 길이니, 지조를 높이 세우고 더욱 연마하여 괴로움을 참고 고해를 건너는 것이 길하여 허물이 없을 것이다.

※ 維 – 밧줄을 매다, 묶다, 깊이 헤아리다, 유지하다. 伐 – 토벌, 윗사람이 아랫사람의 잘못을 밝히고 쳐서 징치하는 처벌전쟁. 邑 – 천자의 수도, 서울, 왕성.

彖辭

晋, 進也. 明出地上 順而麗乎大明, 柔進而上行 是以康候 用錫馬蕃庶 晝日三接也

천자의 자리에 나아간다고 하는 것은 구주 방백(伯 : 백작 : 제후들의 장)들의 만장일치 동의와 천거를 받아 조선상제(왕모)에게 임명(天命)을 받아야 하는 것이다. 그래야 국권과 왕위의 정통성이 공인되어 천하 제후들과 만조백관과 만백성이 순종하여 좇을 것이므로 해(태양 : 陽 : 남편)인 상제의 공인된 달(아내 : 천자)로 나타나야 신하와 백성(땅, 地 : 坤)이 순종하여 하느님(上帝)과 짝(해와 달)을 이룬(천명을 받은) 아름다운 대인(훌륭한 아내, 달)이라고 여기고 높이 존중받게 될 것이다.

유약한 자리에 있던 신하가 높이 받들려 천자의 자리에 나아갈 수 있는 길은 상제의 천명이 있어야 하는 것이므로 구주의 제후들과 가까이 하여 칭송을 받고 추대를 받으려고 낮이면 날마다 제후들을 불러들여 여러 가지 선물과 석장과 말을 하사하며 접대를 하는 것이다.

※ 明 – 해와 달이 짝짓다. 地 – 신하, 백성. 麗 – 아름답다, 훌륭하다, 짝짓다, 생각하다, 짝지어가다.

象辭

明出地上 晋, 君子以自昭明德, 晋如摧如 獨行正也, 裕无咎 未受命也, 受玆介福 以中正也, 衆允之志 上行也, 鼫鼠貞厲 位不當也, 失得勿恤 往有慶也, 維用伐邑 道未光也.

상제(해)의 아내인 달(天子)이 지상에 나타나 만백성을 경작하는 새로운 시대 섭리가 나타나는 때가 진의 때이다. 군자는 이러한 때에 스스로 자기의 덕을 밝힌 후 그 덕으로 세상을 비춰 밝은 세상을 만들어야 할 때이다.

새로운 천자의 후보로 천거를 받기 위해 힘써 노력하여 나가는 것 같기도 하고, 물러나 근신하는 것 같기도 한 것은 홀로 바르다고 생각하는 길을 가기 때문이다. 너그럽고 관대하면 허물이 없다는 것은 아직 조선 상제로부터 천명을 받지 못했기 때문이다. 구주 제후장들의 도움(천거, 소개받음, 맺어줌)을 억지로 받아야 할지 아니면 천자의 자리를 포기하고 정승의 자리에 머물러 있으면서 하늘에서 복이 떨어지기를 기다려야 할지를 망설이고 있다는 것은 천운을 기다리는 것이 중정에 미치지 못했기 때문이다.(반어법)

만조백관과 만백성이 진실로 원하는 바는 구주의 방백들과 백관들의 동의와 승낙을 받아 상제에게 천거됨으로써 떳떳하게 천명을 받아야 한다는 것이 또한 상제께서 행하시는 법도의 길이다. 쥐새끼 같은 간신배들의 방해가 있으니 더욱 힘써 닦고 연마하여 높은 지조를 세우고 떨쳐 일어나야 한다는 것은 아직도 그의 품격(인격)이 천자의 자리에 미치지 못하기 때문이다.

　다른 제후들과 뜻이 통하여 협조를 얻든지 못 얻든지, 남들의 동정을 구하지 말고 나아가면 경사로운 일이 있을 것이다. 은천자와 언약(제휴)을 맺고 정승의 자리를 유지하든지 아니면 병마를 갖추고 천자의 도성을 토벌(하극상)하든지 양단간의 결정을 해야 할텐데 망설이고 있다는 것은 아직도 그는 천도의 의의를 잘 (밝게) 모르고 있다는 것이다.

※ 明德 – 천덕으로 자기 인격을 밝히다, 천덕을 인격화 · 성품화 하다의 뜻. 따라서 昭明德은 明明德과 같은 뜻으로 천성화 된 인격(천덕)을 가지고 신하와 백성을 교화하여 기르다, 사회를 밝히다, 밝은 사회가 되게 하다의 뜻이다. (대학의 중심 명제임)

※ 未受命 – '상제(단군제)로부터 임명을 받지 못했다' 는 뜻으로 그 시대에는 실제로 조선상제를 천제, 상제, 황제, 옥황상제로 칭했으며 고조선 상제는 아시아의 지나대륙 뿐 아니라 중앙아시아와 소아시아 및 인도대륙까지를 하나의 통일제국으로 다스리되 지역마다 천자를 세워 천하를 다스리기 위해 세계 각처(사방)에 네 천자를 임명한다는 뜻이며, 그들을 일러 '사천왕'이라고 하였다.(중국, 인도, 중앙아시아, 슈메르(메소포타미아와 소아시아 : 지중해문명권).

36. 地火明夷 (䷣)

明夷, 利艱貞

※ 동방왈이(東方曰夷)라 하였으니, 夷는 東夷族을 의미한다. 옥편 夷字의 뜻.

　동이족은 '동쪽에 있는 군자의 나라사람' 으로 그들은 색깔 없는 무색

옷(흰옷)을 입고 평화를 사랑하며(기뻐하다) 온화하고 떳떳하여, 남의 나라를 멸하거나 상하게 하지 않고 평화롭게 살며, 천도를 밝혀 깨닫게 하고 예를 높이 숭상하여 '현세에 살면서 홍익인간(참사람)을 이루게 하나니' 나라에는 질서가 갖추어지고 서로 존중하여 높이며 마음의 눈이 밝아 사물의 이치를 명료하게 드러내 알게 한다.(在明明德) '동이의 나라에는 예부터 신령(上帝)이 계셨으니 해와 달이 머무는 곳' 이요, '후천대인이 나타나 새벽을 밝혀(見大人 : 震木帝) 깨워야 할 나라' 이다.

선천시대의 가을(利)철은 문왕의 때이므로, 장손동이(맏아들)는 지조가 있어도 험악한 시절이라 괴로움을 겪고 있는 때이다.

※ 夷 - 동쪽에 있는 군자의 나라 사람(東方曰夷), 평평하다(공평), 다스려지다, 평화롭게 살다, 기뻐하다, 크다, 떳떳하다, 공경하다, 빛깔 없는 무색옷을 입다, 멸하다, 상하게 하다. 明-밝다, 새벽, 양지, 밝은 곳, 희다, 깨끗하고 결백하다, 낮, 해와 달, 높이다, 숭상하다, 깨닫게 하다, 알려주다, 갖추어지다, 이승, 현세, 질서 있다, 나타나다, 밝히다, 광채, 빛.

[初九] 明夷于飛 垂其翼, 君子于行 三日不食 有攸往 主人有言

동이의 후천대인(震木帝)이 천도로 세상을 밝히려고 높이 날아 오르고 있는 모습이 마치 새가 하늘을 가르고 날아오르는 것 같고, 빨리 달리는 말이 내닫는 것같이 나의 천시와 천운의 가장자리에 그 날개를 드리워 나의 기운을 처져 늘어지게 하고 있다.

군자는(문왕의 후대 임금들을 의미함) 이러한 때에 처음(문왕 때)과 같이 순수한 정신으로 사람이 행할 마땅한 도리를 베풀어 세 번의 때(3000년 동안)에 모두 밥을 먹지 않고 조상(문왕)의 뜻을 반추하며 백성을 길러 경작하고 하루에 세 번씩 하늘에 제향을 올리면서 자기를 닦아 나아갈 줄을 알며 천지의 주인이고 남편이신 하느님을 근본으로 숭상하고 존중한다면 자신의 공주(딸 : 소녀 : 兌方 : 중국)를 친하게 하시며 온화한 말씀으로 타이르실 것이다.

※ 飛 - 날다, 높이 날아오르다, 하늘을 가르고 날다, 오르다, 빠르게 날다, 새, 빨리 달리는 말. 垂 - 가장자리, 둘레(만월의 둘레), 드리우다, 쳐져 늘 어지다. 翼 - 날개, 받들다, 빼앗다, 바른 모양. 三 - 여러 번, 세번. 日 - 때, 기회, 기한. 食 - 먹다, 기르다, 경작하다. 言 - 말하다, 말씀, 타이르 다, 자기. 主 - 주인, 임자, 임금, 남편, 자신, 숭상하다, 존중하다, 공주, 친 하다, 하느님.

[六二] 明夷, 夷于左股 用拯馬壯 吉
동이의 진목대인이 후천세상에 천도를 밝히려 오고 있다. 동이족을 등용하여 나의 왼쪽다리(보조자)나 내 수레를 끄는(돕는) 씩씩한 말로 쓰게 된다면 길할 것이다.

※ 股 - 정강이, 다리. 左 - 왼쪽, 동쪽, 아래, 陽(남자), 하위, 깔보다, 멀리하 다, 싫어하다, 내리다, 아래에 두다, 그르다, 돕다.
※ 서쪽문명(서양, 중국)에서는 右를 귀하게 보고, 左를 천하게 보는 이유는 그들이 하늘(양 : 남자 : 남편)을 배반했기 때문이다. 그러나 우리 문화에서 는 左를 귀하게 여기고 右를 천하게 본다. 중국문화에서 여자를 귀하게 여 기고 남편이 아내의 시중을 다 들어주는 일은 남자들이 마음이 넓어서가 아 니고 글자의 뜻에서 보듯, 남자인 陽(左)을 싫어하는 역천의 문화유산이 습 속이 되었기 때문이다. 拯 - 건지다, 돕다.

[九三] 明夷 于南狩 得其大首 不可疾貞
명이의 때에 남쪽으로 사냥을 나가서 남쪽 나라를 토벌하면 그곳의 넓고 비옥한 땅과 부유한 나라의 군주가 우리에게 복종하게 될 것이니, 많은 물자를 얻게 될 것이다. 그러나 내 이익을 위하여 전쟁을 해서 남 을 상하게 하고 괴로움을 주는 것은 천자가 되어 만민에게 천도를 펴 살 리고자 하는 나의 지조(정신 : 목적)에 어긋나는 일이니 해서는 안될 것이다. (옳지 못한 일이다.)

※ 南 - 남쪽. 狩 - 사냥, 군사훈련, 토벌. 大 - 넓다, 부하다. 首 - 항복하다, 복
종하다, 머리, 우두머리. 疾 - 병을 앓다, 괴로움을 당하다, 원망하다, 비방
하다. 貞 - 처녀의 절개, 지조, 만물성숙의 덕.

[六四] 入于左腹 獲明夷之心 于出門庭
몰래 상제의 조정(나라)에 들어가(어머니의 뱃속(王母)에 들어가 잉
태하다) 충성을 바쳐 돕겠다고 하여 상제의 신하(제후 : 임신)가 된 후
동이족의 마음을 빼앗아 가지고 후천시대에 조선(한국) 조정에서 후천
진목대인(震木大人)으로 나타나 세상을 밝히는 것은 어떨지?

後
天
大
易

※ 入 - 나라안, 조정, 몰래 들다, 뱃속, 어머니(王母 : 단군제), 받아들이다.
左-동쪽, 陽, 돕다, 아래에서. 腹 - 마음, 충성하다, 중앙, 충복이 되다, 낳다
(후손으로). 出 - 나타나다, 태어나다, 뛰어나다, 시집가다, 양자가다, 존재
를 드러내다. 門 - 문, 집안, 나라안. 庭 - 조정, 궁중, 집안.

[六五] 箕子之明夷 利貞
기자는 동이인으로 이 시대에(利貞 : 문왕시대) 진정으로 세상을 밝
힐 대인이 될 수 있는 사람이다.

※ 기자는 은천자의 숙부로서 당대에 은삼현(殷三賢)으로 불리던 현인(비간,
미자와 함께)이었으므로 제후장이던 문왕도 기자를 흠모하고 존경하였다.

[上六] 不明晦 初登于天 後入于地
이 시대가 그믐밤처럼 어둡고 밝지 못한 것은 천자의 어리석음과 천
운이 시들었기 때문이다. 은나라가 처음 시작될 때에는 성탕의 천도와
천덕이 밝아 천자의 자리에 오를 수 있었는데 뒤에는 천자와 신하들이

어리석어 사사로운 이익과 권세와 영화만을 탐하는 비천한 무리로 바뀌어 나라가 망하게 된 것이다.

※ 初 – 처음, 시작. 登 – 받들어 올리다, 높은 지위에 오르다, 밝다, 이루어지다, 얻다. 天 – 하늘, 주재자, 자연, 도, 임금, 아버지, 지아비, 의지할 힘, 운명, 천성, 세상, 세계, 양. 地 – 땅, 농토, 밭, 나라, 국토, 처지, 자리, 바탕, 음, 곤, 백성, 육체(物 : 萬物).

彖辭

明入地中 明夷, 內文 明而 外柔順 以蒙大難, 文王以之 利艱貞 晦其明也 內難而能正其志 箕子以之

해와 달이 빛을 잃고 땅속으로 들어가는 때, 달인 은왕이 해의 빛(천도)을 버리고 남편(상제)과 헤어져 빛을 잃은 때가 명이의 때이다. 천도문명을 조정 안에서부터 베풀어야 유약한 백성들이 순종하고 따라 행하여 어리석음으로 인해 고통 받는 세상을 구할 수 있을 것이니 이러한 때를 명이라 한다. 그러므로 문왕이 이를 본받아 사용함으로써 어리석음으로 고통받는 혼란스러운 세상을 구하여 이로운(이상세계 : 지상천국) 세상을 만들고자 높은 지조를 세워 어려움을 참고 어두운 세상에 천도와 천덕으로 밝히고자 한 것이다.

마음 속의 혼란(가치관의 혼란 : 인격분열)으로 인하여 고통받는 세상(만민)을 천도문명으로 바로 잡아 훌륭한 세상을 건설하려고 대인이 높은 지조(이상 : 과녁, 목표, 깃발)를 세우는 것이니, 기자 또한 이러한 정신을 본받아 이상세계를 이루고자 하는 꿈을 가진 바 있었다.

※ 內 – 안, 속, 마음, 생각, 몰래, 들다(생각하다), 어머니(天子 : 하늘아버지의 아내), 처. 志 – 지조, 뜻

※ 文明 – 천도문명(하늘의 섭리로 역사를 통하여 이루고자 하시는 이상세계 실현), 문화.

象辭

明入地中 明夷, 君子 以莅衆 用晦而明, 君子于行 義不食也 六二之吉 順而則也, 南狩之志 乃大得也 入于左腹 獲心意也, 箕子之貞 明不可息 也, 初登于天 照四國也 後入于地 失則也

※ 명이의 때(장손동이가 세상에 천도문명을 밝혀 개천하는 때)는 '明出地上과 明入地中'이 동시에 나타나는 혼란의 때이다. 앞시대 끝날의 혼돈과 새 시대 새벽이 밝아오는 차축시대라는 뜻이다.

해와 달(하느님과 천자가 이혼하고 헤어져)이 빛을 잃고 땅속으로 들어가는 말세의 때가 명이이다. 후천대인(군자)도 이러한 때에 백성 가운데 나타나 천제의 지위에 군림하여 해와 달(巽九金)의 밝은 빛(천도와 천덕)으로 세상을 밝혀 무지(진리에 대한 무지)와 혼란을 몰아내고 천도문명으로 다스리게 될 것이다. 이러한 때에 군자가 나아갈 길은 인덕(仁德 : 天德)을 베풀어 약한 자들과 강한 자들(빈부귀천)의 굴곡(차별)을 허물어 평탄케 하며, 진리(참)와 비진리(허위)를 밝혀 정도(正道)를 따르게 하고, 분배를 고르게 하며 법도와 사리에 맞게 만민을 다스려 경작하지 않겠는가? (의문형 반어법)

육이의 효가 길하다고 하는 것은 자연의 도리에 순종하여 따라야 한다는 것이다. 남쪽나라들을 토벌할 뜻이 있다는 것은 그곳에서 재물을 얻어 군비로 삼아 은천자를 멸하고 천자(대인)의 지위를 차지하겠다는 생각이다. 조선상제의 조정에 들어가 충성을 바치고 살면서 후천시대에 조선 조정에 후손으로 태어나서 후천대인의 자리를 빼앗겠다는 것은 조선사람의 마음 속에 있는 '정신을 빼앗겠다는 것'이다.

은나라 기자가 문왕처럼 선천대인이 될 뜻을 품고 상제(남편)를 향해 지조를 지키고 있었다는 것은 천운이 다하여 망해 가는 선선천 시운을 붙들어 천자의 지위에 오른다 해도 그 시대(선선천 시운) 시운과 은나라의 천운이 순식간에 그치고 새로운 시대(선천)가 열릴 것이어서 천도 문명을 밝힐 수 없다는 것이다. 은나라를 건국하던 초기의 탕임금은 밝은 신하들이 그를 높이 받들어 상제에게 천거해 주었기 때문에 천자의 자리에 올라 천도를 사해에 밝힐 수 있었다. 그러나 그의 후예인 지금의 은천자는 하느님과 천도를 버렸으므로(이혼) 하늘에서 땅으로 떨어져 미천한 백성의 처지로 돌아가 버렸다는 것은 자연의 천도(도리, 이치)를 버렸기 때문이다.

그러나 중요한 것은 언제나 동방목방인 동이인(艮山木 : 한국)으로부터 새로운 문명이 시작된다는 점이다. 동방목은 오행(자연운행의 순리) 중의 木이 봄을 의미하며, 해(일출)가 처음 돋는 방위로 한 시대(문명)가 끝나는 곳도 동방이요, 새로운 문명의 시작도 동방인 것은 봄은 지난해 겨울이 끝나고 새해의 봄이 시작되는 교차점이기 때문이다.

앞에서도 언급한 바와 같이 우리 한민족(동이의 장손민족)이 동북방(만주 : 화르빌 : 아사달 : 고구려)의 三艮木(선천 : 초봄 : 어린 사내아이)에서, 震八木의 正東方(후천 : 봄 : 성년 30세의 장남 : 후사, 천윤)으로 옮겨 온 것은 三木이 자라서 八木이 되었기 때문이고, 三艮木과 震八木의 경계가 三八線이 된 것은 하늘(자연)의 섭리이다. 또 그 때가 6·25이니, 天6과 地2가 皇中 5에서 만나 7地坤이 되어 하늘과 땅이 (교태, 교합) 부부를 이루고 후천시운을 출산한다는 의미를 가지고 있다.

따라서 북조선의 운은 艮三木의 운이기 때문에 아직도 고조선의 의미를 가진 '조선'을 국호로 사용하고 있으니, 그 운은 삼팔선이 갈라지면서 끝이 났으므로 통일이 되어야 하나의 운으로 통합될 수 있으며 앞으로 다시는 남북전쟁은 일어날 수 없음은 물론이려니와 어떤 강대국도 이제(후천의 진목천제)는 한국을 상하게 할 수 없는 것이 후천의 운이다. 한국을 망하게 하려 하면 자기가 먼저 망하게 될 것이다. 왜냐하면 후천의 하느님이 한국에 강림하여 좌정하고 계시기 때문이다.

※ 莅 - 이르다, 군림하다, 왕(帝)으로 임하다, 지위. 得 - 차지하다, 얻다. 義 - 바르다, 정도를 행하다, 평평(공평, 평탄하다)하다, 고르게 나누다(분배), 길, 인덕(仁德 : 天德), 도리, 약자의 위급함을 구하다. 참것, 거짓것, 의미를 구별하다. 息 - 쉬다, 순식간, 그치다, 그만두다, 망하다, 없어지다. 四 - 사해. 則 - 자연의 법칙, 도리, 이치.

37. 風火家人(☴☲)

家人 利女貞

겨울철은 가족(나라 안에서) 중에서 절개를 지키는 여자가 이롭다.(이로운 때다)

[初九] 閑有家 悔亡
국운(가운)이 막혀서 한가로움 속에 있는 나라는 문을 닫게 되나니, 망할 때 후회함이 있을 것이다.

[六二] 无攸遂 在中饋 貞吉
하늘의 뜻에 순응하고 힘과 정성을 다하여 백성을 천도를 길러 두루 통하는 세상을 이루고, 명성과 지위를 이루었을지라도 그 성심이 영구히 이어지지 않으면 마침내 편안함에 빠져 전횡을 일삼게 됨으로 천도를 힘써 닦고 연마한 일이 허무하게 되어 없어질 것이니 그 천운이 없어지는 빠르기가(속도) 끼니 사이에 있는 것과 같을 것이니 지조를 지켜 잃지 말아야 길할 것이다.

※ 遂 – 이루다, 통하다, 널리, 두루, 나아가다, 순응하다, 따르다, 길, 도, 밭, 명성과 지위를 이루다, 마침내, 편안하다, 전횡하다, 빠지다, 끝나다, 마치다. 中 – 사이, 속. 饋 – 끼니, 밥, 식사.

[九三] 家人嗃嗃 悔厲吉 婦子嘻嘻 終吉

엄한 가장이 자식들을 지나치게 잡도리하면 자식들이 고통스러워 부르짖듯 임금이 백성과 신하들을 혹독하게 징치하여 백성과 신하들이 고통을 견딜 수 없어 원망하는 소리가 들끓고 있으니, 임금은 자신의 잘못을 뉘우치고 고쳐 자기를 경계해야 길할 것이다.

너희 아첨을 일삼는 간신배(신하 : 아내-천자에 대하여) 무리들은 기뻐하며 웃고 있으나 끝까지 길할 수 있으랴? (처자식이 화락하게 웃는 소리가 집집마다 들려야 화평한 나라가 아니겠는가?의 반어법)

※ 家 – 집, 집안, 가정, 조정, 나라 고대에는 가정의 확대를 나라로 보았기 때문에 家자를 집, 가정, 나라, 조정을 나타낼 때 동시에 썼다. 嗃嗃 – 엄한 모양, 혹독한 모양, 부르짖는 소리. 子 – 자식, 씨, 너, 너희, 당신, 자네들. 嘻嘻 – 웃는 소리, 아첨할 때 웃는 모양, 화락하고 화평한 모양.

[六四] 富家大吉

어린 아이들과 젊은이들이 많은 집안이 부자이고, 그런 집들이 많은 나라가 부강한 나라이니 크게 길하다.

[九五] 王假有家 勿恤吉

은천자의 나라는 하늘이 가짜천자에게 임시로 빌려주어서 왕노릇 하고 있는 것이니, 군자는 근심하지 말라. 길할 것이다.

※ 王 - 왕노릇하다, 임금. 假 - 가짜, 거짓, 임시로 빌려주다, 끝나다, 죽다.

[上九] 有孚威如 終吉

하느님과 천도에 대한 믿음과 정성과 참된 마음이 있으니 지금은 위태로운 것 같으나 끝에 가면 길하리라.

彖辭

家人, 女正位乎內 男正位乎外, 男女正 天地之大義也, 家人 有嚴君焉 父母之謂也 父父子子 兄兄弟弟 夫夫婦婦 而家道正 定家而 天下定矣

바른 가정은 여자(아내 : 신하, 제후)가 집안(나라)의 바른 지위에 있어야 하고, 남자(남편 : 천자)는 집밖의 공적인 일(나라일)을 다스리는 데 등한히 하지 않는 바른 위치에 있어야 한다.

남자(천자)와 여자(신하, 백성)의 위계가 바르게 정해지고 치우침이 없이 공명 정대함을 갖추고 집안과 나라를 다스려야 질서가 바로잡혀 천도문명을 실현해 나갈 수 있는 것이니, 이는 천(남편) 지(아내)가 바르게 운행하여 그 질서를 잃지 않는 큰 이치이다. 바른 가정에 위엄있는 부모가 있듯, 나라에는 위엄있는 군왕이 있어야 존경받고 공경하게 되는 것이니, 이를 일러 부모라고 하는 것이다. (위엄이 있어 공경받지 못하는 부모는 부모일 수 없다는 뜻)

그와 같이 아버지는 아버지다워야 하고 아들은 부모를 공경하고 섬기는 아들다워야 하며, 형은 형답고 아우는 아우답고 남편은 남편답고 아내는 아내다운 사랑과 믿음과 존경심으로 결합되어야 하는 것이 가정이므로 나라의 기본적 윤리도덕의 기반이 되는 것이다. 이와 같이 바른 가정의 가도질서(윤리도덕의 기반)야말로, 천하의 질서가 결정되는 불변의 이치이다.

※ 嚴 – 엄하다, 혹독하다, 엄숙하다, 위엄있다, 존경하다, 공경하다. 焉 – 어찌하여, 그리하여, 머리에 곧, 등을 나타내는 어조사(의문, 반어, 단정을 나타냄).
※ 공자의 正名哲學思想의 학문적 근거가 여기서 비롯된 것이다.(父父子子, 兄兄弟弟).

象辭

風自火出 家人, 君子 以言有物 而行有恒, 閑有家 志未變也, 六二之吉 順以巽也, 家人嗃嗃 未失也, 婦子嘻嘻 失家節也, 富家大吉 順在位也, 王假有家 交相愛也, 威女之吉 反身之謂也

성인의 교화(천도)가 베풀어지지 않고 폭군의 사나운 호령소리만 바람처럼 빠르게 오고 가니, 옛적 아름다운 풍속은 소멸하고, 간신들만 발정한 개떼처럼 횡행하여 악습이 괴질처럼 빠르게 퍼져 나가 나라가 중풍병자와 같이 되었으므로 백성과 바른 신하들의 분노(火)가 스스로 바람처럼 나타나고 있는 때가 가인의 때이다.

군자는 이러한 때에 나라의 어지러운 일을 살펴 무리(신하와 백성)를 온화한 말로 타이르고 가르친 후 같이 의논하여 난국 타개책을 모의하며 나 자신부터 삼가 근신하고 나아갈 때 나라의 국운이 오래갈 수 있다.

국운이 막혀 할 일 없는(볼 일 없는) 나라는 끝내 멸망한다고 하는 것은 잘못된 마음(생각)을 고쳐 바로 잡으려 하지 않기 때문이다. 육이효가 길하다고 하는 것은 성인의 가르침(교화 : 巽風)을 기꺼이 순종하기 때문이다. 가족이 고통스러워 부르짖는다고 하는 것은 아직도 그 가장이 잘못을 바꾸지 않았기 때문이다. 처자식(간신배들)이 히히거리며 웃고 있다는 것은 나라의 아름다운 법도와 예절과 풍속과 절개를 잃었기 때문이다.

나라에 젊고 순박한 청소년들이 많은 것이 부강한 나라라고 하는 것은 청소년들은 순박하기 때문에 성인의 어진 교화와 예절을 즐겨 순종하고 배워 따르기 때문이다. 지금의 은나라 천자는 나라와 왕위를 임시로 맡아 있는 가짜 일꾼과 같으니 근심하지 말라고 하는 것은 내가(문왕) 은천자를 섬기면서(사귀며) 그의 상을 보니 여자의 사랑(달기)에 빠지면 헤어나지 못할 상이요 탐욕이 많고 자만심이 강하여 그렇게 된 것이다.

현재 문왕의 처지가 위태로운 것 같으나 나중에는 길할 것이라고 하는 것은 그런 일을 일러 '반신지위'라고 하는 것이니, 중심이 돌아(반전하여) 서로 지위가 뒤바뀐다는 뜻이다.

※ 風 – 바람, 성인의 교화(천도), 빠르다, 불다, 풍속. 火 – 화를 내다, 분노, 타오르다. 言 – 말하다, 타이르다, 삼가다, 온화하다, 모의하다, 의논하다, 나, 나 자신. 物 – 일, 살펴보다, 무리. 巽 – 바람(성인의 교화), 공순하다, 따르다. 失 – 바꾸다, 고치지 아니하다. 節 – 절개, 법, 법도, 관습, 알맞게 하다, 바르게 하다. 富 – 성하다, 많다, 나이가 젊다, 어리다, 부자, 행복. 假 – 임시로 빌려주다, 가짜. 相 – 상을 보다, 점치다, 모습, 용모. 愛 – 사랑하다, 아끼다, 물욕이 많다, 탐욕. 反 – 중심이 돌다, 돌이키다, 되돌아오다, 身 – 나. 反身之位 – 입장이 서로 뒤바뀌다.

38. 火澤睽(☲☱)

睽小事吉

규는 하늘과 천자가 천자와 신하가 신하와 백성이 남편과 아내가 뜻이 맞지 않아 서로 등지고 갈라서게 되는 것이니 이는 하늘과 땅의 기운(천운 : 생기, 은책)이 막혔기 때문에 소인들에게 길하다고 하는 것이다.

※ 睽 – 등지다, 갈라서다, 뜻이 맞지 않다. 小 – 소인, 육체적 인간. 事 – 일, 정치, 섬기다.

[初九] 悔亡, 喪馬勿逐 自復, 見惡人 无咎
멸망할 때 후회하게 될 것이다. 견마(견우 : 천자 : 숫말)가 그의 지위(자격)를 상실하였으니, 그를 좇지 말라. 자연의 섭리에 의해 새로운 견마가 돌아올 것이다. 모질고 사나운 천자로 인하여 사회가 병들고 서로 불화하게 된 것을 돌이켜보니 나라를 멸망시킬 천시의 불길한 징조가 나타난 것이니 백성(우리)의 허물이 아니다.

※ 喪 – 잃다, 지위를 잃다, 멸망시키다, 없어지게 하다. 馬 – 숫말(乾 : 天子), 견마. 逐 – 좇다, 따르다. 自 – 자연의 섭리(이치). 見 – 나타나다, 돌이켜보다, 나타내다.

[九二] 遇主于巷 无咎
때마침 천자의 궁궐에서 천신(上帝 : 하느님 : 主人 : 남편)과 뜻이 맞는 공주(아내 : 천자, 대인 : 견마)를 만났으니 허물이 없다.

※ 遇 – 뜻이 맞다, 만나다, 때마침, 기회, 때. 主 – 천신(상제 : 남편 : 주재자),
공주(아내 : 새견마), 巷 – 궁궐 나라를 의미함.

[六三] 見輿曳 其牛掣, 其人天且劓 无初有終

견우가 수레를 질질 끌며 가는 것을 보니 그의 사명은 실패한 것 같
고, 그 소(견우 : 견마)에 억눌린 신하들과 백성들이 수레를 잡아당겨
못 가게 붙들고 있으니, 하늘이 또한 그 사람(천자)을 가로막으니 거듭
하여 머뭇거리다 수레가 쪼개질 것 같다. 그러므로 은나라를 건설했던
조상들의 공로는 다 없어지고 멸망하여 끝날 일만 남아 있다.

※ 見 – 보다. 輿 – 견우의 수레. 曳 – 질질 끌며 가다, 머뭇거리다. 掣 – 억압받
다, 못 떠나게 붙들다, 잡아당기다. 且 – 또한, 거듭하여, 머뭇거리다. 劓 –
쪼개지다. 初 – 처음, 조상. 終 – 마침내, 끝나다, 그치다. 죽다, 종말, 극에
이르다.

[九四] 睽孤遇元夫 交孚厲 無咎

남편과 아내가 서로 뜻이 맞지 않아 등지고 이웃간에도 등지고 산다
고 하는 것은 고독하고 불행한 일이다. 처음의 남편(하느님)과 만나 믿
음과 정성과 참마음을 바쳐 조화롭게 지내면 어찌 허물이나 위태함이
있겠는가?(의문형 반어법)

※ 孤 – 고독하다, 불행하다. 元夫 – 上帝, 첫 남편. 交 – 사귀다, 친하게 지내
다, 조화롭다.

[六五] 悔亡 厥宗噬膚 往何咎

멸망할 때 후회하게 될 것이다. 후손이 그 종주(첫 조상)의 살점을 물
어뜯는 것과 같으니, 죽는다고 어찌 허물이 없겠는가?

※ 厥 - 그. 宗 - 종주, 조상, 근본. 噬 - 물어뜯다, 씹다. 膚 - 피부, 살갗.

[上九] 睽孤, 見豕負塗 載鬼一車, 先張之弧 後說之弧, 匪寇婚媾 往遇雨則吉

하늘과 땅이 등지고(단절), 사람과 사람이 서로 등지고, 남편과 아내가 등지고, 부모와 자식이 등지고, 임금과 신하가 등지고, 이웃과 형제가 서로 등지고 살기 때문에 세상의 인심이 막혀 통하지 않으므로 인간은 고독할 수밖에 없는 것이다.

돼지가 진흙탕 속에서 더러운 흙탕물을 뒤집어쓰고 있는 것을 살펴보니, 하늘의 은덕을 배반한 그는 백성을 양육하고 길러야 할 책임(짐)을 저버리고 약속도 지키지 않는 더럽혀진 늙은 여자(은왕 : 상제의 아내)가 아닌가? 상제(남편)께서 그녀에게 지혜로운 백성을 가득 실은 수레와 짐(백성)을 맡겨 끌고 가게 하였는데, 처음에는(선조 : 탕왕) 짐을 머리에 이고 가면서 덕을 베풀더니, 끝에(은나라 말기) 가서는 수레에서 짐을 내려놓고 자기가 올라타고 받들어 모시라고 한다. 그의 조상(탕왕)은 백성을 소중히 여겨 앞장서서 인도하며 백성을 높이고 은혜를 베풀어 나라를 넓히고 국력을 왕성하게 한 훌륭한 견우였는데, 뒤에 태어난 후손은 자기를 뽐내고 하늘을 속여 어긋나갔으므로 스스로 하늘과 신하와 백성과 등지고 원수가 되어 고독을 기꺼이 자초하였다. 우리 사이는 원수가 아니라 혼인한 부부(하늘과 천자 : 신하와 임금) 사이이다. 옛정을 생각하여 서로를 향해 다가서서 은혜를 베풀고 온화한 마음으로 서로의 마음을 적신다면 상서로운 일(복된 일)이 될 것이다.

※ 豕 - 돼지. 負 - 짐지우다, 책임을 맡기다, 은덕을 배반하다, 약속을 지키지 아니하다, 속이다, 늙은 여자(천자 : 후예), 짐지지 아니하다, 저버리다. 塗 - 진흙탕, 진창, 칠하다, 더럽히다. 載 - 싣다, 짐지다, 맡기다, 머리에 이다, 높이다, 수레에 오르다, 놓아두다, 수레, 짐, 책임, 받들어 모시다, 행하다,

일, 사업(천업), 처음 시작하다, 출생하다, 가득차 끝나다, 속이다. 鬼 - 지혜롭다, 귀신. 車 - 수레. 先 - 선, 첫째, 시작하다, 처음. 張 - 베풀다, 넓히다, 성하게 하다, 뽐내다, 어긋나다, 속이다. 雨 - 비, 은혜가 미치다, 온화한 마음, 벗, 적시다. 遇 - 만나다, 뜻이 맞다, 대접하다, 합치하다.

彖辭

睽 火動而上 澤動而下, 二女同居 其志不同行, 說而麗乎明 柔進而上 行 得中而應乎剛 是以小事吉, 天地睽 而其事同也, 男女睽 而其志通也, 萬物睽 而其事類也, 睽之時用 大矣哉

하늘(상제 : 남편)과 땅(천자 : 백성, 아내)이 뜻을 달리하여 등을 돌림으로써 하늘과 땅의 기운(천운)이 막혀 통하지 않게 되니 땅이 병들어 울부짖고 만민의 분노가 움직여 막혀 있던 상제의 마음에 동요를 일으켜 얼어붙었던 마음이 풀려야 은택(은혜)이 비와 이슬처럼 내려 만민의 미혹되었던 마음이 살아나게 될 것이다.

두 여자(두 견우 : 은왕과 문왕)가 한 집안에서 같이 살고 있으나, 그 뜻(바라는 바 : 목적)이 서로 달라 다른 길을 가고 있다. 두 사람이 천자와 신하로 함께 짝지어 가면서도 한 사람은 폭군으로 군림하여 아첨하는 간신들을 좋아하고 한 사람은 천도를 풀어 밝혀 백성을 양육하므로 백성들이 그를 공경하고 기뻐하니, 상제께서 천도를 빛내는 정결하고 아름다운 여인(문왕)을 붙들어 짝지어 갈 것이므로 만백성이 그에게 붙고, 악한 여인은 그 가진 것을 빼앗길 것이니, 이는 유약한 여인이 상제의 뜻과 같이 행하여 그 중심(목적의지 : 정신)이 상제의 강하고 굳센 정신에 호응하여 상제의 뜻을 자기의 정신으로 얻었기 때문이 아닌가? 그러므로 백성들도 하늘을 섬길 수 있고 천도를 닦아 이룰 수 있으므로 길하다고 하는 것이다.

하늘과 땅이 등지고 헤어져 원수가 되면 악한 기운이 일어나 세상이 병들고 망하게 되는 것과 같은 일이다. 그러므로 남편과 아내가 갈라져 원수가 되지 않도록 서로의 감정과 본심을 통하게 하여 의로운 뜻을 같이 해 나가야 할 것이다. 이와 같은 천리는 만민에게도 같이 통하는 원리(법도 : 이치)로서 규때의 이치가 이와 같이 널리 통함이여!

※ 火 – 화, 분노. 動 – 움직이다, 동요하다, 살아나다, 변하다, 생기다, 돌다. 澤 – 우로(비와 이슬) 은택, 은혜, 생명의 기운(생기). 說 – 도, 도리, 가르치다, 기뻐하다, 다르다, 풀어 밝히다, 복종하다, 공경하다, 아첨하다, 제거하다, 빼앗기다. 小 – 소인, 백성. 事 – 일, 섬기다, 사업. 志 – 마음, 감정, 뜻, 의롭게 행하다, 절개. 萬物 – 만민, 類 – 이치, 도리, 같은 이치.

※ 〈上火下澤 : 火動而上, 澤動而下〉의 뜻을 종래에는 "불은 가벼우므로 위(하늘)로 올라가 하늘이 되고, 물은 무거우므로 아래(땅)로 내려와 땅이 되었다"는 뜻으로 해석함으로써 〈先天의 易卦圖〉에 불(火)을 위에 두고 물(水 : 澤)을 아래에 위치하도록 그렸다.

그러나 이러한 오해는 〈先天易의 逆天原理〉에서 발생하였으며 〈後天太極〉의 원리로 보면 天六水(靑色)가 위에 地七火(赤色)가 아래에 있게 된다. 불은 백성의 폭군에 대한 '분노'이고 물은 하느님이 내리시는 '복'이요, 은혜인 '천운'이다. 따라서 태극 모양에서 보듯 붉은색은 불이고 파란색은 물이니, 물인 파란색이 위에 있고 붉은색은 아래에 있어야 '화승수강'(火昇水降)하여 천지가 화합하여 천지의 기운이 통할 수 있게 된다. 그러나 태극은 쉬임없이 회전운동을 하고 있는 것이므로 위도 아래도 없는 것이다.

따라서 괘도상에 '天은 위에 地는 아래'에 두고 그리는 것이 마땅하며, 하늘에도 물과 불(태양의 수소가 타서 불이 되는 원리)이 하나로 존재하고 땅에도(지구), 바다와 용암(불)의 상호작용으로 물 속의 어류가 살고, 식물도, 하늘에서 내리는 물과 땅속 지열로 자라는 것이고 하늘(태양)의 불인 태양열이 땅으로 내려와 만물을 살리고 물은 열기를 타고 하늘로 올라가 구름이 되었다가 다시 비가 되어 오르내림의 순환작용을 한다. 열도 그와 같이 오르고 내리(태양빛 : 열)는 순환을 거듭하니, 무엇은 오르고, 무엇은 내려오는 고정불변한 실체는 존재하지 않는다.

옛 사람들이 자연의 현상을 현대과학으로 인식하지 못해서가 아니라 한자를 잘못 이해하고, 가르친 오해에서 그와 같은 오류가 발생한 것이다. 과학은 눈으로 볼 수 있는 현상만을 이해하는 것이지만, 옛 선인들은 보이는 현상세계 배후에 있는 본질적 법칙인 천도를 깨닫고 인간사(삶)에 응용하여 천운을 나의 것으로 잡아 세계를 경영하였던 것이다. 그러므로 현대과학이나 서양철학의 수준은 아예 코흘리개 수준에 미치지 못하는 것이다.

象辭

上火下澤 睽, 君子 以同而異, 見惡人 以辟咎也, 遇主于巷 未失道也, 見輿曳 位不當也, 无初有終 遇剛也, 交孚无咎 志行也, 厥宗噬膚 往有慶也, 遇雨之吉 群疑亡也

타락한 은천자에 대한 상제의 분노가 백성들에게는 은혜가 되어 내리는 것이 규의 때이다. 군자는 그와 같은 하늘의 도를 본받아 잘못된 일을 바꾸어 무리가 하나로 화합할 수 있는 좋은 일로 화하도록 힘쓴다.

백성을 악하게 만든 사람이 누구인지 생각해 보니, 그것은 바로 임금의 허물 때문이다. 그 궁궐(나라)이 참주인을 만났다는 것은 군자가 천도를 잃지 않았다는 것이다. 은왕이 견우의 수레를 질질끌며 가는 것을 보니 그는 천자가 될 마땅한 인품이 아니기 때문이다. 그의 조상(탕왕)은 하느님의 뜻을 받들어 백성을 천도로 훌륭하게 양육하였는데, 마지막 후손은 천도를 버렸으므로 천업의 공이 없다는 것은 하늘의 섭리시대가 바뀌는 끝날의 쇠잔해가는 운을 만났기 때문이다.

첫 남편(상제)과 다시 만나 믿음과 정성과 참마음을 주고받는다면 무슨 허물이 되겠는가 라는 것은 잃어버린 지조(정조)를 다시 세워 행하라는 것이다. 그 종주(첫조상 : 탕왕)의 살을 물어뜯는 행위라고 하는 것은 그가 천도를 버리고 방탕했기 때문이니, 다시 지조를 세워 바른 길로 나간다면 경사로운 일이 있을 것이라는 것이다. 원래는 그가 상제와 부부사이였으니 옛정을 생각하여 서로를 향해 다가가서 온화한 마음으로 서로의 마음을 적신다면 다시 하늘이 은혜를 베푸는 상서로움이 있을 것이라는 것은 그와 동족인 동이족(은나라 본백성)이 모두 나라가 멸망할까 두려워하고 근심하여 천자가 마음을 바로잡기를 바라고 있기 때문이다.

※ 異 - 다르다, 잘못하다. 同 - 같게 하다, 화하다, 하나로 화합하다. 惡 - 악하게 되다. 辟 - 임금. 剛 - 섭리의 뜻(정신). 群 - 같은 무리, 동류, 한 집안사람, 동이족을 가리킴. 疑 - 의심하다, 두려워하다. 亡 - 망하다, 죽다, 멸망하다.

39. 水山蹇(☵☶)

蹇, 利西南 不利東北, 利見大人 貞吉

견우(은천자)가 절뚝거리며 가는 것을 보니 매우 곤란을 겪고 있으면서도 교만하여 자기를 뽐내고 있으나 그는 어리석은 사람이다. 처음의 그는 하늘이 뽑아 세운 사람답게 그 정신이 강하고 굳세었으며 완전한 사람이었다.

건의 때는 서남쪽에 있는 대인(문왕)에게 이로운 때요, 동북쪽의 주인(은천자)은 불리한 때이다. 새 시대를 개벽하기 위하여 서남쪽에서 대인이 나타날 것이기 때문이니, 지조를 지켜야 길하다.

※ 蹇 - 절뚝거리다, 곤란을 겪다, 교만하다, 뽐내다, 어리석다, 강하고 굳세다, 완전하다, 뽑다.

[初六] 往蹇來譽
건의 때가 지나가면 영예로운 때가 올 것이다.

[六二] 王臣蹇蹇 匪躬之故
은천자와 그의 신하들(간신들)은 절뚝거리며 곤란을 겪고 있으니, 그 사람은 견우가 아니요. 그 사람이 가진 활이 과녁을 맞출 수 없는 것은 그의 신하들은 충신들이 아니기 때문이다.

※ 躬 - 활(목표를 향해 가는 정신 : 지조) 과녁 주변, 자신

[九三] 往蹇來反
건의 때가 지나면 선후천이 뒤집혀 선선천시대는 돌아가고 선천시대가 돌아온다.

※ 反 - 되돌리다, 뒤엎다, 반복하다, 되돌아가다, 뒤집다, 되돌아오다.

[六四] 往蹇來連
건의 때(말세)가 지나고 나면 새로운 섭리시대가 연이어 계속된다.

※ 連 - 이어지다, 연결되다, 계속되다.

[九五] 大蹇朋來
건 때의 대인에게 새로운 무리가 동류가 되기 위해 모여든다.

[上六] 往蹇來碩 吉, 利見大人

건의 때가 지나고 나면 머리에 지식이 많이 든 사람들을 불러오게 하면 길할 것이니, 대인으로 나타날 때에 이로움을 줄 것이다.

※ 碩 – 석학, 머리에 차다, 크다.

彖辭

蹇, 難也, 險在前也 見險而能止 知矣哉 蹇利西南 往得中也, 不利東北 其道窮也, 利見大人 往有功也, 當位貞吉 以正邦也, 蹇之時用 大矣哉

건의 때는 매우 혼란한 때이다. 천운이 기울어지는 위태로운 시기이므로 백성들이 많이 괴로워하고 있으나 그들을 인도해 나가기가 매우 어려운 곤경에 처해 있다. 왜 이러한 험하고 위태로운 시대가 오는 것인가를 알고, 병든 사회를 치유할 수 있는 방책을 천기(易)를 살펴 그치게(되돌리게) 할 수 있는 지혜가 있는가?

건의 때에 서남쪽(兌方 : 西金 : 문왕)이 이롭다고 하는 것은 중심(신념 : 정신)을 이루고 천도문명실현의 목적을 향하여 나가면 그 뜻을 이룰 수 있기 때문이다. 동북쪽(艮山方 : 殷王)이 불리하다는 것은 그에게는 천도가 없고 천운이 다했기 때문이다. 이로운 세상을 이루기 위하여 새시대의 대인으로 나타나야 한다는 것은 뜻한 바를 향해 나아가면 천업의 공을 이룰 수 있기 때문이다.

그의 지조와 인품이 마땅하여 길하다고 하는 것은 그가 원하는 제국을 세워 사해만방을 천도로 바로잡을 수 있다는 것이니 건 때의 쓰임이 참으로 크도다!

※ 險 - 험하다, 위태하다, 괴로워하다. 前 - 앞서다, 인도하다. 見 - 살펴보다.
得 - 얻다, 알맞다, 이루다. 道 - 방도, 방책, 방법. 窮 - 다하다, 그치다, 끝
나다, 막히다. 終 - 끝까지.

象辭

山上有水 蹇, 君子—以反身脩德, 往蹇來譽 宜待也, 王臣蹇蹇 終无尤
也, 往蹇來反 內喜之也, 往蹇來連 當位實也 大蹇朋來 以中節也 往蹇來
碩 志在內也, 利見大人 以從貴也

艮山方(초봄)에 상제의 물(은택 : 은혜)이 있어야 할 때에 상제(하
늘)의 은혜가 끊어져 있으므로 천자와 백성들이 절뚝거리며 어려움을
겪고 있다.

군자는 이러한 때에 그 마음을 돌이켜 천덕을 닦아 인격(성품)화 하
려고 지조를 굳게 세우고 자기를 연마해 나아간다. 건의 때가 가고 나면
영예로운 때가 온다고 하는 것은 천도를 베풀어 백성을 경작하기에 알
맞은 때를 맞이하기 위하여 나 자신부터 천도와 천덕을 인격화(성품화)
하고 기다리기 위해서이다. 왕과 신하들이 절뚝거리며 고난을 겪고 있
다는 것은 끝까지 자기 자신이 뛰어난 사람이라고 생각하고 자기 허물
을 인정하기를 주저하고 있기 때문이다.

건의 때가 가고 나면 반전하여 새로운 시대의 아침이 되돌아온다는
희망을 가지고 내심 기뻐하고 있다. 건의 때가 가고 나면 새로운 시대
섭리가 계속된다고 하는 것은 참사람의 종자인 '참나의 열매'(참사람의
씨 : 인격)가 참됨(진리)으로 가득 차도록 견우가 책임과 정성을 다하
여 천도문명을 완성할 수 있는 후천시대까지 섭리가 이어져야 하기 때
문이다.

건의 때가 지나고 나면 대인에게 많은 무리의 동류가 모여 온다는 것은 새 시대의 대인으로 나타날 그에게 천도문명을 실현하겠다는 굳세고 강한 의지(지조, 신념)가 중심(정신)에 모여 나타나 있기 때문이다. 건의 때가 지나고 나면 많은 지식을 가진(모사) 사람들을 불러오면 길하다고 하는 것은 그 사람들 속에 대인의 뜻을 이룰 수 있는 생각(방책)이 들어 있어 대인이 나타나면 그로 말미암아 존귀하게 될 것이기 때문이다.

※ 脩 – 修의 고자, 닦다. 宜 – 마땅하다, 알맞다, 도리에 맞다. 待 – 갖추다, 기다리다. 대비하다. 尤 – 뛰어난 사람, 허물, 주저하다, 같지 않다. 節 – 절조, 지조. 從 – 말미암아.

40. 雷水解(䷧)

解, 利西南 无所往 其來得吉, 有攸往 夙吉

은제국 중심으로 형성된 제 가치관과 정치질서가 세기말적 대혼란을 맞아 붕괴됨에 따라 동이족 중심의 결속력과 화합된 정신이 해체되어 문화전반을 지탱하고 있는 윤리도덕의 붕괴에 의해 문화자체가 와해되고 있는 반면 새로운 가치 질서의 확립을 위한 싹이 트고 있는 때가 해의 때이다.

이러한 때에 서남쪽 태방(四金 : 소녀)이 이로운 반면, 동북 간산방(三木 : 소남)이 해롭다고 하는 것은 천운이 끝난 은나라(소전동이)가 나아갈 곳이 없기 때문이니, 이는 낡고 병든 세기가 지나가고 새롭고 길한 세기가 돌아오고 있기 때문이다. 그럴 때 자기를 닦아 준비해 나아가면 길하다고 하는 것은 지조를 가지고 삼가는 자가 길하다는 것이다.

※ 解 - 풀어지다(해체, 와해), 풀리다, 긴장이 풀리다, 못 심게 되다, 깨닫다, 흩어지다, 그치다. 所 - 곳, 자리, 위치. 復 - 가고 다시 돌아오다. 夙 - 아침 일찍, 조신하다, 삼가다.

[初六] 无咎

가치관의 해체에 따라 윤리도덕이 붕괴되었으므로 이러한 때에는 '무엇(어떤 가치 중심)을 위한 의로움인가'의 가치설정이 정초되지 않았으므로 의로움(옛 가치 : 불변의 가치가 없으므로)을 지키는 사람이 없어도 허물이 되지 않는다는 것이다.

※ 義 - 신하가 임금에 대해 충성을 다하는 것을 의로움이라 보았던 때의 가치.

[九二] 田獲三孤 得黃失 貞吉

사람의 마음밭을 거듭 미혹케 하는 여우(권력욕, 명예욕, 물욕)를 잡기 위해서는 그 중심(정신 : 신념, 목적의지)이 어린아이처럼 순결하고 삶의 목표를 향하여 곧고 발라서 날아가는 화살처럼 좌우로 치우치지 않는 높은 지조(굳세고 강한 정신 : 剛)를 가지고 진실하고 정성스럽게 나아가야 길하다.

※ 孤 - 여우, 사람을 홀린다는 뜻. 黃 - 어린 아이, 중앙, 가운데, 황옥(皇中 : 中心). 失 - 화살 과녁(목표물)을 향하여 곧고 바르게 가다의 뜻. 三 - 자주, 거듭, 여러번.

[六三] 負且乘 致寇至 貞吝

장차 나라를 다스려 백성을 기르는 천업을 책임질 자리에 오르게 된다면 이와 같은 혼란스러운(난리) 사태가 이르지 않도록 힘써 책임을 완수하고 목적지에 도달하여 하늘의 은혜에 보답하기 위해서는 진실한 마음과 정성을 다하여 지조를 지켜 나아가지 않으면 부끄러움이 있을 것이다.

※ 負 - 책임을 맡다. 且 - 장차. 乘 - 오르다. 致 - 정성을 다하다, 이루다, 도달하다. 寇 - 난리, 혼란. 至 - 이르다, 오다, 다하다, 힘을 다하다, 이루다, 성취하다, 진실.

[九四] 解而拇 朋至斯孚

윤리도덕의 붕괴와 정치, 질서의 와해로 정치적, 정신적 공동화 현상이 엄지손가락만큼 나타나면 동족 신하나 제후들에게 진실한 마음으로 정성을 기울여 믿음(신망)을 잃지 않도록 힘쓰지 않으면(천자가 믿음을 잃으면) 그들이 떠나갈 것이다.

※ 朋 - 벗, 무리, 동류, 동문(뜻을 같이하는 무리란 뜻). 至 - 힘을 다하다, 진실, 표하다. 斯 - 이에, 떠나다, 떨어져 나가다.

[六五] 君子維有解 吉, 有孚于小人

군자는 이러한 때를 당하면 친구나 이웃이나 정적일지라도 감정과 오해 및 원수관계를 풀어 용서하고 동반자로서의 유대를 맺어 좋은 관계를 유지하려고 힘써 나아감으로 길하다. 소인들일지라도 진실한 마음을 보여 정성스럽게 믿음을 키워 감으로써 친밀하게 지내야 할 것이다.

※ 維 - 관계를 맺다, 유대, 유지하다. 有 - 친밀하게 지내다.

[上六] 公用射隼 于高墉之上獲之 无不利

천자가 신하로 등용하여 부리고 있는 제후가 앵금처럼(앵무새) 스스로 잘난 체 뽐내기를 좋아하는 천자를 싫어하여 활로 쏘아 잡으려 하고 있다. 그는 상제께서 천도문명을 이루기 위해 높은 자리에 두어 세상의 악을 막으라고 세운 담이나 보루와 같은 존재인데, 스스로 잘난 체하고 천도를 버렸으므로(사명과 책임) 상제께서 그를 잡는 것이니 이로움이 없지 않다.

※ 公 - 천자, 제후. 用 - 부리다, 등용하다. 射 - 쏘다, 잡다. **隼** - 앵금, 앵무새. 高 - 높다, 존귀하다, 최상 위에 있다, 뽐내다, 잘난 체하다, 쌓다, 높이다. 墉 - 담, 벽, 보루. 獲 - 잡다, 쏘아잡다.

彖辭

解, 險以動, 動而免乎險 解, 解利西南 往得衆也, 其來復吉 乃得中也, 有攸往夙吉 往有功也, 天地解而雷雨作 雷雨作而百果草木 皆甲**拆**, 解之時 大矣哉

문명(정신문명)과 문화가 해체되는 때는 사회와 인간의 정신이 병들어 험악하고 위태로운 때이나, 그러한 병리적 현상이 일고 있는 것은 낡은 가치가 무너지고 새로운 가치질서(가치관 및 윤리 도덕, 법, 문화 등)가 성립되기 위한 현상이기도 하다. 섭리가 변해 나아가기 때문에 험하고 위태로운 시대로부터 벗어날 수 있는 것이 아니겠는가? 그래서 이것을 해의 때라고 한다.

해의 때에 서남쪽이 이로운 것은 새로운 시대를 열기 위한 뜻을 가지고 나아가는 사람에게는 많은 백성이 모여들어 그의 뜻을 이룰 수 있기 때문이다. 낡은 시대가 가고 나면 새로운 시대가 다시 돌아오니 길하다고 하는 것은 그의 중심에 세운 뜻을 이룰 수 있다는 것이다. 새 시대의 이른 아침을 깨우기 위해서는 조신한 몸가짐으로 삼가 자기를 닦아나아갈 줄 알아야 길하다는 것은 뜻을 행해 나아가면 천업의 공을 이룰 수 있다는 것이다.

하느님과 인간(만민)이 등을 돌리고 원수같이 됨으로써 막혔던 천운(천기)이 우레(천벌, 심판)와 비(은택, 은혜, 천운─상서로운 기운)로 동시에 쏟아부음으로써 병든 껍질(허위관념 : 고착, 인습, 악습, 이기적, 자아, 탐욕 등)을 긁어 벗기고, 만민을 무지의 잠에서 일깨우기 위해 새로운 견우를 세워 하늘의 참사람 창조 농사를 다시 시작하려고 하느님과 인간이 만나 화해를 하는 때가 해의 때이다. 이와 같이 만민의 병들고 무지로 굳은 껍질을 터뜨려 부수고 분해하기 위하여 〈뇌우대작〉(雷雨大作)의 변화가 일어나는 것이니 해때의 의미가 참으로 크도다!

※ 免 – 면하다, 벗어나다, 벗다. 衆 – 무리, 백성, 만민. 得 – 뜻이 통하여 이루어지다. 雷 – 우레(하느님의 분노, 천벌로 은나라 멸망과 선선천 문명을 와해시킴 : 심판 등의 뜻). 雨 – 비, 은혜(천운이 비같이 만민에게 내리다, 지혜의 상승 등의 뜻). 作 – 짓다, 만들다, 잠에서 깨다, 긁어 벗기다, 세우다, 농사짓다, 이루다, 성취하다, 변하다, 바뀌다, 일하다, 하게 하다, 百果草木 – 만민. 皆 – 다, 모두. 甲 – 껍질, 씨껍질, 법령창제(가치, 문화창제). **拆** – 쪼개다, 터지다, 부수다, 분해하다(해체, 붕괴, 와해).

象辭

雷雨作 解, 君子 以赦過宥罪, 剛柔之際 義无咎也, 九二貞吉 得中道也, 負且乘 亦可醜也, 自我致戎 又誰咎也, 解而拇 未當位也, 君子有解 小人退也, 公用射隼 以解悖也

하느님의 분노와 은혜가 동시에 내려 세상의 낡고 썩은 악한 병리현상을 제국의 멸망과 함께 몰아내고, 막혔던 하느님의 은혜의 비가 만민에게 내려 새로운 시대의 문명과 문화가 싹트고 있는 것이 해이다.

군자는 이러한 때에 백성들의 과오나 죄를 용서하고 오히려 천도를 권면하여 어진 백성이 되게 한다. 하느님의 굳세고 강한 섭리의지(정신)와 인간의 유약한 정신이(등돌리고 원수가 되었던 부부) 다시 만나 화해하고 서로 정답게 화답하는 시기이니 옛 임금에게 의리(충성)를 지키지 않아도 허물이 없다는 것이다. 구이효에 지조를 지켜나가면 길하다고 하는 것은 사사로운 이익과 목적에 치우침이 없이 정당한 중정의 정신(지조)을 가졌기 때문이다. 타락한 임금이 거듭하여 천자의 자리에 올라 이번에는 바르게 정사를 하겠다는 것은 수치스러움을 모르는 추악한 생각이다. 천도를 닦아 인격을 실현(성품화)한다는 것은 자기 자신과의 싸움인데, 또 나 외에 누가 따로 존재하여 내 허물을 질 수 있단 말인가?

문명 해체현상이 엄지손가락만큼 나타나기 시작했다는 것 자체가 천자의 품격(인격)이 마땅치 못하기 때문이다. 이러한 때를 당하면 군자는 원수와도 화해하고 친밀히 지내기를 힘쓴다고 하는 것은 소인의 도인 악행(사회병리현상)을 물리치기 위해서이다. 제후가 그의 주인인 천자를 쏘아 잡으려 하고 있다는 것은 천도(천법)에 어긋나는 일이니 하늘이 심판하도록 맡겨두어야 한다는 것이다.

※ 赦 - 용서하다. 過 - 과오, 죄. 際 - 사이, 때, 기회, 시기, 만나다, 사귀다, 화답하다. 得 - 얻다, 가지다. 宥 - 벌하지 아니하다, 돕다, 권고하다, 너그럽다, 어질다. 醜 - 수치스럽다, 추악하다. 戎 - 싸움, 전쟁. 自 - 자기. 我 - 자신, 나. 誰 - 누구. 有 - 알다, 알고 있다. 悖 - 사리에 어긋나다.

41. 山澤損(䷨)

損, 有孚 元吉无咎, 可貞 利有攸往, 曷之用二簋 可用亨

 손은 섭리의 겨울철에는 하늘의 은택을 잃어버렸다는 뜻이다. 그러므로 섭리시대의 봄철(새로운 섭리시대가 시작되는 때)에는 참된 마음으로 하느님을 믿고 섬기는 정성이 있어야 길하여 허물이 없다. 하느님을 믿고 숭상하는 절개를 가지고 어려워도 견디면서 이로운 세상을 이루기 위한 목표를 향하여 자기를 닦아 나아가야 한다.

 천신에게 제사드리는 제기(사명자 : 견우) 두 개의 능력을 알아보기 위하여 그들 앞에 서직(제사용의 상서로운 곡식 : 백성의 비유)을 베풀어 놓고 누가 더 농사를 잘 하는지 살펴보니 한 사람은 그 백성을 해쳐 상하게 하므로 서직이 줄고 하나는 겸손하여 서직이 불어나고 있으니 가히 누구를 하느님의 농사에 쓸 일꾼으로 등용하여 부려야 형통하게 하겠느냐?

후·天·大·易

 ※ 損 - 잃다, 줄다, 감소하다, 해치다, 겸손하다. 元 - 봄철, (새로운 문명시대가 시작되는 때). 可 - 가히, 견디다. 曷 - 어찌하여, 어떻게, 누가, 해치다, 상하게 하다. 用 - 쓰다, 등용하다, 부리다, 베풀다, 도구, 능력, 시행하다, 일하다. 簋 - 서직을 담아 제사드리는 죽제기(竹), 천자를 제기로 백성을 서직으로 비유함.

[初九] 已事遄往 无咎, 酌損之
 한 사람은 부지런히 왕래하며 사람농사를 지어 이미 빠르게 백성들의 병이 나았으니 허물이 없다. 그러나 한 사람은 주연을 베풀고 술잔을 주고받기를 부지런히 하여 술이 늘고 이미 취하여 농사일을 그르치고 말았으니 그는 버리고 용서하지 않을 것인즉, 그는 나에게 손해를 입히고도

새 시대의 周易, 후천시대에 대한 하느님의 대 예언서

나를 비난하고 헐뜯고 있으니 누구를 골라내고 누구를 선택하겠느냐?

※ 已 - 이미, 벌써, 그치다, 끝나다, 버리다, 용서하지 아니하다, 매우, 대단히, 병이 나았다, 쓰다. 事 - 농사, 경영하다, 사업. 遄 - 부지런히 왕래하다. 酌 - 술, 주연, 잔치, 늘다, 취하다, 골라내다, 선택하다, 받아들이다.

[九二] 利貞征凶, 弗損益之

가을철과 겨울철에 정벌하는 것은 흉하다. 나(상제)에게 손해를 끼치고 나의 도를 위배한 자는 참된 견우(청지기 : 일꾼, 하인)가 아니니 떨어버리고 나의 백성을 유익하게 하고 증식시킨 사람을 내가 돕지 않겠느냐?

※ 弗 - 어긋나다, 위배되다, 아니다. 益 - 불리다, 증식하다, 보태다, 유익하다, 장대해지다, 돕다.

[六三] 三人行 則損一人, 一人行 則得其友

여러 신하들이 사람이 마땅히 행할 도리를 지키지 아니하고, 천도를 버려 불법을 거듭 행하면 백성들도 그와 같이 되어 천자 한 사람마저 해쳐 천도를 잃게 될 것이다. 그러나 한 사람이 의를 행하여 나아가면 그와 뜻을 같이하는 무리(벗)를 얻게 되어 백성들도 그 뜻에 따라 천도를 따라 행하게 되는 것이다.

※ 三 - 거듭, 자주, 여럿, 여러 번. 人 - 사람, 백성, 인류, 인품. 行 - 사람이 마땅히 행할 도리, 행실, 행위. 一 - 하나, 한. 則 - 자연의 조리, 천도. 友 - 벗, 뜻을 같이 하는 무리.

[六四] 損其疾 使遄有喜 无咎

부정, 부패, 부조리, 불법의 병이 백성과 나라를 해치고 있으니 자기

새 시대의 周易, 후천시대에 대한 하느님의 대 예언서

와 뜻을 같이하는 일꾼들을 부지런히 왕래하게 하여 백성을 불법의 병에서 구하고 천도를 숭상하게 하면 기쁨이 있을 것이니 허물이 없다.

※ 疾 – 병, 병을 앓다, 사회병리. 使 – 일꾼, 부리다, 따르다, 심부름꾼, 사신.

[六五] 或益之 十朋之, 龜弗克違 元吉

불의에 미혹되어 갈팡질팡하는 사람들에게 천도를 권유하여 구할 수 있었다면 백성 전부를 완전히 구제할 수도 있을 것이다. 천도를 어기고 의에서 떠난 지가 오래 되어 자기 자신을 극복하고 돌아올 수 없는 사람은 용서하지 말고 떨어내 버려야 할 것이니 새로운 시대가 시작되는 봄철에는 이처럼 과단성 있게 행하는 것이 크게 길하다.

※ 或 – 혹, 어쩌다, 더러, 어떤 사람, 있다, 헤매다, 나라. 益 – 유익하게 하다. 十 – 열, 열배, 전부. 龜 – 오래되다. 弗 – 용서 없이 떨어내 버리다. 違 – 위배되다, 배반하다. 克 – 이기다, 극복하다.

[上九] 弗損益之 无咎 貞吉, 利有攸往 得臣無家

백성을 유익하게 하는 자는 세워 돕고, 백성을 해치거나 잃는 자는 용서치 아니하고 떨어내 버려야 허물이 없으며 지조가 있는 사람이라야 길하다. 이로운 세상을 만들기 위하여 지조를 높이 세워(이상을) 자기를 닦고 연마하여 하늘과 나라를 위해 떨쳐 일어날 수 있는 신하들은 얻었으나 다스릴 제국이 없지 않은가?

※ 無家 – 나라가 없다는 의문형으로 쓰임. 无 – 없다의 단정형.

彖辭

損, 損下益上 其道上行, 損而有孚 元吉无咎 利有攸往, 曷之用 二
簋可用亨, 二簋應有時 損剛益柔有時, 損益盈虛 與時偕行

　　손은 천자(견우 : 청지기)가 부덕하여 백성을 해치거나 잃는 것이다.
부덕하고 포악한 천자가 백성을 잃는 것은 상제를 유익하게 하는 것이
니 이는 상제께서 새로운 하늘농사 섭리를 하실 수 있기 때문이다. 그러
므로 백성을 잃지 않으려면 상제에 대한 믿음과 참된 마음으로 백성에
게 정성을 다해 양육해야 낡은 시대가 가고 새 시대의 한해가 시작되는
봄철(元)에 더욱 길하여 허물이 없다. 사람에게 이로운 세상을 만들기
위해서는 자기를 먼저 닦고 연마하여 높은 지조(이상과 신념)를 세우고
그 목표를 향하여 좌우로 치우침이 없이 백성을 다스려 나아갈 줄 알아
야 한다.
　　두 사람의 견우중 누구를 쓸까 하는 것은 그 두 제기중에 욕심이 많아
신하나 백성으로부터 받기를 원하고 영화를 홀로 누리면서 하늘에 제사
지내지 않는 사람은 쓰지 말고 신하와 백성을 위하여 후히 대접할 줄 알
고 하느님께 정성을 바쳐 제사드리는 사람이 좋으니 그를 써야 한다.
　　한 시대에 두 견우가 경쟁하고 있는 때를 당하였으니 이는 힘이 강한
자리에 있는 견우는 백성을 해쳐 잃고 있고, 약한 자리에 있는 견우는
겸손하여 백성을 유익하고 풍부하게 하고 있는 때문이다. 백성을 해쳐
잃어가고 백성을 유익하게 하여 풍성해지는 '차고 빔의 현상' 이 같은
시대에 함께 움직이고 있는 것이다.

※ 亨 - 받다, 누리다, 제사지내다, 드리다, 대접하다. 剛 - 강한 정신의 힘. 柔
　- 약한 정신의 힘. 偕 - 함께.

464

後·天·大·易

象辭

山下有澤 損, 君子 以懲忿窒欲, 已事 遄往 尙合志也, 九二利貞 中以
爲志也, 一人行 三則疑也, 損其疾 亦可喜也 六五元吉 自上祐也, 弗損益
之 大得志也

간산방의 백성이 진흙 속에 딩굴고 있는 것이 손이다. 군자는 이러한
때를 맞이하여 백성의 원하는 바가 막혀 통하지 아니하여 원망하거나
원한을 품는 일이 없도록 부정하거나 부패한 관리들을 응징하여 잘못을
뉘우치게 함으로써 언로와 인심이 상하좌우로 잘 소통되게 해야 한다.
두 견우에게 맡긴 하늘농사(천업)를 게을리 하고 백성을 해친 자는 버
리고 부지런히 왕래하며 백성을 유익하고 풍성하게 한 자를 하느님이
들어(세워) 쓰신다고 하는 것은 하늘의 상서로운 뜻이 정직한 견우와
합치하기 때문이다.

구이효에 지조가 있어야 이롭다고 하는 것은 지조가 곧 그의 중심(中
心 : 신념, 정신, 목적의지)이 되기 때문이다. 천자 한 사람이 의를 행하
고자 할지라도 많은 간신들이 거듭하여 그를 미혹하면 결국에는 천자도
불의한 사람들을 본받게 된다는 것이다. 부정부패의 사회병리가 백성을
해치지 못하도록 신하들을 독려하여 부정을 바로잡는 것이니 이 또한
옳고 기쁜 일이다. 육오효가 봄철에 길하다고 하는 것은 상제께서 정직
한 견우를 도와 주기 때문이다. 백성을 해치는 견우는 떨어내 버리고 유
익하게 하는 견우를 들어 올려 쓰신다고 하였으니 새로 나타난 대인의
뜻과 상제의 뜻이 서로 통하기 때문이다.

※ 懲 – 징계하다, 응징하다. 忿 – 성내다, 원망하다, 원한을 품다. 祐 – 돕다.
得 – 뜻이 서로 통하다.

42. 風雷益(䷩)

益, 利有攸往 利涉大川

익은 천자(대인)가 백성을 도와 유익하고 풍성하게 함으로써 백성이 날로 증가하는 것이다. 대인은 이로운 세상을 이루기 위하여 자기를 먼저 갈고 닦아 높은 지조를 세우고 떨쳐 일어났으니 낡고 부패한 세상을 천도로 평정하기 위하여 뗏목에 백성을 싣고 고해를 건너야 한다.

[初九] 利用爲大作 元吉无咎

백성에게 유익하고 이로운 세상을 만들기 위하여 막혔던 천운이 통하게 하고 상하 좌우의 인심이 통하게 하려고 대인이 일어섰으니 새 시대의 봄철에 크게 길하고 허물이 없다.

※ 作 - 일어서다.

[六二] 或益之 十朋之龜 弗克違 永貞吉 王用亨于帝吉

미혹되어 이리 갈까 저리 갈까 갈팡질팡 헤매며 오랫동안 부패와 불의에 물든 무리들을 깨우쳐 유익하게 하려고 백성을 교화하여 바로잡고 있다. 천도와 인륜(도덕)을 위배한 사람들일지라도 자신의 과오를 반성하고 교화되는 사람들은 구제하고 자기를 극복하지 못하는 사람들은 떨어내 버려야 하며 지조를 굳게 세워 오래 갈 수 있어야 길하다. 천자는 백성들에게 은혜를 베풀어 자식이나 가족처럼 사랑할 줄 아는 것이 상제에게 바른 제사를 드리는 것이니 그런 사람을 천자로 세워 다스리게 해야 길하다.

※ 永 - 오래가다, 불변하다. 用 - 쓰다, 사용하다, 세우다. 帝 - 상제 하느님. 王 - 천자, 견우. 十 - 완전, 전부. 龜 - 척추, 인끈, 귀인, 오랫동안. 朋 - 무리, 무리를 이루다.

[六三] 益之用凶事 无咎 有孚中行 告公用圭

백성을 유익하게 해야 할 하늘농사(사람농사)를 함에 있어 백성이 천도를 위배하거나 어긋나 사악해지지 않도록 방비를 게을리 하지 말아야 허물이 없다. 상제에 대한 믿음과 정성을 다하여 백성을 기르고 양육하려는 진실한 마음이 중심에 있어 가지고 나아가야 제후 및 신하들에게 천자의 뜻(지조 : 이념, 목표)을 알려 공평하고 깨끗하게 백성을 다스릴 수 있을 것이다.

※ 告 - 알리다, 설명하다. 公 - 천자, 제후, 신하, 공평하다. 圭 - 깨끗하다, 결백하다.

[六四] 中行 告公從 利用爲依 遷國

천자가 중심을 가지고 나아가야 제후들과 신하들에게 그의 뜻(중심 : 철학 : 목적의지)을 알려 백성을 공변되게 다스릴 수 있으며 백성들도 천자의 뜻을 따를 수 있을 것이니, 신하를 이롭게 쓴다는 것은 천자의 뜻에 의지하고 따르게 하여 나라를 바로잡아 바꾸려는 목적에 있다.

※ 中 - 中心, 뜻, 의지, 목표(철학). 依 - 의지하다, 따르다. 爲 - 되게 하다. 遷 - 바꾸다. 國 - 나라, 세상.

[九五] 有孚惠心 勿問元吉 有孚惠我德

참되고 정성스런 마음으로 상제 하느님을 믿고 섬길 때 하늘이 은혜를 베풀 마음이 생겨 돕는다는 이치는 물을 필요가 없으며 봄철에는 더욱 그러하므로 길하다. 참되고 정성스런 마음으로 상제를 믿고 섬길 때 하늘이 나를 도와서 은혜로 베푸는 그 천덕을 나의 인덕(人德)으로 성품화 해야 천덕이 나의 덕(인품, 인격)으로 인격화 되는 것이다.

[上九] 莫益之 或擊之 立心勿恒凶

백성들을 유익하게 하려고 힘쓰고자 할지라도 이미 해가 저물었다. 어쩌다 더러는 좋은 신하들과 좋은 관계를 유지해 보려는 생각을 일으켜(세워) 보지만 그 마음이 오래가지 못하니 흉하다.

※ 莫 – 저물다, 힘쓰다. 或 – 어쩌다, 더러. 擊 – 유지하다, 맺다. 立 – 세우다, 일으키다. 心 – 마음, 생각. 勿 – 마라, 아니다, 없다.

彖辭

益, 損上益下, 民說无疆 自上下下 其道大光 利有攸往 中正有慶, 利涉大川 木道乃行 益動而巽 日進无疆 天施地生 其益无方, 凡益之道 與時偕行

백성을 유익하게 하기 위하여 천자가 행하려고 하는 것은 백성을 천도로 교화하여 백성의 마음 밭을 갈고 닦아 천성을 인성으로 변화(인격화 : 바꾸다) 시키려는 것이다. 그러므로 견우인 천자는 상제처럼 자기를 겸손히 낮추고 신하와 백성에게 모범을 보임으로써 그들도 천자처럼 자기를 낮추고 상대를 높여주는 겸손함을 배워 익히게 하여 백성이 참자기를 실현하도록 하는 것이 백성을 유익하게 하는 것이다. 그러므로 백성으로 하여금 육체적 자아(고정관념)의 껍질을 벗고 참자기를 찾아 이루기 위해 굳은 땅과 같은(굳고 딱딱한 껍질) 고착된 관념(자아)이나 육체적 삶의 집착(행복 : 물질적 탐욕 : 육체적 생의 집착)을 없애고 자기들도 상제처럼 아랫사람들에게 자기를 낮추어 겸손할 줄 알게 되는 것이므로 그 천도가 크게 빛나게 될 것이다.

이로운 세상을 이루기 위하여 자기를 닦고 연마하여(껍질을 벗는 과정) 지조를 높이 세우고 떨치고 일어나 고난을 극복하고 오직 목표만을 향하여 나아가야 한다고 하는 것은 그 중심(中心 : 주체정신 : 참나)을 바르게 세워 불변하는 주체정신으로 굳어질 때 그 정신이 참자기로서 영생하게 되는 경사가 있기 때문이다.

이로운 세상을 이루기 위하여(천도문명 실현 : 이상실현), 대인이 나타나 고해(고난의 삶)를 건너게 한다는 것은 장차 震木大人이 나타나 참사람 완성의 도를 행할 수 있도록 사람들의 마음밭을 경작하여 옥토로 만들어 나가기 위한 순서적 섭리를 시행해 나가는 것이다.

사람을 유익하게 한다(홍익인간이 되게 한다)는 것은 이처럼 자기를 낮추고 상대를 높여 겸손할 줄 아는 인격으로 변화(바꾸다)시켜 가고자 날마다 굳은(땅 : 육체 : 의식관념 : 자아) 껍질이 없어지도록 천도를 삶 속에서 실천해 나아가는 것이다.

하늘이 천도와 천덕을 베풀어 땅껍질(육체 : 물질적 집착)을 벗기고 참사람의 종자(씨)를 심어 자라게 하는 것이니 그 유익함이 가히 견줄 바 없을 것이다. 무릇 천도의 유익함을 베푸는 때에 모두 함께 그 길로 나아가자.

※ 下 – 신하, 백성, 아랫사람, 낮추다. 自 – 자기, 자신. 下下 – 아랫사람에게 자기를 낮추다. 木道 – 후천 震木帝(大人)의 道(참사람 창조의 도, 지상 천국 건설의 도). 地 – 여기서는 땅껍질, 육체의 껍질(자아관념, 집착, 탐욕)을 의미함. 生 – 낳다, 기르다, 살다.

469

象辭

風雷 益, 君子 以見善則遷 有過則改, 元吉无咎 下不厚事也, 或益之 自外來也 益用凶事 固有之也 告公從 以益之也, 有孚惠心 勿問之矣, 惠 我德 大得志也, 莫益之 偏辭也, 或擊之 自外來也

　성인의 가르침을 위엄있게 베풀어 백성을 교화함으로써 유익하게 하는 때가 익이다. 군자는 착하고 어진 사람을 보면 그 일을 드러내 밝혀 다른 사람들도 그와 같이 바뀌도록 하고 법을 어기고 죄를 지은 사람을 보면 이를 세상에 드러내어 다른 사람들이 그런 잘못을 고치게 한다. 시대가 바뀌는 섭리적 봄철에 그렇게 하는 일이 더욱 길하고 허물이 없다고 하는 것은 신하들이 정사를 돌봄에 있어 삼가 정성스럽게 하지 않으면 안 된다는 것을 깨우치게 해야 한다는 것이다.

　미혹된 사람들을 고쳐 유익한 사람이 되게 해야 한다는 것은 자기 자신(자아관념)이 밖에 있는 사물의 영향으로부터 생겨나는 것이기 때문이다. 백성을 유익하게 하는 일을 행함에 있어서 천도를 위배하고 사악해지지 않도록 방비해야 한다는 것은 의식이 고착될 수 있기 때문이다. 신하들에게 천자의 뜻을 알려 따르게 해야 한다는 것은 백성을 유익하게 하기 위함이다.

　참되고 정성스런 마음으로 상제 하느님을 섬길 때, 하느님이 은혜를 베풀 마음이 생겨 돕게 된다는 것은 물을 필요가 없다는 것이다. 하느님이 은혜를 베푸시는 천덕을 나의 인격(人德)으로 삼아야 한다는 것은 대인이 하느님의 뜻을 자신의 뜻으로 이루고자 하는 것과 같다. 백성들을 유익하게 하고자 할지라도 이미 해(때, 시기)가 저물었다고 하는 것은 그가 지금까지는 중심이 없이 치우치게 살아왔기 때문에 시기를 이미 놓쳤다는 것이다. 미혹된 자들과 관계(뜻)를 맺고자 한다는 것은 자기가 밖의 사물로부터 영향을 받고 이루어진다는 것을 알지 못하기 때문에 그런 생각을 한다는 것이다.

※ 風 - 성인의 가르침, 교화. 雷 - 震, 대인(성인), 천둥소리, 호령. 遷 - 바꾸다. 改 - 고치다. 事 - 천업, 사업, 농사일, 정사. 自 - 자기, 참자기. 固 - 굳다, 고착되다, 고정되다. 偏 - 편벽되다, 치우치다, 어긋나다. 辭 - 공정치 못하게 말하다, 책망하다. 外 - 밖으로부터, 외물.

43. 澤天夬 (䷪)

夬, 揚于王庭, 孚號有厲 告自邑, 不利卽戎 利有攸往

쾌는 상제께서 새 시대의 천자가 될 사람을 결정하는 것이다. 상제께서 마음이 곧고 바른 사람을 천자로 들어올려 쓰기로 하였다. 그가 상제에 대한 믿음과 진실하고 정성스러운 마음을 가졌다는 소문을 상제께서 듣고 자기를 불러 견우의 사명을 맡기려고 한다는 말을 듣고(조선상제의 말) 저절로 흐느껴 운다. 그 말씀(상제가 자기를 천자로 세우겠다는 말)을 따라 곧바로 은나라를 정벌하려고 전쟁을 일으키는 것은 이롭지 못하니 뜻한 바를 이루기 위해 더욱 자기를 닦아 나아갈 줄 알아야 이로울 것이다.

※ 夬 - 정하다, 결정하다. 揚 - 위로 올리다, 알려지다, 드러나다, 들어올려 쓰다. 王 - 천자, 견우. 庭 - 곧다, 바르다. 號 - 부르다, 명령. 厲 - 의뢰하다, 맡기다. 告 - 고하다, 알리다. 自 - 자연히, 저절로. 邑 - 흐느껴 울다, 목메어 울다. 卽 - 곧바로, 따르다. 戎 - 싸움, 전쟁.

[初九] 壯于前趾 往不勝 爲咎

그의 기상이 훌륭하고 기세가 좋은 것은 예의와 법도가 갖추어져 남보다 앞서기 때문이지만 정벌하러 가면 이기지 못한다는 것은 신하가 임금을 치는 것은 허물(죄)이 되기 때문이다.

※ 壯 – 기세가 좋다, 기상이 훌륭하다. 趾 – 법도, 예의, 도덕, 발자국. 前 – 앞으로 나아가다, 남보다 앞서다. 爲 – 되다.

[九二] 惕號莫夜 有戎勿恤

은천자의 날이 저물어 밤이 되었음을 알고 깜짝 놀라 두려움으로 부르짖고 있으나 정벌 전쟁을 할 때까지 불쌍히 여기지 말라.

※ 惕 – 두려워하다, 깜짝 놀라다. 號 – 부르짖다. 恤 – 동정하다, 구휼하다.

[九三] 壯于頄 有凶, 君子夬夬 獨行遇雨 若濡有慍 无咎

그의 기상이 훌륭하고 기세가 좋은 모습을 얼굴에 나타내면 재앙이 될 것이니 불길하다. 군자가 중심(뜻)을 정하고, 그 뜻을 세상에 펼치기로 결정하면 홀로 행할지라도 상제의 은택이 비처럼 쏟아져 많은 동지를 만나게 될 것이다. 군자가 천도를 이룰 뜻이 있어도 그 일을 실행에 옮기기로 결정하고 나가지 않는다면 하늘의 은혜가 막혀 괴로움을 겪게 될 것이나 허물은 없다.

※ 若 – 만일, 그렇지 않으면. 濡 – 은혜를 입다, 멈추어 막히다. 慍 – 괴로워하다.

[九四] 臀无膚 其行次且, 牽羊悔亡 聞言不信

은천자를 동정하여 도우면 볼기 밑 살가죽이 남아나지 않도록 거듭

472

하여 버금자리(정승)를 이어 지내게 될 것이요, 은천자는 결국 제사에 쓰는 희생양처럼 되어 멸망할 때 후회하게 될 것이니 은나라가 곧 멸망하게 된다는 소문을 듣지 않는 것보다 못할 것이다.

※ 臀 - 볼기짝 밑. 膚 - 살가죽. 次 - 버금자리, 잇다. 且 - 또, 거듭하여. 羊 - 희생동물. 信 - 소문, 말.

[九五] 莧陸夬夬 中行无咎

천도를 실현하겠다는 뜻(견우의 사명)을 행동으로 실천해 나가기로 결정하고 나면 평평한 산꼭대기 중앙(간산 : 세계문명의 중심)에서 빙그레 웃을 일이 있을 것이니 중심을 가지고 행하여 나가면 허물이 없다.

※ 莧 - 빙그레 웃다, 방긋 웃다. 陸 - 육지, 평평한 산꼭대기, 중앙, 길(道).

[上九] 无號 終有凶

하늘의 뜻을 위해서 울부짖고 한탄해 본 일이 없는 사람은 끝에 이르러 재앙이 있을 것이다.

彖辭

夬, 決也, 剛決柔也, 健而說 決而和, 揚于王庭 柔乘五剛也, 孚號有厲 其危乃光也, 告自邑不利卽戎 所尙乃窮也, 利有攸往 剛長乃終也

쾌는 결단하는 것, 결정하는 것이다. 상제가 어느 견우(柔)를 선택하여 천자로 세울 것인가를 결정하려는 것이다. 상제의 가르침(천도)을 기쁘게 순종하고, 그 지조가 굳세고 강건한 자를 들어올려 씀으로써 구족을 화합하여 천도에 알맞게 동화시킬 수 있는 사람으로 결정하려고 한다.

천도를 밝혀 하느님의 이름을 드러내고 백성을 천도로 양육하겠다는 뜻이 곧고 바른 사람을 임금으로 들어올려 쓰려는 것이므로 그 정신(뜻 : 이상)이 신하들과 백성들의 유약한 정신을 타고 올라 천도로 교화하려면 오행의 강기(굳세고 강한 정신)로 제압할 수 있어야 한다.

상제와 천도에 대한 믿음과 진실한 마음으로 정성을 다하여 울부짖으며 자기를 닦고 연마하여 지조를 높이 세우고 떨치고 일어날 수 있는 정신이 있어야 위태로운 시대와 세상을 천도문명의 빛으로 바꿀 수 있기 때문이다.

상제께서 자기를 불러 견우로 쓰시겠다는 소문을 듣고 저절로 흐느껴 운다는 것과, 그 말을 듣고 곧바로 은나라를 정벌하려고 하는 것이 이롭지 못하다는 것은 제후의 지위를 가지고 천자를 정벌한다는 것은 (하극상 : 쿠데타) 대의 명분이 궁색하여 상서롭지 못하기 때문이다. 이로운 세상을 이루기 위해 나아가려고 한다면 먼저 자기를 닦아 연마한 후 뜻을 향해 나아가야 이롭다는 것은 강한 천자(은나라)가 끝까지 자라서 극에 이르렀기 때문이다.

※ 說 - 상제의 가르침(천도)을 따르다, 풀어 밝히다, 기뻐하다, 순종하다, 가르치다. 和 - 화합하다, 동화하다, 화평하다, 구족이 화합하다, 바꾸다, 허락하다. 五 - 다섯번째, 오행. 剛 - 강기, 강하고 굳센 정신의 기운, 의지가 굳세고 강하다. 乘 - 타다, 오르다. 光 - 천도문명의 빛. 所 - 지위. 長 - 자라다.

象辭

澤上於天 夬, 君子 以施祿乃下 居德則忌 不勝而往 咎也, 有戎勿恤 得中道也 君子夬夬 終无咎也 其行次且 位不當也, 聞言不信 聰不明也, 中

行无咎 中未光也, 无號之凶 終不可長也

    상제께서 진펄 속에 있는 사람을 뽑아 천자로 세우려고 결정하는 것이 쾌이다. 군자는 신하들에게 작위와 전읍을 상으로 베풀고 그와 뜻을 같이하여 살게 한다. 이처럼 평상시에 덕을 베풀지 않으면 그를 싫어하여 정벌하러 가더라도 승리할 수 없으니 허물이 될 것이다.

    정벌전쟁을 할 때까지(있을 때까지) 은천자의 도움요청을 받아도 구휼하지 말라는 것은 중심에 품은 뜻(道)을 이루는 데 도움(이익)이 되지 않기 때문이다. 군자가 그의 뜻을 정하고 실천에 옮기기로 결단하면 하늘이 은혜를 내려 도우실 것이니 끝까지 허물이 없다. 그러나 만약 뜻을 실행할 결단을 하지 못할 경우에는 거듭하여(또 다시) 남을 섬기는 두 번째 자리(신하 : 정승)를 차지할 수밖에 없을 것이니, 이는 그 인품(자격)이 합당치 못하기 때문이다. (천자가 되기에)

    소문으로 들려오는 말을 믿는다(믿지 말아야 한다는 반어법)고 하는 것은 스스로 판단할 수 있는 총명함이 흐려 사리에 밝지 못하다는 것이다. 중심의 뜻대로 실행해 나아가면 허물이 없다는 것은 아직 그 중심에 있는 뜻을 밝히지 못했기 때문이다. 천도를 깨달아 뜻을 얻기 위하여 하느님을 향하여 울부짖어 본 일이 없으면 흉하다고 하는 것은 끝내 그런 사람을 하늘 나라의 계승자인 천자로 세울 수는 없다는 것이다.

※ 澤 – 진펄 속에 있다, 헤매다. 天 – 천자, 하늘의 계승자의 뜻. 祿 – 작위나 전읍을 상으로 베풀다. 忌 – 싫어하다, 피하다. 恤 – 구휼하다, 동정하다, 근심하다. 得 – 이익에 도움이 되다, 이득, 이루어지다. 道 – 뜻, 천도, 실현. 中 – 중심. 長 – 맏아들, 계승자, 천윤(天胤), 기르다, 존귀한 사람, 근본종주.

44. 天 風姤(䷫)

姤, 女壯, 勿用取女

구는 천자(남자 : 남편)가 제후(여자 : 아내)를 그의 아내로 맞아들
이는 것이다. 제후가 될 사람(女)의 기상이 훌륭하고 기세가 좋아 장차
커지면 나(천자)를 상하게 할 것 같으니 그런 사람을 아내로 취하여 나
라를 다스리게 하지 말라는 것이다.

※ 姤 - 아름답다, 흉하다, 만나다, 취하다. 女 - 여자, 처녀. 壯 - 기상이 씩씩
하고 훌륭하다, 기세가 좋다, 커지다, 성하다, 상하다, 손상을 입다. 用 - 다
스리다. 取 - 취하다, 골라 뽑다, 채용하다, 장가들다.

[初六] 繫于金梔 貞吉, 有攸往見凶 羸豕孚蹢躅
천도 섭리를 이어온 견우의 계통을 살펴보니 단단한 쇠얼레(수레 브
레이크 장치)에 매어 이어져 오고 있으니 지조가 있어야 길하다. 자기
를 갈고 닦으며 나아갈 줄 알지 못하고 대인으로 나타나면 흉한 일이 있
을 것이다. 허약해져 병을 앓고 있는 돼지(은천자)가 괴로워하며 수레
를 끌고 달려가려고 지적거리고 있는 것을 보니 수레를 뒤집어엎을 것
같다.

※ 繫 - 계통, 연잇다, 유지하다. 金 - 철, 쇠, 단단하다. 梔 - 수레바퀴를 정지
시키는 장치 : 얼레, 살피다. 見 - 나타나다. 羸 - 약하다, 앓다, 괴로워하
다, 뒤집어엎다. 孚 - 달리다. 蹢 - 머뭇거리다, 지적거리다. 躅 - 머뭇거리
다, 발자국.

[九二] 包有魚 无咎 不利賓

말의 두 눈을 보자기로 감싸 앞을 볼 수 없어도 근심하지 않고 있으니 그 수레를 타고 가는 손님(백성, 신하)은 이롭지 못하다.

※ 包 - 보자기, 감싸다. 魚 - 두 눈이 흰 말(눈가가 희다). 賓 - 손님, 인도하다, 복종하여 따르게 하다, 굴복시키다.
※ 견마의 두 눈을 보자기로 가리는 것은 옆을 보지 못하게 하여 곧고 바르게 주인이 이끄는 대로만 가게 하기 위함이다(옆으로 치우치지 못하도록).

[九三] 臀无膚 其行次且 厲无大咎

엉덩이 밑의 살갗이 남아나지 않도록 바쁘게 천자의 정사를 행해도 또 다시 정승의 자리밖에 차지할 수 없다고 하는 것은 자기를 닦아 연마하여 높은 지조를 세우고 떨치고 일어나겠다는 결단력이 대인에게 없으면 허물이 된다는 것이다.

[九四] 包无魚 起凶

앞을 볼 수 없도록 두 눈을 보자기로 감싸고 일어서려고 한다면 흉한 일이다.

[九五] 以杞包瓜 含章 有隕自天

기나라 사람들이 머금고 있는(문화 : 음력 7월이면 관직의 임기가 끝나고 관직을 바꾸는 하나라의 제도) 옛적 하나라의 제도를 받아들여 우리의 문화와 아울러 모범 된 문화를 창제하여 밝힘으로써 잃어버렸던(단절되었던) 하느님과 천도가 자연의 도(自然)인 것을 스스로 깨달아 알게 해야 할 것이다.

※ 杞 - 하나라가 망한 후 우임금의 후예들에게 문왕이 봉한 봉읍(기나라). 包 - 머금다, 싸 있다(가지고 있다는 뜻). 瓜 - 오이, 일년초 식물(수박, 참외,

後 · 天 · 大 · 易

 새 시대의 周易, 후천시대에 대한 하느님의 대 예언서

오이 등) 음력 7월, 하나라 관제. 含 - 문채, 문화, 머금다, 받아들이다. 章 - 글, 문장, 법, 법식, 모범, 본보기, 성하게 하다, 밝히다. 有 - 알게 하다. 隕 - 단절되다, 잃다, 죽다. 自 - 자연의. 天 - 주재자, 하늘, 천도.

[上九] 姤其角 吝 无咎

그 짐승(은왕)과 내가(문왕 : 제후) 만나 서로 견우의 자리를 놓고 다투게 되었으니, 부끄러운 일이나 허물은 없다.

※ 角 - 뿔, 짐승, 겨루다, 다투다. 吝 - 부끄러움.

彖辭

姤, 遇也, 柔遇剛也, 勿用取女, 不可與長也, 天地相遇 品物咸章也, 剛遇中正 天下大行也, 姤之時義, 大矣哉

구는 때를 만나 뜻이 맞는 사람(남녀 : 음양)을 제후로 등용하려는 것이다. 유약한 신하가 강한 임금을 만나는 것이다. 천자가 그와 뜻이 맞는 제후와 신하들을 골라 뽑아 채용(장가들다)하려고 하지만, 기세가 좋고 기상이 훌륭한 사람은 장차 세력이 커지면 천자와 맞서 상하게 할 것이니 그런 사람(女 : 음)을 아내(신하)로 취하지 말라고 하는 것은 그와 함께 천자가 될 수는 없기 때문이다.

이처럼 하늘(남자 : 남편)과 땅(여자 : 아내)이 서로 만나 우리가 소유하고 있는(머금다) 천도문화를 세상에 밝히고 널리 드러내어 모든 백성이 하나의 뜻과 문화로 마음이 화합해지도록 하기 위하여 제후와 신하로 뽑을 사람들을 모아 우수한 품격을 살펴보는 것이다. 중심이 바르고 강건한 사람을 만나야 대인의 뜻을 천하에 밝혀 드러내고 천도문명

실현을 향하여 나아갈 수 있나니 구때의 뜻이 참으로 크도다.

※ 品 – 품격. 物 – 살피다. 咸 – 머금다, 문화. 章 – 밝히다, 드러내다, 문화, 마음을 하나로 화합하다.

象辭

天下有風 姤, 后以施命 誥四方 繫于金柅 柔道牽也, 包有魚 義不乃賓也 其行次且. 行未牽也, 无魚之凶 遠民也 九五含章 中正也 有隕自天 志不舍命也, 姤其角 上窮吝也

천하에 성인의 가르침(易 : 天道)으로 교화를 베풀어가고 있는 때가 구의 때이다. 제후들은 천자의 명을 사해에 알려 백성을 천도의 떳떳한 길로 바르게 인도하여 섭리의 목표인 이로운 세상(弘益人間世界)을 향해 뗏목으로 건너게 해야 한다.

역대 견우들의 계통을 단단한 쇠얼레에 수레를 묶고 연이어 온 것은 견우들의 품성 바탕과 덕행이 유약하기 때문이다. 견마의 두 눈을 보자기로 싸고 있는 것은 정도를 따르는 도리가 좌우로 치우침을 백성들에게 미칠까 염려함이라. 천도를 실행하겠다는 결단을 하지 못하면 남의 신하(버금 벼슬) 노릇 밖에 할 수 없다는 것은 견우로서의 길을 가지 못하고 있다는 것이다. 견마(魚)가 없으면 흉하다는 것은 섭리의 기한이 다하여 백성이 선민의 지위에서 쫓겨나게 되기 때문이다.

구오효에 천도문화를 밝혀야 한다는 것은 그의 중심(뜻)이 바르게 서 있다는 것이다. 단절되었던 자연하느님과 천도문명을 백성들에게 알려 저절로 이어가게 해야 한다는 것은 백성의 마음이 천명(天命 : 천도문명 실현)에 머물러 있지 않기 때문이다. 제후가 그 짐승(은천자)과 서로 견우의 자리를 놓고 다툰다고 하는 것은 상제께서 그 짐승을 아끼는 마음이 끝났기 때문이다.

※ 后 – 왕후, 제후, 왕비. 誥 – 알리다, 고하다. 四 – 사방, 사해. 方 – 떳떳한 길, 인도하다. 道 – 품성, 바탕, 덕행. 乃 – 미치다, 파급되다. 遠 – 멀어지다, 쫓겨나다. 舍 – 머물다. 命 – 천명(견우의 사명). 吝 – 아끼다. 上 – 상제 하느님. 天 – 하느님, 천도, 주재자.

※ 옥편에서 문채나 무늬라고 한 것은 문화를 의미함. 쇠얼레 – 마차브레이크 : 유약하고 태만한 역대 천자들의 천도에서 어그러져 나가려는 것을 하늘이 제어한다는 뜻.

45. 澤地萃(䷬)

萃, 亨, 王假有廟 利見大人 亨 利貞, 用大牲吉 利有攸往

췌는 새로운 백성을 선민으로 모은다는 것이다. 소전동이(少典東夷 : 은민족)를 하늘의 선민으로 택하여 세웠으나 그들이 천자와 함께 자기를 더럽혀 하느님과 천도를 버리고 병들어 여위고 지쳐 천운이 다했으므로 소전동이에 버금가는 융족(한족)을 모아 새로운 선민으로 택하여 세우겠다는 것이 췌때의 의미이니 형통하게 해야 할 것이다.

지금의 은천자(王)는 하느님이 택하여 세운 참견우가 아니요, 가짜를 임시로 세우고 제국을 맡겼으나 그 기한이 끝났으므로 바꿀 때가 되었음을 알고 있다. 췌때는 하느님이 원하시는 이로운 세상을 이루기 위하여 대인이 나타날 형통한 때요, 가을과 겨울은 문왕이 새로운 견우가 되어 하늘의 섭리를 담당할 때이다.

하늘에 바칠 희생제물로 대인을 쓸 것이니 상서로운 제물로써 이로운 세상을 이루기 위하여 자신을 갈고 닦아 높은 지조를 세우고 떨쳐 일어나 천도문명 실현을 향해 나아가야 할 것을 알아야 한다.

※ 萃 – 모으다, 이르다, 버금가다, 그치다, 여위다, 지치다, 만물이 모이는 상. 牲 – 희생소. 假 – 가짜, 거짓된 것, 임시적인 것, 남의 것을 임시로 쓰다. 빌려주다, 끝내다, 바꾸다. 廟 – 빈궁, 정전, 궁궐(정전은 임금의 정청으로 제국을 뜻함.

[初六] 有孚不終 乃亂乃萃 若號, 一握爲笑 勿血往无咎

상제 하느님을 믿는 진실한 마음으로 백성을 아끼고 양육하면 그 나라가 끝없이 이어질 것이다. 방약무도하고 제멋대로 하기를 좋아하여 전쟁을 일삼는 무리를 모아 백성으로 삼으면 질서가 없고 혼란스러울 것이니 만일 그들을 골라 백성으로 삼아 순종하게 하려면 울면서 한탄하는 일이 있을 것이다. 그러나 한 번은 주먹을 불끈 쥐고 화를 내다가도 한 번은 기뻐하며 웃는 날이 있을 것이니 근심하지 말고 뜻한 대로 나아가면 허물이 없다.

※ 乃 – 그, 이. 若 – 만일, 만약, 고달프다, 따르다, 순종하다. 號 – 느끼어 울다, 한탄하다. 握 – 주먹을 쥐다. 血 – 근심하다.

[六二] 引吉无咎, 孚乃利用論

융족을 불러들여 천도로 바로잡아 등용하고 책임지고 백성을 인도하게 하면 길하여 허물이 없을 것이다. 상제에 대한 믿음과 정성과 진실함을 바쳐 상제에게 올리는 가을제사(섭리시대의 추수기)에 이로운 제물로 써야 할 것이다.

※ 引 – 불러들이다, 등용하다, 바로잡다, 인도하다, 수레를 잡아당기다. 論 –

상제에게 바치는 가을 제사.

※ 희생제물은 소나 양이나 돼지를 바치지만 사람의 동물성을 삶고 익혀서 제
물로 바치는 대신 동물을 삶아 바침으로써 참사람의 종자(열매, 씨앗)로 다
시 태어나게 해달라는 기원을 드리는 것이 희생제물의 의미이다. 그러므로
진정한 제물은 동물의 피가 아니라 상제를 믿고 섬기는 믿음과 정성과 참된
마음으로 천도를 실현해 가는 삶(행위 : 의지)인 것이다.

[六三] 萃如 嗟如 无攸利 往無咎 小吝

융족을 불러들여 놓고 기뻐하는 것도 같고, 탄식하는 것 같기도 하나
천도를 닦게 하여 다스리면 이로울 것이나, 천도를 닦지 않으면 이로움
이 없을 것이니 천도를 숭상하고 닦게 함으로써 견우의 수레를 끄는 보
조마가 되게 하여야 허물이 없을 것이요 그들을 데려다 소인배들을 만
들면 부끄러운 일이다.

※ 嗟 – 한탄하다. 小 – 소인, 소인배. 無 – 아닌가, 의문사로 쓰임.

[九四] 大吉无咎

대인은 길할 것이니 허물이 없다.

[九五] 萃有位 无咎, 匪孚 元永貞 悔亡

융족을 백성으로 끌어들여 품위를 갖추게 해야 허물이 없다. 황량한
땅에 살면서 떼도둑질을 하던 야만족(융족)에게도 상제 하느님에 대한
믿음과 진실함을 가르쳐 지조가 있어야 후천 봄철이 올 때까지 오래갈
것이나 지조를 버리면 겨울철(貞 : 섭리의 휴면기)에 이르러 멸망하게
될 것이니 후회만 남게 될 것이다.

※ 位 – 대인의 품위. 匪 – 떼도둑(융족). 元(봄). 亨(여름). 利(가을). 貞(겨울
: 한 해의 끝 : 한 시대의 섭리가 끝나다. 은왕의 선선천 시대가 끝났듯이

다음은 후천시대로 바뀐다.

[上六] 齎咨涕洟 无咎

상제를 믿고 섬기며 천도로서 인품을 갖추고 천도문명을 이루어 나감으로써 천운이 기울지 않도록 자기를 갖추어 대비하지 않으면 나라가 기울어져 갈 때 거북점을 쳐 물어봐도 대책이 없음을 알고 눈물과 콧물을 흘리며 탄식할지라도 선조의 허물은 아니다.

※ 齎 - 갖추다, 가지다, 휴대하다, 탄식하다, 대비하다. 咨 - 묻다, 물어서 꾀하다. 涕 - 눈물, 울다. 洟 - 눈물, 콧물 흘리며 울다.
※ 은나라도 그렇게 되어 거북점이 성행하고 결국은 국운이 쇠하여 멸망에 이르렀던 것. 선조 - 문왕.

彖辭

萃, 聚也, 順以說 剛中而應 故聚也, 王假有廟 致孝亨也, 利見大人亨 聚以正也, 用大牲吉 利有攸往 順天命也, 觀其所聚 而天地萬之情 可見矣

췌는 무리를 백성으로 모으는 것이다. 모여든 융의 무리에게 천도를 가르쳐 하느님을 공경하고 천도를 좇아 야만의 습성과 육체적 삶의 껍질을 풀어 벗겨야 상제의 강하고 굳센 중심(뜻)에 호응하여 나아가는 천자의 정신과도 합치하여 복종하고 따를 수 있으며 그들에게 새로운 제국을 건설하는 주된 백성으로 모아 들였다는 의미를 알려야 한다.

하늘이 가짜 견우(문왕)에게 제국과 견우의 사명을 임시로 맡긴다고 하는 것은 상제의 뜻을 후천대인에게까지 알려 천업을 올바로 계승해 나가도록 천도를 전하는 사명을 문왕에게 맡기기 위해 불렀으니 진실한 마음으로 정성을 다하여 백성을 양육하는 제사를 올려야 할 것이다. 이로운 세상을 이루기 위하여 후천대인이 나타나 세상을 형통하게 한다는 것은 후천대인이 새로운 백성을 모아 새로운 성민으로 삼아 천도문화로 세상을 바로잡고 지상천국을 건설하게 될 것이라는 것이다.

대인을 하늘에 드리는 희생제물로 바쳐야 길하다는 것은 그가 이로운 세상을 건설하기 위하여 자기를 갈고 닦아 연마하여 섭리의 뜻(지조)을 높이 세우고 떨치고 일어나야 한다는 것을 알고 준비할 것이기 때문이니, 이는 천명(천도문명 실현의 뜻)을 따라 순종하고 나아갈 것이기 때문이다. 후천대인이 상제의 뜻을 이루어 나가기 위해 새로운 백성을 모으는 일을 살펴보니 그 일이 곧 하느님과 만백성이 바라고 원하는 바의 소원(뜻, 정신, 이상)이라는 사실을 가히 알 수 있다.

※ 聚 – 모이다, 모으다, 알리다. 說 – 천도를 밝혀 가르치고 깨우쳐 하느님을 공경히 섬기고, 육체적 자아의 껍질을 벗고, 만민에게도 천도로 자기를 경작하는 하늘농사를 가르쳐야 한다는 뜻을 알린다는 뜻. 中 – 뜻, 정신. 致 – 맡기다, 전하다, 부르다, 힘쓰다, 정성스레 하다, 이루다. 亨 – 상제에게 드리는 가을 제사. 情 – 뜻, 정신, 섭리, 의지, 생각.

象辭

澤上於地, 萃, 君子 以除戎器 戎不虞 乃亂乃萃 其志亂也, 引吉无咎 中未變也, 往无咎 上巽也 大吉无咎 位不當也, 萃有位 志未光也 齎咨涕 未安上也

상제께서 진펄 속에 있는 백성들 중에서 견우의 백성(선민)을 가려 뽑는 것이 췌이다. 군자는 이러한 때에 융족의 제단을 쓸고 닦아(제단 : 사람의 마음) 깨끗이 하고 그들을 귀중한 제기로 쓰기 위해 천도를 가르쳐 천도의 규범에 어긋나지 않도록 그 마음을 정결히 재계하여 삼가 하늘과 자기를 속이지 못하도록 경계하고, 마음가짐을 편안히 하고 자기를 그 제기에 담기에 지극히 하도록 해야 한다.

그들이 무지하여 질서 없이 혼란스럽고 방약무도하여 제멋대로 한다는 것은 그들에게는 일정한 목적을 향해 나아가는 정신(신념, 지조, 뜻, 목적)이 없고, 각자의 생각이 다르기 때문에 제멋대로 하여 혼란스러운 것이다. 그들을 백성으로 끌어들여 무지한 야만성을 물리쳐 바로잡고 활(뜻 : 목적의지 : 목표를 향해 쏘다)과 과녁을 향해 갈 수 있도록 책임지고 인도해야 그들이 견우의 수레를 옆에서 잡아당길 수 있을 것이니 길하여 허물이 없다고 하는 것은 중심(지조)이 변하지 않도록 해야 된다는 것이다.

그들을 백성으로 이끌고 가면서 허물이 없으려면 견우가 상제처럼 겸손해야 한다.

대인의 운수가 길하여 허물이 없을 것이라고 하는 것은 대인의 인품이 합당치 못하기 때문에 그와 같은 태만한 말을 할 수 있다는 것이다. 백성들이 모여드니 대인의 품위가 있어 보인다는 것은 아직도 그러한 생각을 하는 것을 보니 대인의 뜻이 크지 못하다는 것이다. 상제를 믿고 섬기며 천도로서 인품을 갖추고 천도문명을 이루어 나감으로써 천운이 기울지 않도록 대비하지 않으면 나라가 기울어져 가는 것을 근심하여 거북점을 쳐 물어도 대책이 없음을 알고 눈물과 콧물을 흘리며 탄식할지라도 선조에게는 허물이 없다는 것은 상제의 일꾼들이 일을 그르쳐 아버지를 편안치 못하게 할 것이라는 것이다.

※ 澤 – 진펄, 진흙탕. 地 – 백성(坤). 除 – 정결한 제단(마음), 쓸어 깨끗이 하다, 닦다, 고치다, 치료하다, 열다. 戎 – 융족(한족). 器 – 인품, 제기, 그릇으로 쓰다, 중히 여기다. 戒 – 알리다, 교훈, 훈계, 재계하다, 행동규범, 삼가다. 虞 – 경계하다, 대비하다, 속이다, 잘못 거스리다, 오로지 하다, 편안히 하다. 光 – 크다.

※ 선조 – 문왕, 아버지. 일꾼들 – 문왕의 후손들.

46. 地風升(☷☴)

升 元亨, 用見大人 勿恤 南征吉

후천대인의 인품이 잘 익었으므로 그의 품계를 올려주는 것이 승이다. 제후(선천 : 천자)의 지위에서 품계가 올라 천제가 되는 것이니, 섭리적 한해가 시작되는 봄(元)과 여름철(亨)이 형통할 것이다. 상제께서 나타난 대인을 '천제(震八木帝)로 쓰실 것'이니 근심하지 말고 남쪽나라들을 정벌하면 길할 것이다.

※ 升 – 오르다, 올리다, 높이다, 익다, 여물다, 뜻이 이루어지다. 朝하다.
※ 조선상제를 알현하다 – 임금이나 천자를 알현할 때 조선의 朝字를 쓰는 것은 朝가 조선상제국의 나라 이름이기 때문이다.
※ 상제국만 나라 이름을 두 자로(朝鮮) 사용할 수 있고, 天子國들과 그 밑의 제후국들은 국명을 한 자(周나라, 漢나라, 奏나라, 明나라, 唐나라, 淸나라 등)로만 사용하는 것이 상제국에 대한 그 시대의 법도(천법)였다.
※ 남쪽나라 정벌 – 천도문화의 세계적 확장, 전파. 남쪽은 후천의 坤地이니 東八木帝(乾)의 짝인 처첩의 방위에 있는 불교문화권 나라들을 의미한다.

[初六] 允升大吉

상제께서 진실로 '후천대인을 아들(적장자)로 승낙하시고' 그 품계를 올려주실 것이니 행복한 일이 아닐 수 없다.

※ 允 – 진실로, 참으로, 아들, 승낙하다.
※ 섭리적 한 시대의 사계로 보면 우왕은 봄, 은왕은 여름, 문왕은 가을과 겨울이고, 선선천, 선천, 후천 삼세를 놓고 보면, 선선천은 봄, 선천은 여름, 후천은 가을과 겨울임.

[九二] 孚乃利用禴 无咎

상제에 대한 믿음과 진실로 정성을 다하여 섬기는 것이 '상제께 올리는 가을제사' (후천제사)에 이로운 '제물'로 쓰이는 것이니 허물이 없다.

[九三] 升虛邑

품계가 천제로 오르면 그의 종묘도 없이 비워두었던 식읍(조선, 한국)도 천제의 도움으로 승격해야 할 것이다.

※ 虛 – 비다, 없다, 비워두다, 공허하다, 옛터
※ 고조선 천제(상제)의 제위와 나라를 비워두었었다는 뜻.

[六四] 王用亨于岐山 吉无咎

천제가 되면 왕의 고향(한국)인 승화되어 날아오르는 기산땅(한국, 하늘나라)을 왕도(서울)로 쓰면 형통할 것이요, 길하여 허물이 없을 것이다.

※ 岐 – 자라나는 모양, 갈림길, 날아가는 모양. 山 – 艮山, 소자, 조선
※ 岐山 – 艮山 소자가 자라서 후천에 이르면 성년인 장남 震八木帝가 되어 선 선천 고고선 상제의 제위와 하늘나라를 계승 상속한다는 뜻.

[六五] 貞吉升階

훌륭한 지조가 있으니 길하여 품계가 오르게 된 것이다.

※ 階 – 섬돌계, 계단, 품계가 오르다. 吉 – 길하다, 행복, 상서롭다, 훌륭하다.

[上六] 冥升 利于不息之貞

상제께서 말씀이 없으시니 품계가 오를 것인지 분명치 못하여 마음

이 아득하고 캄캄하여 묵묵히 생각에 잠긴다. 견우로 선택되는 데 이로운 것은 오직 한시도 쉬지 않고 지조를 지켜나가는 것 뿐이다.

※ 冥 – 어둡다, 캄캄하다, 분명치 않다, 밤, 아득하다, 하늘의 신, 말을 아니하다, 묵묵히 생각하다.
※ 이처럼 천도에 대한 큰 뜻과 천명에 대한 기대가 가슴조리도록 애절하다는 뜻.

彖辭

柔以時升, 巽而順 剛中而應 是以大亨, 用見大人勿恤 有慶也, 南征吉志行也

유약한 사람이 때를 만나 천제로 품계가 오르는 때이다. 선선천 서남방의 巽이 震方의 짝으로 있었으나 선천에 이르러 兌方에게 震方의 배필자리를 사양하고 乾의 짝이 되어 동남간방으로 갔으니, 이는 천시의 도리에 따라 화하려고 복종하는 것이요, 새로운 천자의 뜻(문왕)을 따라 호응하는 것이니 그와 같이 되어야 후천대인이 형통하게 될 것이다. 후천대인이 나타나면 그를 하느님이 견우로 쓰게 될 것이니 근심하지 말라는 것은 경사로운 일이 있을 것이기 때문이다. 남쪽나라들을 정벌하면 길하다고 하는 것은 '후천대인이 평소에 원하던 바를 이룬다는 것' 이다.

※ 巽而順 – 송대의 소강절이 태극도설에 발표한 복희팔괘에 보면 巽方은 震方의 배필로 서남쪽(문왕의 방위)에 위치해 있다. 문왕이 손방에 있는 남쪽나라들을 정벌하여 그곳을 장차 자기의 수도(도읍)로 삼아 손방의 짝인 震方을 남편으로 삼기 위해 손방을 동남쪽 위치로 이주시켜 서북쪽 乾方의 짝으

로 몰아냈다. 그러므로 문왕팔괘도에서는 실제로 그렇게 위치를 바꾸어 동방(震八木帝)의 짝으로 兌九金이 서방 자리에 와 있다.

이처럼 문왕은 상제 하느님과 지모(坤)를 서북과 서남의 자리에 옮겨 정서에 있는 자기(兌方)를 호위하게 하는 등 선선천의 순리를 역리로 바꾸어 천지도판을 뒤섞어 놓음으로써 하늘과 땅의 기운을 막아 놓고 순리적 배필의 질서(장남은 장녀와, 중남은 중녀와, 소남은 소녀와, 아버지는 어머니와 짝이 되었던 것을)를 뒤섞어 버렸으므로 천지의 운기가 막혀 끊어지게 되고 선천의 인류도덕이 무너질 수밖에 없으며, 의인과 선인들이 고통받고 악인들이 주도하는 세상을 만들어 놓았으므로 스스로도 자신의 괘도를 '역천괘도', 하늘 배반하고 거역한 괘도라고 자인하고 있다.

象辭

地中生木 升, 君子 以順德 積小以高大, 允升大吉 上合志也, 九二之孚有喜也, 升虛邑 无所疑也, 王用亨于岐山 順事也, 貞吉升階 大得志也, 冥升在上 消不富也

백성(地 : 땅 : 坤 : 아내)들의 중심(中 : 뜻 : 원하는 바)은 震八木帝의 교화로 인하여 육체적 삶(동물적 삶)으로 죽었던 사람들이 참생명(참나 : 眞我)을 얻고 다시 태어나 참사람으로 승화하게 되는 것이다.

군자는 이러한 때에 천덕(본성 : 인품)을 본받아 백성을 가르치고 길러 천명에 순종하여 (참사람으로 승화)화하게 하려고 소인들을 기르고 인품(인격)을 쌓아 대인의 인격처럼 높고 존귀하게 되도록 한다. '상제께서 후천대인을 높여 맏아들과 천제로 승낙하셨으니' 길하다는 것은 후천대인의 뜻이 상제의 뜻과 합치되었기 때문이다. 구이효의 믿음과 정성과 진실함으로 상제를 믿고 섬기는 것이 상제께 올리는 참된 제사와 제물이 된다는 것은 상제께서 그러한 제물을 기뻐하신다는 것이다.

'후천대인의 도읍을 천제의 도읍으로 승격시킨다' 는 것은 아무도 그 일을 괴이하게 여기지 않는다는 것이다. 승화하여 날아오르는 땅을 왕도로 쓰면 형통할 것이라는 것은 순리에 따라 하는 일이다. 상제에 대하여 지조(정조)를 지켜 왔기 때문에 길하여 천제로 품계가 오르게 되었다는 것은 대인이 원하던 바를 얻었다는 것이다.

후천대인을 하느님의 맏아들(후사 : 천윤)과 천제로 승격시켜 줄지 아닐지에 대하여 상제의 말씀(조산상제)이 없으니 마음이 어둡고 아득하여 시름에 잠겨 있다고 하는 것은 그 결정권이 상제에게 있기 때문이요, 합당치 못한 자는 끊어 없어지게 될 것이기 때문이다.

※ 生 – 생겨나다, 태어나다, 살아나다. 木 – 震八木(天帝, 천윤, 맏아들 : 후천대인)을 의미함. 德 – 인품, 품격, 인격, 본성. 積 – 쌓다, 모으다, 쌓이다. 消 – 없어지다, 끊어져 없어지다, 망하다.

47. 澤水困(䷜)

困亨, 貞, 大人吉无咎, 有言不信

곤은 주나라의 천운이 극에 이르러 나라의 인심은 흩어져 혼란스럽기 그지없고, 모든 일이 통하지 아니하여 괴로워하고 있는 섭리적 겨울철(주제국이 멸망한 이후의 중국)이니 하늘이 후천대인을 세워 형통한 세상으로 바꾸기 위해서 주나라(한족 중심의 중국)의 천운을 거두고 있으니, 이는 섭리적으로 보면 선천의 한해가 끝나가는 겨울철(貞)의 막바지에 이르고 있기 때문이다.

그러므로 새 시대를 개벽하러 오는 대인에게는 길하여 허물이 없다. 천자의 명령이 온화하게 내려도 믿으려 하지 않고 따르지 않으며 신하가 임금에게 충간을 해도 믿지 않으며 친구와 친구끼리, 이웃과 이웃끼리 하는 말도 믿지 않는 세상이 되었다.

※ 困 - 막다르다, 극에 이르다, 끝까지 다하다, 어지러워지다, 괴로워하다, 통하지 아니하다. 言-말, 말씀, 호령하는 말, 말하다, 의논한다, 아뢰다, 타이르다, 설명하다, 온화하다, 가르치다. 信 - 믿다, 의심하지 아니하다, 진실, 믿음, 따르다.

※ 겨울철 - 선선천, 선천, 후천 삼세를 천농의 한해로 볼 때의 겨울이 아니고 선천시대의 겨울철(선천 끝날)을 의미한다. 그러므로 주나라가 망한 이후부터 후천 초(봄)까지를 의미한다.

[初六] 臀困于株木, 入于幽谷 三歲不覿

항문이 막혀 통하지 않으니 죽게 되었으나 장손동이의 그루터기(뿌리 : 자손)는 남겨 신하로 삼을 것이다. 만천하를 다스리던 천제의 자리에서 섬기는 자리로 떨어져 구석진 곳(한반도)의 제후로 갇히게 되었으므로 피하여 숨고 싶은 마음이 간절할 것이니 하늘의 이치는 참으로 미묘하여 한평생 산다 해도 자주 볼 수 없는 일이다.

※ 株 - 뿌리(자손), 그루터기. 木 - 동방, 간방3木, 장손동이를 뜻함. 入 - 섬기다, 떨어지다. 臀 - 엉덩이, 볼기 밑(항문). 困 - 막히다, 괴로워하다, 죽다. 幽 - 구석진 곳, 갇히다, 마음, 미묘하다. 谷 - 막히다, 궁지에 몰리다. 覿- 보이다, 보다. 三 - 자주, 여러 번. 歲 - 한평생, 세월.

[九二[困于酒食 朱紱方來, 利用亨祀 征凶无咎

천운이 막혀 백성이 괴로워하고 있는 이때에 천자(주천자)는 날마다 주연을 베풀고 술을 마시며 식언을 밥먹듯 하고 붉은 빛 단사로 지은 화려한 옷에 연지 바른 무녀들이 즐거운 듯 춤을 추며 사방에서 불러 모은 난쟁이 악공들이 재주를 뽐내고 풍악을 울려대며 노류장화를 일삼고 있다. 위태롭고 피폐한 나라의 국운을 이롭고 형통하도록 빌기 위하여 제사를 지냈어야 할 것이다. 그러나 아직은 정벌하러 가면 흉하고 때를 기다리면 허물이 없다.

※ 酒 – 술, 주연. 食 – 마시다, 밥, 먹다. 朱 – 붉은 빛, 주사, 단사, 연지, 난장이. 紱 – 옷, 입다, 몸에 걸치다. 祀 – 제사지내다.

[六三] 困于石 據于蒺藜, 入于其宮 不見其妻 凶

천운이 막혀 나라를 망하게 하였으니 천자는 돌팔매를 맞을까봐 가시덩쿨(간신들)에 의지하고 있다. 천자의 궁궐에 들어가도 아내(坤 : 天에 대한 地 : 상제의 아내 : 天子)를 볼 수 없으니 흉한 일이다.

※ 石 – 돌팔매. 據 – 의지하다. 妻 – 천에 대한 땅(남편에 대한 아내, 天子)을 뜻함.

[九四] 來徐徐 困于金車 吝 有終

후천의 때가 천천히 다가오고 있음을 알 수 있는 것은 천운이 막혀 이처럼 어려운 때에 주천자가 충신들보다 금장식을 한 수레를 아끼는 것을 보니 그 끝이 왔음을 알 수 있다.

[九五] 劓刖 困于赤紱, 乃徐有說 利用祭祀

나라가 이처럼 어려워 백성들은 벌거숭이처럼 헐벗고 먹을 것이 없어 괴로워하게 만든 사람이 제후였다면 그는 벌써 코를 베는 형벌을 받거나 발뒷꿈치를 자르는 형벌을 받았을 것이다. 그런데도 나라가 위급하지 않다고 변명만 하고 있을 것이 아니라 나라를 이롭게 해달라고 하늘에 제사를 드리며 빌어야 할 것이다.

※ 劓 – 코베다. 刖 – 발뒷꿈치를 자르다. 赤 – 벌거숭이, 알몸. 說 – 변명하다.

[上六] 困于葛藟 于臲卼, 曰動悔 有悔征吉

천운이 막혀 곤란하기가 마치 칡넝쿨이 온 몸을 휘감은 듯 위태하고
또 위태한 천시의 변화를 일러 허물이라 하며 그런 허물이 있을 때 정벌
하러 가면 길하다고 하는 것이다.

※ 葛藟 – 칡넝쿨이 온 몸을 휘감다. 臲卼 – 위태하고 위태롭다. 動 – 상황의 변
화, 바뀌다.

彖辭

困, 剛揜 也, 險以說 困而不失其所亨 其唯君子乎, 貞大人吉 以剛中
也, 有言不信 尙口乃窮也

천운이 막혀 나라와 백성이 곤란을 당하는 것은 역대의 임금들이 그
들의 잘못을 가려싸는 폐습을(덮고) 답습하였기 때문에 천운을 덮쳐 빼
앗게 한 것이다. 그와 같이 하면 국운이 위태롭게 된다는 것을 그의 조
상들(문왕과 주공)이 가르쳐 경계하였음에도 천운을 막아 위태하게 만
든 것은 만일 어떠한 경우를 당하면 나라가 위태로워지고 어떻게 하면
그 지위가 편안하고 형통할 수 있는가의 기초 도리를 잃지 말았어야 했
으니 그것은 오직 군자만이 아는 것이 아니던가?

지조가 있는 후천대인이 길하다고 하는 것은 강하고 굳센 중심(지조
: 의지)을 가졌기 때문이다. 말을 해도 서로 믿지 못하고 따르지 않는

세상이 되었다고 하는 것은 성인의 가르침을 입으로만 숭상하고 속으로는 막혀 있기 때문이다.

※ 剛 - 임금들. 揜 - 감추다, 숨기다, 가려 싸다, 이어받다, 답습하다, 덮쳐 빼앗다. 說 - 가르치다, 경계하다, 훈계하다. 唯 - 오직. 口 - 입. 窮 - 막히다, 막다, 숭상하지 아니하다의 뜻.

象辭

澤无水 困, 君子 以致命遂志, 入于幽谷 幽不明也, 困于酒食 中有慶也, 據于蒺藜 乘剛也 入于其宮 不見其妻 不祥也, 來徐徐 志在下也 雖不當位 有與也 劓刖 志未得也, 乃徐有說 以中直也 利用祭祀 受福也 困于葛藟 未當也 動悔有悔 吉行也

진펄 속에서 딩구는 주천자에게 덕이 없는 것이 곤이다. 군자는 그 일을 거울삼아 목숨을 바쳐 뜻을 이루려고 하다가 궁지에 몰려 어둡고 구석진 곳에 갇혀 죽을 뻔하였는데, 그것은 마음이 어둡고 지혜가 밝지 못했기 때문이다.

천운이 막혀 모든 백성이 괴로움을 당하는 때에 천자는 주연을 베풀고 술에 취해 있다고 하는 것은 중심(지조 : 정조)을 가지고 나아가야 경사가 있다는 것을 알리는 일이다. 가시나무(간신들)에 의지하고 있다는 것은 새로운 시대의 천운을 받은 강한 임금(후천대인)이 나타나 천제의 지위에 올라 다스리려고 하는 때가 다가오고 있기 때문이다.

궁정에 들어가도 상제의 처(아내 : 천자)를 볼 수 없다는 것은 상서롭지 못한 일이다. 새로운 후천시대가 서서히 다가오고 있다는 것은 신하인 艮山(조선)왕의 뜻이 그 때를 바라고 있다는 것이다. 누가 혹시 나를 가리켜 품위가 합당치 못하다고 周천자를 편들어 말할 수 있겠는가? 코와 발뒷꿈치를 벤다고 하는 것은 신하가 맡은 사명을 이루지 못했을 때 당하는 일이다.

나라가 이처럼 어려워 백성들은 벌거숭이가 되어 괴로워하고 있도록 만든 사람이 만일 제후였다면 그것은 천자의 뜻을 바르다고 믿고 받들어 온순하게 일을 시행하다가 당한 일이지 일부러 자기 마음대로 한 것이 아니니 억울함을 씻어주어야 마땅하다. 나라의 국운을 이롭게 하기 위하여 하늘에 제사를 올리는 것은 복을 받기 위함이다. 천운이 막혀 온 몸이 칡넝쿨에 휘감겨진 듯 꼼짝 못하고 있다는 것은 그가 하느님이 보시기에 합당치 못하다는 것이다.

천시의 변화를 읽고 깨우쳐 고치지 못하고 위태로움에 빠져 있다는 것은 천자가 오직 자기 자신만의 행복을 위해 살고 있기 때문이다.

※ 水 – 지혜, 덕. 致 – 바치다. 命 – 목숨. 遂 – 이루다, 성취하다. 幽 – 갇히다, 심원하다, 어둡다. 谷 – 막히다, 궁지에 몰리다. 剛 – 강한 임금, 강자. 神 – 상서롭다. 雖 – 누구, 만일, 혹시, 하더라도. 與 – 편들다, 좋아하다. 得 – 이루어지다, 알맞다, 깨달아 알다. 直 – 옳다, 바르다, 모시다, 일부러, 당하다, 억울함을 씻다, 행위. 悔 – 위태하다, 깨우쳐 잘못을 고치다. 吉 – 좋아하다, 행복하다.

48. 水風井 (☵☴)

井 改邑, 不改井 无喪无得 往來井井, 汔至 亦未繘井 羸其瓶凶

새로운 시대에는 제국건설을 위하여 법과 제도를 바꾸고 고치는 것이 정이다. 나라의 낡은 법과 제도를 고치고 바꾸지 않으면 새로운 시대를 이끌어 갈 견우의 지위를 잃고 나라도 멸망하게 될 것이니 뜻을 이루지 못할 것이요, 선천시대는 속히 지나가고 장래에 오기로 되어 있는 후천시대가 속히 도래하면 법과 제도를 천도문명에 맞도록 바꾸어 세상을 평정하게 하리라.

　　하늘의 지혜와 덕이 거의 말라버리기에(하늘의 은혜 : 물) 이르러서도 법과 제도를 고쳐 바꾸지 않는다면 역시 실낱 같은 희망도 가질 수 없게 될 것이니 얼마 남지 않은 물(은혜 : 은택 : 雨와 같은 뜻) 항아리마저 엎질러 벌거숭이가 될 것이니 흉한 일이다.

　　※ 井 - 우물(하늘의 은혜, 은덕), 법, 제도, 정연하다, 가지런하다(공평하다),. 改 - 고치다, 바꾸다. 邑 - 나라. 喪 - 지위를 잃다, 멸망하다. 井井 - 가지런하고 정연하다. 汔 - 거의, 물(은혜)이 마르다. 至 - 이르다, 도래하다, 끝나다, 극에 이르다. 繘 - 실낱, 실오라기. 羸 - 약하다, 괴로워하다, 엎지르다, 벌거숭이가 되다. 甁 - 병, 물항아리.

[初六] 井泥不食 舊井无禽

　　우물물이 썩고 더럽혀져서 마실 수 없어 오래된 우물(주천자의 지혜와 덕)에 짐승(백성)이 없다.

　　※ 우물물(井) - 천자의 지혜와 덕을 의미함. 泥 - 썩고, 더럽혀진 물. 食 - 마시다. 舊 - 오래되다. 禽 - 짐승, 동물(육체적 인간 : 고등동물).

[九二] 井谷射鮒 甕敝漏

　　우물(은혜 : 덕, 지혜)이 막혀 두꺼비도 싫어하고 물단지(제국)가 새니 망하게 될 것이다.

　　※ 谷 - 막다, 막히다. 射 - 싫어하다. 鮒 - 두꺼비. 甕 - 단지, 옹기. 敝 - 망하

다. 漏 - 새다, 누수.

[九三] 井渫不食 爲我心惻 可用汲, 王明 竝受其福

우물 밑이 더러워 마실 수 없으니 우리(백성)가 굶주리고 있음을 스스로 가엽게 여겨 슬퍼하며 마음 속의 물(지혜, 덕)을 길어 서로 베푼다. 임금의 지혜와 덕이 밝으면 백성과 신하가 모두 임금과 함께 복을 받게 될 것이다.

※ 渫 - 우물 밑바닥이 더럽다. 惻 - 슬퍼하다. 汲 - 물을 긷다. 竝 - 모두, 함께.

[六四] 井甃无咎

우물 밑에 담을 치면 허물이 없을 것이다.

※ 甃 - 우물 담, 벽돌(우물 바닥에 까는 돌).

[九五] 冽井 寒泉食

우물물이 몹시 차서 얼어붙은 물을 마시고 있어 백성이 매우 고통스러워하는 것을 보면 선천의 때가 가득 찬 것을 알 수 있다.

※ 冽 - 물이 차갑다. 寒 - 춥다, 얼다, 떨다, 고통스럽다, 가득차다, 멈추다. 泉 - 샘물.

[上六] 井收勿幕, 有孚元吉

우물에 물이 그쳤으니 휘장을 덮어 물이 없음을 가리지 말라(속이지 말라), 하느님을 믿고 정성을 다하여 섬기며 하느님의 천도로 백성을 양육하려는 마음이 있으면 후천 한해가 시작되는 봄철(元)에 하늘의 생수가 단비로 내려 만물(만민)이 씨앗을 터뜨려 살아나게 하는 상서로움이 있을 것이다.

※ 收 – 물을 긷다, 끝나다, 그치다. 幕 – 휘장, 장막, 덮어가리다, 숨기다. 元 – 봄철, 만물이 살아나도록 봄비가 보슬보슬 은혜로 내리는 상서로움, 만물생성의 덕, 천덕.

彖辭

巽乎水而上水井, 井, 養而不窮也, 改邑不改井 乃以剛中也, **汔**至亦未**繘**井 未有功也, **羸**其瓶, 是以凶也

손(巽)은 물의 덕이 아닌가? 상제의 물(지혜와 은혜)이 곧 우물이다. 우물은 백성을 살리고 기르는 데 아무리 써도 다함이 없다.

나라의 법과 제도를 고치고 바꾸어 백성을 잘 살도록 하는 것이 마치 물이 아래로 잘 흐르도록 하는 것과 같으니 고치고 바꾸지 않으면(법, 제도 : 수로) 우물이 썩어 마실 수 없게 된다는 것은 임금의 뜻(중심)에 있는 것이기 때문이다. 한족의 주나라 국운이 거의 끝날 때가 이르렀다고 하는 것은 하늘의 은혜(국운)가 실오라기만큼도 남지 않았다는 것이니 그 견우가 천업의 공이 있을 수 없다는 것이다. 그 항아리에 남아있던 얼마 남지 않은 물마저 뒤엎어 버렸다는 것은 그와 같이 흉하다는 것이다.

※ 巽 – 水德 : 만민을 살리는 하늘의 지혜와 천덕, 임금의 덕과 지혜를 의미함. 養 – 기르다, 살리다, 양육하다. 窮 – 다함이 없다, 모자람이 없다. 井 – 하늘의 물(水 : 雨와 같음). 剛 – 임금, 왕, 천자. 中 – 중심, 뜻, 지조, 정신. 未 – 아니다, 없다.

象辭

木上有水 井, 君子 以勞民勸相, 井泥不食 下也, 舊井无禽 時舍也, 井谷射鮒 无與也, 井渫不食 行惻也, 求王明 受福也, 井甃无咎 脩井也, 寒泉之食 中正也, 元吉在上 大成也

후천 동팔목제(고조선 단군상제)에게 물(은혜 : 지혜, 덕)이 있는 것이 샘(천자의 마음)이다. 군자는 이를 거울삼아 백성에게 힘써 천도를 가르치고 양육하며 천덕을 베풀어 수도에 싫증내지 않도록 힘써 권장한다.

우물물이 썩고 더럽혀져서 백성이 마실 수 없다는 것은 임금이 수덕을 본받아 자기를 낮추어 겸손하지 못하고 교만하여 높아지려고만 하므로 그 나라를 없애 제거하려는 것이다.

옛 우물(은왕)에 짐승들이(백성) 없다는 것은 선선천의 때가 끝나 머물지 않기 때문이다. 우물의 물줄기가 막혀 고인 물이 썩었으므로 두꺼비도 좋아하지 않는다는 것은 그 우물과 함께 할 수 없다는 것이다. 우물 밑바닥이 썩어 그 물을 마실 수 없다는 것은 그 임금의 하는 일이 불쌍하다 못해 측은하여 백성이 슬퍼한다는 것이다. 왕의 마음에 지혜가 밝기를 구하는 것(원하다)이 백성이 복을 받기를 원하는 것과 같다.

우물바닥에 돌을 깔아 맑은 물이 고이게 하면 허물이 없다는 것은 우물(마음)을 수리하여 깨끗이 쓸고 닦아 하느님을 공경하며, 백성에게 힘써 천도와 천덕을 베풀어 백성의 마음도 그와 같이 되도록 해야 한다는 것이다. 차다 못해 얼은 샘물(냉혹한 마음)을 백성에게 먹여 괴롭힌다는 것은 그것을 거울삼아 임금은 중심을 치우침이 없이 바르게 나아가야 한다는 것이다.

후천의 봄철에 만민생육의 덕(水德)이 상서롭다고 하는 것은 그 덕이 상제에게 있는 덕(천덕)이기 때문이니 후천대인은 그 덕이 있어야 천업의 공을 이룰 수 있을 것이다.

※ 木 – 생육의 덕(낳고 자라고 살게 하는 덕), 동방, 봄, 仁德, 질박하다, 무명
베옷(흰옷) : 震木上帝(후천대인, 참견우, 하느님의 후사, 맏아들, 천윤)를
뜻함. 木上 – 진목상제, 진목대인. 勞 – 힘쓰다, 노력하다. 勸 – 권장하다, 힘
쓰다, 싫증내다, 싫어하다, 좋아하다. 下 – 낮아지다, 낮추다, 없애다, 제거
하다. 舍 – 머물다. 求 – 구하다, 원하다. 脩 – 수리하다, 닦다, 익히다, 힘쓰
다, 공경하다, 깨끗이 씻다, 베풀다. 大 – 대인. 成 – 이루다, 성취하다.

49. 澤水革(☱☵)

革, 己日乃孚 元亨利貞 悔亡

살가죽을 깎고 도려내듯 낡고 병든 선천세상의 법과 제도를 고치고
썩은 임금을 바꾸는 때가 혁이다. '혁명은 기유년 기일에 하는 것이니'
상제의 뜻에 따라 진실한 마음으로 정성을 다하여 후천대인의 사명(지
조 : 중심 : 뜻, 정신)을 완수하겠다는 정신이 있어야 한다. 새로운 시
대(섭리적 한해)의 봄, 여름, 가을, 겨울 사계를 통하여 변함이 없는 참
된 마음으로 천도문명을 이루어 나가지 못하면 멸망할 때 후회하게 될
것이다.

※ 己 – 己酉年屠維, 古甲子로 보아 기유년(己日)은 타락한 천자(짐승)를 잡아
멸하고 과녁(목표 : 이상)을 향하여 나아가게 될 것이라는 뜻.

[初九] 鞏用黃牛之革

주천자(黃牛 : 견우)가 단단하게 굳어 있는 의식관념의 껍질을 익히
고 삶아 벗겨내는 아픔으로 낡고 고착되어 통하지 않는 법, 제도, 윤리,
도덕, 관습 등의 폐습을 혁파함으로써 막혔던 질서와 인심을 뚫어 통하
게 했어야 한다.

※ 鞏 – 묶다, 굳다, 단단하다, 볶다, 굽다, 삶다. 黃 – 중앙(왕 중심 의식관념
  생각 사고방식), 황옥, 황금, 황마, 도랑(수로). 用 – 통하게 하다.
※ 黃牛 – 세상 중앙에 앉아 다스리는 천제.

[六二] 己日 乃革之 征吉无咎

도유의 날(늙은 짐승을 잡아 살과 가죽을 벗기는 날 : 길일)에 늙고
병든 짐승(선천세상)을 잡아 가죽과 살을 벗기고 도려내듯 정벌하면 길
하여 허물이 없다.

※ 고대 은나라 문화에서도 六甲(甲子)을 사용했는데, 은나라 이전에 사용한
  육갑법을 '古甲子'라고 불렀다. 고대로부터 율역이 발달할 수 있었던 것은
  연월일시를 육갑법으로 계산했기 때문이다. 현대에 사용되고 있는 육갑법
  은 후대에 바뀌었으므로 고대에 쓰던 육갑법을 고갑자라 한다.
  따라서 '고갑자로 己日은 묵은 법과 제도를 혁파하고 폭군을 정벌하는 길
  일'로 삼았으니, 오늘날 '도축'(짐승을 잡음)이라는 말이 여기서 유래되었
  다. 여기서 도축하는 짐승은 폭군이나 크게 실정한 왕이나 제후를 의미한
  다.

[九三] 征凶 貞厲, 革言三就 有孚

제후가 그의 상전인 천자를 정벌하는 것은 법도에 맞지 않는 흉한 일
이다. 지조(상제에 대한 견우로서의 충정)가 있어도 위태하다. 혁명을
일으켜 포악한 천자를 멸하고 법과 질서를 개혁하여 나라를 바로잡으라

501

後·天·大·易

새 시대의 周易, 후천시대에 대한 하느님의 대 예언서

는 상제의 천명(天命 : 조선상제)이 세 번 연거푸 있어야 아랫사람인
제후가 일어나 상전을 정벌하는 것이 하늘의 법도요, 상제를 믿고 지성
으로 섬겨 그 뜻을 행할 줄 아는 일이다.

※ 征 - 정벌은 윗사람이 아랫사람의 무도함(無道 : 천도를 배척함)을 벌하여
 바꾸는 것으로 당시의 천법(하늘나라 법 - 상제의 법 : 고조선의 법)이었으
 니 하극상을 한다는 것은 무도한 일로 금기시 된 사회의식이 일반화되어 있
 었으므로 천명이 세 번 연거푸 내려야 마지못해 따르는 겸양을 보이는 것이
 신하의 의리였던 것이다. 言 - 상제의 명령, 천명. 三 - 세번. 就 - 이루다,
 따르다.

後
·
天
·
大
·
易

[九四] 悔亡, 有孚改命 吉

멸망할 때 후회하게 될지라도 내 지조(신념 : 목적의지)가 진실하고
천도에 대한 믿음과 정성이 있으니 천명이 바뀌면 정벌해도 길하다.

※ 문왕은 구주의 제후장들이 추천을 해주지 않으므로 결국 천명을 빙자하고
 쿠데타를 하였다. 상서나 사기 및 시, 서, 예, 춘추를 망라해 봐도 조선상제
 로부터 천명이 내렸다는 말이 없다. 그러나 하나라 우임금과 상나라 탕임금
 은 조선상제로부터 천명을 받고 혁명을 완수했음이 서경(상서)에 잘 나타
 나 있다.

[九五] 大人虎變 未占有孚

대인이 호랑이처럼 사납고 모질게 변하여 세상을 새롭게 바꾸려 하
고 있다. 자신의 진실하고 정성스러운 신념을 믿으니 점쳐 물을 필요가
없다.

※ 虎 - 범, 사납고 모질다. 變 - 변하다, 모반, 반란, 편법, 새롭게 바꾸다. 占 -
 점쳐 묻다.

[上六] 君子豹變 小人革面 征凶 居貞吉

군자(문왕)가 표범이 그 모습을 바꾸듯 소인처럼 얼굴빛을 표변하여 혁명을 일으키려고 한다. 그러나 천명 없는 정벌은 흉한 일이다. 지조를 가지고 평상시처럼 천명이 내리기를 기다리고 있어야 길하다.

※ 豹 - 표범, 변하다. 面 - 얼굴, 얼굴빛이 변하다. 居 - 평상시처럼, 살고 있다. 있다.

彖辭

革, 水火相息 二女同居 其志不相得 曰革, 己日乃孚 革而信之, 文明以說 大亨以正 革而當 其悔乃亡, 天地革而四時成, 湯武革命 順乎天而應乎人 革之時 大矣哉!

혁명은 하느님의 은혜(水)와 백성의 분노(火)가 서로 만나 호흡(자연의 숨쉼) 함으로써 한편으로는(들이쉬는 숨 : 소멸로 돌아감) 멸망시켜 소멸케 하고, 한편으로는(내쉬는 숨) 은택을 내려 새로 태어나고 자라 열매맺게 한다.

한 시대에 두 여자(두 견우)가 동거하고 있으나 두 사람의 뜻이 서로 통하지 아니 한다는 것을 일러 혁의 때라 한다. 도유의 날(도살의 때)에는 하느님의 섭리로써 혁명을 한다는 믿음(지조)과 진실한 마음으로 실행해야 한다는 것은, 혁명은 하느님의 뜻을 따라 섭리적으로 행하는 것임으로 진실하고 정성스러운 마음으로 하느님을 대신하여 견우가 심판을 대행하는 하늘의 숨결(자연의 생멸순환의 伸氣 : 내쉬는 숨)이기 때문이다.

이와 같이 혁명은 천도문명의 도리(섭리목적)를 백성에게 가르쳐 천도의 깨달음을 얻게 하여 육체적 자아관념의 껍질을 벗고 참사람의 씨앗으로 태어나 장차 지상천국을 이루기 위한 섭리목적으로 시대(元亨利貞)가 바뀌는 차축시대마다 일어나는 것이며, 이를 통해 형통하고 바른 세상이 되게 하는 것이므로 혁명은 당연히 있어야 하는 것이요, 멸망에 이르는 자들이 후회하게 된다는 것이다.

천지는 이와 같이 혁명(생멸)을 통하여 사계(元亨利兌)의 변화를 이루어 나가는 것이니, 썩은 하나라(우임금의 나라)를 멸망시키고 상(商 : 殷)나라를 세운 성탕(武王)도 그와 같이 천명을 받고 혁명으로써 견우의 사명을 완수함에 있어 하늘의 뜻에 순종하였던 것이니, 이것이 사람과 하느님이 뜻을 같이하여 호응하는 도리가 아니고 무엇이겠는가? 혁때의 의미가 이와 같이 큼이여!

※ 水 – 하늘의 은택(생기). 火 – 천자에 대한 백성들의 분노. 息 – 자연의 생멸 호흡.
※ 자연의 들이쉬는 숨을 縮(축 : 오그라들다, 움츠러들다, 취하다)이라 하고, 내쉬는 숨을 伸(신 : 펴다, 늘이다, 곧게 하다, 뻗다, 발전하다)이라 하며, 縮은 鬼와 통하고 伸은 神과 통하여 하늘의 숨을 鬼(돌오감, 소멸) 神(생성, 생장) 作用이라 한다. 太極운동은 곧 귀신작용이다. 그러나 인격신인 상제 하느님을 의미하는 神(하느님 신자)과는 의미가 다르다. 따라서 鬼神의 의미만을 보고, 자연은 인격이 없다고 말하는 무지를 범해서는 안 될 것이다. 信 – 도리, 천도, 믿다, 밝히다, 알게 하다, 공경하다, 따르다, 보전하다, 조수간만(숨). 文明 – 천도문명. 亡 – 망하다, 멸망하다, 죽다. 湯武 – 성탕의 시호가 무왕이므로 탕무라 한 것.

象辭

澤中有火 革, 君子 以治歷明時, 鞏用黃牛 不可以有爲也 己日革之 行

有嘉也, 革言三就 又何之矣, 改命之吉 信志也 大人虎變 其文炳也, 君子
豹變 其文蔚也 小人革面 順以從君也

　진 펄(썩은 세상) 가운데서 백성들의 분노가 일어나는 것이 혁이다.
군자는 이를 보고 거울삼아 역사를 지내오면서 많은 군왕들이 천의(天
意 : 섭리의 뜻)를 범하고 나라를 어지럽혀 상제 하느님으로부터 벼락
(심판 : 정벌, 멸망)을 맞은 일과 하느님이 그런 차축시대에 어떤 인품
을 가진 사람을 선택하여 썩고 병든 임금과 나라를 멸망(벼락 : 천둥震
雷)시키고 세상을 천도로 바로잡아 견우의 사명(섭리의 뜻)을 성취할
수 있는 정도(正道)를 밝혀 역사책(書經)을 기록하여 후대의 임금들로
하여금 배워 익히게 함으로써 정치의 이륜을 삼게 하였다.

　주천자가 베푸는 썩은 정사로 말미암아 병든 인륜도덕, 법, 제도, 풍
속 등 전반적인 문화가 단단하게 굳어 고착된 사회정신의 껍질(낡고 더
럽혀진 사회병리 : 폐습)을 삶고 익히고 벗겨(고치고 바꾸고 : 革) 천도
문명으로 평정하고 새롭게 다스려야 한다는 것은 현재 주나라 정신(사
회정신)과 문화로서는 할 수 있는 일이 아무것도 없기 때문이다. 도유
(도살)의 날에 혁명을 해야 길하다고 하는 것은 그 날(때)에 혁명을 하
면 경사스러움이 있다는 것이다.

　상제로부터 정벌하라는 천명이 세 번을 거푸 내린 후에야 정벌할 수
있다는 것은 제후가 어찌 감히 자기의 주인인 천자를 정벌할 수 있을 것
인가? 하며 사양하는 마음이 있어야 하기 때문이다. 천명이 바뀌면 정
벌해도 길하다고 하는 것은 자기 자신의 진실한 신념을 믿기 때문이다.
새로 나타난 대인이 범처럼 사납고 모질게 변하여 세상을 새롭게 바꾸
려 하고 있다는 것은 그가 썩은 세상의 가치질서(문화)를 바로잡아 빛
나게 하려고 하기 때문이다. 군자가 표범처럼 그 얼굴빛(마음 : 뜻 : 지
조)을 바꾸고 혁명을 하려고 하는 것은(역천 : 하느님을 배반함) 그의
지조와 진실한 마음이 병들었다는 것이다. 소인배들이 그 낯빛을 이해

관계에 따라 바꾸듯, 군왕의 낯빛이 사욕을 좇아 변하는 것과 같기 때문이다. (상제에게 등을 돌리고 정조를 잃었다는 뜻).

※ 中 - 사이. 治 - 다스리다, 평정하다, 고치다, 정사, 정치, 정도(正道) 사람의 바른길, 성취하다, 배워 익히다. 歷 - 역사, 지내온 일, 차례로 살피다, 모두, 차례를 세우다, 벌하다, 어기다, 분명하다, 선택하다, 벼락, 물방울(雨), 어지럽히다, 모두, 메기다(쓰다, 기록하다). 明 - 밝히다. 時 - 때, 역사. 牛 - 소, 희생소, 황우(黃牛), 견우성. 爲 - 할 일. 嘉 - 기쁘다, 행복, 경사스럽다. 信 - 믿다. 文 - 법도(천도), 예의, 책, 문장, 글, 꾸미다, 채색하다. 炳 - 잡다, 쥐다, 소유하다, 채색하다. 蔚 - 병들다. 君 - 군왕.

50. 水風鼎(☵☴)

鼎, 元吉 亨

제국과 왕위의 정통성(상제로부터 천명으로 왕위를 받았다는 의미)을 보증한다고 믿는 '솥'은 배(제국)를 매는 말뚝(천자)과 같은 존귀함의 상징물로 섭리의 한해(한 시대) 봄철을 길하고 형통하게 해줄 것으로 믿고 있기 때문이다.

※ 하나라 우임금이 순임금의 司工으로 재직할 때 九洲에서 모아 온 동과 금을 가지고 9주를 상징하여 아홉 개의 솥(사람의 육체적 자아중심의 의식관념을 익히고 삶는다는 뜻)을 만들었는데, 양쪽에 손잡이들(두 귀)이 있어 두 귀인(남편과 아내 : 천자와 백성)을 상징하고 세 발은 삼정승을 상징한다고 전해진다. 구정(九鼎).

[初六] 鼎 顚趾 利出否, 得妾以其子 无咎

제국과 왕위의 정통성을 솥이 보증한다고 믿는 미혹된 믿음으로 말미암아 만유의 주인이요 근본이신 하느님에 대한 믿음과 천도를 숭상하던 전통의 터전(기반)을 거꾸로 뒤엎어 버림으로써 사사로운 이익을 탐하는 욕심이 발생하여 상제 하느님과 천도를 숭상하던 기풍이 그치고 하늘과 땅이 통하던 기운이 막히게 되어 만민을 미천한 존재로 전락시켜 버렸다.

첩을 얻어(소전동이를 하느님이 첩으로 얻어) 그에게서 자식(참사람의 씨 : 문명의 결실)을 보려 하였으나, 일을 그르치고 말았으나 그들은 근심하지 않고 있다(반어법).

※ 顚 - 근본, 근원, 거꾸로 하다, 뒤집다, 낙태하다, 미혹하다, 정신이상이 되다. 趾 - 발자취, 법, 법도, 예의, 도덕, 끝나다. 否 - 부정하다, 막히다, 하지 아니하다, 미천하다. 子 - 자식, 씨, 씨앗, 종자. 咎 - 근심.

[九二] 鼎有實 我仇有疾, 不我能 卽吉

솥의 의미는 행실(열매)에 있으니 곡식(천도를 행하는 백성)을 가득 채우고 불을 지펴 익히고 삶아 거짓자아의 껍질을 벗기고 참사람의 씨앗(子)으로 환골탈태케 하기 위하여 견우(솥)는 책임을 다하여 정성스레 백성을 천도로 삶는 것이니, 마침내, 본질이 다른 종자(천도문명의 열매 : 결실)를 얻어 만민이 그의 행실을 본받아 참사람으로 자라나게 되면 이방나라 사자들이 선민의 나라(천자국 : 견우의 나라)에 온갖 재물과 보화를 공물로 바치기 위해 앞을 다투어 이르게 될 것인즉, 우리와 원수로 지내던 나라들이 우리의 짝(아내 : 坤)이 되기 위하여 서로 다투어가며 선민의 나라를 향하여 달려옴이 있을 것이다. 만일 천도문화가 뛰어나지 못하면 만민이 그와 같이 다투어가며 따르겠는가? 길하리라.

[九三] 鼎耳革 其行塞, 雉膏不食 方雨虧悔 終吉

'솥의 정체'(참견우의 이름)가 귀에 익은 것은 '상제께서 낳은 팔대손'(震八木帝 : 후천대인)이라고 들었기 때문이고 '그가 진정으로 세상을 혁명할 주인'이라고 하니 지기(至氣)가 충만한 그들(한국)이 천도문명을 행해 나가지 못하도록 국경변방의 험하고 가파른 동북방(艮方 : 북만주땅, 요동)땅으로 쫓아 통행을 막아 차단하고 '그 민족을 근절시키지 않으면, 우리(漢族)가 편안치 못할 것이다.'

소고삐(소의 주인)를 잡고 가는 장손동이(고조선 : 부여 : 고구려 : 조선, 한국)를 '풀을 베듯 평정해 버리거나' 여의치 못하면 그들을 막기 위하여 긴 담을 쳐 막아놓고(만리장성) 다스리지 않으면 하늘이 그들에게 은혜를 윤택하게 베풀어 아이배게 할 것(천도문명의 결실 : 후천 진목대인)이니 그들이 천도로 백성을 경작하지 못하게 하지 않으면 참주인이 나타나 사람의 떳떳한 길(천도)을 천하 만방(사해)에 베풀어 (은혜 : 雨) 만민을 뗏목에 싣고 고해를 건너게 될 것이니 우리는 후회만 남게 될 것이요, 그들은 끝없이 길하게 되리라.

※ 塞 – 동북방 국경, 변방, 험한 곳, 가파른 땅, 은폐하다, 근절하다, 편안치 못하다, 지기(至氣)가 충만하다, 가로막다. 雉 – 담, 장원, 소고삐, 풀베다, 평정하다, 다스리다. 膏 – 은혜, 윤택하게 하다, 아이배다. 食 – 경작하다. 方 – 사방. 雨 – 은택, 은혜, 넓게 퍼지다. 虧 – 기력이 좋다, 이지러지다, 제거하다, 그치다, 그만두다.

[九四] 鼎折足 覆公餗 其形渥凶

'솥의 근본(뿌리 : 후천대인)'을 북돋우고 배양하지 못하도록 그 나라를 자르거나 억눌러 기세를 꺾어야 하고', 천자가 공적으로 감독하여 솥 속의 음식(천도에 관한 책, 고조선의 역사 등)을 숨기지 못하도록 '되풀이하여 솥(나라)을 뒤집어 엎고 넘어뜨려 망하게 해야' 하나, 여의치 못하면 그 형세를 보아 천도가 나타나거나 하늘의 은혜를 입고 천도문명의 형상을 이루려고 하면 흐려지게 하거나 탁해지도록 중한 형벌을 가하여 아름다워지지 못하게 하지 않으면 흉할 것이다.

※ 折 – 꺾다, 억누르다, 자르다. 足 – 뿌리, 근본, 산밑(艮山의 뿌리), 북돋우다, 배양하다, 밝다. 覆 – 뒤집다, 넘어지다, 넘어뜨리다, 무너뜨리다, 뒤집어 놓다, 되풀이하다, 덮어 숨기다, 상고하다, 망하게 하다. 公 – 천자, 공적으로. 餗 – 솥 속의 음식(솥 속의 음식은 백성인 동시에 천도를 상징함). 刑 – 모양, 형세, 도리(천도), 나타나다, 드러나다, 형상을 이루다, 모범. 渥 – 은혜를 입다, 광택이 나다, 흐려지다, 탁해지다, 아름답다, 중한 형벌을 내리다.

※ 솥은 후천에 한국에 나타날 진목대인을 의미하는 동시에 천도의 정신과 모범이고, 후천대인이 나타나기 전에는 艮山三木인 고조선, 부여, 고구려, 고려, 조선 등의 뿌리요 조상이다.

[六五] 鼎黃耳 金鉉利貞

'솥은 장손동이의 어린 싹이며' 활시위(천도문명의 목적)를 당겨 과녁을 맞출 황마(어린 말 : 순수한 陽乾 : 후천대인)이니 그가 후천시대(利貞)에 나타나 지조(이상, 정신)를 가지고 이로운 세상을 이루게 될 것이다.

※ 黃 – 황마, 견마, 어린 아이. 耳 – 싹(어린 싹). 金 – 황금, 황마. 鉉 – 활시위. 利貞 – 후천시대 : 元亨은 선천시대를 의미하고 利貞은 후천시대를 나타낸다.

[上九] 鼎玉鉉大吉 无不利

솥의 귀는 장차 천도문명의 활시위를 당겨 과녁을 맞출 상서로운 후천대인이니 그를 아끼고 소중히 여겨 아름답고 훌륭하게 가꾸어야 하나니, 그는 만민에게 이롭지 않음이 없다.

※ 玉 - 옥자는 본래 왕자에 점을 하나 더하여 '왕의 왕' 임을 나타내는 글자로 왕중의 왕이란 뜻이다. 고대에 黃金과 玉은 천자를 상징하여 존귀하고 상서로움의 표상이었다.

彖辭

鼎, 象也, 以木巽火 亨飪也, 聖人亨 以亨上帝而大亨 以養聖賢, 巽而耳目聰明, 柔進而上行 得中以應乎剛 是以元亨

솥(鼎)은 다만 천도의 형상을 닮게 만든 실체의 상징에 불과하다. '솥' 은 솥 속에 음식물(백성과 천도)을 넣고 震八木의 화기와 巽九金의 수기가 만나(동행하여 : 협력하여) 불을 일으켜 사람의 성품을 삶고 익혀(체험을 통하여 깨닫고 성품화 되게) 백성으로 하여금 천도를 통하게 하는 것이다.

성인은 백성들에게 천도를 통하게 하려고 백성을 솥(천도) 속에 넣고 삶고 익혀 상제에게 올리는 훌륭하고 상서로운 제물로 제사드려 세상을 크게 형통하게 하여 많은 성인들과 어진 백성을 양육(삶다)하는 것이다.

손(巽)의 수기(지혜 : 성신)를 받으면, 마음으로 보고 듣게 되는 영대가 밝아지고 보이는 현상 배후에 있는 사물의 본질과 실체를 깨달아 알 수 있으니 이를 총명이라 한다. 유약한 정신(의지, 지조)을 가진 사람이 상제의 뜻을 좇아 천도문명의 목표를 향하여 나아가는 것은 삶의 체험(겪다)을 통하여 그 품격을 높이고 천도를 깨달아 중심(지조 : 주체정신)을 얻음으로써 나의 유약한 중심(정신)과 상제의 강하고 굳센 정신이 서로 호응하여(삼투하여) 나의 정신이 상제의 정신과 같이 강건하게 되려는 것이니 이와 같이 형통하게 되는 때가 후천시대 섭리가 시작되는 봄철(元)인 것이다.

※ 東八木震과 西巽九金은 후천괘도에서 서로 짝(부부)이니 동행자라 하며, 하나는 장남이요, 하나는 장녀이니 天地正位를 이룬 상이요, 木氣를 火氣로 보는 것은 木生火 金生水이기 때문에 木은 화기를 내재하고 金은 수기를 내재하고 있음이요, 화기와 수기가 만나 함께 협력하며 타는 것이 태양이니 태양은 곧 음양을 겸존한 태극의 상이며 震八木帝의 지위를 나타낸다. 왜냐하면 태양은 행성들 중의 중심이고 만물을 밝히고 나고 자라고 결실케 하는 생명의 근원(물과 열, 빛)이기 때문이다.

※ 象 – 모습, 모양, 보이지 않는 모양, 보다. 木 – 三八木(장남), 震木帝. 巽 – 西九金(장녀 震木의 짝). 火 – 태우다, 불, 익히다, 삶다(태양). 亨 – 통하다. 餁 – 익히다, 삶다. 亨 – 제사, 제물. 耳 – 듣다, 싹, 8대손(震八木). 目 – 마음으로 보다. 聰 – 듣다, 총명하다. 明 – 밝다, 깨닫다. 進 – 앞으로 나아가다, 오르다.

象辭

木上有火 鼎, 君子 以正位 凝命, 鼎顚趾 未悖也, 利出否 以從貴也 鼎有實 愼所之也, 我仇有疾 終无尤也 鼎耳革 失其義也, 覆公餗 信如何也 鼎黃耳 中以爲實也, 玉鉉在上 剛柔節也

'震八木上帝의 심판의 분노가 있는 때' 가 정이다. 이러한 때에 군자는 바른 인품을 가지고 천명을 이루는 일에 머무른다. 솥의 근본(상제)을 뒤집어(역천하다 : 천도를 이루지 못하게 하다) 낙태하게 되도록 한다는 것은 조선백성의 정신을 미혹하여 천도문명을 이루는 기반을 무너뜨려 천도를 일어나지 못하게 하려는 것이다.

백성들에게 천도를 따라 행하지 못하게 하자, 육체적 탐욕(사사로움)이 나타나기 시작하여 하늘과 땅이 막히고 사람과 사람의 인심(어진 마음)이 막혔다는 것은 백성들의 마음이 권력과 사치와 안일(편하게 즐기는 일)만을 소중히 여기고 자랑하며, 부와 권력과 명예 있는 사람만 존경하고 사랑하여 다 그렇게 되기를 원하고 따르는 육체적 삶의 천박함으로 떨어지고 말았다는 것이다. 솥(천도를 행하는 나라) 속에 천도의 열매(종자, 씨)가 가득차게 되면 사해 만민이 천도를 배우고 익히기 위해 선민의 나라로 온갖 재물과 보화를 싣고 다투어 몰려오게 된다는 것은 진실함으로 조심하고 삼가서 천도를 닦아서 천도의 열매인 참사람의 지위에(聖民) 올라 천도로 만민을 가르치고 훈계할 수 있기 때문이다. 우리를 원수로 생각하고 미워하고 비방하던 나라들이 참사람의 도를 이루려고 빠르게 달려오고 있다는 것은 육체의 종말에 이르러 하늘의 책망을 면하기 위하여 더욱 하느님과 천도를 사모하여 가까이 하지 않으면 영생의 상을 받을 수 없기 때문이다.

'솥(천도)의 싹인 상제의 팔대손(震八木帝)이' 선천세상을 멸하고 새로운 세상으로 바꿀 것이라고 하는 것은 장손동이가(한민족 : 한국) 상제 하느님과 근원의 천도를 사모하고 숭상해 왔기 때문이다. 중국 천자가 동이의 솥 속에 든 음식물을 솥과 함께 뒤집어 엎고 '천도(易)의 의미를 거꾸로(반대로 가르치다) 가르쳐' 천도와 상제를 거듭 숨기려고 '상고대 사서와 경서들의 의미를 뒤집어 전했다는 것'은 상제께서 진실로 살아계심을 믿고 성실하게 섬기며 공경히 따르고자 하는 사람에게는 하늘이 그의 사자(성신)로 하여금 천도의 소식을 편지로써 전해 알게 하시나니, 어찌 그와 같이 한다고 속일 수 있겠는가?

솥(장손동이 민족)의 어린 싹(후손)이 그 중심에 참사람의 열매를 충실하게 이루게 될 것이요 진팔목제가 왕중의 왕이 되어 천도문명의 활시위를 당겨 과녁의 중심을 맞출 상제의 자리에 있으니(帝出乎震), 하느님의 강건한 정신과 사람의 유약한 정신이 만나 호응하여 상제와 같이 강하고 굳센 절개(주체 정신)를 이루게 될 것이다.

※ 木 – 후천의 진팔목상제. 上 – 상제. 火 – 심판, 혁명의 불, 분노의 불, 심기. 凝 – 머무르다, 이루어지다. 命 – 천명. 悖 – 성하다, 우쩍 일어나다. 貴 – 벼슬이 높은 사람, 값비싸다, 원하다, 소중히 여기다, 번영하다, 존경하다, 사랑하다, 두려워하다, 위하다, 자랑하다. 愼 – 삼가다, 조심하다, 진실로 참을 이루다, 따르다, 순종하다, 훈계하다, 뉘우치다. 信 – 진실, 성실, 믿음, 밝히다, 알다, 지키다, 보전하다, 사자, 따르다, 좇다, 공경하다, 소식, 편지, 알게 하다. 尤 – 더욱, 동떨어지다, 허물, 책망하다, 사모하여 가까이하다. 節 – 절개.

※ 覆公餗 : 문왕의 말대로, 문왕이 고조선의 천도에 대해 그처럼 명철한 것을 보면 그는 분명히 부루태자가 禹王(하나라)에게 하사한 고조선 천도에 관한 책자를 탕왕이 물려받아 전한 것과 고조선사에 대한 기록이나 문서가 은나라에 전해져 그 내용을 숙지하였다는 사실을 충분히 짐작할 수 있다. 그러나 그에게 천명이 내려오지 않자 본문에서 보듯 상제(고조선)를 배반하고 천도를 버리고 천도에 관한 책자와 사서 등을 인멸했을 것이며, 후대의 왕들에게도 유언하여 고조선 – 대부여 – 부여 – 고구려 – 고려 – 조선으로 이어져 내려오는 장손동이 나라에 있었던 사서와 천경 등을 탈취하여 없애는 동시에 사서삼경의 내용에서나 사마천의 사기 및 25사에 있는 고조선과의 관계 및 천도에 관한 내용들을 삭제하거나 글자를 바꾸어 왜곡시키는 일을 국책사업으로 漢, 唐, 明, 淸대로 내려오면서 공식적으로 실행한 역사 왜곡 사실이 증명하고 있다.

신라가 삼국통일을 한답시고 당을 끌어들여 고구려를 멸망시켰을 때나 元, 明, 淸이 조선에 침략하여 내외장각을 불사르고 보서들을 탈취해 갔고, 임진왜란을 일으킨 풍신수길의 전쟁일기에서도 우리 조상들의 유산인 경전과 사서들을 탈취하는 데 그 목적이 있었다고 기록하고 있으며, 한말에 프랑스, 미국 함대가 강화도에 들어와 외장각 사서 등을 탈취해 간 후 지금까지 돌려주지 않고 있고, 일본은 자나깨나 고사를 날조 왜곡하여 교과서를 변조하는 만행 등이 모두 천도와 후천 진목상제가 나타나 천도문명을 일으켜 세

513.

後 · 天 · 大 · 易

새 시대의 周易, 후천시대에 대한 하느님의 대 예언서

계를 지배하게 될 것을 시기하고 두려워하기 때문이다.

문왕의 말대로 천도를 기록한 자신의 주역(천도)을 '솥을 뒤집어엎고 숨기듯 하라고' 후손들에게 유언하였기 때문에 공자 이후 〈주역〉 및 古文으로 된 경전들을 천자문식 금문(今文)으로 해석하여 가르쳐 천도를 알 수 없도록 숨기고 덮어 천경을 하나의 점쟁이 문서로 전락시켰던 것이다.

그러나 문왕도 일말의 양심이 있었던지 하느님을 정성으로 섬기고 공경하는 사람과 백성에게는 끝날에 가서 천도를 문서와 편지(주역과 감경의 내용)로 후천대인에게 전한다고 하였던 것이다.

또한 고문의 뜻을 청대의 강희대전(옥편)에 모두 밝혀 그 시대의 역사와 사상과 정서를 알 수 있도록 하였으므로 《周易》의 내용이 고조선의 유구한 역사와 문화의 바탕에서 형성된 단어들로 이루어져 있음(고문으로 쓰여짐)을 명찰할 수 있게 되었다. 바꾸어 말하면 그들은 덮어 숨기기 위해 수많은 노력을 해왔음에도 그들이 만든 옥편에 의해 하늘나라의 천도가 고스란히 보전되어 오는 데 결정적으로 공헌하였던 것이다. 그것이 하느님의 미묘한 섭리요, '문서와 편지'였던 것이니 참으로 하늘의 뜻이 아닐 수 없다.

※ 그러나 사실인즉, 고조선의 桓易과 복희역이 하나라 우왕에게 하사되었고, 그것이 은나라에 전해진 것을 문왕이 고문으로 자기일과 생각을 첨가하여 다시 쓴 《周易》을 한대(漢代)의 학자들에 의해 今文으로 해석되어져 그 뜻을 일반인들은 알 수 없도록 하고, 왕실에서만 알고 후천을 대비하게 하려고 했던 음모가 숨겨 있었던 것이다.

51. 震爲雷(重震雷)(☳☳)

震亨, 震來虩虩 笑言啞啞 震驚百里 不喪匕鬯

'동쪽의 震八木帝가 떨치고 일어나면' 선천 세상을 심판하고 천지를

형통하게 하려 할 것이다. 진팔목제가 와서 성을 내면 선천의 범(백호 :
문왕)과 그를 성인으로 섬기던 세상 사람들이 놀라 두려워 떨며 경계하
여 방비하려고 할 것이다. 진팔목제가 분노를 발하는 것은 낡고 병든 악
한 세상과 그 가짜 주인을 심판하고 하느님과 천도를 사모하는 의인들
을 구원하여 참사람의 씨를 잉태케 하려는 것이다. '진팔목제께서 한편
으로는 빙그레 웃으며 자기백성을 타일러 천도를 가르치시리니' 어린
아이들이 천도를 배우겠고 한편으로는 분노를 발하시니 까마귀들(악한
무리들)은 그를 업신여겨 비웃고 있다.

　진팔목제가 성을 내는 것은 근본(상제 하느님과 천도) 무지로 잠든
세상을 깨워 악을 신칙(엄중히 타일러 경계함)하고 참사람의 길(천도)
을 닦게 하여 사람마다 활과 화살촉(절개 : 지조)을 잃지 않게 하려는
것이다.

515

後・天・大・易

※ 震 - 벼락(심판), 천둥(호령), 후천대인, 두려워 떨다, 성내다, 떨쳐 일어나
　다, 구원하다, 아이배다, 우레, 동쪽, 나무, 장남, 만물이 발동하는 봄의 상.
　笑 - 웃다, 기뻐서 웃다, 비웃다, 업신여기다, 빙그레 웃다. 言 - 말씀, 가르
　치는 말, 호령하는 말, 말하다, 타이르다. 啞 - 어린 아이들이 말을 배우다
　(천도를), 까마귀 울음소리, 놀라 지르는 소리. 警 - 경계하다, 방비하다, 놀
　라게 하다, 개다, 깨우다, 신칙하다, 벽제하다(길을 닦다, 치우다). 百 - 일
　백, 모든 여러, 힘쓰다. 里 - 마을, 촌락, 거리, 사람이 모여 사는 곳. 匕 - 화
　살촉. 𩾏 - 활집.
※ 重震은 震이 두 개가 겹쳐 있다는 뜻으로 첫 번 진은 선천의 가짜(진의 대리
　역할을 했던 文王 : 兌方 : 백호) 진이고, 뒤의 震은 후천개벽때 나타날 진
　목제이다.

[初九] 震來虩虩 後 笑言啞啞吉

　후천벽두에 진목상제가 와서 분노를 발하시리니 선천의 백호(동청
룡, 서백호, 中黃熊, 남주작, 북신구)가 놀라 두려워서 떤다는 것은 그

새 시대의 周易, 후천시대에 대한 하느님의 대 예언서

의 때가 끝나 심판을 받고 물러나야 하기 때문(동북아의 맹주자리와 세상의 정신문화의 지배권 상실)이요, 그 후 진목제가 빙그레 웃으며 자기 백성에게 천도의 말씀을 가르치니 어린 아이들(의식과 정신이 순수한 사람들)도 천도를 배운다는 것은 상서롭고 길한 일이요, 한편으로 '중국문화 숭배사조에 물든 노예근성의 소유자들'(공맹과 정주학을 숭배하는 무리)은 천도를 업신여기고 비웃으며, 한편으로는 놀라고 한편으로는 경계하고 방비한다는 것은 그들은 그 학문에 안주하여 부귀와 명성을 누려 온 기득권을 빼앗기지 않으려 하기 때문이다.

[六二] 震來厲 億喪貝 躋于九陵, 勿逐 七日得

후천의 진목상제가 오리니 선천세상을 주관하던 견우와 그 백성이 괴롭고 위태하여 편안치 못한 것은 그들이 진목제와 싸워도 패할 수밖에 없으므로 멸망하고 가짜 하느님의 지위(하늘)에서 쫓겨나 땅에 떨어져 구주의 제후들이 묻혀 있는 무덤으로 들어가게 될 것이기 때문이다.

진목제와 다투어 경쟁하거나 배척할 생각을 하지 말라! 그는 일곱별(일곱 때의 견우들을 다스리는 상제)과 일곱 때를 억눌러 제압할 수 있느니라.

※ 億 - 평안하다. 喪 - 잃다, 죽다, 망하다, 멸망하다, 지위를 잃다, 자리에서 물러가다. 貝(敗의 고자) - 패하다. 躋 - 떨어지다, 추락하다. 陵 - 무덤. 逐 - 다투다, 경쟁하다, 배척하다. 日 - 해, 별(辰~8괘의 뜻), 날, 때(창조 7일 : 일곱째 날 : 일곱괘의 시대). 得 - 얻다, 차지하다, 억누르다, 제압하다.

[六三] 震蘇蘇 震行无眚

진목제가 땔나무 같고 잡초 같은 악한 세상의 가치관념에 물들어 육체적 행복과 쾌락을 추구하는 무리들을 베어 불사르고 그 의식이 순결하여 어린 아이 같은 사람들을 근본무지(참 하느님을 모르고 천도와 참사람의 영생을 믿지 않음)의 잠에서 깨워 참생명을 구하려고 왔으니, 그를 거스려 역행하지 말라!

진목제가 나아가는 길은 눈에 백태가 끼어 참하느님과 천도를 알아보지 못하는 장님들의 눈을 뜨게 할 것이며, 근본무지의 병(세속의 육체적 삶의 집착)을 고쳐 죄와 재앙으로부터 구하여 허물이 없게 하리라.

※ 蘇 – 소생하다, 잠에서 깨다, 땔나무, 섶, 잡초, 벌초, 잡목, 구하다, 거스르다, 역행하다. 眚 – 잘못, 죄, 허물, 병 앓다, 재앙, 덜다, 줄이다, 눈에 백태가 끼다.

[九四] 震遂泥

진목천제가 이루려고 하는 것은 썩은 세상물에 더럽혀진 진흙(地：土~천한 백성, 만민)을 참하느님과 천도를 깨달아 알게 하여 참사람의 씨앗(종자 : 어린 아이)으로 태어나 자라게 하는 동시에 선천의 가짜 하나님을 믿고, 그의 교훈(잘못된 경전과 문화 : 정신)을 따라 고통받는 세상을 심판하여 끝내고 천도문명으로 세상을 밝혀 이 땅에 선한 하느님의 나라를 이루려는 것이다.

※ 遂 – 마치다, 끝내다, 따르다, 순응하다, 길(참사람의 통하는 도), 키우다, 통하다, 전진하다. 泥 – 썩다, 더러운 흙(세상, 육체적 삶), 막히다, 악하다.

[六五] 震往來厲 億无喪有事

진목천제가 이르러 천도문명을 실현해 가는 길을 함께 따라가려면 천도로서 자기를 힘써 닦고 연마하여 거짓자기(병든 자아)를 죽이고, 지조(中心 : 中正)를 바르고 높게 세우고(정하다 : 定心) 떨쳐 일어나 세파의 강을 건너야 평안한 곳에 이르러 하느님으로부터 위로를 받을 것이니 그곳에는 죽음으로 인하여 슬퍼하거나 두려워 할 일이 없고, 오직 만민으로부터 섬김을 받게 될 것이라.

※ 往 - 이르다. ~곳을 향하여 가다, 죽다, 옛 지난 일, 뒤에는 곳에 이르다. 喪
 - 죽음. 事 - 섬기다, 섬김을 받다. 來 - 장래, 이르다, 위로하다.

[上六] 震索索 視矍矍 征凶 震不于其躬 于其鄰无咎 婚媾有言

'진목천제가 나타나 근원의 천도와 참하느님을 밝히고 가짜 하나님
의 정체를 드러내어' 그가 하늘에서 떨어져 멸망하게 될 때 그를 믿고
섬기던 무리들은 그 마음이 공허할 것이요, 그들이 믿던 성현들의 법과
교훈이 그 위력을 다하고 공허한 말이 되어 흩어지게 될 것이니 두려움
에 떨 것이며 '마음이 정결한 무리들은 참하느님과 천도를 믿고 만민중
에서 가려뽑혀 하늘의 택한 백성으로 구원하는 것'을 세상 사람들이 보
고 놀라 두리번거리며 그들을 시샘하여 치려고 할지라도 도리어 하늘의
재앙이 그들에게 임하여 죽임을 당하리니, 성민(聖民)의 몸은 그들의
몸이 아니요, 진목천제의 몸이니 그들을 해하거나 다치게 하지 말라!
세상 사람들이 그들을 해치려 하면 이웃나라들이 도와 구할 것인즉 재
앙이나 근심이 없으리니, 그들을 미워하거나 비방하거나 해하고자 하던
자들은 마음을 돌이켜 화친을 맺고 그들에게 천도를 묻고 그 가르침을
배워 겹혼인(첩이 됨)을 하면 사랑을 받으리라.

※ 索 - 성현이 지은 법률(율법), 떨어지다, 다하다, 비다, 공허하다, 흩어지다,
 찾다, 원하다, 구하다, 취하다, 가지다, 선택하다, 가려뽑다. 矍 - 놀라다, 두
 리번거리다. 躬 - 몸(상제의 몸 : 하느님의 성전, 집이란 뜻). 鄰 - 이웃, 이
 웃나라, 반려, 같은 무리, 친근한 사이, 도움, 보필. 婚 - 혼인. 媾 - 화해, 화
 친하다, 겹혼인, 사랑하다, 총애하다.

彖辭

震亨, 震來**虩虩**, 恐致福也, 笑言啞啞 後有則也 震警百里 警遠而懼邇也, 出可以守宗廟社稷 以爲祭主也

진목제가 후천세초에 임하는 것은 낡고 썩은 선천세상을 혁파하여 형통한 세상을 만들기 위해 오는 것이다. 진목제가 세상에 나타나니 선천세상의 하나님 노릇하던 가짜 견우(문왕 : 중국 : 서구 : 썩고 병든 세상)들이 놀라 두려워한다는 것은 그들의 때가 극에 이르렀으므로 쫓아내고 '진목제가 자기 백성을 모아 복을 내릴 것을 우려함'이다. 진목제가 천도 말씀을 가르치시며 빙그레 웃으시니 '순결한 무리들이 말씀을 배우며 기뻐 웃는다고 하는 것은 그들이 천도를 이룬 뒤에 있을 영광을 알기 때문'이다.

진목제가 모든 나라에 참사람의 길을 가르쳐 이루게 하고 악한 세상의 유혹을 경계하게 한다는 것은 그 경계해야 할 대상이 먼 데 있는 적이 아니요, 가장 가까이 있는 나(자아 : 육체적 무지와 욕망) 자신을 경계하고 두려워해야 한다는 것이다. 참하느님 나라의 천도와 법을 지켜 세상을 바로잡고자 나타난 이는 상제 하느님의 종손중의 적장자요, 천도문명의 근본이시요, 하느님의 대제사장이시며, 만왕들의 우두머리이시니 만왕과 만민이 높이고 존숭하여 그 앞에 무릎을 꿇고 조현(朝見 : 알현 : 삼육대례)해야 할 것이니, 그는 하느님과 사람이 만나 한 몸이 되어 참사람의 씨를 잉태하고 또 해산케 하시는(天人合一 : 환골탈태) 하늘나라 종묘사직의 주인이 되시느니라.

※ 恐 - 놀라다, 두려워하다. 懼 - 두려워하다. 福 - 행복. 則 - 천도와 하늘의 법도. 邇 - 가깝다, 친하다, 이웃. 宗 - 섭리의 근원, 근본, 우두머리, 제사장, 동성일족, 종손, 시조의 적장자, 높이다, 존숭하다, 조현(알현)하다. 主

- 주인, 남편, 임금, 주체, 근본, 존중하다, 숭상하다, 무리. 祭 - 제사지내다, 신과 사람을 사귀게 하다, 신이 임하다, 강령.

象辭

洊雷 震, 君子 以恐懼脩省 震來虩虩 恐致福也, 笑言啞啞 後有則也
震來厲 乘剛也, 震蘇蘇 位不當也 震遂泥 未光也 震往來厲 危行也 其事
在中大无喪也 震索索 中未得也, 雖凶无咎 畏鄰戒也

진목상제의 천둥(호령소리) 소리가 거듭거듭 이르는 것이 진이다. 군
자는 이러한 차축시대를 당하여 자아의 이기심과 정욕(情欲 : 세상의
외적 사물에 대하여 감정이나 생각이 반응하여 일어나는 부, 권력, 명
예, 쾌락과 같은 탐욕)에 물드는 것을 두려워하고 경계하여 자기 자신
(자아관념)을 반성하고 삼가 조심하며 천도를 익혀 닦아나간다.

'진목상제가 오시니, 서방의 백호(서방은 중국뿐 아니라 서방세계 전
체를 의미함)가 자기 때가 끝났음을 하늘에서(가짜 하나님 자리에서)
쫓겨날 것을 두려워하여 떨고 있다' 는 것은 진목상제가 이르면 그가 준
비한 백성을 하늘나라 성민으로 삼아 복을 내리고 가짜 하나님과 그의
백성은 심판을 받고 멸망하게 될 것을 두려워하기 때문이다.

진목상제가 세상에 오시면 선천세상이 위태하다는 것은 가짜 하나님
들보다 강한 임금(진목제)이 하느님자리(上帝, 天帝)에 올라 세상을 다
스리게 되고 자기들은 쫓겨날 것이기 때문이다. 진목제가 와서 참하느
님과 천도를 모르는 근본무지의 잠에 빠진 만민을 깨워 참하느님과 천
도를 가르쳐 구원하러 오신다는 것은 선천세상 견우들의 인품이 합당치
못하여 책임을 다하지 못했다는 증거이다.

진목상제가 와서 썩고 더럽혀진 세상을 멸하고 그의 백성을 천도로

양육하고 참사람의 길로 인도하여 하늘나라 성민의 지위와 명성을 이루게 한다는 것은 선천의 하나님들이 그러한 영광과 위덕을 베풀지 못했기 때문이다. 진목상제가 이르러 천도문명의 목표를 향해 갈 때 그와 함께 가려고 하는 사람들은 천도로 자기를 갈고 닦아 지조를 높이 세우고 떨쳐 일어나 고해를 건너야 한다고 하는 것은 그 길은 출렁이는 세파에 이리 저리 치우쳐서는 안 된다는(위태롭다는) 것이다.

하늘나라 백성이 되는 일(天道 : 천업, 일)이 중심(中心 : 中正, 바른 지조)에 있다는 것은 하느님과 같이 존귀한 신성을 얻음으로써 영생에 이르러 죽음과 멸망이 없는 길이기 때문이다. 진목제가 세상에 임하여 가짜 하나님들의 정체를 밝혀 그들이 쫓겨나게 되면 그들을 섬기고 그들의 교훈과 율법을 가르치던 '성현들의 경전'도 다 권위를 잃고 공허하게 되어 흩어질 것이며, 참하느님과 천도(진리)를 찾아 방황하던 의로운 사람들은 하늘이 취하여 구원하실 것이요. 선택된 백성을 시샘하여 치려던 자들에게 화가 이른다고 하는 것은 참하느님을 경외하며 심복하는 나라들이 죽음을 무릅쓰고 막아 성민의 나라를 보호할 것이기 때문이다.

※ 洊 – 연거푸 이르다. 省 – 반성하다. 危 – 위태하다, 해치다, 높다, 똑바르다. 事 – 천업. 得 – 얻다, 이루다. 畏 – 경외하다, 두려워하다, 전사하다, 심복하다, 성심을 다하여 따르다. 鄰 – 이웃, 이웃나라들. 戒 – 경계하다, 막아지키다, 타이르다, 도달하다.

52. 艮爲山(☶)

艮其背 不獲其身, 行其庭 不見其人 无咎

간산의 견우(은왕)는 하늘을 배반하고 천도를 버렸으니 그 견고한 지위를 버리고 물러나야 할 것이다. 그는 천도문명을 이룰 마땅한 때를 얻었어도 자기 능력으로 자기 지위를 지키지 못하고 사사로운 이익만을 위해 살며, 육체적 자아의 유혹(미혹)에 사로잡혀 중심을 빼앗겼으므로 천도문명의 과녁을 맞히지 못하여 결실을 잉태치 못하였으므로 계집종(소전의 무리)에게서 태어난 자식은 어쩔 수 없다는 비난을 면할 수 없게 되었다.

그러므로 그 궁중에 들어가도 견우를 볼 수 없고 사람다운 사람을 볼 수 없는 것이 당연한 데도 근심이 없다.

※ 艮 - 동북방, 간산, 소자 : 어긋나다, 그치다, 견고하다, 시작하다. 背 - 등지다, 배반하다, 버리고 떠나다, 물러나다. 獲 - 마땅한 때를 얻다. 사냥하여 짐승을 잡다(육체적, 세속적 삶을 추구하는 짐승 : 고등동물 : 자아를 천도로 사냥하여 잡다)
※ 세상은 천도로(활과 화살) 자아는 사냥해야 할 사냥터란 뜻. 行 - 나아가다, 들어가다. 庭 - 궁중, 조정. 人 - 견우, 사람다운 사람.

[初六] 艮其趾 无咎, 利永貞
간방(초봄)은 작년 한해(선천) 농사가 끝나는 때(끝날, 말세)인 동시에 새로운 한해농사(선천)가 시작되는 교차점이니 허물이 없다. 이로운 세상을 이루기까지 지조를 오래오래(영원히) 지켜야 이롭다.

[六二] 艮其腓 不拯其隨 其心不快

간방의 견우(주천자)가 하늘의 형벌을 피하여 그 허물을 덮어 숨기고
있으나, 나라가 병들어 괴로워하고 있으니, 그를 시중드는 신하로 따르
면서 그가 가는 길을 동반하고 도와 주지 않으면 그 사람이 마음 속으로
기뻐하지 아니 할 것이다.

※ 腓 – 병으로 앓다, 가려 덮어 숨기다. 拯 – 건지다, 구조하다, 돕다. 隨 – 따
르다, 수행하다, 동반하다, 시중들다, 신하. 快 – 기뻐하다, 즐거워하다.

[九三] 艮其限 列其夤 厲薰心

간방의 견우(은천자)가 그의 천운의 한계에 이르렀으나 그와 내가 같
은 반열에 속하는 같은 등급의 견우라 할지라도 현재 그는 천자이고 나
는(문왕) 그의 신하이니, 내가 잘못하면 오히려 그의 기한이 연장될 수
도 있을 것인즉 내 마음의 향기를 풍겨 백성들을 선도하고 감화시켜 공
을 세우면서 나를 닦아 연마하여 더욱 지조(하늘의 뜻 : 섭리에 대한 견
우의 책임)를 굳건히 세우고 나가야 할 것이다.

※ 限 – 한계, 경계, 기한, 끝. 列 – 등급, 반열, 나란하다. 夤 – 조심하다, 연장
되다, 이루어지다, 한계, 끝. 薰 – 향기를 풍기다, 선도하다, 감화하다.

[六四] 艮其身 无咎

간방의 견우가 자기 자신의 사사로운 이익과 지위를 보전하기 위하
여 하늘을 배반하고 견우의 책임을 버리고 달아났으나 근심하지 않는
다.

[六五] 艮其輔 言有序 悔亡

간방 견우의 수레를 끄는 신하로서 그를 도와 백성을 가르치고 바르

게 다스리는 일을 계속 할 수밖에 없는 것은 같은 견우라 할지라도 전후의 차례가 있기 때문이니, 나의 본분을 지키지 않으면 망할 때 후회함이 있으리라.

※ 輔 – 보좌, 신하, 수레 덧방(브레이크 역할), 돕다, 조력하다, 도와 바르게 하다. 序 – 차례, 전후의 차례, 순서, 계속하다. 訁 – 가르쳐 인도하다.
※ 신라의 삼국통일 이후 고려, 조선은 힘을 잃고 사실상 명나라와 청나라의 제후와 다를 바 없는 위치로 떨어져 그들의 간섭을 받고 공물을 바쳤다.

[上九] 敦艮吉

간방의 견우는 진실과 정성을 다하여 백성에게 천도를 가르쳐 힘써 양육하고 잘 자라고 있는지를 자세히 살펴 감독하고 권면하여 백성들의 원망이나 미워하는 일이 없어야 백성들이 떼지어 모여들어 천도문명을 아름답게 꾸며 갈 수 있을 것이며 그렇게 할 때 하느님께서 그들을 만민 중에서 자기 백성으로 선택하여 높이 들어 올리실 것이니 도탑게 행해야 길하다.

※ 敦 – 도탑다, 힘쓰다, 노력하다, 권하다, 정성스럽다, 진실하다, 감독하다, 떼지어 모이다, 아름답다, 선택하다, 아름답게 꾸미다, 다스리다, 자세히 보살피다.

彖辭

艮止也, 時止則止 時行則行, 動靜不失其時 其道光明 艮其止 止其所也, 上下敵應 不相與也, 是以不獲其身 行其庭 不見其人 无咎也

간의 때는 선선천 섭리시대가 끝나는 때이다. 낡은 시대가 끝나는 것이므로 천리(섭리의 내용, 방법)의 모범(예도, 법, 제도)도 끝나고 새로운 시대의 섭리가 열리면 새로운 시대적 모범(법도 : 문화)이 시작되는 것이다. 이와 같이 간의 때는 낡은 시대는 끝나고 새 시대 섭리의 움직임이 일어나 끝나고 시작됨이 그 때를 잃지 않는 것이므로 천도가 빛나 세상을 밝게 하는 것이다.

간방의 때에 선선천섭리가 끝나는 것은 끝을 위함이 아니요 새로운 시대의 시작을 위하여 있는 도리이다. 상전(천자)과 신하가 적이 되어 맞서고 있으니 그들이 함께 견우의 역할을 할 수는 없다. 그러므로 앞의 견우는 그 중심을 잃고 사명을 버렸으므로 궁중에 들어가도 참된 견우와 사람다운 사람을 볼 수 없게 되었으나 주천자는 근심하지 않는다고 한다.

※ 止 – 그치다, 끝나다. 時 – 섭리의 때. 則 – 법도, 천리, 모범, 기준, 방법. 動
  – 새 시대의 새로운 질서와 모범, 다스림, 움직임. 靜 – 고요하다, 쉬다, 끝나다, 소멸하다, 움직이지 아니하다. 所 – 반복반어법.

象辭

兼山 艮, 君子 以思不出其位, 艮其趾 未失正也 不拯其隨 未退聽也, 艮其限 危薰心也 艮其身 止諸躬也, 艮其輔 以中正也, 敦艮之吉 以厚終也

두 견우가 한 시대에 겹쳐 있는 때가 간이다. 군자(후천대인)는 이러한 때에 그가 사모하고 원하는 바의 뜻(목적정신)과 장래의 신분을 밖으로 나타내지 않는다. 간의 때에는 지나간 시대의 섭리적 기준(모범)이 끝난다고 하는 것은 천도의 중심 목표(과녁)는 흐트러지거나 벗어날 수 없기 때문이다. 아직은 내가 은천자의 신하로서 그를 도와 따르고 동반하여 백성을 건지지 않을 수 없다는 것은 지난 시대의 견우가 물러나지 않았고 나는 아직 상제로부터 후천 견우로 결정되었다는 소식을 듣지 못했기 때문이다.

은견우가 그 자신의 중심(지조 : 견우의 사명)을 잃었다는 것은 그 자신이 모든 것을 간수하지 못하였기 때문에 천운을 멈추어 서게 한 것이다. 은천자의 수레 끄는 일을 보좌하는 신하인 내가 그의 도와 문화로 백성을 바르게 다스리지 않을 수 없다는 것은 선천의 견우로서 그 사명을 바르게 실천해 나가겠다는 중심(목적의식 : 정신)이 바르게 서 있기 때문이다. 견우가 그 사명과 책임을 수행함에 있어 바르고 정성스럽게 행할 수 있는 도타움이 있어야 길하다고 하는 것은 삼가 정성스럽게(도탑다)해야 마침내 사명을 완수할 수 있기 때문이다.

※ 兼 - 겸하다, 겹치다, 중복되다. 思 - 생각하다, 마음, 뜻. 位 - 지위. 正 - 주된 목표, 중심, 도, 바른길, 순일하다. 退 - 그만두다, 물러나다. 聽 - 맡기다, 받아들이다, 기다리다, 재판, 판정을 내리다, 결정하다, 듣다. 諸 - 모든 것, 여러 가지. 躬 - 자기, 자신, 간수하다. 敦 - 도탑다(두텁다), 힘쓰다, 노력하다, 정성스럽다, 진심으로, 권하다, 감독하다, 선택하다, 아름답다, 아름답게 꾸미다, 떼지어 모이다. 厚 - 두텁다, 무겁다, 삼가 정성스레 하다.)

※ 未退聽 - 당시는 분명히 고조선 상제가 천자의 임명권을 가지고 있었으며 天命은 곧 조선단군제(상제)의 명령이었음을 부인할 수 없을 것이다.

53. 風山漸 (䷴)

漸 女歸吉, 利貞

　백성들(고려, 조선, 한국)에게 천도를 가르쳐 유익하게 하자, 점점 공부가 자라나기 시작하고 더 오래도록 가르치자 그 공부가 성장하면서 차츰 천덕(은혜 : 지혜)에 물들어(젖어) 서로 속이는 일이 없어지고 서로 어진 마음이 통하게 되며 공부를 다 마친 사람은 마치 보리 이삭이 패여 머리를 숙인 모양과 같아지는 것이 점의 때이니 이제는 상제(남편)의 백성(아내 : 여자)으로 시집보내기에 적합한 때가 되었으므로 길하여 후천(가을과 겨울 : 利貞)에 천도문명을 맡겨 세상을 경작하도록 지조를 갖추게 하면 이로울 것이다.

※ 漸 - 점점, 차츰 차츰 나아가다, 익히다, 자라다, 물(은택), 물들다, 적시다, 성장하다, 번지다, 다하다, 오래다, 통하다, 보리이삭 패다. 歸 - 공부를 마치다, 끝내다, 적합하다, 시집보내다, 맡기다, 위임하다(백성을).

※ 당시는 고조선 천도문명을 목표로 정치, 법, 제도, 예절, 학문, 풍속 등 문화 전반이 형성되었으므로 글(문자)을 문장화 하는데 있어서도 천도문화(천도를 목표로 삼는 생활양식, 사고방식, 언어, 정서 등)의 생활양식을 토대로 언어가 성립되지 않을 수 없어 옥편에 있는 한자(漢字)의 뜻(단어의 의미, 정의)이 여러 개로 되어 있어 혼란스럽게 보이지만 사실은 그 여러 단어 전체가 하나의 중심가치(천도문명)에 집약되어 서로 통하고 있기 때문에 古文은 여러 개의 단어를 모아 수식하여 하나의 정연한 문장으로 꾸미지 않으면 안 되게 되어 있다.

그러므로 고문(古文)을 금문(今文)의 천자문식(하나의 글자에 하나의 훈만으로 구성된 표준문장)으로 해석한다면 고문의 뜻과는 전혀 관계없는 동문서답식 글이 된다. 공자가 가르치고 현재까지 우리가 읽어 온 주역해석이 바로 그러하다. 주역 문장의 앞뒤 문맥이 전혀 통하지 않기 때문에 난해한 경전으로 보았으나 사실은 난해한 문장이 아니라 고문을 금문으로 오해하고 읽어 왔기 때문에 난해한 점쟁이 문서로 전락하고 말았던 것이다.

[初六] 鴻漸于干 小子厲 有言无咎

주천자가 천법(천도)을 위반하고 풍속과 인륜 질서를 어지럽히는 과오를 범하여 점점 하늘의 원기(만민 생육의 덕 : 천덕)를 막아, 천도문명의 작은 열매(씨앗)도 열리지 못하게 하고 있으니 위태하여 천도를 가르치는 사람은 없고 포악한 천자의 호령하는 말만 있으나 근심이 없다.(천자는 근심하지 않고 있다.)

※ 鴻 – 자연의 원기(元氣), 반성하다. 干 – 범하다, 법을 위반하다, 질서를 어지럽히다, 과오를 범하다, 막다, 과녁. 小 – 작다. 子 – 씨, 열매, 종자, 알(알을 까다). 言 – 가르치는 말, 호령하는 말, 교훈.

[六二] 鴻漸于磐 飮食衎衎 吉

하늘의 원기가 점점 번성하여(천운의 번성) 반석처럼 되려면 백성들의 마음밭을 천도로 경작하고 증식하여 사시의 제사를 정성스럽게 드려야 하늘이 기뻐하여 원기가 떠나지 아니하고 사해에 퍼져나가 광대한 모습으로 발전하게 될 것이니 천도를 가슴에 품고 밥을 때마다 먹고, 술을 마시듯 기쁨으로 즐겨 생활해 나가야 길할 것이다.

※ 磐 – 반석, 떠나지 아니하다, 광대하다. 飮 – 술을 마시다, 가슴 속에 품다. 食 – 갈다, 경작하다, 밥을 먹다, 기르다, 받아들이다, 증식하다, 생활하다. 衎 – 즐기다, 기뻐하다.

[九三] 鴻漸于陸 夫征不復 婦孕不育凶 利用禦寇

하늘의 원기가 점점 피어올라 백성들이 화목해지고 그 기운이 언덕

(東山 : 震山)이 되고 큰 산꼭대기(하늘나라 :한국)가 평평(평탄해지다)해져 그 중앙에 참사람의 길이 나도록 해야 한다. 그러나 지아비(천자, 중국)를 정벌하면 하늘의 원기가 머무르지 않고 돌아가 천도문명의 열매를 그 백성(아내 : 부인, 처)이 잉태할 수 없고 낳아도 자라게 할 수 없으니 흉하다. 그러므로 내 마음 속에 품고 있는 천도를 도적질해 가는 원수(나 자신 : 자아, 탐욕, 정욕, 이기심 등)를 막아 나의 중심(지조, 정신, 신념 : 참나가 태어날 태반)을 자아가 거역하지 못하도록 금하여 물리치고, 참나의 태반(中心)을 도적맞는 재앙이 없도록 제사드리며 하느님께 빌어야 이로울 것이다.

※ 陸 – 언덕, 평평한 산꼭대기, 중앙, 길, 두텁다, 화목하다. 夫 – 지아비, 남편. 征 – 바르게 다스리다. 復 – 돌아가다. 孕 – 잉태하다, 아이배다. 育 – 낳다, 기르다. 禦 – 막다, 대적하다, 거역하다, 물리치다, 금하다, 제사지내다, 재앙이 없게 빌다. 寇 – 도적, 원수.

[六四] 鴻漸于木 或得其桷 无咎

하늘의 원기가 모여 점점 艮山木(소자 : 장차 震八木帝로 자라날 아이)이 자라고 있으니, 혹시 하늘나라 궁전의 서까래로 쓸 나무를 얻게 된다면 허물이 없다.

※ 木 – 동쪽, 봄철, 艮方木. 桷 – 서까래 나무
※ 잉태한 후 낳을 아이를 의미.

[九五] 鴻漸于陸 婦三歲不孕 終莫之勝 吉

하늘의 원기가 쌓여 점점 큰 언덕 같이 높이 올라 주견우의 원기를 침범하니 주견우가 두려워하여 더욱 그 기운이 쇠퇴하고 있어 그의 백성을 가지고는 세 평생을 노력해도 천도문명의 열매를 잉태할 수 없을 것이다. 그 끝이 이르러 해가 저물 때가 되면 그를 이길 수 있을 것이니 길하다.

※ 陸 - 큰 언덕, 높이 오르다, 범하다, 밀어내다, 두려워하다, 쇠퇴하다. 歲 -
평생. 終 - 끝에 이르다. 莫 - 해가 저물다. 勝 - 이기다, 승리하다.

[上九] 鴻漸于陸 其羽可用爲儀吉

하늘의 원기가 쌓여 육지가 큰 언덕이 되고 더 높이 뛰어올라 큰 산
꼭대기가 평평해져 그 중앙에 천도문명을 이루어 갈 큰 길이 나도록 하
려면 후천대인이 두터운 덕을 베풀어 백성이 모두 화목하게 되어 새의
깃털로 날개를 해달고(새의 깃털날개 - 신선으로 초월) 목표를 향해 좌
우로 치우침이 없이 짝을 이루고 곧게 날아가는 기러기 떼의 모습을 본
떠 천도의 목적중심에 법도와 예의를 바르게 세우고 다스려 나가야 길
할 것이다.

※ 羽 - 새 깃털, 날개, 기러기. 爲 - 하다, 되다. 用 - 다스리다. 儀 - 법도, 예
의, 풍속, 본뜨다, 바르다.

彖辭

漸之進也 女歸吉也 進得位 往有功也, 進以正 可以正邦也 其位 剛得
中也 止而巽 動不窮也

하늘의 원기가 점점 쌓여 오르고, 힘써 앞으로 나아가자 백성과 신하
들이 나(艮山 : 조선)를 본받아 선으로 나아가 주천자의 기운을 이기고
있으니 상제 하느님(남편)께 시집보내면 좋을 때가 되었으니 길하다.
천도와 천덕을 쌓아 앞으로 나아간다는 것은 그의 품위가 임금의 지

위를 얻을 만하니 천도문명 실현의 목표를 향하여 나아가면 천업의 공을 이룰 수 있을 것이다. 앞으로 나아간다는 것은 바르게(치우치지 않고) 가야 한다는 것이며, 그래야 나라를 바르게 다스릴 수 있기 때문이다.

그 사람의 인품이 강하고 굳센 중심(정신 : 목적의식)을 얻고 밖으로는 겸손한 자리에 머물러 있어 어지러운 동요가 생긴다 해도 그 정신과 인품이 막힘이 없다.

※ 進 – 앞으로 나아가다, 힘쓰다, 움직이다, 본받다, 이기다, 선으로 나아가다, 오르다. 止 – 머무르다, 살다, 금하다, 억제하다, 법(국법), 예의(禮 : 오례, 구례), 오직, 멈추어서다, 한계. 巽 – 손방(장녀)은 원래 장남인 震方의 배필이었는데, 문왕(兌方)이 그 자리를 빼앗았음. 動 – 움직이다, 변하다, 바뀌다, 동요가 일어나다, 미혹되다, 흐트러지다, 어지럽게 되다, 다투다, 싸우다, 생기다. 窮 – 다하다, 끝나다, 그치다, 막히다, 불행, 끝.

※ 문왕이 말한 대로 문왕이 죽고 나서 그의 맏아들인 무왕이 은을 멸하고 주 제국을 건설한 후 천도를 버리고(상제를 섬기지 않고 : 형식적으로 제사는 드렸으나) 전제봉건국가를 만든 후 진시황이 쓰던 오호통작제(다섯가호를 묶어 서로 감시하고 고발하게 하는 사찰제도)를 사용하여 국민을 꼼짝할 수 없도록 속박하는 한편 자기가 상전을 치고 왕권을 찬탈하였으니 그를 본받아 다른 제후들이 쿠데타를 하지 못하도록 사찰을 강화하였으나, 결국 그가 염려한 바와 같이 춘추전국시대의 패도시대가 도래하여 제국공실(천자)의 권위는 땅에 떨어져 일개 제후국과 다를 바 없게 되었다(동주시대).

또, 주나라는 문왕의 말대로 엄혹한 형법을 강화하는 한편 삼강오륜을 기초로 하는 윤리도덕(禮)만을 숭상케 함으로써 오직 봉건적 계층사회(수직사회) 질서를 유지하고 예(禮)를 임금에게 충성하게 하는 도구로 숭상하게 하는데 지나지 않았다.

禮의 가장 중요한 기초덕목이 孝인데, 이 효는 결국 확대하면 임금에게 충성(忠)하도록 교육시키는 기초소양에 불과한 것이요, 수직사회를 지탱하는 가장 안전한 장치였던 것이다.

이와 같이 문왕은 고조선 상제의 천명(임명)을 받을 수 없게 되자 상제에게 반역하고 천도를 버렸으며, 정치적 전횡만을 위한 안전장치로서 법과 예만을 실천하겠다고 한 것임을 분명히 알아야 할 것이다.

이러한 문왕을 성인이라고 극구 칭송한 공자는 그가 문왕에 의해 멸망당한 은나라 유민의 후예로서 부끄러움을 알아야 할 것이다.

象辭

山上有木 漸, 君子 以居賢德善俗 小子之厲 義无咎也 飮食衎衎 不素飽也, 夫征不復 離群醜也 婦孕不育 失其道也, 利用禦寇 順相保也, 或得其桷 順以巽也 終莫之勝吉 得所願也, 其羽可用爲儀吉 不可亂也

'장차 艮山에 상제의 적자로 震八木帝가 될 艮三木(소자)이 점점 자라나고 있는 것'이 漸이다. 군자는 이를 보고 평소에 착하게 살며 백성들에게 은혜를 베풀고 좋은 풍속을 후대에 계승케 한다.

주왕이 무도(无道)하여 천도문명의 어린 열매(씨앗)도 맺을 수 없게 되었다는 것은 하늘나라(고조선 : 상제의 나라) 법도와 천도문명의 길을 따르지 않았기 때문인데도 근심이 없다. 천도로 백성들의 마음밭을 천도로 경작하기를 때마다 밥을 먹고 술을 즐겨 마시듯 하며, 사시에 하늘에 제사를 드려야 하늘이 기뻐하고 천운의 원기를 내려 주신다고 하는 것은 하늘의 본바탕은 본시 희고 질소(본질이 희고 꾸밈이 없다)하듯 형식적으로 아름답게 장식하고 표정을 꾸미지 말고 평소에 정성과 진실을 다하여 백성을 바르게 가르치고 덕을 베풀어 사랑하는 것이 하느님이 기뻐하는 진정한 제사요, 화려하고 풍성한 제사는 이미 배가 불러 싫증이 나셨다는 것이다.

제후(조선 : 아내)가 지아비(주천자 : 남편)를 정벌하면 하늘의 원기

(천덕 : 은혜)가 돌아가 다시 돌아오지 않는다고 하는 것은 해와 달이 함께 짝이 되어 붙어다니듯 남편(상제)과 아내가 둘이 함께 붙어 있어야 할 아내(주천자)가 남편을 배반하고 떠난다면 백성들도 그를 본받아 모두 다 흩어지게 될 것이니 부부가 헤어지는 것은 추잡한 일이라고 하는 것이다. 그러므로 천도문명의 열매(아기 : 알, 씨앗)를 잉태하지 못하고, 잉태하여 아이를 낳는다 해도 기를 수 없다고 하는 것은 그가 천도를 잃고 달아나 버렸기 때문이다.

내 마음 속에 품고 있는 천도를 도적질해 가는 원수를 막아 나의 중심의 명령을 자아가 거역하지 못하도록 물리쳐 금하고 참나를 잉태할 태반인 중심(中 : 中正 : 지조)을 도적 맞는 재앙이 없게 해달라고 하느님께 제사드리고 빌어야 이롭다고 하는 것은 천도를 따라 순종하여 참자기를 지키고 보전하여 양육해 나가야 한다는 것이다. 혹시 하늘나라 궁전을 짓는데 사용될 서까래 나무라도 얻을 수 있을지 모른다는 것은 천도의 도리를 기뻐하며 만족히 여기고 겸손하게 따라야 한다는 것이다. 그의 때가 끝나고 저녁이 올 때까지 기다려야 승리할 수 있어 길하다고 하는 것은 그래야 소원을 이룰 수 있기 때문이다.

새의 깃털로 날개를 해 달고, 목적지를 향해 좌우로 치우침이 없이 짝을 이루고 곧바로(앞만 보고) 날아가는 기러기 떼를 본받아 배워야 길하다는 것은 임금이 무도하여 제멋대로 반역을 자행하는 행실을 보이면 기강이 무너지고 신하나 제후들도 반역을 일으켜 난리와 전쟁이 일어날 것이므로 짝을 배반하고 반역을 꾀하는 일은 옳지 못하다고 하는 것이다.

※ 居 – 살다, 평상시, 쌓다, 법, 법도(하늘나라 : 조선의 법, 상제의 법). 俗 – 풍속, 계승하다. 義 – 무도, 법도, 길, 바르다, 본분, 충성, 정도를 따르다. 素 – 희다, 질소하다, 꾸밈이 없다, 근본, 바탕, 본바탕, 본질, 평소, 정성, 진정, 바르다, 분수를 따르다, 부질없다, 헛되이. 飽 – 배부르다, 싫증나다. 離 – 해와 달, 짝하다, 둘이 함께 하다, 배반하다, 헤어지다, 붙다, 흩어지다, 떠

나가다, 끊다. 醜 - 추하다, 추악하다, 추잡하다, 더럽다. 保 - 보전하다, 지키다. 巽 - 겸손하다. 亂 - 어지럽히다, 난리, 전쟁, 혼란하다, 무질서하다, 반역하다.

54. 雷澤歸妹 (䷵)

歸妹征凶, 无攸利

소녀(艮三木)가 첩(제후)살이를 하다가 그 남편과 헤어지고 돌아가는 것은 부끄러운 일이며, 그 남편(주천자 : 중국)을 정벌하면 더욱 흉하니 아직도 그가(고려, 조선) 다스려야 할 때가 멀었기 때문에 정벌하러 가면 위태하여 이롭지 못하다고 하는 것이다.

※ 歸 - 돌아오다, 시집가다, 친정에 와서 몸을 의탁하다, 끝내다(이혼하다), 마치다, 부끄러워하다. 妹 - 누이, 소녀. 攸 - 위태하다, 다스릴 때가 멀다. 첩-제후 : 艮山은 소남이지만 천자의 제후가 되면 천자에게 시집간 첩이 되므로 소녀(양이 변하여 음이 되는 태극의 원리)가 됨.

[初九] 歸妹以娣 跛能履 征吉

첩이 그 남편과 헤어져 돌아온 것이 귀매인데, 그가 헤어진 남편을 치겠다(고려가 원나라를 치려 할 때)고 할 때 그 남편이 절뚝발이라면 능히 칠 수 있을지 모르나, 그는 능력과 재략이 뛰어난 사람이라 첩은 그에게 미치지 못할 것이니 맞서지 말고 참고 견디면서 순서와 절차를 밟아 천윤의 지위에 오르는 것이 정벌하다 망하는 것보다 길한 일이다.

※ 娣 – 누이, 첩 아내라 하지 않고 첩이라고 하는 것은 상제의 정실이 은천자
이니 그의 신하는 첩이 아닐 수 없기 때문이다. 跛 – 절뚝발이. 能 – 능히,
미치다. 履 – 순서와 절차를 밟다, 겪다, 지위에 오르다, 행하는 바(행하려
면).

[九二] 眇能視 利幽人之貞

애꾸눈이 한쪽 눈을 가지고 보니 주천자의 때가 끝난 것처럼 보일 것
이나 조급하게 애꾸눈으로 엿보지 말라. 마음이 어두워 밝지 못한 사람
은 미묘하고 심원한 것을 볼 수 없으니 차라리 지조를 굳게 지키는 것이
이롭다.

※ 眇 – 애꾸눈, 한쪽 눈으로 지긋이 보다, 희미하다, 멀다, 끝나다. 幽 – 마음
이 어둡다, 멀다, 심원하다, 미묘하다. 視 – 엿보다, 알현하다, 맡아보다, 본
받다, 받아들이다.

[六三] 歸妹以須 反歸以娣

첩은 그 남편과 헤어지지 말고 마땅히 주천자의 해(천운 – 하늘의 원
기)가 질 때까지 기다려야 그 원하던 바를 이룰 수 있을 것이니 다시 그
첩의 자리로 돌아가야 한다.

※ 須 – 기다리다, 해가 지다, 끝나다, 마땅히, 바라다, 원하다. 反歸 – 돌아가
다.

[九四] 歸妹愆期 遲歸有時

하늘이 정해준 짝을 버리는 죄를 저지르지 말고 적당한 때를 만나기
까지 목표를 정하고 남편에게 매어 있어야지, 때가 더디 온다고 쉬거나
게을리 하지 말고 돌아가 때를 기다리면 원하던 때를 차지하게 될 것이
다.

※ 愆 – 죄를 저지르다, 허물을 범하다, 어기다. 期 – 적당한 때, 기다리다, 만나다, 목표를 정하다, 기약하다, 매다. 遲 – 더디다, 늦다, 게을리 하다, 쉬다, 바라다, 원하다, 기다리다.

[六五] 帝乙歸妹 其君之袂 不如其娣之袂良 月幾望吉

옛날에 성탕임금이 하나라 걸왕의 제후로 있을 때도 걸왕이 포악하여 그 남편과 헤어져 돌아올 때 그 임금(천자 : 걸왕)과 소매를 나누고 이별(이혼할 때는 서로 소매를 베어 주고 헤어지는 풍습)하였을 때 그(탕왕)의 소매는 어질고 진실하여 아름다웠으나, 나(문왕 : 첩)의 소매는 그와 같이 아름답지 못하다. 달을 살펴 조망하여 보니 기다리고 원하던 보름(선천)이 지나 기울기 시작하였으니 얼마 지나지 않으면 끝나갈 때가 가까워 오는 것을 볼 때, 월경을 할 때(주나라가 망할 때)가 되어 가는 것 같아 후천대인에게 길하다.

※ 帝乙 – 성탕임금의 이름이 天乙이기 때문에 제을이라 불렀다. 성탕도 걸왕의 신하로 있을 때 걸왕이 포악한 정치를 하여 구주의 제후들이 성탕을 조선상제에게 천거하여 상제의 명으로(天命) 걸왕을 정벌하고 상(商 : 殷)나라를 세워 천자(견우)가 되었기 때문에 '그의 옷소매는 진실하고 어질어 아름다웠다'고 말한 것이다. 그러나 문왕은 성탕만큼 어질지 못하여 구주의 제후들로부터 추대를 받지 못했으므로 상제(고조선)를 배반하고 이혼을 결심한 것이니 이는 하늘이 맺어준 부부의 도리를 벗어나 죄를 저지르는 일이 아닐 수 없으므로 '나는 그의 옷소매처럼 아름답지 못하다'고 한탄하는 것이다.

※ 君 – 천자, 임금, 왕, 袂 – 옷소매. 良 – 어질다, 진실하다, 아름답다. 月 – 달, 월경, 경수. 幾 – 징조, 기미, 조짐, 가까워지다, 시작하다, 살피다, 얼마 남지 않다, 끝나다. 望 – 바라다, 원하다, 기다리다, 조망, 보름, 엿보다, 사모하다, 향하여 보다.

[上六] 女承筐无實 士刲羊无血 无攸利

상제께서 처녀(소자 : 艮三木)를 받아들여 아내로 삼아 천업을 계승시켰으나 침상에 아기(열매)가 없고 그 아내(은왕)가 남편(상제)을 공경하여 받들지 않으니 청지기(제후 : 문왕)가 세자를 죽여(세자 : 艮三木) 나라를 빼앗고도 희생양의 피(반성의 눈물)를 바쳐 제사하는 법이 없으니 위태하고 이로움이 없다.

※ 女 – 처녀, 시집보내다, 짝지어주다. 承 – 받들다, 공경하여 모시다, 가르침, 명령, 계승하다. 筐 – 광주리, 침상. 士 – 청지기, 세자. 刲 – 죽이다, 빼앗아 가지다. 羊 – 희생제물. 血 – 희생의 피, 눈물.

彖辭

歸妹 天地之大義也, 天地不交 而萬物不興, 歸妹人之終始也, 說以動 所歸妹也, 征凶 位不當也, 无攸利 柔乘剛也

사람이 만나면 반드시 헤어짐이 있듯 부부가 만나고 헤어지는 것은 천지의 크고 바른 이치이다. 하늘과 땅이 헤어져 조화(흘레 : 교합)하지 못하면 만민을 분발시켜 일으킬 수 없다. 남녀가 만나 결혼하고 헤어지는 것은 사람의 시작됨이고 마침이다. 천도를 가르쳐 공경이 따르게 하고 자아로 하여금 내 중심에 복종하게 하는 것은 거짓나와 헤어지고 참나로 변하여 참사람의 종자로 태어나고자 함(환골탈태)에 있으니 부부가 만나고 헤어지는 것은 천도의 도리(이치, 방법)이다. 아내(제후)가 남편(천자)을 정벌하면 흉하다고 하는 것은 그 인품이 합당치 못하기 때문이다. 위태로움만 있고 이로움이 없다는 것은 유약한 신하가 강건한 임금의 자리를 올라타려 하기 때문이다.

※ 交 - 사귀다, 친하게 지내다. 흘레하다, 교접하다. 不 - 반어법으로 쓰임. 興
- 발하다, 일어나다, 왕성하다, 나다. 人 - 육체적 인간, 거짓 사람, 참사람
의 뜻으로 쓰임. 終 - 끝나다, 죽다, 마치다. 始 - 시작, 처음. 說 - 도, 도리,
가르치다, 복종하다, 따르다, 공경하다, 벗다, 풀어벗기다, 제거하다. 動 -
변하다, 바뀌다, 살아나다, 생기다, 싸우다. 所 - 있다, 도리, 이치. 乘 - 올
라타다. 歸妹 - 아내가 이혼하고 친정으로 돌아간다는 뜻과 처녀가 시집간
다는 양면의 뜻이 있다.

象辭

澤上有雷 歸妹, 君子 以永終知敝, 歸妹以娣 以恒也, 跛能履吉 相承
也, 利幽人之貞 未變常也 歸妹以須 未當也, 愆期之志 有待而行也 帝乙
歸妹 不如氣娣之袂良也 其位在中 以貴行也, 上六无實 承虛筐也

진 펄(타락한 세상)을 꾸짖는 상제의 호령소리가 울리고 있는 것이
귀매이다. 군자는 이를 보고 사람이 천도를 이루면 낡은 헌옷과 같은 의
식관념을 마침내 버리게 될 때(귀매) 그 속의 참나가 영원한 생명체로
알을 깨고 태어난다는 것을 깨닫는다.

첩(자아)이 남편과 헤어져 돌아가면 참나의 항구적 생명으로 태어나
게 된다. 절뚝발이라도 천도를 이루면 능히 영원한 생명의 참나로 초월
하여 영원한 복록을 누리는 하느님의 상속자의 지위에 오를 수 있으므
로 길하다고 하는 것은 그와 같은 천도의 이치(헤어짐의 도리)를 깨달
으면 서로가 하느님 나라의 계승자(적자 : 후계자 : 신선)가 될 수 있기
때문이다. 마음이 어두운 사람일지라도 지조를 세워야 이롭다고 하는
것은 아직 상도(불변의 도 : 천도 하느님의 지혜)를 깨달아 변화되지
못하고 있기 때문이다.

이혼하지 말고 마땅히 기다려야 한다고 하는 것은 그 인품이 아직 미

치지 못하기 때문이다. 천도를 버리고 죄를 지어 병든 사람이 참생명의
도를 향해 가겠노라는 목표도 정하지(지조 : 定心 : 中心) 못하였으니
다음 생애의 기회가 올 때까지 기다려야 한다는 것은 순수한 마음과 정
성스러움으로 참하느님과 천도를 찾아 흠모하는 마음을 갖추고 기다려
온 사람들이나 하늘이 쓸 수 있는 것이기 때문이다. 탕무가 이혼할 때
서로 소매를 잘라 주고 받음이 진실하여 어질고 아름다웠으나 자기는
그러하지 못하다는 것은 그 중심 가운데 존귀한 지위(천자의 지위)만을
탐하고 있기 때문이다. 부부의 침상에 어린아이가 없다고 하는 것은 하
늘나라의 계승자가 없다는 것이다.

※ 永 – 영구하다, 길이길이. 終 – 마침내, 종말, 죽다(자아). 知 – 깨닫다, 알
다, 지혜. 敝 – 옷(자아), 옷이 헤어지다, 망하다, 버리다, 천한 사람(진흙 :
육체)이 입는 옷, 내버리다. 恒 – 항구하다, 영원하다. 承 – 계승하다, 후사,
후계자. 常 – 상도, 불변의 도, 천도. 待 – 기다리다, 준비하다, 갖추다. 貴 –
귀하다, 존귀하다. 虛 – 비다, 공허하다.

55. 雷火豊(☳☲)

豊亨, 王假之憂 宜日中

하느님께 제사 올리는 의식에 쓸 굽이 높고 존귀한 그릇(제기 : 품격
이 존귀한 사람)이 풍년이니 형통하다. 가짜 견우(천자)의 천운이 끝났
음을 알고 후천의 견우로 바뀌게 될 것을 근심하고 있는 것을 보니 기한
이 차서 마땅한 때가 온 것 같다.

※ 豊 - 제의에 쓰는 굽이 높은 제기, 풍년. 假 - 가짜, 거짓, 임시로 빌려주다.
憂 - 근심하다. 宜 - 마땅하다, 알맞다, 도리에 맞다. 日 - 해, 때, 기한. 中 -
맞다, 바르다, 알맞다.

[初九] 遇其配主 雖旬无咎 往有尙

하나라 우임금이 때를 만나 마침내 세상의 주인(남편 : 상제)을 알현
하고 천자로 임명되어 상제와 부부가 되었는데 어리석은 제후(기 : 문
왕의 시조) 하나가 그와 맞서 대적하므로 변방에 봉지를 주어 귀양보냈
다. 비록 천자가 되었다고 할지라도 그 천운이 꽉 차면 준비된 다음 견
우에게 천자의 자리가 돌아가는 것이니 허물이 없어야 할 것이다. 그러
므로 지난 시대의 견우들이 천도를 벗어나 사욕을 따라 하늘에 범죄하
고 쫓겨난 일을 거울삼아 뒤의 임금들에게 엄히 교훈하여 천도문명을
향해 가도록 해야 상서로움이 있을 것이다.

※ 配 - 배필, 짝짓다, 부부가 되다, 아내, 적수, 필적, 나누다, 분배하다, 귀양
보내다. 遇 - 뜻이 맞다, 만나다, 마침내, 때, 기회, 때를 만나다, 알현하다,
등용되다, 어리석다, 맞서다. 主 - 주인, 임자(천하의), 고용주, 남편, 주체,
숭상하다, 존중하다, 근본.
※ 하나라 우임금 때에도 문왕때처럼 천자가 되고자 하여 경쟁하는 인물들이
많았는데, 그 중에서도 문왕의 시조인 기(후직 : 농림장관)가 우세했으나
禹임금에게 패하여 문왕의 조상들이 살던 변방(융족의 땅으로 유배되었다
는 뜻.

[六二] 豊其蔀 日中見斗 往得疑疾 有孚發若吉

사람의 그릇이 작고 그 마음이 어두우면 작은 자리가 마땅한데도 그
생각하는 바가 뾰죽하여 맡은 때를 반절도 채울 수 없을 것이니 나아가
천자의 지위를 얻으면 신하와 백성들에게 비방과 원망만 받고 나라가
병들게 되어 하늘이 어찌하여 저런 사람을 천자로 세웠는가 하고 의심

받게 될 것이니 만일 천도와 천덕으로 마음을 밝혀 참되고 정성스러운 믿음으로 상제를 공경하여 마침내 백성을 길러 이삭이 영글도록 양육할 수 있는 중심이 있어야 길할 것이다.

※ 豊 – 제기, 그릇. 蔀 – 작다, 작은 자리, 어둡다. 日 – 때, 시기, 기한(섭리, 사명, 천운의). 中 – 중심, 마음, 정신, 절반, 차다, 알맞다, 떨어지다. 見 – 소견, 생각하는 바, 밝히다, 드러내 보이다, 당하다. 斗 – 뾰죽하다. 若 – 만약, 그와 같은, 그렇지 않으면. 疑 – 의심하다. 疾 – 병들다, 비방하다, 원망하다, 고생하다. 發 – 밝히다, 비로소, 열매맺다, 이삭이 패다.

[九三] 豊其沛 日中見沫 折其右肱 无咎

하늘에 제사올리는 제기(천자)가 그 마음이 사사로움으로 가리어 어두워져 천도를 배반하고 넘어지게 되면 나라가 어지러워져 원하던 바가 물거품이 되고 천자의 자리에서 물러나게 될 것인즉, 상제의 입장에서 보면 오른팔이 잘리는 것과 같을 것이니 허물이 없어야 할 것이다.

※ 沛 – 가리어져 어둡다, 넘어지다. 折 – 자르다. 肱 – 오른팔, 팔뚝. 沫 – 어지러워지다, 그만두다, 물거품이 되다.

[九四] 豊其蔀 日中見斗 遇其夷主 吉

사람의 그릇이 작고 그 마음이 어두우면 작은 자리가 마땅한데도 견우가 되고자 하는 욕심으로 그 생각하는 바(성품)가 뾰죽하여 맡은 기한(견우가 맡은 섭리적 기한)을 반절도 채울 수 없을 것이니 동이의 주인(남편 : 천자)을 만나 본래 신하의 자리로 돌아가 뜻을 합치고 정승의 대우를 받으면서 자기 자신의 품격을 갖추는 것이 하늘을 배반하고 멸망하는 것보다 길할 것이다.

※ 遇 – 만나다, 뜻이 맞다, 합치다, 때, 갖추어지다. 夷 – 동이족(은민족 : 소전

동이).

[六五] 來章 有慶譽 吉

장차 후천대인이 하늘나라를 건설할 때를 천도문화를 크게 밝혀 나가면 명예롭고 경사스러운 일이 있게 될 것이니 길하리라.

※ 來 - 장래, 미래. 章 - 글, 문장, 조목, 법식, 모범, 본보기, 성하다, 드러내다, 밝히다, 당황하다. 문화(고대에는 문화를 문채라고 했음). 譽 - 영예, 명예, 영광.

[上六] 豊其屋 蔀其家 闚其戶 闃其无人, 三歲不覿 凶

그릇이 작고 마음이 어두운 천자는 그 집(나라)을 빈지문과 덧문을 닫고 덮개로 가려 캄캄하게 하고 사사로운 탐욕과 영화를 위하여 신하들을 유인하려고 출입구를 막아 백성들이 엄격한 법에서 빠져 나가지 못하도록 하고, 서로 이웃을 엿보고 감시하여 법을 어기는 자를 조사하여 엄혹하게 다스리니 마을과 이웃이 숨을 죽여 고요하고 인기척이 없어 마치 사람이 없는 것과 같이 무거운 형벌로써 다스린다. 그러므로 사람 하나 만나기가 삼년에 한 번도 볼 수 없으니 흉하다고 하는 것이다.

※ 屋 - 집. 家 - 집, 가족, 나라. 闚 - 엿보다, 훔쳐보다, 조사하다, 꾀하다, 유인하다. 戶 - 지게문, 외짝문, 출입구, 가호. 闃 - 고요하다, 인기척이 없다. 覿 - 보다, 만나다.
※ 주나라는 실제로 이와 같은 오호통작제 즉 다섯호를 한 단위로 묶어 서로 감시하고 고발하게 하는 동시에 같이 일하는 공동생산분배와 세금을 모아내는 오호조합영농을 시켜 태만하거나 천자를 원망하거나 비방하지 못하게 하는 등 공산주의 사회의 원형과 같은 전횡을 실시하였다.

後 · 天 · 大 · 易

彖辭

豊大也, 明以動故 豊, 王假之尙大也, 勿憂宜日中 宜照天下也 日中則
昃 月盈則食 天地盈虛 與時消息 而況於人乎, 況於鬼神乎

풍의 때(차축시대)에는 높고 존귀할 사람(천자)이 되고자 경쟁하는
사람이 많다(大)는 것이다. 해와 달이 바뀌듯 '선천과 후천이 바뀌는
때'이므로 풍이라 한다. '가짜들이 천자로 높아지고자 많이 나타났으나
근심하지 말라.' 과연 이 가운데서 누군가가 하늘의 뜻(섭리, 도리, 천
도)에 알맞는 중심을 가지고 기회를 잡아 천하를 비춰 백성을 천도로
깨우쳐야 할 것이다.

해(천자)의 중심이 서쪽으로 기울었다(천운의 중심이 동쪽간방에서
서남쪽 兌方으로 옮겨갔다는 뜻). 달이 차면 다시 동쪽으로 기울 듯 천
지의 차고(왕성하게 일어나다) 빔(천운이 시들어 국운이 쇠퇴하다)도
때와 같이 왕성해지기도 하고 쇠퇴하여 사라지기도 하거늘 사람이 하물
며 이 법칙에서 벗어날 수 없고 태극인들 하늘의 법칙을 어길 수 있겠는
가?

※ 大 – 많다. 明 – 해와 달(천자와 백성, 남편과 아내). 動 – 변하다, 바뀌다.
尙 – 높아지다, 존귀하다. 大 – 존귀하다. 宜 – 알맞다, 바르다. 日 – 때, 기
회, 해(천자). 中 – 중심, 가운데, 속, 사이. 昃 – 서쪽으로 기울다. 月 – 달
(아내, 여자 : 백성). 盈 – 차다, 왕성해지다, 일다. 食 – 지우다, 없어지다,
기울다. 消 – 망하다, 사라지다, 없어지다, 소멸하다. 息 – 왕성하다, 자라
다. 況 – 하물며, 더욱더, 견주다, 비기다. 於 – 견주다, 비기다, 이에.

象辭

雷電皆至 豊, 君子 以折獄致刑, 雖旬无咎 過旬災也 有孚發若 信以發 志也, 豊其沛 不可大事也, 折其右肱 終不可用也 豊其蔀 位不當也, 日中 見斗 幽不明也, 遇其夷主 吉行也, 六五之吉 有慶也, 豊其屋 天際翔也, 閩其戶无人 自藏也

우레와 번개가 함께 이르는 것이 풍이다. (심판과 새 시대 빛이 함께 이르다) 군자는 이를 보고 천도문명의 방향을 바꾸어 법을 엄하게 하여 신하와 백성의 잘못을 엄중히 처벌하고 천자의 명령과 법을 해쳐 죄를 지은 자들을 목베어 본을 보임으로써 국기(국가기반)를 상하게 하는 모반을 꾀하지 못하도록 중벌로 다스려 나아간다. 비록 한 견우가 많은 시대가 꽉 찼다고 할지라도 허물이 없어야 한다고 하는 것은 그 기한이 꽉 찰 때면 분수를 잃고 천법을 어겨 범죄하기 때문에 재앙이 오게 되는 것이다. 만일 참된 믿음으로 상제를 섬기고 진실함으로 정성을 다하여 백성을 양육하면 천도문화가 꽃이 피고 열매를 맺을 수 있을 것이다.

경쟁자가 많다고 마음이 어두워져 넘어진다는 것은 그가 대인으로서 천업을 이룰 수 없는 인물이기 때문이다. 첩이 그 남편을 살해하는 것은 하느님의 오른팔을 자르는 것과 같다고 하는 것은 끝까지 그런 사람을 견우로 쓸 수 없기 때문이다. 경쟁자가 많다고 빈지문과 덧문을 닫아걸고 또 그 위에 덮개로 덮어 스스로 그 마음을 어둡게 하는 사람은 그 인품이 합당치 못하기 때문이다.

크고 상서로운 제기(그릇 : 인품 : 천자)가 필요한 때에 그 마음(中心)이 탐욕으로 뾰죽하여 제물을 담을 수 없는 사람이 나타났다는 것은 그 마음이 어두워서 세상에 그 덕을 밝힐 수 없다는 것이다. 동이의 주인(천제)을 만나 화해하고 본래의 신하로 돌아가야 멸망하지 않는다고 하는 것은 그렇게 하는 것이 그에게 더욱 길한 일이기 때문이다. 육오효

後·天·大·易

가 길하다고 하는 것은 후천상제의 신하로 돌아가 충성해야 경사스러운 일이 있을 것이기 때문이다. 천자의 자리를 빼앗을 경쟁자가 많은 집이라고 하는 것은 현재의 견우가 그의 섭리적 기한이 끝나가는 위태로운 때를 당했음에도 한가롭게 놀려고만(교만해져 쾌락과 영화에 빠져 놀고 있음)하기 때문이다.

한가로운 견우의 자리를 노리는 사람들이 지게문(외짝문틈) 사이로 훔쳐보는데 그 안에 인기척이 없는 것을 보니 사람다운 사람(천자)이 없어서 그런 것이라는 것은 자기 자아 속에 참자기를 죽여 매장(태아가 자궁 속에서 죽다)하였기 때문이다.

※ 雷 - 천둥(우레 : 심판, 멸망). 電 - 새로운 천시가 번개처럼 빠르게 다가온다는 뜻. 皆 - 함께. 折 - 자르다, 쪼개다, 부러뜨리다, 찢어지다(헤어지다). 방향을 바꾸어 돌리다, 결단하다. 獄 - 죄, 죄주다, 형벌하다, 법, 판결하다. 刑 - 형벌, 벌하다, 목베다, 죽이다, 법, 본을 보이다, 다스리다, 해치다, 상하게 하다. 致 - 내던지다, 나아가다. 發 - 일으키다, 삭이트다, 꽃이피다, 이삭이 패다, 열매가 열다, 밝히다. 若 - 만약, 만일, 순종하다. 際 - 때, 기회, 교체하다, 경계, 방향, 당하다, 다다르다, 접속되다, 이르다. 翔 - 높이 날다, 쉬다, 높다, 배회하다. 自 - 자기, 자아. 藏 - 속에 품다, 매장하다, 그르치다, 버리다.

※ 終不可用也 - '신하가 그의 주인(남편)인 천자를 시해(찬탈)하는 자는 끝끝내 견우로 쓸 수(다스리게 할 수)없다'고 한 데서, 문왕은 고조선 상제와의 관계단절을 결단하고 반역을(역천) 행하여 천도문명의 길에서 선회하여 엄혹(엄하고 혹독하다)한 전제국가의 형벌주의를 일삼아 서로 감시하고 고발케 함으로써 왕권의 부정당성에 대한 도전을 전횡으로써 싹을 차단하려고 했던 것이다.

56. 火山旅()

旅小亨, 旅貞吉

나그네(근본뿌리가 없는 떠돌이)가 정처(목적지) 없이 길(나그네길)을 가는 때(선천)이니 소인배들에게는 형통하나 여행길은 가고자 하는 목적지가 있어야 상서로울 것이다.

※ 旅 - 길, 여행하다, 나그네, 야생, 저절로 나다.
※ 문왕은 상제와 천도(근본, 뿌리)를 버렸으므로 부모도 남편도 없는 홀어미(과부)가 천도문명(목적)을 잃고 부랑아처럼 정처없이 나그네길을 흘러가고 있는 것이다.

천도문명은 지상천국 건설과 참사람 완성(영생과 신성을 가진)을 목표로 하여 좌우로 치우침이 없이 가야 하는 길이요, 이상(꿈)을 안고 고해를 건너 걱정 근심 고통 죽음이 없는 아름다운 꿈의 동산을 향해 가는 길이다. 그러나 그는 천명을 받을 수 없자, 하늘을 배반하고 남편을 살해한 과부가 되어 목적도 없고 이상도 없는 흑암의 길을 헤매 온 지 어언 삼천년이 되었으니 소인들에게는 행운의 기회이나, 바르고 올곧은 의인들에게는 암초가 된 세상이었다. 그러나 그런 세상도 천운과 천시가 다하여 서기 2000년으로 끝이 나고 후천시대로 들어서 잃어버렸던 천도와 참하느님이 나타나(帝出乎震) 이 땅에 아름다운 꿈과 이상의 동산을 가꾸기 위해 먼저 우리 한민족의 아름다운 마음과 정신(中心)부터 천도로 가꾸어야 하늘의 聖民이 되어 세계를 천도문명화시켜 나가는 선구자가 될 수 있을 것이다.

[初六] 旅瑣瑣 斯其取災
하늘나라에서(선민의 지위) 떨어진 미천한 무리들이 자기 죄의 쇠사슬에 묶인 채 정처없이 나그네길을 유리방황하고 있는 것은 하느님과 천도를 버림으로써 스스로 재앙을 자취했기 때문이다.

※ 瑣 – 쇠사슬, 미천하다. 斯 – 곧, 떠나다, 떨어지다. 災 – 재앙.

[六二] 旅卽次 懷其資 得童僕貞

비천한 자가 하느님과 천도를 버렸으므로 하느님의 후사가 될 기회를 잃고 망할 것인즉 참열매로 거듭나고자 했던 소망(마음)을 이루지 못할 것이며 천도로 성품을 바꾸고 하느님의 적장자의 지위에 오를 기회를 잃었으므로 재물이나 쌓아놓고 그 일신의 영화나 누리다 육체의 죽음과 함께 멸망에 이를 것인즉, 천도문명을 실현할 마부와 선민이 될 수 있는 처녀의 지위마저 장차 잃게 될 것은 견우의 지위를 도둑질하고 싶은 성급한 마음을 품었기 때문에 하늘을 배반한 천한 종복의 무리로 떨어지게 된 것이다.

※ 卽 – 곧, 끝나다, 죽다. 次 – 차례, 잇다, 이어서, 뒤를 잇다, 자리, 지위, 때, 기회. 懷 – 마음, 생각, 품다, 길들이다, 다르다, 오다, 이르다. 資 – 때, 기회, 지위, 관직, 성품, 재물, 재화, 쌓다, 취하다, 보내다. 童 – 아이(열매 : 씨앗), 눈동자, 벗겨지다, 종복. 僕 – 종, 무리, 하인, 관리하다(청지기), 무리, 숨기다, 감추다. 貞 – 처녀. 得 – 차지하다, 만족하다.

[九三] 旅焚其次 喪其童僕貞 厲

비천한 나그네가 되어 목적없이 유리방황하는 무리로 전락한 것은 때가 이르기 전에 천자의 지위를 탐내는 마음을 억제하지 못하고 도둑의 마음이 불타올라 순리에 따라 은천자의 뒤를 이을 차례를 기다리지 않고 그 남편을 살해하였으므로 천도로 그 백성의 마음을 밭갈아 열매 맺을 처녀의 정조를 잃었으므로 비천한 종복의 무리로 떨어지게 된 것이니 위태하다고 하는 것이다.

※ 焚 - 불태우다, 불타다, 넘어지다. 喪 - 잃다, 죽다, 망하다, 달아나다, 해치다, 지위를 잃다.

[九四] 旅于處 得其資斧 我心不快

비천한 나그네(兌方 : 문왕과 그 백성)가 시집살이를 하면서 천도로 그 성품을 바꾸지도 못한 자가 천자의 지위와 재물을 탐하여 상제께서 정벌을 명하여 하사하는 부월기(상제가 정벌을 허락한다는 표시의 도끼 그린 대장기)도 없이 주인(천자)을 시해하고 그 지위를 차지하였으니 내(상제) 마음이 불쾌하다는 것이다.

※ 處 - 시집가지 않고 있다, 자리를 차지하다, 친정에 머무르고 있다, 들에 있다. 斧 - 도끼, 부월(큰 도끼와 작은 도끼 : 상제의 정벌허가 깃발). 快 - 유쾌하다, 기분 좋다, 기쁘다.

[六五] 射雉一失亡 終以譽命

고삐 풀린 소(견우)를 화살 한 번 쏘아 멸망시켰다. 끝까지 하늘의 뜻을 받들어 천성을 이루고 천도문화(문채라고 함)를 밝혀 나갔다면 명예롭게 천명을 받고 뜻을 이었다면 새로운 이름(아들, 선민, 하늘나라 백성)을 지어주었을 것이다.

※ 射 - 쏘다, 맞히다. 雉 - 소고삐, 평정하다. 亡 - 죽다, 멸망하다. 命 - 운수(천운), 천명, 명하다, 천성, 하늘의 뜻, 문화, 이름짓다.

[上九] 鳥焚其巢 旅人先笑 後號咷 喪牛于易

봉황이 되려다가 육체적 탐욕으로 짐승이 되어 깃들이는 집(나라)을 불살라 버렸으니 비천한 나그네가 처음에는 기뻐서 웃을 것이나 뒤에는 통곡할 것이니 천운이 바뀌는 때에 견우의 지위를 잃게 될 것이기 때문이다.

※ 鳥 – 새, 봉황. 巢 – 새집, 짐승의 집, 깃들이다. 先 – 먼저, 처음. 號 – 곡하다, 호하다. 咷 – 눈물 흘리며 울다. 喪 – 죽다, 망하다, 지위를 잃다. 牛 – 소(견우). 易 – 바뀌다, 때.

彖辭

旅小亨, 柔得中乎外 而順乎剛 止而麗乎明 是以小亨 旅貞吉也, 旅之時義大矣哉

나그네가 목적없이 유리방황하는 때에는 소인배들이 형통하다. 정신이 유약한 신하(여자, 아내)가 바깥주인을 버리려는 생각(中)을 가지고 있으므로 천도를 따라 순종하여 해와 달이 짝지어 천도문명을 숭상하고 밝혀 시행하는 일을 그만두고 남편과 헤어지려 생각하고 있기 때문에 소인배들에게 형통하다고 하는 것이요, 나그네가 되지 않으려면 여자의 지조가 굳세고 강해야 길하다고 하는 것이니 나그네 때의 의의가 참으로 크도다.

※ 中 – 생각. 乎 – 의문과 반어를 나타냄. 止 – 그치다, 그만두다, 금하다.

象辭

山上有火 旅, 君子 以明愼用刑 而不留獄, 旅**瑣瑣** 志窮災也 得童僕貞終无尤也 旅焚其次 亦以傷矣, 以旅與下 其義喪也, 旅于處 未得位也 得其資斧 心未快也 終以譽命 上逮也, 以旅在上 其義焚也 喪牛于易 終莫之聞也

간산의 상제께서 분노를 발하시는 때가 여이다. 군자는 조심하여 법을 밝히고 형벌을 삼가 백성을 다스려 옥에 머무는 일이 없도록 한다.

나그네가 자기 죄의 쇠사슬을 매고 간다는 것은 뜻(정신, 지조)이 막혀 버린 재앙 때문이다. 어리석은 자아의 노예가 되어 버린 나의 껍질을 벗고 참나(아이, 참사람의 씨앗, 열매)로 태어나 숫처녀같이 정결한 지조가 있어야 한다는 것은 목적을 이룰 때까지 변치 않는 지조가 있어 보통사람과 같지 않은, 하느님과 천도를 사모하여 가까이 하고자 하는 마음이 없지 않으면 안 될 것이다. 미천한 나그네가 된 것은 순리를 따라 천자의 지위를 계승하지 않고 그 자리를 빼앗으려는 도둑의 마음이 불타올랐기 때문이니 역시 자기를 해치는 일이라는 것을 먼저 생각하고 근심했어야 할 일이다.

그를 따르는 무리(백성)가 함께 천한 백성으로 그 지체가 떨어졌다는 뜻은 의롭지 못한 무리들은 육체의 죽음과 함께 그 영혼마저 멸망한다는 것이다. 미천한 나그네가 시집가지 않고 천자의 지위에 미련을 두고 있다는 것은 그 인품을 이루지 못하고 있다는 것이다. 상제로부터 은천자를 정벌하라고 명하는 부월을 받지 않고 천자의 자리를 탈취했기 때문에 상제(조선)의 마음이 유쾌하지 못하다는 것이다. 하늘의 뜻(상제의 뜻)에 따라 인성(자아)을 천성으로 바꾸고, 천도문화를 넓혀 천명을 받고 명예롭게 그 지위를 얻었다면 새로운 이름(후사)까지 하사하려고 했다는 것은 그가 후사의 지위를 사양할지라도 상제께서 그에게 편안한 마음으로 그 지위를 주었을 것이라는 뜻이다.

미천한 나그네 무리를 멸망에 이르게 하는 것도 상제의 뜻에 달려 있다는 것은 상제께서 의롭지 못한 무리들을 멸망의 불로 사르실 것이라는 의미이다. 천시가 바뀌는 때에 견우의 지위를 잃고 멸망하게 되었다는 것은 섭리의 한해가 저무는 끝날에나 들을 수 있는 소문이다.

※ 留 – 머무르다. 傷 – 침범하다, 해치다, 생각하다. 下 – 천한 백성, 밑바닥, 떨

어지다, 지체가 낮아지다, 제거하다, 땅(흙, 진펄). 義 - 뜻, 의미, 참것이 아닌 것(의롭지 못한 것).

57. 巽爲風(䷸)

巽小亨 利有攸往 利見大人

손방의 때는 소인배들에게 형통하다. 이로운 세상을 맞이하기 위하여 사사로운 이익을 탐하는 자아의 이기심과 탐욕을 닦고 천도를 익혀 나아가면 새 시대 주인으로 나타나는 후천대인을 만나뵐 수 있는 이로움이 있을 것이다.

[初六] 進退 利武人之貞
구주의 제후장들로부터 천거를 받기 위하여 선물을 주고 선을 쌓아 나아가기에 진력하는 한편, 주나라 조정에서 물러나 고향으로 돌아온다. 하늘나라 유업(천업 : 천도문명)을 계승하기 위해서는 힘차고 굳센 무인의 정신 같은 지조가 있어야 이롭다.

※ 進 - 추천하다, 천거하다, 힘을 다하다, 선물, 바치다, 벗을 가까이하다, 출사하다. 退 - 조정에서 물러나다, 그만두다, 돌아가다. 武 - 유업(천업 : 천도문명), 계승하다, 힘차다, 굳세다, 군인, 무사.

[九二] 巽在牀下 用史巫紛若吉 无咎
나라의 기초가 되는 천자가 자기를 낮추어 사양할 줄 아는 공순한 인품을 갖추지 못하고 도리에 어긋나는 일을 하게 되면 역사(후대의 후손들까지 자만하여)가 어지러워질 것이니 자기를 낮추어 사양할 줄 아는 사람을 써야 길하여 허물이 없을 것이다.

※ 牀 – 사물의 기초. 下 – 낮아지다, 낮추다. 史 – 역사. 巫 – 도리에 어긋나다. 紛 – 어지러워지다. 若 – 만약, 그렇지 않으면.

[九三] 頻巽吝

지나치게 사양하고 겸손하려고 하는 것은 비천하여 예를 어지럽게 하는 부끄러운 일이다.

※ 頻 – 자주, 빈번하게, 어지럽게 하다.

[六四] 悔亡 田獲三品

멸망할 때 부끄러움이 있으리라. 경작지(밭 : 나라)에서 봄사냥(새시대의 봄을 맞기 위한 정벌전쟁)을 하다가 인품이 높은 세 현자를 얻게 될 것이다.

※ 田 – 밭, 경작지(나라 : 백성), 밭갈다, 심다, 경작하다, 봄사냥. 獲 – 얻다, 잡다, 포로, 마음에 들다, 인정받다. 品 – 품격, 인품.

[九五] 貞吉悔亡 无不利 无初有終 先庚三日 後庚三日 吉

하늘(남편)에 대해 지조가 있으면 길할 것이나, 지조가 없으면 멸망할 때 후회하게 될 것이요, 지조가 있으면 이로움이 없지 않을 것이다. 지나간 선천시대에는 지조가 없이 지냈으므로 마침내 종말에 이르게 되었다. 섭리시대의 세때가 바뀌듯 후천시대도 세때(선천도, 선선천에 비하면 후천이므로 후천이라 함)로 바뀌는 변화가 있을 것이니 길하다.

※ 先 - 선천시대를 의미함. 後 - 후천시대. 三日 - 세때, 대략 천년을 주기로
  시대가 바뀌는 변화를 의미함(천자의 천시를 대략 500년 단위로 봄 : 한 왕
  조의 천운).

[上九] 巽在牀下 喪其資斧 貞凶

나라의 기초가 되는 천자가 자기를 낮추어 사양하고 겸손할 줄 모르
면 상제로부터 부월을 받아 천운이 끝난 나라 천자를 정벌하고 천자의
지위에 오를지라도 자기 자신의 사사로운 이익을 위하여 재물을 쌓을
것이니, 그런 사람은 지조가 있을지라도 흉하다.

彖辭

重巽 以申命 剛巽乎, 中正而志行 柔皆順乎剛 是以小亨 利有攸往 利
見大人

겸손하여 사양을 거듭해야 할 때니 천명이 거듭되어 내리는 때이므
로 천자의 자리에 나아가려면 의지가 굳고 겸손해야(외유내강 한 인격
: 中正) 하지 않겠는가? 중심의 뜻을 바르게 가지고 나아가면 정신이
유약한 백성과 신하들은 다함께 강하고 굳센 목적의지를 가진 임금에게
순종하고 따르지 않겠는가? 그러므로 소인(백성)들이 형통한 때라고
하는 것이니, 이로운 세상을 맞이하기 위하여 지조를 갖고 나아가면 위
태로움을 피하여 세상을 구하려 나타나는 후천대인을 뵐 수 있는 이로
움이 있을 것이다.

※ 重 - 겹치다, 연거푸, 끝날의 심판에 대하여 내리는 정벌의 천명과 새 시대
  의 대인에게 견우로 임명하는 천명이 연이어 내린다는 뜻. 剛 - 대인이 천명
  을 이루겠다는 목적의지(정신, 지조)가 강하고 굳세다는 뜻.

象辭

隨風 巽, 君子 以申命行事, 進退 志疑也, 利武人之貞 志治也, 紛若之
吉 得中也, 頻巽之吝 志窮也, 田獲三品 有功也, 九五之吉 位正中也, 巽
在牀下 上窮也 喪其資斧 正乎凶也

    손이란 성인의 교화(風)를 따르는 것이다. 군자는 거듭하여 내리는
상제의 천명을 펴기 위하여 정사를 시행해 나아간다. 구주의 제후장들
로부터 천거를 받고 천자로 오르기 위해 힘써 선을 행하고 구주의 제후
들에게 선물을 보내고 친하게 지내려고 힘써 노력하는 한편 은나라 조
정에서 공직을 사퇴하고 물러나 고향으로 돌아와 상제의 천명을 기다리
며 정치적 기반을 닦는 한편 대외적으로 신망을 높이려 하고 있으니 그
뜻을 의심한다는 것이다.

    무인의 정신과 같은 굳세고 씩씩한 지조를 가져야 아름답다는 것은
그 뜻을 스스로 다스릴 수 있어야 한다는 것이다. 천자가 겸양(겸손하
여 사양할 줄 안다)하는 마음이 있어 길하다고 하는 것은 중심이 바르
고 변치 않아야 한다는 것을 깨달아 알고 있다는 것이다. 지나친 겸양은
오히려 예를 문란케 하는 부끄러움이 된다고 하는 것은 그 뜻(정신, 목
적의지)이 비천하여 행할 자신이 없기 때문이다.

    경작지에서 봄사냥을 하다가 인품이 높은 세 현인을 얻을 것이라고
하는 것은 천업의 공을 이루는 데 도움이 될 수 있다는 것이다. 선천시
대에도 세 때가 있었듯 후천시대에도 세 때가 있어 길하다는 것은 그 인
품과 중심이 바르고 곧은 사람이 그 지위를 차지할 수 있다는 것이다.
나라와 백성의 기초가 되는 천자가 자기를 낮추어 겸양할 줄 모르면 상
제께서 행하시는 뜻이 막혀 곤란을 겪게 된다는 것이다. 천자에 오르고
자 하는 사람이 천업을 이루는 데는 뜻이 없고 오직 사욕에 눈이 어두워
천명도 받지 못한 채 신하가 그 주인을 쳐서 멸망시키고 그 지위를 찬탈

했으니 그를 바른 사람이라고 할 수 있겠느냐? 흉하리라.

※ 隨 - 따르다, 수행하다, 보좌하다, 돕다. 風 - 성인의 교화, 교훈의 뜻. 吝 -
부끄러워하다. 窮 - 막히다, 곤란을 겪다.

※ 三品 - 은나라 삼현으로 일컬어지던 箕子, 微子, 비간을 말함. 비간은 紂天
子에게 충간하다 죽임을 당했고, 미자는 宋나라에 봉하여 제후를 삼았고,
箕子는 周武王(문왕의 장자 : 문왕은 은정벌을 하지 못하고 죽었으며 그 아
들 무왕과 주공이 주도하여 은나라를 정벌하고 주나라를 세웠다. 그때 이
세 삼현중 두 사람을 얻었다)에게 제국의 정치이륜인 〈홍범구주〉를 가르치
고 산동성에 있는 자기 고향(箕地 : 봉읍)으로 돌아가 은거하였으니, '기자
를 조선왕으로 봉했다' 는 설은 후인들이 사기에 날조하여 가필한 것이다.
따라서 〈기자조선〉은 역사상 어디에도 존재하지 않았다. 따라서 후천에도
그와 같은 세 현자를 얻게 된다는 뜻.

58. 兌爲澤(☱☱)

兌亨 利貞

태방(문왕)이 세상을 바꾸었으니(선선천을 선천으로 바꾸다 : 은제
국을 주제국으로 바꾸다.) 태방이 형통하다는 것이요, 태방의 때는 가
을철과 겨울철 섭리의 때이다(선천의 가을과 겨울철 : 이 가을과 겨울
이 지나야 후천의 봄이 온다.).

※ 兌 - 바꾸다, 기뻐하다. 兌는 서남쪽 방위이기 때문에 가을과 겨울을 의미
함.

[初九] 和兌吉

선선천세상이 바뀌고 나니 구족(9주의 백성)이 한데 모여 화합하고 평온하여 길하다.

※ 和 – 구족이 모여 화합하다, 세상이 평온하다, 화해하다, 화평하다, 바꾸다, 응하다.

[九二] 孚兌吉 悔亡

참된 믿음과 정성스러운 마음으로 세상을 바꾸면 길할 것이나, 그렇지 못하면 멸망할 때 후회하게 될 것이다.

[六三] 來兌凶

사람의 힘으로 억지로 세상을 바꾸면 미래가 흉하다.(쿠데타로 바꾸면 흉하다는 뜻)

[九四] 商兌未寧 介疾有喜

상나라 탕임금이 하나라를 멸하고 세상을 바꾸었을 때도 처음에는 나라가 편안치 못하였으니 탕임금을 가리켜 신하가 천자를 치고 왕위를 찬탈한 도둑이라고 비방하며 미워하고 그를 시샘하는 자들(제후들과 백성) 사이에 끼어 많은 괴로움을 당했으나, 끝까지 상제 하느님과 천도를 향한 정조와 절의를 잃지 아니하고 힘써 천도와 천덕으로 백성을 교화하고 은혜를 베풀어 나아갔으므로 끝에 이르러서는 모든 백성과 신하들이 그를 기뻐하였다.

※ 商 – 상나라(탕왕을 이름). 介 – 끼이다, 사이에 들다, 정조, 절의, 홀로 외로이 믿다, 의지하다, 굳게 지키다(정조를). 疾 – 괴로워하다, 고통스러워하다, 고생하다, 다투다, 싸우다, 비방하다, 원망하다, 미워하다, 시세우다, 달려가다, 향해 가다, 힘쓰다.

[九五] 孚于剝 有厲

상제를 섬기고 믿는 참되고 정성스러운 마음으로 낡고 거짓된 마음 가죽의 굳고 딱딱한 껍질을 터뜨려 벗겨내지 않으면 위태로움이 있을 것이다.

※ 剝 - 벗기다, 쪼개다, 깨다(알을), 깎아 벗기다, 괴롭히다. 고정관념과 이기 심 탐욕을 벗겨낸다.

[上六] 引兌

세상(나라, 백성)을 바꾸기 위해서는 천자가 앞장서서 책임지고 잘못 된 것을 바로 잡아 인도해 나가되 물러나지 말고 끝까지 이어나가야 할 것이다.

※ 引 - 끌다, 당기다, 인도하다, 책임지다, 바로잡다, 이어지다, 물러나다.

彖辭

兌 說也, 剛中而柔外 說以利貞 是以順乎天而應乎人 說以先民 民忘其 勞 說以犯難 民忘其死 說之大 民勸矣哉

선선천세상이 바뀌는 것을 '기뻐한다' 는 것은 은왕이 상제 하느님과 천도를 버렸으므로 세상이 온통 무도(비윤리, 비도덕, 부정, 부조리, 부 패, 무질서)하여 혼란하고 막힌 세상을 바꾼다고 하는 것이니 질서의 근본인 하느님과 천도를 버렸기 때문이다. 무도(无道)해진 세상을 바꾸 려면 하느님과 천도를 받들어 정성스럽게 마음밭을 갈고 닦아 묵은 때 (거짓, 죄, 허물)를 벗겨내고 천성을 인성화(인격화)하는 일을 기뻐해야 하는 것이다.

정신이 유약한 백성(사람)들의 마음에 강하고 굳센 정신(하느님의 정신)이 밖으로부터 내 속으로 들어와(끌어들여) 하느님의 정신을 나의 중심(주체정신)으로 삼아 거짓나의 알을 깨고 참나로 태어나게 하면 그는 곧 소하느님이니 신성적 존재요, 영생하는 생명체인 것이다. 그러한 기쁨을 얻으려면 불변의 지조를 나의 중심으로 가지고 있어야 이롭다는 것이다.

하느님의 뜻에 부응하여 일체(성신의 강림으로)가 되어야 하지 않겠는가? 그런 기쁨을 맛본 사람들은 옛적 탕무의 백성들이었으니, 그들은 천도를 이루기 위하여 어려움과 고통을 잊고 오히려 자랑으로 여기며 힘써 노력하여 지금까지 자기(자아)라고 믿고 살아왔던 자아를 끊어버림으로써 천도를 이루고 하느님으로부터 대자유를 얻고 위로를 받았으니 그런 기쁨을 얻으려면 자기와의 싸움이 어렵고 고통스러워도 자아가 망하여 없어질 때까지 목숨을 아끼지 않고 필사적으로 싸워야 끝마칠 수 있을 것이니 그런 기쁨을 백성들에게 널리 권장해 나가야 할 것이 아니겠는가?

※ 說 – 도, 도리, 말하다, 풀어 밝히다, 가르치다, 교육하다, 좋아하다, 기뻐하다, 공경하다, 복종하다, 벗기다, 풀어벗기다, 제거하다. 先 – 먼저, 옛, 옛적, 옛날. 忘 – 나를 잊다, 품고 있던 생각(마음, 자아)을 잊다, 끊어버리다, 다하다, 끝나다. 勞 – 힘쓰다, 노력하다, 괴로움, 어려움, 수고, 자랑하다, 공훈, 넓다, 광활하다(자유를 뜻함), 위로하다. 難 – 어려움, 고난. 死 – 죽이다, 필사적, 멸망하다. 大 – 넓다, 크다. 勸 – 권하다, 권장하다.

象辭

麗澤兌, 君子 以朋友講習, 和兌之吉 行未疑也, 孚兌之吉 信志也, 來

兌之凶 位不當也, 九四之喜 有慶也, 孚于剝 位正當也 上六引兌 未光也

썩은 진흙처럼 더럽혀진 백성과 나라를 멸하고 백성을 바꾸어 새로운 세상을 열려고 뜻을 같이 하는 무리를 모아 정결하게 씻고 부부가 되어 함께 천도문명을 실현해 나가려고 하는 것이 태때의 기쁨이다.

군자는 이러한 때에 그와 뜻을 같이하고자(벗하다) 하는 무리들을 모아 따르게 하여 짝(부부 : 천자와 백성)을 이루고 천도를 가르치고 배우게 하여 학습을 되풀이하며 천도의 깨달음을 쌓아 길들임으로써 관습이 되고 습성이 되고 성품화 되기까지 거듭 생활 속에서 익히게 하는 견우의 영농을 한다.

세상을 바꾸어 구족(구주의 백성)이 한 뜻으로 화합하고 화평하게 되기 위해서는 먼저 천자가 그의 성품을 바꾼 다음에야 길하다고 하는 것은 그렇게 된 천자가 백성에게 실행하고자 하는 영농사업을 의심하지 않고 순복하여 따를 것이기 때문이다. 거짓 자기를 참자기로 바꾸려 할 때에는 하느님과 천도에 대한 참된 믿음과 진실한 마음과 정성스러움이 있어야 그 껍질을 벗고 참자기로 태어날 수 있는 것이니 그런 사람의 인품은 바르고 합당하여 길하다고 하는 것은 그 뜻을 믿어 의심하지 않고 공경하여 백성이 따를 것이기 때문이다.

억지로 바꾸려고 하면 흉하다고 하는 것은 그런 억지 인격자는 합당하지 않기 때문이다. 탕무가 남들의 비난과 반대자들의 원망을 개의치 않고 신념(지조)대로 천도를 행하여 끝까지 변치 않았기 때문에 결국은 백성과 신하들이 그를 기뻐하였다는 것은 지조를 지켜 나아가면 끝내는 경사로운 기쁨이 있을 것이기 때문이다. 믿음과 진실과 정성으로 알을 깨고 부화하게 된다는 것은 그 인품이 바르고 합당하다는 것이다, 백성을 바로잡기 위하여 이끌어 가고 있다는 것은 아직 천도의 빛을 밝히지 못하고 있다는 것이다.

※ 麗 - 정결하다, 아름답다, 빛나다, 짝지어 가다, 시행하다, 함께 가다. 澤 -
진흙, 진펄, 썩은 흙. 朋 - 벗, 친구, 무리, 떼, 한쌍(짝짓다), 무리를 이루다
(백성이 되다). 友 - 벗, 친구, 사귀다, 따르다, 순종하다. 짝. 習 - 익히다,
훈습, 삶다. 講 - 익히다, 학습하다, 독서하다, 풀이하다.

59. 風水渙(☴☵)

渙亨, 王假有廟 利涉大川 利貞

後
·
天
·
大
·
易

천도를 익혀 닦고 삶아서 거짓껍질(자아관념 : 고정관념)을 벗겨내
고 불에 태워 자아관념의 체질이 풀려 흩어져 버리니, 성품이 바뀌어 밝
고 빛나며 어질게 되어 형통하다. 지금의 천자(周代의 마지막 임금들)
는 참견우가 아니요, 그가 소유하고 있는 종묘사직(周나라)도 임시로
가짜견우(문왕)에게 빌려준 것이므로 뭇사람(백성)을 다 존귀한 참사
람의 열매로 길러 이로운 세상을 건설하기 위해서는 뗏목에 백성을 태
우고 고해(바다, 강물)를 건너 천도문화가 널리 통하는 평원으로 가야
가을과 겨울이 교차하는 섭리의 때에 이로울 것이다.

※ 利貞의 때 : 西周가 망하고 東周가 명맥을 이어가는 때
※ 渙 - 풀리다, 흩어지다, 밝다, 빛나다, 어질다.

[初六] 用拯馬壯 吉
야생마 같은 순결한 사람들을 받아들여 천도문화로 길들이고 들어올
려(등용하여) 씩씩하고 훌륭한 나의 보조마(신하와 백성)로 삼으면 길
할 것이다.

새 시대의 周易, 후천시대에 대한 하느님의 대 예언서

[九二] 渙 奔其机 悔亡

환의 때에(후천) 탐욕이 많은 무리들과 야합하여 그들을 가르쳐 교양을 높여 용증마를 삼으려고 하였더니, 빠르게 오르는가 싶었는데, 겨우 책상 위(천도를 지식으로만 안다는 뜻)로 올라갔으니 멸망할 때 후회만 남으리라.

※ 奔 – 야합하다, 동거하다, 향해가다, 빠르다, 오르다, 올라가다. 机 – 책상.

[六三] 渙 其躬無悔

환의 때에 그 활을 쏘아 맞추어야 할 과녁은 곧 자기 자신(자아)이라는 것과 하느님의 성품을 품수(성품을 받아들이다)해야 한다는 것을 '깨달아 알면' 무슨 후회할 일이 있을 것인가?(의문형 반어)

※ 躬 – 활, 과녁, 자신, 몸, 품수하다. 無 – 반어법 의문사로 쓰임.

[六四] 渙 其群元吉, 渙 有丘 匪夷所思

환의 때에 무리가 떼지어 모이는 것은 하늘나라를 처음 이루고자 할 때에 길한 일이다. 환의 때에 많은 야인의 무리를 모아 큰 백성을 만들어 소유하려는 것은 장손동이의 지위를(성민) 그들에게 주려고 생각하기 때문이다.

※ 학문과 경재력과 지위가 있는 기득권을 가진 무리는 세속에 안주하여 비웃고 따르지 않기 때문.
※ 匪 – 떼도둑, 융족. 夷 – 동이족. 所 – 지위. 丘 – 모으다, 크다, 많이.

[九五] 渙 汗其大號, 渙 王居无咎

환의 때에 땀 흘려 백성을 경작하지 않는 왕들에게 천제께서 크게 호령하실 것이다. 환의 때에 왕중 왕의 자리를 차지하려고 해도 허물이 없

後 · 天 · 大 · 易

새 시대의 周易, 후천시대에 대한 하느님의 대 예언서

다.

※ 汗 - 임금의 호령, 땀 흘려 일하다. 號 - 호령하다, 명령을 내리다. 居 - 살
다, 차지하다.

[上九] 渙 其血去 逖出无咎

환의 때에 周나라 후대의 천자들이 흐느껴 울며 가고 있다는 것은 그
들이 사사로운 이익을 탐하여 천도로부터 멀리 달아나 버려 하늘에서
그들을 내버렸기 때문이니 근심할 일이 없다.

※ 血 - 흐느껴 울다. 去 - 가다. 逖 - 멀어지다, 이익을 바라다. 出 - 달아나다,
내보내다, 나가게하다, 떠나다, 보내다.

彖辭

渙 亨, 剛來而不窮 柔得位乎外而上同, 王假有廟 王乃在中也, 利涉大
川 乘木有功也

거짓나의 체질(의식관념)이 풀려 흩어지고 참나가 밝게 빛나는 어진
사람(참나)이 되어 형통하게 되는 때가 환이다. 강하고 굳센 중정심을
이루고 막힘이 없이 통하게 되려면 유약한 사람 정신 속에 하느님의 굳
센 정신이 들어와 나의 참주인(참나) 자리를 차지하게 되면 상제 하느
님과 서로 같아지게 될 것이다.

가짜 견우에게 임시로 나라를 맡겼다는 것은 참견우의 자격은 외모
나 능력이 아니라 그 중심(주체정신)에 있다는 것이다. 천도문화를 널
리 통하게 하여 만민을 유익하게(홍익인간) 할 수 있는 존귀한 사람(참

사람)이 되어 천도문명의 뗏목을 타고 고해를 건너 아름답고 대 자유가 넘치는 평원으로 갈 때가 멀지 않았다는 것은 '동진팔목제가 머지 않아 천시를 타고 와서 천제의 위(位)에 올라 만국을 다스리는 날' 천업의 공을 이루게 될 것을 깨달아 알라!

※ 上同 – 상제와 같아지다. 乘 – 기회를 타다, 오르다, 다스리다, 칠대(일곱째 날), 곱하다, 둘한쌍(4), 넷한쌍(8木), 제도하다(세상을 구하다). 木 – 동방 팔진목.

象辭

風行水上 渙, 先王 以亨于帝 立廟, 初六之亨 順也, 渙奔其机 得願也, 渙其躬 志在外也, 渙其群 元吉光大也, 王居无咎 正位也, 渙其血 遠害也

상제의 은혜(은택 : 水)가 성인의 교화로 베풀어지고 있는 때가 환이 다. 옛 천자들은 이러한 때에 하늘의 상제에게 향기로운 제사(천도의 실천적 삶)를 드리고 나라를 세웠다.

야인들을 신하와 백성으로 삼으면 길하다고 하는 것은 그들이 순복 하기 때문이다. 환의 때에 용증마가 책상 위로 오른다는 것은 그렇게 하 는 것이 그들의 문화를 배우고자 하는 소원을 이루는 지식으로 알고 있 기 때문이다. 환의 때에 활을 쏘아 맞혀 죽여야 하는 원수는 밖에 있는 것이 아니라 자기 자신이라는 것을 깨달아 알아야 한다는 것은 원수가 밖에 있다고 생각해 왔기 때문이다. 환의 때에 야인들(세속에 때묻지 않은 사람들)을 모아 하늘의 성민으로 삼는다고 하는 것은 나라를 처음 세우는 때에 길하고 천도문화를 크게 넓힐 수 있기 때문이다.

환의 때에 땀 흘려 백성을 경작하지 않는 왕들을 천제께서 책망하실 것이라고 하는 것은 그들이 평상시에 천도와 천법을 부지런히 행하여 공을 쌓지 않았기 때문이다. 환의 때에 그들이 흐느껴 울면서 가고 있다는 것은, 그의(문왕) 오랜 옛적 선조(棄 - 후직 : 문왕의 시조) 때부터 사사로운 이익을 탐하여 천도에서 달아나 버렸으므로 하늘에서 쫓겨나게 된 것이니 근심할 일이 없다는 것이다.

※ 立廟 - 종묘사직, 나라를 세우다의 뜻. 遠 - 멀다, 세월이 오래다(옛적), 선조, 추방하다, 멀리하다(천도를 멀리하다). 害 - 해치다(천도를), 해롭게 하다, 시기하다, 질투하다.

60. 水澤節(䷻)

節亨, 苦節 不可貞

썩은 진흙 속에 빠져 있는 백성에게 상제의 은택이 내리는 때가 절이니 형통하게 될 것이다. 사람다운 정신이 메말라 시들어 버린 서방(西方) 여러 나라 백성들에게 알맞은 정도의 예절과 천법과 제도를 주어 농사짓는 문화를 가르치니 처음에는 매우 싫어하고 고달파 하는 자들을 가르치려니 괴롭고 고통스러워 뜻을 향한 절개가 없으면 할 수 없을 것이다.

※ 節 - 문화의 다양한 조목을 뜻함, 절개. 苦 - 시들다, 마르다, 거칠다, 싫어하다, 꺼리다, 나쁘다, 고통스럽다, 고달프다, 힘쓰다, 정성스레 하다, 쓰다, 괴롭다.

[初九] 不出戶庭 无咎

백성들을 집(나라) 밖으로 나가지 못하게 막고 있으나 허물이 없다.

※ 出 – 나가다. 戶 – 집, 주민, 나라, 막다, 주관하다. 庭 – 마당, 뜰
※ 백성을 나라 밖으로 나가지 못하게 한다는 것은 천도를 가르치는 초기에는
　세속적 타문화에 오염되지 못하게 막는다는 뜻이다.

[九二] 不出門庭凶

백성을 나라밖으로 나가지 못하게 하고 집안(나라)에만 있게 하는 것
은 흉한 일이다.

[六三] 不節若 則嗟若 无咎

만약 천도문화에 길들여지지 않아 보이거나 법과 제도가 가혹하고
엄하다고 탄식하는 것같이 보일지라도 근심하지 말라.

※ 若 – 만약, 보이다. 則 – 법, 제도. 嗟 – 탄식하다.

[六四] 安節亨

편안하게 문치(문화에 길들여지다) 되고 있으니 형통하다.

[九五] 甘節吉 往有尙

문치 되어감을 달갑게 여기고 있으니 길하여 그대로 닦아 나아가면
상서로움이 있을 것이다.

※ 甘 – 달다, 기분이 좋다, 달게 여기다, 만족하다, 즐기다.

[上六] 苦節 貞凶 悔亡

문치되는 것을 싫어하고 꺼린다면 지조가 없어 흉할 것이므로 멸망

할 때 후회하게 되리라.

彖辭

節亨, 剛柔分而剛得中, 苦節不可貞 其道窮也, 說以行險 當位以節 中
正以通, 天地節而四時成, 節以制度 不傷財不害民

문화화 되게 한다는 것은 형통하게 하는 일이다. 강하고 굳센 하느님
의 정신과 유약한 사람의 정신이 다름의 경계를 뛰어넘어 하느님의 정
신을 사람의 중심(정신 : 도심 : 주체정신)으로 이루려고 하는 것이다.
문치 되는 것을 싫어하거나 고통스럽게 여겨 꺼리기 때문에 지조가 없
으면 이룰 수 없다는 것은 문치시키는 방법이 좋지 못하기 때문이다.

천도문화를 가르치는 방법이 훌륭해야 배우는 사람이 기뻐하고 스승
을 공경하고 잘 따라 복종하여 문치의 목적에 합당한 인품을 이루고 중
심을 바르게 하는 이치를 깨달아 통하게 되는 것이다. 하늘과 땅에 대한
도리(도와 이치)로 섭리의 사시(元亨利貞)를 이루는 것이며, 천지가 가
지고 있는 도리에 따라, 인류제도의 법과 도덕 및 예의, 풍속 등의 기준
으로 삼아 따르게 하는 문화를 만들어 사람과 사람간의 사회적 관계(地
道)에 있어서 서로 다른 재주와 능력과 그에 따르는 재화를 고루 분배
하고, 서로 해치거나 침범하여 상하지 못하게 함으로써 백성간에 해로
움이 없도록 해야 하는 것이다.

※ 分 – 다름, 경계. 通 – 통하다, 깨닫다. 制 – 정하다, 만들다, 따르다. 度 – 법,
법도, 제도, 문화의 기준으로 삼아 따르다. 險 – 싫어하다, 괴로워하다. 說 –
가르치다, 도(천도), 도리, 기뻐하다, 따르다, 순종하다, 공경하다. 傷 – 해
치다, 침범하다, 상하게 하다, 괴롭히다. 財 – 재물, 재화, 재주, 재능.

象辭

澤上有水 節, 君子 以制數度 議德行, 不出戶庭 知通塞也, 不出門庭凶
失時極也, 不節之嗟, 又誰咎也, 安節之亨 承上道也, 甘節之吉 居位中也,
若節貞凶 其道窮也

진 펄 위에 상제의 은택이 내리고 있는 때가 절이다. 군자는 천도문
화와 기술과학(數) 발달의 정도를 조사하여 살피고, 그 이용발전에 대
한 토론 및 강론을 행하여 새로운 계획을 세워 시행하게 하는 가르침과
혜택을 베푼다.

주민들로 하여금 집안에 있어 출입문 밖으로 나가지 못하게 하는 것
은 잘못된 지식의 유통을 막자는 것이다. 사람을 집안에서만 살게 하고
문밖 출입을 금하는 것은 흉한 일이니, 이는 대들보가 중병을 앓고 있으
므로 힘의 한계를 느끼고 지쳐 떨어져 그 끝이 이르면 지상(至上)의 자
리에 계신 하늘의 근본이요, 용마루요, 왕중의 왕이신 진목상제가 지선
의 도(至善의 道)를 가지고 나타나실 때가 가까워지므로 그 때를 잃게
하기 위하여 '천도(中正之道)'의 의미와 글 뜻을 고쳐 숨기게 하고 엄
히 명하여 천도의 진실이 밖으로 유통되지 못하도록 하고자 함이다.

한족들이 문치되는 것을 괴롭게 여기고 싫어하여 탄식하고 있다는
것은 또 누구의 허물인가? 문치가 편안하게 이루어져야 형통하여 상제
의 천도를 계승하게 될 것이다. 문치되는 것을 달갑게 여기면 길한 일이
니, 그 인품에 중심이 머물러 형통하게 될 것이다. 문치되는 일을 고통
스럽게 여긴다는 것은 지조가 서지 못하여 그런 것이니 흉하다고 하는
것이요, 그렇게 된 것은 천도의 참뜻을 숨기고 거짓을 가르쳐 왔기 때문
에 참지식이 궁색하게 된 것이다.

※ 數 – 과학, 수학, 점술분야의 기술을 의미함. 議 – 논의하다, 논쟁하다, 충고

하다, 강론하다, 계획을 세우다, 의견, 선택하다. 塞 - 막다. 極 - 대들보, 지치다, 병들다, 힘의 한계, 이르다, 중정. 誰 - 누구, 어떤 사람, 묻다.

61. 風澤中孚(䷼)

中孚豚魚 吉, 利涉大川 利貞

사람의 중심(주체정신)에 상제 하느님과 천도에 대한 진실한 믿음이 있어, 정성을 다하여 섬기고 공경하여 하느님의 굳세고 강건한 정신(中心)을 내 마음 속에 품어 나의 참된 주인이 되게 하고, 지금까지 나의 주인이었던 나(자아)를 죽여 멸망시킴으로써 가짜나가 없어지고(소멸) 하느님의 정신이 참나로 변화(바뀌다, 태어나다)되어 새롭게 태어나는 참나가 참사람의 씨앗이다. 참나는 행운의 상징인 복돼지와 같고, 복어와 같으니 참으로 길하고 상서로운 존재(후천대인)로 섭리사에 최초로 나타나는 참사람의 표본(道 : 길)이므로 중부라 한다.

만민에게 이로움(참사람 창조 : 영생)을 줄 수 있는 최초의 참사람이 되어 만민을 뗏목에 싣고 인생의 고해를 건너 참사람들만이 살고 있는 대자유의 평원을 향해 가고 있는 때가 참사람의 열매를 결실하는 후천시대이다.

※ 中 - 중심, 정신, 주체정신, 절개를 의미함. 孚 - 믿음, 진실(참됨), 정성. 豚 - 복돼지. 魚 - 복어.

[初九] 虞吉 有他不燕
상제께서 나(중국)를 골라 선택(견우로)해 주시기를 바랬으나 은천자를 돕는 신하의 자리에서 더욱 자신을 갈고 닦으며 때를 기다리라는 말씀을 거스르고, 상제를 속여 왕위를 찬탈하는 잘못을 저지른 데다 천도를 버리고 편안하게 즐겼으니 '어진 짐승(봉황 : 진팔목제, 기린아)이 오는 때'를 헤아려 경계하고 대비해야 길할 것이다. 그러나 나(문왕 : 주나라~중국) 말고, 다른 사람(후천 대인)은 고사하고 아직까지 제비새끼 한 마리(봉황은 고사하고)도 오지 않았으니 주연을 베풀고 즐기는 것이 좋을 것이다.

※ 虞 - 고르다, 선택하다, 바라다, 거스르다, 돕다, 속이다, 잘못하다, 근심하다, 경계하다, 대비하다, 편안하다, 즐기다, 어진 짐승, 왕조. 燕 - 제비, 잔치, 주연, 편안하다, 즐기다.

[九二] 鳴鶴在陰 其子和之 我有好爵 吾與爾靡之

흰 학(봉황이 되려 하는 절개가 있는 새)이, 그 짝을 찾아 울며 산(간산 : 동북) 북쪽, 깊숙하고 그늘진 곳(만주땅, 그윽한 곳)에 숨어 알을 낳아 품고 있더니 어느새 그 알을 깨고 어린 아이로 성장(천도문명의 씨앗)하여 하늘의 뜻에 화답하고 있는데 주나라 천자들은 주연을 베풀고 '여기 내가 좋아하는 술잔이 있으니 마음껏 마시고 너와 내가 함께 사랑을 나누자'하고 있으니, 나라의 기강이 느슨해지고, 사치와 환락이 만연하여 국운이 기울어 가고 있구나!

※ 鳴 - 새, 새가 짝을 찾아 울다. 鶴 - 학, 희다, 흰색, 신선새. 陰 - 산북쪽(동북간방 : 조선), 깊다, 그늘지다, 덮다, 숨다, 말을 아니하다. 子 - 아들, 자식, 일, 새끼, 씨, 열매, 젊은이, 청년, 사랑하다, 자라다, 무성헤지다. 爵 - 술잔, 새 모양의 술잔, 작위(公候, 伯, 子, 男). 吾 - 나. 爾 - 너. 靡 - 사치하다, 화려하다, 사랑하다, 만연하다 기울다, 흩어지다, 다하다, 쓰러지다.

[六三] 得敵, 或鼓 或罷 或泣 或歌

원수(적)를 만나 대항하려고 하니 그가 바로 자기의 짝(조선 : 동북간의 소남 : 兌方은 소녀 : 짝임)인 것을 깨달아 알게 된다. 어떤 사람이 내 마음 속에 들어와 북을 쳐 나를 격려하여 부추기기도 하고 어떤 때는 그 소리가 그쳐 쉬다 보면 또 다시 돌아와 북을 쳐대니 심신이 고달파 물리치면 다시 돌아와 북을 치므로 몸과 마음이 허약해져 나의 무능함을 한탄하며 어떤 때는 울기도 하고 어떤 때는 노래를 부르기도 한다.

※ 得 - 얻다, 알다, 깨닫다, 만나다. 敵 - 적, 원수, 겨루다, 대항하다, 짝. 或 - 혹, 어떤 이, 어떤 사람, 어떤 때. 鼓 - 북(마음 속의 소리), 치다, 심장고동, 맥박, 부추기다, 격려하다. 罷 - 그치다, 놓아주다, 쉬다, 비치다, 돌아오다, 고달프다, 앓다, 무능하다. 泣 - 느껴 울다. 歌 - 노래부르다.

[六四] 月幾望 馬匹亡 无咎

그리도 원하고 사모하던 때(진목제가 나타날 때)가 흘러가는 광음(달빛 : 음력으로 셈하는 세월)같고 미루어 살펴볼 때 선천세상이 끝나고 후천시대가 다가오고 있는 징조가 보이니, 야생마(융족 : 한족) 같은 천한 사람들과 짝을 지어 동족과 같이 지내던 인연을 끊고, 그와 맞서 대적하게 되었으니, 천한 한족의 나라는 이제 멸망할 것이나, 나(조선 : 진목대인)는 근심할 일이 없다.

※ 月 - 달, 광음(음력으로 치는 세월). 幾 - 징조, 원하다, 바라다, 시작하다, 가까워지다, 살피다, 때, 기회, 기틀, 고동. 望 - 바라다, 원하다, 사모하다, 우러러보다, 명성, 독망, 자태, 진목상제의 명성, 자태, 전해 오는 예인들. 馬 - 들망, 야생마(용증마 : 보조마 : 융족, 한족 : 중국). 匹 - 배우자, 짝, 천한 사람들, 맞서다, 대적하다, 동문, 동족.

後 · 天 · 大 · 易

[九五] 有孚攣 如无咎

만약 참하느님(상제 : 천제 : 삼신일체)과 천도를 믿고 정성을 다하여 사모하는 참마음(지조)이 있으면 그는 하느님과 인연을 맺게 될 것이고, 믿음과 사모하는 마음이 없으면 '그런 사람들은 진목대인이 와도 그를 좇지 아니 할 것이니' 그들은 생명의 기운이 오그라질지라도 근심하지 않는 자들이다.(근심이 없다)

※ 攣 – 그리워하다, 사모하다, 이어지다, 관계를 맺다, 오그라지다, 손발이 오그라지다.

[上九] 翰音 登于天 貞凶

금계(錦鷄＝폐백닭)가 와서 높고 빠르게 날아오르는 소식을 알릴 때쯤이면 후천의 백마(참견우 : 진목상제)에게 붓과 문서와 편지를 보낼 것이니 상제 하느님이 계신 하늘나라에 들어가 그 장부(생명책)에 이름이 기록될 자들은 영생의 소망을 성취할 것이요, 천도를 위배하고 참하느님을 배척하는 자들은 잡아서 밟을 것이니, 오곡을 수확하는 후천의 가을에 흉함이 있을 것이다.

※ 翰 – 금계, 높이 날다, 빠르게 날다(초음속 비행기를 금계로 비유함).
※ 금계는 비단으로 싼 폐백닭이란 뜻으로 과거에 중공여객기가 우리나라에 불시착했을 때 국교도 없는 입장이었으나 사돈집에 폐백을 보내듯 우호적으로 보내 준 일이 있었다. 音 – 소리, 소식. 登 – 높은 데로 오르다, 높은 지위에 오르다(하늘나라의 성민의 지위). 수레에 오르다, 장부에 기록하다, 잡다, 밟다, 들어가다, 익다, 이루어지다, 성취하다. 天 – 하늘, 지고무상, 우주의 주재자, 조화의 신, 의지할 힘, 아버지, 왕, 도의 왕, 지아비, 세상, 천성, 운명, 수명.

彖辭

中孚, 柔在內而剛得中 說而巽 孚乃化邦也, 豚魚吉 信及豚魚也 利涉
大川 乘木舟虛也, 中孚以利貞 乃應乎天也

중부는 상제 하느님에 대한 참된 믿음과 정성으로 공경하는 마음이
다. 유약한 사람의 마음 속에 하느님의 강하고 굳센 불변의 정신이 사람
의 중심으로 들어와 있음으로 백성들에게 겸손한 태도로 천도를 교육시
켜 기쁨으로 하느님을 공경하고 천도를 익혀 거짓껍질을 풀어 벗기고
참사람의 열매가 되게 해야 참되고 정성스러운 마음으로 천하만민을 이
상세계로 인도할 수 있다.

후천대인이 복돼지와 복어 같이 길하다고 하는 것은 만민이 '그가 세
운 참사람 완성의 표준의 길'을 따라가야 그와 같이 될 수 있을 것이기
때문이다. 만민이 원하는 이로운 세상을 건설하기 위하여 고해를 건너
려고 하는데 동팔목제의 배(나라 : 백성)가 비어 있다. 천하만민이 상
제 하느님을 진실로 믿고 공경하여 천도문명을 실현해 나가는 때는 후
천시대이니 하느님이 이에 호응하시지 않겠는가?

※ 邦 – 나라, 천하. 舟 – 배(나라를 의미함). 虛 – 비다, 공허하다.

象辭

澤上有風 中孚, 君子 以議獄緩死, 初九虞吉 志未變也, 其子和之 中心
願也, 或鼓或罷 位不當也, 馬匹亡絶類上也, 有孚攣如 位正當也, 翰音登
于天 何可長也

진 펄(천한 백성 : 육체)위에 상제의 교훈이 베풀어지는 때가 중부이다. 군자는 이를 보고 법을 느슨하게 하여 백성의 목숨을 아낀다.

초구우길은 처음에 세운 뜻이 변치 않아야 한다는 것이다. 간삼목(艮三木)에서 태어난 천도문명의 씨앗(아이)이 상제의 뜻에 화답하고 있다는 것은 상제의 마음 속으로도 원하고 있다는 것이다. 어떤 사람이 자기 마음 속에 들어와서 북을 치기도 하고 그쳐 쉬기도 하는 일이 반복되어 마음의 병이 생겼다고 하는 것은 그의 인품이 합당치 못하기 때문이다. 용증마(곁말 : 상제의 신하인 천자)인 상제의 배필이 망한다고 하는 것은 상제께서 그와 배필관계를 끊어 버리겠다는 것이다.

상제 하느님에 대한 진실한 믿음과 정성스러운 마음이 있어 천도를 사모해 온 사람들은 하늘이 취하실 것이요, 천도를 사모하지 않는 자들은 하느님과의 관계가 끊겨 중풍병자처럼 오그라들 것이라고 하는 것은 하느님과 천도를 사모하는 사람들은 그 인품이 바르고 합당하기 때문이다. '높고 빠르게 나는 금계가 하늘 높이 날아가는 때가 오면 후천대인에게 소식을 전하겠다' 고 하는 것은 어찌 하늘나라의 계승자요, 맏아들이요, 천도의 근본 종주(宗主)가 알아서 자기 백성을 가르치고 양육하여 바르게 기르지 않겠느냐?

※ 議 – 법을 완화하는 계획을 세우다의 뜻. 死 – 목숨을 아끼다. 絕 – 관계를 끊다. 類 – 류자는 앞의 匹(배필 : 동류, 짝)에서 의미가 중복됨. 長 – 우두머리, 임금(上帝), 맏아들, 계승자, 근본, 종주, 존귀한 사람, 가르치다, 양육하다, 기르다, 다스리다, 이끌다.

62. 雷山小過(䷽)

小過亨, 利貞, 可小事 不可大事 飛鳥遺之音 不宜上 宜下大吉

소인들이 지나치게 뛰어나려고 하다 잘못을 저질러 천법을 어기고 죄를 지어 떠나게(쫓겨나다)되는 것이 소과이니 오히려 후천의 가을과 겨울철을 위하여 형통한 일이다.

소과의 때에는 소인들이 도모하는 일은 좋으나 대인의 일은 좋지 못하다. 선천을 날으는 새가 너무 높이 올라가더니 떨어지면서 후세를 향해 소식을 전한다(문왕이 후천대인에게 천도를 전한다). 윗사람의 도리가 옳지 못하여 백성과 화목하게 지내지 못하면 그의 신하 중에서 도리에 마땅한 사람이 대인이 되어 길하게 될 것이다.

※ 飛 - 날다, 빨리 오르다, 높이 오르다, 떨어지다, 높다, 빠르다, 새. 遺 - 후세에 전하다, 보내다, 남기다, 떨어지다, 버리다, 내버리다. 宜 - 맞다, 알맞다, 마땅하다, 도리에 맞다. 上 - 윗사람. 下 - 아랫사람, 신하.

[初六] 飛鳥以凶
너무 높이 날으는 새(周나라)는 떨어질 수밖에 없으니 흉하다는 것이다.

[六二] 過其祖 遇其妣 不乃其君 遇其臣 无咎
문왕의 조상이 지나치게 뛰어나려고 하다가 잘못하여 과실을 범하고 유배를 갔으며 그 어머니(문왕)가 어리석어서 수난을 당했는데도 그런 어리석음이 그 임금들(문왕의 후예들)에게까지 미치고 그 신하들도 그와 같이 어리석으면서도 근심하지 않고 있다.

※ 過 - 지나치다, 뛰어나다, 잘못하다, 법을 어기다, 죄, 과실, 허물, 떠나다.
祖 - 조상. 妣 - 죽은 어미, 어머니. 遇 - 어리석다, ~을 당하다. 乃 - 미치
다, 이르다. 君 - 임금, 천자. 臣 - 신하.

[九三] 弗遇防之 從或戕之 凶

어리석음을 막아 떨쳐 버리고 어려운 일을 당하면 갈팡질팡 헤맬 것
이 아니라 성왕들의 발자취를 본받아 정직하고 공순하게 따르지 않으면
흉한 일이 있을 것이다.

※ 弗 - 아니다, 어긋나다, 떨어버리다. 防 - 막다. 從 - 자취, 흔적, 정직하고
순하게 따르다. 或 - 갈팡질팡하다, 헤매다. 戕 - 본받다, 닮다.

[九四] 无咎, 弗過遇之 往厲 必戒 勿用永貞

허물이 없으려면 지나치게 뛰어나려고 하는 어리석음을 떨어 버리고
반드시 자신의 어리석음을 경계하여 자기를 닦아 연마하여 지조를 높이
세우고 나아가야 할 것이니 그 지조가 오래가지 못하고 변절하는 사람
은 쓰지 말라.

※ 必 - 반드시. 戒 - 경계하다. 永 - 오래오래가다.

[六五] 密雲不雨 自我西郊 公弋取彼在穴

빽빽한 구름덩이 속에 많은 빗물을 숨기고 있듯 사사로운 탐욕과 허
물을 숨기고 있어 하늘에서 은혜가 내리지 않으니 나는 조정에서 스스
로 물러나 국경변방 근처에 있는 고향 땅으로 돌아가 천자를 잡아 주살
하고 나라를 쳐서 빼앗을 때까지 저 토굴 안에서 기다리고 있을 것이다.

※ 密 - 빽빽한 구름, 사삿일, 숨기다, 감추다, 몰래, 비밀히. 雲 - 구름, 습기,
많이. 雨 - 은혜. 郊 - 들, 시골, 국경 끝. 公 - 천자. 弋 - 잡다, 주살하다, 취

하다, 빼앗다, 사냥(전쟁)하다. 彼 - 저, 저기. 穴 - 토굴, 동굴, 소굴(산비탈을 파들어가 석옥을 짓고 사는 풍습이 지금도 있다).

[上六] 弗遇過之 飛鳥離之 凶 是謂災眚

지나치게 뛰어나고자 하는 어리석음을 떨쳐 버려야 하지만 지나치게 자만하여 스스로 높아지려고 하는 천자와는 헤어져야 흉한 일을 같이 당하지 않을 것이다. 그런 일을 일러 눈에 백태가 끼어 앞을 보지 못하는 재앙이라고 한다.

彖辭

小過, 小者過而亨也, 過而利貞 與時行也 柔得中 是以小事吉也, 剛失位而不中 是以不可大事也, 有飛鳥之象焉, 飛鳥遺之音 不宜上宜下 大吉 上逆而下順也

소인들은 자기가 남보다 지나치게 뛰어나다고 생각하다 잘못을 저질러 죄를 범하는 것이다. 소인이란 자들은 자기의 지나침을 형통하다고 믿는 자들이다. 지나침은 가을과 겨울철에 누구에게나 일반적으로 나타나는 경향(흐름)이다. 그것은 유약한 정신의 소유자들이 그런 유약한 정신(이해관계에 따라 변하는 마음)을 지조(中心)라고 자처하기 때문에 소인들에게는 작은 일이 길하다고 하는 것이다.

강하고 굳센 지조를 가져야 할 천자가 그 중심이 없으므로 천도문명의 대업을 이룰 수 없다고 하는 것이니 자만하여 스스로 높아지고자 하는 모습에서 그의 인품을 알 수 있다. 자만하여 높이 나는 새가 그 천운이 다하여 떨어져 내리면서 후대에 소식을 전하기를 '천자가 된 사람이 하늘의 뜻에 마땅치 못하면 그 신하중에서 마땅한 자를 골라 대인으로

576

後·天·大·易

세우나니', 그가 길하게 된다고 하는 것은 천자는 상제를 거스려 반역을 하였기 때문이요, 신하는 상제의 뜻에 순종하였기 때문에 대인의 상서로움이 있게 된 것이다.

※ 有 - 알다. 象 - 모습. 逆 - 거스르다, 반역하다.

象辭

山上有雷 小過 君子以行過乎恭, 喪過乎哀 用過乎儉, 飛鳥之凶 不可如何也, 不及其君 臣不可過也, 從或戕之凶 如何也, 弗過遇之 位不當也, 往厲必戒 終不可是也 密雲不雨 已上也, 弗遇過之 已亢也

간산에 상제의 우레(분노)가 떨어지는 때가 소과이다. 군자는 이를 보고 지나치게 뛰어나려고 하는 마음을 자제하고 공손해져야 하지 않겠는가? 천자가 지나치게 뛰어나고자 하면 그 지위를 잃고 슬퍼하게 되지 않겠는가? 재물을 지나치게 쓰다 보면 어떻게 검소해질 수 있겠는가?

지나치게 높이 나는 새가 흉하다고 하는 것은 어찌 그와 같이 하는 것을 옳다고 말할 수 있겠느냐는 것이다. 조상의 허물이 그 천자에게 미치지 않았다고 말할 수 없는 것은 그 신하들이 천자를 본받아 지나치게 행하는 것을 옳지 않다고 말할 수 있겠는가? 어려움을 당하면 갈팡질팡 헤맬 것이 아니라, 성왕들의 발자취를 본받아 따르지 않으면 흉한 일이 있을 것이라고 하는 것은 어찌 그와 같이 하지 않느냐는 것이다. 지나치게 뛰어나려고 하는 어리석음을 떨쳐 버려야 한다는 것은 그 품위가 정당치 못하다는 것이다.

반드시 자기를 경계하며 자신을 연마하고 닦아 지조를 높이 세우고 나아가야 한다는 것은 자기를 끝까지 높여 뛰어나게 할 수는 없기 때문이다. 빽빽한 구름 같은 마음 속에 자기의 허물을 숨기고 있기 때문에 하늘에서 은혜가 내리지 않고 있다는 것은 상제께서 이미 그를 버렸기 때문이다. 지나치게 높아지려고 하는 어리석음을 떨쳐 버리지 않으면 목까지 떨어지게 될 것이다.

※ 恭 - 공손하다. 哀 - 슬퍼하다. 儉 - 검소하다, 소박하다. 如 - 그와 같이. 長 - 높다. 已 - 버리다. 亢 - 목.

※ 간산 : 여기서 간산을 은천자의 자리를 차지한 주나라를 뜻함.

63. 水火旣濟(☵☲)

旣濟小亨, 利貞, 初吉終亂

고해를 건너가다 물 속에 빠져 버린 선천의 천자가 백성을 건져 구제하지 못하고 선천의 천운마저 끝나고 말았으니 소인배들에게는 형통한 세상이다. 선천섭리의 가을과 겨울의 때이니 초기에는 길했으나, 그 끝(주나라 끝 : 서주가 멸망한 이후)에 가서는 어지러운 세상이 올 것이다.

※ 旣 - 이미, 벌써, 다하다, 끝나다. 濟 - 물을 건너다, 도선장, 건지다, 구제하다, 그만두다, 끝나다.

[初九] 曳其輪 濡其尾 无咎
수레바퀴를 질질 끌며 가다 멈추어 선 것은 그 꼬리(후손들이 실패한 것은)가 막혀 버렸기 때문인데 근심하는 일이 없다.

※ 曳 – 끌다, 질질 끌며간다, 실패하다. 輪 – 수레바퀴. 濡 – 은혜를 입다, 은택, 은혜, 멈추다, 막히다. 尾 – 꼬리(후손).

[六二] 婦喪其茀 勿逐 七日得

그 부인(주나라)의 상을 당한 것은 부인의 앞길을 가로막아 가지 못하게 하는 잡초(어리석은 천자들) 때문이니 그와 경쟁하지 말라. 후천대인은 일곱째 날을 얻어 이루게 되리라.

※ 喪 – 상을 당하다. 茀 – 잡초가 길을 덮어 가지 못하다. 逐 – 내쫓다, 경쟁하다. 七 – 일곱, 일곱 번째. 日 – 날. 得 – 얻다, 이루다.
※ 선선천시대가 시작된 후 서기 2000년까지가 6000년이고, 서기 2001부터 7日인 7000년을 의미함. 부인의 상이란 서주멸망을 의미함, 일곱째 날을 얻는 자는 후천대인을 뜻함.

[九三] 高宗 伐鬼方 三年克之 小人勿用

옛적 상나라 고종임금이 소인배들의 말을 듣고 귀방에 있는 나라를 쳐서 이기는 데 삼년이나 소비하였으니 소인배들을 쓰지 말라.

※ 尙書(서경) '고종융일편' 참조. 伐 – 치다, 공격하다, 쏘아잡다. 鬼方 – 상나라 서북쪽 고조선의 제후국. 克 – 이기다, 죽이다. 高宗 – 상나라 중기의 중흥조. 귀방을 침공한 벌로 은나라는 番韓(번조선)으로부터 대군의 정벌전에서 패하고 상제께 사죄함으로써 용서를 받게 된다.

[六四] 繻有衣袽 終日戒

천자가 백성들에게 고운 명주비단 옷을 입힐 줄 알았는데, 걸레 같은 누더기 옷을 입혔으니, 천운이 끝날 때까지 경계해야 할 것이다.

※ 繻 - 고운 명주. 衣 - 옷, 입다, 입히다. 袽 - 걸레, 누더기, 귀방정벌 이후 은
나라는 천운을 잃고 쇠퇴기로 접어든다.

[九五] 東鄰殺牛 不如西鄰之禴祭 實受其福
동북쪽 은나라 견우가 멸망하는 것이 서남쪽 주나라 견우가 상제에
게 올리는 인색한 제사보다 오히려 좋았으나(같지 않다는 반어), 그가
받은 복의 열매는 멸망이었다.

※ 東 - 동북쪽 은나라를 의미함. 牛 - 견우, 천자. 西 - 서남쪽 주나라. 禴 - 박
하다, 약소하다, 음악제사.

[上六] 濡其首厲
그 우두머리(처음의 개국천자 : 문왕)는 하늘의 은혜를 입었으나 그
후손들은 위태하다.

彖辭

既濟亨, 小者亨也 利貞 剛柔正而位當也, 初吉 柔得中也, 終止則亂 其
道窮也

기제의 때에 형통하다고 하는 것은 소인배들에게나 형통한 때라는
것이니 이는 섭리상의 가을과 겨울철이기 때문이다.
문왕은 유약한 정신을 가지고 있었으나 초기에는 상제를 믿고 천도
를 닦아 그 인품을 바르고 합당하게 되었었다. 처음이 길하다 함은 유약
한 사람이 중심을 이루었기 때문이나 그 후손들은 끝내 중심을 얻지 못
하고 사욕에 빠져 천은이 그치고 혼란스러운 시대를 자초한 것이니 그

들은 상제와 천도를 믿고 행하는 데 인색한 제사를 올렸다고 하는 것이
다.

象辭

水在火上 旣濟, 君子 以思 患而豫防之, 曳其輪 義无咎也 七日得 以中
道也, 三年克之 憊也, 終日戒 有所疑也, 東鄰殺牛 不如西鄰之時也, 實
受其福 吉大來也 濡其首厲 何可久也

상제의 은혜와 분노가 동시에 내리고 있는 때가 기제(선후천이 교차
하는 때)이다. 군자는 이를 보고 생각하기를 환란이 있기 전에 미리 방
비해야 한다고 마음먹는다.

수레바퀴를 질질 끌며 가다 실패했다고 하는 것은 의롭게 행하지 못
했음에도 근심하지 않았다는 것이다. 섭리상의 일곱째 날을 얻어 이룬
다고 하는 것은 '그때 가서야 중도를 이룬 진목제가 올 것이기 때문'이
다. 고종이 소인배들의 말을 듣고 귀방을 정벌하는 데 삼년이나 소비하
였다는 것은 고종이 중심을 잃고 병들어 있었기 때문이다. 제국의 천운
이 끝날 때까지 경계해야 한다는 것은 그들이 섬기는 도의 기초가 무엇
인지(문왕 이후로는 상제를 섬기지 않았음) 의문해 볼 바가 있다는 것
이다.

은천자가 하늘에 죄를 얻고 멸망당할 때보다 주나라 후기의 천자들
이 더욱 많은 허물을 범하고 있다는 것을 경계하는 까닭은 은천자가 망
할 때와 지금의 때가 같기 때문이다. (반어법 : 不如 – 같지 않다의 반
어)

은천자가 하느님으로부터 받은 복의 열매가 멸망이었다고 하는 것은
새 시대의 대인이 와서 길하게 되는데 은천자가 공헌하였다는 것이다.

새 시대의 周易, 후천시대에 대한 하느님의 대 예언서

주나라를 창업한 우두머리인 문왕(무왕도)만 하늘의 은혜를 입었을 뿐
그 후손들은 하늘의 은택을 받지 못하여 위태하다고 하는 것은 그러니
그들이 어찌 오래갈 수 있겠느냐는 것이다.

※ 思 – 생각하다. 患 – 병 앓다, 환란. 憊 – 병들다. 所 – 도의 기초(하느님과
천도).

64. 火水未濟(☲☵)

未濟亨, 小狐汔濟 濡其尾 无攸利

아직까지 세상만민을 건져 구제하지 못하였으니 앞으로 더욱 자기를
삶아 나아가야 할 것이다. 미래 세상(후천)에서는 소인배들은 여우처럼
외로울 것이니, 그들에게는 하늘에서 은혜가 말라 구제할 수 없게 될 것
이다. 그 꼬리(문왕의 후손)가 하늘의 은혜가 막혔다고 하는 것은 위태
로움만 있을 뿐 이로움은 없을 것이기 때문이다.

※ 亨 – 삶다, 형통하다. 狐 – 여우
※ 원래 여우는 의심이 많아 홀로 살기를 좋아하기 때문에 瓜자를, 짐승을 뜻
하는 犭자에 붙여 여우를 나타내게 되었음.

[初六] 濡其尾 吝
문왕의 꼬리에서 하늘의 은혜가 막혔으니 부끄러운 일이다.

[九二] 曳其輪 貞吉

수레바퀴를 질질 끌며 가다 꼬리에서 은혜가 막혔다는 것은 가을철에 지조를 잃었음이니 지조가 있어야 길할 것이다.

[六三] 未濟 征凶 利涉大川

미제의 때(선천의 끝날)에 정벌하는 것은 흉하다, 오히려 이로운 세상을 맞이하기 위하여 고해를 건너야 이로울 것이다.

[九四] 貞吉悔亡, 震用伐鬼方三年 有賞于大國

지조가 있어야 길할 것이니 그렇지 못하면 멸망할 때 후회만 남으리라. 동팔목제가 와서 천도문명을 실현하고 천도로서 세상을 다스리게 될 때에 삼년만에 귀방(가짜 신들을 섬기는 나라들)을 쳐서 그 죄를 밝혀 벌하게 될 것이며 그가 많은 사람을 존귀하게 만들고 천하만물 중에서 사람의 가치를 가장 존귀하게 여기는 세상을 건설하는 날, 많은 사람들이 상을 받게 될 것을 알라!

※ 鬼 – 신, 귀신, 해로운 신들, 교활한 신들, 야차, 아귀, 나찰같이 인간을 이용하여 자신을 유일한 창조주로 군림해 온 가짜 신들을 의미함.

彖辭

未濟亨, 柔得中也, 小狐汔濟 未出中也, 濡其尾 无攸利 不續終也, 雖不當位 剛柔應也

미제의 때에 형통할 수 있는 것은 유약한 정신을 가진 사람이 천도의 중심을 얻고 새 제국의 천자가 되었으나 여우 같은 소인배들(문왕의 후손들)은 하늘의 은혜가 고갈되어 세상을 구제할 수 없었다고 하는 것은 그들에게 참하느님과 천도를 믿고 행하려는 중심이 생겨나지 않았기 때문이다. 그 꼬리에서 하늘의 은혜가 막혔으니 이로움은 없고 위태로운 일만 남았다고 하는 것은 그 지조가 끝까지 지속되지 않고 변했기 때문이다.

그러니 이를 두고 누가 감히 부당한 인품이 아니라고 할 것인가? 하느님의 강하고 굳센 정신이 유약한 사람의 정신에 임하여 교섭(영대를 열어 하늘의 지혜를 깨닫고 알을 깨고 부화시킴)이 이루어져야 할 것이니라.

象辭

火在水上 未濟, 君子 以愼辨物 居方, 濡其尾 亦不知極也, 九二貞吉 中以行正也, 未濟征凶 位不當也, 貞吉悔亡 志行也, 君子之光 其暉吉也, 飮酒濡首 亦不知節也

상제의 분노가 은혜와 함께 있는 때가 미제이다. 군자는 이를 보고 신중하게 팔괘를 분별하여 마땅한 자기 방위에 머문다.

그 꼬리에서 하늘의 은택이 막혔다고 하는 것은 역시 지선의 도인 중정(中正)을 이루고 올 지상(至上)의 임금(왕중왕 : 진팔목상제)이 올 때까지 자기들의 사명을 알지 못했다는 것이다. 구이정 길은 중심을 바르게 하여 행하고 있다는 것이다. 미제 때에 정벌하는 것이 흉하다고 하는 것은 그 인품이 합당치 못하기 때문이다. 지조가 있으면 길하나, 없으면 멸망할 때 후회만 남게 될 것이라고 하는 것은 '사람마다 자기의 사사로운 뜻대로 행하기 때문'이다. 그 우두머리 다음의 임금들(후손들)들은 주연을 베풀고 사치와 정욕에 빠져 하늘의 은혜가 막혔다고 하

는 것은 역시 참하느님(조선상제 : 단군임금 : 하늘에 오르신 상제 : 삼
신일체 상제)과 천도를 향한 절개가 무엇인지를 몰랐기 때문에 그렇게
된 것이 아니겠느냐?

後天大易

2004년 1월 1일 초판 인쇄
2004년 1월 1일 초판 발행

•

지은이 김진혁
발행인 김재엽

•

발행처 **한누리미디어**
서울 중구 을지로 2가 148-73 신화빌딩 401호
전화 (02) 2268-4514, 2278-4513 Fax (02) 2268-4524
E-mail hannury2003@hanmail.net

•

등록 제16-467호(1993. 11. 4)

•

값 30,000원

•

· 잘못 된 책은 바꿔드립니다.

ISBN 89-7969-240-4 03140